普通高等教育"十三五"规划教材

公共预算与财务管理

王雍君　著

本书受　中央财经大学财经研究院
　　　　北京市哲学社会科学北京财经研究基地　学术文库　资助

科学出版社
北　京

内 容 简 介

本书围绕现代社会如何推动政府正确有效履行职责的主题，基于理想财政成果的六个层次，即范围、总额、配置、运营、风险和透明度，建构融合公共预算与公共财务管理的宏大框架。全书共分为4篇17章以及拓展阅读（拓展阅读以二维码的形式呈现），各篇依次为基本问题、公共预算、财政管理、技术基础。各篇章内容紧凑，注重理论联系实际，突出专业性和实用性，且广泛吸收重要的相关英文文献，致力于求真务实和简明扼要，以引导读者聚焦提对问题和正确思考而非罗列答案。

本书适合作为高等院校经济学专业、财政学专业和公共管理专业本科生的教材，也适合作为相关专业的高校教师、研究生和研究人员的参考用书，同时也适合政府机构等行政事业单位的工作人员参考阅读。

图书在版编目（CIP）数据

公共预算与财务管理/王雍君著.—北京：科学出版社，2019.6
普通高等教育"十三五"规划教材
ISBN 978-7-03-059800-4

Ⅰ. ①公… Ⅱ. ①王… Ⅲ. ①国家预算-财政管理-高等学校-教材 Ⅳ. ①F810.3

中国版本图书馆 CIP 数据核字（2018）第 269973 号

责任编辑：王京苏 / 责任校对：陶　璇
责任印制：张　伟 / 封面设计：蓝正设计

科 学 出 版 社 出版
北京东黄城根北街 16 号
邮政编码：100717
http://www.sciencep.com

北京九州迅驰传媒文化有限公司 印刷
科学出版社发行　各地新华书店经销

*

2019 年 6 月第 一 版　　开本：787×1092　1/16
2019 年 6 月第一次印刷　　印张：25 1/4
字数：600 000
定价：128.00 元
（如有印装质量问题，我社负责调换）

前　　言

基于几个明显的理由，撰写一部适合多类读者群修习的"公共预算与财务管理"（public budget and financial management，PBFM）的研究型教程，正变得越来越重要和紧迫，但也极具挑战性。

高校学员和公共官员为最需"恶补"公共预算与财务管理知识的两类主要群体，其人数都非常庞大。但凡修习公共经济学、公共行政学、公共管理学、公共财政学、政治学及法学的高校学员，只要缺失关于公共预算与财务管理的系统化知识，其专业知识的广度、深度和有用性都不充分。公共预算与财务管理与这些专业的关系非常密切，但相关教程对涉及公共预算与财务管理问题的讨论多半只是蜻蜓点水，反映了公共预算与财务管理的碎片化现状。本书围绕"公共财政资源"这一重大主题建构的规范性体系，融合了所有相关的学科维度，从而呈现出一个看似简单、实则博大精深的世界。

公共官员修习公共预算与财务管理的原因更加不言而喻。中国有世界上规模最庞大的在职官员群体，其中多数人或者直接从事或者高频率地参与公共预算与财务管理事务。对于这个掌控几乎所有公共权力与公共资源的群体而言，仅设法让其敬畏公款是远远不够的。公款管理不仅攸关公众利益，也是所有政府与官员的核心职责，但其特殊意义及其在社会、经济和政治生活中的作用长期被低看，其所依赖的两类具有划时代意义的建设（责任建设与能力建设）也未被普遍理解。

真正的能力建设有两个支点，即政府职能合理化和公共官员的专业理性。专业理性涵盖专业知识、实践经验和组织能力，组织能力即合理分工、有效协调的能力。良好的公款管理对专业知识的要求远高于对实践经验和组织能力的要求，而专业知识恰恰是时下的官员群体最为普遍欠缺的元素。经验教导我们，只重实践经验不重专业知识或将两者混为一谈的社会一定会吃大亏。实践经验只有融合并升华为专业知识，重要性才能充分和最优地体现出来[①]。

宽泛地讲，所有关注当代中国改革事业的人都有必要修习公共预算与财务管理。毕竟，公共预算与财务管理改革与政治改革、社会改革和经济改革的联系，通常比想象的紧密得多。只是因为缺失彼此间关联性的洞察与洞见，才使国人普遍缺乏对"公共预算与财务管理改革为公共治理改革最优切入点"的思考与行动。与相对狭隘的特定政策、行政规制、国有企业、政府控制实体或其他治理工具相比，公共预算与财务管理提供的治理框架更宏大和精微。

[①] 经验与专业相区别的例子有中医与西医、丹药与化学、普通股民与基金公司的专业投资人。

很少有人意识到，正因为嵌入了或应该嵌入最重要的政府决策机制与程序，公共预算与财务管理得以成为现代社会公共治理的真正心脏，借助它，公款作为"血液"为庞大而复杂的政府组织网络提供最重要的能量，使政府体制得以运转并执行各种功能。脱离或忽视走上正轨的公共预算与财务管理改革，很难设想会有成功的政府改革、政治改革、治理改革和管理改革。无论是与行政改革、国企改革或其他视野相对狭隘的改革相比，还是与雄心勃勃或激进的政治改革和社会改革相比，精心设计与实施的公共预算与财务管理改革更易带来低调务实的成果，也更易走向成功。

众所周知，发展中国家的公共支出管理体制和由其扩展而来的公共预算与财务管理的脆弱性，包括长期不重视预算制度的改进，导致许多后果。中国当前背景下亦无例外。相关的精彩评论如下。

> 关键的脆弱性是支出管理的制度安排。根子在于支离破碎的预算体制：预算开发（budget development）作为财政部的责任，但战略性计划（多年期预算计划）制订却作为计划部门的责任，支出管理作为支出部门（spending department）的责任。这一行政预算体制（executive budgeting system）的基本特征是中央预算办公室对所有这三个方面的协调和控制。第二个问题是脆弱的预算准备……导致两类问题。首先，在预算采纳之前收入和支出概算不到位；其次，缺乏关于规划（programs）的信息以及重大变化的解释，导致支出、收入和人事方面不能为立法机关、公众和媒体提供任何标杆，从而妨碍预算执行的计量[①]。

其他方面脆弱性至少还包括政府会计、财务报告、审计和政府现金管理系统，非税收入和公共债务管理也是如此。在脆弱性未得到根本消除的情况下，政府体制和政治体制改革的前景将充满艰难和不确定性。尽管我们几乎每天都在谈论"改革"，但"心脏地带的改革应为重中之重"的理念至今未能形成气候。正如前述，公共预算与财务管理才是政府体制和政治体制的真正"心脏"，因为它承载的公款是最重要的能量和信息之源。能量和信息共同界定了有肌体，而政府恰恰是现代社会最大、最重要也最复杂的复合有肌体。万事悠悠，公款为大。民主治理约束我们接受并肯定这一理念。中国背景下，似小实大而被低看与误看的最经典例子莫过于公共预算与财务管理。

所有成功的改革都依赖正确的"改革逻辑"，即起点正确与路径正确无误至关重要。无论理论上还是实践中，这原本都不是问题——假如集体偏好可知且不存在政治障碍。但这两个条件在真实世界中都不满足。阿罗不可能定理揭示的偏好难题，很难以公共福利（最大化）作为救济，因为类似私人部门的单一（货币计量）福利维度在公共部门中并不存在。政治障碍源于对狭隘利益的考虑往往压倒对普遍利益的考虑，包括旨在形成虚假共识的合谋和故意回避冲突的（预算）基数法。

这就解释了什么是以及为何需要真正的公共预算与财务管理改革——将政治体制与计量公民偏好的技术关联起来。更一般地讲，需要与精心设计和实施的制度安排、组织架构及适宜的公共文化实现无缝对接。做不到这一点的典型症状很明显，即便权力与

---

① Thurmaier K. Local budget execution//Shah A. Local Budgeting. Washington D. C.: The World Bank Publication, 2007: 272.

资源富足的政府也无力有效应对复杂棘手的治理难题。与过去不同，当代社会的治理问题典型地属于麻烦、复杂和棘手的问题。那些公共预算与财务管理远未实现现代化的国家，治理能力与绩效终将被质疑，无论是在发展领域还是制度领域。

一方面，由此引申出一个深刻的学科建设问题，即如何建构一个概念框架，使普通人也能对看似简单实则深奥的公共预算与财务管理问题进行有条理的思考，进而为明智的行动提供切实可行的指南。由此形成的研究体系应满足两个主要条件，即帮助提对问题和追寻正确答案。相对而言，前者重要得多但常被忽视和漠视①。只要提对问题，即便眼下没有答案，也可能在未来有重要的发现。另一方面，一个次要的问题，即便找到答案也无足轻重。其实，标准答案通常只是提对问题的结果。公共预算与财务管理中，充斥类似应试教育的教学方式造就的"不会提问"的怪现象早就该终结了。爱因斯坦曾说过，提出一个好问题胜过找出一百个答案。

好的分析框架进而形成成熟的研究体系的重要性，永远不应被低估。一个杂乱无章的框架无异于"以其昏昏使人昭昭"，不应指望可从中得到有价值的专业知识。经过一个多世纪的发展，全球范围内积累的公共预算与财务管理的知识体量已经非常庞大，但几乎没有人通览全部相关文献——尤其是英文文献。笔者积20余年之功，也只是阅读和理解了其中的一部分，主要是影响较大的经典文献。重视论文而轻视教程的国内现状也该终结了，如同论文一样，并非所有教程都是若干人"汇编的"的低质教程，总有些属于具有稳定流传价值的教程，尽管细节需要与时俱进。笔者在本书上努力的方向就是如此。

在此，有必要简要说明公共预算与财务管理作为一门"相对成熟"学科的发展历程，以及笔者的部分贡献。如果一门学科同时满足两个条件（研究对象的成熟和研究体系的完善），那么通常就会被视为相对成熟。公共预算与财务管理的研究对象已经非常成熟，即公共资金/资源的"分配"和"使用"——公共财政学还涉及"汲取"，而目的无非是达成集体物品（即公共物品）的有效供应，也就是满足边际替代率等于边际转换率的帕累托最优条件②。

公共预算与财务管理的早期框架由公共支出管理的三级框架拓展而来，前提是合规（compliance）和适当程序（due process）。三级框架是理想财政成果（fiscal outcomes）的三个层次，即总额财政纪律、优先性配置和运营绩效（通常被描述为3E③），分别联结一般经济政策的三个综合目标，即增长、平等与稳定。增长意味着"蛋糕做大"，平等意味着"蛋糕分享"，"稳定"意味着这两件事都必须是可持续的。财政纪律作为公共预算与财务管理的首要价值联结的是"稳定"，优先性配置联结的是"平等"，运营绩效联结的是"增长"。这样，公共预算与财务管理框架就与一般经济政策的综合目标联结起来，反映了对功利主义式发展理念的诉求，要使公共预算与财务管理成为贯彻政府政策的核心工具，必须确保约束与引导财政政策追求经济政策的三个综合目标，以及

---

① 国内现状是普遍热衷于寻找答案，其充斥于财政学、经济学等许多人文社会学科领域和改革话语中。"堆砌现成资料"是另一个弊病，主要反映在部分大学使用的教材中。这些教材中的知识含量较少，学生很难从中获取宏大而不失精微的专业知识。
② 该条件最早由当代美国经济学家萨缪尔森以数学模型加以精确表达。真实世界很难直接把握这一条件，只能通过政治-预算程序逼近它，专制和独裁的方法更不可能达成。
③ 3E即经济性（economy）、效率（efficiency）和有效性（effectiveness），通常被理解为绩效审计的焦点。但3E只是狭隘的绩效观。广义的财政绩效概念适应于公共预算与财务管理的各个层级。

政府的部门政策与这些目标保持一致①。公共预算与财务管理的焦点正是财政政策。

三级框架有时也被称为公共预算的三级结构，即宏观预算、配置预算和运营预算，分别界定了公共预算与财务管理的三个关键目标。由于"看不见的手"很难发挥作用，配置为公共预算与财务管理中最具政治色彩的层级，政治力量在此起决定性作用。公共资金的配置难题最早由 V. O. Key 清晰地提出：在什么基础上，X 美元应被分配给 A 而不是 B？②类似的困惑也出现在总量和运营层面。于是问题产生了：如何才能达成这些目标？

将每个层级的目标都与一系列相关机制联结起来的努力，主要归功于 Schiavo-Campo 和 Tommasi 在 20 世纪末的开拓性贡献③，三级框架有其局限性，主要表现为未将民主治理元素融入公共预算与财务管理中。对于民主进程仍处于起步阶段的转轨国家和发展中国家而言，更是一个难以忍受的缺陷。鉴于此，公共预算与财务管理的四级框架于 20 世纪初被发展起来，即在三级框架后链接了一个新要素财政透明度（fiscal transparency）④。其基本含义是：政府应向公众提供关于公共规划与公共财务信息。缺失透明度意味着公众不得不做出毫无根据的选择⑤。四级框架下，第一层级关注通过控制确保财政纪律、受托责任和可持续性，配置关注确保稀缺资源被导向公共回报最大的方案，绩效关注引导规划以最有效地利用资源，透明度强调向公众提供规划与财务信息。它们都可看作促进政府对社会的受托责任的基本方法⑥。

有些文献也强调了财政风险（fiscal risk）管理在公共预算与财务管理中的重要性。至少在中国背景下还有同等重要的范围（scope）问题，涉及政府职能合理化这一主题，通常与市场失灵和政府失灵相关。政府职能无论是"越位"还是"缺位"，通过界定公共预算与财务管理的适当范围加以救济，这意味着有必要将"范围适当"作为关键目标之一加以追求。

鉴于范围也直接关系民主控制的合理边界和财政筹划（fiscal projections）的质量⑦，立法机关审查、批准或拒绝政府账单的程序机制，表明公共预算与财务管理不仅是贯彻

---

① 公共预算与财务管理将经济发展政策的三个综合目标（增长、平等与稳定）界定为理想财政成果的三个核心层次，强调宏观经济政策、部门政策（sector policy）和运营政策（operational policy）目标间的一致性。由于所有实质性公共政策都依赖财政政策贯彻，故财政政策成为公共预算与财务管理的焦点。

② Key V O. The lack of a budgetary theory. The American Political Science Review, 1940, 34 (6): 1137-1144.

③ Schiavo-Campo S, Tommasi D. Managing Public Expenditures. Manila: Asian Development Bank, 1999.

④ Mikesell J L, Mullins D R. Reforming budget systems in countries of the former soviet union. Public Administration Review, 2010, 61 (5): 548-568. 该文作者扩展和细化了由 Salvatore Schiavo-Campo 和 Daniel Tommasi 创立的早期框架，并阐明了四个角色的逻辑。

⑤ Mullins D R, Pagano M A. Changing public budgeting and finance: a quarter century retrospective. Silver Anniversary Issue. Public Budgeting & Finance Special Issue, 2005: 3.

⑥ 对四个角色的逻辑的讨论参见 Mikesell J L, Mullins D R. Reforming budget systems in countries of the former soviet union. Public Administration Review, 2010, 61 (5): 548-568. 作者扩展和细化了早期框架，后者由 Salvatore Schiavo-Campo 和 Daniel Tommasi 在《管理公共支出》（Schiavo-Campo S, Tommasi D. Managing Public Expenditures. Manila: Asian Development Bank, 1999.）中建立起来。

⑦ 财政筹划的基本工具是中期财政规划——国际上通常称为中期支出规划（medium term expenditure framework, MTEF），要求采用严格的计划方法取代传统的公共投资计划（portfolio investment programs, PIPs），作为确定政府战略重点和政策优先性的财政工具。严格的计划方法有三个要素，即财政空间（释放与转移）、财政基线（针对现行政策与规划）、融资确定（针对纳入预算的新规划）。

政府政策的核心工具，也是对政府活动建立民主控制的核心工具。明显的是，所有公共支出与包括非税收入在内的收入征集及债务融资，不应逃避代表公民/纳税人的立法机关的授权。公共资产也理应如此。基于预算授权的民主控制，同样是准财政活动的适当治理安排中的核心成分[①]。

基于以上考量，公共预算与财务管理的完整框架（主线）界定为条理分明的六个层级是适当的。六个层级依次为范围、总额、配置、运营、风险和透明度，分别对应六个层次的理想财政成果，前提是合规（compliance）和正当程序（due process）。六个层次关注"结果合意"，即广义结果导向的财政绩效，指向承载功利主义发展观的一般经济政策的综合目标；两个前提关注"行为正确"，指向调和利益冲突。公共预算与财务管理的世界既是一个结果链转换的资源世界[②]，也是一个交织着狭隘利益与普遍利益冲突的错综复杂的世界。

以上框架因而可称为 2-6 框架，暗示"行为正确比结果合意更优先""结果合意比行为正确更重要"，这是民主治理背景下良好公共预算与财务管理的两个核心理念，对于平衡当代新公共管理（new public management，NPM）过于强势的结果话语也很重要。良好的公共预算与财务管理具有为美好社会做出两项重要贡献的巨大潜能，美好社会应以较少人际冲突的方式被组织起来，同时也能有效地利用稀缺资源。

通过融合政治学、行政学、管理学、经济学、法学等多个学科维度，2-6 框架可望为纷繁复杂的公共预算与财务管理提供统一的解释基础，还可为明智的改革行动提供广角镜式的指南，可以很方便地"一个接一个地"建构改革议程。"如何提对与锁定问题""如何追寻答案与达成目标"的宏大而精微的叙事，皆可从中牵引而出。

领悟了这一宏大而不失精微的叙事，就跨入了公共预算与财务管理宏大知识殿堂的第一步。在当代中国人文社会学科的许多领域中，我们亟须把欠缺的宏大叙事能力找回来。在笔者看来，中国社会的所有群体恶补有广度、有深度、有价值的思想皆有必要，因为这是保持公共生活丰度与频度的前提。

以上是笔者在本书中所做的努力的主要部分。其他努力还包括对公共预算与财务管理的 2-6 框架的范式解读，使用这些范式确认起点、路径正确最为适当。起点错，一切皆错；起点对，路径错，也无法到达彼岸。因而将追求"行为正确"和"结果合意"的公共预算与财务管理置于适当范式的约束之下至关重要。笔者在本书中依次界定了四个分析范式，即公地范式、代理范式、赋权范式和公共道德范式。前两个用于引导供给侧改革，赋权范式用于引导需求面改革，公共道德范式横跨这两类改革模式。其中，赋权范式将公民培育明确地设定为公共预算与财务管理的"另类"目标，以区别于传统的发展观。其隐含如下认知：良好的公共预算与财务管理无法在缺失好公民的环境中达成，好公民并非与生俱来等待我们去发现，好公民是被精心培育出来的；被精心建构的公共预算与财务管理可以作为培育公民的学校。好公民是指有美德和正义感的公民，包括公民个人和公民企业。

[①] 准财政活动，是指以税收优惠、贷款担保、中央银行、政策性银行、国有企业等方式贯彻政府政策的活动，通常未纳入预算程序和预算报告，从而逾越了民主控制的范围。

[②] 结果链的三个核心要素是"投入—产出—成果"：投入被用于生产产出，产出用于达成意欲的成果。

本书的出发点是"知识大融合"而非"开宗立派"。知识融合带来的最大益处是专业知识的集成和传播。融合性越强，传播成本越低，被分享者也越多，因而越接近于公共物品（public goods）。知识有两种：传播成本很低的时空信息（如问路）；传播成本通常很高的专业知识。鉴于公共预算与财务管理对民主治理的特殊重要性，在尽可能大的群体规模上以最低成本快速扩散专业知识，以作为政府能力建设（capacity building）战略的关键一环，比过去任何时候都更加重要和紧迫。这一努力集中指向一部融合性好的通用型研究型教程。

在强调承载专业知识的同时，本书也没有忽视实践经验。本书给出了许多实用性很强的专栏、图表和最佳实践（best practices），以及会计、审计、财务报告、绩效管理、公共预算等方面的实务。尽管如此，本书的焦点仍是专业知识的融合，正是专业知识的掌握才使高校学员和公共官员等站得更高、看得更远和做得更好，包括对国际经验与中国差距的理解。

笔者对本书的信心还来自学科融合的大趋势。大学研究越来越多地对政治体制、公共预算与财务管理的关系进行分析，并得到来自不同方面经验性的各种各样的支持[1]。融合也发生在公共预算与财务管理和经济学、管理学、行政学、财政学及法学等学科之间。假以时日，这一趋势还会进一步增强。没有足够好的关于公共预算与财务管理的专业知识，相关学科的专业知识难以避免发育不良。当围绕公款管理这一宏大主题的思考通过本书界定的 2-6 框架被组织起来时，公共预算与财务管理的研究体系将趋于完善，从而使其成熟度得到进一步增强，作为独立完整学科的地位也将得到提升。

本书在四个范式下拓展的公共预算与财务管理研究体系涵盖 4 篇共 17 章以及拓展阅读（拓展阅读作为二维码）：

第一篇　基本问题，包括第 1~4 章，分别为概念框架、基本难题与制度安排、基本原则、财政组织架构。

第二篇　公共预算，包括第 5~10 章，分别为预算准备、预算审批、预算执行、预算体制、预算分析（上）、预算分析（下）。

第三篇　财政管理，包括第 11~14 章，分别为管理支出与收入、管理资产与负债、管理财政风险、地方财政管理。

第四篇　技术基础，包括第 15~17 章，分别为公共部门会计、财政报告、公共财政审计。

拓展阅读　改革议程，包括发展系统的改革观、鉴别关键的改革命题。

本书全部由笔者构思和执笔，可能存在不足之处，欢迎各界人士的批评指正。

王雍君
2019 年 5 月 20 日

---

[1] Garcia-Sanchez I M, Mordan N, Prado-Lorenzo J M. Effect of the political system on local financial condition: empirical evidence for spain's largest municipalities. Public Budgeting&Finance, 2012, 32（2）: 40-68.

目 录

第一篇 基本问题

第1章 概念框架 … 3
- 1.1 定义与术语 … 3
- 1.2 政策背景与目标 … 11
- 1.3 公共预算与财务管理的基本职能 … 15

第2章 基本难题与制度安排 … 25
- 2.1 财政共同池问题 … 25
- 2.2 预算程序与现金管理集中化 … 34
- 2.3 财政代理问题 … 42
- 2.4 控制代理问题的制度安排 … 46

第3章 基本原则 … 54
- 3.1 绩效原则 … 54
- 3.2 良治原则 … 63

第4章 财政组织架构 … 77
- 4.1 财政组织形式的设计原则 … 77
- 4.2 U型与M型财政组织 … 83
- 4.3 财政权力与职责分工 … 94

第二篇 公共预算

第5章 预算准备 … 103
- 5.1 基本要求 … 103
- 5.2 理解预算文件 … 111
- 5.3 特定要求 … 115

第6章 预算审批 … 130
- 6.1 意义与作用 … 130
- 6.2 预算审查的形式方面 … 134
- 6.3 预算审查的实质方面 … 138

	6.4	特定问题	142
第7章	预算执行		149
	7.1	合规性控制与特定要求	149
	7.2	国库职能	160
第8章	预算体制		175
	8.1	类型与比较	175
	8.2	预算的全面性	185
第9章	预算分析（上）		191
	9.1	宏观预算分析	192
	9.2	配置预算分析	198
第10章	预算分析（下）		214
	10.1	法定合规性分析	214
	10.2	特定议题	219

第三篇　财　政　管　理

第11章	管理支出与收入		237
	11.1	公共支出管理	237
	11.2	管理服务交付	247
	11.3	公共收入管理	255
第12章	管理资产与负债		264
	12.1	管理公共资产	264
	12.2	管理公共债务	275
第13章	管理财政风险		281
	13.1	管理可持续性风险	281
	13.2	管理配置风险	289
	13.3	管理运营风险	293
	13.4	风险评级与预警	296
第14章	地方财政管理		301
	14.1	基本要求	301
	14.2	政府间财政安排	309
	14.3	地方预算过程	315

第四篇　技　术　基　础

第15章	公共部门会计		329
	15.1	会计基础与应用	329

15.2　预算会计基本原理 ··· 337
第16章　财政报告 ·· 347
　　16.1　财务报告 ·· 347
　　16.2　绩效报告 ·· 358
　　16.3　特定问题 ·· 364
第17章　公共财政审计 ·· 373
　　17.1　审计的角色与作用 ·· 373
　　17.2　审计策略与实践 ·· 381
　　17.3　特定问题 ·· 386
参考文献 ·· 391

第一篇　基本问题

　　民主治理将政府得自人民的财政资源看作人民对政府的投资（invest）而非费用（expense）。据此，管理他人钱财是一项沉重的负担，管理公款尤其如此[①]。当代发展背景下[②]，公共预算与财务管理因而被塑造为贯彻政府政策的核心工具，这是通过约束与引导财政政策追求一般经济政策的三个综合目标[③]，以及部门政策（sector policy）与综合目标间的一致性达成的。围绕这一主题组织起来的研究体系涵盖五个基础模块，即基本问题、公共预算、财政管理、技术基础和改革议程[④]。基本问题界定合规和正当程序前提下理想财政成果的六个层次，即范围、总额、配置、运营、风险和透明，追求这些目标必须面对的两个基本难题，即公地问题和代理问题，以及公共预算与财务管理的基本原则和组织架构。这些都是达成集体物品有效供应的基础条件。良好的公共预算与财务管理亦应确保没有忽视公民培育和公民权利，两者与发展目标至少同等重要。

---

　　① Jones R. Financial accounting and reporting//Shar A. Local Public Financial Management. Washington D. C.: The World Bank Publication, 2007: 7-32.

　　② 发展背景并不关注公共预算与财务管理在限制权力滥用和教育公民方面的重要作用，这是现代财政制度三个宪制角色（constitutional role）中的两个，另一个是授权政府推动公共政策促进公众福利，即行动角色。"发展背景"也意味着抽象利益冲突和价值中性的预设，因而与真实世界的情形相差很大。

　　③ 三个综合目标分别是增长（蛋糕做大）、平等（蛋糕分享）和稳定（两者皆可持续）。其中，稳定与公共预算与财务管理的首要目标，即总额财政纪律相连、平等与优先性配置相连、增长与运营绩效相连。运营绩效通常被描述为3E，3E可合并为成本有效性（cost-effectiveness）。

　　④ 后四个可看作处理基本问题的方法和途径，公共预算与财务管理依赖会计、报告和审计提供全面、及时和有用的信息。

第1章 概念框架

概念框架也称分析框架，借助它，我们才能对复杂的公共预算与财务管理问题进行有条理的思考。本章涵盖三项主要内容，即定义与术语、政策背景与目标及公共预算与财务管理的基本职能。适当概念框架的建构基于如下认知：民主治理背景下，政府从人民汲取的财政资源，须按人民的意愿分配和使用，并致力于产生人民期待的结果。公共预算与财务管理涉及分配和使用，它是财政政策两项关键性工具中的一个[①]。当代发展背景下，公共预算与财务管理的核心价值体现为通过约束与引导财政政策，系统地解决日益复杂、麻烦和棘手的经济社会治理难题。为此，应确保公共预算与财务管理和公共政策既区分又融合[②]。

1.1 定义与术语

公共预算与财务管理包括公共预算、公共财务管理两个基本成分。广义的公共财务管理涵盖公共预算，是指以一套法定与行政性系统（legal and administrative）和程序约束政府部门与机构并引导其活动，确保对公共资金的正确使用符合被界定的诚实和规制（probity and regularity）标准，包括收入征集、支出管理与控制、财务会计与报告和某些情形的资产管理[③]。

1.1.1 管理财政资源

公共部门被期待以合理成本向公众交付其偏好的公共政策与公共服务，即经济学家定义的通过政治-预算程序公共供应的集体物品（collective goods），其因非排他性和非竞争性而与私人物品（private goods）区分开来。为此，每个国家的政府与人民不可避免地建立了两个方面的基本财政联系：政府向人民汲取财政资源；政府分配和使用这些财

---

① 所有需要花费公共财政资源推动的公共政策都依赖财政政策加以贯彻，财政政策得以成为公共预算与财务管理的焦点。税收与公共支出为财政政策的两项关键工具。中国当前背景下，各级政府还大量通过预算外（许多非税收入未纳入预算）和准财政活动（税收优惠和担保等）贯彻政策，作为（正式）财政政策的替代性工具发挥作用，表明政府的真正规模和作用远大于预算。这些活动通常缺乏适当的治理安排，因而包括很高的风险。
② 好的 PBFM 与好的公共政策在需要的机制、技术、技能和数据要求方面存在很大差异。
③ Schiavo-Campo S, Tommasi D. Managing Government Expenditure. Manila: Asian Development Bank, 1999: 502.

政资源。公共预算与财务管理涉及分配与使用，要求致力于满足民主治理对公共财政管理的基本要求，即政府得自人民的财政资源，须按人民的意愿使用，并致力于产生人民期望的结果，财政受托责任（fiscal accountability）因而成为公共预算与财务管理最核心的命题。

财政资源（fiscal resource）包括财务资源（financial resource）和非财务资源。前者是指可直接变现或直接用于清偿到期债务的公共资源，现金资源为其中最重要的部分，也是公共组织可以定期从预算中合法得到以维持运营（operate）的主要资源，因而也是公共预算与财务管理的重点；后者包括公共设施和自然资源（财富）。

如同汲取一样，财政资源的分配和使用同样依赖财政权力（fiscal power）。财政资源、财政权力和集体物品构成公共财政学的"铁三角"（核心概念）。公共预算与财务管理聚焦其中"两角"——"财政资源"（作为投入）如何被转换为"集体物品"（作为产出）以促进普遍利益（作为成果和影响）[①]，并不特别关注但也未忽视限制（财政）权力这一政治学的传统主题。在此视角下，公共预算与财务管理的框架小于公共财政学的框架[②]。

由于攸关普遍利益和政府的核心职责，稀缺财政资源必须得到妥善管理，确保在合规和正当程序的前提下，致力于追求理想财政成果（fiscal outcomes）的三个关键目标（总额财政纪律、优先性配置和运营绩效）。公共预算与财务管理就是为此而量身定制的系统方法与工具。

长期以来，公共预算与财务管理强调合规（compliance）和适当程序（due procedure）[③]，但当前的重点已转向结果导向的财政绩效（fiscal performance）方面[④]，同时确保没有忽视公共部门的传统价值。政府的本质是服务人民，公共预算与财务管理的基本目标与此完全一致。

随着研究领域的成熟与体系的完善，公共预算与财务管理正逐步发展为一门极具价值与前景的交叉性学科。这与公共预算与财务管理和报告过程构成了现代政府如何运作的核心紧密相连[⑤]，也与妥善管理财政资源（的能力与责任）比财政资源本身重要得多的认知紧密相连。

1.1.2 解释公共预算

预算（budget）的原始含义为"钱袋子"，源自英国中世纪词汇 budjet，指国王用

[①] 投入-产出-成果-影响（impacts）称为财政结果链（result-chain）。成果与特定政策-规划目标相连，影响是指成果带来的中长期正面或负面后果。例如，提高穷人收入为扶贫政策的成果，但扶贫政策会导致穷人行为（依赖或自立）和妇女地位的变化，此即成果。

[②] 这里并非指中国高校普遍使用的财政经济学（即经济学视角的财政学）。严格意义上的财政学同时涵盖政治学、经济学、行政学、管理学、法学和史学的维度，关切三个综合目标，即财政绩效、冲突调和与公共价值观培育。参见：王雍君，曹静韬. 公共财政学. 北京：北京师范大学出版社，2017. 公共预算与财务管理主要聚焦第一综合目标，即联结一般经济政策三个综合目标的财政绩效，后者涉及理想财政成果的三个层次，即总额财政纪律、优先性配置和运营绩效。

[③] 合规性是指对相关规则（rules）和规制的遵从。

[④] 绩效可从主观努力（efforts）和结果（results）两个方面定义。尽管主观努力很难计量，但结果导向的绩效管理不应忽视主观绩效。

[⑤] Matthew A, Shah A. Toward citizen-centered local-level budget in developing countries//Shah A. Public Expenditure Analysis. Washington D.C.: World Bank Publication，2005：183-216.

来装钱并用于支付公共开支的袋子。预算在两个方向上演化。最初，国会寻求控制预算并让政府对资源的使用负责。预算赋予行政系统以征集收入和开支的权力。在稍晚的年代，政府活动的范围大大扩展，政府预算的作用变得更加复杂。今天，政府开支旨在促进非常广泛的目标，包括经济发展、社会目标或再分配目标。预算是政府用以实施其政策的强力（potent）工具。在那些治理系统良好的国家，预算是反映社会选择的一面财务镜[①]。

人类进入民主时代后，预算的基本含义转变为立法机关代表人民对纳税人的"钱袋子"进行法定控制，强调政府支出必须每年得到立法机关的批准。

立法机关批准预算称为预算授权，作为宪法采纳的人民主权原则及政府的合法权威来自人民授予的财政操作程序与机制，约束与引导政府"拿钱"和"花钱"必须取得人民或其代表的赞同。一方面去除专制与武断的污点和嫌疑，形成政府合法财政权威的法定来源；另一方面为政府活动提供最高财政规制（fiscal regulations）。

预算授权对于指导财政政策同样至关重要。当代背景下，公共预算的焦点是财政政策，反过来同样成立。所有实质性公共政策都依赖财政政策的推动[②]。公共预算包含最重要的政府财政决策程序与机制，成为现代社会最基本、最正式和最频繁的治理程序与政治体制运转的中心。

现代公共预算起源于英国。从1215年确立"王在法下"的《大宪章》开始，经由1628年制定的宪法性文件《权利请愿书》的发展，成型于1689年的《权利法案》确认议会的支出同意权和收支逐年审议的权限，期间经历了470多年的演进与发展。至今，预算改革与演进从未止步。

与私人部门不同，公共部门必须有预算。预算"是任何国家不可缺少的，一个国家没有预算，就如同一个国家没有领土、没有政府一样不可想象"[③]。公共部门必须诉诸公共预算达成财务控制、贯彻政策、规划管理和民主参与四项基本功能，这也是公共财务管理的基本功能。

相比之下，私人部门致力于追求通常由财务报告表达、以货币计量的财务业绩与经营业绩，通常指利润，预算虽然有助于达成这些目标，但并非必需。事实上，许多企业并无预算，而是采用其他机制来达成目标。如果私人部门"以报表底线为王"，公共部门则"以预算为王"[④]。

公共预算有许多定义，这取决于我们如何看待预算。目的视角的一个定义如下：

> 预算并不是努力预测未来财政状况的过程，这也是不可能实现的。预算的目的是按照要求配置当前的公共资源以完成战略和政策，这些战略和政策将能

[①] Schiavo-Campo S, Tommasi D. Managing Government Expenditure. Manila: Asian Development Bank, 1999: 494-495.
[②] 公共政策是指政府的权威性作为或不作为。多数公共政策都属于实质性公共政策——需要花费资源才能推动的公共政策，非实质性公共政策（如确定国旗国歌）不需要花费资源推动。
[③] 李建英. 苏联财政法. 北京：中国财政经济出版社，1985：47.
[④] Longo R. Accelerated financial reporting in the federal government—how did it go? Journal of Government Financial Management, 2005, (1): 54.

够提高国家在不可避免的社会和财政冲击中生存下来的能力,并能够最先利用那些可预期的和意想不到的机会,去培育、发展和实现公民的梦想[①]。

综合相关文献的表述,相对而言较为合理的预算定义如下:

> 公共预算是在立法与行政框架下,引导公共财务资源管理达成预定功能与目标的原则、规则、惯例(practice)与机制(mechanism)的组合,涵盖预算程序与预算文件(包括决算文件)两个基本成分,分为总额预算、配置预算和运营预算三个层级,分别联结三个层次的理想财政成果——财政纪律(fiscal discipline)、配置优化和运营绩效,前提是合规和正当程序。三级框架扩展为六级框架也是适当的和必要的。六级框架即范围、总额、配置、运营、风险和透明[②]。

预算程序将预算过程大致划分为四个依次展开、循环运作的阶段,并清晰界定各阶段"谁在何时做何事向谁负责"[③]。首先是行政计划(executive planning)阶段,涉及行政部门制定预算草案;其次是法定审批(legislative approval)阶段,包括立法机关对预算提案的修订;再次是行政实施(executive implementation)阶段,覆盖整个财政年度中预算法的应用;最后是评估与审查阶段,涉及对决算文件(the final budget document)的审计与类似审查,确认与法定授权(the legal authorization)间的一致性。这一阶段也称为事后受托责任(expost accountability)阶段。预算文件也称预算报告,用以记录政府在某个给定时间的收入与支出,表明政府在此期间想做什么和如何为这些活动融资,以及政府实际上做了什么和谁为之买单。

以下提供公共预算的几个参考定义。

(1)一项为某个企业或政府在特定期间内融资的计划,需由行政部门准备并被呈递给代议机关,该计划在被执行前需要得到代议机关的批准和授权(approval and authorization)。这是100多年前(1915年)由克利夫兰(Frederick Cleveland)给出的定义[④]。

(2)预算是一个关于政府未来一年或多年计划、采纳(adopting)、执行、监督和审计财政规划的过程[⑤]。

(3)预算是一份以货币表达的、法定的、可实施的财政年度计划。一份预算就是一份关于将公共目的和政策转换为财务资源配置的陈述。最佳实践确认预算作为一份政

[①] Redburn F S. Practical imagination: a possible future for federal budgeting. Public Budgeting & Finance, 2015, 35 (4): 15.

[②] Schick A. The performance state: reflection on an idea whose time has come but whose implementation has not. OECD Journal on Budgeting, 2003, 3 (2): 71-104.

[③] von Hagen J. Budgeting institutions for better fiscal performance//Shar A. Budgeting and Budgetary Institutions, Overview. Washington D. C.: The World Bank Publication, 2007: 28-29.

[④] Cleveland F. Evolution of the budget idea in the United States. Annals of the American Academy of Political and Social Sciences, 1915, (62): 15-35.

[⑤] Mikesell J C. Fiscal administration in local government: an overview//Shah A. Local Budgeting. Washington D. C.: The World Bank Publication, 2007: 15-52.

策陈述（policy statement）[①]。

（4）预算是财政计划、控制和公共实体评估程序的一个基本组成部分。从本质上说，预算是分配资源以实现公共实体目标的工具，也是用于促进计划制订与实施的管理工具和控制资金以确保实现预定目标的工具[②]。

（5）预算是指六个成分的组合：对选民的政治呼吁；政府雄心壮志的宣言；经济政策的指南；政府活动的基础；延续过去的决策和解读未来的过程；为机构和活动融资的工具[③]。

（6）预算的目标应该是履行民主，并为政府职能及服务的有效执行提供有用的帮助。预算是一个将广大民众的各种不同的利益、目标、愿望和需要统一为一个计划的工具，由此可以顺带地为他们提供安全、方便和舒适。它对整个国家的经济都有巨大的影响。它是与人们的经济社会事务都相关的最重要的唯一通用的文件[④]。

公共预算有时也被解释为区别于正式的职责契约的财政契约，即以预期和关联性为基础的非正式契约：

> 政府预算是正式契约与非正式契约的混合体——正式是因为其从法律上限制了支出的数量和用途，含蓄（非正式）是因为许多要用钱做的事并未得以阐明。当具有关联性的各方都知道互相之间期望得到什么时，就会形成一个隐性的契约——尽管彼此的义务并没有得以正式规定。国会和总统承诺会在明确的条件下提供资金，各部门也同意用得以认可的方式来花这些资金…（预算）为契约各方设立了一系列相互的义务（obligations）和控制。"相互"这个词应该得到强调，因为人们很容易认为只是上级部门在进行单方面控制……预算因此而成为一个社会关系和法律关系的网络，在这个网络中，各方都做出承诺，而且各方也都平等地来请求批准（sanctions may be invoked）（尽管没有这种必要）……[⑤]

传统上，预算程序与预算报告均按法定财政年度运作。财政年度也称预算年度，是指预算文件作为法律文件的有效起始与结束期限，包括历年制和跨历年制。前者始于公历1月1日；后者跨越两个公历年度，但均为360天。美国联邦政府的财政年度始于10月1日，结束于来年的9月30日，为典型的跨历年制。无论采用哪种，预算执行（预算程序的第二阶段）均应尽可能与预算年度保持一致，这意味着预算文件应尽可能在预算年度开始之前得到批准。

[①] Lewis C W. How to read a local budget and assess government performance//Shah A. Local Budgeting. Washington D. C.: The World Bank Publication, 2007: 179-211.

[②] IFAC Public Sector Committee. Governance in the public sector: a governing body perspective. International Public Sector Study, 2001, (13): 46.

[③] Schick A. The performance state: reflection on an idea whose time has come but whose implementation has not. OECD Journal on Budgeting, 2003, 3 (2): 71-104.

[④] 海迪 A C. 公共预算经典——现代预算之路. 第二卷. 第三版. 苟燕楠, 董静译. 上海: 上海财经大学出版社, 2006: 357.

[⑤] Schick A. The performance state: reflection on an idea whose time has come but whose implementation has not. OECD Journal on Budgeting, 2003, 3 (2): 88.

财政年度可以与公司的会计年度一致，也可不一致。公共预算的三项传统原则，即年度性原则、法定原则和全面性原则，前两个原则都与财政年度紧密相连。基于预算法定的基本理念，所有国家的公共预算均为年度预算，并不存在、也没有任何国家采纳所谓的"中期预算"。

区分预算日程表与财政年度非常重要。预算日程表必须长于财政年度，并且足以使财政年度开始之前预算草案被精心地准备，一般应提前 2~4 个月呈递立法机关审查，使立法机关能在财政年度开始前完成所有的审查、辩论与批准工作。中国背景下，各级人大只是在财政年度开始后 2 个多月才批准预算，这意味着对预算拨款的审查，实际上针对的是一个已在实施中的、以上年为基础的、未得到详细审查的预算授权[①]。

预算日程表还应为财政年度结束后的预算执行评估和检查（包括审计）留出时间，但一般不应超过 6 个月。然而，财政年度开始前需要有预算准备时间，美国联邦预算的准备时间长达 18 个月，印度为 10 个月。中国则短得多，从财政部门发布预算编制指南算起，很少有超过 4 个月的。用过于短促的预算准备程序制定政策，往往导致把注意力集中在短期性问题上，政策筹划（包括细节考量和政策辩论）始终受制于紧迫的财务约束，关注"以收定支"或"以支定收"和基数法，以至预算过程的"收入驱动"压倒"政策驱动"，容易形成简单粗糙的政策和预算文件，并影响后续的整个预算过程的运作，带来失败的高风险[②]。

1.1.3 公共财务管理

目前相关文献对公共财务管理仍未给出公认的定义，如公共预算。国际会计师联合会（International Federation of Accountants，IFAC）从目标与内容角度给出如下定义：

> 在公共部门，财务管理系统的目标是支持对有限的资源进行配置和使用的管理活动，以期在提供产出中确保经济性和效率，并实现期望的能满足公共需要的成果；财务管理包括日常的现金管理以及中长期财务目标、政策和战略的规划，从而支持实体的运营计划；也包括资本支出的计划和控制、营运资本管理、基金决策和执行决策；它监督、管理起支撑作用的财务会计和管理会计功能、内部控制环境以及财务信息系统[③]。

在此定义中，公共财务管理的内容相当宽泛，覆盖公共资金与资源管理的各个方面，包括会计、内部控制和信息系统的管理，与公共预算的功能和指向的内容完全一致。然而，公共财务管理的对象及其相互关系究竟为何，在该定义中并不清晰。

2006 年八国集团财政部长会议讨论的公共财务管理章程，也以列举的方式确认了公

---

① 美国联邦政府的做法是：若预算在 10 月开始的财政年度前尚未得到批准，国会允许每个月的开支数最多达到上年预算拨款数的 1/12。相比之下，中国 2015 年实施的新预算法的相关规定要松散得多。

② 以现状言之，现行预算日程表中的预算准备日程表，有必要至少延长至 10 个月，以使此阶段聚焦政策筹划的预算准备所涉及的所有重要事项，包括预测、预算限额、部门间和政府间协调、争议的处理及各级人大的预算审查，有充足的时间予以妥善处理。

③ IFAC Public Sector Committee. Governance in the public sector: a governing body perspective. International Public Sector Study, 2001, (8): 47.

共财务管理的主要领域（sphere），即政策开发（development）和融资、财政透明度、计量财务稳定性及结果导向的预算；同时确立了公共财务管理的六个主要程序[①]：①战略预算制定（strategic budgeting），旨在达成预算与政策及发展进程（关注增长、平等与稳定）的直接联结；②预算准备，即行政部门编制呈递立法机关审查批准的预算草案；③资源管理，包括财务资源和采购、人事与资本管理；④内部控制、内部审计与监督；⑤会计与报告；⑥外部审计与受托责任。

该定义给出了公共财务管理的目的、范围与程序，但缺少系统性和全面性，尤其未清晰界定管理对象及其相互关系。

公共财务管理的对象大致可概括为六个主要方面，即公共收入管理、公共支出管理、预算授权（budget authorization）[②]管理、公共资产管理、公共债务管理、政府现金管理。其中，公共支出管理一直是公共财务管理的焦点。当代公共预算与财务管理的整体框架即由公共支出管理的三级框架拓展而来。

公共收入、公共支出、预算授权、公共资产、公共负债和政府现金为公共资源的六个特定形态，统称为财政资源要素（fiscal resource element），由特定的会计基础（accounting basis）加以计量并融入相应的财政报告（fiscal report）中。会计基础是指对交易进行会计记录的时间和标准。其中，收入与支出为运营表（operational statement）要素；预算授权为预算运营表（反映预算执行情况）要素，是指立法机关对预算申请的正式和明确批准；资产与负债为平衡表（balance sheet）要素，资产减负债称为净资产；现金流为现金流量表要素，由现金流入、现金流出、现金余额三个基本成分构成。

现金余额分为两部分，即安全现金储备和剩余现金投资。前者是指为保持公共组织安全支付所需的最低现金余额，后者是指超过安全储备的现金余额。政府现金管理也称为国库现金管理，旨在以最小限度的剩余现金余额实现安全支付，避免支付中断和控制其他风险，以及保障运营效率和获得合理回报。现金管理对于减少不必要的举债和节约利息费用也很重要。

收入和支出在传统上采用现金会计计量，称为"现金收入"和"现金支出"。以前年度结余的现金不应计作本年度的现金收入，本年度的现金结余也不应计作本年度的现金支出，两者在会计与财务报告中均应作为现金余额处理。

收入和支出也可采用权责会计计量。权责会计下的收入称为收益（revenue），不同于现金会计计量下的现金收入，但差异不是很大。相比之下，"支出"概念的计量差异大得多：权责会计计量的支出称为费用（expense），费用分配于特定对象形成其成本（cost）。费用是指经济资源的消耗，不应与现金支出混同，现金支出反映现金资源的消耗。两者的差异表现为非付现支出，即折旧、摊销和应付利息最为典型。公共预算与财务管理必须包含对成本费用的管理，而非限于对现金支出的管理。完全成本（full cost）是结果导向绩效概念的关键成分，也是绩效评价与管理的基石。

[①] Matthew A. What would ideal public finance management system look like? //Shar A. Budgeting and Budgetary Institutions. Washington D. C.: The World Bank Publication, 2007: 359-383.

[②] 预算授权是指立法机关批准预算申请。民主治理背景下，政府既不能从公民和企业拿钱，也不得实施任何支出，除非得到代表公民的立法机关正式和明确的批准。

1.1.4 区分财务与预算管理

公共财务管理与公共预算紧密相连、相互融合、不可分离。两者被期待促进大致相同的功能与目标，遵从大致相同的立法与行政框架。公共预算本身就是广义的公共财务管理概念的关键组成部分，用于界定公共财务管理的功能、目标和过程，并提供至关重要的工具和方法。

公共财物管理与公共预算的主要区别在于：公共预算虽然涵盖政治、法律、行政、管理与经济等多个维度，但本质上是一个规范与约束财政决策制定的政治过程，为公共财务管理提供至关重要的方向感与目标感，聚焦"做正确的事"；公共财务管理则作为旨在达成公共预算的功能与目标的工具与方法，聚焦"正确地做事"，与政治过程的联系较为间接，因而更为低调务实。两者都应致力于激励和约束公共部门与公共官员"负责任地做事"。

认识到两者的相互依存比强调区别更重要。缺失了公共预算，公共财务管理将失去基本的方向感与目标感，以及至关重要、被广泛接受的制度框架、工具与方法；缺失了公共财务管理，公共预算的目的与目标也很容易落空，如同沙滩上的堡垒。公共财务管理的所有成分，包括作为财政运营表要素的收入、支出或成本费用管理，作为平衡表要素的资产、负债与净资产管理，作为现金流量表要素的现金（流入、流出与余额）管理，无不高度依赖公共预算，公共支出管理尤其如此。

从诞生之日起，现代公共预算的重点就是管理公共支出（有时称为政府支出），尽管其视界覆盖或者应该覆盖公共财务管理的所有方面。与收入、赤字、债务或资产和现金流相比，现代社会中，政府更依赖公共支出来推动和贯彻公共政策，这也使公共支出管理与公共治理（public governance）的关系比其他成分更为紧密。

尤其重要的是，由财政纪律、配置优化和运营绩效构成的公共支出管理三级框架，扩展应用于公共财务管理的其他所有方面，包括收入、债务、赤字及公共资产与政府现金管理，都很适当且裨益良多。

因此，虽然以"公共支出管理"命名，但公共支出管理的三级结构同样适合作为公共预算与财务管理的通用框架。基于这一框架进行的分析和制度安排建构，不仅有助于清晰辨识理想财政成果的来源，也有助于发现公共预算与财务管理过程的潜在脆弱性，在成效不彰时尤其如此。在公共部门长期未能达成以合理成本交付公民偏好的服务时，准确辨识公共预算与财务管理的过程脆弱性至关重要，因为正是这些脆弱性损害了公共预算与财务管理提高其功能与目标的能力，因而应该成为相关改革的焦点与起点。

1.1.5 公共部门与核心部门

良好的公共预算与财务管理要求清晰界定实体（entity）范围与角色。前者涉及公共部门（public sector），后者涉及核心机构（center agencies）——区别于非核心部门的一般支出部门（和机构），后者也称一线部门（line minister）。

公共部门是指在一国领土或管辖范围内通过政治或法律程序建立的、具有强制性和垄断权的、制定和实施公共政策的机构或单元，其主要职责是向社会大多数人提供非商业性公共服务。其具有以下几点特征。

（1）主要执行非商业性职能的部门、机构和组织。

（2）由政府征集收入或提供资金为社会多数人提供社会保障服务的机构。

（3）全部由政府投资且只为政府雇员提供养老金服务的养老基金组织。

（4）为满足政府部门的某种需要而执行一些辅助政府职能机构（可以在规定范围内对公众进行小规模的销售活动），如政府部门的印刷厂。

（5）少数财政性金融机构，其特点是信贷资金全部来源于政府部门，不以储蓄存款方式向社会筹集资金，其收入自动流向政府的贷款机构，类似于中国的政策性银行。

（6）经营资本全部或大部分来自政府部门，或由政府控制的其他非营利性机构或主要为政府服务的机构。

（7）在多个国家拥有征税权的超国家当局（目前只有欧盟）。

公共部门的核心是一般政府（general government）。国际通行的国民收入核算体系（system of national accounts，SNA）关于一般政府的范围如下：①中央、州或地方政府的所有单元（units）；②每个政府层级上的所有社会保障基金；③受政府单元控制且由其提供融资的所有非市场的、非营利的机构。

一般政府并不包括公共公司（public corporations），即便这类公司的股权完全由政府单元拥有。它也不包括由政府单元拥有和控制的准公司（quasi-corporations）。然而，由政府单元拥有的非公司制企业并非准公司，因而必须包括在一般政府部门中。

核心机构是指行政系统中那些负责协调营运部门和机构的活动，并向其提供指导的组织。其范围非常广泛，一般包括财政部、内阁（Cabinet Office）或帮助总理或部长理事会（Council of Ministers）制定和协调与本部门人力资源管理相关的政策的部门、高级审计署、计划部、外交部（涉及国际合作）[①]。核心机构与一般支出部门因角色、动机和信息不同而区分开来，公共预算与财务管理因而可描述为"猫鼠游戏"[②]。

1.2 政策背景与目标

在发展领域的治理背景下，公共预算与财务管理的基本价值在于作为有效贯彻公共政策的核心工具。为此，在追求两个一般目标（即合规和适当程序）的前提下，确保公共预算与财务管理致力于追求一般经济政策的三个综合目标至关重要，以此形成理想财政成果的三个层次——也是公共支出管理和 PBFM 的三级框架，中国背景下扩展为四级框架尤其深具现实意义[③]。

---

① Schiavo-Campo S, Tommasi D. Managing government expenditure. Manila：Asian Development Bank. 1999：496.

② 核心部门作为监督者控制预算超支，信息自上而下（指令）；支出部门作为预算申报者寻求预算极大化，信息自下而上（汇报）。

③ 三级框架是指总额、配置和运营管理框架，此前加上"范围"即四级框架。公共支出、公共预算乃至政府职能的范围（尤指政府与市场的关系）、"政企分离"等问题，本质上就是"范围"（边界适当性）问题，至今一直困扰各级政府，成为历次重大改革的焦点之一。

1.2.1 联结经济政策的一般目标

为发挥人民赋予的作用，即保障以合理成本提供满足公共需求与偏好的集体物品，每个国家都应该以适当方式从经济中征集充足的资源，有效地分配和使用这些资源。发展背景下的公共预算与财务管理只涉及第二项，即作为财政资源支出面的公共支出[1]，连同税收（财政资源的收入面）作为财政政策的两个关键性工具。国家直接或间接地从人民中征集的资源，应以最密切地反映人民偏好的方式加以使用。建立什么样的机制以揭示与契合人民的偏好、实现政治受托责任以监督政府活动，一直是政治学的核心且非常重要，其对于指导财政政策也非常重要。

公共预算与财务管理的概念框架亦由公共支出管理的概念框架扩展而来，后者超越公共预算管理框架[2]，两者作为解决老问题——通过集体选择对公共财富进行分配——的新方法[3]，源于许多国家非常热心地改革其公共预算与财务管理作为政府再造战略的关键一环，以便在更有效利用稀缺资源促进发展方面寻求创新，在新公共管理（new public management，NPM）运动中得到大力推动。

经济政策的三个综合目标（增长、平等和稳定）为公共预算与财务管理、公共财务管理提供了至关重要的政策背景（policy context），对于公共部门的重要性如利润之于公司。公共政策是指影响到整个社会的政策[4]，包括政府的权威性作为或不作为两个方面，涉及经济、社会、政治、文化、外交、国防等各个领域，而以经济政策最为重要。

良好的公共预算与财务管理必须同时追求三个综合目标，确保没有任何一个目标被忽视。增长意味着把蛋糕做大，平等要求蛋糕的公平分享[5]，稳定意味着两者皆可持续。没有任何一个目标能够孤立存在，增长也是如此，不平等和不稳定将损害增长的可持续性。三个目标也可能存在冲突，因而需要统一的协调框架——公共预算与财务管理的三级框架。

1.2.2 公共预算与财务管理的三级框架与拓展

联结一般经济政策综合目标的公共预算与财务管理三级框架如下。
（1）总额财政纪律——联结"稳定"，形成宏观预算。
（2）优先性配置——联结"平等"，形成配置预算。

---

[1] "发展背景"区别于权力分立制衡的宪制功能建构，前者采用资源—绩效话语，后者采用权力—冲突话语，由此形成经济学、公共管理学与政治学视角的差异。

[2] 公共预算与公共支出管理的分流，源于前者作为公共支出管理的工具并不充分——公共支出管理需要一个视野更大的管理框架。其主要区别如下：预算强调程序、公共支出管理聚焦结果；公共支出管理包含许多传统上与预算无关的制度与管理规定，尤其是在针对决策者和规划管理者的激励与信息方面。参见：希克 A. 当代公共支出管理方法. 北京：经济管理出版社，2000.

[3] 集体选择也称公共选择，为公共选择理论的核心概念。公共财富是指财政资源，为典型的共同池资源（common pool resource），面对共同池［经济学描述为公地悲剧（the tragedy of commons）］问题及其负面后果这一复杂棘手的治理难题。

[4] Schick A. The performance state: reflection on an idea whose time has come but whose implementation has not. OECD Journal on Budgeting, 2003, 3（2）: 71-104.

[5] 平等与收入和财富再分配相联系，涉及结果平等、机会均等和条件（地位与起点）平等三个核心概念。

（3）运营绩效——联结"增长"，形成微观预算[1]。

总额财政纪律、优先性配置和运营绩效为共同理想财政成果的三个基本层次，即公共预算与财务管理的三个关键目标。良好的公共预算与财务管理应确保追求这三个关键目标，以及作为前提条件的两个一般目标，即合规（遵从规则与规制）和适当程序[2]。

总额财政纪律被普遍视为公共预算与财务管理的首要价值，无论中央还是地方。其含义如下：通过"有多少钱可花"和"需要花多少钱"之间的反复磨合确定支出、赤字和债务水平，确保政策目标（资源需求）和财政可持续性间的中长期平衡。总额财政纪律与硬预算约束相关，旨在控制公共财政中的共同池问题——经济学表述为公地悲剧（the tragedy of the common）——及其负面后果。

三级结构与20世纪60年代公共预算三项全球性重要发展（源自美国）紧密相连，即宏观经济、规划预算及信息与决策技术，影响了常规（行政）管理向侧重分析备选方案的演变，源于公共预算不仅要响应会计和管理的需求，还应成为分析政府政策和运营的有效手段的认知。在此过程中，作为政府核心的关键角色，财政部管理预算过程的作用也发生了以下三项重要变化。

（1）负责中期预测，包括经济与财政经济。

（2）管理战略性政策选择过程，部门在限额内进行支出政策排序取舍，财政部提出新政策建议并提供部门再评估现行政策的方针与程序。

（3）预算执行过程由控制转向监管绩效与提供信息，包括修订预算制定方法、会计与预算报告内容及确保透明度。

宏观预算是指按大类规划分组的政府经济和功能支出分类，为20世纪40年代凯恩斯宏观财政革命的直接产物。宏观预算革命的精华在于，它认识到政府全部支出效应必须在预算筹划时就要考虑到，而不应简单地侧重于平衡预算或降低税收。凯氏宏观经济分析理论在很大程度上改变了工业化国家的预算方法，公共支出效应分析尤其受到凯恩斯理论的极大影响，为预算过程重新使用"计划"这个字眼铺平了道路，也使大量对"宏观预算"的谋划产生深远影响的经济学家进入了政府。

宏观预算作为贯彻宏观经济政策的工具发挥作用。宏观经济政策在市场经济中极为重要，必须联结预算，否则会产生非常直接的问题。预算准备应以包括现实预测在内的

---

[1] 运营绩效通常表述为运营结果链：投入—产出—成果—影响，有时也称狭义财政绩效的因果逻辑模型。前三个分别聚焦经济性、效率和有效性（3E），有些文献再加上平等（equity），形成4E。笔者认为并无必要，因为平等可以涵盖在有效性（effectiveness）中。

[2] 早期的正当法律程序（due process of law）作为法治观念产生于13世纪的英国。普通法要求法庭在对任何争端或纠纷做出裁决时绝对遵循"自然正义"原则，旨在发挥类似宪制角色的两项核心功能：防范权力滥用以遏制腐败，以及保障人权、保障公民与法人等合法权益免受公权力主体滥权、恣意行为侵犯。当代正当程序不但是程序性的，而且是实质性的：强调立法本身的公平正义（非正义的法为非法）和执法公正，并适用于司法或准司法行为、行政行为和其他各种公权力行为，如罚款、没收、吊销证照等行政处罚，查封、扣押、冻结等行政强制，土地、自然资源和其他财产的征收、征用、税费征缴、行政许可、审批，以及行政确认、行政裁决、行政给付，乃至人事管理中的拒绝录用、辞退、开除和其他行政处分；公开、透明、公众参与也日益受到重视。美国法哲学学者贝勒斯教授（Michael D. Bayles）将当代正当程序界定为三种语境：集体决定（涉及议事规则与选择代表的规则）、解决冲突和对个人或自然人加诸负担与利益（burden/benefit decisions）的决定。http://baike.baidu.com/link?url=ydimYGMqNRUur0eJlq0XZPH2eItnhRv7n0q3pN4_DlyYJX4i7qGGgdthVkVZQQa_ItvaHIVMw7BvWvp-Qbg5O7qy2FlMKEeJGLMAO_qW2683Vd-mJKtOxzvXPY5a5-Xm，2017-06-21。

宏观经济政策框架为起点，预算准备（向立法机关提交正式预算草案之前的阶段）的精华在于一开始就要认识到预算的宏观经济效应，并将其作为预算筹划的重点，而不应简单地侧重预算平衡或减税。

预算准备阶段对宏观经济政策的精心筹划须满足三项基本要求，即正确理解（否则一票否决）、总量限额（最高层负责）、财政部门分配限额（部门、地方政府、公民和企业最高可得到多少）。然而，宏观经济政策筹划不关注战略选择（卫生、教育、国防等部门各自支出多少），但管理战略选择非常重要，攸关宏观经济政策的目标（增长、就业、通货膨胀和国际收支等）如何通过协调局部努力达成。只有确保按功能和经济分类的支出安排与宏观经济政策目标间的一致性，预算才能成为贯彻公共政策的核心工作。

配置预算的功能，旨在确保预算资源的配置充分反映国家战略重点与政府政策的优先性：基于配置效率和公平的支出优先性排序。理论上，支出优先性取决于公民偏好和成本。预算过程假设两者可充分反映在政府战略与政策中，并且立法机关能够代表公民对其实施有效的审查和监督，尽管实际情形可能并非如此。

配置预算的准备主要涉及部门在给定预算限额下提出预算申请。良好的预算申请应依次作六个层次的理由陈述，即国家需求、政策分析、成本效益分析、规划评估、运营绩效计量标准和政治考量。其中，政策分析重点关注如何以最省钱的方式解决总量。

微观预算可区分为三个体制，即条目预算（line-item budget）、规划预算和绩效预算，以规划预算（program budgeting）最为基本，其源头可追溯到美国联邦政府于1950年采纳的绩效预算，当时的正式名称为规划预算；20 世纪 60 年代开发的计划-规划-预算-系统即著名的计划项目预算制（planning-programming-budgeting system，PPBS），使规划预算发展到成熟阶段，尽管被认为并未取得预期的成功，但对其他许多国家的微观预算实践产生了深远影响，规划预算的理念与实践现已深入人心。

计划项目预算制的源头是福利经济学的边际效应，也称成本效益分析，要求部门和机构在考虑好规划选择前不要做出正式的预算申请决定，从而为预算过程引入边际分析铺平道路，其主要贡献在于扩大了预算过程"可决策"的范围[①]。新的信息和决策能力的发展——源于成本效益（微观）分析和宏观支出效应（系统）分析的发展，也起着重要的推动作用。

预算的三级结构（宏观—配置—微观预算）均由预算政策解决。经济合作与发展组织（Organization for Economic Co-operation and Development，OECD）成员国大致采纳如下三个步骤：①国家经济政策顾问与财政部负责自上而下产生支出限额；②内阁与财政部及部门互动，自下而上确定战略（优先性）选择；③机构（agency）执行规

---

① 理性主义预算方法作为对传统渐进主义预算方法（基数法）的替代，要求预算决策覆盖全部可得预算资源——无论增量还是存量（基数）。这是绩效导向预算方法融入预算过程的起始，通常与零基预算概念相连。规划预算可看作全面零基预算（工作量过大）的改进版。

划与活动①。

三级结构最终需要形成统一的预算，过程和模式因国家而异②。三级结构提供了评估公共预算与财务管理是否良好的理论标准，也可作为公共预算与财务管理改革议程的逻辑起点。如果公共预算与财务管理被认为设计或运转不良，那么，正确的改革逻辑要求依次推进：优先考虑强化总额财政纪律，之后重心转向战略优先性，最后转向运营绩效。然而，三级结构并非公共预算与财务管理的全面框架，遗漏了几个重要的层级，即范围、风险和透明度。拓展后的框架涵盖理想财政成果的六个层级，即范围适当③、总额财政纪律、优先性配置、运营绩效、财政风险控制、财政透明度。

这一分析框架对制定公共预算与财务管理改革议程也很有用。许多发展中国家正面临深度改革公共预算与财务管理以强化治理的棘手挑战，逐级梳理与改革公共预算与财务管理体制的脆弱性至关重要。政府的本质是服务人民——以合理成本充分和可持续地交付人民偏好的公共服务。公共预算与财务管理的六级框架的每个层级都体现服务人民的政府本质，任何一个层级出现"短板"都会损害服务交付绩效，不满足两个前提（合规和正当程序）也是如此。

1.3 公共预算与财务管理的基本职能

公共预算与财务管理的关键目标与一般目标可概括为四项基本职能，即财务控制、贯彻政策、规划管理和民主参与。许多文献界定和讨论了大致类似的功能④。没有一种理想的预算模式能够同时实现这些目标，但受托责任必须是预算的首要目的，随后是控制目的——确保授权和拨付的资金被用于指定活动⑤。

1.3.1 财务控制

财务控制和财务受托责任是良好的公共预算与财务管理的本质要素，主要目的为保护资产免受偷盗、确保财政交易获得授权及确保以合理成本提供财务信息，这些都依赖预算。预算是公共组织向立法机关提出的对公款的申请，包括税收和拨款，但并非会计

---

① 预算部门（角色）的三个层次依次为政府整体、部门和机构，后者隶属前者并受前者领导与控制。
② 美国联邦政府采用独特的二元结构：国会与总统分别独立运作，最终形成统一的预算。部门战略选择（配置预算）也是如此：1974 年成立的参众两院预算委员会确定宏观经济政策，行政分支的财政部、总统直辖的预算与管理局（Office of Management and Budge, OMB）和经济顾问委员会也是如此，形成政策决策的"平行三角"。总统与国会达成的任何规范协议（未来 5~10 年）均以法律形式颁布实施。
③ 预算与支出范围并非越大越好，当然亦非越小越好。如果将不属于政府职责的事项放入预算中，可能导致对公众的误导，误以为政府对其负责。
④ 希克曾界定了发展背景下所有预算体制的五个功能，即建立中长期财政框架、基于政策优先性和规划有效性的资源配置、促进运营性政府（operating government）和有效率的服务交付、确保预算反映公民偏好以及支出机构对其活动负责。
参见：Schick A. Twenty-five years of budget reform. OECD Journal on Budgeting, 2004, 4（1）: 81-102.
⑤ 威尔达夫斯基 A, 凯顿 N. 预算过程中的新政治学. 第四版. 邓淑莲, 魏陆译. 上海：上海财经大学出版社, 2006: 325-326.

系统的产物，一旦被批准，则依照预算监督实际支出成为首席财务官的角色，以此形成内部与外部财务控制的关键形式[①]。

财务控制作为公共预算与财务管理的首要职能，旨在达成总额财政纪律。总额财政纪律作为公共预算与财务管理的首要价值——无论中央还是地方，根植于控制公共财政中的共同资源池问题及其负面后果的需要，对于限制权力（滥用）和强化受托责任同样至关重要，大致可区分为两个模式，即个量控制和总量控制。各种财政控制均以年度预算法实施的法定预算授权作为最高依据[②]。

总量控制以总额财政制度最为重要，关键要素包括：①赋予核心部门在财政总量决策中的支配地位；②旨在建立严格预算限额并分离线上预算与线下预算的 MTEF；③预算的全面性；④正式和量化的财政约束；⑤应对预算调整的机制（如预算稳定基金）。

预算过程对财政纪律的上述要求可以简明地概括为斯坦法则（Stein's law）：如果事情不能永远继续，就将停下来[③]。

个量控制分为投入控制和产出控制两个模式。

投入控制为财务控制的传统重点，聚焦"谁花钱"和"花这些公款做了什么"，两者攸关公众利益和公共财务官员职责，预算（文件）因而被制定为法律以强调这类控制的重要性[③]。

聚焦投入控制的预算模式称为条目预算，要求详细列示支出的具体细目，遵从事前规定的用途和标准，结余资金通常被上收并伴随大量的外部检查。条目预算自19世纪在欧洲大陆国家得到发展，逐步扩展到全球，目前仍为各国主流的预算模式，但其有效性与合意性备受争议，其主要局限在于其组织（内部）导向和严格的用途限制——"打酱油的钱不能买醋"，这容易导致忽视甚至漠视利益相关者关注的运营绩效。此外，投入预算有利于强势组织而不利于弱势组织，并具有限制预算资源竞争的倾向。

与投入控制不同，产出控制以事前的绩效标准为财政控制的基础，在很大程度上放松了投入控制，从而赋予机构管理者以较多的管理裁量权（managerial discretion power），包括投入要素（如资金与人力资源）的组合和结余留用，强调绩效责任而非传统的合规责任。相应的预算模式称为产出预算（output budgeting），为绩效预算的"高级"或激进版本，以新西兰于20世纪90年代初开始采用的模式最具代表性。许多国家的预算模式也包含产出预算的特征和成分。成功引入产出预算需要具备一系列较苛刻的条件，包括对产出与成果的清晰界定和计量、产出分类系统和责任框架，后者规定谁对产出负责、谁对成果（outcome）负责。一般认为，在合规性控制得到系统强化之前，引入产出预算并不适当，但融入其合理内核可能是适当和必要的。

财务控制职能的范围十分广泛，包括保护公共资源的安全、运营绩效、信息质量，

---

① Jones R. Financial accounting and reporting//Shar A. Local Public Financial Management. Washington D. C.: The World Bank Publication, 2007: 7-32.

② 预算授权是指立法机关按预算年度批准预算申请，为约束与引导行政部门活动确立法定基础。

③ 这是美国尼克松总统的经济顾问 Herbert Stein 说的。斯坦法则没说清楚何时停止以及我们如何让它停止。Meyers R T. Prospects for a Sustainable Budget Policy in the United States. Remarks to a Conference Sponsored by the School of Public Finance and Taxation. Capital University of Economics and Business. Beijing, China, October 17, 2009. University of Maryland, Baltimore County, USA.

以及确保所有公共资金的取得与使用都必须得到授权。国际会计师联合会曾从公共部门治理的角度将控制目标界定为受托责任的三个特定领域，即运营绩效、内外报告的可靠性和合规性，并将控制框架作为公共部门治理的四项基本内容之一。另外三项分别是治理成员的表率作用、组织架构与程序及对外报告。同时，还确认了一系列的控制程序，包括风险管理、外部审计、公共预算、内部控制、财务管理和人员培训规划，人员培训规划旨在使组织成员具备必要能力以胜任相关职责[①]。

内部控制包括会计控制和内部审计。对交易进行清晰、可靠和完整的会计记录，以跟踪公共资金与资源流动的蛛丝马迹，即整个财政控制，也是内部控制的底线要求。对运营绩效的财政控制关注服务标准，涉及服务的数量、质量、成本、及时性、平等性和易得性。一般来讲，中央政府最重要的财政职责之一就是建立和监督最低服务标准。对财政报告（fiscal report）的控制关注交易记录的清晰性（反映交易实质）、可靠性（要求被核准），强调遵从公认会计标准。对合规的控制关注对相关法律、法规及其他规范的遵从，包括财政报告的合规性控制。公共组织展示与证明其受托责任的努力，通常始于公共组织向其利益相关者提供各种财政报告。

1.3.2 贯彻政策

尽管在公共预算与财务管理程序中完成所有的政策制定工作并不可行，但应致力于寻求政策议程和公共预算与财务管理的联结，因为政策必须考虑经济与财政状况，而预算应准确反映政府的政策重点与优先性。

公共预算与财务管理和公共政策的联结，一方面保证公共预算与财务管理过程受政策驱动（driven by policy）而非资源驱动；另一方面保证预算中采纳的政策与可得资源相适应。资源驱动而非政策驱动的公共预算与财务管理，变异为"分钱与花钱游戏"的风险很高；政策脱离可得资源的限制，则易使政策沦为"理想"与"决心"，而非"可信"（目标）、"可靠"（措施）和"相关"（目标与措施间）。这会弱化公共预算的政策功能，即作为贯彻公共政策的工具促进政策目标的功能，并危及财政可持续性。

预算中采纳的政策通常为实质性政策，即需要花费预算资源推动的政策。非实质性政策无须花费资源，如确定国旗国徽、禁止汽车尾气超标排放、规定职业资格标准等。

许多政府也通过公共预算与财务管理以外的程序和机制实施治理，如国有企业、行政规制、公私伙伴关系（Public-Private Partnership，PPP）、政策性金融机构、贷款担保、行政机构或立法与司法机构。这种做法有其固有的局限性：无论它们与政府的关系多么紧密，所提供的框架都过于狭隘，不足以建立起宏大而不失精微的治理秩序，其可靠性和有效性都令人存疑，并且广受争议。

在这种情况下，最优先的政策反应不是依赖公共预算与财务管理以外的程序与机制，而是改进公共预算与财务管理的程序与机制，尤其应在公共政策与公共预算之间建立直接联结。其中一个方法是引入 MTEF，作为年度预算体制的支持（非替代亦非平行）

[①] IFAC Public Sector Committee. Governance in the public sector: a governing body perspective. International Public Sector Study, 2001, (8): 1-93.

性机制。一般认为，除了其他缺陷和局限外，年度预算体制很难实现与政策的直接联结，即便满足财政控制的要求也是如此。

1.3.3 规划管理

作为贯彻政策功能的自然延伸，现代公共预算与财务管理还被赋予了规划管理的功能，为其提供至关重要的工具——规划预算，包括引导规划管理与规划预算的计划功能。现代规划预算起源于20世纪60年代的计划-规划-预算系统，需要复杂的分析、大量的数据信息、有效的再培训来支持，还要求对行政和立法机构及其决策权进行结构性调整，以及作为预算资源分配基础的规划结构与目标的精心设计[①]。

规划管理为贯彻政策提供"微观基础"的管理安排。规划既是政策执行也是服务交付的适当单元和同义语。没有有效的规划与规划管理，被精心制定的公共政策也会出现执行不良甚至失败的情况。规划管理也攸关公共服务的成本与交付，因为原则上所有的公共服务都通过或者应该通过规划交付给利益相关者。规划也是归集成本和制定预算的适当单元。有效的规划管理必须和公共预算与财务管理联结起来，并采用规划预算为重要工具，以达成与政策目标相联结的规划目标。

在公共预算与财务管理中，规划一般是指旨在达成相同目标的若干活动的集合，涵盖规划名称（如儿童保健规划）、规划目标（增进儿童体能与健康）、活动（注射儿童疫苗和开发儿童营养品等）、预算投入（总计1 000万元）四个主要层级。预算投入是指特定规划下的每项活动投入的预算资源，诸如工资、差旅、设备购置、利息等列示。规划目标要求严格衔接相应的公共政策目标。凡是可能和适当的，政策目标与规划目标均应量化并形成紧密联系。规划的含义比项目或工程的含义更为宽泛，涵盖有形资产和无形资产，如人力资源（包括培训）规划、儿童软骨病防范规划和信息系统规划。

规划与规划管理的重要性，不仅源于贯彻政策，也源于如下要求：所有公共服务均应通过被精心设计与实施的特定规划交付给受益者，相应地，财政资源也应以规划作为配置本位。全球化、民主（公民中心）治理和科技的快速发展，日益要求采用以规划为本位的横向方法组织服务供应，以纵向方法（等级制）和组织本位配置资源和组织服务供应的传统模式，虽然仍有必要，但其重要性和有效性呈递减趋势。

规划预算提供了最有希望的路径之一，可定义为以公共规划为资源配置本位的预算模式，涵盖八个基本成分，即规划分类、规划目标陈述、规划结构设计、资源分配、绩效基准、责任指派、规划评估和信息系统。

为支持规划管理和促进政策目标，预算分类系统必须包含衔接功能分类（体现政策）的规划分类，包括大类和次级分类，形成"功能—规划—次级规划—活动"的层级序列结构。以教育为例，教育（功能）—师资培训（规划）—出国进修（次级规划）—教学方法学习（活动1）和专业课程学习（活动2）。有些规划跨越组织界限，部门间的协同和合作

---

① Bourdeaux C. The problem with programs: multiple perspectives on program structures in program-based performance-oriented budgets. Public Budgeting and Finance, 2008, 28（2）: 20-47.

至关重要。实际上,规划管理的根本问题就是与组织边界的冲突。规划预算要求打破资源配置的组织边界,以规划而非组织本位配置预算资源,其意义重大但极具挑战。

预算资源的分配与特定活动下的条目(如人员与差旅)相联结。各项活动的预算(资源)加总为特定规划的预算。特定规划下的"活动"也称为"作业"(activity),既是集成工作(work),也是归集成本,还是计量运营绩效的基础单元,如人构成生物体的细胞。工作,是指被指派给组织成员(如个人、业务单元或团队)的特定任务(如打字)和相应决策权(如打字速度)的组合。

在将公共资金与资源(投入)转换为产出以实现财政成果的过程中,公共组织面对众多任务,包括采购、人事(如招聘培训与薪酬)、制订财务计划与预算申请等。规划管理要求在合理分工和有效协调的基础上,将公共组织的整体任务恰当地分解和集成为各个"基本"的组成部分——规划,包括谁(部门与机构)负责及组织成员各自的"工作"是什么。作为微观基础的底层部分,恰当地分派工作对于保证规划的成功非常重要,基本要求是"让适当的人做适当的事",这是典型的组织架构设计问题,其重要性在公共预算与财务管理的相关文献中长期被忽视,相关研究极不充分。在实践中,公共预算与财务管理中的许多失败,往往源于财政组织架构的设计与实施不良,而非技术方法的缺陷。

规划管理的基本逻辑清晰而重要,以规划为纽带,将公共服务、公共组织与组织成员、公共资源(预算)、运营绩效联结起来,从而一举解决"做什么""谁负责什么""需要花多少钱""做得怎么样"四个基本的微观管理问题。这是其他任何模式——无论条目预算还是绩效预算和权责预算——所不具备的特征。没有良好的规划管理提供坚实的微观基础,公共管理犹如沙滩上的堡垒。

规划管理的本质是以规划为核心的资源重组,打破组织边界和"领导说了算"的传统配置模式,以规划本位压倒组织本位和领导本位配置资源。其基本逻辑的合理性和意义很难被质疑,资源有效重组的重要性远甚于资源本身。经济发展也是如此,主要得益于资源重组而非资源本身的富足。

但真正的问题并非以规划预算取代资源配置的组织与条目本位,而是如何达成兼容和平衡,这高度依赖公共预算与财务管理的精心设计与实施,尤其应将规划预算作为超越条目(投入)预算的第一步,使其成为时机成熟时转向正式绩效预算的桥梁。"超越"的基本要求是将"谁花钱"和"花在何处"清晰鉴别,从传统的组织(部门与机构)和条目本位转向规划本位。美国各州逐步转向规划预算就是此类步骤,澳大利亚、马来西亚和新加坡在20世纪90年代也是如此,即同时根据支出机构和规划报告预算。第二步是将规划预算融入MTEF。20世纪90年代后期,随着引入MTEF的改革,南非开始构造新的预算制式以列示规划[1]。第三步是将规划预算和公共预算与财务管理民主参与功能结合起来,包括引入针对利益相关者的磋商机制。公民声音只是在参与特定服务(规划)时才能被听到,尤其在那些公民组织发育不良的国家[2]。规划预算与民主参与的支

---

[1] Matthew A. Performance-based budgeting reform: progress, problems, and pointers//shah A. Fiscal Management Washington D.C.: The World Bank Publication, 2005: 31-67.

[2] Schiavo-Campo S. Potemkin villages: the medium-term expenditure framework in developing countries. Public Budgeting & Finance, 2009, 29(2): 19.

持性机制（参与式预算）①的联系最为紧密，也比其他预算模式（如条目预算和权责预算）更有助于促进民主参与的功能。第四步是在条件具备和环境适当的情况下，将规划预算转换为正式的绩效预算，即将预算资源配置直接联结绩效目标，也就是以绩效目标作为预算配置本位的预算模式。目前包括中国在内的多数国家都不具备成熟的条件和适宜的环境，因而总体而言并不适当。

1.3.4 民主参与

政治民主的全球性发展将社会与公众的注意力日益引向公共预算与财务管理领域，要求公共预算与财务管理有力地支持财政民主（fiscal democracy），进而促进政治过程的公民参与（citizen participation）。

设计得当的公共预算与财务管理具有将公民参与引入公共政策领域的深厚潜力。公共政策中的公民参与具有如下五项独特意义：作为与公民的磋商（consultation）；作为伙伴关系；作为法定地位（legal standing）；作为消费者选择；作为控制机制——尤其是通过公民投票机制（referendums）②。

财政民主是指对公共财政过程的民主参与，以形成对公共财政事务的基础广泛的社会共识和公民赞同，涵盖话语权表达和政府回应两个基本成分，以及间接财政民主和直接财政民主两个基本模式。西方背景下，间接财政民主模式以代议制为中心，中国背景下可理解为以各级人民代表大会为中心的财政民主模式，由人民选举产生的代表在公共预算与财务管理过程中履行三项基本的财政民主功能，即代表、法定财政授权和财政监督。

代表是指代表人民的意志与利益，作为政府财政权威（尤指征税、支出与举债的权威）合法性的法定来源；法定财政授权是指人民代表大会批准相关法律，以及作为法律文件的年度预算报告，授予公共组织以财政资源、权力和责任，使其达成预定目标与任务；财政监督是指旨在保证财政行为及其结果遵从法定财政授权的相关努力，涉及财政过程的各个方面和各个环节。财政过程（fiscal process）是指由公共预算与财务管理界定的始于财政融资（税收、非税收入和举债），经由预算程序和政府现金管理等一系列中间环节，向公众交付其偏好的公共服务的过程。

直接财政民主是指公民及其代表在代议机制外，直接表达财政话语及政府回应的参与机制。直接模式和间接模式并非也不应作为两个平行模式。多数情况下，直接模式作为间接模式的补充，不应削弱间接模式的主导地位与功能。许多国家与政府在公共预算与财务管理中采纳参与式预算（participatory budgeting）和参与式审计，作为促进直接财政民主的两个重要机制。

与政府单方面主导预算决策制定的传统程序不同，参与式预算要求政府、公民、非政府组织（non-government organizations, NGOs）和公民社会组织（civil society organizations, CSOs）参与预算过程，并且允许公民在决定资源"如何使用"和"用于何处"方面扮演

---

① 参与式预算是指赋权公民有权决定预算资源"用于何处"和"如何使用"的预算体制。
② Bishop P, Davis G. Mapping public participation in policy choices. Australian Journal of Public Administration, 2002, 61（1）: 14-29.

一个直接决策者的角色[1]。

参与式预算强调在公共预算与财务管理过程中,保持政府与公民面对面的接触,尤其适合基层和地方政府,但也适合中央政府。即使中央政府可以使用更易获得和更便宜的通信技术处理事务,也不能完全取代常规的(regular)、面对面的接触[2]。大量公民代表具有不同社会经济背景的群体参与公共预算与财务管理的过程,不仅有助于增强公民的直接代表性,也有助于将直接民主的声音传播到政策制定中去。有研究表明,预算程序越是显示其代表性,公民和外部相关者对政府的可信度就越高[3]。

公共预算与财务管理中另一个支持直接财政民主的机制是参与式审计,是指普通公民对公共财务审计的直接参与[4]。支持者认为,普通公民对政府财务审计的参与有助于政府审计部门更好地开展工作,因为这有助于加强后者的能力,并进行监督以减少审计部门与被审计的行政部门间的合谋;反对者则认为,审计机构必须保持独立性,以公民参与名义融入监督实体可能瓦解审计部门的工作[5]。

财政民主的促进机制很多,参与式预算与审计只是其中两个较为高级的方式,但有其局限性且不易成功。其他参与机制也需要一并得到发展,如预算听证、质询、公民论坛、公民提案、投诉、举报、服务满意度调查。中国背景下的"群众路线"中的许多机制,也有助于增进公共预算与财务管理中的民主参与。

对于发展中国家而言,未来努力的大方向是协同推进正式代表性制度(间接模式)和参与式机制(直接模式),从而在整体上形成公民导向的公共预算与财务管理模式。单一渠道均有盲点,应相互补充与支持,但前者的主导地位不应被颠覆。

中国背景下,前一方法关注在各级人民代表大会内部形成专业委员会机制,以建立公民导向的预算模式;参与机制的发展关注相同目标。在这两类方法中,非常重要的前提条件是创立规则以使公民能够无成本、及时地获得相关信息。这进一步要求赋权公民参与预算过程的各个阶段[6]。

更一般地讲,在公共预算与财务管理中建立参与功能至少应包括四个重要举措:①预算数据必须以对公民有意义的方式分类;②预算需要以贴近公民的方式准备;③预算必须清晰地表达官员的核心责任;④预算必须清晰地报告财政运营的关键特征,即支

---

[1] Wampler B. A guide to participatory budgeting//Shah A. Participatory Budgeting. Washington D. C.: The World Bank Publication, 2007: 21.

[2] Mikesell J L. Fiscal administration in local government: an overview//Shah A. Local Budgeting. Washington D. C.: The World Bank Publication, 2007: 17.

[3] Moynihan D P. Citizen participation in budgeting: prospects for developing countries//Shah A. Participatory Budgeting. Washington D. C.: The World Bank Publication, 2007: 59-61. 截至2007年,20个国家中超过300个地方政府采用了参与式预算体制。参见:Mikesell J L. Fiscal administration in local government: an overview//Shah A. Local Budgeting. Washington D. C.: The World Bank Publication, 2007: 47.

[4] 有研究表明,在印度的拉贾斯坦邦开展的社会审计机制(social auditing mechanism)促进了受托责任并减少了腐败。参见:Jenkins R, Goetz A M. Accounts and accountability: the oretical implications of the right-to-information movement in India. Third World Quarterly, 1999, 20(3): 603-622.

[5] Jenkins R. The role of political institutions in promoting accountability//Shah A. Performance, Accountability and Combating Corruption. Washington D. C.: The World Bank Publication, 2007: 141.

[6] Matthew A, Shah A. Toward citizen-centered local-level budget in developing countries//Shah A. Public Expenditure Analysis. Washington D. C.: The World Bank Publication, 2005: 193-194.

出、收入、赤字或盈余、绩效成果等[①]。

➢ 本章小结

- 公共预算与财务管理和公共财政学有大致相同的起源——集体物品，但后者的视野更宽，涵盖财政资源的获取，前者涉及的是财政资源的分配与使用。发展背景下的公共预算与财务管理框架可界定为 3~6 个层级的理想财政成果，前提是合规和遵从适当程序。支出优先性基本上涉及的是政治过程。支出部门在其内部如何最佳地配置资源以达到给定目标方面，比政治家和核心部门拥有更好的信息。
- 公共预算与财务管理的焦点是财政政策，因为所有实质性公共政策都依赖财政政策贯彻。公共政策分为象征性和实质性政策，后者以发展政策即一般经济最为重要，部门政策次之，如税收、支出、债务及规制与监管政策。
- 发展政策即一般经济政策，由政府整体负责。公共预算与财务管理约束与引导财政政策追求一般经济政策的综合目标——增长、平等与稳定，以及部门政策与综合目标间的一致性。这是预算筹划的原则性任务，由此形成公共支出管理的三级框架。
- 总额财政纪律关注财政可持续性。只有在满足不牺牲未来世代利益、不损害生态环境、不招致周期性经济危机及平等分享发展成果的前提下，增长才是可持续的。
- 三级框架即总额财政纪律、配置优先性和运营绩效，也是宏观财政政策、财政配置政策、财政运营政策的宽泛目标。总额财政纪律为公共预算与财务管理的首要价值，无论中央还是地方。
- 公共支出管理的三级框架扩展为公共预算与财务管理的六级框架——范围、总量、配置、运营、风险和透明——非常必要和适当。范围涉及实体、程序、文件及公共支出与公共资产的适当边界，强调全面性。风险是指威胁组织目标从而造成损失的可能性，分为可持续性、资源错配和运营风险。透明要求相关信息在政府内部与外部的自由流动，只有特定保密情形例外。
- 公共预算与财务管理对关键目标（对应六级框架）的追求必须置于两个前提条件的约束之下，即法定合规性和适当程序。前者涉及"没有合法授权就不能拿钱和花钱"，后者涉及决策管理（制定与执行）与决策控制（审批与监督）的基本分离。
- 围绕三级框架扩展的公共预算与财务管理框架建立在价值中立的预设之上，较少涉及权力制衡和教育公民等公共预算与财务管理蕴含的重要政治功能。
- 如果政府预算是一个社会的经济与社会选择的财务镜，那么首要的就是保护公共资源的安全以达成社会目标。
- 预算可最简单地定义为须经立法机关批准的政府年度收支计划。预算的全面性或统一性也许是优先性方面最重要的制度安排。优先性需要客观的规则用以评估规划和

---

① Matthew A, Shah A. Toward citizen-centered local-level budgets in developing countries//Shah A. Public Expenditure Analysis. Washington D. C.: The World Bank Publication, 2005: 183-216.

项目的相对重要性。
- 民主治理背景下，社会选择观和社会契约观可提供对公共预算的最佳理解。前者将公共预算看作社会选择的财务镜，据此，政府的所作所为必须获得人民或其代表的授权。后者将公共预算看作政府与人民间的互利交易。
- 在社会契约观下，预算体制与政治体制的基本方面具有重要的同构性。大致有两种版本的社会契约观：纯粹以利益为基础的契约观（霍布斯意义上的）；以正当性为基础的契约观。

➤ 本章术语

公共预算　公共财务管理　公共政策　一般经济政策　财政政策　实质性政策　运营绩效　宏观经济政策　配置性政策　战略优先性　总额财政纪律　绩效　能力建设　财政透明度　财政风险　部门政策　象征性政策　财务控制　会计基础　预算授权　财政授权　法定授权　财政受托责任　预算运营表　现金会计　权责会计　宏观预算　配置预算　运营预算　微观预算　一般政府　总额财政纪律　财政可持续性　公共部门　核心部门　一线机构　宏观经济筹划　财政透明度　优先性配置　公共支出范围　财政风险　合规　适当程序

➤ 思考题

1. 基于怎样的理念和理由，一般经济政策的三个综合目标（增长、平等和稳定）被当作当代"发展"概念的核心成分？如何理解其相互关系？
2. 为什么"通过公共预算与财务管理贯彻财政政策、通过财政政策贯彻政府政策"是公共预算与财务管理的基本问题？
3. 为什么总额财政纪律为公共预算与财务管理的首要价值？
4. 如何理解"战略优先性"？为什么说它取决于公民偏好和成本？
5. 如何理解"运营绩效"？
6. 为什么"恶补"公共预算与财务管理专业知识理应作为中国当前能力建设战略的关键一环？
7. 政府为什么"没有法定授权就不能拿钱和花钱"？
8. 为什么公共预算与财务管理的焦点是财政政策？
9. 在什么意义上，确保财政政策追求一般经济政策的三个综合目标，以及确保部门政策与综合目标相一致至关重要？
10. 为什么"公共支出管理的三级框架扩展为公共预算与财务管理的六级框架最为适当"？
11. 为什么"预算是政府的财政计划"和"中期预算"的说法都是错误的？
12. 凯恩斯的宏观经济分析理论对发达国家的预算制定产生了怎样的影响？
13. 如何理解公共支出管理的三级框架同样适合作为公共预算与财务管理的框架？
14. 国民收入核算体系关于一般政府的范围包括和不包括什么？

15. 总额财政纪律和财政可持续性的关系是怎样的？
16. 预算准备阶段对宏观经济政策的筹划须满足哪三项基本要求？
17. 为什么法定授权、财政分权和确保公款动用处于立法机关的有效监控之下，共同构成公款管理的三条底线法则？

第 2 章　基本难题与制度安排

在促进功能与目标中，公共预算与财务管理不可避免地会遭遇两个相互叠加的基本难题，即财政共同池（the common pool）问题（以下简称公地问题）和委托代理问题（以下简称代理问题），两者都有招致腐败和绩效缺失的高风险。在其他难题皆由此派生的意义上，两者堪称"基本"难题和社会困境的基本形式[①]。公共预算与财务管理的原则性任务，就是精心建构与实施相应的制度安排、组织架构和技术方法，以有效控制公地问题和代理问题及其负面后果。如果关注公地问题，焦点是预算程序集中化和现金管理的集中化；如果关注代理问题，焦点则是引导代理人的受托责任与预算竞争（budgetary competition）。公款管理之难，就难在公地问题和代理问题及其交互作用。公地范式和代理范式为民主治理背景下公共预算与财务管理的两个一般分析范式，借助它们，博大精深的思想体系、制度安排和改革路径即可被牵引而出。

2.1　财政共同池问题

公地问题和代理问题都反映社会困境，后者是指个体理性与集体理性的冲突，即个体理性之和招致集体的非理性（局部最优最终招致全局毁灭）的风险。易言之，从个体利益出发的合理事情，从整体利益来看则全然不合理。只有在能够有效控制两类基本难题时，公共预算与财务管理的制度安排才能被视为"适当"。

2.1.1　定义与解释

共同池问题是指在开放性资源系统中，公共产权安排导致个体自利行为招致集体困境的风险广泛出现在经济社会和自然环境的各个领域。经济学家哈丁（G. Hardin）曾将其尖锐地表述为著名的"公地悲剧"：由于资源总量有限，每个人都去追求自己的最大利益，最终走向毁灭就是这块公地的宿命；公地的自由会给所有人带来灾难[②]。当代规模

[①] 缺乏适当控制将使问题积累到某个临界点时恶化为困境，进而恶化为危机，随后恶化为灾难，最终导致整体的崩塌。社会困境可最优地理解为个体理性与集体理性间的冲突，也可尖锐地表述为"局部最优招致全局毁灭"。如果每个人都按最大私利的原则行事，结果一定是灾难性的。因此，亚当·斯密在《国富论》中表述的那只"看不见的手"，预设了个体利益与全局利益的一致性。现在我们知道，这种一致性以制度和道德为前提，缺一不可。

[②] Hardin G. The tragedy of the commons. Science, 1968, (162): 1243-1248.

最大、潜在后果最严重的共同池总量莫过于"全球共同悲剧问题"[①]。

根据个体自利行为的指向不同,共同池分为"攫取型共同池"和"排放型共同池"[②]。财政共同池典型地属于攫取型共用池。公共职位也是攫取型共同池的一种特定形式,但很少被关注。所有共同池问题的形成满足如下四个条件:①系统的开放性;②系统的容量(包括资源再生速度)有限;③集中收益、转嫁成本的诱因与机会明显;④逾越"麻烦临界点"的可能性。鉴于条件可轻易达成,财政共同池问题尤其突出和棘手,但在问题恶化为危机之前往往难以得到真正重视,如社会的慢性病。

与所有公地问题一样,财政共同池问题的终极根源是公共产权安排[③]。公共产权的非排他性意味着,任何人对公共财产的权利没有界限与限制,从而能够几乎无成本地从获取和使用中获益,导致租金耗散——为得到免费午餐而投入的成本在边际上与午餐本身的价值相等,但真实社会净损失很可能为这个数目的两倍[④]。

租金耗散也可采用闲置或开发利用不足的形式。朝鲜平壤大街上的房子与美国纽约大街上的房子有何本质区别?即使两者在物理意义上完全相同,但在经济学意义上也截然不同:前者只是物理学意义上的资产(assets),后者还是经济学意义上的资本(capitals),后者因私人产权特有的激励而被最大限度地加以利用,包括出租、转让、处置、抵押(贷款)和再抵押,直至被最大限度地发掘其潜能。这种动力在公共产权下无法想象。

与公共产权不同,私人产权的排他性和可交易性创造了两个平行的世界,即物理学世界(资产)和经济学世界(资本)。在物理学世界,同样的资产在所有环境下都相同;在经济学世界,同样的资产在不同的产权结构下截然不同。具体地讲,在公共产权下,资产被用于创造和转移租金;在私人产权下,资产被用于创造价值。假以时日,贫困社会与富裕社会也就被塑造出来。

现实世界中,租金完全耗散的情况很罕见,但仍不可避免。把社会财富托付给这样一种财产权结构,没有任何一个社会能够承担得起,因为租金损散对社会形成巨大浪费,且其规模要比想象中大得多。

综上,共同财产的创设虽然必要,但同时也带来了巨大和持续的副作用,酿成共同池问题的极端形式——公地悲剧[⑤]。悲剧的根源恰在于共同财产与私人财产截然不同的

[①] 人类对共同栖身的"地球家园"的过度资源开采和有害物质排放,已使地球日益不堪重负,危及可持续发展和地球生物圈的命运。共同池问题与可持续发展的主题紧密相连的程度成为全球治理的最大难题。

[②] 地球共同问题同时包含两个基本类型:在过度开采地球资源的同时,向自然系统中过度排放各种有害物质。除自然环境(水源、土壤、植被和大气)污染外,城市交通拥堵也是排放型共用池的典型例子。

[③] 经济学家主张凡是可能即界定私人产权,只有必要才界定公共产权。

[④] 如果某项免费午餐的预期价值为100,那么任何人投入略小于这个数字(如99)的资源(金钱、时间与精力体力)以获取它都将是有利可图的。最终,这项免费午餐的价值将在寻租-设租游戏中耗散殆尽。但社会总的净损失还要加上机会成本,用于争夺免费午餐的那些资源,原本也可用于其他生产性活动,而且可以合理预期至少可以创造出同等价值。在这里,"免费午餐"可以指非排他性的任何资源,如公共资产、公共支出、内部("自主")招生名额、医院挂号(就诊)单和一切公共职位。

[⑤] 经验事实表明,个人在私人财产上所展现的那种精心呵护与打理的内在动机和态度,在共同财产场合几乎全然消失。从中央计划经济时代全面国家所有制的失败,到20世纪90年代中期以来伴随富裕政府而来的腐败、浪费性支出行为和无节制举债的蔓延,再到自然环境的破坏、城市交通的拥堵,以及草场、渔场、土地等自然资源的掠夺性开采,无不昭示个体理性与集体理性的冲突及其负面后果。

产权特性：人人都可得到，人人又都无法得到。在此视角下，共用池问题不但是指所有人都可得到的东西最终难逃遭人肆意破坏的命运，而且包括对社会成员创造财富潜力的压制，由此导致的损失比前者很可能大得多。

民主治理要求公共财产的管理基于社会偏好，但缺乏市场价格增加了信息成本（获取社会偏好），妥善管理这些资产也要求基于社会偏好的执行，但缺乏契约（合同）选择则增加了实施成本和额外的管理成本。

公共产权所带来的所有这些额外成本统称为社会交易成本，通常情况下公有制远高于私有制。这就提出了如何限制公共产权的租金耗散的问题，大致有以下三种方法。

（1）建立法规。限制租金耗散的基本方法是建立法规（如国有资产管理法），但法规限制本身也有成本，即扭曲资源配置、招致腐败和特殊利益。如果多数稀缺资源公有，经济就不可能维持。没有约束的公共财产等于无财产的所有制，把这一结构扩大到一切资源，其结果必定是所有人都挨饿。

（2）等级制。在公共产权占主导地位的社会，人们为获取和保卫等级展开的竞争，仍然是租金损耗的一种形式。产权和等级是协调利益冲突的两种基本方法。取消一切私有财产需要无限多的法规（管制）、公社制度或共产主义国家。在此环境下，等级制或社会身份（特权）将兴盛起来，作为分配稀缺资源的替代机制。等级本身就极具价值。在无私人财产的社会中，按等级规定权力势必盛行，这是国家控制租金耗散的基本方法，也由此适应一个代价沉重、难以长期维持的官本位社会和贫困社会。在保障公民私人财产的社会，等级制被压缩到很狭窄（最适宜）的领域，即政治和行政非市场领域。

（3）界定私人产权。私人财产被转换为共同财产的规模越大、方式越不具有预见性，共同池问题就越严重。因此，国家按私人财产规定权利的方法控制租金耗散，是最理想的。即便如此，这些国家仍然必须保留公共产权。传统的公有制主导型社会的失败，不是因为理论上行不通，而是因为公共产权在实践中的交易成本大大高于私人财产权制度的交易成本。以公共产权取代私人产权，所节省的只是界定和实施私人产权的成本，这些成本远低于租金耗散所带来的社会交易成本。对公共资源管理的经济分析的主要挑战就在于识别这些成本及它们如何变化。

界定私人产权的方法基于如下认识：公地问题的负面后果与规模相关。给定社会财产总量，被强制转换为共同财产的部分越多，暴露于公地（共同资源池）风险中的部分也越多，共同财产本身越是处于不安全状态；私人财产和社会创造财富的能力也是如此。因此，解决公地难题的关键在于确定所有权，如果有必要就确定集体产权，如果可能则确定私有产权[1]。然而，政治逻辑常常压倒经济逻辑，从而扭曲"必要-可能"的产权界定原则[2]。

除了公共产权外，公地问题还有另一个分析范式——囚犯困境。从本质上来看，公地问题是囚徒困境的一个更加复杂的版本：

---

[1] 里德利 M. 美德的起源——人类本能与协作的进化. 吴礼敬译. 北京：机械工业出版社，2015：209, 229.
[2] 在许多国家（尤其是公有制国家），政治维度对必要与可能的考量远远压倒经济逻辑对必要与可能的考量，但其中长期后果非常沉重因而无法维持，如苏联斯大林的工业化。

追求个体利益的行为产生了无人乐见的集体后果。理性行为并不能导致想要的结果。只要受到不良制度结构的约束,就不会有人真正关注系统本身。无法摆脱这一陷阱,除非改变活动领域的结构。若每一方都追求私利,结局会比每一方都遵循共同利益的结果糟糕得多……因于公地逻辑的人只是自由地走向普遍毁灭[①]。

无论是基于公共产权还是博弈论对著名的囚徒困境进行的分析,公地问题都是社会在无强制合作下所遇到的基本问题:听任一部分人将自己的利益置于集体利益之上[②]。后者主要与代理问题相连,集中体现为国家掠夺和内部人控制,内部人控制集中体现为垄断、动机(目标不一致与管理不努力)和裙带关系。与公共资产一样,公共支出典型地属于公地问题与代理问题叠加的领域,这意味着除非适宜的制度安排被精心地建立和实施,否则公地问题(租金耗散)和代理问题(利益冲突)将始终纠缠公共资产与公共支出管理,甚至将置公共预算与财务管理于深重的困境中而难以自拔。

图2.1描绘的公地-代理矩阵揭示了公共资源管理的两类困境,即公地困境和代理困扰,这在公共支出与公共资产领域最为明显。

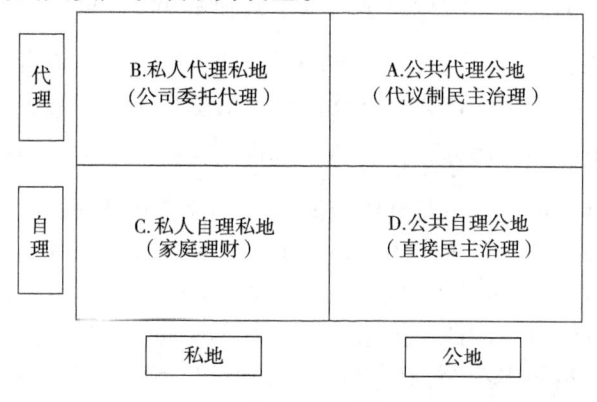

	私地	公地
代理	B.私人代理私地(公司委托代理)	A.公共代理公地(代议制民主治理)
自理	C.私人自理私地(家庭理财)	D.公共自理公地(直接民主治理)

图2.1 公地-代理矩阵

图2.1显示了区分公地问题与代理问题及其叠加影响的重要性。无论基于囚犯困境还是公共产权的分析,公地问题的本质都是"租金耗散";代理问题则揭示了耗散租金的高风险群体——代理人及其依附者,即代理人与某些委托人合谋形成租金国家或派系国家,单独或共同瓜分租金。在许多国家,企业通过影响公共官员以谋求不公平的竞争优势,大致分为三种情况,即行政腐败(administrative corruption)、国家掠夺、影响(influence)[③]。

[①] 阿特 RJ,杰维斯 R. 政治的细节. 第10版. 陈积敏,聂文娟,张健译. 北京:世界图书出版公司,2014:401-404,406.
[②] 鲍尔 P. 预知社会——群体行为的内在法则. 暴永宁译. 北京:当代中国出版社,2010:329.
[③] 行政腐败是指企业通过违法和非透明方式向公共官员提供支付,以改变国家为其活动设立的行政规制;国家掠夺是指在国家代理人提供合同保护、财产权保障等公共品不足的情况下,企业通过向官员提供非法和不透明支付影响国家机构产生的法律、规则和法令的形成,以求财产权利保障和消除改进绩效的障碍;影响是指企业通过国家机构影响法律、规则、规制和法令的形成,但没有针对公共官员的非法和非透明的私人支付。参见:Hellman J S, Jones G, Kanfmann D. Seize the State, Seize the Day, State Capture, Corruption, and Influence in Transition. Washington D. C. : The World Bank Press,2000.

与早期工业化时代不同，当代人类社会已经进入高度发达的"金钱社会"，金钱主导商业社会的运转。相应地，共同池问题分为相互作用的财政公地问题与金融公地问题，金融公地问题表现为货币超发导致货币供应量膨胀[①]。相应的制度安排和控制机制也存在差异。中央银行独立性的主要价值就在于控制金融公地问题。

2.1.2 支出、赤字与债务膨胀

财政共同池问题在动态世界中导致支出膨胀[②]，引发过度赤字和债务，进而招致过度征税引发经济衰退。一般来讲，当宏观税负（包括非税收入）进入拉弗曲线描述的"税率禁区"时，这种情形就可能发生。因此，控制财政共同池问题的关键在于宏观税负不可进入税率禁区[③]。

税率禁区虽然难以直接和准确确定，但采用"试错法"至少可大致锁定其区间范围：降低宏观税负后进行观察，只要经济绩效（增长）改善，进而带来比原来更多的财政收入，那么，很可能表明现行税率已然进入"税率禁区"。

图 2.2 显示，税率从禁区（ta 右边）中的 tc 下降至 td 时，相应税收收入反而从 Tc 增长至 Td；如此高的税率产生的税收与税率可行区（ta 左边）低得多的税率 tb 带来相同的税收总额 tc；最优税率（是指对应税收总额最大的税率）为 ta。

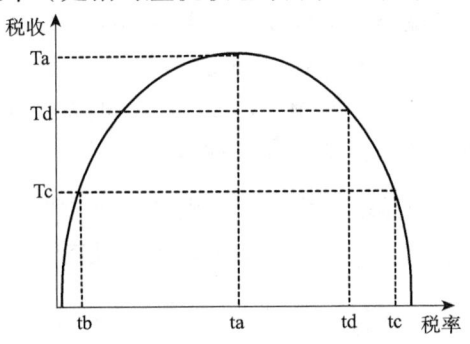

图 2.2 拉弗曲线与税率禁区

过度征税的直接根源在于财政共同池问题引发的过度支出、赤字和债务。纳税人不得不为公共部门的全部支出、赤字和债务买单。公共债务虽然并非即期的财政负担，但典型地属于递延给未来的财政负担，因为清偿到期债务最终依赖征税。非税收入也是广

[①] 控制金融公地问题的理想制度安排莫过于金本位制。20世纪20年代，美元成为世界货币打破了金本位制，加上缺乏监管，出现大量垃圾货币和来自金融寡头的压力，成为2008年全球性危机的主要根源。第二次世界大战后，美国通过布雷顿森林体系以美元取代英镑被确立为世界货币，但仍基于金本位（英镑一个多世纪统治地位的前提）；美元数量由数量相当的黄金支撑，价格为每盎司黄金35美元。但此后30年中，美元变成一种虚构的世界货币；1971年8月15日尼克松单方面决定美元贬值，破坏布雷顿森林体系关于资本主义国家的主要货币实行固定汇率的协定，影响深远。当代中国的金融公地问题并不亚于财政公地问题，主要的驱动力量都在于过度支出。

[②] 公有制背景下，公共资产（包括国有企业）领域的共同池问题丝毫不亚于公共支出领域，社会为此承担的直接后果是双倍的租金耗散。假设免费午餐（资产或支出）即租金本身的价值为100，竞租者为此投入的资源总价值为1000，这些资源原本可创造的价值为1000，那么，前者为租金耗散的价值，后者为竞租的机会成本。双倍的租金耗散即为2000。

[③] 其他方法，如经济与财政分析模型，也可用于鉴别实际的宏观税负是否偏高。

义宏观税负概念的组成部分。财政总额控制——重中之重是对公共支出的控制——因而成为控制财政共同池问题及其负面后果的关键。

2.1.3 成本社会化与收益私人化

财政资源典型地属于开放性的大型共同池资源，各类利益群体直接（预算部门）或通过其代理人从中免费索取。这种人人都有、人人都没有的公共产权安排，创设了"收益归己、成本转嫁"的诱人机会；当财政代理人热衷于推动利益锁定（特定群体）的集体物品（targeted collective goods）时[1]，财政溢出效应（fiscal spill-overs）就会加剧[2]。两者的结合，成为招致和恶化财政共同池问题的根源。一般而言，财政外溢越严重，即财政成本与财政收益的偏离度越高，诱因越强、机会越多，共同池问题也越严重。

诱因的强烈还与财政负担幻觉密切相关。尽管全部财政负担最终归于个人，但个人并不真正了解自己的税收价格为公共支出（总量与方案）支付的真实成本。非常可能的情形是，个人倾向于系统地低估税收价格和总的财政成本，包括财政融资直接成本、超额负担（excess burden）与纳税人承担的遵从成本[3]，还有管理成本与政治成本。专制课税造成的超额负担远高于想象：

> 回溯人类专制式课税的历史可知：专制政体使人民贫穷的主要原因，更多的是它妨碍人民发展生产，而不是它夺走人民的生产成果；它使财源枯竭，却始终重视既得的财产；自由与此相反，它生产出来的财富比它所毁掉的多千百倍，人民的资源的增长总是快于税负的增长[4]。

完整的公款机会成本清单至少还应加上腐败和寻租成本。所有这些成本都最终被纳税人通过税收价格支付，但财政（负担）幻觉使个人倾向于系统地低估这些成本。

2.1.4 财政幻觉

理解财政共同池问题根源的一个重要视角是财政幻觉。许多财政融资方式会给纳税人造成系统的财政幻觉，感知的财政负担远低于真实的财政负担，如同自己的银行卡被

---

[1] 利益锁定的集体物品是指利益集中于特定受益人、成本转嫁给一般纳税人的公共政策、服务和补贴，区别于利益大致平均分享的纯集体物品。所有公共支出政策本质上都属于利益锁定的集体物品，即便纯集体物品的支出也是如此。例如，军火商从国防支出中的受益远高于社会中的其他群体。在这种受益不均等的固有特性被滥用——刻意选择赢家或输家——的意义上，支出政策被定义为利益锁定的集体物品。西方背景下主要反映为利益集团的游说活动，中国背景下主要体现为法定支出（农业法等强制规定）、部门自上而下的转移支付以及某种程度上的政府性基金。非税收入的"坐支"（自收自用）也是如此。

[2] 财政溢出效应是指税负转嫁和支出利益外溢效应。在它们被滥用——刻意选择赢家与输家——的意义上，成为政府失灵或财政失灵的根源和标志，分为两个典型的失灵形态，即租金国家和派系国家。经济学对市场失灵的研究很少关注这类失灵。两类失灵的性质和根源截然不同，不可混为一谈。

[3] 超额负担是指政府财政活动对经济和纳税人造成的福利净损失，通常在税收经济学中作为最优税制理论的一个核心概念加以研究，以生产者剩余和消费者剩余的双重损失计量。超额负担也有其支出面，即支出政策偏离或扭曲财政偏好造成的福利损失。

[4] 埃尔斯特 J. 宪法选择的后果：对托克维尔的反思//埃尔斯特 J, 斯莱格斯塔德 R. 宪政与民主——理性与社会变迁研究. 潘勤, 谢鹏程译. 北京：生活·读书·新知三联书店, 1997: 81-102.

盗刷而浑然不觉一样。在"拔鹅毛而鹅不叫"的"拿钱"策略和财政融资安排下，财政幻觉尤其严重。虽然公众知道"羊毛最终出在羊身上"，但每个人似乎都倾向于认为"羊毛还是出在别的羊身上"。财政融资安排越隐秘，财政幻觉越严重；财政幻觉越严重，财政共用池问题的严重性就越会被集体性地低估，因而也越易被轻视和漠视，在"麻烦链"的前期阶段（问题与困境）尤其如此。

财政幻觉的范围、程度、影响与后果，主要取决于税制和其他财政融资安排（非税收入等）的特性。与作为对人税的直接税（所得税与财产税等）相比，作为对物税的间接税（增值税和消费税等）更易造就财政幻觉；商业法人（企业）缴纳的所有税收（尤其是间接税）非常容易带来极高的财政幻觉，只有所有权与经营权合一的合伙制（中小）企业例外。

更高的财政幻觉出现在公共债务上。偿债构成对未来纳税人（世代）的负担，但眼下无人在意，而且购买政府债券可获得利息收益。通过削弱货币的实际购买力，滥发钞票的"通货膨胀税"（也称铸币税）具有最高程度的财政幻觉，历史上不绝如缕，现代社会仍未绝迹。"产权型财政模式"是另一个财政幻觉极高的例子，可称为财政存量型融资。与常规的财政流量型融资不同，前者采用直接控制资产（包括商业资产在内）所有权与支配权的方式筹措财政资源，在公有制国家最为明显。

所有这些财政融资策略与安排，无论刻意还是无意，客观上都将公众"感觉"的财政负担与"真实"财政负担隔离开来。一方面，减少公众对税收或增税的反感与敌意，从而使高宏观税负（"多拿钱"）得以维持和强化；另一方面，催化和恶化财政共同池问题，因为财政幻觉拉大了财政成本与财政受益间的偏差。两者间的偏离度越大，财政共同池问题越严重，支出、赤字、债务膨胀进而宏观税负偏高越难得到真正控制。

在真实世界中，推动公共支出、赤字和债务膨胀的力量比想象中大得多，而且受益最大的群体（大多组织良好且掌握权力或有机会贴近权力圈）最热衷于此道。财政成本的高清晰性和高预见性都会招致公众的反对；但在财政幻觉强烈的制度环境中，几乎不会遭遇真正的反对。假以时日，财政共同池问题日趋恶化。

2.1.5 公共产权安排

除了集体物品的外溢性外，财政共同池问题的另一个根源是依附于公共资源的公共产权安排，产权安排作为集体物品（产出与成果）的投入。人类从专制时代进入民主时代后，皇室财产与国家财产分离开来，国家财产从此在观念上、制度上被明确地界定为人民集体持有其所有权的"共同财产"，并受到宪法与法律的保护[①]。

某些"共同财产"（如政府部门占用的办公资产）与"公共物品"可能存在交叉，但两者的界限在概念和逻辑上很清楚：前者作为"投入"的载体，后者作为"产出"和"成果"的载体；前者作为手段，后者作为目标与目的。如果某些公共资产只是被"占用""闲置"，而对集体物品的生产与交付无所助益，那么，它们只是共同财产（投入）

---

① 共同财产有两类：集体物品，以及生产与交付公共物品必不可少的公共（财政）资源。后者包括由财政融资而来的公共资金（public funds），以及通过直接控制所有权而获得的公共资产（办公资产与基础设施等）。

而非集体物品。集体物品的基本特征是公共分享。

"共和国"的国体（不同于政体）也要求公共产权安排，即作为"共同池财产"的所有权和其他权利归属人民。共和国有"天下为公"的基本含义，即国家和政权本身是"人民的国家和人民的政权"，公共资产自然亦无例外。人民取代了过去的皇帝成为国家、社会和自身命运的主人。国家财产和政府财产归根结底属于人民的财产。人民高于政府、社会高于国家。政府只是服务人民、国家只是服务社会的工具，而非凌驾于人民之上的"利维坦"。公共产权因而必须被毫不含糊地确立起来。

然而，"必须确立"并不意味着不会带来副作用（问题、困境、危机甚至灾难）。这首先取决于公共产权的规模——中国在计划经济时代"一大二公"即为明证，其次取决于给定规定下的相关制度安排的有效性。公共产权遭遇的特殊问题（相对于私人产权）——首要的是共同池问题，长期成为大量文献的中心主题之一。

概括起来，大致有两个殊途同归的阐述路径：免费午餐理论和囚犯困境。后者由博弈论揭示[①]；前者强调公共产权"人人都可得到、人人又都无法得到"的特性，正如斯科特·高登所说，"人人所有的财产其实就是每个人都得不到的财产；所有人都可以得到的财产不会有任何人珍惜"[②]。

三个路径隐含的结论相同：外溢性进而共同池问题，为公共产权而非私人产权的产物；直接后果都是成本社会化和收益私人化。所有社会困境（共同池问题和代理问题为其两种基本形式）都有共同成因——损人利己和缺失惩罚。违规和犯罪的制度性根源也无例外：事前预见或事后实施的惩罚成本远低于非法获益。道德价值观退化的根源也在于此，但惩罚机制更难建构与实施。

公共产权因而是一把双刃剑。在合理限度内绝对必要且十分重要，但一旦建立起来，社会将不得不冒共同池问题的高风险，除非有效的制度安排被精心建构并得到良好实施。经验和理论分析能够有力地表明，个人在私人财产上所展现的那种精心呵护与打理的内在动机与态度，在共同财产权场合几乎全然消失。亚瑟·杨格曾精确表达了财产权的魔力[③]："给一个人一块荒凉的砂砾地让他拥有，他会将其变成一座花园；给他九年时间的花园租借权，他又会将其变成一块沙漠。"中国背景下的案例也非常典型。从中央计划经济时代全面国家所有制的失败，到20世纪90年代中期以来伴随富裕政府而来的腐败、浪费性支出行为和债务膨胀，再到自然环境的破坏、城市交通的拥堵，以及草场、渔场、土地等自然资源的掠夺性开采，无不昭示人类个体理性与集体理性的冲突及其负面后果。

2.1.6 其他恶化因素

财政共同池问题也会出现在有缺陷的政府间财政安排中，涉及政府间支出划分、收入划分、转移支付和地方政府债务，以转移支付共同池问题最为常见。在许多国家，支

[①] 博大精深的博弈论作为对人类互动游戏及其结局极具洞察力的理论，包含三个基本要素，即玩家（角色）、利益和策略。只要知晓谁是游戏的玩家、各自真正追逐的利益究竟是什么及采取怎样的策略，那么，游戏的结局即可被预言。

[②] Gordon H S. The economic theory of a common-property resource: the fishery. Journal of Political Economy, 1954, (62): 124-142.

[③] Brubaker E. Property Rights in the Defence of Nature. London: Earthscan, 1995.

配政府间财政体制设计的主要原则是中央控制,因此,地方政府正式收入来源(地方税和共享税)占其总支出的规模,远小于理论上应有的水平;转移支付的规模则远大于合理水平。"弱地方税、强转移支付"的宏观格局形成巨大的纵向财政缺口,意味着地方政府(尤其是贫困辖区)对中央政府"免费资金"(转移支付)的高度依赖。

财政共同池问题还会由于一系列外部冲击因素而加剧,尤其是权益性支出(养老金等)、有负债、经济衰退和其他难以预料的突发事件。

另一个关键因素是社会内聚力。与私人家庭的情形不同,在社会的层次上,一个群体因顾及公共利益而节制公共资源需求的可能性很低。特别是当一个社会非常多元化且族群冲突相当尖锐时,共同池问题将变得十分严重。研究表明:一个社会越是组织得支离破碎(如种族冲突不断和政局不稳定),越会导致一个集团漠视其他集团为其支出受益负担的成本,从而推动更高水平的支出[1]。

西方国家财政共同池问题的主要成因并非政府间财政安排的缺陷,而是代表选民的政治家刻意推动的利益锁定的公共政策(targeted public policies),将利益输送给具有不同经济社会背景的特定利益群体,相应的成本则由纳税人承担。这些受益狭隘的公共政策,包括地方公共物品、部门政策(sectoral policies)和面向公民或利益集团的转移支付,均由一般税收融资,涉及公民和纳税人之间的资源再分配,因此属于分配性政策(distributive policies)[2]。中国背景下的情形更为复杂,主要源于治理安排和公共预算与财务管理的设计不良[3]。

与其他领域的共同池问题一样,财政共同池问题的症结在于无人对总量承担真正的责任。理论上,可以通过两类旨在使财政收益与成本完全匹配的特定财政安排,消除源于常规的、非对称性的税收—支出安排的外溢性,从而消除财政共同池问题。第一类是专款专用,包括特定基金(如道路基金)和专项转移支付;第二类是采用人头税(人均分配税负)为受益均享的纯公共物品融资。第二类安排几乎不可行。第一类安排存在可应用性但相当有限,一般来讲,只是在具有清晰的成本受益联系,并且服务被提供给被精心鉴别的用户时,指定用途对于引导代理人改进绩效和促进成本补偿而言,才是合意的[4]。

因此,控制财政共同池问题的大方向,应集中到约束与引导财政总量控制的决策程序与机制上,以确保支出、收入、赤字、债务总量,包括按宽泛(非详细)的功能、经济和组织分类的次级支出总量,能够在预算过程的各个阶段(尤其是在预算准备阶段),

---

[1] Anthony A. Social fractionalization, political instability, and the size of government. IMF Staff Paper S, 2001, 48(3): 561-592. Washington D.C., 2000.

[2] von Hagen J. Budgeting institutions and public spending//Shah A. Fiscal Management. Washington D. C.: The World Bank Press, 2005: 2.

[3] 政绩考核体制强调"政绩"却轻视成本,导致对纳税人承担的直接与间接财政成本缺失真正的关切。"只算政治账、不算经济(纳税人)账"的错误观念,也起着推波助澜的作用。至于"福利国家"和"社会保障"名义下权益性支出的刚性增长,在中西方国家都是恶化财政共同池问题的重要原因。

[4] Schiavo-Campo S. The budget and its coverage//Shar A. Budgeting and Budgetary Institutions. Washington D. C.: The World Bank Press, 2007: 71.

与总额财政纪律和政策目标及其优先性一致。总额财政纪律是指同时满足政策需要和财政可持续性的财政总量目标。

两项关键的集中化安排分别是预算程序和政府现金管理的集中化，涵盖两项基本要求：①政府内部在制订财务计划（尤其是资本支出计划）、预算和财务管理（尤其是政府银行账户和现金管理）方面的权威性和协调一致；②通过 MTEF 和严格的预算限额启动的预算准备程序。集中化隐含的预设是，财政共同池问题的症结在于没有人对财政总量承担真正的责任。

2.2 预算程序与现金管理集中化

预算程序是嵌入政治中的最重要、最庞大和最复杂的程序，主要用以解决广泛经济社会背景下棘手的治理难题。广义的预算程序包括在立法机关和行政部门内部约束支出决策制定的正式和非正式规则，涵盖行政部门制定预算、立法机关批准预算的规则。预算程序区分预算过程（budget process）的不同步骤，决定谁在何时应当做什么。根据引导财政总量与配置决策的方式不同，预算程序区分为集中化（centralization）和分散化（decentralization）两个模式。控制财政共同池问题也要求现金管理系统的集中化。

2.2.1 预算准备、审查与执行阶段的集中化

预算程序的特征和细节因国家而异，但都可划分为四个依次循环展开的阶段，即行政计划、立法批准、行政执行和事后评估与审查。每个阶段都涉及不同角色。行政计划阶段也称预算准备阶段，始于预算预测，终于向立法机关提交预算申请，涉及制定预算指南、对支出部门拨款令（the bidding）、裁决冲突和制定收入概算。在立法批准阶段，立法机关对预算申请进行审查与批准。行政执行阶段，完全对应年度预算法——作为法律文件的年度预算文件（报告），覆盖完整的法定预算年度，主要涉及预算执行对年度预算法的偏离及控制[①]。评估与审查阶段也称事后控制阶段，要求核实决算文件（反映预算执行）与预算授权的一致性，审计的角色很关键。

集中化主要涉及预算程序的前三个阶段。准备阶段的集中化聚焦参与者对支出和赤字目标的赞同，确保财政纪律，尤其强调约束行政部门的决策。西方国家背景下，为控制互投赞成票与互惠（logrolling and reciprocity）行为，通常由政府高层（总理或内阁的高级委员会）裁决和协调冲突。

在立法批准阶段，集中化聚焦控制立法机关的辩论（debate）与投票程序，要求强化行政部门的日程安排权，包括对立法机关修订预算的范围施加限制，控制投票程序，以及设置政治赌注（political stakes），假如拒绝通过行政部门的预算将要承担政治后果。

---

① 经济合作与发展组织成员国解决偏离的方案大致有三种：议会通过补充预算法（supplementary budget laws），非正式地通过年度预算法不同部分之间的资金转移，以及通过推翻年度预算法规定的支出限额。

西方国家背景下，由于涉及大量的决策制定者和利益集团的游说活动，财政共同池问题在立法机关内部甚至比在行政部门内部还要严重，造成预算程序的碎片化（fragmentation）和预算审批的拖沓，甚至出现预算搁置。在支出决策实际上由立法委员会制定的情况下，如果对议会修订或调整行政部门的预算提案没有任何限制，对立法机关的预算审批程序缺乏指导方针，尤其如此。

在行政执行阶段，集中化要求财政部能够监督和控制年度支出流量。预算程序应强调财政部作为政府财务资源管理者的角色，而不只是支出的法定控制者。这意味着需要统一的政府银行账目系统，使财政部长借助其管理财政年度的政府现金流；支出部门应被要求获得财政部长授权才能进行支付。财政部长有权在财政年度内实施现金限额（cash limits），这是另一个重要的控制机制。有效的监督和控制对于防止支出部门的机会主义行为是必需的。

集中化还要求在预算年度开始后，严格限制对原定预算的拨款变动。例如，预算不同部分之间的转移需要财政部长或国会授权，不同财政年度之间也是如此[①]。

行政执行阶段的集中化旨在确保年度预算法能够有效约束行政部门的支出决策。特别是加强财政部长在财政年度内监督和控制支出流量的能力。其他要素是严格约束财政年度内的预算调整[②]。

概括地讲，集中性的预算程序能够协调单个决策者的支出决定，这是通过要求这些决定采取更全面的成本受益观实现的；支离破碎的预算程序（fragmented budgeting process）不能引导政治家就预算融资的所有公共政策采取全面的成本受益观，反而诱使决策者只关注租金及那些能够吸引他们的分配性政策。概括地讲，集中化的决策过程引导预算决策者将外部性内部化[③]。

2.2.2 自上而下启动预算准备

相对而言，预算准备阶段的集中化最为重要，因为基本的财政决策（总量、配置和运营决策）都在预算准备阶段做出。财政共同池问题涉及第一个层次，但集中化对三个层次都很重要，强调在政府高层和核心部门而非一线机构（line ministries）制定总量与配置决策。西方国家背景下，政府高层通常指议会、内阁或其高级委员会。

核心部门是指负责协调和指导财政预算事务的行政分支，主要是指财政部和国库部，美国还包括总统直属的预算与管理办公室，中国包括国家发展和改革委员会，后者在政府投资决策和资本支出预算上扮演重要角色。一线（运营）机构是指在给定成果下直接负责向服务对象交付服务的公共组织，属于政策执行的中下游环节，贴近服务对象，

---

① von Hagen J. Budgeting institutions for better fiscal performance//Shar A. Budgeting and Budgetary Institutions. Washington D. C.: The World Bank Publications, 2007: 42.

② von Hagen J. Budgeting institutions and public spending//Shah A. Fiscal Management. Washington D. C.: The World Bank Press, 2005: 15.

③ von Hagen J. Budgeting institutions and public spending//Shah A. Fiscal Management. Washington D. C.: The World Bank Press, 2005: 12-13.

但缺乏财政资源总量的预见性，其职责也不适合制定基本的财政总量和配置决策。

在预算准备阶段，集中化的基本要求是采纳自上而下法（top-down approach）启动预算准备程序，并与自下而上法（down-top approach）结合起来。前者旨在预算过程的早期阶段，即为预算申请提供硬预算（财务）约束和明确的政府政策（目标与优先性）导向；后者旨在形成与其一致的部门战略规划，使预算申请合理有据。两类方法的有机结合决定了在整个预算程序中，政策优先性和财政总量目标将如何得到考虑，避免招致僵化（纯粹的自上而下），以及过度开支与讨价还价（纯粹的自下而上）。20世纪90年代以来，发达国家在范围广泛的预算改革中，普遍采纳了这类程序，随后逐步将重点转向在预算准备阶段链接磋商性程序[1]。

这里涉及一个关键问题，即为预算程序建立正确的起点。尽管预算是循环进行的，预算中的每件事情也都是重复性（iterative）的，但预算程序如何才算"正确启动"，事关公共预算与财务管理的所有关键目标，尤其是直接针对控制财政共同池问题的总额财政纪律。正确起点的基本标准是：采用自上而下法启动年度预算的准备，无论是否伴随MTEF。

自上而下法涉及许多事项，如经济与财政预测、政策筹划、政府高层与部门间协调及争执的处理，但最重要的事项是财政部发布预算指南（budget circular），为每个支出部门和机构规定支出限额以约束预算申请，从而保证预算申请一开始就或多或少地处于"硬"财务约束下。

很多国家采用MTEF以支持和改进年度预算体制的运作，尤其是年度预算的准备。在这种情况下，预算程序的正确起点必须是与宏观经济框架相一致的稳定的收入概算，据以确定目标支出总额及为各部门与机构建立支出限额。对于已经执行（立法机关已经批准预算）的预算年度而言，这些支出限额属于法定的硬限额（hard ceilings），对于随后的预算年度则属于指示性限额（indicative ceilings）或初步限额（initial ceilings）[2]，后者并非预算授权（budget authorization）意义的限额，但对支出部门发出了"不应轻易增加"的财务约束信号，尽管各部门与机构最终被批准的限额会有不同。

无论是否采用MTEF机制，在年度预算准备的早期（自上而下）阶段即采用完全封顶的程序——预算程序集中化的精髓，对于发展中国家的公共预算与财务管理尤其重要。鉴于这些国家大多没有坚定地建立牢固的财政纪律，政府内部缺失必要的凝聚力（"分管体制"和"各自为政"），通过完全封顶的预算准备程序，一开始就向各支出部门通知确定的预算限额尤其必要[3]。

完全封顶以形成预算申请的硬约束，务必在预算准备的早期即通过预算指南颁布执行。早期是指支出部门与财政部门间的磋商前或首轮磋商后，视预算准备日程表长短而定。在预算准备时间较长（如超过10个月）的国家，预算限额通常分两步建立：首先赋

---

[1] United Nations Economic Commission for Africa. Committee on Human Development and Governance in Africa. Issues Paper E/ECA/CHDCS. 2/3, http://www.uneca.org/chdcs/chdcs/chdcs3/Issues_Paper.pdf, 2005.

[2] Schiavo-Campo S. Potemkin villages: the medium-term expenditure framework in developing countries. Public Budgeting & Finance, 2009, 29（2）: 15.

[3] Schiavo-Campo S, Tommasi D. Management Government Expenditure. Manila: Asian Development Bank, 1999.

予支出部门在解释预算指南方面的某些灵活性；其次在简要审查和辩论初步的预算申请后，财政部再将支出限额通知各支出部门。当预算准备持续近一年时，就很难在预算过程一开始就建立确定的限额[①]。

中国背景下"两上两下"的预算部门准备程序以两阶段建立预算限额，主要缺陷是支出部门在准备其初步的预算申请时，几乎没有正式的财务约束和明确的政策导向，以及预算指南通常所需详细规定的其他事项。预算申请过程充满过度或无谓的讨价还价和武断的预算削减（"两下"）。很明显，"两上两下"程序采用自下而上而非自上而下法启动年度预算的准备过程，以至预算程序一开始（行政计划阶段）就没有实现集中化[②]。

系统地解决这些问题需要重建预算日程表，尤其是预算准备阶段的日程表，确保嵌入强有力的协调与磨合机制，以实现"财政总额目标"与"政策目标及其优先性"之间的一致性，避免偏差。这通常是政府高层（如西方国家的内阁和中国的国务院）需要重点关切的核心问题，但财政部在分析和形成各部门的预算申请（支出提议）中发挥关键作用至关重要。碎片化（各自为政）的"分管"体制和拖沓的预算程序做不到这一点，软预算约束被带入预算过程的各个阶段。

"因为时间紧迫，所以预算准备过程不必包含内部和外部的磋商（发言权）机制，由政府高层直接决定财政目标和预算中采纳的政策目标及其优先性，之后由财政部发布预算指南启动各部门与机构的预算申请即可。"这样的观点是否正确？答案是"不正确"。预算过程尤其是预算准备过程紧迫的时间压力确实存在，但与"目标正确且一致"相比只是从属性的，预算日程表从属于目标考量，而非相反。正确的立论是，预算程序应与社会受托责任（social accountability）链接起来，而非分隔。

目标考量是指财政目标（fiscal targets）与政策目标（优先性）的筹划和协调一致。前者针对"钱"，涉及三个基本问题，即"有多少钱可花""需要花多少钱""谁多花谁少花"（部门与机构的支出限额），涵盖财政支出、收入、赤字和债务四个主要财政总量及其宽泛（非详细）分类；后者针对"事"，即广泛经济社会背景下的公共政策目标、优先性与重点，关乎公共利益，需要"纳入"预算，并且保证与财政目标间的一致性。

确保正确的财政目标、政策目标及其内部成分间和彼此间的协调一致，为公共部门社会受托责任的关键方面。这高度依赖集中化而非碎片化的预算程序与管理安排，以控制财政共同池问题。后者存在于预算过程的各个阶段，在行政准备阶段往往更突出。

2.2.3 支出限额、预算磨合与灵活性

为促进预算程序的集中化以改进预算准备，多数发展中国家（包括中国在内）最优先的事项如下：首先是建立部门支出限额（sectoral spending limits），确保与健全的收入预测和公共政策目标及其优先性一致，并在预算准备日程的早期公布。支出限额基于宽

[①] Schiavo-Campo S, Tommasi D. Management Government Expenditure. Manila: Asian Development Bank, 1999.

[②] 中国目前各级政府的部门预算准备都采取"两上两下"的程序：首先由机构和部门自下而上向财政部门提出预算建议数（"一上"），财政部门审核修订后向支出部门下达预算控制数（"一下"），支出部门在预算控制数内制定预算草案提交财政部门审查（"两上"），财政部门将人民代表大会批准的预算批复给各部门（"两下"）。这个程序的第一阶段不满足预算程序集中化的要求，因而具有恶化财政纪律的倾向。

泛的功能（如教育与医疗）分类和经济分类（如资本支出和运营支出），需要分解到各个部门和下属机构，形成对应"谁被允许花多少钱"的机构限额。其次是预算磨合，密切协调财政总量目标的各个成分，即收入、运营支出与资本支出、基金支出、赤字与债务，并使其与预算中采纳的政策目标及其优先性保持一致。无论政府组织的结构如何，预算磨合都至关重要。

在资本预算与运营预算的责任相分离的国家，尤其需要确保在预算准备的每个阶段和每个管理级别上一并审查这两个成分。资本预算与运营预算的划分标准应清晰明确，但更重要的是确保决策程序的集中（一体）化，以及呈报（立法机关审查）上的二分法——按"复式预算"呈报。

中国的发展和改革委员会在资本支出（政府投资）决策中起着主导作用，公共资产与设施的维护运营（及其他运营）责任分散于各个部门，两类预算决策在程序上高度分离，呈报反而没有分离。这种"恰好颠倒"的预算准备程序始于2015年开始实施的新预算法，取消了此前规定的"复式预算"体制。复式预算概念有许多含义，各国实践也很不相同，但关键要求相同，即清晰地划分资本支出与运营支出及其融资来源。

此外，还应特别关注对预算灵活的妥善处理。预算程序集中化的基本目的在于消除财政共同池问题导致的过度支出、赤字与债务，强调基于预算授权的严格的总量控制，但并不特别关注如何应对财政年度内未预料事项对政府政策目标的影响，尤其是对宏观经济稳定目标的影响。因此，总额财政纪律（硬预算约束）所要求的严格的财政总量控制，需要与实现合意的政府政策目标之间适当平衡。规划（绩效导向）管理也要求适当的灵活性。底线是灵活性不应以损害总额财政纪律和预算程序的集中化为代价。因而立法机关与财政部之间合理的权责划分非常重要，两者均应有控制支出的足够权力和能力。

不至于损害集中化的预算灵活性方案主要有三类：①允许支出延后和未用拨款结转（下年或几年）使用；②建立"雨天基金"（Rain Fund），专门用于应对紧急事态；③年度预算中安排预备费，有时称为或有储备（contingency reserve），通常相当于年度预算支出总额的1%~3%（中国）或2%~4%（英国）。这些方案都不需要推翻支出部门原定的支出总量目标，也不需要增加支出基数，因而不至于损害财政纪律和集中化。

2.2.4 授权方法和合约方法

实践中有两种基本方法可被用于实现预算程序的集中化，即授权方法（delegation approach）和合约方法（contract approach）[①]。

授权方法授予财政部门在确定与监督财政总量方面的特别权威，包括：监督申请，直接与支出部门谈判，批准最后提交内阁会议预算申请；支出部门与财政部门之间未能解决的冲突，由总理或高级别的内阁委员会裁决；有权使用惩罚性措施对付违规者，以确保所有支出部门都遵从总量约束；对议会批准预算的投票程序的限制；制定预算草案的主要责任也属于财政部。在立法机关审查预算阶段，授权方法给予行政部门远甚于议

---

① von Hagen J. Budgeting institutions for better fiscal performance//Shar A. Budgeting and Budgetary Institutions. Washington D. C.: The World Bank Press, 2007: 39-43.

会的日程安排权，如投票程序。一个重要的工具是对立法机关能够修订行政部门预算提议的限制。法国模式下，政府可以迫使立法机关就整个预算或预算的大部分进行投票，预算修订（amendments）只限于行政部门愿意接受的部分。

授权方法的实际应用因国家而异。法国模式下，财政部长与总理一起决定所有支出部门的整体配置（the overall allocations），因此，财政部长在日程安排权方面作用强大。英国模式完全不同，涉及支出部门与财政部长之间的一系列双边谈判，财政部长拥有强大的讨价还价能力。议会修订行政部门预算提案的权力也不相同。在法国，修订限于减少支出或创立新的收入来源。在英国，公共收入的修订需要获得行政部门的同意。

在西方国家，针对授权方法的预算准备程序改革，尤其需要避免立法机关议而不决，因而加强行政部门日程安排权成为焦点。其大致有以下三种方案。

（1）在预算准备阶段，适当降低政府内部关于财政目标（包括支出限额）筹划的透明度要求。

（2）更好的解决方案是加强行政部门的日程安排权，同时使立法机关有更多的事后控制权和监督权。

（3）立法机关在预算过程非常早的阶段即进行投票。

在合约方法（如爱尔兰、丹麦和荷兰）中，预算过程始于主要角色通过谈判达成有约束力的财政目标（binding fiscal targets）协议——财政合约（fiscal contract），但未给予任何一方特别的权威；财政部门的作用是评估支出部门的支出计划与财政目标的协调一致性。为了使财政目标协议得到有效执行，预算过程的稍后阶段伴随有相应的惩罚性措施，以惩罚违反协议的行为。

在预算审查阶段，合约方法强调立法机关作为公正地执行财政目标（fiscal targets）的监督者，而非行政部门的日程安排权，也较少依赖行政部门限制国会修订预算的权力，而依赖的是监督行政部门绩效的能力——主要取决于立法机关从行政部门获得信息（request information）的权力。丹麦国会拥有正式的作为监督者的权力，以及取证（call witnesses）和要求作证（testify）权力。德国议会只有前一项，英国议会则一项也不具备。

预算实施阶段（implementation stage），合约方法与授权方法相似，强调财政部长的监督与控制权力，但前者更依赖建立应对预算不确定性的规则（如年度结转），而较少依赖财政部长的管理裁量权（managerial discretion）。

发展中国家大多依赖财政部门在预算执行中的强势地位以实施财政控制，授权方法与合约方法都有此要求。然而，这种做法无法取代预算准备早期阶段的制度性弱点。这些导致过度支出和赤字的弱点至少包括：财政预测不良（如故意高估或低估），自下而上启动的年度预算准备程序，如中国"两上两下"的部门预算编制程序，资本支出预算与运营支出预算程序的分离，以及财政目标与政策目标（及其优先性）筹划的脱节。

一般结论是：为控制财政共同池问题及其负面后果，有效预算程序要求针对预算过程的所有阶段，建立以授权（delegation）为基础或以合约（contracts）为基础的强有力的集中化。中国采用前一方法更为合适。大量实证研究表明，预算程序的集中化有效地促进了财政纪律[1]。

然而，控制财政共同池问题还一并要求政府（国库）现金管理的集中化。良好的公共预算与财务管理不仅要求预算与政策间的直接联结，还要求预算与现金管理（及会计与信息系统）的匹配，尤其在预算执行阶段。

2.2.5 现金余额的集中化与标准国库单一账户

预算程序的集中化要求在预算实施阶段，财政部门有足够的能力统一管理财政年度的政府现金流，包括实施现金限额和签发支付令，因而借助集中性政府（国库）现金管理系统非常重要。

现金（货币资金）系公共组织可从预算中定期合法获得的最重要的财政资源。现金管理的功能和目标是分散于政府各部门或机构，还是集中于政府整体或若干核心机构？多数国家采取集中模式，由政府整体负责收入征集、支付处理、持有和管理现金余额及核心的财政账户，并将管理权限集中于少量的核心机构，主要是财政部门、税务机构和中央银行，以及数量有限的商业银行等金融机构。然而，即使集中化程度很高的国家，支出部门和机构也保留了现金管理的某些权限，特别是在支付处理、会计记录和采购管理方面。

集中模式与分散模式的相对优劣在理论上一直广有争议，但基本共识为并不存在某种适合所有国家和环境的最佳模式。尽管如此，多数国家采用了集中模式[2]。与集中模式相比，分散模式面临的监管挑战较为棘手，而且会丧失集中投资的额外收益，以及集中模式在采购、内部资金调度和节减债务方面的优势。分散模式并非绝对不能获得这些优势，但需要具备一系列相当苛刻的条件，包括健全的法制、严密的监管和精准高效的信息系统。这些条件在多数发展中国家和转轨国家并不（完全）具备。即使具备，安全和绩效也可在集中模式下获得更好的保障。

现金管理包括现金流入、流出、余额管理三个基本成分，涵盖政府银行账户的管理。政府现金管理的主要目的是控制支出总量、有效实施预算、政府借款成本最小化，以及政府存款与投资回报的最大化，为此需要满足现金管理集中化的四项基本要求。

（1）现金余额集中化。集中化应通过政府持有的、开设于中央银行的国库单一账户（treasury single account，TSA）实施，所有的政府付款都通过国库单一账户进行。其应具备三个特征：现金余额的日常（daily）集中化，国库负责国库单一账户开设，交易记录遵循与预算分类相同的分类。

（2）现金计划至关重要。最基本的现金计划至少包括三类：按季度编制的年度预算实施计划，以及与之衔接的月度现金与借贷（borrowing）计划，对月度现金计划按周评估（review）。现金计划旨在避免拖欠或支付迟延。

（3）预先准备和公开借款政策。对次中央级政府（中国的省级政府）的借款应严

---

[1] von Hagen J. Political economy of fiscal institutions//Weingast B，Wittman D. The Oxford Handbook of Political Economy. Oxford：Oxford University Press，2006：467-478.

[2] 原先采纳分散模式的发展中国家和转轨国家，包括中国、俄罗斯及东欧国家和地区在内，也纷纷转向集中模式，焦点是标准国库单一账户机制下的政府现金余额的集中化。

格控制，并且不能逾越总额财政目标（fiscal targets）。

（4）政府或有负债评估与拨备（reserve）。评估和拨备应覆盖担保、保险计划（insurance schemes）及其他主要的准财政活动。评估聚焦风险和政治成本，以及建立适当拨备以防未预料事项招致损失。

以上四项基本要求中，第一项最为重要，其余三项均作为其支持性条件。政府现金余额集中化要求保持最低数目的银行账户，只在特殊情况下才维持若干分立的特定基金账户。国库单一账户是所有财政账户中最重要的一个，以保障政府现金余额的集中化。为此，在使用众多分立的银行账户时，其他账户的资金应转入集中性的国库单一账户，从而作为日常基础上的零余额账户。零余额账户是集中政府现金余额的最佳方案，尽管亦有缺陷[1]。集中化的一个明显优点是：政府能最有效地利用剩余现金进行投资，降低与投资相关的交易成本。

标准国库单一账户机制有以下五个要素：①政府在中央银行开立并持有由中央银行负责管理的国库单一账户；②部门在中央银行开立作为国库单一账户附属账户（subsidiary accounts）的部门账户；③部门所属机构根据国库授权在中央银行或指定的商业银行（基于便利）开设机构账户作为零余额账户；④除国库单一账户以外的其他政府账户的余额，每天营业终了自动结清进入国库单一账户；⑤中央银行每天营业终了汇总和报告全部政府账户余额和其他财务状况信息。

标准国库单一账户要求将所有付款（包括政府基金）账户都置于集中化框架下，使所有付款交易信息按统一的功能和经济分类进行集中性会计控制成为可能。该模式还能以较少的银行账户来管理庞大的公款，从而提升现金管理的专业化水平，并创设高效利用银行清算、电子转账和投资获利的独特条件。其他优点包括：自动调节各机构的现金需求余缺，减少额外债务需求和利息支付，帮助中央银行更好地制定和贯彻货币政策，减轻内部控制的压力（源于只允许少量人员进入这些账户）[2]。

因此，现金余额的集中化一般应是先需要考虑的措施，其所带来的利益最为确切[3]。中国现行的现金管理系统在三个关键方面大幅偏离了标准国库单一账户机制：①大量的部门和机构账户开设于商业银行；②这些账户并非日常基础上的零余额账户；③支付由代理商业银行垫付后再与国库单一账户进行滞后的汇总清算[4]。在这种情况下，即使政府有大量现金闲置，也不得不大量借款，由此出现额外债务和利息费用。由于既没有足够的时间也没有正确处理付款所需要的明细信息，中央银行经理国库与作为出纳机关的监管职责被严重弱化，也难以使标准国库单一账户成为货币政策运作的有力工具。

目前发达国家普遍建立了较完善的政府现金管理系统，其功能甚至扩展到了会计记录、财务报告、政府债务、外部援助与外汇储备，乃至中央银行的货币政策运作。

---

① 在下一个营业日前，部门和机构的财务官员并不知道在该账户上发生了多少活动，因此，必须建立银行余额（内部）报告系统来告知相关部门和官员。

② 集中模式亦有其缺陷，主要是将现金管理的大部分责任与机构隔离开，从而缺乏足够的动力提供准确的现金预测信息、减少政府整体的现金余额占用和债务需求，以及推动旨在强化安全和绩效的现金管理措施。尽管如此，集中模式的优势还是远远压倒了其劣势，作为激励机制的利息支付（向政府支付其现金占用的利息）也变得相对容易。

③ Schiavo-Campo S, Tommasi D. Managing Government Expenditure. Manila: Asian Development Bank, 1999: 184.

④ 王雍君. 政府现金管理系统的优化设计：中国的差距与努力的方向. 金融研究, 2016, (2): 189-197.

相比之下，中国当前的政府现金管理系统，总体上看仍相当落后和粗略，难以为公款安全和绩效提供可靠的保障，也难以为其他改革（特别是预算改革）提供有力支撑。在实践中，未能将公共预算与政府现金管理相结合，正是发展中国家预算过程脆弱性的显著标志之一[①]。

中国财政资金大量闲置的同时大量举债即为明证。现金管理的适当目标并非以更多现金余额赚取更多投资收益，而是以合理的成本和最少的现金余额，确保在适当时间获得足够的可用资金满足支付所需。就中国现实而言，控制过多剩余现金余额的形成机制尤其重要[②]。改革议程应致力于加快政府现金余额的集中化管理，避免现金闲置过多的同时大量借债。为此，回归标准国库单一账户机制必不可少[③]。

向现金管理集中化的改革努力，应与预算程序集中化的改革努力相结合，才能使公共预算与财务管理具有应对第一个基本难题（财政共同池问题）的能力。即使如此，有效的公共预算与财务管理还需面对第二个基本难题——财政代理问题。

2.3 财政代理问题

财政代理问题是指财政代理人偏离委托人利益与目标的风险，源于财政授权安排（fiscal delegation arrangement），在动态背景下趋于恶化的风险很高。这是继财政共同池问题后，公共预算与财务管理的第二个基本难题，制度安排应致力于以受托责任和财政竞争控制代理问题及其副作用。

2.3.1 财政授权安排及其副作用

民主政治确认政府的合法权力来自人民的授予。在公共财政意义上，这意味着政府既不能从人民那里拿钱，也不能实施任何支出，除非获得代表公民的立法机关（如中国的全国人民代表大会）正式和明确的授权。

财政授权安排的两个基本方面——收入授权与支出授权——对于指导公共预算与财务管理至关重要，但也带来难以控制的风险，即财政代理问题。这是除了财政共同池问题之外，公共预算与财务管理在促进其功能与目标中遇到的另一个基本难题。正如前述，财政共同池问题主要源于税收-支出安排和公共产权（财政资源）安排的外部性（spillovers）。

与个人"自己花自己的钱"不同，公共财政的显著特征之一是财政分离，公共资金

[①] IFAC Public Sector Committee. Governance in the public sector: a governing body perspective.International Public Sector Study，2001，13（7）：1-93.

[②] 规模庞大的政府现金余额的形成机制相当复杂，其中主要的非正规原因有如下六个：预算准备和审查的脆弱性（包括时间太短）、缺失良好的季度预算实施计划和月度现金计划、僵化的专款制度、部门决策取代地方自主决策、政府间资金大循环（层层集中再层层下拨），以及部门和机构操纵现金流与银行账户以获取灰色利益。

[③] 特别重要的是，应明确规定部门和机构账户原则上应开设于中央银行（除非受银行地域分布和技术限制），少量开设于商业银行的过渡性账户和其他账户应与国库单一账户每天结清以确保其国库单一账户体系，同时以国库单一账户付款直达代替垫付-清算模式——商业银行先行垫付（给政府供应商或收款人），事后再与中央银行清算。

和资源的供应（人民）与使用（政府）的分离，即收支决策的脱节。分离性特征和政治民主在公共财政上的要求，构成财政授权安排的一般条件和逻辑基础[①]。

原则上，分离对于双方都有益。因为对于社会成员而言，完全的自给自足既不可能也无必要。建立政府的根本目的，就是让政府去做那些人人都需要、人人依赖自己的力量做不好或不愿意（没有利润）去做的事情——集体物品，包括利益惠及所有成员的秩序、公正、安全、国防、货币稳定等纯集体物品，以及受益限于特定群体的准集体物品——大部分公共基础设施和诸如交通疏导、垃圾清扫等服务。

经由财政分离，国家获得了收入以维持其存在和职能，社会成员分享了在缺乏集体行动时不可能获得的公共物品。公共财政舞台上的这种"宏观互利交易"连同市场交易中的互利行为，构成了人类文明发展和经济社会繁荣的基础。然而，财政分离也带来了巨大风险，因为国家的代理人可以利用权力榨取财政租金（fiscal rents）。财政过程的各个方面和环节，包括收入征集、债务管理、预算申请、预算拨款、转移支付、政府采购和公共工程投资，租金无处不在，腐败的风险也很高。汲取权、使用权和其他财政权力的滥用，目前仍是许多国家公共财政制度的显著特征。

在人民主权的基本宪法原则下，财政授权安排——授权代理人为追求公共利益采取财政行动——被确立起来。获得代表人民意志的立法机关明确授权的财政行动，为政府汲取和使用资源的行为提供了合法性，从而清楚地表明去除了权力专断的污点[②]。从现实的角度看，经济社会的复杂性和环境的不确定性，要求代理人必须获得足够和迅速决策的权力（并需要承担合理的风险）。如果每项决策都要与委托人沟通——更不用说获得他们的认可，很可能导致政府体制的瘫痪。

虽然财政授权安排对授予者和接受者都是有益和重要的，但也带来了难以控制的副作用。特别明显的是，授予行政部门的大量裁量权（discretionary powers）为创造私人的益处创造了条件。代理人将滥用这些权力去促进特殊的利益。一般地讲，授予的自由裁量权越大，代理人成为利益集团保护者的可能性也越大，自由裁量权使他们能够把管理政策或福利政策转变为集中或个体保护权的资源[③]。

除了公共支出外，公共资产（包括国家企业、自然资源和公务资产）管理也是深受代理问题困扰的领域。关注公有制背景下国家（代理人）与企业间的互动对于控制腐败很重要，但在公共预算与财务管理和公共经济学文献中很少被关注。

互动关注大致可描述为行政腐败、国家掠夺和影响。三者的主要差异是租金的来源和分配不同[④]。在行政腐败下，租金来自国家在执行规制方面的自由裁量能力，由企业

[①] 假如政府与个人一样，都是"自己花自己的钱"，授权安排就没有必要；假如没有人民主权的宪法原则的确立，授权安排的逻辑基础就不复存在。分离性特征是公共财政与生俱来的特征。分离是不经意的，但对社会契约的两个主角（人民和国家）都是有益的，尽管其为国家代理人滥用权力榨取租金提供了机会。

[②] 霍夫曼 P T，诺伯格 K. 财政危机、自由和代议制政府（1450-1789）. 储建国译. 上海：世纪出版集团格致出版社，上海人民出版社，2008：11.

[③] 埃尔金 S L，索乌坦 K E. 新宪政论——为美国好的社会设计政治制度. 周叶谦译. 北京：生活·读书·新知三联书店，1997：181-188.

[④] Hellman J S, Jones G, Kanfmann D. Seize the state, seize the day, state capture, corruption, and influence in transition. Policy Research Working Paper, No.2444, 2000.

和腐败的官员共同分享。在影响情形下，租金来自企业影响基本游戏规则并从中取得优势的能力，租金自动归属于企业。行政腐败和国家掠夺的另一个区别是：前者在事后（法律和规制的执行环节），后者在事前（法律和规制形成环节）。影响是在事前，只不过采用的方法不同，不提供直接支付。

国家掠夺形式的租金归属于公共官员，对改革的扭曲效应也最大。若企业能直接向官员购买国家供应不足的集体物品以保障其合约和财产权利，公共官员很可能不愿改进此类物品的整体供应状况，因为这会减少其租金。所以，国家掠夺将强化少数企业的竞争地位，损害国家对更广泛公共服务的供应。

公共官员通过与企业合谋，创造出由强有力的政治利益支持的垄断结构，即一个由两类群体共享租金的黑色市场。在那些国有企业为主体和主导的经济体中，或者在私有化和自由化的进程中，这类腐败尤其普遍。并非所有企业都有能力影响公共官员，也并非所有企业都如此行事，那些最有能力的企业将明显获得一种不平等的竞争优势，这种优势对经济的其余部分产生了重大的负外部性，并诱使更多企业参与国家掠夺。

理解财政代理问题的另一个视角是内部人控制。内部人是代理人，或者是与代理人合谋控制利益流向的某些委托人。内部人主要通过三种方式榨取租金，即垄断（包括公共职位）、动机偏离和裙带关系①。

2.3.2　困难与复杂性

理论上，可以精心设计旨在控制财政代理问题的制度安排，但在实践中困难与复杂性远高于想象，原因至少有以下六个。

1. 代理人优势

代理人通常拥有权力、组织良好，并与委托人中的某些人合谋牟利的机会良多。代理人会想方设法逃离公众及监管机构的视线。代理人优势既体现在程序上，也体现在具体问题上。即使委托人倾向于不同的财政方案，程序上的安排也使他们没有机会提出异议。普通公民基本上沦落为政治过程的旁观者地位，与公司场合的委托代理关系中股东处于"被剥夺了权利"的状态毫无二致，甚至更加严重②。

2. 不完全契约

处理委托代理关系要求有效的政治制度安排，主要挑战是在授予代理人汲取和使用财政资源的巨大权力的同时，确保他们对权力的使用负责。这种制度安排可含蓄地或概念化地推定为国家与公民间的社会契约。理论上，委托人可以通过与代理人之间的财政契约（社会契约的财政版），预先设定详细的规则来约束代理人行使职责。

---

① 在公有制国家，公共企业提供大量职位（包括就业岗位），通常由内部人把持而失去社会开放性。动机偏离是指目标不一致和管理不努力（相对于委托人的集体利益与目标）。裙带关系形成权贵资本主义模式的派系（圈子）国家，圈子里的内部人共同瓜分租金。如果私人产权的独特优势在于创造价值，那么，公共产权的特殊劣势在于创造与瓜分租金。所以，一个醒觉社会必定是对不同产权安排的基本规则有深刻认知的社会：举凡可能，界定私人产权；举凡必要，界定公共产权。次序不应颠倒，而且"必要"的界定以经济逻辑为主，以政治逻辑为辅。以政治逻辑压倒经济逻辑的主要后果是经济蛋糕萎缩和国家的长期衰退。

② Eisenberg M A. The structure of corporation law. Columbia Law Review, 1989, 89 (7): 1461.

在现实生活中，宪法就是这样的契约（包括政治契约和财政契约），界定了一系列社会正常运转高度依赖的宽泛规则。承接宪法的大量法律和法则将这些"契约条款"进一步细化。原则上，公民可以通过宪法和法律建立的正式规则界定政治家和官员在给定条件下能够做什么、必须做什么及禁止做什么，消除他们榨取租金的机会。就公共财政而言，这类事前规则的常见例子是各种严格的财政约束规则，如年度预算平衡和"黄金规则"（the golden rule）——公共借款不能超过公共投资。

然而，现实社会环境的复杂性和不确定性，使书写一套完全的契约成为不可能；同样的理由，政府也不太可能完全履行向公民的承诺。契约的不完全意味着政治家和官员能够基于筹划而不是公民的意愿征集收入和开支公款。实证研究表明，契约越是不完全——留给政治家和官员自由裁量的权力越大，政府政策背离选民偏好的程度也越大[1]。

3. 自由裁量权

社会契约的不完全意味着授权安排不可避免地带给政治家和官员自由裁量权。所有政治家和官员都喜欢自由裁量。越是一般性或粗线条的授权，留给政治家和官员的自由裁量权就越多。自由裁量权在一定程度上是必需的，因为需要妥善应对复杂经济社会背景下的突发事项。法治也要求一定程度的裁量权。法治的目标不是消除自由裁量权，而是寻找最佳的自由裁量权水平，使其受到限制且具有预见性[2]。

尽管如此，任何人只要享有过度自由裁量权，势必导致人治而非法治，鲜有例外。税收共谋（collusion）即典型。税务管理中的过度裁量权诱使官员与纳税人之间的广泛共谋，最终导致收入大量流失并削弱法治。因此，收入管理应以最大限度地减少纳税人和税务官员的共谋机会的方式进行[3]。预算过程的裁量权与预算规模和结构密切相关。一般而言，预算规模越大，结构和运作越复杂，行政部门的自由裁量权就越大。这种复杂性使行政人员能在较大范围内进行选择，包括何处报告支出，使用什么收入，突出什么支出和忽略什么支出。通过预算过程所要求的公开听证和报告要求，至少可以部分地弥合纳税人和决策者间的鸿沟[4]。

4. 内部契约

内部契约是指即使公民（委托人）能在社会（政治）契约中以详细具体的规则界定和约束政府权力，但由于公民缺乏监督和敦促政府履约的意愿及行动能力，契约本质上也只是政府的内部契约。为了解决这些问题，有些国家（如新西兰）制定了具体的财政责任法案（fiscal responsibility laws），以建立严格的财政规则，如黄金规则（公共借款不能超过公共投资）来约束财政政策，以限制预算过程中过多的讨价还价。如果中央政府

---

[1] Seabright P. Accountability and decentralization in government: an incomplete contracts model. European Economic Review, 1996, 40: 61-89; Persson T, Roland G, Tabellini G. Separation of powers and political accountability. The Quarterly Journal of Economics, 1997, 112:1163-1202; Persson T, Roland G, Tabellini G. Comparative politics and public finance. Journal of Political Economy, 2000, 108: 1121-1161; Tabellini G. Constitutional determinants of government spending. Working Paper, Institute for Economic Research, Bocconi University, Milan, Italy, 2000.

[2] Cass R A, 倪斐. 产权制度与法治. 经济社会体制比较, 2007, (5): 1-7.

[3] IMF (The Fiscal Affairs Department). Manual of Fiscal Transparency, No.52. http://www.imf.org, 1998.

[4] 鲁宾 I S. 公共预算中的政治：收入与支出, 借贷与平衡. 第四版. 叶娟丽, 等译. 北京：中国人民大学出版社, 2001: 19, 95.

能够有效实施,财政责任法案也有助于强化地方政府的财政纪律。虽然如此,这类法案仍然只是政府与自己签订的内部契约,因此很容易被漠视和违反[①]。

5. 监管的困难

不完全契约和内部契约问题由于监管的困难而被强化。表面上看,谁应该对公民最终负责?政府内部谁对立法机关负责?谁应该有控制权?国家应保护公民的哪些权利?公共支出和预算安排应遵循什么规则、程序和实施机制?从宪法和法律法规的角度看,答案似乎都写得清清楚楚。

但在实际运作(不是在法律)中,问题就出现了:代理人掌握了专门的知识、基本设施、显著的信息——程序优势和日程安排权(agenda-setting powers),得以全方位管理和控制公共财政,而普通公民多被排斥在预算和政治过程之外,成为消极旁观者。

在这种代理人一统天下的情况下,作为委托人的公民和立法机关如何敦促行政部门行使其职责?如何在不至于过分牺牲行政部门积极性与主动性的前提下,保持对政府权力的有效控制?处理委托代理关系的宪政安排遇到的难题,与公司治理结构中股东与董事会遇到的著名难题类似:"难就难在不是如何管理店铺,而是如何确保别人(经理人)把店铺管理得尽可能好。"[②]

6. 多重委托

在现实世界中,作为委托人的公民并非"铁板一块"或偏好一致的整体,而是由许多处在不同的生活环境下,存在偏好、利益和目标冲突的特定群体构成的,它们要求特定代理人采纳有针对性的公共政策(targeted public policies)以满足其特定偏好与利益。因此,委托代理关系可被恰当地描述为多重委托(heterogeneous principals)关系,不同类别的委托人群体都从公共财政这一共同资源池中提取和竞争资金[③]。由此带来的结果是:在一个大量委托人竞争预算资源的体制中,资源可能被分配到不具有经济效率的地方,或者(同时)产生不公平的资源分配。如果占强势(垄断)地位的委托人集团(政客)的目标是将公共资源转移给其支持者(强势群体或利益集团),那么无效率就产生了[④]。

2.4 控制代理问题的制度安排

与控制财政共同池聚焦集中化的公共预算与财务管理不同,控制财政代理问题聚焦于财政受托责任与预算竞争。财政受托责任作为公共预算与财务管理的最高指导原则,

---

① Schiavo-Campo S. Budget preparation and approval//Shar A. Budgeting and Budgetary Institutions. Washington D. C.: The World Bank Publication, 2007: 260.

② 蒙克斯 R A G, 米诺 N. 公司治理. 第二版. 李维安, 周建, 等译. 北京: 中国财政经济出版社, 2004: 148.

③ von Hagen J. Budgeting institutions and public spending//Shah A. Fiscal Management. Washington D. C.: The World Bank Press, 2005: 2.

④ 委托人的寻租活动也可能导致"负和"博弈。因为当一些委托人进行寻租活动(从预算中获取超额利益)时,其他委托人会采取行动保护他们当前的利益。结果,稀缺资源被大量浪费在这些负和博弈上,高昂的社会交易成本远高于想象,包括隐性成本。

可从财政契约角度作最合理的阐述。

2.4.1 受托责任与财政契约

与针对控制财政共同池的关键制度安排（集中化）一样，针对控制财政代理问题的关键制度安排（财政受托责任与预算竞争）也基于如下预设：完全消除公共财政领域中的外溢性安排既不可行也不适当，尽管少数例外（成本与受益清晰对称下的专款专用）。

于是，相关的思考与行动转向责任与竞争两方面：①财政受托责任机制，公民或其代表在授予政府财政权力的同时，为约束和引导权力的正确运作，一并将相应的财政责任授予政府，形成"以责任制约权力"的基本制度（联结宪法）安排。②预算竞争机制，在利益群体和公共政策目标多元化的现代社会中，特定财政代理人对预算资源的申请，必须置于引导良性竞争的制度框架下，避免公共资源垄断与预算僵化（如基数法），以确保稀缺资源能以较少障碍的方式流向优先级更高的用途。

迄今为止，财政受托责任已成为大量文献关注的主题，但条理分明、逻辑清晰的梳理仍不多见。这里涉及以下三个基本问题。

1. 谁对谁负责

财政受托责任分为外部和内部受托责任。外部受托责任即国家对社会、政府对人民的财政受托责任，称为社会受托责任（social accountability），政治家或政府整体作为责任主角，有时也称为政治受托责任。首先聚焦财政成果，其次是产出，最后是投入。

内部受托责任首先是指行政部门对国家承担的受托人责任（fiduciary responsibility），即确保预算按照立法机关批准的执行，以控制受托人风险，即公共支出偏离预算授权的风险。此类责任源于预算授权所体现的基本治理原则，没有任何资金能够从公民那里被动用（mobilized）或开支，除非获得他们选举代表的明确批准（explicit approval）[①]。广义的内部受托责任还包括纵向维度，即下级政府就得自上级政府的财政转移支付承担预定责任。

2. 对什么内容负责

答案取决于如何追溯与社会契约或政治契约密切相关的"初始问题"，即人民通过社会契约（包括作为财政版本的财政契约）授权政府的根本目的究竟是什么？

在人民主权（永远不可让渡）的宪法原则下，人民将一组特定的财政权力（征税、开支和举债）授予政府；为约束和引导政府运用权力追求人民关切的利益和目标，防范权力滥用和误用，在授予政府财政权力的同时，人民一并将相应的财政责任授予政府，形成政府对人民、国家对社会的外部受托责任来源，进而在政府内部横向（行政部门对立法机关）和纵向（单一制国家的地方对中央）形成受托责任。环环相扣的"财政受托责任链"也由此而来，表明受托责任机制不仅包含内涵丰富的诸多成分，也是一个不断循环运作的动态过程。外部受托责任也称为社会受托责任，通常为发展中国家公共预算与财务管理改革的焦点。内部受托责任从属于社会受托责任。财政契约既是权力契约也

---

① Schiavo-Campo S. The budget and its coverage//Shar A. Budgeting and Budgetary Institutions. Washington D. C.: The World Bank Press，2007：53-87.

是责任契约，涵盖权力和责任两个基本维度。

根据财政授权的目的不同，财政契约分为两个版本，即财政治理-管理契约和财政义务-权利契约，可分别解释为功利主义版本和自由主义版本的契约。财政受托责任的内容也因此区分为两股不同但互补的源流：源于财政治理-管理契约的财政成果责任；源于财政义务-权利契约的财政法治-赞同责任。

财政治理-管理契约隐含"积极授权"的"进取型政府范式"，即授予政府推动公共政策以促进公众利益所必需的足够财政权力，并对公共政策与公共服务交付的财政绩效（fiscal performance）承担受托责任，涵盖理想财政成果，也是公共预算与财务管理的六个层次，即范围适当、总额财政纪律、优先性配置、运营绩效、财政风险控制和透明度。

相应的财政受托责任分为财政治理（fiscal governance）责任和财政管理责任两个基本方面。财政治理是指将公众偏好-需求转换为政府政策，将政策转换为公共预算，将预算转换为对公众服务交付的系统方法和动态过程。

治理责任约束与引导财政管理责任。公共组织与官员对公共资金与资源的取得、使用（形成公共支出）和占用（公共资产）承担合规和绩效责任。相对而言，财政治理责任主要指向政府整体和财政决策制定者，财政管理责任主要指向决策执行机构和管理者。治理成果和管理成果因而成为财政受托责任的两个基本成分，也是"以责任制约权力"的一般含义，聚焦公共政策和服务交付绩效其前提是合规和适当程序。

财政治理-管理契约包含两权分离的关键预设。人民整体地永久保留公共资金与资源的所有权，授予政府的权力只是财政治理权与财政管理权。高于并约束与引导财政管理，两者都嵌入公共预算与财务管理中。

在财政义务-权利契约观下，委托人授权代理人明确地追求一组非功利主义目标，促进财政法治和财政赞同，以创设、保护公民的财政权利与义务。财政受托责任有两个基本方面，即目的与手段。目的分为财政权利和财政义务（必须纳税等），手段则限定为财政法治和财政赞同。

财政法治为法治理念与实践在公共财政领域的应用，底线为形式法治（对应实质法治）所要求的法典化。公民基本财政权利与义务的创设和保护，须基于被精心制定和统一颁布实施的法律，伴随相应的救济机制，并且行政部门不得自行创设和变更针对公民（自然人与法人）的财政权利与义务，两者都涵盖两个基本方面（收入面和支出面）。支出面的权利包括知情权和参与权，以及对劣质公共服务的抱怨权和投诉权等。

公共预算与财务管理领域涉及许多攸关政府职责，也攸关公民财政权利和义务的强制性规范，法典化要求其中的基本或重大规范必须以法律形式制定与颁布实施。其中以预算法最为典型。完整的预算法依次覆盖三个主要层次，即宪法（预算须经立法机关批准等）、基本预算法（承接宪法）和年度预算法（annual budget law）。年度预算法是指立法机关批准通过的年度预算报告（文件）。狭义的公共预算经常被等同于预算报告，尽管其真实含义更加深刻和丰富，尤其在基本制度层面。

预算报告被制定为年度预算法不仅意义深远，而且涉及法典化方面的诸多特定要求，如制式、内容、陈述预算申请的理由与方式等，必须保证作为法典化所要求的最小限度的质量，包括便利立法机关的审查和普通公民的理解。法典化的预算报告也涉及一些至关重要的程序，如编制、呈递（立法机关）、辩论和表决等。预算报告陈述的政府年度预算收入与支出涉及极为广泛的公共利益。

年度预算法的特殊重要性就在于，政府向公民创设的财政（负担）义务，必须每年都得到代表公民的立法机关正式和明确批准才能实施，而且必须每年做出保证公民从支出中获益的权利承诺[①]。

年度预算法的地位也高于税法，税法本身并不表明政府可以不经批准就征税，正如合法拥有车辆并不等于可以合法行驶（于公路）一样，而必须取得驾照并定期年检，还需要办理其他相关手续（车牌号等）。年度预算法要求所有涉及公共资金的事项，包括其来源和使用，都必须获得预算授权意义上的法定授权，得到代表人民的立法机关正式批准，非税收入亦无例外。即便没有法律依据，纳入预算文件报告也必不可少。除了法典化外，财政义务-权利契约也约定财政赞同作为受托责任的一个焦点[②]。

相对于财政治理-管理契约，财政权利-义务契约更为基本，分别指向进取型政府和有限（安全）政府范式。进取的考量必须置于安全的考量下，积极授权以推动政策必须置于消极授权以制约权力的考量之下。两者的相互关系和优先性不应被误解与颠倒，安全更优先，进取更重要。财政受托责任因而必须适当平衡两个基本的责任维度。

3. 如何负责

无论怎样定义财政代理人的受托责任，责任机制的建构与实施都至关重要，其涉及两个基本方面，即程序机制和组织架构。财政组织架构在第4章讨论，这里只简要讨论程序机制的设计。

程序机制虽然相当复杂，但基本成分只有三个，即信息、解释和惩罚。基本程序由四个关键步骤组成：①财政代理人通过财政报告提供信息，向财政委托人解释其行为正当性和（或）结果合意性；②委托人组织实施对财政报告的审查，证实或证伪财政报告的可信度和可靠性；③委托人向代理人提出问题与建议，要求代理人回应；④代理人采取改善行动，回应委托人关切的问题与建议。

每个步骤都必须伴随相应的惩罚机制，如财政部对未遵从现金支出限额的支出部门的惩罚。以上机制应循环和定期进行，但其有效性取决于许多因素，包括支持性或抗拒性的政治环境与意愿。对照这个机制可以发现，中国的财政问责机制相距尚远，但党政高层一再承诺强化和改进问责制，包括"一府两院"对人大负责[③]。

对财政受托责任的契约观解读具有特别重要的优势，唤起对公共预算与财务管理目的性的关注。公共预算与财务管理的起点和焦点虽然都是公共资金与资源，但根本目的是达成理想财政成果的两个基本方面，即公共政策与服务交付、财政法治与赞同。

---

① 年度预算法本质上是要求公民财政义务与权利,还有政府的财政权力和财政受托责任,必须定期法典化的高级法律。预算必须得到立法机关批准这个非同寻常的法定要求,也意味着年度预算法承载的预算授权,在所有财政规制（如规定支出用途与标准）中处于最高地位。

② 财政赞同是指所有财政事项,即涉及公共资金与资源取得、使用或占用的事项,以及将其联结起来的年度预算法,应尽可能地获得基础广泛的社会赞同。这也意味着在公共财政领域寻求最大限度的共同利益,作为社会赞同的基础。鉴于狭隘利益压倒共同利益的高风险无处不在,这项挑战十分令人敬畏,足以强势界定为财政受托责任的关键内容。

③ 引自2013年11月十八届三中全会《中共中央关于全面深化改革若干重大问题的决定》。

时至今日，公共预算与财务管理的主流文献仍沿袭狭隘的财政成果观，即聚焦公共政策与服务交付的财政成果的特定形式（四个层级）[1]。

2.4.2 财政竞争机制

控制财政代理问题的另一个关键机制是财政竞争，涉及预算资源竞争和政府间财政竞争两个关键方面。

真实世界中，无论在西方国家还是中国，财政委托人和财政代理都并非"铁板一块"，而是具有特定利益与目标取向、职责各异的不同角色，委托代理关系因而是典型的多重委托代理关系，特定代理人倾向于追求特定委托人群体关切的利益与目标。

中国一党执政、多党合作的体制，原则上有助于为各种相互冲突的目标与利益提供适当的协调框架，但只有诉诸公共预算与财务管理才会真正有效。基本要求是精心建构与实施预算竞争机制，确保稀缺公共资金与资源适时从低社会优先级用途中释放出来，并适时转向优先级更高的用途。

社会优先级取决于公民偏好和财政成本两个基本要素。给定成本，社会偏好越广泛、强度越大，优先级越高；反之亦然。在缺失良性预算竞争机制引导资源配置的情况下，优势群体（advantage group）及其代理人在公共资源配置中可轻易获得不公正的优势，弱势群体长期处于劣势地位的风险很高，从而恶化（多重）财政代理问题。公共预算与财务管理面对的根本挑战是，建构和实施适当的预算竞争机制，以确保财政资源的取得、使用和占用终始处于竞争的环境下。

预算竞争的障碍在许多国家相当严重，但很少被公共预算与财务管理的主流文献关注。艾伦·希克（Allen Schick）曾从总额财政纪律的角度加以论述：

> 支出总额可以通过支出申请者之间的相互竞争来决定。只要竞争是全面（无预算外支出）、公平（无专项拨款）和权威性（无不正当支出）的，那么我们就认为预算结果是正确的。但是假设竞争变成了共谋（要求支出的各方通过互相赞同来得到它们想要的东西）或割裂（对各种各样的要求先后做出决定，在预算的各个不同部分之间几乎没有相互作用或摩擦），正常过程将无法确保产生令人满意的结果[2]。

由此可知，良性预算竞争机制有三项基本要求，即预算的全面性、公平性、权威性。全面性拒斥预算外（off-budget）支出，即未向立法机关申报也未经其审查批准而被支出的公共资金；公平性主要涉及支出垄断——各种形式的"财政围墙"，常常以不适当（成本与收益不具有清晰对称性）的财政专款形式出现，在中国主要表现为规模庞大、类别众多的政府间专项转移支付和对企业的财政补贴，名目繁多的政府性基金，以及开设于商业银行的政府（财政）专户；权威性拒斥不正当支出，可解释为超出政府合理且必要职

---

[1] 这一主题虽然也是本书的重点，但牢记财政法治和财政赞同本身就是公共预算与财务管理的根本目的——采纳广义的财政成果观——非常重要。以财政法治和赞同为基础对公民财政义务与权利的创设和保护，对于促进狭隘功利主义观下的财政成果形式同样深具意义。

[2] Schick A. A contemporary approach to public expenditure management. World Bank Institute, 1999, 68（100）: 9-10.

能的公共支出，涉及财政寻租（fiscal rent-seeking）和腐败。

良性预算竞争和拒斥公共预算与财务管理中常见的预算共谋、割裂和僵化。在西方国家，预算合谋（budgetary collusion）是指议会和行政部门内部不同利益群体的财政代理人，对有利于对方的支出方案轮流互投赞成票，即"今天你好、明天我好"的财政分赃游戏。

中国的预算割裂（碎片化）和预算僵化相对而言较为严重，涉及预算程序（预算准备阶段尤甚）、预算模式（条目式投入预算）和预算方法（基数法）。预算割裂导致预算与政策的脱节，使预算过程变异为"分钱游戏"的收入驱动（以收定支）或支出驱动（以支定收），而非至关重要的政策驱动。预算僵化导致财政资源长期滞留于低社会优先级用途，从而削弱政府政策与公共服务交付的回应性。回应性对发展中国的公共预算与财务管理尤其重要，也是良治的关键之一。

政府间财政关系也是预算竞争的重要主战场。引导有效竞争的公共预算与财务管理必须包括政府间因素，涵盖纵向（上下级政府间）和横向（地方政府间）的税收竞争和支出竞争。其焦点如下：把多少财政资源留给地方预算自主决策是合理的？如何控制对上级转移支付的恶性或劣性（"跑部钱进"）竞争？如何保证政府间税收竞争的结果是正和而非零和或负和？关于财政集权与分权的"正确"思想和行动框架特别重要[①]。

➤ 本章小结

- 广阔经济社会背景下的公共预算与财务管理问题可概括为共同池问题和代理问题。
- 共同池问题和代理问题在动态背景下分别导致租金耗散和利益冲突（目标不一致与管理不努力），因而精心建构基本制度安排至关重要。
- 处理共同池问题的焦点是对公共支出、收入、赤字和债务总量的预算控制。共同池问题和代理问题都涉及租金：前者关注耗散，后者关注流向。经济学中的租金概念不同于日常生活中的租金（如出租房屋所得），泛指从转移而非创造财富的活动中获取的各种利益，包括从腐败、行贿、舞弊和各种机会主义行为中得到的利益。据此，税收也可以看作特殊形式的租金。
- 公共预算与财务管理领域有三类主要的腐败，即偷窃（包括贿赂）、滥用拨款的权力及基于部门利益制定和解释法律法规。腐败是指滥用公共权力谋私，为财政租金（fiscal rents）的基本形式，分为寻租、设租和食租三类作为。腐败的两类文献源流分别是委托代理理论和犯罪经济学，后者的基本观点是：潜在犯罪可以基于可观察的和变化的行为实施惩罚而得到阻止。
- 财政共同池问题是指有限的公共资源面对无限的需求且缺失价格等适当调节机制时遭遇的困境。两个次级分析范式分别是外部性和公共产权。相应的制度安排分别指向预算程序集中化和缩减公共产权，前者强调通过授权或契约方法达成全面的成本受益观。如果关注的是代理问题，相应的制度安排聚焦责任与竞争，社会赋权范

[①] 虽然涉及的问题非常复杂，但政府间财政安排中融入了财政联邦制理论的合理内核，即使对于单一制国家也很重要。这一合理内核是：宪法和法律框架下的地方财政自主性与能动性，以充分激活和发掘，而非抑制与削弱地方自主治理的独特优势和潜力。在这里，中央政府的基本职责是为引导良性预算竞争提供适宜的协调框架。

- 式对于控制代理问题也很重要。
- 外部性视角下，控制财政共同池问题有两个主要路径，即预算程序集中化和内部化（公共收费即市场化解决方案）。后者需满足五个条件，即责任方可确定、受影响方可确定、受影响方无法规避影响、影响可计量以及影响可定价。
- 委托代理理论的基本观点是：委托人能够约束某个代理人最优地为其采取行动，即使委托人只能观察成果，并且成果受代理人行动以外的不可观察因素影响时，也是如此。
- 财政共同池问题能够通过在预算中引入中期宏观经济框架、赋予核心部门在支出总量决策中的支配地位，以及建立针对支出和借贷的正式约束得到减轻。金融市场的开放性也可作为一个为维持总额财政纪律而向政府施加受托责任的精巧机制。
- 多数国家的财政纪律面对融资缺口、成本超支和年末未支出数额三个主要问题，每个都反映财务控制的漏洞。前两者威胁财政可持续性。
- 公共预算与财务管理的三个基本难题，即利益冲突的协调、绩效和公共价值培育都无法完全依赖权威。利益和个别的意愿千差万别，以至任何权威都不可能为人们制定实现它们的所有方式和途径。任何想要将其糅合成集体选择的努力，其结果将是把某些人的选择强加给另一些人。只有在自愿基础上进行沟通与协商才可能更好地实现互惠。

▶ 本章术语

委托代理　代理问题　财政共同池　共同池问题　财政分离　财政授权　预算程序民主　预算程序集中化　现金余额集中化　拉弗曲线　财政幻觉　超额负担　现金计划预算　汲取型共同池　排放型共同池　内部契约　不完全契约　代理人优势　委托人劣势　公地　中期支出框架　国库单一账户机制　授权基础的集中化　合约基础的集中化　财政治理　支出限额　预算限额　寻租理论　自上而下　自下而上　自由裁量　内部契约　预算竞争　租金　租金耗散　公地悲剧　共和　财务控制　预算竞争　受托责任　社会赋权　行政腐败　公共产权　私人产权　外部性　赋权　社会赋权　瓦格纳定律　财政赤字　财政可持续性　财政代理人　国库　设租　寻租　食租　财政租金　社会交易成本　经济绩效　财政绩效　民主治理　预算日程表　完全封顶的预算程序　财政目标　政策目标　等级制　利益锁定的集体物品　囚徒困境　博弈化　社会困境　核心部门　自上而下法　授权方法　合约方法　预算授权　受托人风险

▶ 思考题

1. 财政分离、财政授权、委托代理、受托责任间的逻辑关系是怎样的？
2. 财政共同池问题的根源是什么？
3. 代理人优势体现在哪里？后果是什么？
4. 标准国库单一账户机制包含哪几个要素？
5. 如何理解财政治理与国家治理的关系？

6. 为什么预算准备应以自上而下法启动？自下而上启动预算准备的方法会导致哪些问题？

7. 旨在控制财政共同池问题的合约方法和授权方法有何不同？适应范围如何？

8. 委托人监督代理人的困难何在？

9. "预算程序应强调财政部作为政府财务资源管理者的角色"意味着什么？

10. 财政共同池问题在预算程序的准备、审查和执行阶段各有什么症状？

11. 什么样的制度安排可以应对立法机关过度增加支出的倾向？

12. 不至于损害集中化的预算灵活性方案主要有哪三个？

13. 评估中国现行财政收入与融资体制的财政幻觉及其影响。

14. "在资本预算与运营预算的责任相分离的国家，尤其需要确保在预算准备的每个阶段和每个管理级别上一并审查这两个成分。"理由是什么？

15. 预算准备阶段的"预算磨合"的含义是什么？为何至关重要？

16. 试从租金耗散和租金流向的角度，讨论公地问题和代理问题的区别及如何影响公共预算与财务管理。

17. 租金耗散的准确含义是什么？有哪两种表现形式？

18. 如何理解"开放性的金融市场可作为总额财政纪律的精巧装置发挥作用"？

第3章 基本原则

公共预算与财务管理应遵从一组被精心界定的基本原则。没有对基本原则的认知和遵从必然产生不协调，甚至相互冲突的公共预算与财务管理。鉴于攸关公众的普遍利益和公仆的核心职责，约束与引导公共代理人遵从两组基本原则处理公共预算与财务管理问题至关重要，即关注"行为正确"的良治原则和关注"结果合意"的绩效原则。前者依次涵盖法定授权、受托责任、透明度、预见性和参与，后者涵盖财政可持续性、消除短板（减法论视角的优先性）与运营绩效[①]。基于形式先于实质、实质重于形式的普适性的基本规则，绩效原则比良治原则更重要，但良治原则比绩效原则更优先。绩效原则与良治原则可作为共同善（common goodwill）的两个既互补又有潜在冲突的基本表达形式，反映了公共生活领域的三个维度（资源世界、关系世界和心灵世界）对公共价值的不同诉求[②]。两组原则的相互关系值得探讨，主要风险是：片面强势的管理主义（新公共管理）话语主导的公共预算与财务管理，即对财政绩效的片面强调可能成为盲动的理论，从而隐含很高的风险[③]。

3.1 绩效原则

绩效（performance）可从主观努力（efforts）和客观结果（results）方面定义。主要由于主观绩效很难观察和计量，并且主观努力对于好的结果并不充分，绩效概念在当代背景下已经转向结果导向，后者和公共预算与财务管理的三级框架——对应理想财政成

[①] 减法论为人类最重要的认知模式，区别于加法论，可一并应用于人类事务的各个领域。其基本区别在于：减法论强调防治最坏，加法论强调追求最好。与加法论形成鲜明对照的是，减法论聚焦临界点以避免逾越底线。以医疗为例，减法论思维关注疾病，加法论思维关注"进补"（益寿延年）。两类思维方式和思想结构存在根本的结构性的区别。在权力维度的治理领域中，加法论推崇进取型政府，减法论推崇安全（有限）政府。

[②] 个人权利与共同善是表达个体与集体关系的两个基本的价值取向。资源世界将公共财政领域解读为人与物的关系：人类活动的本质在于将低价值的资源（投入）转换为高价值的产出与成果（集体物品）以满足人类的世俗欲望。资源世界抽象利益冲突并采取道德价值中立的立场（避免是非与善恶的判断）。例如，只要效率高就是好，无论行善还是作恶。关系世界将社会看作错综复杂的利益网络，即局部（包括短期）利益与普遍（包括长期）利益冲突的网络，因而人类活动的本质无非就是调和这些冲突。心灵世界是指个体内心的隐秘世界：信守什么和不信守什么价值观。如果某种价值观被普遍认为重要，那么将提升到"原则"的高度，即作为制度安排的关键元素。

[③] 管理主义倡导行政理性主张3E的工具性价值，忽视民主宪政的基本价值和捍卫这些基本价值的正当角色，成为盲动的理论，沦为暴政的可能性很高。参见：罗森布鲁姆 DH，克拉夫丘克 RS. 公共行政学：管理、政治和法律的途径. 第五版. 张成福，等校译. 北京：中国人民大学出版社，2009.

果的三个层次——紧密相连。据此,结果导向的绩效原则可依次区分为财政可持续性(联结总额财政纪律)、消除短板(联结优先性配置)和运营绩效(通常被表述为 3E 和结果链),也可分别称为总量绩效、配置绩效、运营绩效。绩效的结果导向需要过程导向的补充——经济性和效率都要求计量过程,尤其在结果很难计量的情况下。与良治原则不同,绩效原则体现管理性价值(managerial values),本质上是经济性的和社会性的而非政治性的。

3.1.1 从合规到绩效

伴随公共行政向管理行政(新公共管理)的转变,公共预算与财务管理追求的管理性价值,也从传统重点的合规性转向强调结果导向的绩效(3E),4E 概念还包括平等(equity),但平等完全可以纳入有效性(聚焦成果)概念中,因而无须作为独立要素。3E 共同形成结果导向绩效(result-oriented performance)概念的核心。

公共管理起源于公共行政(public administration),最早源于 1887 年 W. Wilson 的《行政的研究》中倡导建立一种新式的模拟企业管理的行政科学。公共行政发展大致经历了三个阶段:①政治与行政二分(20 世纪初至 20 世纪 50 年代),探讨如何有效运用资源以执行既定政策达成政策目标;②公共行政即政治学(第二次世界大战后),侧重研究政府组织的架构与流程;③公共行政即管理学(20 世纪 90 年代中期以后),以界定公共管理的完整概念体系,尤其是三个核心要素——政策管理、资源管理与规划管理——为显著标志[①]。新公共管理由此进入鼎盛时期。

与传统的公共行政和由此发展而来的管理行政(公共管理)相对应,公共预算与财务管理强调的管理性价值也从传统的合规性转向聚焦 3E 的工具性价值,即无道德负荷(道德中性)的工具理性。源于发达国家的管理改革目前已扩展到许多包括中国在内的发展中国家。伴随管理性价值的重心转移,现金基础的公共预算与财务管理体制逐步转向权责基础的公共预算与财务管理体制,涉及公共部门会计、财务报告、公共预算和审计四个主要领域。

基于对合规的强调,公共部门传统上一直采用现金会计、现金基础财务报告和投入预算,公共财务管理也聚焦于现金资源,目前在全球范围内仍居主导地位。但在新公共管理运动的推动下,转向权责会计、权责财务报告甚至权责预算的趋势已经出现,用以支持体现 3E 价值观的、结果导向的绩效管理,迄今为止,取得的成果相当有限,发展中国家更是如此。

理解合规与 3E 作为两组不同但互补的管理性价值很重要。合规关注"行为的正确性",3E 关注"结果与过程的合意性";前者对人(把人管好),后者对事(把事做好)。如果两个基本要求都能得到保障,那么,公共预算与财务管理体制就能正常运转。但能否有效运转,则由规则和规制的特性而定。

如果规则和规制良好,足以控制和引导正确的行为,即同时满足"做正确的事""正

[①] 吴琼恩,李允杰,陈铭薰. 公共管理. 台北:智胜文化事业有限公司,2001:9.

确地做事""负责任地做事"所要求的行为，也就是"正确且积极作为"的行为，那么，公共预算与财务管理体制即可有效运转；反之，其有效性被质疑，即使过程（经济性与效率）与结果（成本有效性）合意也是如此。这可以通过类比如下情形来理解：不能因为偷窃的效率很高（远高于创造财富），就认为偷窃行为盛行的体制是有效的。

这就提出了一个长期困扰许多国家公共预算与财务管理的根本问题，合规与 3E 绩效间（即"行为正确"与"结果和过程合意"间）的潜在与现实冲突。如果不能发展适宜的制度框架加以协调，那么，公共预算与财务管理体制既不能正常更无法有效运转。处理两类管理性价值相互关系的基本准则是，合规更优先，3E 绩效更重要。对道德中性的 3E 价值的追求，必须置于行为正确的约束下。

偶发、短暂与系统、持续的违规行为之间存在根本的区别。在系统和长期持续的违规（腐败和寻租）行为已深入体制内部的环境中时，优先的事项并非追求 3E 绩效，而是强化和改进基本的合规性，使其作为财政控制和财政受托责任机制的焦点。受托责任机制涵盖问责和实施两个基本方面，涉及四个基本成分，即问责依赖解释与信息，实施依赖判决与惩罚。在受托责任机制脆弱无效的情况下，财政控制机制包括支出标准和基于支出周期的财务合规性控制机制，尤其重要。

公共预算与财务管理中的规则与规制不良（包括缺失）存在于许多国家，从而无法引导公共官员群体的正确行为。乱作为、不作为、不负责任的作为蔓延于体制中。潜规则即"说的是一套、做的是另一套"，法规泛滥和自相矛盾的解释，以及某些重要的法律长期缺失，也是规则与规制不良的显著标志。对合规性价值的理解与追求，不可狭隘地限定为对现行规则与规制的遵从，而应一并指向规则与规制本身的强化和改进。只有当规则与规制足以引导代理人（分为公仆与民意代表两大类）的正确行为时，对合规性价值的追求才是真正合意的[①]。

然而，即使合意的合规性能够达成进而引导行为正确，也只能为 3E 绩效提供合理而非绝对的保证。人类事务本身所固有的复杂性，意味着结果与旨在引导这些结果的行为之间，不可避免地存在偏差甚至鸿沟，良好的行为不足以引导良好的结果。因为结果的合意性不仅取决于人类行为本身，还取决于人类行为通常难以驾驭的环境噪声，如地震与火山爆发等自然灾难。多元目标间的冲突也可能招致不合意的结果，如农田保护规划中"提高单位产量"和"保护土壤肥力"间的冲突。

如果行为正确不足以引导合意的结果，那么，源于规则与规制不良的行为偏差（不作为或乱作为）更是如此。在这种情况下，3E 绩效的重要性就凸显出来了。本质上，新公共管理对 3E 价值的强调，呼应的正是公众对政府"花得更少、服务更多"的期待与要求。

早期的公共预算与财务管理有三个基本预设：规则与规制是健全的；健全的规则与

---

① 规则与规制的改进涉及基本的制度建设，尽管挑战非常复杂棘手，但最合理有效和简洁的原则不应有丝毫的模糊，充分利用人性的常规弱点（即利己之心）增进公共利益。虚幻与理想的教条和强制只会造就伪善和潜规则，不可能带来真正的信仰和合意的合规性。

规制足以引导代理人的正确行为；行为正确足以引导合意的结果。因此，结果导向的财政绩效并未受到特别关注。然而，经验教导人们，公共部门往往开支庞大而服务绩效却不尽如人意，管理重心从合规转向 3E 绩效则变得自然又合理。

3.1.2 从纸面到实质追求

公共预算与财务管理在观念与实践上的这种意义深远的转向，至少从 20 世纪 70 年代开始就出现在发达国家，随后逐步扩展到发展中国家。其隐含的思想结构如下：一方面，3E 绩效可以且应该作为独立于合规的价值取向融入公共预算与财务管理；另一方面，融入 3E 价值的公共预算与财务管理，也可作为规则和规制不良与行为偏差的补偿性机制发挥作用。然而只有结合以下八个前提条件，公共预算与财务管理对 3E 的纸面追求才会真正转换为实质追求。

1. 合规优先：3E 置于合规优先的约束之下

首先，公众可以在一定程度上容忍公共部门与官员的低效率，但很难容忍系统性的腐败与寻租。其次，行为正确虽然并非 3E 的充分条件，却是 3E 的必要条件。在腐败与寻租未得到系统清除的情况下，追求 3E 价值的作为既不可行也不会真正奏效。最后，违反某些不良规则或规制虽然可能增进 3E，但以牺牲合规为代价并不可取，还会有遭受惩罚的风险。

一般观点认为，只有在合意的合规性问题不再成为系统性障碍时，将公共预算与财务管理的重心转向 3E 价值才是适当的。如果公共官员可从充满腐败和寻租机会的体制中谋求私利，那怎能指望他们努力追求利益惠及公众的 3E 价值呢？原理虽然简洁有力，但聚焦 3E 而疏于行为正确的做法，在许多国家的公共预算与财务管理及其改革议程中十分常见。

判定行为正确性的基本标准有三个，公共官员是否普遍受到来自规则和规制的有效激励，使其致力于做正确的事、正确地做事和负责任地做事，即是否正确、积极和负责任地作为。

2. 外部导向：将财政结果链转换为政策框架

公共预算与财务管理对 3E 价值的追求，只有直接联结被精心界定的财政结果链，并将其转换为政策框架才真正有效。在理想的情况下，公共规划应紧密衔接特定公共政策目标，所有特定规划均应清晰地界定为若干相关的活动（activities），所有活动均应形成清晰且紧密联结的"投入—活动—产出—成果—影响"链条（财政结果链）。合规性关注对投入即资源本身的控制，容易造就内部导向的官僚主义，忽视组织的根本目的，即以合理成本满足外部公众对产出与成果的偏好和需求。3E 绩效的核心价值是引导根深蒂固的内部导向转向外部导向的公共预算与财务管理。强势内部导向和弱势外部导向的组合，为发展中国家公共预算与财务管理不良的主要标志。

与内部导向不同，外部导向关注结果链的有效运营。将低价值的投入（资源本身）转换为价值更高的产出，最终达成价值最高的成果。公共预算与财务管理的主要作用，就在于将财政结果链融入财政决策程序与机制，以实现预定的政策与规划成果，以及更为具体的活动层次的成果。

清晰区分投入、产出和成果因而至关重要。结果链的三个成分分别对应 3E 中的经济性、(运营或技术而非配置)效率和有效性,它们必须作为一个不可分割的整体对待,经济性关注投入的节约,效率关注以较少投入生产较多的产出,有效性关注产出能否达成期望的成果。如果不能将精心设计与实施的结果链转换为政策框架,3E 价值将落空。

3. 地方化:联结财政分权化改革

3E 并非政治性价值也非道德性价值,关注的只是工具理性层面的服务交付,以合理成本交付公众偏好的公共服务。过度且不当集权集体的体制,在许多国家极大地限制了地方(尤其基层)政府为此做出独特贡献的潜力与能力。尽管中央和次中央(省或州)级政府通过公共预算与财务管理追求 3E 价值同样适当,但主要依靠最贴近当地民众的基层政府追求。

只有在适当分权的政府间财政安排中,这种独特优势才能得到充分发掘与利用。在此安排中,地方和基层政府享有充分的财政决策权和高度的财政自主性,并有很强的自下而上的受托责任机制。缺失这些条件,纸面世界需要的理想与决心式的 3E 价值,将取代真实世界需要的可信与可靠的 3E 价值。

4. 运营自主性:放松投入控制

对 3E 价值的实质性追求,需要赋予机构管理者充分的运营自主性,尤其在投入组合和产出选择方面。合规要求严格的投入控制,3E 则要求放松控制,在严格的硬预算约束(尤指总量支出限额)下对产出负责,包括选择产出类别以使其能够最优地实现预设成果,如婴儿死亡率、贫困率、重大刑事犯罪率。多数重要的尤其是政治性成果,通常应由政府或组织高层的决策者确定。投入控制的放松,主要涉及四个方面:投入组合(如人力资源与财务资源的组合)、支出用途、支出标准和结余处理(留用或上收)。

5. 民主化:产出-成果与偏好-需求的一致性

以活动为本位的结果链的选择与设计,如是"注射儿童疫苗"还是"开发儿童药品"更有助于达成儿童保健规划的成果(促进儿童健康),技术考量固然重要,但更重要的是产出的交付和成果的实现,也就是对 3E 价值的追求必须与公众偏好或需求相一致;否则,其实质意义将被大打折扣。

计量产出与成果的基本维度,即 3E 中涵盖的公共服务数量、类别、质量、及时性、平等性、可得性、成本、可持续性和公众满意度。对这些功利性绩效价值的追求,不能成为忽视或漠视民主治理基本价值的理由,尤其是代表性、回应性和受托责任。内部导向即机构自行其是的 3E 价值,与民意基础的 3E 价值存在根本的区别。聚焦 3E 的绩效评价、审计、管理和预算,在许多国家(包括中国在内)已经得到初步发展,但不应忽视、削弱甚至取代民主治理的核心价值,否则将误入歧途。

6. 制度化:融入和扩展受托责任机制

对 3E 价值的实质性追求,还要求制度化的受托责任机制,从合规性(行为正确)责任扩展到绩效责任。在发达国家中,从聚焦合规到聚焦绩效的积极变化,不是通过等级式控制(发展中国家的主流治理方式),而是通过强化对公民的受托责任(如由民意代表做出绩效承诺），以及结果导向的管理与评估（result-oriented management and evaluation，ROME）实现的，而且自下而上的受托责任机制正是成功实施管理与评估的关键①。

与促进合规性一样，促进3E的受托责任机制，只有在涵盖"问责"（要求信息和解释）和"实施"（要求判决和惩罚）两个基本方面时，才会真正有效。聚焦绩效的这一责任机制在中国依然缺失，财政控制机制也不充分。在这种情况下，单纯的绩效评价很难导致行为层面的真正变化，3E价值融入公共预算与财务管理过程也将变得非常困难。

7. 全球化：国际竞争力与政治承诺

推动3E成为当代公共预算与财务管理支配性价值取向的另一股力量来自全球化。全球化带来了日益激烈的国际竞争压力，那些不能以合理成本向本国公民充分交付服务的国家终将沦为输家。由于现代公共部门和公共资源规模庞大，国际竞争有两个平行的主战场，即私人部门的经济竞争和公共部门的公共预算与财务管理竞争，而且后者的份量和重要性日益提高。经济竞争的赢家很可能同时也是公共预算与财务管理竞争中的输家，其前途和命运将很难乐观。

这种局面与前景强化了政治承诺机制的特殊重要性。只有位高权重且高瞻远瞩的政治家不断做出强化3E的承诺，并且致力于推进融入公共预算与财务管理的改革议程，3E价值的追求才会得到最有力的保障，尤其在那些规则与规制不良的国家。

8. 纠错机制：消除问题规划与沟通

如果3E在公共预算与财务管理中遭遇很多失败，在公共投资（资本支出）领域尤其常见，那么，追求3E价值最直截了当、通常也最有效的方法，就是嵌入有效的纠错机制，适时清除问题规划并确保与利益相关者的沟通（协商民主机制）。这些纠错机制尽管会使政府与官员难堪，但比常规的3E绩效评价与监督重要且有效。包括中国在内的多数发展中国家，纠错机制要么不存在，要么无效。因此，绩效评价与管理很难真正改变公共预算与财务管理中绩效不佳的现实。

除了以上条件，3E融入公共预算与财务管理的底线条件必须得到保证，这就是公共官员对3E概念及其相互关系的确切理解。就价值位阶（与绩效的相关性）而言，经济性最低、效率较低、有效性最高，而且每个都涉及财务绩效和非财务绩效，即财务（货币）资源和非财务资源的绩效，如同硬币的正面与反面。

3.1.3 运营绩效

绩效原则涉及宏观（可持续）绩效、配置（优先性）绩效和微观绩效三个基本层次。微观绩效即运营绩效（operational performance）。财政绩效的文献中，绩效通常是指狭义上的绩效概念。这一过程可描述为财政结果链投入—产出—成果—影响，也可描述为经济性、效率和有效性三个复合评价指标，即3E，狭义的绩效审计也称3E审计。

---

① Shah A. On getting the giant to kneel: approaches to a change in the bureaucratic culture//Shah A. Fiscal Management. Washington D.C.: The World Bank Press, 2005: 216-227.

1. 经济性

经济性的基本含义有二，即性价比和闲置，皆指向"浪费"，其反面即"节约"。中国于2015年开始实施的新预算法明确规定了"厉行节约"这一"讲求绩效"的原则。实施机制要求在预算文件或作为其附件的"部门战略计划"中，阐明"节约多少和如何节约"作为预算申请的重要理由，并伴随相应的绩效评价和监督措施。在3E表达的绩效阶梯（由弱到强）中，经济性最弱，因而成为绩效底线，效率较弱，有效性最强。

经济性聚焦投入的取得，基本要求是"够用就好"——对必要（职能）与非必要（职能）即"正常欲望"和"贪婪欲望"的清晰鉴别。超出必要（包括闲置）即为浪费。经济性因而涉及目的与职责。人类活动带有目的性，并且必须花费资源，因而必需取得投入。公共组织对公共资源的申请（公共支出），必须在预算报告中明确表述其目的。公共组织亦有其特定职责。目的的达成和职责的履行，需要取得投入人力、物力和财力（财务资产）。经济性要求投入的取得限定为"必需"，既无过度，亦无不足。

经济性不仅要求投入的取得以必需为限，也要求必需限度内的投入应"经济地取得"，即以合理的成本取得。这一含义通常与"性价比"相连。成本并非越高或越低越好，而以合理为限；合理则依"必需的投入"判断。所以，经济性强调节约成本，但仅限于投入的非必需部分。

在必需投入的范围内，节约并不合意。如果什么事都不做，节约就轻易达成了，但会牺牲目的与职责，这样的节约并不合意。应该注意的是，在经济性概念中，成本并非指投入的"消耗"（产出的生产），而是指投入的"取得"成本。此外，还应注意成本概念的动态性，短期看可能偏高但中长期看很适当。例如，灯泡便宜但需要频繁更换，昂贵但多年无须更换。后者更吻合经济性。

概括地讲，经济性有两个基本成分：必需，即取得的投入对于预定目的和职责而言必不可少；成本，即必需的投入应以合理的成本取得。两者结合为经济性评价的一般公式：投入的必要性/取得与占用成本的合理性。占用成本是指占用资产（资本）的机会成本（opportunity costs），很少受到关注，但极其重要。

经济性拒斥两个"天敌"——"贪欲"和"闲置"，两者都破坏了经济性的必需和成本两项基本要求，后者包括与闲置相关的机会成本。贪欲也涉及特权（供应）和既得利益。与经济性背道而驰的作为在许多国家相当严重，如豪华的"办公帝国"，华而不实的形象工程和大量闲置或半闲置的资产，还有某些公共物品（尤指公共医疗与保健）的特权供应。

政府职能越位和过度干预的盛行，对经济性尤其具有破坏性。这些非必需的活动带来非必需的投入，且这些投入的取得或占用成本高昂。相对而言，由于成本社会化（转嫁给纳税人）、收益私人化的固有特征，相对于私人部门而言，让公共部门节制贪欲（回归正欲即必需职能与目的）和成本困难与复杂得多，相对于效率也是如此。

许多国家的公共部门效率令人称道，但经济性十分不尽如人意，大抵源于节制贪欲在公共部门中面临的特殊困难，尽管贪欲为万恶之源，无论私人还是公共领域。其差别在于私人部门为自己的贪欲买单（内部化），公共部门则通常无须承担相应后果（外部性），因而更具破坏性。

与 3E 中的其他两个成分（效率与有效性）一样，经济性也具有财务和非财务两个维度。差异在于投入取得或占用的成本分别采用货币与非货币计量。两者经常不一致。例如，办公电脑（取得与占用）如果过于昂贵，则视为财务维度的经济性差；但如果对办公（目的与职责）实属必需，那么在非财务维度上仍具有经济性。如果电脑虽然相当便宜，但其功能足够强大以至大大超出办公之必需，那么，财务维度的经济性令人满意，非财务维度则全然不具经济性，对于目的和职责而言，电脑功能超出必需（导致闲置或浪费）。

经济性原则应用于公共预算与财务管理，可作为将公共组织的内部导向转换为外部导向（意义深远的公共管理革命）的起点，但也仅仅是起点。因为经济性原则也有其弱点与局限性——关注投入的取得与占用而非使用和使用结果，因而需要升级为运营效率和有效性原则。运营效率聚焦使用——以投入创造产出的过程，比取得或占用更重要。

2. 运营效率

在包括中国在内的许多发展中国家，对效率的追求主要出现在经济治理和（投资）决策领域，公共预算与财务管理中的效率关切相对薄弱。部分原因在于公共预算与财务管理领域中对经济性价值的强调通常远甚于对效率的强调。大量公共资产（包括政府现金余额）的闲置浪费不仅削弱经济性，也表明效率的低下，足够多的资源未被充分使用，向组织外部的公众充分交付服务。

效率原则的局限性和弱点在于忽视成果，因而很难唤起对目的性的真正关切，而目的关切正是外部导向公共预算与财务管理的基本要求，也是包括中国在内的国家公共预算与财务管理的关键短板，在某些领域（如基础研究和学术论文）尤其明显。因此，即使在经济治理领域，片面追求效率与速度的决策机制和发展模式，虽然对于"赶超型国家"来说有其合理性与可取性（尤其在早期发展阶段），但也极易招致代价沉重的高风险，以及系统性而非偶发的决策失败。

效率原则也不关注"做正确的事"和"负责任地做事"，只是关注"正确地做事"——而且往往以决策速度为狭隘标准。这里运营效率的核心含义是投入与产出的比较：给定产出（如1%的经济增长率），投入（能源和其他资源消耗）应最小化；给定投入，产出应最大化。以此衡量，经济高增长率并不意味着高经济效率。

与运营效率相关的另一个概念是"决策效率"。公共决策的高效率（快速决策）常被看作中国特色的决策体制的相对优势，但这个观点需要谨慎。如果快速决策导致决策失败的风险很高，那么，从中长期看，决策效率就很低。区分短期（决策）效率与长期（制度）效率非常重要，两者经常被混淆从而招致混乱和模糊，包括采用错误的基础和尺度进行比较。"龟兔赛跑"经典地表明了两者的差异与优劣，短期的赢家（兔）与长期的输家（龟）。

3. 成本有效性

工具理性的 3E 价值中，有效性与绩效的关联最为紧密，效率次之，经济性最弱。与经济性和效率不同，有效性聚焦成果，是对目的与目标的计量。因此，有效性代表绩效公共预算与财务管理的高级版本（成果导向）。然而，就计量和可负责（可控）性而言，有效性与成果最难，效率与产出次之，投入与经济性最易。由于成果受到许多噪声（不可控）因素的影响，一般地讲，要求管理者对成果负责并不现实，但要求对产出和投入负责则很适当，因为它们比成果的可控性和可负责性高得多。

总体而言，有效性聚焦目的与成本，即成本有效性（cost effectiveness）：

$$成本有效性 = 目的/成本$$
$$= 所得/所失$$

有效性原则作为绩效管理的最高原则，旨在唤起目的性关注。许多发展中国家和转轨国家的公共预算与财务管理中，目的性迷失现象非常突出，形式主义和服务公众意义的普遍欠缺即为明显例证。预算文件不要求陈述公共部门的使命与价值加剧了目的性迷失。目的性关切意味着服务人民为政府的本质和职责，并非美德与恩赐。

真正的目的性关切不可能由效率（产出），也不可能由经济性（投入）激发，只能依赖成本有效性原则制度化地融入公共预算与财务管理。成本有效性也可表述如下：

$$成本有效性 =（投入/成本）\times（产出/投入）\times（成果/产出）$$
$$= 经济性 \times 效率 \times 有效性$$

由此可知，成本有效性提供了统一的绩效原则的内部（政府）视角。但绩效原则还需要一个外部视角，即公众或利益相关者满意度。两者的结合提供了统一、内外兼顾的绩效评价尺度与驱动。只要再加上"财务诚实"原则，那么，绩效原则的"铁三角"，即成本有效性、利益相关者满意度、财务诚实[1]，即可作为运营绩效原则的完整体系发挥作用。中国的"绩效评价热潮"中"指标竞争运动"，在很大程度上将绩效管理引入误区[2]。

3.1.4 配置绩效

配置绩效的基本含义如下：财政资源的配置最大限度地契合公众偏好。由于缺少统一的货币尺度，公共部门面临的偏离难题比公司复杂棘手。在很大程度上，公司可以通过货币投票（消费者购买行为）观察、了解消费者偏好，而且利润刺激足以提供揭示和聚合消费者偏好的动力。这些基础条件和便利性在公共部门中全然不存在。于是，著名的偏好难题出现了——阿罗不可能定理和投票悖论[3]。

在这种情况下，政治—预算程序要求基于对"配置效率"和"配置公平"的考量，确定公共支出的优先性排序。当前，两个概念结合起来，常常被理解为"保重点"，后者进一步被误读为通过部门法律（如《农业法》和《教育法》等）强制规定法定支出；由

---

[1] 公共部门的财务诚实比公司部门重要得多，但前者在中国极少被关切。财务诚实的底线是数据和信息的可靠性与相关性，基本判断标准是局外人独立核实的可能性。

[2] 绩效的清晰解释比绩效指标本身重要得多。正是陷入了"评价指标（体系）"众多庞杂的误区，导致当前各自为政的绩效评价运动出现方向性偏离，形式的成分远多于实质。

[3] 这是指持有不同偏好的众多成员组成的社会在面对多个（超过两个）备选方案时，民主制度下不可能得到逻辑一致的社会选择结果。该定理是由1972年诺贝尔经济学奖获得者美国经济学家肯尼思·J. 阿罗提出。采用少数服从多数的民主投票机制，将无法产生一个令所有人满意的结论，就是著名的投票悖论。这个悖论最早由康德尔赛（Coudorcet Marquis de）在18世纪提出，因而该悖论又称为"康德尔赛效应"，而利用数学对其进行论证的则是阿罗。参见：阿罗 K J. 社会选择与个人价值. 丁建峰译. 上海：上海人民出版社，2010.

于人为设定的"重点"往往很多,以及专项转移支付(部门专款)的盛行,"保重点"在动态背景下形成严重的"分散财力办小事"的格局。

如果将"保重点"转换为"消除短板"的思维方式和思想结构,配置绩效问题即可迎刃而解。"保重点"之误之弊在于采用加法论认知模式(类似于如何通过"进补"延年益寿);相比之下,"消除短板"则采用减法论认知(类似于聚焦病患),出错的风险较低,而潜在效益较高。

由于市场价格机制通常不起作用,配置效率在公共领域更难把握,但基本要求完全相通,活跃的再分配机制促使稀缺资源转向公共回报更高的用途,但在真实世界中几乎不存在。

在实践中,这要求财政资源的配置应明确地以公民偏好和财政成本的双重考量为基础,充分反映国家战略重点和政府政策的优先性,以此强有力地引导整个公共预算与财务管理过程,使其由政策驱动而非由收入驱动(分钱游戏)。

基本方法通常就是代表公民的立法机关(如中国的全国人民代表大会)对公共预算严谨细致的审查,以确保预算授权的基本质量,包括正式性(关注程序)、明确性(关注内容与目的)和时间要求(年度性)。因此,在民主治理的背景下,立法机关的预算审查实属意义非同寻常的大事。

在公共预算与财务管理中,配置效率能否达成主要取决于政治决策,尤其应包含对平等(弱势群体)目标的关切。这与经济领域中的配置效率概念差别甚大,反映基本理念上的重大差异:市场机制以配置效率(价格信号)作为经济资源的唯一基准是适当的;公共部门的配置决策不同,对平等目标的考量应压倒对配置效率目标的考量。

3.2 良治原则

无论是在发展中国家还是发达国家,当代公共部门都面临公共信任(public confidence)的危机[1]。在促进目标与功能的过程中,公共预算与财务管理尤其应体现和弘扬公共部门的基本价值,以激发公共官员对公共利益的追求。完整的公共价值观涵盖公共管理价值与公共治理价值。只有当它们被制度化地融入公共预算与财务管理和潜移默化到官员群体心灵深处时,公共预算与财务管理才会真正有效。不同价值观之间的关系始终富于争议,而且可能永远也得不到真正解决,强制一致只会带来伪善而非信仰。公共预算与财务管理应珍视和保护而非竭力消解彼此间的张力,以便为发展丰富多元及更有效的制度安排提供可能性。面对当代功利主义和自由主义价值观的强势崛起,当代公共预算与财务管理尤其需要强调治理价值及职业道德规范的平衡作用。

---

[1] Shah A. On getting the giant to kneel: approaches to a change in the bureaucratic culture//Shah A. Fiscal Management. Washington D.C.: The World Bank Press, 2005: 212.

3.2.1 法定授权

与绩效原则关注稀缺资源的充分与可持续利用不同，治理价值关注社会如何以较少冲突的方式达成意欲的财政成果。治理可简要定义为作为整体的社会解决其公共问题的系统方法，聚焦运用公共权力推动公共政策以解决复杂棘手的经济社会难题。当代公共部门治理主要通过公共预算与财务管理而非常规的行政、立法和司法机制实施，并体现良治（good governance）的核心价值，即主流文献界定的受托责任、透明度、预见性和参与"四个支柱"[①]。本书采用更宽泛的视角，将法定授权（legal authorization）和预算全面性也纳入其中。背离这些价值将导致劣治（bad governance）。当代公共治理的原则性任务，就是将良治的核心价值作为基本原则，制度化地融入公共预算与财务管理过程。

公共财政与公共治理的关系是清晰的和强有力的。基于良治的公共财政管理（也是公共预算与财务管理）的基本原则是："政府（行政）部门既不得从公众那里拿钱（take money），也不能实施任何支出，除非得到代表公众的立法机关的明确批准（explicit approval）。据此，预算应该是反映经济和社会选择的财务镜子（financial mirror），因此也是国家治理结构中非常核心的部分。"[①]

在公共预算与财务管理领域，财政授权由法定预算程序做出，因此也被称为预算授权。立法机关授权政府为特定目的获取和使用公共资源，包括现金基础的预算授权和权责基础的预算授权，即现金授权和费用（expense）授权。目前多数国家仍采用传统的现金授权体制。预算报告的核心本质是一份记录法定授权的财务文件，为政府征税、开支、举债及其他财政活动提供最高财政规制。

我国现行《中华人民共和国宪法》（以下简称《宪法》）采纳了人民主权原则，明确规定国家的一切权力归属人民、全国人民代表大会系国家最高权力机关、政府预算须经人民代表大会批准。据此，公共预算与财务管理的正确起点和基本逻辑是优先采纳"法定授权"作为良治的核心原则。

公共预算与财务管理领域的法定授权表现为法定预算授权，政府拿钱、花钱、举债和贷款的合法权力，只能来自人民代表大会通过法定预算程序正式和明确表达的许可。人民代表大会审查预算的实质正是法定预算授权。人民代表大会在《宪法》框架内，系唯一拥有批准或拒绝政府账单之法定权力的国家机关。然而，人民代表大会的预算授权质量、预算授权作为最高财政规制的地位及对预算授权的遵从方面，与发达国家相比仍有较大差距[②]。

对预算授权的真实含义和权威地位缺乏准确理解和严格遵从，一直是中国公共预算与财务管理的主要软肋之一。预算授权提供的法定约束涵盖了整个公共预算与财务管理过程，不仅适用所有公共支出，也适用税收、非税收入和政府债务。税收和非税收入必须具有明确的法律基础，其合法性和正当性依赖两个要件的同时成立——收入征集法和

---

① Schiavo-Campo S. The budget and its coverage//Shar A. Budgeting and Budgetary Institutions. Washington D. C.: The World Bank Press, 2007: 53-87.

② 1998年中国财政部长接受记者采访时说："总理命令我在今年的最后两个月内，税收要比预算多收200个亿，而我做到了。"王怡. 宪政主义：观念与制度转换. 济南：山东人民出版社，2006：392.

预算授权，前者包括税法和非税收入法。如同税收一样，如果没有法律基础，政府不应被允许收费（获取非税收入）。收入征集法源于财政宪法的基本原则：对公民（个人与企业）创设财政义务只能基于法律；公民只对法律（包括宪法）承担财政负担义务。

然而，税收法定主义无法自动适用公共预算领域。即便税收和非税收入全部依据法律征集，公共资金依然不能被开支——除非获得法定预算授权，年度预算法（立法机关批准的年度预算文件）创设的财政授权。预算授权不仅约束公共支出，也约束税收与非税收入征集。税收法定只有同时配合以预算法定，征税和收费才具合法性和正当性，预算授权因而为公共预算与财务管理至高无上之核心原则，与形式正义优先于实质正义之基本法治原则一脉相承。

据此，税法和非税收入法并非授权法（授权政府拿钱），而是从属预算授权的法律。假设被允许征税，那么必须遵从税法和非税收入法。预算授权不仅是判断人民或其代表是否允许政府在特定财政年度花钱的最高标准，也是判断是否允许政府拿钱的最高标准。年度预算法体现的预算法定即法定预算授权的地位，因而高于税法和非税收入法。民主治理背景下，预算授权提供公款管理的第一条底线，也是公款管理的第一道防火墙机制[①]。

3.2.2 受托责任

关于促进良治的所有要素都指向受托责任，特别是在发展领域。政治制度在原则上被设计成促进受托责任，即确保权力对公众负责。公共预算与财务管理领域的受托责任要求政府提供关于预算资源（budgetary resources）如何被使用的账目，以及作为结果的绩效情况[②]。

受托责任思想最常见的由委托—代理概念提出：委托人授权给代理人，后者被期望按委托人利益行事。在民主政体中，人民或选民是委托人，公共官员（政治家和公仆）是代理人。

委托代理理论（principal-agent theory）的中心问题是，确保代理人对委托人关切的利益与目标负责。代理人与委托人的目标与利益并不一致，因而有滥用权力促进私利的倾向。为此，选民作为集体委托人（the collective principal），有权要求代理人就其过去或被提议的行为做出答复，监督其行为，以及在其表现不能令委托人满意时实施惩罚。

当代背景下，公共预算与财务管理是除了投票箱（民主选举）机制之外，用于促进受托责任的另一个主要机制，包括四个基本成分。其中包括问责制和实施机制，前者聚焦相关信息以表明其行为的正确性（合规）与结果的合意性（绩效），通常始于呈递和审计财政报告；后者关注实施方面，强调必须对公共官员的不胜任或不作为建立惩罚机制。

回应性（responsiveness）和责任性（responsibility）是受托责任的另外两个基本成分。

---

① 公款管理的另外两条底线分别是财政权力的纵向与横向分立制衡，立法机关对公款动用的有效监控。

② Schiavo-Campo S. The budget and its coverage//Shar A. Budgeting and Budgetary Institutions. Washington D. C.: The World Bank Press, 2007: 55.

前者涉及政府对公民的回应，公共官员应以适当方式及时回应普通公民关心的和面临的问题；后者约束政治家和官员承担对其行动或不作为负责的义务。

受托责任可理解为公共部门对公民负责的一种方式，包括政治受托责任（political accountability）与管理受托责任（managerial accountability），前者指政治家直接对公众负责（如通过公民投票表决），后者则指公共官员对一直延伸到政治领导人的上级负责，涵盖公共资金与资源的取得（投入）、使用（产出）和结果（成果）三个基本维度。一般来说，管理受托责任必须基于投入和产出而非成果，因为成果受许多不可控的因素影响，然而成果必须受到监督。

受托责任概念的丰富内涵还可以从其他方面进行解读，但基于详细分类的理解助益无多，关键在于把握真正的受托责任（real accountability）的基本含义，委托人对代理人的强有力控制，以及约束代理人追求委托人目标的能力[①]。受托责任的各种含义和实施机制，可以并且最优地融入公共预算与财务管理过程。

许多国家（尤其是发展中国家和经济转轨国家）的受托责任制度是不完善和脆弱的，经常会出现稀释受托责任的企图和行为。在立法机关草率审查预算或只是就预算的整体进行表决，或无力追踪和监控预算执行过程与结果时，受托责任就会落空。受托责任表明对被受托的责任进行负责的义务，它假定至少存在两方当事人：一方（立法机关）分配与指派责任；另一方（行政部门）接受责任并就其履行情况进行报告，立法机关因而在公共治理中扮演重要角色[②]。

许多发展中国家中，受托责任的困境除了源于立法机关过于弱势和缺失基本的公民参与外，还与"劣规"和绩效的可问责性密切相关。传统的公共预算与财务管理强调合规性责任，即对规则与规制的遵从。当规则与规制不良时，麻烦就出现了，不作为或乱作为。

麻烦也出现在"硬"合规性问责和"软"绩效问责的组合上。合规性责任指向行为的正确性——对法律法规、程序和标准的遵从，并不要求积极作为，也不要求具有很高的专业素质；绩效责任截然不同，关注把事做好——结果与过程令人满意，要求积极作为和专业能力的胜任。绩效管理意味着政府要在可计量（产出与成果）的基础上开展工作，这对公务员和公共部门行政管理能力提出了相当高的要求。

3.2.3 透明度

透明度的重要性源于公民权利、决策质量和自我保护三个论点[③]，自我保护是指代理人保护租金和掩饰失职与渎职的动机。即使这些得到尊重和保障，还涉及一系列的技术性问题，尤其包括似小实大的财政报告（fiscal reports）系统和分类系统[④]。

[①] Roe S, Jenkins J. Partnering and Alliancing in Construction Projects. London: Sweet & Maxwell, 2003.

[②] IFAC. Governance in the public sector: a governing body perspective. International Public Sector Study, 2001, 8 (13): 1-93.

[③] 保密或低透明度降低决策质量的原因如下：圈子里的人（内部控制人）拒斥真知灼见的人进入圈子以保护自己的利益，导致决策质量降低。劣币驱逐良币的现象在制度缺陷与法治缺失的环境中尤其突出。

[④] 财政报告作为观察政府的主要窗口，涵盖预算报告（前瞻性）、财务报告（回顾性）和服务绩效报告（基准与实际的比较）。财务报告至少应包括资产负债表、运营表、现金流量表、财政风险表和资本支出表。

财政信息攸关公民的基本知情（right to know），对于发展成熟的民主参与和改进决策制定至关重要。一般地讲，在了解自己向政府缴纳税费的目的何在，以及这些税费是否确实被用于治理主体（尤指立法机关）决定的那些目的方面，全世界的公民都应享有大致相同的民主权利[①]。

如果将偷窃定义为"未经许可将公共财产据为己有"，那么，财政信息的保密形同偷窃，只有法律清晰界定的情形（如国家安全与机密）例外。纳税人为所有财政信息的生产、储存和使用买单，财政信息因而典型地属于公众的财产，必须被公众广泛分享。与其他权力一样，财政权力掌控者本身具有趋向腐败和滥用的本性，而且与政府财政权力相比，公民的财产权利和其他公民权利处于一种相当明显的弱势地位，公共部门的信息不对称丝毫不亚于私人部门。在这种情况下，尊重和保障公民基本的财政知情权尤其重要。

最明显的理由是：公共预算与财务管理不应容许政府隐藏支出或者用它追求私利目的，为此公共财政必须具有透明度。财政透明度与预算透明度的含义和范围大致相同，强调对政府预算和预算外活动进行全面、可靠和及时的报告，确保向公众和资本市场提供关于政府结构和融资方面的全面信息，使其能够对财政政策的健全性（soundness）做出可靠评估。缺乏透明度可被描述为某些人故意（deliberately）限制人们获取信息或者提供虚假（misrepresent）信息，或者不能确保信息的充分相关性或质量。透明度涉及公民知情权，只有涉及国家安全、市场稳定、隐私等少数例外。

财政透明度可简要地定义为"所有相关财政信息以及时和系统的方式完全披露"[②]。涵盖向公众公开政府结构与职能、财政政策取向、公共部门账目和财政筹划（fiscal projections）四个基本方面，公众被定义为包括所有与制定和实施财政政策有某种利害关系的个人和组织[③]。

概括地讲，财政透明度要求公共财政信息在政府内部与外部的自由流动，特别是要求确认和保障公民免费、便利地获取相关财政信息的法定权利，经法律合理界定的特殊情形例外。透明度要求信息公开，但公开不等于透明。除了要求公开信息外，透明还有其他特定要求，即信息的可理解性、相关性和易得性。

财政透明度要求确保诚实和局外人对财政信息的独立核实，包括预算文件和财务报告编制所依据的会计基础、参数假设和敏感性分析。

完整意义上的财政透明度还应覆盖一些其他维度，这些维度上的弱点也减少透明度，包括在政府一般账户（如国库单一账户）之外建立的特定账户，不能自下而上计量所有的财政活动（fiscal activity）；对预算制定所依据的经济预测参数和新出台政策的财政效应不予披露，以及伪造账目（会计造假），也会减少透明度[④]。

财政透明度也要求预算程序的透明。不透明的预算程序导致过度讨价还价和游说。

[①] Thurmaier K. Local budget execution//Shah S. Local Budgeting.Washington D.C.: The World Bank Press, 2007: 270.

[②] OECD. Best Practices for Budget Transparency. Report JT00107731, OECD, Paris. http://www.olis, 2001.

[③] George K, Craig J. Transparency in Government Operations, IMF Occasional Paper No.158 .Washington: International Monetary Fund, 1998.

[④] Alberto A, Perotti R. Fiscal discipline and the budget process. American Economic Review, 1996, 86（2）: 401-407.

预算程序透明覆盖四个维度[①]：①预算文件的数量，反映信息可得性；②局外人（outsiders）独立核实预算中给定的数据和预测假设的可能性；③承诺避免使用不透明的和武断的语言，采用一般公认的会计标准；④对预算中的数据和解释具有明显的合理性（explicit justification）。

财政透明度的另一个基本要求是呈递立法机关审查的预算文件的类别、数量和制式，至少应包括：一份正式的预算申请，中期财政框架，财政政策目标报告书（阐明目标与优先性及当前财政政策的未来影响），财政风险与可持续性的量化评估报告，或有负债和税收支出报告，预算报告信息采用的标准，以及政府负债和财务资产的报告。

预算报告制式应涵盖四个基本主要模块：预算前报告（pre-budget report），预算概要（budget summary），详细的财政计划（覆盖收入、支出、赤字/盈余与债务），补充性文件和信息[②]。

预算前报告阐明政府在即将到来的下个预算年度的关键性决定和优先事项，包括相对于当前年度而言在优先性方面发生的重要变化，以及对这些变化的解释。总体来看，预算政策和预算总额是预算前报告的两个主要成分。预算概要阐明政府作为一个整体的综合财政计划，包括主要的支出类别和收入来源，支出应至少包括按支出对象（objectives）和功能的分类。财政计划需要进一步按组织机构分类，收入也要有详细分类的信息[③]。补充性文件和信息（如社会经济和法律方面的信息）旨在帮助阅读者理解财政计划，以及帮助评估预算对于政府打算促进的政策目标的充分性及其资源含义。

财政透明度还要求尽可能采用与国际标准一致的财政分类系统和一般公认的国会准则（general accepted accounting principal，GAAP）。财政分类至少应覆盖功能分类、经济分类、组织分类和规划分类。中国目前欠缺的是规划分类，其他分类也与国际标准有一定差距。规划是指旨在促进同一政策目标的相关"活动"的集合，如"儿童保健规划"覆盖"注射儿童疫苗"、"开发儿童药品"和"建立儿童保健中心"等活动。"活动"是规划（乃至所有人类事务）的基本构件，也是归集成本和建立绩效评价指标的基础单元。规划分类上接功能分类、经济分类和组织分类，下连活动分类。就绩效管理和绩效信息的透明度而言，规划分类和活动分类最为重要。

透明度依赖采纳"除了保密、一切公开"的原则，而非"除了公开、一切保密"的原则。这里涉及根本的动机问题。保密的泛化和低透明度，往往源于动机而非技术，文化传统也有深远影响。在实践中，保密经常被当作掩饰过错、过失、渎职、腐败和难堪的方法，这是预算透明度长期低于国际最低标准的主要原因。

20 世纪末以来，财政透明度标准已由国际货币基金组织、经济合作与发展组织

---

① James E A, Dreyer-Lassen D. Fiscal transparency, political parties, and debt in OECD countries. European Economic Review, 2006, 50 (6): 1403-1439.

② Lewis C W. How to read a local budget and assess government performance//Shah A. Local Budgeting. Washington D. C.: The World Bank Press, 2007: 185-186.

③ 基于组织机构的，清楚和详细的支出分类对受托责任十分重要。政府对公民的受托责任要求预算报告提供关于"谁从预算中拿了多少钱""这些钱被用于什么目的""实际上是否用于这些目的"的详细信息。

及国际预算筹划（The International Budget Project，IBP）开发为全球性协调的标准[1]。其他一些国际或地区性组织也致力于推动提高财政透明度的工作。

其中涉及一个关键问题是分类系统，为信息和决策这一公共预算与财务管理的两个基本方面的交汇点，但其重要性常被低估。改变分类难度大、失败率很高，但这是一项基本功能，因为组织信息和形成决策都依赖分类。实际上，分类为最重要的决策规则[2]。

3.2.4 预见性

在缺失透明度时，预见性（predictability）尤其重要，可区分为规则—规制预见性和资源预见性两个方面。在公共预算与财务管理中，确保财务资源的预见性——"有多少钱可花"和"需要花多少钱"及"何时"，对战略优先性、服务供应计划的制订和避免回避绩效责任至关重要，也涉及支出总量与部门（sector）间配置的预见性，两者都会向私人部门发出影响其生产、营销与投资决策的信号[3]。

资源预见性对政府整体与机构运营也很重要。公共预算必须与结果相联系，而不是简单地与投入相联系。即便政府未必知道结果，往往也要为之付出[4]。在这里，预见性要求结果链各要素间形成紧密的联系。结果链评价因而必须涉及相关性评价：需要多少和怎样的投入、投入哪些活动、将会有怎样的和多少产出、预定或实际的成果及影响（impacts）。在制定微观预算或有效公共规划时，确保相关性至关重要。

政府行使职能的方式对资源预见性具有重要影响。中国各级政府都高度依赖两个实现机制——财政机制和公共企业（包括国有金融机构）。相对而言，后者的预见性很低。预算外和准财政活动越多，整体的资源预见性越低。

规则层面的预见性要求法律与法规的清晰、预先可知及统一和有效实施[5]，还要求法律的统一解释，避免相互矛盾与冲突。在公共预算与财务管理中，尤其需要确保关于政府政策、公共财务资源和公共规划的基本预见性。缺乏财务资源的预见性会损害战略优先性，使公共官员很难制订服务供应计划。政府支出总量及其组成部分（如政府采购与公共服务购买支出）的预见性，对于引导私人部门制定其产品营销和投资决策很重要。同样重要的还有关于结果的预见性，因为如果没有可预见的结果，受托责任是无意义的[6]。

---

[1] Thurmaier K. Local budget execution//Shah A. Local Budgeting. Washington D. C.：The World Bank Press，2007：274.
[2] Schick A. Performance budgeting and accrual budgeting：decision rules or analytic tools? OECD Journal on Budgeting，2007，7（2）：113.
[3] Schiavo-Campo S, Tommasi D. Managing government expenditure. Manila：Asian Development Bank，1999：512.
[4] 对于个人而言，如果你对花钱获得的商品/服务缺乏预见性，不知道花了钱是否将会得到预料中的商品与服务，你是不会去花这笔钱的。
[5] Schiavo-Campo S. The budget and its coverage//Shar A. Budgeting and Budgetary Institutions. Washington D. C.：The World Bank Press，2007：53-87.
[6] Schiavo-Campo S. The budget and its coverage//Shar A. Budgeting and Budgetary Institutions. Washington D. C.：The World Bank Press，2007：53-87.

在中国，缺乏关于资源的基本预见性在预算过程中尤其明显：无法提前了解"有多少钱可花""需要花多少钱""资金何时到位"及"需要达成的目标和任务究竟是什么"。预算过程的各个阶段，包括预算准备、审查、执行和评估，其不确定性支配一切。过于频繁的预算调整——"预算一年、一年预算"，庞大的财政资金存量（闲置）也与缺失预见性密切相关。"先定钱后定事"的粗放式预算编制与执行，以及在预算准备的早期阶段缺失预算限额和明确的政策导向，都指向预见性的缺失。

地方公共预算与财务管理缺失基本预见性的问题尤其严重，后果也是如此。与其他多数国家相比，中国地方政府在公共服务交付中扮演较为重要的角色，但关于可得资源和相关政策的预见性的缺失，包括转移支付的不确定性，使其统筹制定良好的地方公共规划变得非常困难，从而损害了以服务交付能力与绩效。

从整体上观察，中国的公共预算与财务管理中预见性的缺失，其根源在于自由裁量权的范围和程度超出合理限度。法治的本质是预见性，后者依赖设计与实施良好的法律和法规体系的支撑[1]。

3.2.5 公民参与

公民参与（citizen participation）是指公共领域中公民的话语权表达与政府回应。参与要求共识（consensus）、可靠的信息供应及对政府活动的现实检查（reality check）[1]。公民参与在传统上是政治性的，涉及竞选、投票、游说，以及有时在听证中的证实（testifying）；但现在被看作旨在影响公共代表（public representatives）和官员的方法[2]。

公民参与的理念基础如下：

> 在那些专业化和技术性很强的政策领域，公民没有必要成为专家；但即使不是专家，公民参与也可以对改进政策形成做出贡献，因为公民是公共政策和利益的最好法官和"消费者"，因而最有发言权。这对等级式层级控制、专业分工和认知训练有素的专家应支配公共政策制定的信念，提出有力挑战[3]。

大量文献强调公共预算与财务管理中的公民参与作为促进社会受托责任的关键机制的重要性。工业化国家的记录表明，民主参与是唯一确保良治的形式，因为只有民主形式的政府才能确保产权和合约实施，结果（绩效）导向的地方化和民主化有助于建立这样的信任和美德[4]。尽管如此，民主治理不能由外部简单地强加，民主制度也不能自

---

[1] 目前公共预算与财务管理中依然存在许多"法律空当"，缺失一系列至关重要的法律，包括《财政透明度》《政府间财政关系基本法》《地方财政基本法》《政府间转移支付法》《非税收入法》《公共债务法》《国库管理法》《财政责任法》。非财务法律（如《教育法》）与财务法律（年度预算法）间的冲突由来已久，至今尚未解决。所有这些都削弱了预见性。

[2] Mikesell J L. Fiscal administration in local government: an overview//Shah A. Local Budgeting. Washington D. C.: The World Bank Press, 2007: 15-52.

[3] 罗森布鲁姆 D H, 克拉夫丘克 R S. 公共行政学：管理、政治和法律的途径. 第五版. 张成福, 等校译. 北京: 中国人民大学出版社, 2009: 213.

[4] Shah A. On getting the giant to kneel: approaches to a change in the bureaucratic culture//Shah A. Fiscal Management. Washington D. C.: The World Bank Press, 2005: 216.

上而下建立，必须内生于公民中的信任和公民美德的传统中[1]。

社会资本是阐述公民参与的另一个角度，参与既是社会资本中的正式制度，也是非正式因素的一项功能。社会资本（social capital）是指包括信任（trusts）、规范（norms）及其他旨在强化互利合作的社会网络[2]。

在现代社会中，公共政策制定和实施构成治理的两个主要阶段。良治的参与原则要求每个阶段发展有效的公民社会参与[3]。

在各种参与形式中，参与式预算（participatory budgeting）是其中特别重要的成分。另一个成分是绩效预算，与参与式预算共同构成公民中心的治理模式中两股可接受的预算改革源流，两者协同配合使受托责任制度化更有效[4]。中国目前正处于绩效预算的早期阶段，绩效评价与绩效预算概念在21世纪得到广泛传播，但迄今为止成果有限。一般地讲，如果未能在公共预算与财务管理中发展强有力的公民参与，绩效管理和绩效预算很难取得实质性成果。

参与的有效性取决于许多条件，包括公民美德。献身于公众利益而不是追求个人利益被理解为公民美德，是政治参与的生命渊源[5]。然而，公民美德并非构成公共预算与财务管理中发展公民参与的前提条件。

公民参与可以是自利的（self-interested），也可以是社区焦点的（community focused）参与。自利的参与只是"工具性参与"（instrumental participation），以追求个体私利为基础，反映"消费者政治学"，强调消费者追求选择和偏好表达的自由；"到场政治学"（politics of presence），用以将参与的范围扩展到决策过程之外的群体。社区焦点的参与采取两种形式：共产主义式参与（communitarian participation），强调个体对集体福利的义务；协商式（deliberative）民主参与，强调旨在促进公开对话、分享解决方案和新知识的过程与制度发展[6]。

许多发展中国家的公共预算与财务管理和公共生活缺失基本的公民参与，或者只是存在扭曲式参与："这些区域的公共生活是垂直的，而不是水平地组织起来的。在这里，'公民'这个概念是发育不全的。从个体居民的角度看，公共事物就是别人的事情——是老板政治家的事情——而与我无关……政治参与是因为个人依附或私人贪欲，而不是因为集体目的而产生的。"[7]一般地讲，发展中国家发展公共预算与财务管理中的公民参与要求公共部门至少做出四项制度调整：①建立和增进公民的进入（话语权表达与政府

---

[1] Putnam R D. Making Democracy Work：Civic Traditions in Modern Italy. New York：Princeton University Press，1993：172.
[2] de Mello L. Can Fiscal Decentralization Strengthen Social Capital? Working Paper WP/00/129, IMF, Washington D. C., 2000：239.
[3] 公民社会概念包括非政府组织和公民社会组织，但不包括公共官员。
[4] Andrews M, Shah A. Toward citizen-centered local-level budget in developing countries//Shah A. Public Expenditure Analysis. Washington D. C.：World Bank Press，2005：183-216.
[5] 埃尔斯特 J，斯莱格斯塔德 R. 宪政与民主——理性与社会变迁研究. 潘勤，谢鹏程译. 北京：生活·读书·新知三联书店，1997：330.
[6] Campbell H, Marshall R. Public involvement and planning：looking beyond the one to the many. International Planning Studies, 2000, 5（3）：321-344.
[7] 海勒 P. 民主的质量——来自印度的比较经验. 经济社会体制比较，2005，1：65-74.

回应)渠道;②参与决策制定;③公民评论;④对预算执行与评估。

为了引导公共预算与财务管理过程贴近公民利益和要求,这些制度性调整应融入公共预算与财务管理过程的各个阶段;为了使这些调整比法定参与要求更有效,重要的是必须确定这些变化不只发生在纸面上,而是要形成正式的真正影响角色选择的规则[①]。中国浙江温岭的参与式民主预算过程提供了相关的范例(专栏3.1)。

专栏3.1　中国浙江温岭的预算民主恳谈

从2005年开始,温岭市在镇级和市本级两个层面尝试采用民主恳谈这一协商民主形式,有序组织人大代表和社会公众参与预算协商、讨论、决策,同时致力于强化预算审查与监督。

镇级层面主要流程如下:①人民代表大会召开前公民代表和专家同政府负责人与人大代表间多轮预算协商恳谈,公民代表通过自愿报名、推选邀请、随机抽取等方式产生,恳谈围绕公民关切的特定议题,如环境卫生和性别预算等进行;②人民代表大会期间人大代表强化预算审查,措施包括会期增加至两天、专题询问(政府代表)与回应、5人以上联名可提出预算修正案经大会主席团审查后提交全体代表无记名表决、半数以上支持即获通过、政府须据此修订预算;③人民代表大会召开后强化预算执行监督,措施包括设立财政预算审查监督委员会负责日常监督,政府每月向人民代表大会及其委员会呈递预算收支表并按季报告预算执行情况,人民代表大会召开后半个月以多种方式公开"三公经费"(公车、公务接待和因公出国出境),年中人民代表大会召开预算执行民主恳谈会讨论预算执行情况,以及人大代表通过专题询问、跟踪评议等方式监督重大财政投资项目和预算调整。市人民代表大会常委会还制定实施《街道预算审查监督办法》,授权人民代表大会各街道工作委员会审查监督街道预算及其执行、调整与决算。

市级层面从2008年开始实施类似的预算参与机制。人民代表大会前的部门预算民主恳谈,人民代表大会代表工作站的部门预算征询恳谈(针对辖区选民),人民代表大会常委会对重大(每年新增3 000万元以上)投资项目审查——争议项目召开初审听证会,预算草案初审及政府性债务审查;人民代表大会强化预算审查,措施包括分代表团专题审议部门预算,对四本预算(一般公共预算、社会保险预算、政府性基金预算和国有资本经营预算)进行全面审查,人民代表大会票决部门预算;闭会期间强化预算监督,措施包括:在人民代表大会网上公开预决算及审计报告,年中部门预算执行恳谈会督促部门提高财政绩效,预算执行审计问题专题询问。

(资料来源:温岭市人民代表大会常委会.温岭参与式预算的做法、成效及启示,2014-09-28)

---

① Munmert U. Informal institutions and institutional policy—shedding light on the myth of institutional conflict. Discussion Paper 02-99, Max Planck Institute for Research into Economic Systems, Jena, Germany, 1999.

3.2.6 预算全面性

良治的上述五项基本原则都依赖预算的全面性（comprehensiveness）。全面性是指涉及公共资金与资源的所有活动，均应满足法定授权、受托责任、透明度、预见性和公民参与或与其相近的治理标准；凡是可能和适当，应通过公共预算制度加以控制和引导，形成预算的全面性。

预算全面性是指公共预算在原则上应覆盖所有通过公共财务资源融资的交易，以确保效率，避免支离破碎的预算制定方法和支出政策制定。预算全面性并不意味着所有支出都应按相同程序和步骤加以管理。事实上，某些类别的交易（如政府担保）可能需要单独管理[1]。在这种情况下，特定管理安排应满足的治理要求不应低于预算程序所遵从的那些标准，如法定授权和透明度。

预算全面性也与中国式语境下的"全口径预算"概念存在很大差异，不只是（统计或数据）口径，更是预算范围问题。预算制定始于做出预算范围（budget scope）的决定。预算范围涉及空间与时间维度，空间维度是指预算中包括或排除的内容（条目和支出规划）；时间维度是指预算的时间框架和预算数据覆盖的年份[2]。

预算范围取决于政府活动的范围（职能边界），反过来影响政府与市场的边界。因为预算重视什么，政府也会重视什么；预算忽视什么，政府也会忽视什么。因此，确定预算的适当范围非常重要。在理想的情况下，政府活动的范围应在预算范围中得到准确反映，但这并非意味着预算的范围越大越好。

空间范围不仅指向支出，也包括收入、赤字/盈余和债务。健全的公共支出规划、确保预算的可靠性与可信度，都要求以对收入的现实估计（既不高估也不低估）作为预算过程的起点，因此，确定支出范围不可能没有关于"（政府）可以拿到多少钱"的清晰概念。如果资源可得性不了解，那么支出规划反映的只是"希望"而非规划，包含这些规划的预算也只是纸面文件[1]。包含债务信息的理由是，预算不能仅揭示政府服务的范围，还要反映服务的财政条件。因此，债务清偿计划特别有用，尤其是在评估财务状况方面及为未来需求融资的能力方面[3]。

与预算的空间范围密切相关的另一个概念是预算的详细程度。高度详细的预算称为包罗式预算（inclusive budget），其特征是澄清所有的收入来源和支出用途，有助于增强受托责任和透明度，以及促进更好的财务管理。但是，预算并非越详细越好。过于详细的预算有以下几个劣势[4]：预算准备和解释过于困难；把某些不受法律控制的政府运营

---

[1] Schiavo-Campo S. The budget and its coverage//Shar A. Budgeting and Budgetary Institutions. Washington D. C.: The World Bank Press, 2007: 56-57.

[2] Rubin I. Budget formats: choices and implications//Shah A. Local Budgeting. Washington D. C.: The World Bank Publication, 2007: 132.

[3] Lewis C W. How to read a local budget and assess government performance//Shah A. Local Budgeting. Washington D. C.: The World Bank Press, 2007: 135.

[4] Rubin I. Budget formats: choices and implications//Shah A. Local Budgeting. Washington D. C.: The World Bank Publication, 2007: 133-135.

与融资带入预算可能造成误解；某些信息很难获得[1]。

预算全面性主要涉及两类问题，即预算竞争与受托责任、不确定性和不透明。对公共财政资源的要求必须相互竞争，财政实体（fiscal entities）对公款的申请不能在法定预算程序之外提出；如果公共支出能够被隐藏在预算外或转移到民主控制之外，那么公民就不能约束政府对其绩效负责。不确定和不透明也因此加剧并带来相应后果。Schiavo-Campo 曾评论："如果预算排除了主要的支出，那么，稀缺资源就不可能被适当地分配到优先规划上，法定控制和公共受托责任也会遭受损害。只有所有支出在相同表格和时间里受到相同程序审查和比较，才能为社会带来较高的收益。另外一个问题是导致不确定性和不透明。这使宏观经济筹划更为困难并增加了腐败与浪费的风险。家庭的小金库多半也是如此。"[2]预算全面性的基本含义是预算程序的全面性，有关公共资源分配的社会选择通过预算程序做出，或者通过控制机制与受托责任标准"向预算程序看齐"的特定安排做出[3]。

预算程序的基本功能就在于以民主方式决定公共政策和相应的资源分配，以及对其进行审查、监督、评估和审计。这一过程本质上就是社会选择的过程。预算的质量反映为社会做出合理选择的能力，基本要求是反映公民偏好（民意）。在预算程序中，社会选择集中体现为社会借助这一程序对不同支出提议的选择，这一选择问题处于预算的中心位置[2]。

支出提议的选择，是指在支出总量与资金何时、用于哪些组织开展的哪些活动方面做出适当的决定，包括这些活动和相应资源的提议（预算申请）、审查、批准、执行、监督、评估、审计和报告。背离预算全面性意味着某些政府活动和公共资金的提议、审查、批准（授权）和监督未遵循正式的年度预算程序。在这种情况下，无论预算文件是否记录和披露这些活动及其资金来源、使用情况和使用结果，是否具有合法性，预算程序的全面性也被违背。

➢ 本章小结

- 民主治理背景下对财政职能的追求，必须充分体现和弘扬良治的基本价值及对公众权利的追求。这些价值高于功利性的绩效价值，因为人类最终更关注他们生活的意义而非功利。资源不足和 3E 永远不能成为剥夺权利的理由。公共预算与财务管理的核心原则是受托责任关注对两套政治问题予以一体化解决的治理诉求。
- 过去数十年，参与概念已从社区或开发项目日益扩展到民主治理的广泛领域。公民发言权被当作政府受托责任和有效服务交付的不可或缺的因素。法定参与规范，尤

---

[1] 设想某个地方政府把不属于其法定责任（legal responsibility）的、涉及大笔支出的规划或工程包括在预算中，公众很容易误以为政府没有能力控制支出。除了引起虚假的期待（false expectations）外，这种做法也会人为地为政府创造不必要的法定义务和财务义务，最终导致规划或工程被糟糕地管理。

[2] Schiavo-Campo S. The budget and its coverage//Shar A. Budgeting and Budgetary Institutions. Washington D. C.: The World Bank Press, 2007: 56.

[3] "看齐"意味着特定安排（如专款专用）采用的控制和受托责任标准（审查、监督、评估和审计）与年度预算程序约束的政府活动类似，或者不低于后者采用的标准。

其是融入地方政府的程序性法定规则，包括行政管理程序中的官僚规范，为立法机关和行政官员提供了比非正式惯例或实践更有力的激励。支持公民发言权机制的法律与制度框架涵盖法律、政策与机构安排。
- 即使在有关服务交付的预算和政策制定中存在真正的发言权机制，也需要程序细节的支持。没有这样的细节——关于公民参与的谁、什么、何处、为何以及如何等基本问题——具体和精确答案，将难以成功。
- 基于资源配置目的，预算必须是一个法定授权和控制系统。
- 新西兰于1994年通过的财政责任法案为财政政策和报告的透明度确立了一套完整的法定标准，正式要求政府就其财政绩效向公众承担责任。该法案确立了五项关于财政管理的责任原则：减少公共债务至谨慎水平，在一个合理的时间内维持营运平衡，保持公共资产净值增长，管理财政风险，以及维持可预见与稳定的税率。
- 政府的透明度和受托责任，要求预算和财政账户应与政府活动的目标与结果相联系，而不是与简单地花费开支的条目相联系。运营绩效须在财政纪律下追求。一般政府的综合平衡应作为关于政府财政状况的标准的、概括性的指示器。
- 良治视角下的公共预算反映社会选择。
- 绩效原则与良治原则存在潜在冲突。评价官员的适当方法是考察其政策是否能表明受良治原则的指导。这将是负责任的民主政府的本质。
- 法规过度供给的情况在许多国家十分普遍，对法规的解释常常被留给执行法规的官僚，导致混淆不清甚至滥用，预见性原则也因此被削弱或背离。

➢ 本章术语

受托责任　政治受托责任　管理受托责任　良治　良治基本原则　透明度　预见性　参与　绩效　财政绩效　财政结果链　管理性价值　政治性价值　3E　经济性　效率　有效性　成本有效性　法定授权　预算授权　预算前报告　预算概要　公民友好型预算报告　回应性　责任性　问责制　委托代理理论　规则预见性　资源预见性　公民参与　间接参与　直接参与　自利焦点的参与　社区焦点的参与　预算的范围　财政实体　预算文件　预算全面性　全口径预算　社会受托责任　社会资本　税收法定　预算诚实　新公共管理　集体委托人　到场政治学　协商式民主参与　共产主义式参与
老板政治家　财政筹划

➢ 思考题

1. 如何理解绩效原则与良治原则的关系？
2. 早期公共预算与财务管理的三个基本预设是什么？这些预设意味着什么？
3. 现金基础和权责基础的公共预算与财务管理体制涉及哪几个领域？
4. 权责预算的积极意义和局限性各是什么？需要哪些条件才可能有效？
5. 如何理解合规性控制与财政绩效的关系？
6. 效率原则的局限性是什么？
7. 3E与成本有效性的关系是怎样的？

8. 在什么意义上可以说，预算是反映经济和社会选择的财务镜子，因而也是国家治理结构中非常核心的部分？
9. 为什么公共预算与财务管理必须具有透明度？透明度的基本要求有哪些？
10. 预算程序透明度涵盖哪四个维度？
11. 预算报告的标准制式应涵盖哪四个主要组成部分？
12. 为什么"补短板"而非"保重点"才是支出结构优化调整的关键？
13. 受托责任包括哪四个基本成分？真正的受托责任的基本含义是什么？
14. 阻碍预算资源从低优先级转向高优先级的原因主要有哪些？
15. 为什么预见性在公共预算与财务管理中很重要？
16. 公共预算与财务管理中的公民参与的主要意义与作用是什么？
17. 直接参与可以取代或削弱间接参与吗？为什么？
18. 为什么预算的全面性很重要但并非范围越大越好？
19. 怎样理解税收法定和预算法定的关系？
20. 为什么公共财务诚实应作为良治的一项重要原则？其涉及哪些内容？

第 4 章　财政组织架构

我们生活在一个高度组织化的社会。除了适宜的制度与文化外，公共预算与财务管理还高度依赖组织架构的发展。几乎所有的公共权力、公共资源和公共职位都在组织层面展开，组织和组织架构的重要性不言自明。制度安排、组织架构和公共文化因而构成良好公共预算与财务管理的"铁三角"。组织架构的根本重要性在于调和分工与协调这一人类活动的两个相反相成的方面，其特殊重要性根植于如下事实：公共行政的主要职能为公共政策制定与执行，但好的公共预算与财务管理和好的政策在需要的机制、技术、技能和数据要求方面存在很大差异。给定其他条件，财政组织架构的设计与实施不良将严重"劣化"公共预算与财务管理，并降低成功改革的概率。因此，探讨好的公共预算与财务管理对组织架构设计与运转的要求非常重要，这正是传统文献的薄弱领域。

■ 4.1　财政组织形式的设计原则

财政组织形式为财政组织架构（fiscal organization architecture，FOA）的第一个方面[①]，旨在解决对组织绩效至关重要的分工与协调问题，强调以"合理分工、有效协调"作为设计财政实体（fiscal entities），以及处理彼此间及其内部单元间相互关系的最高原则，其基本要求是实现公共预算与财务管理战略计划、预算制定、支出管理及国库现金管理四个关键方面间的一致性。组织形式的焦点在于协调，包括横向协调和纵向协调。制度、文化、技术无法脱离组织形式单独发挥作用。

4.1.1　财政实体与分类

公共预算与财务管理涉及许多财政实体和庞大的职业化群体，涵盖政策、规划、预

[①] 组织架构的二分法组织形式和管理控制系统（managemerial control system，MCS）现已得到广泛认可，分别针对分工-协调与有效激励问题。MCS 是指旨在促进目标一致与管理努力的基本方法，涵盖职责分配、业绩评价和奖罚机制三个要素。在这里，管理控制不同于"内部控制"，前者聚焦激励相容，后者聚焦风险防范。公共预算与财务管理中，财务控制可以由外部组织（主要是财政部）实施，也可作为内部控制的财务方面，常见的特定目标包括确保活动获得授权、保护资产安全及为获得及时有用的信息提供合理保障。最基本的财务控制是指"谁花钱"和"花钱做了什么"。组织形式与 MCS 的关系非常密切，彼此相互影响。

算、会计、审计和现金管理等诸多领域。财政实体是指承担并履行公共预算与财务管理职责的财政代理人（fiscal agencies），分为作为整体的政府（whole of government）和组成政府整体的单个部门（departments or ministries）或机构（agencies）两个基本层次，专业文献中通常称为一线部门（line ministers）。

财政实体的范围和界定标准因国家而异，主要有控制标准（实体的人事与政策是否由政府控制）、法定标准（由法律与法规强制规定）、融资标准（预算拨款占其融资来源的比重），以及所有权标准（产权归属）四个标准，尤其以控制标准最为常见，通常也最合理。

无论采用的标准如何，财政实体都分为四类：①预算实体，定期独立或与下属机构合并准备、申报和执行预算；②拨款实体，定期独立或与上属机构共同接受预算拨款的实体；③会计实体，独立保持日常性的政府会计记录；④财务报告实体，独立准备与呈递财务报告。

不同财政实体扮演不同的财政角色（fiscal roles），通过财政分工而享有特定财政权力，承担特定财政职责。财政实体主要包括（但不限于）：立法机关（议会与中国的全国人民代表大会及其常务委员会）；行政部门；司法部门；财政/税务部门；支出部门与机构；审计机关（某些国家属于行政部门，如中国）；政府基金（如社会保险基金和依托基金）；政府控制的其他实体（如中央银行、政策性银行和国有企业）。

许多国家并未将后一类实体作为财政实体对待，也未建立"向预算程序看齐"的治理安排。这会导致公共预算与财务管理丧失全面性（comprehensiveness），财政赤字/盈余的计算也是如此，从而误导对财政政策的宏观经济分析，导致劣治（bad governance）。中国的财政实体还包括政委和纪律监察部门。多级政府结构下，财政实体还涉及纵向维度，分为如下四类：①中央（联邦）财政实体；②次中央（州/省）级财政实体；③地方财政实体；④政府间（inter-government）财政实体。

财政组织形式（fiscal organization forms，FOF）的原则性任务，就是将上述财政实体间的分工与协调整合到一起，并确保组织内部的分工与协调和组织间分工与协调的一致性，以及与预算程序的基本要求相兼容。在许多国家，财政组织形式不能与预算程序的基本要求相兼容，导致公共预算与财务管理的功能与目标受损。

4.1.2 定义财政组织形式

组织（形式）的基本问题是将分工与协调整合到一起①，分工与协调为人类活动的两个相反相成的基本方面。分工越深化，协调越重要。

分工与协调也是合作的基础条件。公共预算与财务管理的所有目标与功能（1.2 节和 1.3 节）都依赖财政实体间基于公共利益的合作。财政合作（fiscal cooperation）是社会合作的关键方面，是指在财政分工与协调的基础上，引导财政实体利益一致与潜力发挥以促进公共利益的过程与方法。

在分工与协调这一组织形式界定的关系中，协调比分工更重要。公共预算与财务管

---

① 格兰特 R M. 现代战略分析：概念技术应用. 第 4 版. 罗建萍译. 北京：中国人民大学出版社，2005：175-179.

理涉及大量复杂频繁的协调，协调的本质为相关要素的综合集成。财政协调的重要性来源于财政绩效，财政绩效高度依赖财政协调[1]。

财政协调（也是财政绩效来源）的关键方面是公共预算与财务管理中政策、规划、预算和现金管理间四个基本要素的集成（integrate）。这是人类公共事务中最复杂也最重要的集成，其难度和挑战甚至远超航空母舰或其他高科技工程[2]。一国公共预算与财务管理的质量（整体财政绩效）也主要取决于政策、规划、预算和现金管理间的集成程度，前提是公共政策反映公民偏好以及国家/政府战略优先性。

4.1.3 财政分工

财政组织形式面对的第一个基本问题是财政分工。财政组织形式是指解决财政分工与协调问题的基本方法。财政分工是指财政事务（fiscal affairs）在财政实体之间及其内部的功能性分化和独立化，反映了社会分工概念在公共财政和公共预算与财务管理领域的应用[3]。

财政分工还涉及政府间维度。贴近性优势意味着地方政府具有为良好的公共预算与财务管理做出独特贡献的深远潜力。在许多国家，政府间公共预算与财务管理安排设计不良长期抑制了这些潜力。

财政分工的基本要求是在财政实体间有效配置财政权责，以达成权力制衡和发掘专业化与职业化的独特优势。财政分工与协调因国家而异，并且是动态变化的。20世纪90年代以来，发达国家的中央预算局的角色与职责发生了重大变化，即从传统的控制职能更多地转向计划与管理功能，使其三项基本职责（依赖不同的信息类型）——控制总额、确立优先性和促进运营效率——能够适应新公共管理兴起的新环境。新公共管理强调赋予机构管理者以投入管理的裁量权[4]。

财政分工遵从两项基本原则。

1. 财政权力制衡

权力制衡（check and balance）历来为政治学与法学经久不衰的主题，也是公款管理的三条底线法则之一[5]。鉴于公共预算与财务管理中的财政权（管钱）、行政权（管事）与监察权（管监督）合一招致权力滥用的风险很高，权力分立制衡必须作为良治的基石，财政组织形式的设计必须与此兼容。

权力制衡原则要求将财政机构分离（separated institutions）、财政权力分享（sharing

---

[1] 商业组织中，协调的重要性源于绩效和竞争。公共部门的竞争空间有限，协调的重要性主要取决于绩效。
[2] 集成的本质是要素重组。人类经济绩效和生活水平的提高，不是来源于原材料或地球上的某种大量物质，而是来源于重组的过程。重组的过程意味着指令、规矩、工艺及做事的方法（软件）。参见：Romer P, Evans G, Honkapohja S. Growth cycles. American Economic Review, 1998, (6): 52.
[3] 中国财政部负责政府预算的准备，支出部门则负责本部门预算的准备，人民代表大会负责审查预算和批准本级预算，财政部与中国人民银行共同负责国库（政府）现金管理。
[4] Schick A. The changing role of the central budget office. OECD Journal on Budgeting, 2001, 1 (5): 271-274.
[5] 另外两条底线法则分别是法定财政授权，以及公款动用置于立法机关的有效监控之下。

powers）作为政治体制的关键一环[①]。

在西方国家，立法机关正是主要通过掌控"钱袋子"（法定财政授权）的权力，发挥制约政府权力以防范滥用的独特作用。立法机关对预算的专业化审议成为整个预算程序的重心和最具政治性的阶段，历来为公众与舆论焦点。例如，美国国会负责专业化审查预算的内部机构主要包括参众两院拨款委员会、预算委员会、收入委员会、联席委员会，其他负责授权功能的实体委员会（substantive committee）及其小组委员会等。这些独立自主的单元各司其职，除非必要，通常不与其他单位产生直接联系。

财政权力分立制衡的四项基本要求如下：①纵向分立，财政权力须在各级政府间作明确划分；②横向分立，财政立法权、财政行政权与财政司法监察权的分立，以及财政决策控制（审批与监督）权与财政决策管理（制定与实施）权的分立；③双层分立，组织（机构）层面与功能（立法—行政—司法监察及决策控制与管理）层面的分立，功能分立比组织分立更重要；④权责一致，财政权力配置与财政职责的配置相匹配，避免有责无权（如人民代表大会）或有权无责（如行政部门）。

限制财政权力的核心要义是功能制衡与决策权制衡。前者是指财政权的立法、行政、司法监察维度间的制衡；后者是指财政决策的审批权与监督权对制定权与实施（执行）权的制衡[②]。

权力制衡比权力分立更重要，分立只是达成制衡的手段和必要条件，并非目的也非充分条件。权力制衡的终极目的在于保障公民权利，财政权利是其中特别重要的组成部分，分为税收、支出两个基本维度，涵盖免予武断与不公平课税、知情和参与等各个方面。限制权力也是财政绩效的前提条件。

限制权力有以（公民）权利限制权力、以权力限制权力、以职责限制权力三种基本思想结构和制度实践。相对而言，有必要给予职责话语以优先地位。

虽然权利是基本的，但我们既不可以废除也不可以削弱职责，甚至没有必要给以权利为基础的思想结构以优先地位，因为任何规定权利的原则总是含蓄地规定职责。相比之下，从职责开始的优点更为明显：要求人们对责任及其正当化与分配的认知更现实、更清楚和更诚实，而且职责蕴含行动（无论制度是否建立起来），因而有助于为制度建设勾画蓝图。权利–接受者的视角与职责–行动者视角是基本的结构上的区分[③]。

2. 专业化与职业化

公共预算与财务管理领域中基本的专业化分为程序性专业化和内容性专业化两个

[①] 财政权力（钱袋子）是四项最重大的公共权力——其他三项分别是军权（枪杆子）、人事权（任命）和言论权（笔杆子）——中的关键性权力，也是其他所有权力的基石，典型属于既可能将社会引向天堂，也可将社会引向地狱的公共权力。与其他权力相比，滥用财政权力的诱惑和风险通常更高，长期后果也更严重（国家衰落）。

[②] 中国财政决策权制衡大格局是，党委决策（制定）、政府实施、人民代表大会审批与监督，与当代中国的基本国情和政治体制的基本框架相吻合。权力制衡的终极难题是，谁来监督权力金字塔的顶端权力，也就是通向"天堂"也通向"地狱"之门的权力。

[③] 奥尼尔 O. 迈向正义与美德：实践推理的建构性解释. 应奇，陈丽微，郭立冬译. 北京：人民出版社，2009：135-148.

方面。前者由预算程序界定，涉及四个主要阶段，即行政部门准备预算、立法机关审查预算、预算执行控制（行政执行）和事后评估与检查（包括审计）。后者涉及七个主要成分，即收入管理、支出管理、债务管理、预算管理、资产管理、政府现金管理和财政风险管理。

专业化程度取决于分工的深化，其巨大优势早已清晰地呈现在人类事务的各个领域，尤其是经济社会领域。亚当·斯密（Adam Smith）在其经济学名著《国富论》中，有力地揭示了专业化的劳动分工对生产率和财富创造的巨大魔力。大卫·李嘉图则极富洞察力地揭示了专业化优势深藏不露的来源，即比较优势原理[1]。该原理在人类事务的各个领域都是相通的（包括公共预算与财务管理在内）。相对于经济领域和企业组织而言，公共预算与财务管理对专业化优势的开发利用程度低得多，中国的人民代表大会预算审查中专业化机制的欠缺即为明证。

职业化不同于专业化，分别涉及财政分工中对人的要求与对事的要求，两者都是财政绩效的必要（并非充分）条件。在公共预算与财务管理所涉及的一系列功能领域，尤其是政策、规划、预算、税务、会计和审计中，职业化非常重要。中国的人民代表大会代表与国家审计队伍的职业化尤其如此。职业化涉及许多内容，底线是专职而非兼职及基本的职业保障。只有将数量庞大的相关群体塑造为职业化群体，公共预算与财务管理的功能和目标才有望真正达成，财政分工因而应一并致力于发掘专业化和职业化的优势。

在约束与引导财政分工的两项基本原则中，权力分立制衡应置于比专业化和职业化更优先的地位。公众可以在一定程度上容忍绩效不佳，但很难容忍腐败与寻租。与私人部门不同，在公共部门中，行为正确（把人做好）总是比结果良好（把事做好）更具优先性，正如防范疾病比寻求长寿更具优先性一样。这种优先性也反映为安全政府范式相对于进取型政府范式的优先地位。人类的需求层次也具有这种自然合理、由低到高的特征，因而无须特别证明的优先序，生存总是比发展更优先。这种次序非常契合马斯洛需求理论——生理需求、安全需求、社交（情感）需求、尊重需求和自我实现需求的依次递进[2]。

然而，限制权力与财政绩效（指向专业化和职业化）的诉求须在财政分工中一并考量，尤其应融入财政实体间的财政权力与职责配置中，主要涉及立法机关、行政部门（狭义上的政府）、财政（税）部门、审计部门和（一般）支出部门，中国背景下还涉及最关键的权力角色，如党委，政协、纪检和监察部门等也必须考量。下文就立法机关、财政部门和支出部门的财政权责配置作简要讨论。

---

[1] 大卫·李嘉图（David Ricardo，1772—1823）在其代表作《政治经济学及赋税原理》中提出了比较成本贸易理论（后人称为"比较优势贸易理论"）。该原理表明，只要专注于具有相对优势（即使具有绝对劣势）的活动，通过市场交易（作为协调机制），交易各方的境况都可得到改善。至今，比较优势原理仍是理解"市场"和"贸易"最具说服力与吸引力的基础理论。专业化优势的另一个基本来源是知识与技能的积累和应用。

[2] 马斯洛需求层次理论是行为科学的理论之一，由美国心理学家亚伯拉罕·马斯洛（Abraham Harold Maslow，1908—1970年）于1943年在《人类激励理论》（"A Theory of Human Motivation Psychological Review"）论文中所提出。

4.1.4 财政协调

除财政分工外,财政组织形式还须处理棘手的财政协调问题,两者都涉及横向(政府内部)和纵向(政府间)维度。财政协调是指协调财政事务中的个体努力以完成规定任务(missions)的方法与过程,聚焦公共预算与财务管理的政策、规划、预算与现金管理四个基本成分间的一致性。

财政协调的重要性源于财政绩效,后者依赖两个前提(必要但非充分)条件:①通过合理的财政分工发掘专业化或职业化的独特优势;②通过有效的财政协调集成个体努力以完成规定的任务。两者的结合,连同财政管理控制系统(fiscal managerial control system,FMCS)提供的两个充分条件——利益一致与潜力发挥,确保公共预算与财务管理的各项工作得以顺利展开,从而为财政绩效奠定坚实基础。

在公共预算与财务管理中,"规定的任务"主要涉及政策、规划、预算与现金管理间的一致(匹配)性:①政策制定,确定政策目标与优先性;②规划制定,支出部门自主制定公共规划(基于政策框架和自身职责)作为"政策实施"和"服务交付"的基本单元;③预算制定,涵盖"(政策与规划)需要花多少钱""有多少钱可花""收支缺口如何处理(举债)"三个基本问题间的财务筹划与财务计划,包括资本支出计划和运营支出计划及其整合;④现金管理,确保现金流入与流出"在正确的时间到达正确的地点",确保预算执行遵从预算授权。

前两项任务涉及"事"的筹划与决策,后两项任务涉及"钱"的筹划与决策,两个方面的匹配是公共预算与财务管理中的"最大也最重要的整体任务",能否顺利完成主要取决于财政角色间的协调。整体任务由大量的单个任务构成,政策、规划、预算和现金管理系单个任务的基本构件,彼此间达成一致(匹配)的前提条件是可得资源的预见性,寻求在最好的资源估算下筹划与制定政策、规划、预算。

以上三个成分都依赖可靠的现金管理,因为即使预算实体已经获得支出授权——立法机关批准预算申请,预算执行控制与现金管理的不协调也会导致授权耽搁。授权耽搁是指偏离预算授权的事项,如程序耽误、政府银行账户的现金不足和资金误用。与运营预算(即经常性预算)相比,资本预算(有时称为开发预算、建设预算或项目预算)出现授权耽搁的风险通常更高。可靠的现金管理(尤其是准确的现金需求预测)对于防止授权耽搁至关重要。

由此可见,公共预算与财务管理中"规定的任务"清单中,最基本、最重要的莫过于公共政策、公共规划、公共预算、现金管理间的一致性与综合集成,后者尤其依赖组织层面的财政协调,而财政协调的有效性在很大程度上决定了财政绩效(fiscal performance)。

完整(广义)的财政绩效概念涵盖公共预算与财务管理的所有功能,分为财政管理绩效(fiscal managerial performance)和财政治理绩效(fiscal governance performance)。前者涉及公共预算与财务管理的所有目标,包括一般目标和关键目标,后者涉及良治的基本原则与核心价值——法定授权、受托责任、透明度、预见性和民主参与。财政管理绩效的基本含义如下：政府应致力于推动有效的公共规划（public programs），确保以合理成本向公民交付其偏好与需求的公共服务，并时刻保持公共官员有如此作为的激励和服务公众利益的渴望。

决策效率仅仅触及财政绩效概念的很小一部分，在缺失有效财政协调的情况下，快速决策削弱和妨碍整体财政绩效的风险很高。中心论点是，与财政分工的专业化优势相比，财政协调对财政绩效更重要。

与联邦制国家相比，中国"垂直到底"的单一制有一个明显优势，即统一的财政分类、会计报告和系统有助于处理非日常性的纵向协调，但这一优势不应过分强调，因为日常基础的财政协调更依赖其他机制，如会议机制（中央与地方的年度财政与经济工作会议最重要）和委员会机制。

中国的公共预算与财务管理中的财政分工与协调都较薄弱，以至出现财政分工失灵和财政协调失灵并存的局面，后者尤其明显，包括横向（部门间）和纵向（政府间）两个方面，以至政策、规划、预算和现金管理间的集成度很低，彼此脱节严重，进而影响公共预算与财务管理的所有功能和目标。

改进财政协调有改革等级制与 U 型组织本身、吸收借鉴 M 型组织的合理内核两类基本方法。

4.2　U 型与 M 型财政组织

按照处理财政分工，尤其是财政协调方式的不同，财政组织形式分为 U 型组织（等级制）和 M 型组织两种基本形式。前者采纳纵向方法的职能分工与协调，以集权为显著特点；后者强调横向方法的整体分工与协调模式，以分权为显著特点。对于改进财政协调和促进财政绩效而言，两类组织形式的优势至关重要。

4.2.1　U 型财政组织

如果将财政联邦制视为国家规模的 M 型财政组织，那么，财政单一制即相当于国家规模的 U 型财政组织，分别以美国和中国最具代表性。U 型财政组织和 M 型财政组织还涉及横向（本级政府内部单元间）财政分工与协调问题。

等级制的组织形式也称 U 型组织，按照职能类别实施分工，是以纵向方法进行协调的组织形式。所以，U 型组织也称为职能型组织。在职能型企业组织中，职能主要包括采购、制造、销售、财务、人事和决策，决策按职能分为运营、投资和融资决策。在公共部门中，职能主要与政府结构与公共政策相联系。前者涵盖立法、司法、行政、政党等，后者涵盖公共支出的功能类别，如国防、外交、教育、医疗等。

U 型组织是人类最早发展的公共组织形式，至今仍为几乎所有国家财政组织形式的主流模式。商业组织虽然也以 U 型组织为主流，但 M 型组织、网状组织和其他组织形式也在最近一个多世纪中得到发展，作为对 U 型组织局限与弊端的回应，其中特别明显的是回应性不足——缺失对外部关切的回应。外部关切是指组织外部的服务对象和利益相关者的需求与偏好。

中国有世界上最为悠久的等级制。按职能类别划分并实行"垂直管理"（从中央到基层）的 U 型组织形式，涵盖党政机关、立法机关、司法监察机关等各个领域。如果等级制度是所有复杂系统的基本组织形式，那么，自早期中国文明以来，权力位于等级制度顶点并向下授权的等级制度是大部分组织等级制的主要形式[①]。

在各种形式的等级制中，行政等级制与相应的 U 型组织最为重要，形成按功能类别实施"垂直分管"（直至基层）的、构成国家治理之心脏的行政治理。中国的行政等级制还延伸到经济和社会生活的各个方面，包括国有企业和公立高等学校。

功能类别分为非财务功能类别和财务功能类别。非财务功能主要有以下几点：①核心公共服务与秩序，一般行政服务、警察秩序与安全事务、防务；②社会服务，教育、保健、社会保障与福利、文化娱乐及住宅、供水与卫生；③经济事务，涵盖各个产业，包括一次产业、二次产业和三次产业。

财务功能涉及公共预算与财务管理的各个方面，主要涵盖收入征集、财务计划、公共预算、国库（现金管理）、会计与报告及审计。

公共预算与财务管理绩效在很大程度上取决于等级制如何建构，以及等级制的不同组成部分，即 U 型组织间（还有内部）如何关联，两者都攸关财政协调。

等级制的关键优势在于减轻协调工作量。将错综复杂的横向（多边）协调，高度简化为等级制下的上（少量人）对下（大量人）的协调。例如，一个由 5 人组成的编程团队，自我组织需要 10 种双边相互关系，指定其中一人为主管，便简化为 4 种双边关系。由此可见，等级制的本质是，由更高层级的组织单元来协调与控制下属的专业化单元。在单一制国家，由此形成传统的命令-控制导向的纵向治理模式。

所有的等级制及作为其组成部分的 U 型组织都有六个显著特点：①权力流，初始权力位于顶端和向下授权（集权）；②决策流，自上而下的命令-控制（集权）；③信息流，自下而上的汇报与信息流动（集权）；④狭隘性，"分管领导"关注分管的职能目标而非整体（公共利益）目标；⑤政治性，政治考量支配组织（之间与内部）的资源配置；⑥结构化，高度专业化、正式化的组织形式与集中化的决策结构。

无论公共部门还是私人部门，僵化和回应性不足是等级制与 U 型组织的通病。在公共部门中，传统的现金基础的公共预算与财务管理体制、条目导向的投入预算模式、基数法（渐进主义预算方法）、根深蒂固的官僚文化，与支配性的 U 型财政组织形式结合起来，共同构成回应性治理的机能性障碍。回应性治理的基本含义是"为人民服务"，在真实世界中，其困难与复杂程度远高于想象。

---

① 格兰特 R M. 现代战略分析：概念技术应用. 第 4 版. 罗建萍译. 北京：中国人民大学出版社，2005：174.

既然如此，U 型组织形式为何始终居于支配性地位呢？答案很简单，至少就公共部门而言，没有其他组织形式可以完全替代 U 型组织在整合分工与协调方面的基础性作用，尽管其协调机能在全球化、民主化和地区化的背景下，日益显现出退化（不胜任）的趋势。

机能退化主要表现为纵向主导的协调方法，日益无力达成基本的财政绩效目标，以合理成本向公民交付其偏好与需求的公共服务。全球化加剧了民族国家间财政绩效竞争（国家间竞争的关键方面），导致那些无力以合理成本向其国民充分交付服务的最终沦为输家，长期而言尤其如此。民主化强化了公共预算与财务管理中灌输民主治理基本原理价值的重要性，尤其包括代表性、受托责任、回应性、透明度、法治正义和政府诚信。地区化强化了"贴近性优势"在公共治理中的独特作用，要求由最贴近当地人民的地方政府以自主、能动、能力胜任和负责任的方式，以合理成本交付偏好与需求差异日益多样化的地方公共服务。

面对当代背景下三股日益强大的力量源流，改革等级制与 U 型组织，使其与时俱进比过去任何时候都更加重要与紧迫。其出路在于改进而非替代等级制。作为整合分工与协调的基本方法，等级制与 U 型组织模式的主导地位很难被取代，也不应被真正取代。

4.2.2 改革等级制

改革等级制主要有三个路径：①优化职能，包括职能外包与重组，但不调整机构；②改进财政协调，包括协调委员会、预算日程表与财政分权，但不调整职能与机构；③优化机构与人员配置，包括机构重组与人员调配，但不调整职能。第一项和第三项针对财政分工。三者需要结合起来，优先事项有以下几点。

1. 职能外包与重组

如果不与职能优化相结合，政府体制与机构改革的所有努力几乎都难以取得成功；职能优化如果不能与财政分工的优化相结合，也是如此。精心设计与实施的职能外包和重组，可以作为优化财政分工的关键方面。

在全球范围内，职能外包作为 20 世纪 80 年代以来发展起来的一种公私合作式治理安排，强调就规划或服务与其他政府或私人部门签订外包合同，从而将某些服务职能转移给外部组织。在这种情况下，应建立适当的治理安排以确保受托责任、透明度和公共资源的保护。透明度要求良好的财政报告机制，包括公共部门财务报告与绩效报告。

职能优化的另一个方法是职能重组，涉及政策（政治）—管理（产出）职能的分离和财务/非财务职能的分离两个主要模式。前者主要出现在 20 世纪 90 年代以来的部分发达国家（英国和新西兰最典型），其显著特征是在部门层次上清晰分离出"政策制定者"和"机构管理者"的角色，各自对成果和产出负责[①]。

中国有世界上最发达和最庞大的"分管体制"，党政机关和部门（负责人）各自"分管"特定的、通常是被划分得很细的职能领域，并在该领域内实施垂直管理，这是职能

[①] 中国主要涉及第二类分离，核心命题是部门财务管理职能剥离并移交财政部门集中行使，通俗地讲就是"部门管事、财政管钱"。还有财务法案（预算法）与非财务法案的分离，后者指涉"法定支出"的部门法律，包括《教育法》《科技法》《农业法》。

型组织的典型特征。就公共预算与财务管理而言，主要麻烦是在各部门"肢解"（切割）公共支出管理职能。当前体制下，发展和改革委员会在确定政府投资战略重点上的决定性作用可能是适当的，但承担详细制定部门投资规划（项目）的职能并不适当，这种做法削弱了"部门的规划自主性"——在支出审核委员会确立的预算限额和政策决议内。在横向协调机制残缺不全的国家，建立高规格的支出审核委员会负责预算限额和政策决议非常重要。目前中国尚无这类机制。

支出部门分散负责政府规划的财务管理职能也不适当。由于涉及明显的规模经济，此项职能有必要尽快移交财政部门集中统一行使，无论在中央还是地方层次上。需要集中化的还有政府现金管理、预算准备程序、公共资产与债务管理、财政风险管理和政府采购。相对而言，预算准备程序、公共支出管理和政府现金管理职能集中化尤其重要，带来的利益最为确切。至于政府会计，则应在分散和集中基础上采取双层记录模式，尤其是预算会计（budgetary accounting）——不同于财务会计[①]。

整体上看，多年来，中国的政治和行政体制的集权化和公共预算与财务管理的职能分散化形成鲜明对照，对公共预算与财务管理的功能和目标带来深远影响。历次机构改革几乎都并未提出"公共预算与财务管理职能集中化"这一重大主题，遭遇失败的风险很高。职能集中化对解决财政协调难题非常重要。

2. 委员会机制与会议机制

组织层面的财政协调涉及横向与纵向维度。职能集中化有助于改进财政协调，但并不充分，一并需要的还有委员会机制和会议机制。

就公共预算与财务管理所有功能和目标都至关重要的政策—规划—预算间的直接联结而言，除了相应的评估机制外，还有高规格的部际支出审查（财政协调）委员会和政府间财政关系委员会机制。例如，澳大利亚由直属总理的"政府间拨款委员会"决定补助总量和对各州的分配。

此类机制在中国尤其重要，其中心任务之一是协调政府间财政转移支付。最重要的莫过于财政部（Ministry of Finance，MOF）与发展和改革委员会围绕公共投资计划建立工作联络机制，使新政策所需要的资金划拨更为准确。公共投资计划的两个基本成分（资本支出计划与运营支出计划）应在程序和机制上高度整合，避免脱节，时间至少覆盖未来3~5年。

尽管意义与作用非凡，但目前体制下中国尚无正式的横向与纵向协调委员会机制，包括主要负责政策决议和制定预算限额的支出审查委员会机制。在这种情况下，将覆盖资本与运营支出的中期财政计划与规划功能完全融入预算编制，就变得非常困难。基于良治的基本理念，公共政策尽可能融入公共预算与财务管理程序中，而不是框架相对狭隘的行政程序、立法机关和司法机关或其他机制，尽管要求通过公共预算与财务管理完

[①] 王雍君. 支出周期：构造政府预算会计的逻辑起点. 会计研究，2007，（5）：3-9；王雍君. 政府会计三分法与预算会计的优先完善. 会计之友，2017，（4）：2-5；王雍君. 政府预算会计问题研究. 北京：经济科学出版社，2004.

成全部的政策制定与实施并不现实。

中央与地方的纵向财政协调旨在处理公共预算与财务管理所要求的宏观经济协调，涉及主要的宏观经济目标和相关财政总量的确定。德国模式是由联邦财政部长牵头组织各州共同准备 5 年期且涵盖联邦与州的整体财政计划，包括确定债务总量在内，并由联邦公债委员会负责分配给各州，以此为基础准备预算。

当前体制下，中国主要采用会议机制处理日常性的财政协调问题，主要是中央和省级经济与财政工作会议，以处理年度预算编制之前宏观经济与战略优先性两个层次的政策协调，时间通常在每年的 11 月甚至更晚。

由于时间太晚，中央和省级的年度性经济与财政会议对预算制定的意义不大。一个方法是在更早的时间召开一次高规格的政策和预算协调会。更好的协调办法是建立正式的跨部门和政府间协调委员会机制，包括在财政年度开始前较长时间即协调收入预测：有多少钱可花？这对于展开全面的政策与预算讨论非常重要。进一步的协调方案则是机构合并与"大部制"、改进预算日程表和财政分权化改革。"大部制"是指将紧密相关（互补而非替代）的政策与预算功能，整合到单个或少量的部门中。

3. 机构合并与"大部制"

许多国家将制订公共投资计划与制定预算的功能分别配置于不同部门，如规划部或计划部（中国的发展和改革委员会）和财政部，容易导致财政协调的复杂化。机构合并与"大部制"有助于解决协调难题，旨在将密切相关的职能整合到单个或少量机构中。例如，韩国的规划部与财政部在分设了 40 年后于 1994 年合并。日本则从未分设，而由财政部同时承担两项职能。

中国的农业、水利和林业事务分别由不同部门分工负责，尽管三者涉及统一的国家政策且属于重点领域。从某种意义上讲，三者都属于广义、不可分离的"农业事务"。财政协调要求在统一的公共预算与财务管理框架内考量，尤其在地方层次上。改进协调的方法是，农业、水利与林业部门合并编制和申报统一的预算。这有助于消除碎片式的分管体制导致的预算与政策（重点）间的脱节。

4. 预算日程表

可靠有效的财政协调依赖一个紧凑适宜的预算日程表，以确保在预算年度开始前，预算准备的所有基础工作得到扎实展开，避免过于仓促或"走过场"；确保预算报告得到立法机关的充分审查和全面批准。基础工作中"有多少钱可花"（收入预测）和"部门预算限额"的合理确定非常重要，直接攸关预算程序的可信度。此前的政策筹划（目标与优先性）、部门间协调和政治共识的达成也是如此。这些基础工作要求在一个适宜的预算日程表中按顺序展开。

现行预算日程表并不满足这两项要求。改进预算日程表涉及财政年度的改革，大致有两个可行有效的方案：其一，采纳跨历年制财政年度，从 4 月 1 日至下年 3 月 31 日；其二，保持现行财政年度不变，但此前的基础工作提前到 4 月展开。理想方案是将两者结合起来形成新的预算日程表。

4月：国务院确立并发布（给各省）战略重点及政策优先性；

5月：国务院与各省共商并衔接预算事宜；

6月：国务院与各省确定与更新各自的3年期概算、财政部发布"财政展望"（文件）宣布国务院确定的未来3年总的支出限额；

7月：各部门提出、评估、鉴别、报告主要的结余（支出限额减去实际支出）规划；

8月：支出审查委员会分解确定3年的部门（sector/功能）和部门（department/组织机构）支出限额；

9月：支出部门（所属支出审核委员会）确定主要的现行规划和新政策规划提案；

10月：修订3年期概算、财政展望，支出审查委员会确定主要的政策与支出变化，财政部与各省讨论这些变化及各省预算草案[1]；

11~12月：各部门制定预算草案呈递财政部审查，财政部与支出部门及各省进行预算协商，财政部起草中央与全国预算草案；

第二年流程如下。

1月：各部门将3年期财政规划和预算草案提交人民代表大会审查[2]；

2月：人民代表大会常委会审议[3]；

3月：人民代表大会批准政府、部门和省级预算草案[4]；

4月：预算年度开始[5]；

4~6月：审计署向全国人民代表大会呈递并向社会披露中央决算审计报告[6]；

6~7月：向全国人民代表大会常委会呈交最终的中央决算审计报告，现行程序也是如此。

以上新程序有两个显著特点：①确保预算在法定预算年度开始（4月）前得到批准；预算准备的时间延长至1年（现行程序约为5个月）。美国联邦政府的预算准备时间为18个月，印度为10个月。过于短促的预算准备时间，无法保证预算准备的质量，基本要求是在中期财政规划下达成政策、规划与预算三个基本方面的一致性[7]。这一过程涉及许多预算角色间的财政协调。

以上新的预算日程表并未涵盖公共预算与财务管理中所有需要协调的事项，尤其是现金管理、会计和审计。

---

[1] 当前程序的起点是10~11月国务院做出关于制定预算草案的决定及主要原则。

[2] 现行程序是财政部提交国务院讨论预算草案和悬而未决事项。

[3] 现行程序是1~3月审计署审计部门决算报告。

[4] 现行程序是预算草案呈递人民代表大会财经委审查，财政部长代表国务院向人民代表大会作预算草案与上年决算草案报告。

[5] 现行程序是两级批复预算，即财政部批复各部门、各部门向下属单位批复预算。

[6] 现行程序是审计署向国务院呈交中央决算审计报告。

[7] 中期财政规划也称MTEF，是指一套旨在将政策与预算联结起来的财政治理程序，以确保预算过程受政策驱动。MTEF的重点是未来3~5年的公共支出规划，也包括收入规划与债务规划。其中，公共支出规划的重心是资本支出规划，但须与运营（经常性）支出规划统筹考虑，避免相互割裂。中国背景下，这种割裂导致公共基础设施领域的"重建设、轻维护"现象十分普遍。

4.2.3 M 型财政组织

与 U 型组织对应的是 M 型组织，是按产出、地域或客户（服务对象）实施分工，以横向方法进行协调的组织形式。根本差异在于，M 型组织放弃基于职能类别的纵向方法组织分工与协调。就企业组织而言，M 型组织典型地表现为事业部体制的集团公司，每个事业部对产出（产品与服务）负责，或者对地域（区域性市场）负责，或者对客户（服务对象）负责；对客户（服务对象）负责的典型例子是客户经理制，负责特定客户所需要的全部相关服务。就政府间财政组织安排而言，等级制与 U 型组织表现为条条主导的财政单一制模式，M 型组织表现为块块主导的财政联邦制模式。

鉴于 U 型组织固有的局限性，在等级制下全盘解决合理分工与有效协调问题并不现实。更有效的方法是吸收和兼容 M 型组织合理内核，中国背景下意味着通过促进"条块结合"以系统地改进财政协调。

"条块结合"强调中央权威（纵向控制）与地方运营自主间的兼容。运营自主的最低要求是，地方辖区享有支出决策与收入决策（制定与实施）的充分自主权，以满足地方民众对特定服务的偏好与需求。财政联邦制（美国模式最典型）大致相当于 M 型组织形式——联邦形同总部、州形同作为分部的"事业部"。

"合理内核"是指总部（集团总部/中央）保持必要的决策审批权与监督权，但决策制定权与实施权留给分部（事业部/地方），并主要由分部负责职能、服务和区域协调，从而将协调工作大量移交给下属分部。与等级制的 U 型组织不同，M 型组织下，总部关注战略即整体目标（最低服务标准等）而非特定的职能目标，以确保整个组织架构整合客户的"一篮子需求"，而非硬性分拆客户需求。两者分别代表 M 型组织的关键优势、U 型组织和等级制的关键劣势。若置于动态背景下，分拆需求意味着僵化（环境适应性）和缺乏回应性[①]。

例如，在地方辖区，分拆需求意味着把原本是一个整体的"农业"事务，人为地分拆为由多个"条条"（职能部门）掌管，中国主要涉及农业部、水利部、国土资源部、卫生部和环保部等。公共预算与财务管理中，另一个常见的分拆出现在资本支出和运营支出中，两者采用不同的决策机制和程序，以至"重建设、轻维护运营"的现象十分普遍。

作为两种协调方式存在本质差异的政府间财政组织形式，M 型组织将等级制和 U 型组织中的纵向协调，即职能、服务和区域协调（财政协调的三个基本方面），转换为地方辖区的横向协调。公共预算与财务管理中的职能协调涵盖政策、规划、预算与现金管理四个关键成分。服务协调涉及何时、何处、向谁、以怎样的成本和方式交付怎样的公共

---

① 在职能型企业组织中，分拆需求意味着，尽管客户需要的是一个角色（事业部或客户经理）统一负责自己的"一篮子需求"，但实际上由各个不同角色（职能部门）分别负责需求的不同部分，如产品和售后服务。例如，在银行，分拆需求意味着存钱、取款、汇款、汇总、购买理财产品等金融服务，需要由多个"柜台"的多个职员去办理。又如，在医院，分拆需求意味着挂号、诊断、化验、治疗、取药、财务结算等事宜，不得不面对各司其职的"内部迷宫"加诸的不胜其烦。

服务。区域协调涉及下属辖区之间的财政关系，大致包括财政（税收与支出）竞争、财政外部性、辖区间税负转嫁（输出）、横向转移支付（"对口援助"）和财政合作，财政合作涉及分担成本（风险）和共享收益的事务。

这种转换旨在系统回应等级制和 U 型组织的协调难题，即依赖科层制（hierarchy）和纵向权威链（chain of authority）对专业化分工进行管理与协调，反而容易恶化协调问题。究其根源，在于等级制的"职能分管"体制固有的局限性：①各自为政，职能部门关注分管的局部目标而非全局目标；②沟通困难，信息传递链条漫长；③协调成本高，依赖许多传递程序与流程（政策-规划-预算间尤其如此）；④高层协调工作量复杂繁重，单一制大国尤其如此。

一般来讲，等级制和 U 型组织适合高层协调问题不突出且技术稳定的环境，现代社会不满足这两个条件，出现协调机能失调并不令人意外。全球化、地方化和民主化的发展也使其更加落伍于新时代——除非与时俱进地加以系统改进，关键问题是重组等级制以强化适应性和回应性。适应性强调消除组织僵化和惰性以适应环境变化与快速变革，回应性要求将沉迷于内部官僚作业转换为向外看，关注组织外部公众的需求与偏好。

适应性源于适者生存、不适者淘汰的生存竞争法则，与机遇型组织概念相联系。在快速变化的经济社会环境中，传统等级制中缓慢向上的信息流和对下决策流，很容易成为国家治理体制的致命伤。机遇型组织的显著优势在于其适应性，适应快速变化与变革的环境。在此环境下，决策效率较少依赖规模、专业化和自上而下的命令-控制，更多地取决于对快速变革的适应能力。缺乏适应能力将严重削弱决策效率，尤其在决策执行环节。执行障碍存在于许多国家，中国等发展中国家尤其明显，其深层根源并非"执行不力"，而在于等级制和 U 型组织在新环境下缺乏适应性。

4.2.4 增强适应性与回应性

解决适应性与回应性不足的问题，并不要求拒斥等级制作为基本的组织原理，只要劳动分工的优势存在等级制就绝对不可或缺。可供选择的措施包括[①]：①分散决策制定权；②强调横向而非纵向交流（减少纵向信息流即汇报和指令）；③控制重点从监控转向责任机制。

前两项主要涉及"条条"（"诸侯"即职能部门）与"块块"（"王爷"即地方政府）的关系，第三项涉及财政管理控制系统的设计。这里就条块关系作讨论。

自秦实行郡县制以来，中国社会一直深受条块矛盾的困扰，表明过度和不当集权的等级制无力兼容"中央权威"和"地方自主"——政治与财政共同体的两个最高目标。基层辖区的运营决策自主性尤其重要。就公共服务职能而言，基层辖区的重要性远远超过了其他任何辖区。如今，平均而言，基层辖区向大约 70% 的中国人提供了约 70% 的公

[①] 罗森布鲁姆 D H，克拉夫丘克 R S. 公共行政学：管理、政治和法律的途径. 第五版. 张成福，等校译. 北京：中国人民大学出版社，2009：175.

共服务,"县治则国家治"的历史经验依然深具现实意义。

这种兼容中央权威与地方自主的组织形式,与商业世界中被广泛采用的 M 型(事业部)组织有异曲同工之妙,其显著特征是:通过准确赋权(empower)实现决策控制与决策管理的分离;上级掌握决策的审批(ratification)权与监督(monitoring)权,但将制定(initiation)和实施(implementation)决策的权力赋予下级(事业部)。这种因吸收 M 型组织形式而系统改进的等级制,可一并应用于中央对省级和省对县级辖区[①]。

相对于 U 型组织"按职能分拆客户需求"而言,这是一个显著的优势。"上面千条线(部门林立)、下面一根针(地方一体)",表明"条条压倒块块"的分管体制的深层局限性,即分拆需求从而妨碍地方自主统筹服务交付。由扮演类似事业部或客户经理角色的地方辖区负责"一篮子交付"所有服务,较之 U 型组织分拆交付服务要好得多,前者达成偏好—需求契合的可能性较高,也可大幅减轻等级制高层不必要的协调工作量。

偏好—需求契合是指服务交付(数量、质量、成本、及时性等)与公众偏好—需求的匹配程度,系财政绩效的关键方面。在许多国家,强势的等级制和 U 型组织无法形成这一优势,从而限制了地方辖区为"一篮子服务交付"(回应性和适应性)做出积极贡献的潜力。

除了"一篮子服务交付"这一最重要的优势外,M 型组织相对于 U 型组织还有优化纵向分工和纵向协调两个关键优势。

1. 优化纵向分工

中国的中央与地方的财政分工为最重要的纵向分工,省与县级辖区的分工次之。依据受益范围界定的全国性公共物品(national public goods)与地方公共物品(local public goods),为中央和地方财政分工提供了基本概念框架。省以下财政分工的基本原理与此相通。

另一组界定纵向分工的概念框架是战略(strategy)与运营(operations)。M 型组织使中央得以从烦琐的纵向协调工作中解脱出来,集中精力处理对全局利益更紧要的长期战略问题;与此同时,地方得以在中央宽泛赋权——只保留必需的审批权与监督权——的范围内,拥有相对完整的运营决策(制定与实施)权,从而集中精力处理短期运营问题。等级制和 U 型组织将战略与运营问题纠缠在一起,使中央与地方都难以专注最紧要也最擅长的问题。

与 U 型组织相比,M 型组织更有利于在高层保留审批权与监督权的前提下,充分发掘分权决策的三个主要益处,即充分利用地方知识、节省高层时间和训练激励下级官员。有效的地方运营决策高度依赖地方知识而非纵向指令流,这与等级制和 U 型组织截然相反。地方知识即"特定地区特定时间的特定情况",典型地属于高度分散化、动态化和易逝性的信息与知识,集权体制在利用这类信息方面处于绝对劣势的地位。

[①] 在这里,省级和县级辖区相当于 M 型组织中的两级事业部,作为被赋权者并非拥有全权——上级拥有审批权和监督权,但被授予完整的决策制定权和实施权,使其有能力以"一篮子方式"满足客户(地方人民)的整体需求。

2. 优化纵向协调

全球化、地方化和民主化日益强化了横向协调在有效服务交付中的特殊重要性，这与等级制和 U 型组织以纵向协调代替横向协调的逻辑有直接冲突。横向协调要求地方服务有效交付高度依赖的政策、规划、预算和现金管理间的协调，尤其是日常基础的协调。M 型组织能够更好地满足这一要求，也有助于大大减少高层的协调（地方事务）工作量。

M 型组织亦有四个主要局限：总部可能过度集权；事业部可能出现激励不相容；内耗；对集中性知识与信息缺乏有效利用。过度集权体现集权的局限，集中性知识与信息缺乏有效利用反映分权的局限。分权利用的只是当地（现场）知识与信息。公共预算与财务管理涉及利用许多重要的集中性知识，涵盖政策、规划、预算和政府现金管理等各个方面[①]。优化协调机制与协调方式有助于弥补这些局限。

4.2.5 优化协调机制与协调方式

M 型组织和分权/集权决策的优势与劣势随时间而改变，并非一成不变，其局限性可以通过优化协调机制和协调方式得到弥补。协调机制优化有以下四个基本选项。

（1）权威链。权威链（规定与指示）机制分为一般规定（规则和规制）和特定指示，对应企业组织中财务控制和战略控制两种基本的组织控制形式[②]。财务控制和战略控制延伸应用于中央对地方的纵向协调也很适当：前者相当于作为一般规定的财政约束规则（rules of fiscal constrains）和服务标准[③]；后者相当于以财政战略（基于机遇和能力）取代日常指令和对运营细节的干预，如详细规定支出用途；两者的本质相同，以制度协调（部分）取代人际协调（人治色彩浓厚的发号施令）。

（2）例行程序。频繁重复的活动高度依赖这类日常程序，以预算日程表（参见 4.2.2 小节）最为重要。好的预算日程表引导财政实体协调一致地达成政策、规划、预算及现金管理间的一致性，这是实现公共预算与财务管理的功能和目标的前提。这些协调工作涉及横向（部门间）与纵向（政府间）两个维度，涵盖预算程序的各个阶段，尤以预算准备阶段最频繁，也最重要。

（3）绩效激励。地方（事业部）的运营自由（自主制定与实施运营决策），只有在中央（总部）满足其财政绩效时才是适当的。英国模式中，中央政府采用统一的"地方

[①] 全国或全省一年有多少钱（财政收入与转移支付）可花和需要花多少钱？办公资产总量、配置和维护状况如何？新增债务多少为宜？中央部门（如水利部）掌握的专业技术知识（如水利工程）通常也比地方多。

[②] 战略控制关注企业可以做什么（外部环境给出了机会）、能够做什么（基于自身能力与竞争优势），旨在锁定机会与能力交汇区域，以确定做什么能够成功，要求采用某些主观标准评价战略是否恰当，适合相关（如通信与媒体）多元化战略，很难用于广泛的不相关（如烟草与房地产）多元化战略。财务控制是指运用客观的财务指标评价战略单元和经理的业绩，主要有资产报酬率、投资报酬率和经济增加值。

[③] 服务标准的清单很长，如贫困率、婴幼儿死亡率、土壤与水质有害物质含量。中国应包括国家最低标准和省级最低标准。常见的财政约束规则有赤字比率（欧盟规定不超过国内生产总值的 3%）、债务比率（欧盟规定不超过 60%）。与约束引导地方遵从投入控制——详细规定地方支出用途——相比，财政约束规则与服务标准赋予地方运营决策的自主（制定与实施）性空间大得多，这同时也意味着大量的协调工作得以从中央（纵向）移交给地方（横向）。

财政绩效评价系统",通过公开绩效评价结果并与相应的奖罚机制挂钩,以约束与引导地方对被精心鉴别的一组财政绩效目标负责。如此,绩效目标连同奖罚机制,产生类似市场经济中价格机制所发挥的"无形之手"的协调作用。绩效目标聚焦最低服务标准,涵盖数量、类别、质量、成本、及时性、平等性、可得性(服务渠道)和满意度。奖罚机制包括转移支付、职位升迁、表彰或批评。

(4) 自我调适。这种机制适合在无领导者(权威)的团队或工作组中协调。在中央和地方关系上,相当于中央采取让地方"自我协调"的态度,但前提是满足绩效目标和遵从财政规则与规制。与其他协调机制相比,自我调适的显著特点是让地方自己去协调(日常运营),中央则在某种程度上放弃纵向协调的努力。在"下管一级"的中国背景下,自我调适适合省以下的地方辖区。

上述协调机制的优化,只有与协调方式的优化相结合才会更加有效。协调方式优化主要涉及以下四个方面。

(1) 辖区整合。分拆或合并地方辖区(增减其数量)、调整辖区规模和行政级别,涉及重要的财政考量,对财政协调亦有重要影响。明显的是,政府层级结构的扁平化和较少的地方辖区数量,有助于简化和优化纵向财政协调。多层级政府结构的单一制大国中,纵向协调问题尤其复杂。通过向"最优财政辖区"的辖区整合,纵向协调和横向协调都有改进的巨大空间。最优财政辖区的基本原理与最优企业规模相通,过大过小均不适当,但前者更为复杂。

(2) 共享与转移资源。两者分别涉及政府间税收安排和转移支付。与严格意义上的地方税——地方享有税收立法权、征管权和收入归属权——相比,共享税体制和中央对地方税的统一立法通常更有利于财政协调,包括平衡地方财政能力和减少零和式税收竞争。然而,共享体制不应牺牲地方辖区的财政自主性和收入充足性。

有税基分享和收入分成两种基本的共享税模式。前者由中央立法统一确定税基(课税对象),但允许各地方辖区按一定的税率分享收入;后者只是按中央与地方比例分配税收收入。主要差异在于税基是中央独有(收入分成),还是中央与地方共同拥有(税基分享)。作为一般原则,税收协调应尽量采用税基分享制。

(3) 共享服务。与规模经济(scale economy)和范围经济(scope economy)相关的服务,如法律、司法、审计、人力资源管理、政府采购和工程技术服务,开放和免费使用也有助于改善协调。中国各部门的数据库(信息系统)的互联互通和开放性严重不足。

(4) 职能集中化。良好的公共预算与财务管理要求某些职能分散以有利于专业化,某些(如国防和外交)必须集中以利于协调,两者都涉及横向与纵向两个维度。适合职能分散的典型例子是部门-地方规划(sector-local programs)。在预算限制和政府政策框架内,保障规划制定的部门-地方自主性非常重要,只有政治敏感性、外部性和能力不胜任的例外。

全国性战略规划、财务控制系统(包括财政分类与报告系统)和政府间财政关系管理都适合集中化。明显偏离职能集中化的主要有四个,即公共规划的财务管理、国库现金管理、自下而上方法启动的预算准备程序、公共资产管理,形成中央集权决策和部门分散管理的不协调格局。一般观点是财政决策系统应与管理安排相兼容。

以上关于 M 型组织的讨论为解读中国的条块关系提供了一般视角和基本观点:即便是单一制国家,吸收财政联邦制合理内核也是适当的,这有助于弥补已缺失的、与中央领导角色(leading role)相一致的财政组织架构与管理范式,以处理对于公共预算与财务管理至关重要的职能、服务与区域分工和协调问题,从而为兼容中央权威和地方自主提供合理保障。其要点如下:职能、服务与区内区际财政协调主要留给地方;中央作为全体纳税人的代理人,支持财政绩效目标(服务标准)而非职能目标(留给地方统筹协调),同时监督地方的财政运营以保障绩效目标的达成,但不可取代地方的内部监督。

4.3 财政权力与职责分工

主要财政角色包括立法机关、财政部门、支出部门和国库机构。财政权力与职责的分配因国家而异且是变化的。这里仅讨论财政权责分工的一般框架。

4.3.1 立法机关与行政部门

财政权力与职责在立法机关与行政部门(狭义政府)间的配置,为联结公共预算与财务管理的治理框架的关键方面。有些国家(如美国)甚至采取立法(国会)预算与行政(总统)预算分立的双重预算体制,司法机关也在公共预算与财务管理中扮演举足轻重的角色,以此作为权力制衡的政治体系的关键一环。多数国家并未走得这么远,但财政权力与职责在立法、行政与司法间的合理配置同样至关重要。

合理配置的一般要求如下:①立法机构为行政部门制定和实施其获取和使用财政资源的授权,即批准公共部门的财政计划与预算,并授权行政部门进行支出、投资、借款和根据法律进行规划管理,同时负责监督行政部门的预算执行;②行政部门的行政长官负责在授权范围内获得、使用、报告和管理财政资源与财政事务,监督和控制通过的预算和财政计划的执行,后者包括 MTEF、预算实施计划(按季)和现金计划(按月)。无论最高行政长官是否为治理主体的一员,都对行政管理所有方面负一线责任(line responsibility)[①]。

行政部门承担的上述职责(包括提供财政报告)有两个层次:第一个层次是单个的部门/实体;第二个层次是作为一个整体的政府。前者系支出部门——专业文献中通常称为一线部门(line minister)——及其领导的职责;西方国家,后者一般是财政部长和(或)

[①] IFAC Public Sector Committee. Governance in the public sector: a governing body perspective. International Public Sector Study, 2001, 13(8): 1-93.

政府内阁的职责，对于实现内阁制定的政策目标，部长对立法机构负有政治责任，部门领导负有营运责任。提供年度报告（财务报告与绩效报告）是行政责任中的关键一环，因为确保受托的信息主要是来自立法要求的年度报告。

立法机关和行政部门的授权与遵从授权的关系，也可解读为广泛经济社会背景下公共预算与财务管理中的"猫鼠关系"①。

一般来讲，立法机关公共预算与财务管理受托责任中的基本角色有以下三个②。

1. 代表

立法机关代表人民的意志，在民主国家作为政府权威的法定来源。在中国，大致意味着人民代表大会审议批准党政机关的财政决策（制定与实施），使其合法化。

2. 立法

该角色指向法定财政授权，通过制定法律有权修订、批准或拒绝通过政府账单③。

财政授权不必过于详细，但应满足如下四项基本要求使其成为有效制约权力的第一道（关键）防火墙机制，即正式、明确（内容和时间范围）、事前和偏差控制机制。事前是指未经批准不得拿钱和花钱，拒斥形成既成事实的"事后批准"（备案）。预算执行中偏离授权的情形不可避免，但即使如此，亦应避免损害法定授权的权威性与有效性，偏差控制机制因而至关重要，涉及预算调整的法定程序、预算批准前的补充预算案、预算预备费、日落条款（超出规定时间便取消拨款）、结余处理和雨天基金，雨天基金相当于中国的预算稳定调节基金。

3. 监督

监督（oversight）是指确保政府执行政策和规划与立法机关的愿望和意图相一致。立法机关还可以通过事前监督，即审视给定政策的准备，以及事后监督，即通过审视给定政策的执行和实施。需要指出的是，立法机关的财政权力同样必须受到限制，包括修订、批准和拒绝预算（政府账单）的权力，这些限制通常由宪法和基本预算法加以规定。西方国家的利益集团游说国会通过对其有利的预算案的现象司空见惯，议会因而存在拖延预算审批和扩大支出预算的动机。

多数国家的立法机关有权约束政府对其行动和政策负责，中国却并非如此，在党委决策、政府执行、人民代表大会审批监督的格局中，人民代表大会审批监督的权力相当薄弱。要保证人民代表大会在公共预算与财务管理中发挥三项基本作用，即制约权力、

---

① 中国尤其应矫正"强势老鼠弱势猫"的格局，重点是强化人民代表大会作为公共预算与财务管理中"第一猫"的角色。这一角色定位真正来自三项坚实的宪法基础：人民主权原则、全国人民代表大会作为国家的最高权力机关，以及政府预（决）算须经人民代表大会审查批准。三者共同构成人民代表大会在公共预算与财务管理的中承担代表、立法与监督职能的逻辑基础，也为现代财政制度建构提供最权威的蓝图。

② Marffio R. Quis custodiet ipsos custodes? Ilcontrollo parlamentare dell'attivita di governo in prospettiva comparata. Quaderni di Scienza Pllitica，2002，9（2）：333-383.

③ 拒绝批准的情形在多数国家罕见，美国联邦政府预算为主要的例外。美国政府因为财政预算问题遭遇险境已经不是新鲜事。1977~1996年，美国联邦政府关门17次，几乎平均每年关闭一次，最短的1天，最长的21天，仅在2011年就发生3次。

控制腐败和决策纠错，有必要将代表、立法（授权）和监督职能完整地配置于人民代表大会。决策纠错机制的缺失，一直是中国公共预算与财务管理领域的主要软肋之一[①]。

一般来讲，财政决策制定权越集中，决策制定的效率越高，但决策失败的风险也随之提高——源于权威本质上的集中与信息（和知识）本质上的分散越明显，人民代表大会以审批权与监督权适当制衡党政机关的决策制定权与实施权在内，也就越具有现实意义。包括事后审议权在内的审批权，为决策纠错机制的重要组成部分。

4.3.2 财政部门与支出部门

公共预算与财务管理中，财政角色间的日常互动主要集中于财政部门与支出部门，两者的角色、权力与职责因国家而异且是动态变化的。支出部门在法定职责和预算授权范围内，享有部门规划制定的自主权。在相关职能领域内，支出部门也是制定与监管最低服务标准的适当角色。

然而，与财政部门不同，支出部门并非公共预算与财务管理中的核心部门。公共预算与财务管理的政策功能和财政控制功能要求赋予财政部门足够的权力。相关法律（如基本预算法）应明确界定财政部门作为核心的政府部门的权力与职责如下。

1. 监督

监督主要包括：①提交给立法机关的年度预算报告制定过程；②政府的银行账户；③财政收支；④政府资产与负债；⑤监督并审核所有政府借款和贷款。政府的银行账户应置于财政部/国库的控制之下，以随时了解银行账户中的余额数据和进行资金调度。

2. 有权要求机构报告预算外账目（财务报告）

预算外账目是指机构在财政预算框架以外设立的所有公共账户，包括基金和特别（秘密）账户。这些不透明的账户形成"黑箱预算"，逃避立法机关与公众监督，削弱政府对人民的受托责任。

3. 支出-赤字控制与支付令签发

财政部门负有控制支出与贷款使用、避免超出赤字目标的责任。赤字目标通常由年度财政拨款法案（年度预算法）设定。相关法律应规定，如果没有获得财政部门签发的、在特定时间内用于特定目的支出授权，任何支出部门都不得进行任何支出。

4. 制定规章条例与预算调整方案

财政部（代表中央政府）有权制定具体的规章条例，以约束与规范地方政府的借贷活动和提交预算报告的要求。预算执行中部门间的财政资金转移——中国术语中的"科目流用"即变更资金用途，亦须遵从本级政府财政部门负责制订的预算调整方案，后者有时也称为补充性财政拨款法案。财政部门也应有权批准同一支出部门内部各下属机构间的资金转移，以及制定相应条例予以规范。预算执行中的调整事项难以避免，但应尽

---

① 总体上看，中国的决策程序与机制的（短期）效率远高于西方国家，以及土地国有制（相对于土地私有制的西方国家）的优越性，共同带来快速的经济发展、城市化和工业化，但负面影响与后果——尤其是乱作为的"折腾"和决策失败的高风险——也日益明显。时至今日，决策效率和经济高增长的重要性逐步递减，决策质量和经济发展质量的重要性日益提升。在这种情况下，决策制衡与纠错机制的重要性迅速凸显。

量控制，并且不应损害法定授权及其权威性——在各种财政规制中的最高地位。

中国的财政权责的部门间错配主要有三：部门性规划的详细制定权集中于发展和改革委员会，规划的财务管理分散于支出部门，资本支出与运营支出决策程序和机制的脱节，这一脱节导致公共基础设施领域由来已久的"重建设、轻维护（与运营）"。资本支出与运营支出的区分不充分，如教育（知识）与医疗（健康）是资本支出还是运营支出，也招致对运营支出的偏见，低估其实质重要性。

作为矫正措施，规划制定（与实施）权应从发展和改革委员会移交给支出部门，但规划的财务管理应由支出部门移交给财政部门集中统一行使，主要涉及规划的预算、拨款与支付。美国联邦政府通过一对一的独立规划账户（program accounts，PA）实现了规划管理的高度集中化，其经验对中国改革规划管理弥足珍贵。与政府现金管理和公共资产管理一样，规划的财务管理亦属于最应集中化的职能。另一项重要调整涉及资本支出与运营支出决策的一体化，以确保两者得到统筹规划，避免碎片化。

5. 财政协调

公共预算与财务管理中的集成主要依赖合理分工基础上有效的财政协调。美国联邦政府的公共预算与财务管理在全球具有最为广泛的影响力和吸引力，被许多国家和政府广泛吸收借鉴，其中一个关键方面是其主要财政角色间的分工与协调能力[①]。

在预算执行阶段，财政部门的核心职责如下。

（1）预算执行控制。主要事项包括：管理资金释放系统——授权、预算实施计划等；准备年度财务计划；监督支出流；准备年内预算修订；管理中央支付系统和监督政府银行账目；管理薪金系统；会计账目与财务报告。

（2）关注政策实施。主要事项包括：独立评估规划或与支出部门一同评估；鉴别政策修订是否适当；在立法机关授权框架内，向政府高层提出重新分配资源的建议。

支出部门在预算执行阶段的核心职责通常有二。

（1）关注预算事务的行政管理。主要涉及：向下属单位分配资金；支出承诺（签订合同和发出采购订单）；购买与采购商品和服务；核实商品与服务交付；准备支付申请和在分散（非集中）化支付系统中办理支付；准备预算执行进度报告；监督绩效指标；保持银行账户与会计记录。

（2）关注政策实施。主要包括：定期评估相关规划的实施、鉴别问题及采取适当的措施；在预算确立的政策框架下重新分配部门内部资源。

4.3.3 国库机构的职责

国库最基本的职责是现金管理，涵盖现金流入、流出与现金余额三个基本方面，现

[①] 协调的主要角色包括国会、总统、行政部门（狭义政府）、司法机关、审计总署（General Accountability Office，GAO）和支出机构，彼此间复杂的分工与协同支撑着庞大的政府体制有条不紊地运转，其中成立于1921年，1939年起从财政部划归总统直属的预算与管理局（Office of Management and Budget，OMB），更是为人广泛称道。参见：汤姆金 S L. 透视美国管理与预算局. 苟燕楠译. 上海：上海财经大学出版社，2009.也可参见：http://www.white-house.gov/WH/EOP/omb.

金余额进一步分为确保安全支付和剩余现金投资。良好现金管理的基本要求是，通过国库单一账户实现现金余额的集中化[①]。

国库机构的设置因国家而异，有些国家设置于财政部（美国财政部下设国库局），有些国家（如加拿大）在财政部之外单独设立国库部，中国采纳双重体制，即国库现金管理职能由财政部门与中国人民银行共同承担，地方辖区也是如此。无论机构设置如何，国库部门通常被赋予如下核心职责：现金管理，管理政府银行账目，会计与报告，财务计划与现金流预测，管理政府债务与担保，管理外部补助和基金，管理财务资产（金融资产），监督付款。

与许多国家相比，中国现行的国库机构与职责配置仍面临不少问题，现金管理系统的脆弱性也相当突出，亟须深度改进[②]。

> **本章小结**

- 组织是人类精心构建以实现特定目标的社会单元，人类越来越依赖组织以实现经济社会和政治目标。组织问题的重要性源于权力和职责都以组织为平台展开。许多国家公共预算与财务管理效果不彰甚至失败，常常源于财政组织架构不良和组织能力（organizational capacity）不足。
- 财政组织架构是指解决财政分工与协调和激励相容——利益一致与潜力发挥——问题以促进财政合作的基本方法，涵盖作为"硬件"的财政组织形式和作为"软件"的管理控制系统两个方面。财政合作的稳定性与有效性，首先取决于财政组织形式解决分工与协调问题的能力，其次取决于财政管理控制系统促进利益一致与潜力发挥的能力。
- 在政府规模较小且环境稳定的情况下，U型组织是合适的。但在规模扩展和环境变动的情形下，M型组织具有更强的适应力。两者都可以看作公共部门"管钱"和"管事"如何"协同"的基本方法，体现信息结构和决策方面的基本差异。
- 财政组织形式也涉及纵向（政府间）维度。财政单一制和财政联邦制分别体现U型和M型的组织架构。U型组织的核心是等级制，不可或缺但需改善，以适应全球化和民主化要求"以横向方法"组织公共服务交付的新环境。横向方法有两个支点：以公民为中心、以市场为基础、以绩效为导向的治理结构；以规划而非组织作为预算资源配置的本位——规划预算的本质。规划预算是投入预算走向绩效预算的桥梁。

> **本章术语**

组织形式　分工　协调　财政组织形式　组织架构　财政组织架构　U型组织

[①] 国库单一账户是指政府持有、开设于中央银行、唯一的政府财政存款账户，所有对供应商的资金拨付都通过这个账户办理，剩余现金（超过安全支付所需）投资也是如此。

[②] 政府现金管理系统的优先设计以及改革出现偏差的原因分析，参见王雍君. 政府现金管理系统的优先设计：中国的差距与努力方向. 金融研究，2016，（2）：189-197；王雍君. 中国国库体制改革与防火墙建设——代理-经理之争的诠释. 金融研究，2012，（7）：112-122.

M型组织　财政绩效　财政管理绩效　财政治理绩效　适应性　回应性　职能集中化　共享服务　大部制　分管体制　财政单一制　财政联邦制　资本支出　经常支出　垂直分管　条条　块块　条块分割　各自为政　政出多门　组织绩效　纵向分工　横向分工　公共规划　公共政策　等级制　等级式治理　财政实体　预算单位　财政角色　支出部门　核心部门

思考题

1. 公共预算与财务管理涉及哪些主要的分工与协调事项？
2. 中国当前的战略计划（尤指公共投资计划）、预算制定、支出管理和国库现金的分工与协调格局是怎样的？存在哪些主要问题？
3. 中期支出框架涉及哪些主要财政角色间的分工与协调？现状如何？
4. M型组织和U型组织的主要差异和各自的优劣势主要是什么？
5. 联邦制和单一制国家财政组织形式的差异是什么？
6. 对于顺利和高质量完成预算准备而言，预算准备的日程表应满足哪些要求？
7. 为什么等级制只能改进而不能放弃？
8. 改革等级制以增强协调能力有哪些主要选项？
9. 描述中国当前背景下中央与地方政府间的财政协调机制，指出存在哪些主要问题。
10. 为什么保证支出部门的规划制定自主性很重要？
11. 中国当前"重建设、轻维护"的主要原因是什么？哪些与组织形式有关？
12. 经常支出与资本支出的统筹协调需要克服哪些障碍？
13. 财政分工和协调对组织绩效的影响有什么不同？
14. 中国当前背景下，党委、人大、政府、财政部门、审计部门、检察部门、中央银行、支出部门扮演怎样的财政角色？彼此间分工与协调现状如何？有哪些主要的改革建议？
15. 公共行政的主要职能为公共政策制定与执行，但好的公共预算与财务管理与好的政策在需要的机制、技术、技能和数据要求方面存在很大差异。请问差异是什么？
16. 中国当前背景下，发展和改革委员会与财政部的平行式组织形式带来的分工和协调难题是什么？试以政治领导主导的计划战略和作为财务筹划工具的中期财政规划间的磨合问题加以评论。

第二篇 公共预算

公共预算嵌入了最重要的政府决策机制与程序,得以成为现代社会最正式、最基本和最频繁的公共治理平台,以及作为达成公共财务管理目标的最重要的工具。预算为王既是公共部门的基本特征,也是发挥作用的主要方式。可以说,公共预算的质量在很大程度上决定了公共治理的质量,预算的精心准备、审查、执行和评估因而至关重要。

第 5 章 预 算 准 备

预算应被精心准备，以避免成为纸面预算——执行中一个月接一个月地修订预算[①]。好的预算制定可能执行不良，但不良的预算制定也无法执行良好。因此，好的预算准备（budget preparation）比预算审查和执行更重要。预算准备为预算程序的第一阶段，以行政运作为重心，始于预算指南（budgeting circular）的发布，终于行政部门向立法机关呈递待其审查批准的预算文件。本质上属于通过政治程序做出预算资源配置决定的过程。预算文件（budgetary documents）作为预算程序的直接产物，应作为法定授权文件、政府政策文件、规划管理文件和民主参与文件精心准备；治理背景下，尤其应以政策文件（财政政策）为焦点作准备，致力于和公共预算与财务管理的关键目标保持一致，确保公共预算与财务管理成为贯彻公共政策的核心工具。总体而言，对未来潜在的破坏性冲击从两个方面进行解释说明，即一方面从基线成本估计[②]，另一方面从促进应变能力和恢复能力需要的政策决策和预算决策，才能成为编制预算的基础[③]。从根本上讲，每个国家的未来命运都取决于其应变能力和恢复能力。

5.1 基本要求

作为制定公共政策的一种特殊方式，制定预算需要满足许多要求，其焦点在于达成预算与政策间的直接联结，这意味着预算文件应以最有利于促进总额财政纪律、优先性配置、运营绩效和财政风险控制公共预算与财务管理四项关键目标的方式加以准备。为此，预算准备的早期阶段满足筹划中期宏观经济与政策框架、对艰难选择与平衡早做决策及建立硬支出（预算）限额三项前提条件[④]；不满足这些条件会导致增量预算（基数

[①] Meyers R T. The implosion of the federal budget process: triggers, commissions, cliffs, sequesters, debt ceilings, and shutdown. Public Budgeting & Finance, 2014, 34（4）: 1-23.
[②] 基线成本是指假定预算中采纳的现行政策与规划不变时的成本，区别于新政策与规划的成本。
[③] Redburn F S. Practical imagination: a possible future for federal budgeting. Public Budgeting & Finance, 2016, 35（4）: 1-17.
[④] 早期阶段是指形成正式和详细的预算草案（概算）前的阶段。

法)、多重预算(dual budgeting)以及过度讨价还价[1]。为此，采用自上而下方法启动年度预算准备过程最为适当。为此，三项基本前提条件应在预算准备的早期(起点)阶段被满足。

5.1.1 遵从五个步骤

每个国家和政府的预算准备在细节上都存在差异，但良好的预算准备通常应依次遵从以下五个主要步骤。

1. 中期财政展望、早作艰难决策和硬预算限额

良好的预算准备应以中期财政展望(the medium-term fiscal perspective)和硬预算限额的颁布为起点[2]。硬预算限额旨在为预算申请确立硬预算约束，核心成分为部门支出限额(sector expenditure ceilings)。自20世纪60年代宏观预算革命以来，两者代表的"起点正确性"已经逐步成为普遍共识。

中期财政展望，国际上一般称为MTEF，中国称为中期财政规划[3]，旨在为预算准备确立宏观经济与政策框架，包括列示赤字、支出、收入和债务等总额财政目标，需要滚动编制、每年更新。中期通常是指包括下一预算年度在内的未来3~5个财政年度。中期财政规划作为制定宏观经济与政策框架的有用工具，要求以现实的预测(既不故意高估也不故意低估)——首先是经济预测，其次是财政预测——为基础，通过反复"磨合"达成一系列财政总量与宏观经济政策目标间及彼此内部主要成分间的一致，确保预算文件成为可信、可靠和相关的权威性政策文件，而非展现决心与理想。相应地，中期展望和部门支出限额必须得到高层政治领导的批准。

在利益相关者竞争有限资源的背景下，预算过程还涉及许多艰难的选择与平衡，达成广泛共识殊为不易，但这不应导致拖延决策；决策拖延只会推迟而不会真正地解决问题，反而会使问题恶化。预算就是承担艰难选择(entail hard choices)。在某个成本下做决策。政治干预、信息缺乏和管理能力脆弱，经常导致把艰难决策推移到预算执行中。这使艰难选择变得更为艰难，以及缺乏效率的预算程序。一个不现实的预算不可能被执行好[4]。

2. 财政部门准备预算指南

预算指南(sector expenditure ceilings)用来指导每个政府部门的部门预算(ministry budgets)和部门支出限额(ministry expenditure ceilings)的准备。注意不应把两类部门

---

[1] Shar A. Budgeting and Budgetary Institutions, Overview. Washington D. C.: The World Bank Publication, 2007: 12.

[2] 中期财政展望，是指对包括下一年预算年度在内的未来3~5年的财政目标(总量目标与基于功能分类和经济分类的财政目标)及相应的宏观经济政策目标进行的筹划，不包括战略优先性在内。

[3] 中国自2015年起首先在中央政府部门中引入中期财政规划，以国发3号文〔2015〕为标志。对于发展中国家而言，中期财政规划的主要价值有二：一是将宝贵的展望意识(年度预算体制中十分缺失)引入预算过程，二是促进资本支出与经常支出间的协调。当前，中国两类支出间的脱节(反映预算与政策脱节)很普遍，经常被表述为"重建设、轻维护"。当务之急莫过于在部门内部与部门间确保两类支出得到统一筹划的协调性程序并融入预算过程，无论对于特定规划还是支出总额。

[4] Schiavo-Campo S. Budget preparation and approval//Shar A. Budgeting and Budgetary Institutions. Washington D. C.: The World Bank Publication, 2007: 242.

支出限额——按功能划分的部门支出限额与按组织划分的部门支出限额——混同，两者并非一一对应的关系，但两者在预算准备中的次序不颠倒，先确定按功能划分的部门支出限额，再确定按组织划分的部门支出限额，后者应与前者保持一致。

理想情况下，预算指南应成为指导部门预算制定的百科全书，支出部门在准备预算过程中涉及的所有问题，均可在其中找到适当的答案。美国联邦预算的 A-11 通告就是常被广泛援引的典范。

预算指南尤其应阐明政府战略优先性和政策重点、资源可得性（有多少钱可花）、各部门支出限额，以及预算申请中涉及的大量技术性问题。对于在预算准备早期阶段，即建立预算与政策间的直接联结而言，预算指南非常重要，使各部门预算申请从一开始就被置于"政策引导"和"限额约束"之下。前者旨在为预算准备形成至关重要的方向感与目标感，确保预算过程受政策驱动（driven by policy）而非受收入驱动（driven by revenue）；后者旨在确保在最好的可得资源预见性（predictability）下制定政策。如果不与"有多少钱可花"的预见性相联系，作为权威性政府政策文件的预算文件将沦为展现决心与理想，而非可信、可靠及相关的政策文件。切实可行的一篮子解决真实世界中的经济社会问题，依赖的是可信度（目标）、可靠性（作为手段的资源与措施）和相关性（手段与目标），而非高调的理想与决心。

3. 支出部门按照预算指南准备部门概算

支出（预算）申请在明确的政府政策引导和严格的预算限额下进行。这是预算指南的中心任务，其意义与重要性也因此得以彰显。许多国家（包括中国在内）并未真正关切预算指南的精心准备，无法保证基本质量，从而不能充分发挥财政部门作为核心的政府部门理应发挥的一种关键作用；为支出部门精心准备预算提供有力且有效的指导与约束。

为使支出申请充分反映政府政策重点与优先性，许多国家将部门战略计划作为一项法定要求（预算申请必须基于部门战略计划提出），以此作为循环运作的运营绩效预算框架的起点（参见 5.1.2 小节）。政府政策目标的达成高度依赖各部门的预算（制定与实施）。

绩效管理的基本逻辑是，清晰鉴别与确认主观努力与客观结果之间的关联。良好的预算准备要求在预算过程的早期阶段即予以鉴别与确认。要使数目众多的支出部门的预算努力富有意义，鉴别与确认"努力"与"结果"的关联性不可或缺且十分重要。通过将预算申请置于明确的战略与政策导向之下，部门战略规划提供了在努力与结果之间建立直接联结的有价值的管理工具。

隐含的核心理念是，预算过程的早期阶段即必须唤起对目的性的关切。预算的根本目的不是预算，而是在遵从法定约束的前提下致力于达成政策目标，以及衔接这些目标的绩效目标。脱离目的性和特定目标的预算申请，等于在预算过程的早期阶段开启了"为钱而预算"的游戏，一种将预算与政策分离的游戏无法使预算成为有效的政策工具，也无法保障政策的可信度、可靠性和相关性。在此视角下，部门战略规划尤其重要，但中国至今尚未采纳这项工具。

4. 财政部门与预算部门间的预算讨论

这是一个需要反复磨合的过程,涉及大量的部门间协调。预算申请的主要方面都有赖于预算讨论加以确定,尤其是支出总额、支出配置和运营绩效目标。预算讨论可以通过跨部门的支出审核委员会机制进行,也可以通过财政部门与支出部门间一对一谈判的方式进行。特定选择因国家和政府而异。

中国目前并未建立支出审查委员会机制,部门间协调亦不充分,取而代之的主要是"切块拨款"机制,在预算准备阶段,财政部门就将全年的拨款一次性"切块"给各个支出部门。这种机制的行政运作简单,但会带来许多潜在问题,加剧预算与政策的脱节。

5. 形成预算草案

预算草案(draft budget)在得到立法机关表决批准后就是具有法律效力的政策文件。因此,预算草案应在预算年度开始前的适当时间内,呈递立法机关审查并批准。立法机关应有足够的时间、资源和胜任的专业能力对预算草案进行细致的审查。

两个多世纪以来,发达国家在预算草案的立法审查方面取得了长足的进展。但在多数国家,预算草案几乎从未得到立法机关严格细致和高质量的审查。为保证基本的审查质量,立法机关通常应至少有 4 个月的预算审查期。美国国会审查预算的时间更是长达 8 个月。尽管预算审查时间并非越长越好,但最低要求是为高质量的预算审查提供合理保证,而过于紧迫的审查日程不能提供这样的保证。2015 年中国实施的新预算法规定,中央预算草案提前 1.5 个月呈递全国人大审查,地方预算草案提前 1 个月呈递地方人大审查。与美国等许多国家相比,这一日程安排明显地过于紧迫。

鉴于立法机关审查预算在民主治理背景下为非同寻常的事情,确保预算草案以便于立法机关审查与批准的方式呈递非常重要。由于立法机关被认为代表公民(在公共预算与财务管理术语中展开为纳税人)掌管其"钱袋子",预算草案也应以公民友好型方式加以准备,底线是"让普通公民也能读懂预算报告"。这进一步要求预算文件"去技术官僚化",不应采用技术官僚才能理解的术语、风格和制式编制。除了尽量采用与国际通用的功能分类、经济分类和组织分类外,预算草案还应列示按规划或其集合分类的支出申请。相对于其他分类而言,这是普通公民最易理解,通常也最关切的一种分类。作为向公民交付其偏好的政策与服务的基本单元,相对于按功能与经济分类的支出(预算提案)而言,规划与公民关切的利益间的联系更为紧密。

预算草案应清晰地陈述预算申请的理由和明确细致的内容。这大致对应中国式术语中的"细化预算编制"。细化以正确且适当的分类为基础,不应脱离好的预算分类谈论预算细化编制。好的预算分类应一并应用于所有的财政变量,包括收入、债务、转移支付和支出。收入应以来源分类,单独列示税收、非税收入及详细分类。焦点在于好的支出分类,至少应涵盖功能、经济、组织和规划四个基本分类,前三个均应与规划分类相联结,如此才能让人真正理解"谁花钱(支出申请)及究竟花在何处",这是公共预算与财务管理的控制功能的两个关键方面,也是年度预算文件在传统上被制定为法律(年度预算法)的基本原因。中国预算编制未能细化或过于粗略的技术根源,也在于缺失基本的规划分类。

预算草案还有许多特定要求，包括随同预算草案一并呈递立法机关审查的预算文件的完整性（参见 5.1 节），以及预算草案的制式和信息要求。信息要求非常广泛，包括财政变量（收入、支出、赤字与债务）的清晰定义，计量这些变量所采用的会计基础与遵从的会计标准，后者涉及现金会计、权责会计和预算会计。多数国家采用现金会计计量，但转向权责会计计量的国家和政府正在增多。预算平衡（赤字）在不同会计系统下其含义存在重大差异[①]。其他财政变量也是如此。

信息要求还包括局外人的独立核实，数据或信息可被第三方独立核实。不满足这一要求将损害预算文件的可信度、可靠性和相关性。为此，预算草案中应包含所有相关的预测参数，区分基线信息（假设现行政策与规划不变的财政效应）和线上信息（政策与规划变更的财政效应）。

预测分为宏观经济预测和财政预测，两类参数均应在预算文件中披露。为增强可核实性，预算草案应提供便于公民查阅细节的政府网站或其他渠道。目前中国的差距非常大，反映了改革预算文件的兴趣与动力不足，尽管这是公共预算与财务管理中特别重要、似小实大的一项课题。为系统地回应公民关于"政府应运作更好但成本更低"的诉求，让改革者与管理者面对"必须深度改进预算文件"的压力非常重要，对于改进与强化受托责任、透明度和公民参与也是如此。预算文件必须融入良治的基本价值。

预算准备（制定）的上述五个主要步骤包含于三个依次展开的阶段：①自上而下阶段，以确定与沟通各部门可得到的财务资源；②自下而上阶段，用以形成各部门支出限额内的支出规划提案（概算）；③内部协调阶段，用以形成可得资源内的预算草案[①]。对于良好的预算准备而言，采用怎样的方法启动准备过程非常重要，基本要求是先自上而下后自下而上。

作为贯彻公共政策的工具，预算文件必须在"政策引导、限额约束"下由行政部门准备。为预算过程建立明确的政策导向及设定严格的预算限额，本质上属于政府高层和核心部门的责任，也只有它们拥有获得和运用相关信息的最佳能力。支出部门或一线运营机构并不拥有全局或总量信息，制定政策与建立预算限额亦非其职责所在。在预算准备过程中，它们的职责是在给定条件下提出部门预算申请。

政策导向和预算限额为给定条件中的两个基本成分。部门预算申请（制定）必须充分反映政策重点与优先性，同时必须面对严格的资源约束（支出限额和其他预算限额）。两个基本成分的一致旨在形成预算与政策间的直接联结，或者等价地说，避免预算与政策间的脱节。脱离政策导向的预算制定无异于"植树人预算"，脱离资源约束的预算制定则会沦为"不现实的预算"——表达决心与理想而非可信、可靠和相关性[②]。确保预算

---

① Shar A. Budgeting and Budgetary Institutions, Overview. Washington D. C.: The World Bank Publication, 2007: 9.
② 这在某种程度上正是中国各级政府的现状，主要表现为过度讨价还价、武断的削减（财政部门削减各支出部门的预算建议数）、繁复的预算制定。繁复的预算制定通常被描述为"一年预算、预算一年"，也就是预算执行过程中过于频繁的预算调整，损害预算的权威性、可信度和有效性，以及过于繁重的、非规则与程序基础的日常协调（"文山会海"），以至嘈杂与凌乱充斥于预算过程的始终，财政部门则身处"手忙脚乱"的"预算旋涡"的中心。

过程引导政府体制有条不紊、井然有序地运转，使公共预算真正成为贯彻政策、切实解决复杂经济社会难题的可靠有效的工具仍是一项艰难的任务。

形成井然有序的预算治理模式可从系统改进预算准备过程入手，涉及两个层次：在政府核心层采用自上而下方法启动预算准备过程，这通常需要伴随中期财政规划；在支出部门层次采用部门战略计划，作为绩效导向预算框架的起点。

5.1.2 部门战略计划

业已在发达国家得到广泛应用的部门战略计划，通常作为部门预算文件的组成部分呈递立法机关审查，包含以下四项基本内容。

1. 机构使命界定

部门战略计划需清晰陈述使命的内容、目标、价值和制订战略计划的关键假设。机构使命陈述作为财政职业文化的关键方面，反映社会文化，共同嵌入作为国家文化核心组成部分的财政文化，对于支撑财政制度的正常运转和弥补其缺陷至关重要。

与发展中国家不同，发达国家普遍要求在预算文件中清晰陈述公共部门的价值与使命，并努力使其融入从起点到终点的整个预算循环过程，反映了命令-控制导向和服务（公众）导向在公共价值观上的根本差异，也反映了根本治理理念的差异。

这一努力具有促进预算与政策联结的潜力，作为建立"全过程预算绩效管理"的起点也很适当。单纯的（财政）绩效评价的视野过于狭隘，其作用也很有限。部门战略计划对于强化和改进绩效评价深具意义，但其根本意义在于为预算准备（作为政策文件）建立"价值观和专业理性导向"，而不只是政治正确性，尤其是作为促进政策目标与绩效目标的工具，以形成预算资源分配（投入）与意欲财政成果间的紧密联系。后者隐含如下认知，按投入或条目（line-item）配置资源并不适当。

2. 使命分析

支出部门需要根据内部（组织结构）和外部（环境与竞争）情况，对使命做出分析。所界定的使命应充分反映部门的特定职责，兼容稳定性和灵活性，以适应内外环境的变化对部门职责的特定要求。预算的准备既是部门职责的核心成分，也是支持部门职责和达成任务的基本工具。环境变化对于"任务"的影响尤其明显。各部门在其职责范围内被期待达成的任务经常因环境变化而异。

使命分析需要基于组织职责、能力边界（优势与短板）、外部环境变化带来的机遇与挑战三个主要方面做出。使命分析应清晰易懂、简明扼要。

3. 确定目标（并非实际）成果及其实现路径

绩效导向预算的基本逻辑是为产出而预算、为成果而管理。部门战略计划应清晰区分投入、产出和成果，清晰界定产出（使其与预算资源的分配挂钩），尤其应建立目标成果——努力达成的最终目标究竟是什么？

包括中国在内的多数发展中国家预算准备不充分（脆弱性）的主要方面之一，是缺失对目的性的关切，在目标与目的不明的情况下准备预算申请，并带入随后的预算审查和执行中。目标与目的应尽可能以量化的目标成果计量。在正式或"激进的"绩效预算体制（如新西兰模式）中，产出只是达成目标成果的手段，但应作为配置预算资源的基本单元，也是机构承担管理责任的适当层次。成果通常难以计量，也难以在机构层面控制（受许多不可控因素影响）。因此，结果导向的受托责任机制应联结产出而非成果，但成果必须受到监督，以保证预算过程不至于过分偏离目的性关切。

缺失目的性关切意味着预算过程变异为"分钱游戏"或"花钱游戏"的风险很高。在这种情况下，富裕政府与有效政府之间必定出现巨大鸿沟。发展领域的有效政府，可简要定义为有能力"一篮子"解决复杂治理难题的政府范式。精心的预算准备可以作为建构有效政府的理想切入点。如果预算过程无法从一开始就确保预算与政策间的直接联结，有效政府则有如空中楼阁。其原因很简单：解决问题需要花钱，但花钱未必能够真正解决问题，即使花钱再多；除非预算过程能够合理确保预算与政策间的紧密联结——"真正解决复杂问题"的基本前提条件。

目标成果应与政府政策和部门职责紧密相连，实践路径是指表明实现目标成果的路径和方法——回答"我们将如何执行部门战略？"部门战略计划需要清晰界定战略三要素：目标成果是什么？需要生产和交付哪些产出？这些产出必需的资源（预算）是多少？战略的另一个要素是路径与方法——"如何执行"？

4. 绩效信息

部门战略计划需列出部门承诺实现的一系列绩效指标、绩效基准和收集到的相关信息，部门需分析这些信息以判断绩效变化的趋势和程度。因此，建立可靠的部门绩效信息数据库非常重要，财政部门的组织与指导也是如此。

部门战略计划应作为将绩效管理制度化地融入预算过程的第一阶段。绩效管理融入预算过程形成"运营绩效的预算管理框架"，包含四个依次循环的阶段，即部门战略计划、绩效预算编制、绩效预算执行、绩效监督。每个阶段都聚焦绩效指标：第一阶段聚焦定义、开发与修订绩效指标，以及报告与评价绩效；第二阶段除了定义、开发和修订绩效指标外，还聚焦建立绩效目标（目标产出与成果）；第三阶段除了建立绩效目标外，还聚焦修订绩效目标；第四阶段聚焦修订绩效目标，以及报告与评价绩效。在此框架下，预算过程被当作日常性的"绩效练习"，形成各部门与机构的运营循环。

5.1.3 预算文件的类型

作为权威和关键性的政府文件，预算文件应是全面的，包括所有政府收入和支出[①]。原则上，只要政策措施对政府未来财务状况（尤其是支出和收入）具有明显影响，即应量化这些影响并包含在一并呈递给人大的预算文件中。报送立法机关审查的预算文件范围和类别因国家而异，但要想促进对政策可持续性的全面评估和达到预算透明度的最低标准，国际货币基金组织认为至少应包括八类[②]：①一份全面、可靠和量化的中期宏观经济框架报告；②一份财政政策目标的报告；③一份财政可持续性的量化评估报告；④一

[①] OECD. Best practices for budget transparency. Report JT00107731，OECD，Paris. http://www.olis，2001.

[②] IMF（The Fiscal Affairs Department）. Manual of fiscal transparency，No.52. http://www.imf.org，1998.

份可确认的主要财政风险报告;⑤一份中央银行、公共金融机构和非金融公共企业的准财政活动[①]的报告;⑥一份税收支出报告;⑦一份关于所采用的会计标准的报告;⑧一份关于政府负债和财务资产的报告(专栏5.1)。

专栏5.1　连同预算报告呈递立法机关的预算文件

中期宏观经济框架报告,一份完整反映中期宏观经济预测和财政预测的报告。报告包括关键性的预测假设(如GDP增长率)和对预算安排具有重要影响的关键参数(如有效税率)。全面、可靠和量化的宏观经济框架是制定预算的起点和重要依据。

财政政策目标报告,预算准备的各个阶段都受到财政政策目标的影响。该报告应确认和阐明政府财政的结构方面,包括税收制度、税收的转嫁与归宿、预算的编制、执行和现金管理;以财政总额(尤其是收支总额)的中期预测为基础,澄清政策目标的优先性和当前财政政策的未来影响。

财政风险的量化评估报告,包括披露预测假设及其变化的财务含义、或有负债及其他可确认的主要财政风险来源。

财政可持续性的量化评估报告,反映了中长期财政运行的可持续性。如果公共债务超过了政府在中长期中清偿债务的能力,财政政策就是不可持续的,这通常意味着需要改变当前的政策。

准财政活动报告,主要披露中央银行、政府控制的金融机构和非金融公共企业参与或享受税收优惠、政策性贷款、补贴、财政担保等"准财政活动"情况及对政府造成的财务影响。

税收支出报告,各种税收优惠措施导致政府放弃的支出。这种支出方式虽然是间接的,但与直接支出具有类似或可比的政策效果和财务影响。

会计标准的报告,说明预算报告的信息采用的会计基础,如财务会计中的现收现付制和权责发生制;预算会计中的"承诺会计"(在做出支出承诺时记录)和"支出会计"(在取得商品与服务时的核实阶段记录)。

政府负债和财务资产报告,旨在帮助评估其为政府活动进行融资的能力和应予清偿的债务,以及估算满足所有现行承诺所需要的未来岁入数量。监督公共债务和财务资产规模、结构及其变化是评估财政政策稳定性的基础。

每年应至少一次向立法机关呈递一份清楚表明公共资金已如何被使用的审计报告。

与全面性相适应的上述预算文件至少应覆盖四个方面的内容,即财政政策目标、宏观经济筹划、预算的政策基础、可确认的主要财政风险。

每份随同预算报告一并呈递的上述预算文件内容都有特定要求[②]。中国目前的情形

[①] 发展中国家和转轨国家存在大量的"准财政活动",这些活动具有预算(财务)含义,但通常未在预算文件中报告,这就使预算不能全面反映政府活动的全面图像。国际货币基金组织在1998年发布的《财政透明度示范章程——原则宣言》中,确认预算外活动应作为预算过程的一部分,如同正式的财政活动一样遵循预算审查和优先性排序。

[②] 这方面的详细讨论可参见王雍君.公共预算管理.第2版.北京:经济科学出版社,2010,第2章、第4章与第13章。

与此尚有相当大的差距，但扩展预算文件的报送范围与类别的改革应是坚定不移的。

全面的预算文件按功能分为以下四个组成部分[①]。

（1）预算前报告（pre-budget report）。预算前报告阐明政府在即将到来的下个预算年度的关键性决定和优先事项，包括相对于当前年度而言在优先性方面发生的重要变化，以及对这些变化的解释。预算前报告还应列示预算总额。总的来看，预算政策和预算总额是预算前报告的两个主要成分[②]。

（2）预算概要（the budget summary）。预算概要阐明政府作为一个整体的综合财政计划，包括主要的支出类别和主要的收入来源，支出应至少按支出对象（objectives）和功能分类。

（3）详细的计划（覆盖收入、支出、赤字/盈余与债务）。其中，支出计划需进一步按组织机构分类，收入也要有详细分类的信息[③]。

（4）补充性文件和信息。此类信息包括诸如社会经济和法律方面的信息，旨在帮助阅读者理解预算计划，以及帮助评估预算对于政府打算促进的政策目标的充分性及其资源含义。

以上四个组成部分中，特别重要的一个组成部分是预算概要[④]。此外，以上每个组成部分的构造都有特定的制式化要求。目前中国各级政府的预算报告并非以此方式构造，而是简单地区分为上年决算和下年预算两大模块。

5.2 理解预算文件

预算文件系预算程序的直接产物（预算报告），涵盖政府整体和部门两个层次。2015年颁布实施的新预算法对预算文件的准备提出了许多特定要求，但质量不佳的问题由来已久，至今少有改进，理论上源于缺失对预算文件的性质与作用的清晰准确认知。"外行与内行都看不懂"的问题虽然十分突出，但仅为冰山一角。预算文件的权威性与作用，源于其作为财务法律文件、政策文件、规划管理文件和民主参与文件的四维定位，每个维度均有其特定要求，其中政策文件最为重要。基于民主参与文件之定位，预算文件应以公民友好型方式加以准备。

5.2.1 作为财务法律文件

与公共部门财务报告不同，经立法机关批准的预算文件（年度预算法文件）作为确认和记录立法机关代表公民对政府实施财政授权的法律文件，旨在为预算年度内行政部

[①] Lewis C W. How to read a local budget and assess government performance//Shah A. Local Budgeting. Washington D. C.: The World Bank Publication, 2007: 185-186.

[②] OECD. Best practices for budget transparency. Report JT00107731, OECD, Paris. http://www.olis, 2001.

[③] 基于组织机构的、清楚和详细的支出分类对受托责任十分重要。政府对公民的受托责任要求预算报告提供关于"谁从预算中拿了多少钱""这些钱被用于什么目的""实际上是否用于这些目的"的详细信息。

[④] 好的预算概要应有助于公民阅读和理解。如果不能阅读和理解预算，预算领域的公民参与就无从谈起。

门的活动建立法定基础与法定控制,涉及以下两个核心概念。

1. 法定授权

预算文件的首要功能是确认、记录和披露这些授权,包括授权的金额、类别、目的和对象,并约束政府遵循执行。由于授权在预算过程(编制阶段)做出、通过预算报告表达,并且它是"预算"数而不是实际数,因此也称为预算授权(budget authority)。

良治的首要原则也是公款管理的三条底线之一,即法定财政授权(legislative fiscal authority)。政府既不能从公民和企业拿走任何钱财,也不能实施任何支出,除非获得代表公民的立法机关正式和明确的批准。授权的两个基本方面(收入授权和支出授权)对于指导财政政策的运作至关重要。

2. 财务控制

承载授权信息的预算报告帮助公民(纳税人)、立法机关、审计部门及其他信息使用者鉴别"谁开支公款"和"用这些公款做了什么"。这两类关键信息不仅为公共财务官员关注,也涉及广泛的公共利益,预算文件因而被制定为一项法律,以强调财务控制的重要性——预算在传统上被用于对政府的所有方面实施核心的财务控制[①]。

财务控制的核心是支出控制。支出授权和实际支出信息的比较,提供了财务控制的关键形式[②]。因此,公共预算与财务管理虽然必须满足一些基本要求:立法批准其建立,对征收与支出机构的清晰授权,令人满意的预算外资金(extra budgetary funds,EBFs)治理安排和透明的财务信息,底线管理自主性务必不能牺牲支出控制或侵蚀诚实[③]。作为财务法律文件的预算文件应满足年度性要求,法定有效性限于特定的财政年度,而且应在预算年度开始前得到批准。中国目前并未满足后一要求。年度性首先源于立法机关对行政部门实施法定控制的需要,其次也是适应经济环境波动的需要[④]。基于法定控制目的年度性原则,意味着无论政府收入征集授权还是支出授权都截止到财政年度的年末[⑤]。据此,预算文件必须按年度更新和循环,在法定财政年度开始前获得立法机关批

[①] Jones R. Financial accounting and reporting//Shar A. Local Public Financial Management. Washington D. C.: The World Bank Publication, 2007: 7-32.

[②] 公共预算和政府运作的重心在于支出。支出也是财务控制的关键变量,它在很大程度上决定了需要征集的收入、赤字/盈余水平及债务水平。支出对现金余额和公共资产也有重要影响,是政府成本的关键部分。在公共部门中,决定支出(总量、用途、时间)是否适当的最高依据是支出授权,这是两个相关但性质不同且数值不等的概念。

[③] Shar A. Budgeting and Budgetary Institutions. Washington D. C.: The World Bank Publication, 2007: 4.

[④] 立法机关批准征集收入和开支不能以周或月度为基础,或者没有一个确定的时间。由于经济环境的不确定性和波动性,立法机关按照两年或多年制定预算授权——授权政府征集收入和开支公款——不切实际,对于发展中国家和转轨国家尤其如此。法定授权具有法律约束力和高度的权威性,因此不应是一个"估计数"。这与 MTEF 下的年度预算体制运作并不矛盾,在该体制下,收入和支出作为法定授权只覆盖随后的一个财政年度,之后 2~4 年的收入、支出都是"筹划数"或估计数,而不是法定授权数。

[⑤] Schiavo-Campo S. The budget and its coverage//Shar A. Budgeting and Budgetary Institutions. Washington D. C.: The World Bank Publication, 2007: 57.

准，否则就有可能引发混乱，甚至导致政府功能的瘫痪[1]。

基于财务法律文件之定位，预算文件得以成为最基本的财政受托责任文件，以约束政府行政部门不但对其获取的资金与资金使用负责，而且对使用这些资源达成目标绩效负责[2]。前者形成合规性责任，依赖条目分类系统与支出标准、预算执行周期和采用全面的预算会计制定预算文件[3]；后者形成绩效责任，要求预算文件必须有足够的绩效信息（年度绩效报告），而不应只是财务信息。

5.2.2 作为政策文件

预算文件不只是记录年度财务授权的法律文件。经济合作与发展组织关于预算透明度的全球"最佳实践"研究，将预算报告确认为"政府关键的政策文件"，并认为它应是全面的，包括所有政府收入和支出在内，因而不同政策选择间的权衡应予以评估[4]。如同作为法律文件的预算文件一样，作为政策文件的预算文件也应满足特定的信息要求并采用适当的技术方法。

民主治理要求政府基于民意推动公共政策，这些政策范围广泛，涉及经济社会的各个方面。有些政策涉及政府整体层面（如宏观经济政策），有些（如教育、医疗等）主要由特定行政部门推动和实施。几乎所有的公共政策都依赖预算资源，鲜有例外[5]。纳税人为所有需要花费资金的公共政策与服务交付买单。

作为政府最重要的权威性政策文件，预算文件至少应满足三项特定要求：①政策目标、优先事项和活动得到重点强调；②资源分配的基本根据得到清晰说明；③可能的情况下还应在报告列示的规划中顾及公众反馈[6]。

此外，预算文件应清晰表明资源可得性，政策、规划和预算均应尽可能在最好的资源预见性下被制定。立法机关通常主要关注公共支出的法定控制，但满足这一要求的资源数量对于实现政策目标可能不充分。

5.2.3 采纳公民友好型制式

为使预算真正成为促进民主参与和透明度的工具，预算文件的最低要求是"普通人也能读懂"，采纳公民友好型制式因而非常重要。知情权也意味着政府提供保障这项权利

---

[1] 1995~1996年美国联邦政府发生最坏情形：由于共和党控制的国会不合作，预算没有通过，民主党执政的联邦政府在1995年11月14~19日和1995年12月16日到1996年1月6日几乎完全关闭。11月14日全国约80万联邦工作人员被通知离去。民众生活也大受影响。两次关闭的费用估计达14亿美元。参见：罗森布鲁姆 D H，克拉夫丘克 R S. 公共行政学：管理、政治和法律的途径. 第五版. 张成福，等校译. 北京：中国人民大学出版社，2009：311. 另外，中国各级政府的预算报告是在每年3月才被批准，并不严格地合乎年度性原则，需要考虑改革。

[2] Shah A. Local Budgeting. Washington D. C.：The World Bank Publication，2007：6.

[3] 真正意义上的预算会计是指追踪预算执行周期各阶段（或至少是授权与承诺阶段）信息的预算会计。中国现行的预算会计并不具有这一特征，这使其支持预算控制的功能被大大削弱。

[4] OECD. Best practices for budget transparency. Report JT00107731. OECD，Paris. http://www.olis，2001：179.

[5] 即使政府的规制措施，如公共场所禁止吸烟，也需间接地消耗公共资源。税收支出（优惠）、政府担保等政策措施虽然没有伴随直接的预算支出，但对公共部门仍具有重要财务影响。

[6] "规划"是公共预算与支出管理中一个关键概念，系指为促进特定政策目标（如提高儿童体能）而开展的一系列活动（如开发儿童药品、注射疫苗和建立儿童保健中心）的集合。预算系统中的规划分类是绩效评估与绩效管理的技术基础。

的手段，使公民能够无成本（至少低成本）、及时和免费获取相关信息。预算文件在此扮演关键角色，它不仅必须是公开的，也必须是透明的[1]。经济合作与发展组织将预算透明度简要地定义为"所有相关财政信息以及时和系统的方式完全披露"[2]。

预算（财政）透明度概念强调对政府预算和预算外活动进行全面、可靠和及时的报告，确保向公众和资本市场提供关于政府结构和融资方面的全面信息，使其能够对财政政策的健全性做出可靠评估。缺乏透明度可被描述为某些人故意限制人们获取信息，或者提供虚假信息，或者不能确保所提供信息的充分相关性或质量。

普通公民也能读懂的基本要求如下：预算文件（至少是公民关切的部分）采用公民风格的预算分类——尤其必须包含清晰定义的规划分类，以及预算文件的概要部分应以一份公民指南（citizen's guide）或公民概要（citizen's summary）的形式发布。

对于受托责任和透明度而言，预算报告中包含一份公民概要很重要，虽然很少有哪个国家把它作为一项法定要求[3]，但朝这一方向的努力已经开始了[4]。

许多发展中国家和转轨国家的预算文件距离"公民读懂"的要求仍很遥远。预算文件中缺乏公民喜闻乐见的术语、表达风格和制式，特别是缺乏亲善公民的（支出）分类系统，以至：（预算文件）看起来"像一个谜，普通人没有任何办法理解预算'语言'。数十年来，预算（文件）一直被这样书写，'语言'按官员能够领会的方式组织……（公民）通常一脸茫然"[5]，成为妨碍改革和良治的主要原因[6]。

在此背景下，改革的一个主要方向就是开发公民友好型预算文件，这类受到普通公民欢迎的报告与公民导向的回应性预算相一致，有助于强化政府对公民的受托责任[7]。

公民友好型预算文件要求去技术统治化、去神秘化及去模糊化。预算文件漠视公民"读懂"要求的根本原因，在于许多国家的预算过程典型地由行政官员主导，并且具有排斥公民参与的内在倾向。Chambers 在分析公民参与导向的预算改革的主要障碍时，对此有精彩描述：专业人员创造了只有他们才能控制和理解的预算过程，这一过程也只邀请其他专业人士参与；此情形下公民导向要求预算制式"去技术统治化"（de-technocraticzation），并从组织内部的、投入基础的控制导向转向外部的、基于结果的绩

---

[1] 公开是透明的必要条件而非充分条件。透明要求公开，公开未必透明。在预算报告中披露大量不相关、滞后、不可靠或者过于粗略的信息，无助于改善透明度。

[2] OECD. Best practices for budget transparency. Report JT00107731. OECD, Paris. http://www.olis, 2001.

[3] Lewis C W. How to read a local budget and assess government performance//Shah A. Local Budgeting. Washington D. C.: The World Bank Publication, 2007: 141, 185.

[4] 美国政府财政官员协会（Government Finance Officers Association, GFOA）10 年前即向州和地方政府建议构造及时、简明、客观和可理解的预算报告，以鼓励来自阅读者的反馈。参见：Government Finance Officers Association. Recommended Practices for State and Local Governments. Chicago: GFOA, 2001: 9-10.

[5] Ecumenical Service for Socio-economic Transformation. Brazil's Participatory Budgeting Process. Economic Justice Update, 2000, 4 (3): 3.

[6] Andrews M, Shah A. Toward citizen-centered local-level budget in developing countries//Shah A. Public Expenditure Analysis. Washington D. C.: The World Bank Publication, 2005: 215.

[7] Chan J L. The implications of GASB statement No. 34 for public budgeting. Public Budgeting and Finance, 2001, 21 (3): 79-87.

效导向[1]。Andrews 和 Shah 则以"预算去神秘化"（budget demystification）提出应对之策，主张信息需要以更连贯一致的方式披露，以亲善公民的方式提供预算数据[2]。

5.3 特定要求

预算文件应在部门与政府整体两个基本层次上准备，有些国家（如美国）采用行政预算和立法预算的双重准备体制，由行政部门（总统）与立法机关（国会）各自准备预算。良好的预算准备包括许多特定要求：日程表（时间长短适当和协调程度较高），资本预算与经常性预算分开（单独）准备，以便于立法机关审查和公民友好型方式准备、清晰陈述预算申请及其理由，以及包含足够的绩效信息。

5.3.1 财政约束与组织问题

为形成对财政政策的必要约束，预算过程从早期准备阶段开始即须遵从事前的财政约束（fiscal constraints）规则，或者类似的财政责任法（fiscal responsibility laws），以约束政策-预算制定者的财政选择范围，防范权力滥用和恶化财政共同池问题的风险。

欧盟成员方采用的赤字比率（不超过GDP的3%）和债务比率（不超过GDP的60%），常被援引为财政约束的经典例子。其他财政约束还包括黄金法则和增长率约束，后者在美国州与地方财政中很普遍，包括要求税收增长不得持续高于经济增长。黄金法则规定公共借款不得超过公共投资，这是对公共债务在资金总量和用途上的明确限制。

财政约束适用于所有的预算角色，包括立法机关和行政部门。困难在于规定这些规则的财政责任法案，本质上属于政府与自己签订的"内部契约"，因而很容易被操纵、违反和漠视。财政约束规则有助于限制政府内部浪费性的讨价还价，从而有助于在相关方之间"争夺预算蛋糕"的竞争中达成艰难的平衡；也有助于强化次中央级政府的财政纪律（fiscal discipline），前提是能有效实施[3]。违反财政约束的各种形式的机会主义行为即使在发达国家也很普遍，财政约束规则的有效性一直存疑，但其必要性有着广泛的共识。

发展背景下，预算程序的主要功能是作为贯彻公共政策的工具，预算准备应致力于达成这一功能，作为配置公共资源的最基本、最频繁和最正式的程序。当公共资源配置决策通过预算程序之外的机制做出时，预算程序便不能发挥配置资源的作用。也就是说，预算资源配置是在预算程序（政治程序的核心部分）之外被决定的，由此形成预算程序空心化，预算有其名而无其实，无论预算的规模有多大。这大致就是中国的现状，反映在从中央到地方预算的各个层级上。

在预算准备和政策形成过程中，涉及不同参与者的责任必须予以清楚地界定，组织

---

[1] Chambers R. Rural Development：Putting the Last First. London：Longman，1983：214.
[2] Andrews M，Shah A. Toward citizen-centered local-level budget in developing countries//Shah A. Public Expenditure Analysis. Washington D. C.：The World Bank Publication，2005：183-216.
[3] Shar A. Budgeting and Budgetary Institutions，Overview. Washington D. C.：The World Bank Publication，2007：12.

问题涉及以下四个主要方面。

（1）政府核心（center of government）（总理、总统办公室等）协调政策制定，裁决在预算准备过程中出现的任何冲突。

（2）财政部为预算准备确立指导方针、审查预算申请，确保预算准备过程的协调及预算同政策、预算同宏观经济目标之间的一致性。

（3）支出部门和机构负责根据政策导向和政府确定的财务限额，准备自己的部门规划和预算。

（4）对次级政府的支出评估应建立在清晰的基础上，并且收支安排应遵循支出安排。

政府核心应避免将自己的财政问题扩散到次级政府。相应地，增加的支出安排必须通过补偿性的收入措施加以平衡。为确保效率和财政纪律，需要有纪律和制裁。次级政府应能从节省中获益，但需要有保护性措施以避免错误管理。

5.3.2 避免空心化和黑箱预算

预算准备的本质是法定授权下的"决策"。财政总量、支出配置和运营决策通过预算准备程序做出，而非在预算程序之外做出；否则，预算程序就被矮化为"计算程序"——计算在别处（如中国现行教育法）决定的事项需要花多少钱和用于何处，从而与会计核算的功能无异。在此意义上，预算程序一开始就是"空心化"的。空心化的另一个原因是预算外资金（活动）——逃避预算程序、预算文件，形成立法机关和公众看不见的"黑箱预算"（black budget）。此外，还有一个原因是专款专用。

概括地讲，预算程序空心化有法定支出、专款专用（指定用途的收入）和"黑箱预算"三个主要根源。法定支出和专款专用将预算程序矮化为"计算程序"——会计的功能，连同黑箱预算，共同导致和加剧预算僵化，定义为预算资源配置的机能性障碍，其症状表现为大量稀缺资源长期滞留在低社会优先级用途上，不能适时和灵活地转移到更高优先级的用途上，在某种程度上形成"雪中送炭不足、锦上添花有余"的配置格局。

法定支出是指法律法规强制规定的支出。发达国家主要源于公民权利与权益法案，主要涉及医疗、养老和福利保障。中国的法定支出主要源于保护国家关切的重点政策领域的部门法律法规，如教育法、农业法。由于法定支出由法律法规而非预算程序本身决定，预算程序和预算准备的作用仅仅在于"计算"而非"决定"这些支出。专款专用与此类似。作为一般规则，指定用途的收入只是在成本与受益两个方面存在直接联系的情况下才是适当的，通过道路税为道路维护融资就是如此[①]。中国的"专款"（专项转移支付）并不满足这一条件，多数政府性基金（专款专用的特定形式）也是如此。

黑箱预算涉及预算的范围这一重大主题，定义为未纳入预算程序与报告的准财政活动（quasi-fiscal activities），常见的三种主要形式是税式支出、政府贷款和贷款担保。黑箱预算的另一个来源是"现金配给"，即直接从国库或政府银行账户调拨资金，相应的支出既未在预算程序上考量，也未记录在预算文件和决策文件中。黑箱预算很普遍，主要盛行于包括中国在内的发展中国家和转轨国家，在某种程度上形成公众并不知情、未经

---

① Shar A. Budgeting and Budgetary Institutions, Overview. Washington D.C.: The World Bank Publication, 2007: 4.

立法机关审查与批准的"秘密账户",削弱透明度并导致监督失灵,其他后果包括损害受托责任和资源预见性,后者对于良好的预算、政策与规划制定至关重要。一般地讲,只有在涉及国家机密等法律清晰界定的例外情形下,黑箱预算才是适当的——即便如此亦建立适当(不低于预算审查与监督程序)的治理安排。

预算空心化提出了"我们究竟为何需要预算制度"这一根本问题。理论上和原则上,我们期待预算制度发挥财政控制、贯彻政策、规划管理和财政民主的功能(参见第1章),但预算空心化损害了所有这些功能,尤其损害预算贯彻政策的功能。最终,预算能够发挥实质性作用的空间越来越小,越来越形式化或程式化。除非系统改革预算制度的政治意愿足够强大,以及预算制度改革与政府改革、政治改革和管理改革紧密联结,否则,预算滑向空心化的暗淡前景将无法避免。

5.3.3 预算分类系统

开发和遵从好的预算分类(尤其是支出分类)系统为良好预算准备的技术前提。预算分类的基本问题是如何恰当地组织信息,以满足一系列的不同目的,即为预算管理、决策形成、受托责任、预算分析和预算事务日常行政管理的工具,支出分类尤其如此。目前包括中国在内的多数发展中国家面临开发和改革分类系统的挑战。

预算分类涵盖收入分类、支出分类和债务分类。债务作为融资项目应单独列示,不应混同于收入和支出要素,但应采纳相同的分类系统(组织分类和经济分类等),预算外资金[①](extra budget funds)也是如此。作为一般规则,所有的政府财政资金来源与使用均应采用统一的、尽可能接近国际通行分类标准的分类,以有利于国际比较和达到其他目的(如预算分析)。

与支出分类相比,收入分类和债务分类相对简单。收入应按来源分类,分为税收、非税收入、转移支付、以前年度结转及外部援助。在复式预算体制下,所有收入应分为经常收入(current revenue)和资本收入(capital revenue)两类,分别用于受益短期(不超过1年)和受益中长期(超过1年)的支出用途。

预算的重点是支出,分类系统也是如此。从预算管理(budget management)的角度看,支出分类涉及以下三个最重要的问题。

(1)追踪拨款与拨款使用——钱去了哪里?预算会计的功能正在于此。相应的支出分类至少应有组织分类、基金分类和经济分类三种。组织分类也称行政分类(administrative classification),应尽量延伸到预算执行实体(预算单位)的所有下属单元。基金分类是指按资金来源的分类,应尽可能涵盖预算外来源。中国据此分为一般公共预算、社会保险预算、政府基金预算和国有资本经营预算四本预算账目,但未涵盖预算外资金。

(2)立法机关(the legislature)的预算审查。立法机关必须确定"对谁的拨款",

---

① 预算外资金是指未采用常规(向立法机关申报并经其审查)而是特定预算程序运作的资金,如中国的"总理基金"。这类预算外资金相当于政府的特别账户(低透明度)。这不同于另一个概念的预算外(off-budget)资金,即未在预算程序中运作,也未在预算文件中报告的资金,如中国的许多非税收入(机构自收自支)。这是典型的秘密账户("小金库")或"黑箱预算",几乎完全逸出公众与立法机关的监管视野。

为此须有组织分类、条目分类和规划分类。条目分类界定特定的支出对象,如办公用品、薪金、租赁和会议等。

（3）拨款管理与财务控制的层级规则。拨款管理和财务控制也要求建立层级规则,在哪个分类层级上实施管理与控制?两者都涉及不同层级的预算科目间的资源转移,中国式术语称为"科目流用"（改变资金用途）,某些情形下需编制预算调整方案并报人民代表大会会审[①]。目前中国的预算分类系统分为"类、款、项、目"四个层级,整体上与国际标准分类相差很大[②]。基于管理资源转移与支出控制的目的,各种支出分类都是需要的。联结支出分类系统的拨款管理规则应满足支出控制的需要,但应有充分的管理灵活性,以满足预算执行过程中难以预料的支出需求。

支出分类系统有两个底线要求:①包括多个分类系统以满足不同目的对分类的需求,涉及功能分类、经济分类、组织分类、规划分类、对象分类和产出分类;②功能分类和经济分类应尽量满足国际通行标准（government finance statistics,GFS）的报告要求[③]。

1. 功能分类

功能分类对政策分析、统计和国际比较目的而言尤其重要,在分类系统中其与组织分类得到最早开发。联合国开发的、与GFS一致的国际通行功能分类涵盖14个大类[④]（表5.1）、61类和127个次类。

表 5.1 国际标准的支出功能分类（14 个大类）

类别	内容
核心公共服务与公共秩序	一般公共服务与秩序
	警察秩序与安全事务
	防务
社会服务	教育
	保健
	社会保障与福利
	住宅、供水与卫生
	文化娱乐

---

① 2015年实施的新预算法第六十七条规定预算执行中出现的四种情形须编制预算调整方案:需要增加或者减少预算总支出的;需要调入预算稳定调节基金的;需要调减预算安排的重点支出数额的;需要增加举借债务数额的。未包括收入增减变动。预算调整方案提前一个月报本级人民代表大会常务委员会审查批准。

② 2015年实施的新预算法规定收入分类为四个层级,支出分类为前三个层级;支出按功能分类编制到"项"级科目。由于没有规划分类的要求,现行支出分类系统不能真正显示"钱究竟花在哪儿",如"高等教育"和"初等教育"（两个项级科目）下,庞大的支出究竟去了哪里?现行分类系统的紊乱和弱点,直接源于对国际通行分类的人为偏离。

③ 国际通行标准是指国民收入核算体系,聚焦职能与经济分类的报告要求,不应混同于预算管理所要求的分类:组织分类、对象分类和规划分类。组织分类和对象分类支持受托责任与管理控制,规划分类支持政策分析与绩效评价。

④ 中国2015年新预算法第二十七条规定14个一级功能类别:一般公共服务、外交、公共安全、国防支出、农业、环境保护、教育、科技、文化、卫生、体育、社会保障、就业和其他。稍加比较可知与国际标准相差很大,而且多有重复（如农业与环境保护中的土壤保护）和遗漏（如政府间转移、利息和多数经济事务）。正确分类的基本要求是"无重复也无遗漏":以此衡量,中国现行预算分类系统非常紊乱粗糙,与国际水准完全不在一个等级上。这是预算让人看不懂的部分原因,对预算分析、决策制定、受托责任和透明度的负面影响非常大。

续表

类别	内容
经济事务	燃料和能源服务
	农业、森林与渔猎
	采掘、制造与建筑
	交通与通信
	其他经济事务与服务
其他（作为一个大类）	－利息与－政府间转移

注：负号表示支出为负

2. 经济分类与对象分类

两者对经济分析和管理控制尤其重要。对象是指具体的支出条目，通常对应经济分类下的商品与服务购买。与 GFS 相一致的、国际标准的经济分类（涵盖六个大类）如下[①]：

商品与服务
    工资与薪金
    雇员福利（养老金与社会保障）
    其他商品与服务
补贴
经常转移 1)（除资本转移外的所有转移支付）
利息
    国内
    国外
资本支出
    资本支出
    资本转移 2)
贷款减还款
    贷款
    还贷
    资产销售
    其他

    1）经常转移是指除资本转移即资本补助（capital grants）以外的转移支付
    2）资本转移是指接受方无须返还和无偿的、为取得非金融资本资产和补偿其损毁、增持金融资本、偿债或补偿损失而发生的转移

3. 组织分类

组织分类是指按照政府组织结构的支出分类，也称行政（管理）分类，对于受托责任和预算事务的行政管理（budget administration）尤其重要，两者都要求明确追踪"谁花钱（因而谁负责）"。

[①] 2015 年中国实施的新预算法第二十七条规定了四个一级分类的经济分类支出：工资福利、商品与服务、资本性支出和其他支出。与国际标准分类相差不小。

4. 融资来源（基金分类）

涉及分类系统中的收入与债务方面，列示预定用途（一般目的与特定用途）的支出及其相应资金来源。鉴于许多支出的融资来源很不透明，按融资来源的支出分类应作为发展中国家的必须要求：哪些作为统一基金（consolidated funds）、哪些作为（贷款与补助等）对冲基金（counterpart fund）、哪些作为预算外资金、哪些作为国库的特别账目[①]。另外，立法机关通常也会要求按地区（region）的支出分类。

5. 规划分类

基于支持政策分析和（运营）绩效评价（review or assessment），所有支出分类最终都应在某种程度上联结规划与活动分类，形成"功能套规划"（如"教育支出"下的"师资培训"）、"经济套规划"（如"资本支出"下的"师资培训"）和"规划套活动"（如"师资培训"下的"出国进修"）。规划的数量可能过于庞大，因而有必要合并同类规划或列示主要规划。另外，活动并不需要联结到所有类别上，但必须联结到组织、功能和规划分类上，如此才能确定活动究竟在何处。在公共预算与财务管理中，活动被严格地定义为支持同一规划的若干相关工作的组合，并作为归集成本费用和计量绩效的基础微观单元[②]。

向立法机关呈递的预算应确保规划与活动分类和组织分类的一致，以明确"谁在什么规划与活动下花多少钱"，这是建立受托责任机制的前提条件。规划分类对于向立法机关表明政策间或部门间选择[③]也很重要。

6. 产出分类

产出预算（output budgeting）作为绩效预算的高级版本，由新西兰率先于20世纪初首次采用，要求将联结产出的拨款（appropriation）与其他拨款区分开来，因此需要有产出分类系统，以形成作为拨款单元的产出类别，主要有生产类（如政策咨询）、受益类（如就业服务）、借款费用类（如利息）、其他费用类（如重建成本）、资本缴款（capital contribution）[④]、购买与开发（如资本资产）和债务偿付。

除少量例外（包括受益与资本贡献）采用现金基础拨款外，其他大多采用权责基础拨款——拨款被界定为一笔费用（expense）。现金基础与权责基础（即应计基础）是会计基础（accounting basis）的两种基本形式。会计基础是指会计准则实体基于财务报告目的而决定一笔交易或事项的效应"何时"应被确认[⑤]，可应用于会计、报告、预算和

[①] 中国的"总理基金"就是如此。

[②] 活动如同生物体的细胞，虽然可以继续往下分解为工作，工作也可继续分解为"任务"和"决策权"的组合，但工作、任务和决策本身并非归集成本费用，亦非建立运营绩效计量的适当单元——太小了。人类行动的基础单元也是活动。活动有时也被译为"作业"。著名的作业成本法（activity based costing，ABC）也称活动成本法。没有活动分类，即使有规划分类，严格意义上讲，我们也无法真正弄清楚"钱究竟花在何处"或者"资源消耗究竟消耗于何处"。预算资源配置与政策目标及结果间建立联系的第一步，从技术层面讲，就是引入活动基础的分类。只是因为活动的数目过于庞大与琐碎，管理成本很高，在规划层级上联立联结便是适当的。即使如此，规划下的活动分类仍有必要。

[③] 立法机关在审查预算时，需要了解规划选择（取舍与排序）的标准与依据是什么，申请者需要清晰陈述。

[④] 指用于增加投资以增加产出能力或提高服务效率的产出类别。

[⑤] Schiavo-Campo S, Tommasi D. Managing Government Expenditure. Manila: Asian Development Bank, 1999: 494.

拨款四个主要领域。

如果在设计时没有考虑整合，那么，随后也必须将各个分类有效整合为完整的信息系统，以满足预算管理的不同要求。整合要求对所有类别与层级的分类进行编码（coding），形成等级式、从一般到具体的信息序列。各个分类系统的编码都应满足自动生成的报告要求，包括政府功能分类（classification of the functions of government，COFOG）、经济分类和规划分类的要求，三个分类均应明确地联结到活动编码（包括融资来源编码）系统上，以保证日常的预算（事务行政）管理按功能与规划呈现支出，并追踪到最微观的交易（transaction）层面上。

整合的预算分类系统应确保实时便捷地追踪五个层级的信息：谁负责怎样的规划？这些规划（包括多部门共同负责的规划）下的特定活动是什么？这些活动的支出对象是什么（如货物运输）？这些支出对象的经济类别是什么（如商品与服务购买）？这些活动的融资来源如何？

理想情况下，组织层级应完全对应规划/活动层级。部门（一级预算单位，如农业部）负责宽泛（同类合并）的规划（如农业规划），二级机构（如农地管理司）负责特定规划（如农地保护），三级机构（如农地管理处）负责所属规划的特定活动（如灌溉）。之后，特定活动发生的所有相关支出或成本费用，均按经济分类报告。另外，活动应尽可能在最贴近日常运营管理的组织层面制定与实施，因为它们比"上面的"部门或机构享有明显的信息优势。

困难与挑战主要出现在组织分类与规划分类的联结上。这也是规划预算的局限性所在，即规划分类与组织分类经常"套不上"。强化规划导向可能淡化组织导向，进而可能模糊与弱化受托责任。但这并非必然如此，关键在于多部门规划（multisector program）的精心设计与实施。许多规划必须由多个部门与机构共同合作才能完成，如"偏远地区开发"和"外来物种入侵防治"。这些事务经常形成类似城市中（责任模糊）的"三不管地带"，为各相关部门与机构职责的接合部，最容易出现相互推诿和支离破碎的运作。

在中国，"细化预算编制"的诉求经常不与改进分类系统相联系。在这种情况下，"细化"的结果很可能是支离破碎的信息：无法呈现钱究竟去了哪里的完整信息，尤其是去了哪些规划下的哪些活动？属于哪些经济类别（资本支出与经常支出及其具体内容）。

所以，正确的改革命题不是"细化编制"，而是系统地改进分类系统，使其尽可能接近国际标准的分类，正如公司场合的会计分类一样。到目前为止，相应改革动力依然严重不足，部分原因在于对建立良好预算分类系统的深远意义普遍认知不足。没有良好的分类系统，预算编制即使十分细化，"透明度"再高，公众得到的仍是"信息垃圾"。

协调规划分类与组织分类对于规划预算尤其重要，也部分解释了早期（美国联邦政府在20世纪50年代）规划预算的失败。受托责任暗示规划与活动的组织应适应政府组织结构（organizational structure），而不是相反[1]。

---

[1] Schiavo-Campo S, Tommasi D. Managing Government Expenditure. Manila：Asian Development Bank, 1999：74.

5.3.4 拨款申请采用标准制式

预算拨款的标准申报制式也称主要呈递（main presentation），系指按支出大类向立法机关呈递预算拨款申请的标准制式。有些国家（如美国）通过拨款法案（appropriation act）实施预算授权（budget authorization）——批准预算申请以使其产生（enter into）支出义务（obligation）。多数国家将"拨款"定义为支出分类系统中的某个特定层级（level），小到条目（如利息与电脑购买），大到资本支出与经常支出等大类支出。拨款申请与审批应确定在哪个层级与数目上？答案因国家而异，主要取决于如何处理拨款转移（在不同用途间），以及政府部门与机构的数量与层级。

主要呈递的基本要求是清晰鉴别预算管理的责任：谁在什么支出类别（用途）下提出多少预算申请，理由和依据是什么。拨款申请应由一级部门（line ministry）[①]和独立机构（independent agency）及其主要分支机构向立法机关提出。有些国家则按规划而非组织类别单独提出，但这会带来责任缺失的高风险，因此必须伴随组织类别一同呈递。

所有国家均应以如下预算申请的标准制式向立法机关呈递预算申请。

```
一级部门（农业部）
    二级机构（农地管理司）
        规划（农地保护）
            经常支出（内部来源/外部来源）1)
            资本支出（内部来源/外部来源）
```

1) 内部来源是指来自本级政府的预算拨款；外部来源是指来自外部的转移支付和援助。区分内外部来源对于立法机关审查与批准预算申请很重要

注：括号内为举例

有些国家并未严格界定资本支出与经常支出，而是使用"建设支出"（development expenditure）或"投资"（invest）概念。在这种情况下，应将建设支出中的资本支出与经常支出分离开来，按如下制式（包含经常-资本-建设支出的标准申报制式）呈递预算申请[②]。

```
部门或机构
    下属机构
        规划
            经常支出
            资本支出（未包含于建设支出中的条目）
            建设支出（内部来源/外部来源）
                资本支出
                经常支出
            备注：总经常支出
                  总资本支出
```

---

① 中国背景下通常称为一级预算单位，即由本级财政直接拨款并向下级单位分配拨款的部、委、署。地方政府与此类似。
② Schiavo-Campo S, Tommasi D. Managing Government Expenditure. Manila：Asian Development Bank，1999：80.

以上处理解决了公共投资规划（形成新增资本的建设支出）与公共预算中资本支出的可比性问题。最重要的是，尽可能同时按组织、规划、资本-经常支出与融资来源一同申报预算；资本支出与经常支出必须清晰区分与呈递（立法机关）。

5.3.5 复式预算与资本预算

复式预算是指资本预算与经常预算分离的预算体制（budget system），可区分为三种类型。

（1）报告式复式预算，即仅仅在预算文件中分离资本预算和经常预算[1]。

（2）程序式复式预算，资本预算和经常预算的准备采纳双重程序，两者的责任被指派给不同的实体（部门）。

（3）筹划式资本预算，即在清晰区分资本支出与经常支出及其融资来源的基础上，对二者进行统一筹划的决策程序与机制。

报告式复式预算是概念上最正确的（因为清晰区分了两类支出），筹划式资本预算是实务上最正确（因为整合了两类支出）的复式预算体制。"整合"意味着现行规划与新规划需要的资本支出、经常支出及各自的融资来源在决策程序与机制上实现了系统和密切的协调与整合[2]。

在预算制定、中期支出规划和公共支出管理由不同部门（如中国的财政部、发展和改革委员会与支出部门）分别负责的情况下，除非存在有效的协调机制，否则，三者的综合集成便不可能达成，这也是报告式或组织式复式预算的弱点，协调机制因而必不可少，并且内部的协调与部门间的协调至少同等重要[3]。

多数文献称只是"程序式复式预算"，最初旨在为政府的"建设"或"投资"活动建立不同于经常支出的特定程序，因为前者聚焦传统发展（经济增长）概念，因而在预算决策中被赋予更高的优先级，并受"黄金规则"[4]的约束。概括起来，这类预算体制倾向地产生两类问题：要么高看资本支出、低看经常支出对增长的贡献，要么经常支出挤占公共投资的资源，后者多出现于不存在明显的治理脆弱问题的国家[5]。

许多发展中国家在 20 世纪 80 年代采纳了程序式复式预算体制。由财政部和计划部（类似中国的发展和改革委员会）分别负责经常预算和资本预算（及投资计划）的准备，两者按不同的标准由不同的人[6]采用不同的官僚程序甚至理念履行职责；某些情况下，

---

[1] 1998 年 10 月 29 日前，中国台湾修正前的"预算法"第 8 条及第 21 条规定，增加债务及赊借收入属于资本收入，仅限于用在资本支出，不得用于经常支出——但如因预算年度有异常情形即不受此限。立法用意在于考虑举债及偿债发生于不同时点，为促使享受与负担的代际公平，举债限用于资本项目建设，除可提高报酬率外，也有限制债务扩张之效。

[2] 协调与集成的基本要求是，现行规划和新规划需要的资本支出和经常支出得到协调一致的评估与筹划，无论在部门内部还是部门之间。

[3] 如果在部门内部不能达成三个要素的笼统协调以确保一致性，部门间协调的意义也会被大打折扣。

[4] 该规则有两个含义：经常预算应该平衡，政府借款只能用于投资（资本支出）。

[5] 这些国家在支出结构调整中，将预算资源优先分配于经常支出，剩余部分再分配给公共投资，预算执行过程也是如此。

[6] 两类预算的准备过程中，与财政部打交道的是各支出部门的财务人员，与计划部门打交道的是支出部门的投资部门，且两类预算分别由不同的方式实施：经常预算由支出部门的管理机构实施，资本预算（常被不恰当地定义为"建设"或"投资"预算）则通过规划或项目实施；负责规划实施的人可能会、也可能不会向负责经常预算的管理机构报告经常支出的缺口。

财政部会在预算准备的最后阶段简单地将两类预算合并起来，形成汇总的预算①。

无论中央还是地方政府中，部门间与部门内的协调通常很少，导致了机械地看待资本支出（高看）与经常支出（低看）对增长的贡献，成为公共债务膨胀、对公共企业贷款的政府担保和劣质规划盛行的重要原因，而投资规划的实施能力、投资回报（效率）、管理与决策失败及腐败问题，在"投资拉动增长"的"问题逻辑"中被忽略了。

中国地方政府的"政绩压力"和以生产总值为重心的政绩问责制，进一步强化了单独建立投资预算准备程序的强大动力，反过来又加剧了投资扩张的倾向。2015年实施的新预算法取消了资本预算与经常预算分开申报的复式体制，但这无助于解决真正的问题，不是程序分离本身，而是分离程序间缺乏整合（integration），由此形成无效率的多重预算（dual budgeting），源于对促进相同政策目标的不同支出间缺乏整合。

只要两类预算程序缺乏整合，即使通过"单一预算"将权力与寻租的机会集中到一个部门负责，公共预算与财务管理也难以得到改进，寻租机会也不会减少。改革因而需要集中在正确的方向。两类预算分开申报（呈递）但须进行程序整合。这或许是确保稀缺资源分配到健全的规划中，以及改善预算准备程序的唯一方式②。

只要程序得到整合，两类预算准备程序之间存在密切和系统的协调，包括部门间与部门内的双重协调，程序式复式预算就不至于出现大的问题。激进的做法是将准备资本预算的责任移交财政部门，由其统一负责两类预算的准备，但除非四个条件都得到满足，否则难以改进支出管理。这四个条件依次是，财政部门准备与管理资本预算的能力足够、财政部门避免对支出条目过于详细的事前控制与日常管理，原体制下投资领域的腐败良多、管理薄弱被系统消除，以及最重要的条件，两类支出同时在部门内部与部门之间的整合与协调③。

然而，无论两类预算分开准备的程序是否得到整合，清晰区分资本支出和经常支出总是必要的和重要的。至少有以下三个理由。

（1）分析目的。评估政府的运营成本、政府活动的效率以及资本支出引发的后续成本，需要区分两类支出。

（2）透明度。透明度要求了解资本支出引发的后续成本，经常支出只引发现时而非跨年度的后续成本。融资决策也因经常支出与资本支出而异。开发绩效导向方法同样要求分离经常支出和资本支出④。

（3）政策制定。政策制定要求前瞻性，这在资本支出上最为明显。赤字的宏观经济影响需要在制定政策与预算时即予鉴别。削减赤字也需区分资本支出与经常支出。

融合资本预算与经常预算的申报制式如表5.2所示。

---

① 需要汇总本身就说明两类预算应统一审查，无论在行政审查还是（立法机关）法定审查的框架内。
② Schiavo-Campo S，Tommasi D. Managing Government Expenditure. Manila：Asian Development Bank，1999：96.
③ 与部门间缺乏协调与整合相比，部门内部层次上资本支出与经常支出间缺乏协调与整合，通常是程序式复式预算更为突出的问题。
④ 经常支出采用"投入-产出-成果"形式的结果链评价绩效即可，但资本支出需要关注此前的"相关性"（规划是否反映客观的经济社会需求且符合政府政策导向），以及此后的"影响"：伴随成果而来的中长期效应，包括正效应与负效应，如扶贫规划对受益者行为的影响（如鼓励偷懒或进取）。

表 5.2 复式预算的标准申报制式

上年度	本年度	预算年度	未来 3 年规划
经常收入			
经常支出			
盈余/赤字			
资本收入			
资本支出			
盈余/赤字			
收入合计			
支出合计			
合并差额			

不应将中国现行"项目（支出）预算"和"基本（支出）预算"混同于复式预算。前者不等于资本预算，后者不等于经常预算[①]。基于一系列重要原因，资本预算需要通过特别程序（不同于经常预算）加以管理，但应确保两者采用统一筹划（避免分离）的程序[②]。

无论复式预算的特定模式如何，清晰正确地界定"资本支出"和"经常支出"总是需要的（参见 10.2.1 小节）。前者指形成资本资产（"母鸡"）的支出，资本支出以外其他所有的支出都属于经常支出（"鸡蛋"）。此外，成功的复式预算高度依赖局部与整体间的协调，而协调的前提是政策一致。如果部门（sectoral）支出规划不合适或与一般（overall）的经济政策不一致，部门间协调机制（资本支出与经常支出间的统筹安排）也就没有什么价值。作为政策的核心工具，公共预算与财务管理必须追求增长（蛋糕做大）、平等（蛋糕分享）和稳定（两者可持续）三个综合性的经济政策目标。

5.3.6 中期支出框架和基线筹划

30 年前很少有政府采用 MTEF 准备年度预算，但现在已被广泛采用。中国政府也于 2015 年开始应用 MTEF 准备部门预算。如今，许多政府每三年或更长时间构建其前向估计（forward estimates）或基线（baselines），以此筹划其支出和其他预算因素。这些筹划典型地假定现行政策（current policies）将持续不变，由此为政府提供了一个基础，以预测预算政策继而带来的财政状况（fiscal situation）。

对于这些信息，政府可以估计出拟议或被批准的政策变化对未来预算的影响。以此方式使用信息，可为政府提供一个强有力的分析工具，用于在行动前考虑其未来含义。这一"硬约束"禁止政府采取行动，即那些导致未来 3 年或更多年支出超过当前限额的

---

① 两套概念体系差别很大，无论项目预算还是基本预算，既没有资本收入与资本支出、经常收入与经常支出的匹配性，也没有将投资（建设）支出中的资本支出和经常支出分离出来统筹规划的程序。以此言之，中国目前存在报告式和筹划式复式预算，但在实践中采用程序性复式预算，对资本支出和经常支出及其融资来源采用分离的程序。这种错误的复式预算概念成为预算与政策脱节以及"重建设、轻维护"的重要原因。

② 资本预算的详细讨论可参见：Vogt A J. Local capital budget//Shar A. Performance Accountability and Combating Corruption. Washington D. C.：The World Bank Publication，2007：307-359.

行动。在被有效使用时，MTEF 将预算筹划（budget projections）转换为决策规则的分析工具。MTEF 甚至变成了一项决策规则，用以限制不去面对压力的政治家的决策自由度：中期筹划易被那些面临近期预算制定压力的政治家忽视，该预算聚焦于紧迫的近期事项，即使在其决策对未来预算产生负面影响的情况下。作为回应，改革者（如国际组织）已经致力于敦促政府采纳 MTEF 形式的安排（MTEF-type arrangements），以此迫使他们在其确定的支出水平前，考虑其未来影响[①]。

无论作为分析工具还是作为决策规则，MTEF 都有紧迫的时间压力，因为预算必须在规定的时间前被审查和批准。认识到预算制定面临基本的时间限制很重要，时间压力、按时完成决策制定时具有截止期限的过程。被提供的信息越多，其中某些信息妨碍按时完成预算任务的可能性越高；规则越合适，某些规则陷入冲突或被当作技术对待的可能性越高。分析和决策（必须处理冲突）因而都涉及时间压力问题，考虑到预算制定通常缺乏估计与报告公共支出的可接受的标准，尤其如此。

➢ 本章小结

- 预算文件应精心准备以利执行，涵盖四个主要组成部分：预算前报告（pre-budget report）——陈述关键决定和优先事项的变化，综合财政计划——列示政府整体的主要收支分类（按对象和功能），详细的收支计划（包含组织分类）及附加文件和信息（帮助理解计划）。
- 预算准备须遵从三类财政约束指标，即现状、可持续性、易损性（fiscal vulnerability，指财政赤字和净资产对风险的敏感性）。财政约束有四个主要作用：为预算准备提供框架，帮助阐明财政政策，监督政府政策实施，促使政府承担政治财务意义上的受托责任。
- 年度预算应在宏观经济框架筹划下准备。后者并非简单地预测宏观经济变量的数值，而应清晰界定一系列政策目标与工具，包括货币政策、财政政策、汇率与贸易政策、外部债务政策、对私人部门活动的管制/激励以及公共企业改革。
- 准备不佳因而不断调整将形成纸面预算。良好预算准备强调在良性竞争的基础上精心选择需在预算中采纳的公共政策。预算应在规范财政资源竞争的基本制度框架中准备。以生产、长期和非销售标准界定的资本预算应单独准备。
- 发达国家关于 MTEF 的最优策略已经在预算程序中实现，并且经常在预算法律体系中明确地加以规定。发展中国家引入 MTEF 大多作为对传统计划方法失败的回应，以形成"严格的计划方法"，涵盖四个要素：①资源节约与释放/转移（财政空间）；②预算中采纳的现行规划之后续成本（基线）；③只包含具备确定融资来源的新规划；④整合资本支出与经常支出。
- 在预算准备阶段，可控赤字应表述为与政府的财政可持续性和宏观经济稳定性以及增长目标相协调。

---

① Schick A. Performance budgeting and accrual budgeting: decision rules or analytic tools? OECD Journal on Budgeting, 2007, 7（2）: 109-138.

- 现代财政政策实践的另一个特征是：在政策目标制定（target setting）和预算制定与执行之间建立联结，以确保实际收入、支出和借款等于目标水平。
- 预算准备不是预测——目的也非预测，而是形成近期政策选择和计划的过程，旨在设想各种改变前进道路的可能性，通过分配和使用公共资源以实现梦想中的未来。
- 预算准备是改变未来和达成梦想的主要途径，也是将领导人富于远见的思想和人民的希望转换为具体选择的过程，即作为良治的社会选择的财务镜。
- 预算准备的基本要求是一致性，即致力追求公共预算与财务管理的四个关键目标：预算总量安排与总额财政纪律间的一致性，支出结构安排与政府战略优先性间的一致性，支出使用与运营绩效间的一致性，以及确保对财政风险的明确考量。
- 一致性也包括财政目标变量之间和政策目标变量之间的内部一致性，旨在确保预算与政策间的紧密联结。
- 宏观经济框架旨在使财政政策直接联结一般经济政策的三个综合目标——增长、平等与稳定，以及约束部门政策与综合目标间的一致性。因此，发展背景下的预算准备，聚焦将预算文件作为政府唯一最重要的政策文件。展望意识融入预算准备和确保磨合至关重要。
- 好的预算（准备等）程序依赖三个前提：信息与分析技术，融入决策程序，明智的财政决策。随着权益、债务偿付和法定支出等刚性支出日益增长，多数政府的预算制定变得越来越困难。
- 预算准备的质量在很大程度上取决于预测技术——包括政策情景建构（未来最可能出现的政策情景）下的中长期预测，将预测转换为具体政策的能力，以及行政能力——包括部门内部重新分配资源和管理规划绩效的能力。
- 许多政府应寻求改革预算准备以更好地发挥预算的功能。改进预算准备的所有努力都指向增强应对未来挑战的能力，这是包含一系列治理制度的巨大工程，面对增强政府能力和责任这一宏大任务，需要一整套方法论的支撑，还有分析能力和决策能力的系统提升。
- 改革预算程序应被视为对治理进行重新定位的特定方法。目前重新定位正在从传统等级式和僵化的政府组织结构，转向更流畅、更灵活的政府和非政府组织合作关系网络，并围绕一系列不断变化的战略任务和目标进行组织。
- 旨在增强应变能力与恢复能力的战略投资预算亦应准备。由于无法预测特定的收益，有必要采用一个旨在应对不确定性的广泛多元化的投资组合策略，以获得预期最大平均净回报率，包括采用避免巨额损失而采取的套期保值措施（保险方案）。至于增强社会恢复力的战略投资，应聚焦灾后救援和重建。
- 在预算准备阶段发展公民参与最为适当。
- 对于多年期规划而言，年度预算的资源配置通常不充分，需要有多年期承诺的特别程序和多年期支出估计作为补充，通常称为 MTEF。
- 复式预算的真正问题在于：对相同的政策目标做出贡献的不同支出之间缺乏整合，以致对于某些类别的政府开支（典型的是经常支出）对经济增长的贡献产生偏见。
- 绩效改进应同时满足五个基本前提，即一致性、拨款基础、有效激励、绩效评估和法律框架，还应有适当的技术工具，尤其是行政部门主导的部门战略计划（旨在满足利益相关者的诉求）、预测、风险管理和绩效计量。其中，拨款基础强调放弃基数法、淡化政治拨款、强化聚焦 3E 的机构管理。

➢ 本章术语

预算准备　预算指南　基线成本　预算草案　部门战略计划　基线信息　预测支出分类　预测参数　中期财政规划　中期支出规划　中期财政展望　预算概要　预算前报告　预算文件　预算诚实　法定授权　财务控制　财政约束规则　赤字比率　债务比率　预算程序空心化　黄金法则　运营绩效　黑箱预算　现金配给　预算分类　功能分类　经济分类　敏感性分析　对象分类　活动分类　会计基础　现金基础　权责基础　规划　活动　经常支出　资本支出　建设支出　投资支出　主要呈递　预算授权　复式预算　资本预算　经常预算　资本收入　经常收入　报告式复式预算　程序式复式预算　筹划式复式预算　基线筹划　部门支出规划　多部门规划　支出义务　权责基础拨款

➢ 思考题

1. 如何理解"如果部门（sectoral）支出规划不合适或与一般经济政策不一致，部门间协调机制也就没有什么价值"？
2. 如何理解"资本支出与经常支出的统筹安排"及其重要性与紧迫性？
3. 为什么确保预算过程受政策驱动而非收入驱动很重要？
4. 预算指南为什么对于良好的预算准备很重要？
5. 预算准备应包含哪五个主要步骤和哪三个基本阶段？
6. 部门战略计划的作用是什么？
7. 呈递立法机关审查的预算文件至少应包括哪八类？
8. 满足全面性要求的预算文件应包括哪四个方面的主要内容？
9. 运营绩效的预算管理框架依次涵盖哪四个阶段？
10. 预算准备的组织问题涉及哪四个主要方面？
11. 中国当前背景下，预算程序空心化的主要根源是什么？
12. 支出分类涉及的三个最重要的问题是什么？
13. 预算分类的一般要求是什么？
14. 举例说明什么是对象分类、功能分类、经济分类、管理分类、规划分类和产出分类，每个分类的目的和作用是什么？
15. 中国财政部的现行支出分类与国际标准的功能分类（14 个大类）的主要差异是什么？
16. 中国财政部的现行经济分类与国际标准的经济分类（6 个大类）的主要差异是什么？
17. 如何理解"理想情况下，组织层级需对应规划/活动层级？"
18. 整合的预算分类系统应确保实时便捷地追踪哪五个层级的信息？

第 5 章 预 算 准 备

19. 呈递立法机关的预算申请的标准制式应是怎样的？
20. 复式预算有哪三个类型？真正重要的是哪个类型？哪个类型问题最大？
21. 有哪三个主要理由表明，清晰区分资本支出和经常支出总是必要的和重要的？
22. 复式预算的标准申报制式应是怎样的？
23. 如何解释"没有支出部门（内部）层次上的资本支出与经常支出间的整合与协调，在核心部门之间也不可能有实质意义的协调与整合"？
24. 年度预算准备依托的中期支出规划作为"严格的计划方法"而与传统计划方法（业已失败）区分开来，包括哪四项关键内容？

第6章 预算审批

预算审批为预算程序的第二个阶段，即立法机关审查和表决批准政府的预算申请，使预算草案产生法律效力成为年度预算法（即法典化的政府政策文件），为约束和引导行政部门在年度预算内的活动确立法定基础。立法机关在审查（review）和批准预算中扮演关键角色，但对预算进行有效的法定审查要求有意义的法定授权（legislative authority）和信息的可得性，也要求为立法机关建立更好的权力结构，还要求立法机关有充足的能力与资源，这对于促进公共预算与财务管理的关键目标（财政纪律、资源配置、良好营运管理和管理财政风险）与保护适当程序至关重要。民主治理背景下，立法机关的预算审批意义与作用非同寻常，涉及形式审查和实质审查两个关键方面[①]。确保预算在预算年度来临前得到批准非常重要，否则应伴随补充拨款法案，以此作为立法机关表决通过前开支公款的法定约束。此外，为使预算文件作为法律文件和同时作为政策文件的要求相协调，立法机关应在预算过程的政策筹划阶段积极介入其中，使制定的预算授权和支出限额能够兼容法定控制要求和政策需求[②]。

6.1 意义与作用

立法机关的预算审查至少具有改进公共支出质量和贯彻民主治理的核心价值两项根本意义。由于攸关人民的核心利益、政府的核心职责和执政的合法性基础，在公共预算与财务管理领域更值得费心思量灌输民主与法治的基本价值，两者都集中体现并依赖于立法机关的预算审批——表达人民意志与利益的预算授权（budgetary authorization）。作为宪法采纳的人民主权原则的财政操作机制，预算授权同时承载民主与法治的双重价

[①] 中国背景下，务必不要将"财政一审、政府二审、党委三审"混同于"人大终审"。部门预算的"四审制"将党政部门的自我（内部）审查与代表纳税人的人大审查相提并论，矮化和异化了立法机关或审议机关在预算过程中扮演的代表、立法（授权）和监督三个关键角色。"退居二线"的说法也是如此。各级人大的预算审查与监督作为守护纳税人荷包的第一道防火墙，体现的正是"进驻一线"。在最不应该由任命产生、最应该由公正独立选举产生的群体中，立法机关首屈一指。人大体制的灵魂在于其代表性：代表作为选民的纳税人的利益与关切批准或拒绝政府账单，在民主社会作为政府财政权威进而政治权威的法定来源。

[②] 在预算审查阶段，立法机关通常并不特别关注达成预算中采纳的新旧政策与规划究竟需要花多少钱，而是集中精力关注基于法定授权的财务控制。公共预算的授权职能与政策职能具有潜在冲突。立法机关早期介入作为一种协调机制以兼容两个职能很重要。

值，民主的价值体现为政府汲取、分配和使用财政资源得到"人民的赞同"，从而与武断、专制或独裁的王权财政分道扬镳，也与中国式的"税收三性观"区分开来；法治的价值体现为限制权力滥用与误用，表明立法审查（立法机关对预算的审查）作为权力制衡体系的关键一环。立法审查对于系统改进公共支出质量同样至关重要[①]。

6.1.1 作为民主授权机制

立法机关"预算审批"的本质是法定授权，即代表纳税人批准政府的预算申请，由此构成公款管理、公共预算与财务管理三条基本底线中的第一条底线[②]。得到授权意味着承担义务，但并不意味着可以得到这么多钱。预算授权分为收入授权和支出授权两个基本方法。支出授权是指批准支出申请，批准的是"做事的法定义务"而非"给你这么多钱花"，后者取决于预算拨款——中国当前背景下大致对应财政部门的预算批复[③]。美国宪法规定的拨款法则对全球预算思想与实践产生了深远影响——对"把权力关进制度笼子"[④]至关重要。除依据法律规定的财政拨款外，不得从国库支出任何款项。一切公款收支的报告和账目应经常性地予以公布。如同所有政府收入一样，所有政府支出都应以某些法定授权为基础。支出授权通常应有时间界限（time-bound）且是特定的，拨款的法定基础应由依照法律（in statutory law）提供，但这类法律不必过于详细，应由行政法（administrative law）提供程序指南（procedural guidance）以允许作边际的变动。立法机关在审查阶段进行听证以获得适当信息也很重要，包括预算听证和拨款听证[⑤]。

预算授权具有以下四重意义。

（1）去除专断嫌疑与污点，为行政部门的活动提供合法性基础——人民通过作为社会契约的财政契约表达的赞同[⑥]。

（2）使行政部门能够定期合法获得资源完成任务，在此意义上，预算授权的本质是为行政部门创设（拿钱、花钱和做事的）法定义务（obligation），财政资金闲置和"不作为"因而应作为逃避义务或背离预算授权处理。

（3）限制权力——行政部门的财政权力行使不得逾越预算授权的范围，而且享有

[①] 中国当前背景下，低看、偏看或漏看"预算审批"丰富而深刻内涵的现象依然相当普遍。没有基本的拨乱反正和观念革新，"强化与改进人大预决算审查监督"的诉求，将很难从纸面诉求转换为实质行动。

[②] 另外两条分别是财政分权（横向与纵向）和确保公款动用处于立法机关的有效监控之下。

[③] 预算批复如果发挥预算拨款的作用，那么应为立法机关专享的权力而非行政部门的权力。中国背景下，财政部门通过预算批复掌握的拨款裁量权之大，可能远远超过理论上应有的范围和程度。在美国联邦政府中，预算授权和拨款的权力均属国会。

[④] 1787 年费城制宪会议通过的美国宪法第 1 条第 9 款明确写下了这段话。"把权力关进制度笼子"引自 2013 年《中共中央关于全面深化改革若干重大问题的决定》。

[⑤] 众议院和参议院以相似的方式和比例使用规划评级：美国布什政府第 109 届国会与规划评级相关的报告听证分为立法、调查、监督、信息收集、提名、条例等类型，大部分的报告都属于立法听证——众议院和参议院分别占 59%和 57%；两院 31%的听证都是预算听证；众议院的拨款听证占 20%，参议院为 8%。参见：Frisco V, Stalebrink O J. Congressional use of the program assessment rating tool. Public Budgeting & Finance，2008，28（2）：1-19.

[⑥] 社会契约论有其久远的历史，至今仍为政治学和社会学中最耀眼的光谱。各种版本的社会契约论都在某种程度上认同"人民的赞同"作为国家权威和理想的国家起源的基础。

的只是授予的财政决策制定权和实施权,并非全权——立法机关仍然保留审批权和监督权。

(4)形成受托责任的来源——行政部门在预算授权范围内向立法机关承担财务受托责任,因为立法机关在授予财政权力(制定权与实施权)的同时,也一并将责任授权行政部门。

预算授权的具体运作因国家而异,而以美国国会的预算授权体制最具全球影响力。

专栏 6.1　美国的国会预算制度

美国宪法第 1 章(article)第 9 部分(session)第 7 款(clause)规定:除非作为法定拨款的结果,否则不得从国库提取款项;并且关于所有公共收支的定期报表和账户必须随时公布。

美国在其历史的早期年代即确认必须有预算。宪法第 1 章第 5 部分第 2 款赋予每届国会授权确定关于预算程序的治理规则。包含许多工作、影响参众两院内部程序条款的《国会预算和扣款控制法》(Congressional Budget and Impoundment Control Act),就是遵从宪法规则制定授权产生的。众议院能在任何时候以任何方式基于过去经历变更国会制定的预算法。

联邦预算程序有两个完全不同但同等重要的目的。首先是对联邦支出、收款、赤字及债务水平及其对经济的影响进行财务计量,以促进经济稳定和增长。其次是为联邦政府提供有效率地征集和分配资源的手段以促进国家目标。

国会预算程序要求国会每年确定总支出和总收入水平,以及总支出如何在 20 项主要的政府功能之间加以分配,如国防、农业和保健。1985 年《平衡预算和紧急赤字控制法》(Emergency Deficit Control Act,又称拉姆-拉德曼-霍林斯法案)提供了另外的预算程序。

国会预算案中的支出水平(spending levels)以两种方式按美元计量,即预算授权和支出(budget authority and outlays)。后者是指实际的国库支付(disbursement)。预算授权是指针对某个机构的法定授权(legal authority),使其产生某个确定金额的义务,该义务将导致支出。国会为某个特定规划划拨资金的含义是制定预算授权,而不是支出。

收入与预算授权及支出应分别考虑。收入并不表示政府已经征收上来的所有货币,不包括政府与公众进行的"准商业活动"带来的收入,如产品的销售或服务的提供,或者某个政府从其他政府那里征集的收入——这属于政府间征收和支出。这些征收要么作为抵消性征收(offsetting collections),要么作为抵消性收款(offsetting receipts),如邮票销售收益、来自联邦土地的木材销售收益。两者间的差异更多地源于联邦预算记录交易的方式而非实际活动本身。

有些法律授权某个账户向另外一个账户提供直接贷款,资金从后一类账户中被开支出去。国会没有在这些账户中实施活动。这就是抵消性征收,通常源于自由裁量性规划,表示所记录的收入要么得自公众、要么得自公众通过其账户支付的资金,无须国会实施年度拨款。例如,法律授权邮政服务局使用邮票销售收益为其营运融资,假设某财年的营运成本为 1 亿美元,其中 4 500 万美元来自邮票销售。后者在预算中并不表示有这些收入，而是表示 4 500 万美元的负值预算授权，收款为总预算授权 1 亿美元抵减至 5 500 万美元的净授权。

假设国家公园服务机构有 1 000 万美元门票收入，虽然存放于国库，但在预算中作为该财年总支出的抵减项目，会计上不能当作该服务机构的支出，此即抵消性收款。

联邦赤字是联邦政府累积的负债。联邦法律规定了债务限额。如果联邦政府需要的借款超过了法定限额，国会必须制定相关的另外一项法律以解除该法定限额。需遵循法定限额的债务首先是联邦政府"欠自己的"债务——联邦信托基金和其他特定政府基金承担的债务，其次是对公众的债务。如果信托基金出现盈余，如现在的社会保障基金，盈余资金按法律需要用于对政府证券的投资。因此，两类联邦债务的年度变化大致分别相当于信托基金余额的年度变化，以及特定财年综合预算赤字。

6.1.2 承载法治的价值

预算授权安排不仅是积极的（宪制的行动功能）授权，也是"消极"的限权——作为权力制衡体系的关键一环发挥限制权力滥用与误用的作用（宪制的限权功能）。在后一意义上，预算授权承载了法治的价值。法治可最佳地定义为"对普遍良法的普遍遵从"，年度预算法即立法机关批准的年度预算文件，为其中特别重要的一种类型，作为财务法（financial law）与非财务法（non-financial law）区分开来。两者的清晰分离非常重要①。

有效的权力制衡安排依赖决策控制与决策管理的分离，无论组织层面还是功能层面。组织内部也必须遵从不相容职责分离的基本内部控制原则。预算准备与执行本质上分别属于行政部门主导的预算决策的制定与实施，即决策管理阶段；分离原则要求预算决策控制（包括审批与监督）职能归属立法机关。这是在公共预算与财务管理中确保立法权与行政权分立制衡的关键方面②。

发达国家中，立法机关（议会）正是主要通过预算审查与监督掌控"钱袋子"的权力，从而发挥制约政府权力的独特作用。今天，在多数国家，批准预算即钱袋子的权力是对行政部门进行法定控制的主要形式，以确保公众的钱只有在法律约束之下才能被开支。任何公共资金都只能在法律约束之下才能被开支③。

作为权力制衡的预算审查体制，最早在英国通过两个里程碑式的宪法性文件得以确立与发展：1215 年的《大宪章》（Great Charter）为起点——第十二条规定国王非经议会同意不得征税；1689 年议会通过《权利法案》（Bill of Right）——规定国会支用公款须经议会批准。此后数个世纪的发展，使立法机关（议会）审查预算的制度安排扩展到绝大多数国家（包括中国在内），尽管结构和细节各不相同，立法机关在预算审议中的角色

---

① 财务法是指约束与规范公共资金来源、分配与使用的法律。预算法为典型的财务法，涵盖宪法（预算条款）、基本预算法（分配预算权力与职责）和年度预算法三个基本层次。中国现行的教育法、农业法等规定法定支出的部门法律，均为非财务法。后者对财务法规范的范围之侵蚀，成为引发混乱和冲突的根源。

② 中国当前背景下的"党委决策、政府执行、人大审批监督"大致体现了决策控制与决策管理分离的理念，但过于强势的决策与执行和过于弱势的审批监督间的失衡，削弱了权力制约安排的有效性。

③ Schiavo-Campo S. The budget and its coverage//Shar A. Budgeting and Budgetary Institutions. Washington D. C.: The World Bank Publication, 2007: 57.

与作用也是如此。

6.1.3 控制腐败与决策纠错

立法审查安排使立法机关有可能在控制腐败和决策纠错中发挥重要作用。

（1）控制腐败。公共财政中有三类常见的腐败，即偷窃公款、滥用拨款的权力和基于部门利益制定与解释法律法规。腐败的风险在许多国家都很高，公共预算与财务管理尤其成为腐败的高发区。所有的腐败行为都有权力滥用的共同根源。所有垄断和过度自由裁量的权力都会带来腐败的高风险，没有例外。尽管腐败会出现在任何地方，包括立法机关，但相对而言，多数国家的腐败主要源于行政部门的权力滥用。这与如下事实相关：公共预算与财务管理中的实质性权力通常主要集中在行政部门，立法机关的制衡作用因而特别重要。如果行政机构的权力极大地超越立法机构的权力，占过分主导地位，那么民主政治就会受到巨大的损害。如果一国政府的立法机构不能对行政机构进行有效的监督或有效地影响政府政策——变成"橡皮图章"，只能附和行政机构的决策，那么该国就没有现代意义的民主政治[①]。

（2）决策纠错。预算文件记录了预算准备阶段做出的三类主要的预算决策，即总量决定、配置决策和运营决策。每类决策都可能出现差错或纰漏，在预算草案被仓促准备、预算脆弱性（支离破碎的预算制定）未得到系统清除的环境中，决策差错的概率会骤然提高。

不仅某些失败的现行政策与规划会出现在预算文件中，新采纳的政策与规划也可能如此。错误决策的负面后果远高于想象。预算审查提供了一个重要的事前纠错（过渡与淘汰）机制。当这个机制不能真正发挥作用时，错误将自动带入随后的预算执行过程，负面后果将会放大，并错失最佳的纠错时机。多数集权决策体制具有排斥纠错机制的固有倾向，尽管此类机制在集权体制下尤其重要。因此，清除有问题的公共规划比单纯的绩效评价更重要。立法机关的预算审查可以并且应该发挥重要作用，但须满足适当界定立法机关的角色与权力、提高预算审查的专业能力两个主要的前提条件。

6.2 预算审查的形式方面

立法机关的预算审批分为形式和实质两个方面。形式审批关注一系列"形式要素"，如呈递审查的预算文件的类型与制式要求，需要向立法机关呈递预算文件的预算实体的范围，立法机关的审查与表决程序，包括质询、听证和辩论。实质审查关注立法机关的审查如何为提高公共支出的质量做出贡献，以及实质性地反映和促进立法机关在公共预算与财务管理中代表、立法（授权）和监督三重角色，尤其强调在制约权力、控制腐败和决策纠错中的独特作用。

---

① 维力 J，杜尔提 I. 立法机构对行政机构的监督：一项跨国研究. 佚名，译. 经济社会体制比较, 2005, (2): 81-88.

6.2.1 预算文件诸要素

向立法机关呈递的预算文件需要包括所有相关要素，尤其应包括：①对预算与财政政策评估（assets）；②列示与法定控制（legislative control）要求相一致的拨款；③收入、支出以及财政产出应一起呈递；④支出面应清晰区分主要的拨款申报和附加的额外信息两部分。额外信息是指向立法机关的拨款申请需要呈递的预算附件（budget annexes）和其他文件，主要有功能分类的附件、规划附件——尤其涉及多部门规划（multisectoral programs）；如果预算申请的标准制式中分离了经常支出和资本支出，则需要提交建设（开发）项目或建设预算的附件；如果标准制式中包括建设预算，则需要呈交投资组合的附件。一并需要呈递的其他文件还有：按规划申请的部门预算政策（sector budget policy）的定性描述；适当的绩效指标；多年期项目的后续成本；多年期预测或公共投资规划[1]。

预算文件中至少应包括一份政府打算批准的担保的清单及其总货币限额。很多国家的政府为提供的贷款担保收费。由此创立了一种跟踪和监督担保的机制，在某种程度上也提供了一种保险机制。如果担保按照延期贷款的某个比例收取，将在总量上足以弥补其最终成本。在这里，隐性补贴消失了，但担保的目的是抵消可信度的缺失，而非取代可信度[2]。

对预算文件诸要素的立法审查应聚焦法定预算授权的完整性。完整性要求预算文件应包括所有法律要求的信息[3]，其基本含义是指行政部门对公共财务资源的申请必须完整地反映在预算报告中，不得在预算报告中隐藏支出，或者将这些支出用于个人而非立法机关授权的目的[4]。作为政策文件（相对于作为法律文件）的预算报告也要求完整性。

这是基于如下认识：如果有大量开支未纳入预算框架中，那么，有效控制开支、在各项规划间与部门间有效地配置预算资源、实现良好的营运管理、确保合规性及管理财政风险，都将是极为困难的。另外一个主要问题是导致不确定性和不透明，这使政府为应对宏观经济波动进行的政策筹划更为困难，并增加了腐败与浪费的风险。因此，对完整性的偏离将导致劣治[5]。更一般地讲，对于实现公共预算的财务控制和其他所有关键目标而言，完整性是一个基本的前提条件。

---

[1] Schiavo-Campo S, Tommasi D. Managing Government Expenditure. Manila：Asian Development Bank，1999：78，82.
[2] Schiavo-Campo S. The budget and its coverage//Shar A. Budgeting and Budgetary Institutions. Washington D. C.：The World Bank Publication，2007：53-87.
[3] Rubin I. Budget formats：choices and implications//Shah A. Local Budgeting. Washington D. C.：The World Bank Publication，2007：139.
[4] von Hagen J. Budgeting institutions for better fiscal performance//Shar A. Budgeting and Budgetary Institutions. Washington D. C.：The World Bank Publication，2007：31.
[5] Schiavo-Campo S. The budget and its coverage//Shar A. Budgeting and Budgetary Institutions. Washington D. C.：The World Bank Publication，2007：55-56.

6.2.2 关注政策与预算决策形成

预算审查并非单纯地指审查作为预算文件本身，还涉及如何处理预算过程中不可避免的利益冲突，以寻求最大共识，最终使预算案在财政年度到来之前被表决批准。为此，立法机关在正式审查前关注政策与预算决策的形成过程很重要。

治理的基本含义是政府必须制定切实可行的政策，配合以相应的预算决策，以妥善应对日益复杂棘手的经济、社会、政治和环境问题。预算审查的功能，因而应被界定为立法机关运作框架下的公共政策—预算决策的形成（formulation）过程。制定预算是制定政策的一种特殊形式，"特殊"在于其财务属性（关于"钱"的政策），以及必须配合政策（关于"事"的政策）的要求。预算决策不能脱离政策决策，因为预算过程必须受公共政策的引导；政策决策也无法脱离预算决策，因为政策必须在可得资源预见性（有多少钱可花）下被制定。

因此，预算审查应致力形成政策与预算间的直接联结。为此，立法机关必须能够在政策形成和预算决策形成阶段真正发挥作用。两者的脱节将导致政策变异为"希望"，记录这些政策决定的预算文件也相应变异为纸面文件。为建立两者间的直接联结，确保政策制定融入预算程序非常重要。作为一般原则，不应允许在预算程序之外制定政策和促进政策目标，除非这些政策根本不需要花费公共资源，或者基于必须保密的理由。

专栏 6.2　美国的预算法与国会的预算审查

美国国会既审查预算也制定预算。19 世纪末 20 世纪早期，国会制定了许多法律以控制和协调行政部门的支出。类似的努力在 20 世纪 40 年代针对立法部门支出控制问题也出现过，但没有哪些变动坚持下来。随后三个最重要的预算法得以实施改变了局面。

1）《反低效率法》（The Anti-Deficiency Act）

在 1870 年，法定拨款单是许多形式的与拨款相关的票据（vehicle），其中包括随后反效率法中的部分。这是国会首次对政府开支施加控制的主要努力。与此同时，机构被要求向国会呈交强制性（coercive）申请以支付其账单。它假定在某个财政年度中任何部门都不能产生高于国会提供的支出水平。此外，各部门也不得签署导致未来付款高于拨款数的合同。

2）《预算和会计法》（The Budget and Accounting Act of 1921）

根据该法案创立的总统下属的美国预算与管理局来监督行政预算（executive budget）程序，以及 GAO 作为国会对政府进行审计的机构，后者向国会提供关于政府账目的独立的审计报告以及财政年度中政府违规（violation）情况的报告。

3）《国会预算与扣款控制法》（The Congressional Budget and Impoundment Control Act 1974）

该法案实施之前联邦政府经常苦于怎样审查日益增长的政府支出。该法案用以协调和控制立法机关的预算活动，以及制约（curb）总统的扣款（impoundment）权力。这一具有里程碑意义的法律在帮助指导和制定宏观财政政策方面，其重要性一直有增无减。该法案所建立的国会预算局取代了削减联邦支出联合委员会，后者于1941年创立，成员来自参众两院拨款委员会。

虽然统一预算概念是制定财政政策的关键来源，法律要求国会以及行政部门将统一预算分为预算内（on-budget）和预算外（off-budget）分别报告，而且特别要求呈交国会的预算案在估算赤字时将社会保障信托基金排除出去。此外，法律也要求排除邮政服务局。结果，社会保障和邮政服务成为"预算外"，但其收支差额纳入（remainder）预算内。由于对于制定全面的财政政策非常重要，国会和总统在准备预算时，仍使用统一预算概念，同时亦按法律规定区分统一预算下的各类支出总量。

为制定预算，国会必须有一个起点，即基线（baseline），是指如果现行的规划和政策持续下去而不在下一财政年度改变，那么包括收入和支出水平将是多少的一系列筹划。至于权益性规划，除其他考虑外，基线需要对通货膨胀和人口变化导致受益人数目变动的效应加以调整，这是法律的要求。这被称为"当前政策/服务基线"。

另一类已经被国会用以随时调整通货膨胀效应的基线，只是在法律要求这样做时才会进行。这通常被称为当前法律基线（current law baseline）。在考虑提议的收入和支出水平时，参众两院的议员通常会描述该提议的成本是否高于、低于或等于基线。

强制性支出由法律而不是拨款法案决定，其基本特征是对开支的年度水平的决定不能自由裁量。通常涉及的是联邦政府根据法律规定必须为某个人、活动或规划承担具有约束性的义务。多为权益性支出，为支出中最大的组成部分。法律规定政府必须为有资格享受的人或机构提供资金和其他利益形式的帮助。有资格享受者可以通过法律程序强制政府履行其支付义务。

法律通常会为一项权益制定公式或标准，以确定谁有资格享受联邦援助。只要该项法律没有被修订，那么无论预算情况如何，这些受益者都有法律权利获得相关利益。例如，社会保障法规定这样的公式：退休工人以其工作的时间长短和所得为基础，获得社会保障利益。因此，社会保障的成本取决于有资格享受者的数目而不是国库中的钱数或年度拨款数。

自由裁量支出涉及的是遵循年度拨款程序的规划。如果国会决定降低某个规划的资金水平，那么可以简单地减少年度拨款数。与权益性支出不同，没有什么公式用来改变资金水平。联邦政府的多数运营通过自由裁量确定资金水平，如国防费用、联邦调查局、国内收入署以及环境保护机构。

正因为承载政策及预算决策形成之功能，立法机关的预算审查在民主社会中构成了整个预算程序的重心，也是预算过程中最具政治性的阶段：预算决策作为政治决策之实质，主要体现在此阶段。中国背景下，情形很不相同[①]。部分原因在于政治体制的基本架构，其他原因包括预算审查的历史与经验。多数发达国家的立法机关审查预算的历史超过两个世纪，美国联邦国会更是如此，其经验和影响力早已扩展到全球。

---

① 迄今为止，人民代表大会在预算决策与政策形成中的作用依然有限，无论中央还是地方层面，但情形似乎在好转。

预算与政策决策的形成涉及预算程序和技术方面，国家间的差异较大，美国国国会的预算审查常被援引为范例。

6.3 预算审查的实质方面

6.3.1 总量审查

总量审查关注联结总额财政纪律的两个基本方面的一致性：
（1）可得资源的预见性：有多少钱可花？
（2）资源需求的预见性：需要花多少钱？

两个方面都涉及预测和评估两个不同的问题：前者针对基线（baseline），假设现行政策与规划不变是多少？后者针对基线上，政策与规划变动的效应是多少？预算文件中清晰地区分这两个部分，对于强化与改进总额财政纪律至关重要。与多数发达国家不同，中国目前并未采用基线筹划（baseline project）制定预算，而是继续采用基数法（渐进主义的预算方法），这种方法仅仅关注边际变化（预算资源的增量部分）。

资源可得性概念的核心是现实的收入预测，它是任何良好预算过程的起点，也是影响预算文件质量和可信度的关键因素。预测不可能完全准确，而且预测期越长误差越大，但至少应尽量避免不现实（人为低估或高估）的预测，无论动机如何。如果预算报告没有关于"有多钱可花"的大体准确的信息，或者这一信息被人为地（严重）高估或低估，预算文件的可信度就会令人质疑。

如果收入预测是虚假的，预算文件的其他所有部分（包括承诺的支出与政策目标）也将缺乏可信度。评估预算文件的可信度要求披露制定收入预算所采用的关键预测参数（如 GDP 增长率），以及这些参数"假如变化将如何影响收入预算"（敏感性分析）的信息。支出预算和预测亦应如此。中国各级政府的预算文件都不公布这两类信息，但在发达国家早已成为惯例。

决定可信度的关键因素是资源可得性，至少在中期（包括下一预算年度的未来 2~5 年）内，政府有足够的资源支持在预算文件中采纳的政策吗？如果评估的结果表明政策（筹划）是好的，但大大超越了可得资源的承受能力，那么，预算报告展现的只是"希望"（一张画饼），而不是真正的"预算"。在这种情况下，如果不能获得新的资源，就需要对预算文件中采纳的现行政策做出调整以适应资源约束；否则就暗示现行政策是不可持续的。

可持续性评估对预算报告的信息质量和特征提出了严格要求，涉及两个关键方面：①必须是中期而非一个财政年度的信息，因为潜在的风险（不可持续）通常不是在未来一年而是多年内才会显现，在中期财政规划下准备年度预算因而非常重要；②必须是全面的信息，即预算文件应量化所有相关的财政效应——政策对未来财政状况的影响。

总量审查旨在综合以上要点，判断总量预算安排偏离总额财政纪律的程度和风险。高于目标水平将带来财政不可持续性的风险，低于这一水平则意味着不足以达成预定的、在预算中采纳的公共政策目标。财政可持续性有许多度量方法，最简单的方法是判断是否具有独立偿付到期中长期债务的能力，也涉及对财政脆弱性的判断。威胁财政纪律的直接原因是过度支出。在事关毁灭的意义上，过度支出为万恶之源[①]。

6.3.2 配置审查

总额财政纪律建构了财政过程的硬预算约束，从而为财政资源的优先性配置创造了重要的前提条件。在此前提下，稀缺的财政资源必须在特定用途间作最适当的配置，包括政策间、规划间、部门间、区域间和群体间的配置。这在理论和原则上要求一个全知全能的仁慈政府模型，以便充分知晓个人的财政偏好并将其聚合为集体偏好，以此作为明智的财政决策的基础。

真实世界中并不存在这类模型，因此，实际运作便以假设兼顾公民偏好和成本的公共政策，作为全能-仁慈政府模型的替代物，涉及配置效率和公平两个基本成分，尤其强调将消除贫困——不同于平等目标——作为预算配置和发展政策的关键目标。在此视角下，配置审查应聚焦"消除短板"而非"保重点"——两类思维存在根本的结构性差异。

中国当前背景下，大量的部门法律法规强制规定的法定支出，连同庞大且碎片化的"部门专项转移支付"以及日益泛滥的政府性基金，都以"保重点"的名义实施事实的财政垄断——建构财政围墙，招致预算配置的严重僵化，阻碍稀缺资源朝向更高社会优先级（取决于偏好和成本）的配置。

法定支出也严重混淆了财务法律（financial law）与非财务法律（no-financial law）的界限，导致了不必要的法律法规间冲突，损害法律体系的内在一致性。一般地讲，如果预算程序的配置职能存在缺陷——不能可靠地引导预算资源分配充分反映国家战略重点与政府政策优先性，那么，最优政策反应是改革预算程序，而非发展"非预算决策"从而使预算程序的配置职能边缘化——矮化为形式化的"会计核算程序"。

专栏6.3 中国的部门法律与法定支出

《中华人民共和国教育法》

第五十五条 国家财政性教育经费支出占国民生产总值的比例应当随着国民经济的发展和财政收入的增长逐步提高。具体比例和实施步骤由国务院规定。

全国各级财政支出总额中教育经费所占比例应当随着国民经济的发展逐步提高。

第五十六条 各级人民政府的教育经费支出，按照事权和财权相统一的原则，在财政预算中单独列项。

各级人民政府教育财政拨款的增长应当高于财政经常性收入的增长，并使按在校学生人数平均的教育费用逐步增长，保证教师工资和学生人均公用经费逐步增长。

第六十一条 国家财政性教育经费、社会组织和个人对教育的捐赠，必须用于教育，

[①] 公地悲剧在公共支出领域造成的主要后果就是过度支出，过度支出与超出必要职能的"贪欲"紧密相连。

不得挪用、克扣。

《中华人民共和国农业法》

第三十八条　国家逐步提高农业投入的总体水平。中央和县级以上地方财政每年对农业总投入的增长幅度应当高于其财政经常性收入的增长幅度。

各级人民政府在财政预算内安排的各项用于农业的资金应当主要用于：加强农业基础设施建设；支持农业结构调整，促进农业产业化经营；保护粮食综合生产能力，保障国家粮食安全；健全动植物检疫、防疫体系……

第三十九条　县级以上人民政府每年财政预算内安排的各项用于农业的资金应当及时足额拨付。

第四十八条　县级以上人民政府应当按照国家有关规定逐步增加农业科技经费和农业教育经费。

第八十六条　中央和省级财政应当把扶贫开发投入列入年度财政预算，并逐年增加，加大对贫困地区的财政转移支付和建设资金投入。

《中华人民共和国科学技术进步法（2007年修订）》第五十九条规定：国家逐步提高科学技术经费投入的总体水平；国家财政用于科学技术经费的增长幅度，应当高于国家财政经常性收入的增长幅度。全社会科学技术研究开发经费应当占国内生产总值适当的比例，并逐步提高。

《中华人民共和国人口与计划生育法（2015年修正）》第十五条规定：国家根据国民经济和社会发展状况逐步提高人口与计划生育经费投入的总体水平。各级人民政府应当保障人口与计划生育工作必要的经费。

其他有类似规定的至少包括：《中华人民共和国公共文化服务保障法》《中华人民共和国传染病防治法》《中华人民共和国社会保险法》。

6.3.3　运营审查

运营审查聚焦预算中采纳的规划在设计和实施上的技术合理性：结果链逻辑模型诸要素间能否形成紧密的关联，它们是影响3E的关键性技术因素。运营结果链作为评价运营绩效的逻辑模型，依次涵盖五个要素：投入—活动—产出—成果—影响。审查应关注以下六个问题。

（1）该规划的投入是否适当（不多不少）？
（2）投入在相关活动间的配置是否适当？
（3）哪些活动对于规划的成果更有效或更无效？
（4）活动的特定产出是什么？
（5）这些产出能否或实际上是否有效地促进规划的成果？
（6）中长期影响可能或实际是什么？

运营审查的底线是，预算文件清晰地阐明结果链诸要素，即必须包括足够的绩效指标和绩效信息，清晰区分投入、产出、成果和影响，确保以活动作为建立运营绩效指标的最适当的基本单元。没有清晰界定等级式序列——结果链逻辑模型，将很难对运营绩效展开有条理的和有效的审查。特别重要的是，尤其应以影响作为判断规划成败得失的主要基础。

影响指期望通过规划实施产生的中长期正效应，也包括规划和不可控制的外部因素带来的负效应。如果是正效应，应审查确保正效应可持续的措施（如组织机构和管理团队）是否存在；如果是负效应，应审查控制措施是什么。与影响不同，成果通常作为规划直接锁定的目标。以扶贫规划为例。

成果：贫困率下降比例。

影响：家庭收入与资产-人力资本、社会资本与妇女赋权-食品安全-农业生产率-自然资源与环境-机构与政策。

运营审查需要的技术能力不同于且高于总量和配置审查，源于问题的特殊复杂性：政府和机构是否在以合理成本向公众提供数量充分、质量可靠、及时、平等的公共服务？对此做出判断涉及多方面的专业知识和实践经验。

概括起来，运营审查可提炼为结果链逻辑模型和评价准则模型两个模型，分别关注3E和规划评价准则。区分两个模型很重要，其基本差异在于：结果链逻辑模型基于绩效关联度的强弱——投入与绩效的关联最弱、产出较强、成果更强、影响最强；准则基于绩效内容。国际上广泛采用四项基本准则审视运营绩效：①相关性，分为"一致性"和"适当性"[①]；②效率，分为"时间效率"和"投资回报"[②]；③效果，产出对成果和影响的贡献程度（针对目标群体与环境改善）；④可持续性，规划完工后持续运营与发挥成效的可能性[③]。

对运营绩效的审查还可扩展到经济效应方面，相应的方法涉及对公共支出微观经济效应的理解，对应微观经济学的配置范式和交易范式两个基本范式。前者关注规划是否导致错误的资源配置，如是否将资源引向问题辖区（注定衰落）；后者关注规划是否阻碍互利交易的达成，如引入环境损害的规划导致当地商品与不动产销售的下滑。至于宏观经济效应——公共支出对总供求的影响，如是否加剧产能与库存过剩，可以归结为总量审查的主题[④]。微观经济效应也可区分为收入效应（income effects）和替代效应（substitute effects），无论收入面还是公共支出面[⑤]。

[①] 一致性是指规划的成果与影响是否和政府战略与政策一致，适当性是指规划设计是否科学合理（强调结果链要素间形成紧密的关联）。

[②] 时间效率是指规划实施的准备就绪度、工作量进度和财务（资金到位与拨付）进度，投资回报率是指规划的经济回报（对增长和就业的潜在贡献）、财务回报（净现值、内部收益率与成本收益率）和投资回收期。

[③] 涉及组织架构、管理安排、产出的维护与利用、资源规划与制度保障。

[④] 公共预算与财务管理也涉及重要的经济职能：作为宏观经济职能的"调节供求"（失衡）、作为微观经济职能的"资源配置"和"交易促进"。税收和公共支出足以影响互利交易的条件与前景，包括产权与合同的安全性与稳定性。概括地讲，公共预算与财务管理通过三个途径影响互利交易前景：产权-合同保护、产业进入-退出壁垒、生产者-消费者剩余预期。

[⑤] 收入效应是指税收或支出影响实际购买力而对私人抉择产生的影响；替代效应是指税收或支出影响相对价格而对私人抉择产生的影响。税收与支出对经济的超额负担源于替代效应。财政中性（包括税收中性和支出中性）是指替代效应为零，在真实世界中只是近似的假设。替代效应为微观财政政策经济影响分析的焦点，乘数效应为宏观财政政策经济影响分析的焦点。

6.4 特定问题

立法机关的预算审查涉及的特定问题主要有审查程序和日程表、预算修订与表决及需要面对的未来课题。

6.4.1 审查程序与日程表

许多国家的立法机关审查预算的时间超过4个月，美国国会更是长达6个月：始于总统于每年元旦假期后第一个周一向国会呈递预算案，依次经由国会预算局向国会提出分析与预测报告、参众两院各委员会与联席委员会复查、两院下属预算委员会分别提出预算报告、国会通过与颁布共同决议案（4月15日）、众议院拨款委员会提出拨款案、国会通过调整法案，直至众议院通过所有拨款法案（6月30日）。随后是总统提出预算调整案（7月15日前），直至10月1日前年度拨款法案得到最终批准。此循环中，美国国会实际审议预算案的时间约有5个多月——自2月初至6月30日，审计与批准必须依次经历授权阶段、拨款阶段和预算决议阶段三个主要阶段①。

授权阶段始于总统向国会提交预算案、终于两院的共同决策案（4月15日），约3个多月。预算授权的实质含义有授权行政部门执行特定政策与规划（"授权做事"）与授权为此开支的经费上限（"授权花钱"）两个方面，两者确定政府施政的框架。随后进入为期约2.5个月的拨款阶段，6月30日众议院通过所有的拨款法案。预算决议阶段已并入授权阶段的两院共同决议，终于总统（10月1日前）签署（或否决）拨款法案。

美国国会的预算审议之实质可表述为"决定授权做何事和给多少"，主要特征如下：①源于多重决策（multiple decision stage）的决策碎片化（fragmentation），折射权力分享与分散带来的决策复杂化；②增量（incremental）预算②，存量（基数）部分很少得到关切与调整；③专业分工（incremental），国会内部采用专业化的委员会体制（committee system）对预算案作高度专业化的审议③；④严格遵从时间（日程）表以避免拖沓。

中国当前背景下，全国人大和地方人大只是在预算年度开始后2个多月才审查和批准预算，这意味着针对的是一个已经在实施中的预算，导致模糊、淡化和削弱事前受托责任以及预算授权安排。作为权力制衡体系中的关键机制，两者都要求确保行政部门执行的预算，必须是一个得到立法机关详细审查，随后被及时批准以使其合法化的预算；也要求在批准之前开支公款同样必须获得授权，后者可基于以前年度预算或基本预算法

---

① 此程序由1985年平衡预算及紧急赤字控制法第三百条加以规定。
② 相关文献经常表述预算过程的"渐进主义"，即预算决策在很大程度上只是自动延续上一年的预算决策，只有资源增量（通常不到预算总额的5%）例外。
③ 主要有参众两院拨款委员会、预算委员会、收入委员会、联席委员会，还有其他负责授权功能的实体委员会（Substantive Committee）及其小组委员会等。

的相关规定[①]。无论哪一种情况，这些"前置支出"必须得到立法机关的审查与批准。前置支出是指预算得到立法机关批准之前的公共支出。

立法机关"及时"批准预算很重要，无论发生了什么。毕竟，立法机关的作用是批准未来的政府活动而不是拖延已经被采纳的决策。理论上，立法机关在特定条件下有权否决预算或拖延预算，导致预算搁置——拒绝批准政府账单，但影响和后果很大且多为负面，因而很少发生，但有些国家（如美国联邦预算）并不鲜见。

6.4.2 预算修订与表决

立法机关修订预算的权力因国家而异，大致有三种模式：①权力无约束，多见于总统制国家（如美国、菲律宾）；②权力受约束，通常与"最多可增加多少支出或减少多少收入"挂钩，以英国、法国联邦国家为代表，德国规定必须得到行政部门的同意；③平衡预算的权力，立法机关只能在平衡预算的限定下修订预算，旨在将审查重点集中于配置目标。

作为一般观点，立法机关修订预算的权力应受限制，尤其是在预算辩论容易招致财政纪律受损和支出膨胀的情况下，但这些限制不应损害和妨碍立法机关对预算的审查。

预算案的表决程序与机制因国家而异。英国和美国都采用"切块表决"模式，预算的不同部分分开表决。美国国会按12个拨款法案分别表决。

英国议会审议预算案的独特性如下：①预算案由政府内阁以英王的名义提出（其他政府法案均由议员提出）；②财政大臣必须就预算报告向国会作预算演讲；③支出预算案与收入预算案分开审议——由支出与收入委员会分工负责；④国会可以削减但不能增加支出预算；⑤国防预算法案由国防大臣单独提出后呈国会审议；⑥与美国一样采用两院审议体制；⑦财政法案（包括预算案）由下院审议通过，上院可以审议但无否决权[②]；⑧下院只会批准政府确有必要的支出需求，且所征税收不会超过此支出需要的税收法案[③]。

与美国国会长达5个月的实质性审议时间相比，英国国会只有约26天的支出预算案审议时间，由下院汇总一次表决；预算准备的时间为6个月，始于10月初财政部发布预算指南，终于第二年3月向国会提交预算案。国会审议的重点是新增的规划（增量预算）。英国模式的显著特征之一是，预算审查中行政权与立法权相结合（相对于美国的对抗模式）。与美国一样，英国也采用跨历年制财政年度，始于4月1日终于第二年3月底。美国的财政年度始于10月1日，终于第二年的9月底。在跨历年制下，政府的财政年度与公司会计年度（公历年制）并不一致。

日本的预算审查程序大致如下：先由财政（大藏）大臣向国会作预算报告演讲，之后是约一天半的两院（院会）质询与（全体大臣出席）答复，公共听证会（包括专家学者与利益相关者），然后分八类支出案由相应的专业委员会审查，再由国会的预算委员会

---

① 在美国如果预算在10月开始的财政年度前尚未得到批准，国会允许每个月的开支数最多达到上年预算拨款数的1/12。
② 隐含的角色假设是，下院为公共资金拨付（给政府）的供给方，上院为同意方。
③ 这是以预算（支出）法案制衡法案作为权衡制衡机制的典型例子。

讨论（1 天），随后由众议院先行审议通过、再由参议院审议（参院无否决权）。在预算案审议中，众议院的优先权和最终决定权与英国模式类似。不同之处在于：日本模式下，政党才是预算决策及其他所有政策决策的主角，行政与国会只是担当配角。

6.4.3　未来课题

中国当前背景下，随着政府规模与职能的扩展和复杂化，各级人民代表大会的预算审查变得日益重要和复杂棘手。三个底线难题如下：如何令立法机关看得懂预算案（作为草案的预算文件）？如何保证基本的审查质量？如何保证立法机关能力胜任？

三者都涉及专业能力和专业委员会审查体制的建设，第一个还涉及开发更好的预算文件制式问题——要求"去技术官僚化"[①]，尤其包括有意义的、提纲挈领的简化，消除神秘化的迷思。

中心问题是各级人大的受托责任和专业能力。

预算过程中，立法机关是财政受托责任的焦点，强化和改进人民代表大会制度的预算审查质量，高度契合党政高层关于"一府两院对人大负责"的中国式政治受托责任框架。

当前人民代表大会制度代表的专业能力与信息不对称造成的负面影响不应被忽视，即"外行审内行"和"仆欺主"[②]。相对于立法机关而言，行政部门与官员的专业能力在多数国家都较高，更无论其信息优势和日程安排权的优势。在这种一边倒的环境中，行政裁量权滥用的风险很高。预算审查作为制衡机制在实践中的真实效果因而需要仔细评估。思考与行动的焦点是，如果立法机关的预算审查只是长期流于形式，后果会怎样？

中国背景下，从"为人民看紧荷包"出发，深度改革人民代表大会预算审查（议）制度，有必要作为政府改革与政治改革的首要课题。此项改革涉及面极大，短期内难见成效。短期改革中，好的方案是在人民代表大会内部建立专业化的预算局体制[③]，另一个是紧扣中期财政规划的预算审查[④]。人民代表大会与党委、政府、核心部门、支出部门及公众之间的良性互动，尤其与党委和政府间形成更加健全的工作关系，也可作为短期改革的重要课题。专栏 6.4 给出了人大在预决算审查中的权力与职责。

[①] 是指具有专业优势（相对于立法机关）的技术官僚才能明白与适用的分类、制式、风格、术语和其他信息。

[②] 公共预算与财务管理领域中立法与行政的健全关系必须基于委托代理关系：委托人作为"主人"（委托人）约束和引导作为"仆人"的代理人（行政部门）。这是权力制衡机制中的受托责任机制的关键特征。"仆欺主"意味着权力制衡体系的崩溃和权力滥用的高风险。

[③] 不同于目前的"预算工作委员会"和"财经委员会"体制。预算局体制的关键特征在于强大的信息与分析能力，足以消除与行政部门（包括财政部门）之间的信息与能力不对称。正是这种不对称导致权力制衡的缺失和腐败与舞弊的高风险。

[④] 2015 年中央政府部门首次引入了 MTFF 下准备年度预算的体制，但尚未纳入人大预算审查的制度化议程。围绕 MTFF 的预算审查可将焦点集中于"预算是否紧扣政府战略与政策"的方向上，如此才能突显预算审查最主要的实质意义。

专栏 6.4　人大的预决算审查权力与职责

2015 年颁布实施的修订后的《预算法》规定的人大预决算审查安排如下：

第二十条　全国人民代表大会审查中央和地方预算草案及中央和地方预算执行情况的报告；批准中央预算和中央预算执行情况的报告；改变或者撤销全国人民代表大会常务委员会关于预算、决算的不适当的决议。

全国人民代表大会常务委员会监督中央和地方预算的执行；审查和批准中央预算的调整方案；审查和批准中央决算；撤销国务院制定的同宪法、法律相抵触的关于预算、决算的行政法规、决定和命令；撤销省、自治区、直辖市人民代表大会及其常务委员会制定的同宪法、法律和行政法规相抵触的关于预算、决算的地方性法规和决议。

第二十二条　全国人民代表大会财政经济委员会对中央预算草案初步方案及上一年预算执行情况、中央预算调整初步方案和中央决算草案进行初步审查，提出初步审查意见。

全国人民代表大会常务委员会和省、自治区、直辖市、设区的市、自治州人民代表大会常务委员会有关工作机构，依照本级人民代表大会常务委员会的决定，协助本级人民代表大会财政经济委员会或者有关专门委员会承担审查预算草案、预算调整方案、决算草案和监督预算执行等方面的具体工作。

第五十二条　县级以上各级政府财政部门应当将批复本级各部门的预算和批复下级政府的转移支付预算，抄送本级人民代表大会财政经济委员会、有关专门委员会和常务委员会有关工作机构。

第五十四条　预算年度开始后，各级预算草案在本级人民代表大会批准前，可以安排下列支出：

（一）上一年度结转的支出；

（二）参照上一年同期的预算支出数额安排必须支付的本年度部门基本支出、项目支出，以及对下级政府的转移性支出；

（三）法律规定必须履行支付义务的支出，以及用于自然灾害等突发事件处理的支出。

第六十七条　经全国人民代表大会批准的中央预算和经地方各级人民代表大会批准的地方各级预算，在执行中出现下列情况之一的，应当进行预算调整：

（一）需要增加或者减少预算总支出的；

（二）需要调整预算稳定调节基金的；

（三）需要调减预算安排的重点支出数额的；

（四）需要增加举借债务数额的。

第八十六条　国务院和县级以上地方各级政府应当在每年六月至九月期间向本级人民代表大会常务委员会报告预算执行情况。

第九十七条　各级政府财政部门应当按年度编制以权责发生制为基础的政府综合财务报告，报告政府整体财务状况、运行情况和财政中长期可持续性，报本级人民代表大会常务委员会备案。

中长期的三个主要改革方向应清晰界定，即增强人大的代表性、专业化和职业化。朝向增强代表性的改革进一步涉及选举、提名、任免、媒体监督等诸多事项。朝向专业化的改革至少应包括：专业委员会机制的分类审查；人民代表大会代表履职需要的专业理性——涵盖专业知识、实践经验与组织（分工与协调）能力；系统且持续的培训战略。

职业化要求有足够数量的全职（而非兼职）代表，履行日常的预算案、决算案的审查与监督职能，后者与人民代表大会的财政监督机制建设紧密相连：底线是对人民代表大会所有相关财政预算信息的充分知情权。专业化与职业化还与人员足够、时间保证、预算独立、预算审查与批准程序的改革等相联系。

预算的立法辩论（legislative debates）程序也需要制度化。中国当前背景下，各级人大在预算审查中的预算辩论目前依然很少。许多国家采纳程序性规则（procedural rules）管制和限制对预算的立法辩论，主要包括立法机关的预算表决顺序和修订预算的权力。为实施事前的（ex-ante）财政纪律，保护总量支出限额和综合财政目标（overall fiscal targets），很多国家的预算需要进行两个阶段表决：先是就预算总量投票表决，而拨款和部门间资源配置仅仅在第二个阶段投票表决。另外，多数国家立法机关一并审查支出总量与收入总量，这是一个相当显著的优势，因为这使立法机关便利和明确地辩论宏观经济政策成为可能。

所有上述改革议程最终都取决于终极条件：系统改革人大预算审查与监督体制的政治意愿足够强，尤其是党政高层持续的承诺。终极条件部分地取决于改革者和公众对权力制衡体系建设之意义与价值的普遍认知：高看与低看将带来截然不同的改革议程。

本章小结

- 立法机关的预算审查并非仅为技术问题，还涉及法治国家和民主治理的三项重要功能，即权力制衡、控制腐败和决策纠错。立法机关的预算审查与批准，本身即应被当作公共预算与财务管理中达成这些功能的关键性制度安排之一。
- 发展中国家亟待提升针对未来中长期政策目标的战略性预算审查的能力。发达国家的最佳实践可资借鉴，即在"组合预算"中，指向一个特定战略目标的开支计划、税式支出、规章制度和其他行动，都应在一个系统框架内得到审核，旨在提高政府推进（上述特定战略）目标的综合努力的产出效率。
- 立法机关在预算制定、审查与监督中的地位与作用因国家而异并且是变化的。总体而言，立法机关在预算过程中的法定角色有三：批准预算（budget approving）、影响预算制定（budgeting influence）、预算制定。
- 立法机关的预算审查基于两个理论：社会选择和审议民主。
- 肯尼思·阿罗（K. J. Arrow）1950年提出著名的不可能定理，证明多数民主存在将个人偏好聚合为社会偏好的方式的内在不一致性。

> **本章术语**

预算授权　抵消性征收　抵消性收款　负值预算授权　支出的抵减项目　预算完整性　预算的全面性　预算附件　年度预算法　总量审查　配置审查　运营审查　财务法律　非财务法案　法定支出　部门法律　结果链　绩效评价准则　法定预算辩论　社会选择　立法机关　行政部门　预算申请　预算拨款　预算审查　预算文件　预算听证　审议民主　拨款听证　资源可得性　现实的预测　财政可持续性　基数预算法　基线预算法　阿罗不可能定理　集体偏好　个体偏好　偏好揭示　战略性预算审查　组合预算

> **思考题**

1. 立法机关的预算审查制度的形式和实质意义各是什么？为什么特别重要？
2. 预算拨款的法定基础应满足哪些基本要求？
3. 为什么将预算赤字定义为"政府当年增加的债务"很重要？
4. 预算授权的主要意义有哪些？
5. 为什么立法机关有效的法定审查（对预算申请）依赖于有意义的预算授权和信息可得性？
6. 如何理解预算的完整性及其与预算的全面性间的区别？
7. 向立法机关呈递的预算文件附件应包括哪些？
8. 以现实的预测作为预算准备的起点为什么很重要？
9. 保证作为政策文件的预算文件的可信度应满足哪些要求？
10. 对预算的总量审查关注哪两个基本方面的平衡？
11. 预算授权的实质含义有哪两个方面？
12. 结合发达国家的实践，评估立法机关的预算审查时间多长为好。
13. 运营审查应特别关注哪六个问题？
14. 评价运营绩效的结果链模型和准则模型的区别主要是什么？
15. 国际上广泛采用的审视运营绩效的四项基本准则是什么？
16. 对立法机关在审批阶段的预算辩论实施限制的理由是什么？主要方式有哪些？
17. 比较中国人大和美国国会的预算审查体制间的差异。
18. 在什么意义上，中国背景下的部门预算"财政一审、政府二审、党委三审"不可与"人大终审"相提并论？
19. 目前中国各级人大的预算审查距离专业委员会机制尚有多远？
20. 立法机关的预算审查权力的三个模式（批准预算、影响预算制定和制定预算）有何差异？分别有哪些代表性国家？
21. 根据2015年实施的《预算法》，中国全国人大的预算审查分为哪三个阶段？
22. 中国现行部门法律法规对各级人大的预算审查和预算程序的功能带来了怎样的影响？

23. 中国各级人大关于预决算审查决议的性质是什么？是否具有与年度预算报告相同的法律效力？为什么？

24. 中国当前背景下，如何理解党委、政府和人大在预算审查中的角色、职责和相互关系？

25. 中国当前背景下，政协是否以及应否对预决算审查施加影响？

26. 评估中国当前背景下，通过系统改进与强化人大的预算审查功能推进财政民主，进而促进政治民主的意义和价值。

27. 试从社会选择和审议民主视角，评估中国当前人大预算审查体制的现状与改革方向。

28. 简要讨论美国联邦预算制度与理念的全球影响力是如何扩散开来的。

第 7 章 预 算 执 行

预算执行（execution）是资源被用于执行预算政策的阶段，也是预算程序中唯一对应法定财政年度的阶段。预算执行的内容涵盖财务控制、政策实施和预算事务的行政管理三个主要方面[1]。预算执行的另一个关键问题是财政部门与支出部门间的职责分工。发展中国家和转轨国家改革预算执行的优先事项，应是确保财务控制系统的可靠性——承诺控制系统和基于支出周期的财务合规性控制系统是其中的关键方面，以及对交易的诚实性和安全性进行有效控制[2]。只有在这些方面取得进展后，转向聚焦营运绩效的公共预算与财务管理才是值得的。

7.1 合规性控制与特定要求

预算执行通常须满足五项特定要求[3]：①确保预算的实施与法定授权（legal authorization）相一致——主要涉及预算事务的行政管理和预算调整[4]，无论财务还是政策方面[5]，尽管预算执行中的不确定性总是存在的；②根据宏观经济环境发生的重大变动，对预算进行必要的调整；③解决在预算实施（implementation）过程中发生的问题[6]；④有效管理采购和资源使用；⑤预防权力滥用和腐败。为此，预算执行应满足一系列特定前提条件。

---

[1] 行政管理方面包括资金拨付和采购等日常事务，主要在支出部门与机构层面。

[2] 政府的财务（财政）诚实比公司的财务诚实更紧要，主要涉及数据和信息的可信度与可靠性，尤其是预决算文件、政府会计、财务报告、政府财务管理信息系统、统计系统和国民收入核算系统。预算报告、财务报告和国民收入核算构成公众观察政府的三个主要信息窗口。

[3] Schiavo-Campo S. Budget preparation and approval//Shar A. Budgeting and Budgetary Institutions. Washington D. C.：The World Bank Publication，2007：279.

[4] 预算执行系统应确保对预算授权的遵从，但并非简单与机械地确保合规性（compliance），尤其是在赋予支出机构管理自主性的同时，应有足够的监管与报告能力来立即确认预算实施问题。法定授权是指立法机关批准预算申请和授权使用资源，以此为行政部门在预算年度内的活动提供法定约束（legal binding）。

[5] 财务一致性依赖基于支出周期（expenditure cycle）的财务合规性控制，这进一步要求开发全面的预算会计（budgetary accounting）以提供预算运营的完整信息；政策一致性聚焦规划评估——依赖规划评级作为评估工具。

[6] 预算实施问题主要包括：根据合同条款的规定付款、避免提前付款、精确追踪未来支付义务发生的时间与金额、及时征集收入以及以最低的融资成本及时融资。

7.1.1 支出周期及其阶段划分

预算执行的原则性任务，就是保证预算实施与法定授权间的一致性。这高度依赖支出周期（expenditure cycle）各阶段基本的合规性控制，包括财务、政策、预算事务的行政管理方面[①]。

支出周期是指支出面的预算执行周期（budget execution cycle），涵盖五个阶段（stages）[②]，每个阶段构成基本合规性控制"节点"（制高点）。

1. 授权与拨款

授权与拨款（authorization and apportionment），即向支出单位授权和分配拨款的阶段。此阶段立法机关批准预算，支出单位被授权开支[③]。预算一经批准，资金即应尽快到达预算单位[④]，不应迟延。授权与阶段也是预算执行的起点。预算的首要功能是通过预算授权建立起对公共支出的法定控制。在法治社会，如果没有特别的理由，实际支出超过预算授权的行为是不被允许的，在性质上类似于违反年度预算法，只有在严格界定的特定情形下例外。在技术层面，这依赖采用预算会计以保持对支出周期各阶段预算运营（budgetary operations）信息的完整记录。

预算授权的具体机制因国家而异，典型机制有两类：立法机关的授权，主要有年度授权与拨款（如美国国会的年度授权法案与年度拨款法案）、多年期承诺与授权（如社会保障法）和其他法律；财政部门签署的拨款令或拨款计划，如中国的"预算批复"，即授权支出单位使用拨款。

多数国家的拨款授权针对整个财政年度，有些国家则短于一年[⑤]。中国目前采用两阶段体制：首先是财政部对支出部门（一级预算单位）的拨款授权（预算批复），随后支出部门对其下属单位分配拨款授权[⑥]。

预算授权与预算拨款属于两个不同但密切相关的阶段，美国模式下，两者均属国会的职权，制定授权法案与拨款法案，后者系对前者的具体化。授权法案并不详细，依赖详细的拨款法案贯彻实施。拨款也涉及拨款的分配与调整等细节。中国体制下，拨款被

---

① 预算执行中的两类主要角色分别是支出部门与财政部门。前者的核心职责是"关注政策实施"和"预算事务的行政管理"；后者的核心职责是"财务合规性控制"和"关注政策实施"。焦点都在于以严格但不失灵性的方式保证预算实施与法定授权间的一致性。

② Tommasi D. Budget execution//Shar A. Budgeting and Budgetary Institutions. Washington D. C.: The World Bank Publication, 2007: 280.

③ 公共预算与财务管理领域的"授权"有两个相关但不同的概念：法定授权（legal delegation）和预算授权（budget authorization），后者也称拨款授权。前者指立法机关批准行政部门的预算申请，以形成其财政权力与资源的合法来源，为权力制衡（checks and balance）体系的核心安排，也为随后的预算授权创设法定基础；后者反映立法机关批准预算后，支出单位（部门与机构）通过各种机制被授权支出资金——由拨款融资提供的资金，旨在建立预算执行过程中的基本合规性控制，涵盖财务、政策与预算事务的行政管理三个基本方面。

④ "到达"并不意味着资金要被实际拨款给预算单位的银行账户，而是指"处于实际可使用状态"。在通过国库单一账户实行现金余额集中化管理的国家，支出单位的账户必须是零余额账户，即每天营业终了时，账户上不得保留余额。

⑤ 英联邦国家大多只有较短期限，如授权按季度购买商品与服务。

⑥ 中国于2015年颁布实施的新预算法规定，前者在人大批准预算后的20天内完成，后者在财政部门批复预算后的15天内完成。较长的拨款授权时间通常表明缺乏效率。

作为财政部门的职权，与美国模式存在很大差异。鉴于拨款涉及纳税人"钱袋子"的法定控制问题，归属立法机关更具法理上的合理性。

授权与拨款具有共同本质，即约束预算申请者的支出义务。通俗地讲，就是约束支出单位适时使用被授予的权力与资源"做事"——首先是支出承诺。"适时做事"的要求源于授权与拨款具有明确的时间维度。支出部门与机构不可忽视与漠视、更无权虚置或搁置预算授权与拨款施加的约束。

2. 承诺

承诺为紧随拨款授权阶段之后的支出周期的上游阶段。在此阶段，支出单位（部门与机构）的拨款申请已经得到确认。支出承诺不得逾越第一阶段的授权与拨款。基于良好的预算执行——要求良好的现金计划和规划管理以防预算超支或迟延的风险，清晰地定义与有效监督承诺非常重要。

为此，预算执行管理意义上的承诺[预算（支出）承诺]是指未来付款义务或运营性负债发生的阶段。在此阶段，支出决策已经生效。

承诺通常有五个主要的来源，每个都引发政府的未来付款义务：①年度合同与订单；②多年期合同（针对投资项目）；③永久性承诺（社会保障和其他法定支出）；④日常活动（电力与水资源的消耗）；⑤或有负债。前四项付款义务均针对供应商，并且都受制和来源于立法机关的预算授权。无论承诺形成的渠道如何，均应与随后的取得和核实阶段相联结。

承诺的确切含义和内容因国家而异，并且取决于支出的性质，资本支出还是经常支出（也称运营支出）。中国式术语下，两者通常分别称为"项目支出"和"基本支出"。更好的定义是将资本支出定义为投资支出。

一般做法是，预算承诺的定义取决于支出的经济分类（economy classification），因而应在分类系统和整个公共预算与财务管理中清晰定义"投资支出"或"资本支出"，以及"经常支出"或"运营支出"。在此基础上，可将作为投资支出的商品与服务的"承诺"定义为法定承诺（legal commitment），承诺与核实阶段的会计记录与合规性控制必须分离开；至于非投资支出的承诺，如债务偿还、薪金、转移支付、权益性支出（社会保障与福利），还有公共设施或服务的使用（如供水供电供气），与核实阶段的区分并不清晰明了，因而两个阶段应合并融入预算执行（支出）周期的合规性控制机制中。与投资支出对应的法定承诺不同，此类承诺等价于核实阶段被确认的运营性负债①，形成于收到相关的票据或通知，如每月工资单、应付利息或电费单据。会议和零星采纳也是如此。

法定承诺的显著标志是合同签署和订单发出，但只有确认供应商已经交付商品与服务时，才确认未来付款义务已经发生。标志很清晰，即物权（包括服务权利）是否已经转移。如果供应商尚未按合同或订单的约定交付或提供，那么，先前确认的负债应及时勾销。这种情况在管理不良的国家很常见。

与经常（非投资）支出承诺不同，投资支出（法定）承诺往往跨越多个财政年度，

---

① 负债有两个基本类别，借款形成的负债和预算运营（支出周期的承诺与核实事项）形成的负债。

称为后续支出承诺，提前或适时确认与监督非常重要。涉及的基本问题是，继续现行（投资）规划在未来需要花多少钱？"未来"通常是指中期，即包括本财政年度在内的未来2~4年。过长过短都不适当。过长导致猜测，过短则形成盲点从而损害相关性。基本要求是在政策相关性与资源预见性（确定性）之间的适当平衡[①]。

简言之，投资支出的承诺与（运营）负债不同：承诺只是承诺（未来付款义务）而非负债；对经常支出或非投资支出而言，承诺与核实阶段形成的运营负债同义。由于这一差异，投资支出的基本合规性控制应在承诺和核实阶段及随后的其他阶段分别建立，经常支出在这两个阶段应合并进行，因为两者没有明确界限，付款义务的形成和负债的形成几乎同步。

对投资支出而言，情形并非如此。签署合同和发出订单的当时即已形成需要被确认的付款义务，但只有在商品与服务按合同和订单规定被交付并被核实时，才会转换为负债，两者的时间差往往相当大。区分（付款或支出）"义务"与（运营）"负债"很重要，前者的约束力低于后者，但两者均应予以追踪和监督——对于投资支出就是如此。

有些国家将拨款储备（a reservation of a appropriation）也作为预算承诺。拨款储备是指业已批准预算单位申请、留待未来开支、事先不规定特定用途的基金。例如，中国背景下的预算预备费，数额为预算总额的1%~3%。

还有些国家（多为非洲国家）在基本预算法（organic budget law）中，将预算授权体制区分为支付拨款（payment appropriations）和承诺授权（commitment authorizations）两类；前者设定了财政年度中能够被支付的总额上限，后者设定了中期财政规划中特定财政年度的合同金额的上限，两者都作为支出控制机制以强化财政纪律。

如果宽泛地定义，预算意义上的支出承诺也包括未备基金的政府义务，如贷款担保和社会保障基金缺口，缺口意味着相关的资金来源尚无着落，也就是"未备基金"。这些隐性的、通常未计算在"支出"中的财政义务，在许多国家非常大。如果计算在内，那么，公共部门的预算报告和财务报告显示的财政状况，很可能立即发生逆转。

支出承诺还应包括拖欠在内。在预算执行阶段，拖欠定义为未偿清的支出承诺。与支出承诺相关的财政（预算）赤字，称为承诺基础的赤字，包括拖欠在内的实际支出与收入的差额。与承诺赤字相对应的是现金基础的赤字，即采用现金会计基础定义的赤字。保持现金会计与承诺会计的双重记录，对于良好的预算执行控制非常重要。应计（权责）会计在公共部门中也很早就被开发出来——虽然晚于现金会计，但20世纪80年代，多数国家基于对宏观经济稳定问题的关注，重新将注意力转向报告现金与承诺方面；与应计会计相比，现金与承诺基础的会计与报告对宏观经济分析更有价值。

3. 取得和核实

取得和核实（acquisition and verification）即政府根据合同、订单和相关凭证确认对

---

① 政策相关性关注继续现行政策和采纳新政策在未来需要花多少钱，时间越长越相关；资源预见性要求资源估算的确定性，时间越长越不确定。

第三方即供应商的运营性债务阶段。此阶段形成的支出称为应计支出（accrual expenditure），必须在交付得到核实时即予记录。

不应将应计支出混同于权责会计中的支出要素——"费用"。前者在核实阶段记录"取得"商品与服务的价值，后者指资源"耗费"的价值。应计支出信息主要服务于预算执行控制，费用信息对于完全成本的核算很重要。更一般地讲，支出会计（应计支出）对于管理规划、合同、应付款和评估欠款非常重要，这些都是预算执行控制中的重要事项。

支出可在支出周期的不同阶段加以定义，但在授权与拨款阶段定义支出并不适当[1]；定义支出的适当阶段包括承诺（支出义务）、核实和付款阶段，每个阶段的支出定义各有其目的与意义。相对而言，在核实阶段定义"支出"最为适当，因为这一阶段最适当地表达了支出概念的本质——花费资源清偿义务的法定责任。在计算政府的净借款（借款减贷款）时，使用应计支出（减去同期收入）也最为合理。

确认应计支出应采用适时基础，要求商品与服务在交付时即应核实而不应拖延。在有些国家，核实远晚于交付的现象并不鲜见，造成应计支出的滞后确认与监督。这是预算执行过程中种种脆弱性（不到位）的症状之一。

4. 签署支付令

签署支付令是指负责授权的官员在确认交付已被核实时签署支付令的阶段。法语系国家大多在此阶段确认和记录预算支出（budgetary expenditure）。

5. 付款

付款即以现金资源清偿应计支出的阶段，以电子转账、签发支配和现金支付（针对零星支出）最为常用。无论采用何种方式，至少每月均应与银行的相关报表核对一次。英语系国家大多在此阶段记录与确认预算支出。

以上五个阶段中的后四个阶段，即承诺、取得和核实、签署支付令与付款阶段，统称为"管理预算授权"阶段，旨在确保与作为起点的授权与拨款间的一致性。良好的预算执行高度依赖各阶段相关信息的完整确认、记录和监督，这是真正意义上全面的预算会计的原则性任务[2]。

7.1.2 基本的合规性控制

预算执行过程中，覆盖财务、政策和预算事务行政管理的合规性控制机制，必须在支出周期的每个阶段确立。承诺控制系统和预算会计对于达成这一目的至关重要。

1. 拨款阶段的合规性控制

其必要性在于确认：公共支出获得了正式且明确的授权；每个支出机构都获得了正

---

[1] 中国至今缺失对"支出"概念的合理界定，实践中主要有三个问题：以拨作支（把拨款记作支出）、缺失承诺阶段定义的支出及缺失核实阶段定义的支出。

[2] 中国现行的"预算会计"有其名无其实，记录的只是财务会计要素。真正意义上的预算会计是指以支出周期为逻辑起点的政府会计。

式且明确的授权。

2. 承诺阶段的合规性控制

承诺阶段财务合规性控制的必要性在于确认如下内容：①支出资金的建议已经得到批准；②资金已经按预算的意图被拨付使用；③预算中确定的各个支出类别都保留有充足的资金；④支出遵循了正确的分类——支出资金的建议是按预算中确定的类别提出的。

支出承诺应清晰定义，并采纳（支出机构）分散记录（核心部门）与集中管理并重的双重体制。支出机构必须系统完整地记录承诺，核心部门也必须实时掌握所有承诺信息并实施集中化管理。许多国家（包括中国）并非如此，财政部门因而无力适时监督支出部门与机构的预算执行情况，包括执行进度。

承诺信息的完整记录至少应包括：金额（如购买电脑1万元）、时间、机构名称、预算科目（如办公用品）和支出类别（如资本支出）。关键性的承诺信息称为"支出义务"，这是支出得以发生的源头，也是支出控制的源头。没有源头控制的支出控制不会真正有效。中国"财政资金存量（闲置）"大量累积的现象，根本原因在于缺失对基于支出周期的完整财务控制机制，尤其是承诺与核实阶段的财务控制机制，弱化与扭曲预算执行的政策实施功能的风险也因此增加。

3. 核实阶段的合规性控制

核实阶段的控制活动是在取得商品与服务阶段进行核查，以确认所收到的商品与服务是否和有关凭证（如订单或合同）的要求相符。

多数国家的支出机构在取得商品与服务时加以核实，即确认是否与有关的凭证（如合同与订单）相符，财政部门不应干预或卷入核实阶段的活动，但支出机构提供这一阶段的财务报告非常重要，尤其是对于精确地评估欠款这一目的而言。作为一般规则，在核实阶段定义"（公共）支出"最为合理，因为虽然尚未付款，但付款的法定义务已形成，很难轻易撤销。

4. 付款前的会计控制

付款阶段发生的是款项的支付，可以通过不同的媒介物完成，如支票转账、支付现金等。公共组织在向供应商支付款项前，必须针对以下事项实施会计控制：①已经发生了有效的、需要进行会计记录的付款义务（支出已经被适当地承诺）；②有适当的人员证实商品与服务已如预期的那样按规定交付和收取；③申请付款所需发票和其他凭证是正确的，对于付款而言是适当的；④谁是适当的收款方（供应方）。

付款阶段的财务控制要求有良好的付款程序和会计控制，这方面的制度安排因国家而异，大体上有两种模式：多数国家由财政（或国库）部门负责会计控制和付款，而且一般同时负责现金管理，这是集中付款模式；少数国家的付款由支出部门处理（支出部门可以签发支票），但现金和银行账目由负责现金管理的国库控制，这是分散付款模式。此外，在多数国家，付款是在签发支票时记录的，这需要与银行的报表进行系统的对照。

付款是指政府对其供应商的款项支付。在集中付款模式（中国模式大致如此）下，与在核心层设置会计机构（中国部分地区的"会计集中核算"）相比，在支出部门内部设置会计机构可大大减少发票处理和申请付款过程中的迟延，也可大大降低扭曲预算执行的风险。集中性的会计模式消除了支出机构的会计核算功能，将其视为"报账单位"，诱使其关注"花钱与报账"而非有效的预算执行。

5. 最终付款后的审计

最终付款是指公共部门对商品与服务供应商完成款项支付的行为。这一阶段的审计，目的在于详细审查与监督支出，以及报告任何所发现的违规行为。

以上基本的合规性控制应覆盖所有的公共支出，包括资本支出和经常支出，并保证控制的完整性——覆盖支出周期的各个阶段。相对而言，资本支出的财务控制更为复杂，难度更大，也更难精确筹划。有些国家直接采用"现金流量预算"作为对资本预算进行财务控制的手段。这种做法对于公司部门通常是适当的，对于公共部门并非如此，虽然简化，但会带来高风险。与公司不同，预算执行中，公共部门可靠有效的财务控制必须基于支出周期的完整控制。现金流量预算回避了此前阶段——拨款（授权）、承诺和核实——的财务控制。

7.1.3 承诺控制系统

基于不同的目的，承诺必须加以记录和监督。为使合规性控制有效，也涉及至关重要的政策决定，包括权益（社会保障与福利）规划、转移支付和补贴，以建立强有力的支出承诺控制系统（commitment controls system）。在许多发展中国家（包括中国在内），这样的系统要么不存在、要么缺陷明显，成为预算执行阶段脆弱性的主要来源。

健全的承诺控制系统至少应包括计划、限额、月报、控制官和程序五个关键要素[1]。

（1）每个支出部门呈交财政部门一份季度支出（预算实施）计划，以及与之匹配的月度现金（支出）需求报告。在年度和季度现金计划的基础上，财政部门在每个季度开始前签发季度支出限额，以及提供给支出部门的月度现金数额。

（2）支出部门必须将其承诺限定在季度支出限额下，以及根据月度现金数额保证按计划付款。

（3）支出部门准备一份关于未兑现承诺和未付账单的月度报告提交财政部门。

（4）每个支出部门应有一名承诺控制官，通常是负责会计事务的官员，负责管理承诺控制系统。

（5）制定批准承诺、支付和会计记录的详细程序，确保承诺与季度支出限额相一致，以免拖欠。

一并需要的还有集中化承诺信息系统，使财政部门（作为核心部门）有能力实时跟踪单笔与合并的承诺交易信息，无论这些交易发生在机构层面还是政府整体层面。

---

[1] Tommasi D. Budget execution//Shar A. Budgeting and Budgetary Institutions. Washington D. C.: The World Bank Publication, 2007: 295.

基于一系列原因和目的，尤其是有效实施预算，保持对承诺的系统记录和监督非常重要。鉴于金额大、周期长、风险高，在资本预算下保持对多年期承诺的记录和监督更是如此。与经常支出不同，资本预算涉及多年和大额的支出承诺——约束力很强的支出义务，必须提前筹划以保证有足够的资金来源以适时清偿义务。管理这些承诺涉及三类主要事项：支出义务何时发生？金额多大？资金何来？传统的公共投资计划和中期财政规划，中国背景下还有国民经济与社会发展规划、财政发展规划、部门规划和区域规划，对于资本预算下管理多年期承诺并不适当也不充分，管理多年期承诺依赖健全的承诺控制系统。

即使没有基于支出周期的全面的预算会计，也有必要在支出机构层面建立"支出承诺会计备查账"，记录承诺的金额、时间、来源、涉及的支出类别（预算科目）等相关信息。机构层面的承诺信息应通过信息系统实时汇总到财政部门，财政部对有效实施预算负有特殊责任。除非在分散（机构层面）和集中（核心部门尤其是财政部门）两个层次上保持对承诺的追踪与监控，否则，将很难有效实施预算——保证预算实施与法定授权间的一致性（无论财务还是政策层面）。

这些信息对于支出部门与机构良好的预算执行必不可少。包括中国在内的许多发展中国家对承诺的财务控制并不充分，漏洞与缺陷明显，因而难以确保有效的支出控制。承诺是支出（公共资源）的上游和源头。没有有效的源泉控制，必无有效的支出控制，正如防火不力必招致救火困难一样。防火总是好于救火。类似地，对于支出控制而言，源泉（事前）控制好于事后控制。

有效防控预算超支要求对承诺的充分财务控制。焦点并非强化正式的预算程序，而是强化内部管理系统。其有两个主要原因：首先，许多支出并不受制于年度预算（拨款）法案，如权益（社会保障等）支出和其他法定支出，它们在预算程序之外即被决定；其次，许多支出（付款）义务的形成，并非源于正式的预算程序，而是源于承诺阶段的日常活动，如用电、用水、通信等过度消耗。

因此，有效的支出控制不仅要求健全的承诺控制系统，还要求：控制年度拨款（通过预算程序配置资源的部分）；健全的预算与政策制定，以确保形成的后续承诺（未来需要兑现的支出义务）与可得资源的预测相一致；全面和有效的内部管理（控制导致超支的种种日常活动）与内部控制系统，后者包括内部审计，覆盖人事、财务和采购等各个方面。

健全的预算与政策制定对多年期承诺的财务控制尤其重要，中期财政规划就是此类关键机制。对于资本（投资）支出、权益（社会保障和福利）支出和或有负债而言，纳入中期财政规划尤其重要。与经常支出不同，这类支出是形成（未来）多年期承诺（因而也是财政风险）的主要来源，财务控制面对的任务更为复杂和困难，导致预算超支的风险因而很高。在预算准备阶段，这些后续（多年期）承诺在许多国家未得到充分评估和考虑，加剧了预算超支的风险。确保以中期财政规划约束和引导年度预算的准备，因而非常重要。即使如此，也不能取代基于支出周期的财务合规性控制（内部管理）系统的主导作用。

7.1.4 管理问题

预算执行中的管理问题主要包括责任分派、拨款的管理规则、预算修订（调整）和其他特定问题。

1. 责任分派

组织因素显著影响对预算执行的质量，因为与预算执行相关的三类责任，需要清晰且适当分派给三个角色（核心部门、支出单位和财政部门），在此基础上保持充分的协调。预算执行中涉及大量的协调事项，尤其在多部门环境下。同等重要的还有核心部门与支出部门之间、两者下属机构间的责任分派。责任分派的缺陷将加剧协调的困难与复杂化。

预算执行过程的三类责任分别指预算执行控制、政策实施和预算事务的行政管理。其中，政策实施属于三个角色的共同责任，预算事务的行政管理属于支出单位的责任，预算执行控制属于核心部门的责任。中央政府层级上的核心部门主要指财政部、计划部和首相（总理）办公室。核心部门与支出单位间的责任分派应以受托责任（源于委托代理关系）为基础。

据此，财政部门在预算执行中应被分派两项核心职责，即预算执行控制、关注政策实施。

财政部门的预算执行控制包括的主要事项如下：①管理资金释放系统（授权与预算实施计划等）；②准备年度财务计划（包括资本支出计划与经常支出计划）；③监督支出流；④准备年内预算修订；⑤管理集中性的（中央）支付系统和监督政府银行账目；⑥管理薪金系统；⑦准备会计账目与财务报告。

关注政策实施的主要事项包括：①独立评估规划或与支出部门一同评估；②鉴别政策修订是否适当；③在立法机关授权框架内，向政府高层提出重新分配资源的建议。

财政部门对支出部门的外部控制应限定为对预算拨款的财务合规性控制，即确保对法定（预算）授权的遵从。这意味着不应干预支出部门的预算政策，除非这些政策超出部门政策、本质上属于政府（整体）政策的范畴。预算执行中的承诺与核实事项都涉及部门预算政策实施，财政部门干预或卷入这类活动并不适当，两者都与"部门自主性"相连，后者也是要求部门对其预算政策负责的前提条件。然而，部门自主性的底线不可逾越，对法定财务合规性的遵从——确保预算实施与预算授权的一致。这是预算执行中财政部门的重要责任。

支出部门在预算执行阶段的核心职责通常是，关注预算事务的行政管理、关注政策实施。

前者主要涉及：①向下属单位分配资金；②支出承诺（签订合同和发出采购订单）；③购买与采购商品和服务；④核实商品与服务交付；⑤准备支付申请和在分散（非集中）

化支付系统中办理支付；⑥准备预算执行进度报告；⑦监督绩效指标；⑧保持银行账户与会计记录。后者主要包括：定期评估相关规划的实施、鉴别问题及采取适当的措施；在预算确立的政策框架下重新分配部门内部资源。

中国背景下，财政部下属的预算部门（预算司）负责中央政府预算的准备，国库部门（国库司）则作为预算执行的主要责任者，两者的充分协调（对于保证预算与现金管理的衔接）至关重要。此外，除了准备预算，预算部门还须负责预算调整和支出部门内部重新分配资源，此类事项在预算执行中通常不可避免，但必须满足特定条件。国库部门应向其提供所有与预算执行相关的信息。

责任分派的三个一般观点应予确认：①核心部门应切实担负起协调部门政策的完全责任——避免与政府（整体）政策间的不一致；②核心部门不应干预支出单位为执行预算实施的活动与日常管理（主要涉及承诺和核实）；③财政部门对支出单位的干预应限定为财务合规性控制——确保预算执行与预算授权的财务一致性。

最重要的是确保责任分派遵从职责分离（separation of duties）原则——没有任何个体能够控制流程的始终。作为内部控制的最高原则，职责分离对于减少舞弊和犯错至关重要。预算过程的三个主要功能（授权、会计记录与财务控制）必须分离[①]：①由授权官负责管理拨款，有权指令支出与授权支付；②会计负责支付，是唯一被赋权处理现金和其他资产并对其安全负责的人；③财务控制官负责检查运营的合法性[②]。

2. 拨款的管理规则

拨款的管理规则主要涉及预算期间、科目流用（预算科目间的资源转移）与预算调整三类问题。

预算期间通常遵从经典的预算管理原则——年度原则。明显的是，立法机关批准征集收入和开支不能以周或月度为基础，或者没有一个确定的时间。几乎所有国家的预算覆盖12个月，无论政府收入征集授权（revenue-collecting authority）还是支出授权（spending authorization）都截止于财政年度的年末。年度规则既是对行政部门实行法定控制的需要，也是适应经济环境波动的需要，特别是发展中国家，后者使按照两年或更多年度制定预算变得不切实际。此外，牢记对支出的法定授权（legislative authorization）覆盖一个财政年度，与 MTEF 的区别也很重要[③]。

年度原则的准确含义如下：预算的法定有效期仅为一个财政年度，当前年度的预算拨款原则上必须在当年内使用，年末未用完的钱因而应被取消——有时称为扣押[④]。这有

[①] Tommasi D. Budget execution//Shar A. Budgeting and Budgetary Institutions. Washington D. C.: The World Bank Publication, 2007: 290.

[②] 主要事项包括检查所有支出承诺与授权，确保收入被适当征集，检查所有程序是否被执行、所有必要的签字（签章）是否履行、所有必要的授权是否取得。为此，必须保证能够获得必要的文件和信息。

[③] Schiavo-Campo S. The Budget and its coverage//Shar A. Budgeting and Budgetary Institutions. Washington D. C.: The World Bank Publication, 2007: 57.

[④] 中国现行相关法规规定，当年未用完的钱（结转）可以自动转到下年继续使用，连续两年或两年以上未用完的钱（结余）调入特定基金或用于偿债。

两个优势，即防止多重预算（妨碍财政纪律）[①]、鼓励更多的支出活动（做更多的事）。但年度规则也会带来"年末突击花钱"问题，许多国家都有此类问题。

预算调整包括科目流用（打酱油的钱用于买醋），后者通常应遵从三个一般规则，即不改变政策重点与优先性，应对突发事项所必需的灵活性，遵从申报与审批程序。预算调整也包括修订收入、支出、赤字（盈余）和债务总量。调整事项应尽可能控制在最低程度。最佳实践是，上半年和下半年各一次，由财政部门统一提出调整方案，报立法机关审查批准。两项基本的指导原则应予确认：①在预算实施期间内，预算文件阐明的政策（重点与优先性）不应变更，除非出现不可预料和抗拒的紧急情形；②确保预算以立法机关采纳的政策为基础予以实施，这是遵从法定授权并使其在财政规制中处于最高地位的基本要求[②]。

7.1.5 监督预算实施

及时和全面的预算执行监督应涵盖所有的预算交易（budget transaction），依赖会计与报告系统提供可靠和充分的信息，以确保有效的预算控制——财务、政策与行政管理层面和预算授权间的一致性。

1. 预算执行报告

基本的预算执行报告是指在支出周期的各个阶段均按组织、功能、经济和规划分类编制的按季分月报告。例如，环保局在核实阶段的月度预算执行报告提供如下信息：①组织（环保局）；②功能（环保支出）；③经济（资本支出与经常支出各多少）；④规划（水源、土壤、植被和大气保护支出）。其他阶段与此相同。中国目前仍未采纳这样的报告制式——对预算执行控制最有价值的制式。这种即时的月度快报对于提高现金管理效率也深具价值。除了外部融资（外援）的支出外，原则上，所有内部融资的支出均应在支出周期的各个阶段按月度报告。

2. 预算会计

预算会计只是政府会计的一个组成部分，但无论对政策制定还是监督预算实施，都是最关键的要素[③]。与财务会计不同，预算会计用以系统地记录与追踪拨款、拨款分配、拨款增减（预算调整）、支出条目间的资源转移及拨款使用，拨款使用涵盖承诺、核实和付款阶段的支出。

预算会计是指核算预算执行周期（budget execution cycle）——支出面即为支出周

[①] 明显的是，如果未用完的钱继续自动转入下年，那么，下年执行的预算必定同时包括"以前年度的预算"和"当前年度的预算"。这会损害财政纪律和造成混乱。

[②] 预算过程涉及对大量财政规制的遵从，包括财政约束（赤字比率）和专款专用（用途规制）。对行政部门财政年度内的法定约束而言，立法机关的法定授权——批准预算申请和授权其为特定目的与任务使用资源——具有最高约束力，没有其他规则可以凌驾于法定授权之上。因为立法机关在公共预算与财务管理中为受托责任的焦点，代表人民（财政学中展开为纳税人）行使人民主权。

[③] Tommasi D. Budget execution//Shar A. Budgeting and Budgetary Institutions. Washington D. C.: The World Bank Publication, 2007: 305.

期——各阶段支出的政府会计。所确认和记录的信息对于以下四个目的至关重要。

（1）预算准备，需要投资项目前期成本和后续承诺的支出信息。

（2）财政分析，分析未清偿发票（付款义务）需要以核实阶段支出减去付款阶段的支出。

（3）规划管理，必须有承诺信息（对于遵从合同与订单）与核实阶段的支出信息（对于评估成本、了解实施进度、管理应付款和合同）。

（4）现金计划与资金释放（流向供应商），需要监督实际付款、了解支付义务何时发生（监督承诺和评估付款义务也是如此）。

7.2 国库职能

包括中国在内的多数国家的国库都是预算执行的主要角色，因为预算执行高度依赖现金管理（cash management），尤其是以良好的支付系统（payment system）确保正确数额的资金在正确时间到达正确地点，并以最少的运营现金余额达成这一目标。虽然责任分派、组织安排①和活动范围因国家而异，但国库的基本职能都是有效率地实施预算和妥善管理财务资源（也称现金管理），两者都是公共预算与财务管理的关键方面。现金管理系统，尤其是其支付系统应设计精良，最优方案是采用标准单一账户体系有效地实施政府现金余额的集中化，这是良好现金管理的主要标志和前提条件。

7.2.1 国库机构的核心职责

国库机构的设置因国家而异，有些国家设置于财政部（美国财政部下设国库局）内，有些国家在财政部外单独设立国库部（treasury department），中国采纳双重体制：国库现金管理职能由财政部与中国人民银行共同承担。根据相关法律法规，除了其他部门外，作为中央银行的中国人民银行也是政府现金管理的重要代理人，担负着作为政府的银行、银行的银行和出纳机关经理国库的职责，商业银行也提供相关的金融服务，政府现金管理因而涉及重要的银行安排和账户结构。

无论机构设置如何，国库部门通常应被赋予以下核心职责：现金管理、管理政府银行账目、会计与报告，以及财务计划与现金流预测。

发展中国家的国库体制改革，尤其应将强化会计与报告方面的制度安排作为改进预算执行的优先事项，无论会计基础如何。

与预算执行相关的报告机制改革，应聚焦定期编制覆盖支出周期所有阶段的预算执行报告（budget execution reports），确保支出在支出周期的每个阶段（包括承诺、支付令和付款阶段）都加以监督，以强化和改进预算执行监督（财务控制）系统。

对于确保现金流入与流出的匹配及准备的借款计划而言，财政年度内的财务计划与

---

① 在某些国家，财政部本身也称为国库部。在其他国家，国库部只关注现金与债务管理功能。

现金流预测非常重要。年内财务计划应以预算为依据编制,只有特定情形(如紧急事项和预算准备不良)例外。至少六个主要的年内财务计划需要按季度、分月、提前、滚动和单独准备:①预算实施计划;②承诺计划;③现金计划;④借款计划;⑤投资资金分配计划;⑥预期外部援助分配计划。除现金计划每月更新一次外,其余财务计划至少每季更新一次。现金计划主要由国库负责,应确保与预算准备相一致。其他计划和收入预测可由相关支出部门(一并)准备,但必须与国库部门保持密切协调。

年内财务计划的必要性均源于财政年度承诺而来的支付义务,涉及处理两个基本问题:(年内)何时发生?多少?财务计划应在财政年度开始前,为整个财政年度加以准备(时间跨度 12 个月)。不应将年内财务计划混同于现金预算程序(cash budgeting procedure),基于宏观经济与财务稳定性建立的年内现金释放程序。通常适用于紧急情形,有时也补偿常规预算程序与预算编制不良的机制。在后一种情况下,招致政策扭曲的风险很高[①]。

季度预算实施计划应首先编制,要点包括:①通知支出单位下季度将被分配的资金数额,使其准备自己的预算实施计划。②修订资金拨付计划(应对预测的现金余缺)——应与支出部门沟通,以确保资金及时拨付和避免迟延。③应特别关注偏远(地区)机构的资金拨付(释放)计划,它们对充足资金拨付的需求往往更强烈。④考虑季度承诺筹划(quarterly commitment projections)以确保后续承诺的财务需求——哪些与多少金额的承诺事项(合同等)将要发生?⑤承诺调整应保证足够的提前期[②]。⑥现金计划的编制与更新,要求国库部门、预算部门和收入征集部门(税务部门等)间的密切协调。

季度承诺源于财政年度承诺,尤其应关注投资资金的月度间分配。由于合同约定的付款计划及工程进度等,投资资金的月度分配差异(波动)很大,按季度切块与每月 1~2 次释放资金的做法并非适当。

现金计划帮助提前识别现金缺口(收不抵支)或剩余的金额和出现时间,依赖良好的现金流入和流出预测。现金缺口的出现意味着需要立即采取行动,包括修订借款计划和推迟支出承诺(如合同签署),后者涉及季度实施(承诺)计划的修订。良好的现金计划对有效实施预算(保证与法定授权间的一致性)至关重要,应提前编制并与支出单位充分沟通和协调。

现金计划中的收入计划依赖良好的年内收入预测,涉及税务部门、海关和非税收入征收部门及其与国库部门间的协调。收入预测应区分收入类别按月进行与更新,以反映经济环境和税收政策变动的影响。税务行政管理体制的变化也会影响收入预测。收入预测也依赖收入监测系统,收入监测系统用以实时跟踪与监测收入情况。

国库的其他职责包括:管理政府债务与担保,管理外部援助,管理财务资产(金融

---

① 中国背景下,许多地方政府(尤其是基层政府)没有完善的预算制定与实施程序,转而依赖预算程序释放资金。这类作为不应鼓励,因为对于常规预算程序不良的最优政策反应并非使其边缘化,而是改进。

② 除人员支出外,其他支出(尤其是投资)的承诺(合同等)规制至少应提前三个月。永久性承诺(法定支出)应在预算准备阶段即予以确定。

资产），监督付款。

上述职责都是现金管理职责的特定方面。现金管理涵盖现金流入、现金流出与现金余额三个基本方面。现金管理有四个一般目标，即控制支出总额、有效实施预算、政府借款成本最小化，以及政府存款与投资回报的最大化[1]。对现金的控制也是宏观经济管理和预算管理的关键要素。

现金管理的特定目标主要包括：引导政府资金尽快进入国库，有效率地办理支付，在支付之前有效利用资金，为现金管理活动提供准确和及时的会计记录[2]。现金管理要求在适当的时间与地点、以成本有效性的方式清偿政府的支付义务，但并不试图控制支出时间或使其匹配现金收缴进度[3]。

第一个特定目标指向有效的收入征集，尤其要求收款与付款间的时间间隔最小化。这是国库功能的一个重要方面。收款应尽快入账以供使用。随着银行（信息和其他）基础设施的进步，在收入征集（收款）方面，商业银行通常比税务部门效率更高。有效收入征集的要点包括[4]：①税务机构密切关注纳税人、税源与税收评估、监督收款（从纳税人账户到达国库账户）、报告（征管）绩效；②通过竞争机制选择商业银行或其他财政代理人办理收款；③代理银行应被明确授权在多少天内收到款项；④银行收费（代理收款的手续费）应公开透明以促进竞争性报价；⑤针对拖延税款的纳税人的惩罚机制。

现金管理的适当目标并非以更多现金余额赚取更多投资收益，而是以合理的成本和最少的现金余额，确保在适当时间获得足够的可用资金满足支付所需。这一目标与预算实施紧密相连。就中国而言，控制过量的现金余额的形成机制尤其重要[5]。

在现金余额得到适当控制的前提下，投资功能要求制定明智的投资政策和程序，包括被允许选择的投资工具，以确保获益和风险间的适当平衡。多数国家被允许的投资工具主要有定期存款、国债逆回购、货币市场拆放、高信用等级债券等；融资工具主要有短期国债（国库券）、期限较为灵活的现金管理券、国债回购、货币市场拆借等。

现金管理的每项特定功能都应建立可量化的目标，尤其需要在政府整体和机构层面制定相关政策和程序，包括针对收款、存款与支付的内控制度，限制不必要或过度债务所必需的信用政策，以及设计更有效的应收款催收、记录和监督程序。这些都是健全的

---

[1] Schiavo-Campo S, Tommasi D. Managing government expenditure. Manila：Asian Development Bank，1999：194.

[2] Larson M C. Local government cash management//Shar A. Local Public Financial Management. Washington D.C.：The World Bank Publication，2007：33-68.

[3] Schiavo-Campo S. Budget preparation and approval//Shar A. Budgeting and Budgetary Institutions. Washington D.C.：The World Bank Publication，2007：309.

[4] Schiavo-Campo S. Budget Preparation and Approval//Shar A. Budgeting and Budgetary Institutions. Washington D.C.：The World Bank Publication，2007：315.

[5] 规模庞大的政府现金余额的形成机制相当复杂，其中主要的非正常原因有六个：预算准备和审查的脆弱性（包括时间太短）、缺失良好的季度预算实施计划和月度现金计划、僵化的专款制度、部门决策取代地方自主决策、政府间资金大循环（层层集中再层层下拨），以及部门和机构操纵现金流与银行账户以获取灰色利益。

现金管理系统中的关键成分。

目前发达国家普遍建立了相对完善的政府现金管理系统，其功能涵盖会计记录、财务报告、政府债务、外部援助与外汇储备，乃至中央银行的货币政策运作。相比之下，中国当前的政府现金管理系统，总体上看仍相当落后和粗略。在实践中，未能将公共预算与政府现金管理相结合，正是发展中国家预算过程脆弱性的显著标志之一[①]。改革应致力于满足良好现金管理的基本要求：通过国库单一账户基础上的现金余额集中化。

国库单一账户是指政府（并非支出部门）持有、开设于中央银行、唯一存放所有现金余额的财政账户，也是国库单一账户体系中最重要的账户，政府通过该账户实施所有支付与收款，通常应满足"两个直达"：支付直达供应商账户，收款从纳税人账户直达国库单一账户。国库单一账户体系虽由一系列相互联结的账户组成，但除了国库单一账户外，其他账户均应为零余额账户，在每天营业结束前所有余额通过银行间清算系统（自动）转存国库单一账户，旨在达成政府现金余额的有效集中化[②]。

多数国家的集中化限于本级政府而非合并的所有政府层级，中国也是如此，可通俗地表述为"一级政府一本账"，但实践并未实现。中国背景下，如果技术条件允许，完全（包括所有层级）或部分（不包括所有层级）合并的现金余额集中化很可能是适当的，至少对于现金余额在全国范围内的调度而言。主要由财政部门负责的现金调度量通常大且频繁。现金余额调度本身是预算实施的一部分，但其重要性、复杂性和应遵从的规则与程序，很少被文献充分讨论。

7.2.2　国库单一账户与现金余额集中化

现金管理的功能和目标应分散于政府各部门或机构，还是集中于政府整体或若干核心机构？多数国家采取集中模式，由政府整体负责收入征集、支付处理、持有和管理现金余额及核心的财政账户，并将管理权限集中于少量的核心机构，主要是财政部门、税务机构和中央银行，以及数量有限的商业银行等金融机构。然而，即使集中化程度很高的国家，支出部门和机构也保留了现金管理的某些权限，特别是在支付处理、会计记录和采购管理方面。

区分集中与分散模式依据三个要素，即现金余额、交易（付款与收款）与会计记录。有必要确认两个一般观点：现金余额与交易集中化[③]及双层会计模式[④]都是必须的，例外只应限于特定情形[⑤]；付款究竟自行办理还是集中（由财政部门或国库）办理，主要取

---

① 中国各级政府预算的脆弱性反映在多个方面，尤其反映在预算与政策的脱节、预算与会计的脱节及预算与现金管理的脱节三个关键方面。

② 政府现金余额是指财政资金储蓄存量，即尚未用于支付、投资或贷款（给商业银行等）的余额。多级政府结构的国家，通常指本级政府而非合并的各层级政府的现金余额。

③ 交易集中化的准确含义如下：通过作为（本级政府）唯一财政存款账户的国库单一账户实施付款和收款。交易分散化是指通过许多财政存款（保持日常余额）账户实施付款与收款。中国现行体制更接近于后一模式。

④ 双层会计模式是指支出单位（部门及其下属机构）的分散记录与国库的集中记录——记录付款交易（资金从政府银行账户流向供应商或收款人账户）与收款交易（从纳税人或其他缴款人流向政府银行账户）；或者财政部门或国库部门至少有能力实时掌握支出单位及其汇总的会计信息，需要集中性信息系统来传输与处理分散性的会计信息。

⑤ 主要的特定情形有技术能力不足、银行基础设施不良和地理位置偏远三个。

决于付款交易发生的层级[1]。

集中模式的焦点是包含五个要素的标准国库单一账户体系:政府在中央银行开立并持有由中央银行负责管理的国库单一账户;部门在中央银行开立作为国库单一账户附属账户的部门账户;部门所属机构根据国库授权在中央银行或指定的商业银行(基于便利)开设机构账户作为零余额账户;除国库单一账户外的其他政府账户余额每天营业结束时自动结清进入国库单一账户;中央银行每天营业结束时汇总和报告全部政府账户余额及其他财务状况信息。

无论集中支付(国库负责)还是分散支付(部门负责),标准国库单一账户要求将所有付款(包括政府基金)账户都置于集中化框架下,这使所有付款交易信息按统一的功能和经济分类进行集中性会计控制成为可能。

标准模式还能以较少的银行账户来管理庞大的公款,从而提升现金管理的专业化水平,并创设高效利用银行清算、电子转账和投资获利的独特条件。其他优点包括:自动调节各机构的现金需求余缺,减少额外债务需求和利息支付,帮助中央银行更好地制定和贯彻货币政策,以及减轻内部控制的压力(源于只允许少量人员进入这些账户)[2]。因此,现金余额的集中化一般应是首先需要考虑的措施,其所带来的利益最为确切[3]。

标准国库单一账户机制并不要求政府现金余额必须时刻在国库单一账户上,但要求资金从国库单一账户流向投资账户,投资结束后再回流(若有必要)国库单一账户,否则,国库单一账户中的"单一"就不能被满足。

集中模式与分散模式的相对优劣在理论上一直广有争议,但基本共识是,并不存在某种适合所有国家和环境的最佳国库体制(集中与分散)模式,但通过国库单一账户实现现金余额的有效集中化是必须的。包括中国在内的许多国家并非如此,支出单位(部门与机构)在商业银行开设与保持自己的账户,财政部门将资金从其负责管理的账户划拨给这些账户[4],而政府本身也在国库单一账户外保持大量账户[5],两者在日常基础上都并非零余额账户,导致现金余额广泛的分散化,其负面后果主要包括:在现金余额闲置的同时不必要地增加借款(进而产生利息与财务风险[6])需求,导致信贷扩张[7]进而增加

---

[1] 对供应商或收款人的支付主要发生在支出单位层面,但某些大额交易在政府整体层面上处理更适当,后者包括债务清偿与统一的薪酬发放系统。区别在于"谁实施支付",政府(财政部门或国库代理)还是支出单位?

[2] 集中模式亦有其缺陷,主要是将现金管理的大部分责任与机构隔离开,从而缺乏足够的动力提供准确的现金预测信息、减少政府整体的现金余额占用和债务需求,以及推动旨在强化安全和绩效的现金管理措施。尽管如此,集中模式的优势还是远远压倒其劣势,作为激励机制的利息支付(向政府支付其现金占用的利息)也变得相对容易。

[3] Schiavo-Campo S, Tommasi D. Managing government expenditure. Manila: Asian Development Bank, 1999: 184.

[4] 2001年前中国采用的模式大致如此,这是典型的苏联模式。此后逐步转向经济合作与发展组织国家普遍采用的标准国库单一账户体系,但实践中出现诸多偏离,以至现行体制与其相距甚远。

[5] 中国术语称为"财政专户",即由财政部门开设和保持于商业银行、政府持有("户主"为政府)的财政账户。2015的预算法规定只有满足法律与国务院规定才被允许,但实践中大量存在非合规的账户。

[6] 财政风险分为投资风险、财务风险和运营风险三个基本类别,与公司财务管理的框架对应但特定含义有所不同。财务风险源于债务,无债务即无财务风险,但有投资风险和运营风险。后者源于固定成本。在政府中,运营风险是指不能充分利用固定成本(向公众交付服务)的风险。这与公司的运营风险含义不同,由于固定成本的影响,销售波动会引起更大幅度的利润波动。

[7] 支出单位在商业银行账户中的现金余额,形成了额外的信贷资金来源。

货币政策复杂性。

尽管如此,多数国家采用了集中模式。原先采纳分散模式的发展中国家和转轨国家,包括中国、俄罗斯和东欧国家在内,也纷纷转向集中模式,焦点是标准国库单一账户机制下的政府现金余额的集中化。出于种种原因,特别是财政专户的滥设滥用和支付垫付、事后结算对"两个直达"的严重偏离,中国目前的现金系统仍无法实现真正的集中化,这是其设计和运行不良的主要根源和标志。

与集中模式相比,分散模式面临的监管挑战较为棘手,而且会丧失集中投资的额外收益,以及集中模式在采购、内部资金调度和节减债务方面的优势。分散模式并非绝对不能获得这些优势,但需要具备一系列相当苛刻的条件,包括健全的法制、严密的监管和精准高效的信息系统。这些条件在多数发展中国家和转轨国家并不(完全)具备。即使具备,安全和绩效也可在集中模式下获得更好的保障。

国库单一账户基础上的现金余额集中化并不排斥,甚至要求某种程度的分散支付。因为过分强调集中支付也会带来许多负面后果,包括积压票据、拖延与操纵付款(包括时间和次序)、增加管理成本,以及在选择付款时间、金额、供应商等方面创设集中寻租的空间。因此,在技术条件可行和确保支付安全的前提下,只是政府整体的交易(如债务清偿)和定期付款(如工资)才适合采取集中支付模式。在具备适当条件①时,分散支付省去了许多中间环节而使效率远高于集中支付,对于小额零星支付和紧急支付尤其合适。在银行地域分布和技术限制下,分散支付也是必要的②。

7.2.3 集中化的两个模式

按照组织国库单一账户的方式不同,实践中的国库集中控制模式分为两类:付款交易集中化的控制模式,只针对现金余额集中化的国库控制模式③。标准国库单一账户体系可以非常宽泛地整合这两个模式。两者的区别主要在于:付款交易集中化模式要求所有付款交易通过(本级政府)唯一的国库单一账户机制实施,收款交易也是如此,例外只限于特定情形(如信息系统和中央银行网络分布不足以支持);现金余额集中化模式下,付款(与收款)交易可以分散进行,即在各支出单位与代理商业银行之间进行。

1. 付款交易集中化

国库可以选择控制或不控制支出单位的单笔交易,据此可区分为积极模式、消极模式。

积极模式下,国库控制付款申请、审核证明文书与凭证、制订付款计划和管理未清

---

① 分散支付与集中支付有两个主要区别:支付申请并不呈交财政(国库)支付中心,支付中心并不控制单笔交易也不制订支付计划;在国库或预算实施计划确定的现金支付限额下,银行接受支出机构的支付指令,通过国库单一账户直接办理付款。分散支付需具备五个条件:支付安全、机构的预算实施计划、购买合同、现金计划、相关账户每天与国库单一账户清算。

② 分散支付的缺陷是:财务官员需要频繁地向上级主管报告相关信息,密切监督现金需求及协调银行账目。参见 Larson M C. Local government cash management//Shar A. Local Public Financial Management. Washington D. C.: The World Bank Publication, 2007: 33-68.

③ Schiavo-Campo S. Budget preparation and approval//Shar A. Budgeting and Budgetary Institutions. Washington D. C.: The World Bank Publication, 2007: 310-312.

偿发票浮存，支出单位向国库呈递支付申请与证明文件。此模式的显著特点是国库直接控制单笔交易，这是最严格意义上的集中支付，支出机构的付款由国库处理，从而成为"报账单位"。积极模式也称国库直接支付模式，支付权力高度集中于国库机构（中国当前背景下为"财政国库支付中心"），有权决定支付次序（谁先谁后支付）。在国库资金紧张而支付量大且频繁的情况下，舞弊或共谋的风险尤其高，除非有严格的控制、审计与报告机制。

消极模式也称机构直接支付模式——机构直接办理支付（必须通过国库单一账户）。中国背景下通常称为国库授权支付。此模式下，国库根据预算实施计划和指令系统为交易总额建立定期的现金限额，但并不控制单笔交易。与积极模式一样，消极模式也必须通过国库单一账户办理支付。两种模式下，国库都对付款交易负责。

2. 只针对现金余额集中化

此时组织国库单一账户的要点有四：①支出部门在中央银行持有账户作为国库单一账户的附属账户；②支出部门下属机构根据国库授权要么在中央银行，要么在商业银行持有账户；③两类账户必须为零余额账户[①]；④中央银行每日营业结束时汇总所有的政府账目余额（以反映财务状况）。

现金余额集中化可以与竞争性的银行安排兼容。银行安排是指通过竞争机制选择多家商业银行作为财政代理人，代理国库的付款业务和收款业务，在中央银行网络并非遍布各地或技术设施不充分时较为适当。作为财政代理人，所选择的商业银行代表国库处理付款与收款业务，形成授权支付模式——授权支出单位通过代理商业银行办理支付并对授权直接负责，从而与国库直接（集中）支付模式区别开。

无论由机构分散支付（通过授权代理商业银行）还是由国库集中支付（通过唯一的国库单一账户），现金余额的集中化都是必须的，集中化可以通过两个模式进行：要么唯一的国库单一账户机制，要么一系列与国库单一账户相联结的账户——除了国库单一账户外其他相关账户都作为日常基础上的零余额账户。后一模式为标准国库单一账户机制的核心成分。两者都是合意的——相对于不合意模式而言。

不合意模式的主要特征是：大量日常基础上的非零余额账户（在商业银行持有），以及在未经国库授权、亦未有严格监督的情况下，容许支出单位通过这些账户自行办理支付；支出单位和财政部门各自在商业银行开设并持有这些账户，财政部门持有的称为"财政专户"。

中国于 2001 年前采纳的苏联模式大致如此，当前体制可描述为其变体而来的"杂糅模式"：国库单一账户和大量非零余额账户并存，积极模式（国库直接负责支付）和消极模式（支出单位被授权在限额内自行办理支付）并行；非零余额账户主要包括财政部门在商业银行持有的"财政专户"与垫付账户，前者既用于办理收款也用于办理付款，

---

① 大致有三种可供选择的方法来实现：余额在每天营业结束前被自动结清转入国库单一账户，被转入另一个经特定批准用于办理支付的账户，开户银行直接办理对供应商的支付——根据支出机构的支付申请和国库确定限额内的支付令。

后者用于办理付款——由代理商业银行先行垫付（给供应商或收款人），之后再与中央银行的国库单一账户清算。

垫付账户实际上是国库持有的，由代理商业银行预先垫付资金的预付账户，用于办理支出单位对供应商或收款人的支付交易。法语系国家大多采用这类账户办理零星支付，以及实施事前的承诺控制。与财政专户不同，预付账户并不累积日常现金余额——因而有利于提高现金管理的效率，但交易监督通常很薄弱也很难有效，舞弊的风险因而很高。财政专户的主要问题在于破坏政府现金余额的有效集中化。有效集中化并非指国库单一账户需要随时保留大笔现金余额，这并不合意因而需要剩余现金管理（包括投资与贷款），而是指全部政府现金余额都通过标准国库单一账户体系进行。

需要确认两个核心观点：无论如何，采用标准国库单一账户体系实现有效实施现金余额集中化，在任何情况下都是必须的；现金余额集中化可以兼容但并不必然要求采用多重银行安排以办理付款与收款交易。哪种选择更好，取决于特定国家的技术能力、银行基础设施及国库体制的特征。此外，预付账体制只在特定条件下使用，并确保遵从严格的控制、审计与报告程序，否则将导致舞弊的高风险。特定条件主要包括偏远地区、零星支出或限额（封顶）支出。如果银行间电子清算（转账）系统等技术条件允许，预付体制通常弊大于利。

7.2.4 银行安排与账户结构

无论政府现金管理系统的集中化程度如何，银行安排和账户结构都是其重要的组成部分。政府使用银行账户有三个主要理由：基于预算管理（实施预算）的目的；基于在商业银行储蓄（贷款给其使用）的目的——应通过竞争机制选择提供更好收益条件者；基于投资的目的。政府的投资账户在许多国家类别多、规模大，定期提供和披露政府投资绩效（损益）报告非常重要，但很少这样做。

1. 银行安排

现金管理系统优化的一个关键方面是银行角色及其与政府的关系。各种缴款大多需要委托商业银行代理，无论负责征集收入的部门有多少。为了以合理成本安全、正确和迅速地将缴款转入适当的政府银行账户，竞争性的银行安排非常重要。政府与银行间的健全关系应建立在市场原则的基础上，银行为政府的财政存款支付利息，政府则为得到的银行服务支付相关费用。中国在现行垫付-清算体制下，商业银行还在代理支付方面扮演重要角色，但其适当性令人存疑[①]。

无论如何，征收部门和缴款账户的数目并非越多越好，代理财政业务的商业银行也是如此。究竟采用多少家商业银行为好，并没有绝对标准。但经验证据和常识（越多越难监管）表明，集中于少量商业银行可带来许多优势。

[①] 合理的银行安排要求以最低成本达成现金管理的绩效目标，这在垫付-清算机制下无法实现。在中国，中央银行可免费向政府提供金融服务，而且政府还需要为代理银行垫付资金支付利息，选择和成为支付代理银行的成本也很高。这一过程中往往充斥过度裁量，利益链条隐蔽而漫长，极难有效监管。

中央银行比商业银行更适合作为政府的财政代理人,在政府现金管理的所有关键方面,包括政府证券发行、债务管理、对政府证券的二级市场进行干预等开展活动[①]。从现金管理的观点出发,禁止向中央银行借款要求政府通过资本市场融资,中央银行可在二级市场上进行适当干预以调节货币政策。此外,从透明度考虑,中央银行的利润或损失应在预算中作为收入和支出对待。

2. 账户结构

政府现金余额集中化要求保持最低数目的银行账户,只在特殊情况下才维持若干分立的特定基金账户。国库单一账户是所有财政账户中最重要的一个,以保障政府现金余额的集中化。为此,在使用众多分立的银行账户时,其他账户的资金应转入集中性的国库单一账户,从而作为日常基础上的零余额账户。零余额账户是集中政府现金余额的最佳方案,尽管亦有缺陷[②]。集中化的一个明显好处是,政府能最有效地利用剩余现金进行投资,降低与投资相关的交易成本。

然而,中国现行体制采取了高度分散化的银行账户结构。各级财政部门在中央银行开设国库单一账户的同时,还在商业银行开设大量财政专户、支付零余额账户等众多过渡性账户。改革方向应是采纳标准国库单一账户机制下的"两个直达"模式,所有收款与付款交易都通过国库单一账户和与其相联结的一组账户进行[③]。

由于在安全性和货币政策运作上的天然优势,多数国家,包括经济合作与发展组织成员方均由中央银行负责管理国库单一账户。具体表现如下:①中央银行为所有政府支出部门和机构开立分账户;②中央银行通过对上述账户的运作和管理,记录公共资金变动及支出部门和机构的资金运用,并向政府提供相关信息;③中央银行将政府视为最大股东和特殊客户,为其提供优惠于其他客户和股东的多种金融服务。

中央银行负责管理国库单一账户的必要性和重要性的理由如下:首先,中央银行在许多国家(包括中国)代表政府经理国库(现金管理);其次,中央银行作为银行的银行负有监督商业银行和金融机构的特殊职责;再次,两者共同决定了中央银行管理国库单一账户的安全性远高于商业银行;最后,鉴于政府财政存款及其波动对货币政策具有重要影响,中央银行负责管理国库单一账户有利于货币政策操作,甚至是必要条件。此外,商业银行的主要目标是利润最大化,这与管理国库单一账户的目的与目标相冲突。

7.2.5 支付系统的设计

支付系统是国库现金管理系统的关键要素,与预算实施的关系也最为密切,涉及通

---

① Ter-Minassian T, Parente P P, Martines-Mendez P. Setting up a treasury in economies in transition. IMF Working Paper, 1995.

② 在下一个营业日前,部门和机构的财务官员并不知道在该账户上发生了多少活动,因此,必须建立银行余额(内部)报告系统来告知相关部门和官员。

③ 中国现行体制在三个关键方面大幅偏离了标准国库单一账户机制:大量的部门和机构账户开设于商业银行;这些账户并非日常基础上的零余额账户;支付由代理商业银行垫付后再与国库单一账户进行滞后的汇总清算。在这种情况下,即使政府有大量现金闲置,还是不得不大量借款,形成额外债务和利息费用。由于既没有足够的时间也没有正确处理付款所需要的明细信息,中央银行经理国库和作为出纳机关的监管职责被严重弱化,也难以运用标准国库单一账户作为货币政策运作的有力工具。

过国库单一账户办理集中支付、现金余额集中化、预算程序三个基本方面。预算程序对支付系统的设计具有重要影响,两者应相互匹配。

1. 国库直接支付

国库使用国库单一账户处理支付有国库直接支付和机构直接支付两种模式,分别对应前述的积极模式和消极模式。积极模式始于支出机构提出支付申请,终于向供应商或收款方划拨款项,国库直接支付框架与流程,如图7.1所示。

图 7.1 国库直接支付框架与流程

以上流程中,支付令由财政部门签发,国库需要详细审查支付以确保与收款人一致。

2. 机构直接支付

机构直接支付(通过机构在其代理银行的账户办理支付)相当于使用国库单一账户控制付款交易的消极模式,国库只是按月(或按季度)控制总的付款交易限额,并不单独控制支出机构的单笔付款,单笔付款由支出机构自行办理,但必须通过国库单一账户进行。相应的框架与流程如图7.2所示。

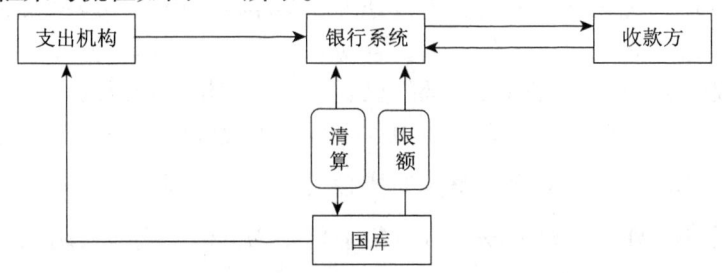

图 7.2 机构直接支付框架与流程

图7.2的流程中,国库需要定期将付款限额通知支出机构和代理(商业)银行,每天(不含法定节假日)营业结束时必须完成国库单一账户与代理银行间的资金清算。国库并不控制单笔付款交易,支出机构自行管理相关凭证和其他证明文书(用于确认付款义务)。此模式赋予支出机构支付自主权(在付款限额内),但困难和舞弊(合谋)风险比国库直接支付大得多。

实践证明,多数发展中国家很难有效实施机构直接支付模式。首先,银行系统的信息及网点等基础设施不完善,以及大量非零余额银行账户,使日常清算(包括合并余额)和管理信用限额都会遇到问题与障碍。其次,合谋和舞弊的风险相对较高,尤其在合规性控制(包括审计与报告)薄弱的情况下,对商业银行的政治干预也会加剧此类风险。

3. 通过预付系统办理支付

许多发展中国家采用预付体制,有些用于所有付款办理,有些只限定于特定情形下使用。在此体制下,国库在代理银行开设预付账户,根据支出机构向其提供的前期报表和事前的预算拨款申请,确定向预付账户划拨相应的初始资金,以代理银行办理支出机构向其申请的付款。

预付账户通常由国库持有，遵从的基本原则是，代理银行付出的款项加上未用完的余额，必须等于预付款的价值。这意味着代理银行只在国库预付款内办理支付，不为国库垫款；未用完余额需要按程序退还国库账户，国库有权按预算进度索偿余款。付款办理完毕后，支出机构必须向国库提供其前期预算执行报表和事前的预算申请。

以上三类支付系统各有优劣。前两个都有助于实现借款成本（本金与利息支付）的最小化，因为不会在国库单一账户以外的其他政府银行账户上累积现金余额。预付体制有助于加快付款速度，在由国库持有这些账户时尤其如此。然而，大量资金游离于国库单一账户之外而为代理银行持有，错误管理的风险很高。因此，预付体制只是应用于特定情形（如零星支出或偏远地区）时才是适当的[①]，即使如此亦应确保采用与其他支出相同的分类与报告标准。

三个支付系统中，只有国库直接支付系统适合由国库完全负责办理所有付款交易，也适合对相关的会计核算完全负责（会计集中核算）。这两个方面的集中化带来的效率，比现金余额和支出控制的集中化产生的效率更明显。然而，伴随着权力集中而来的会计与付款的集中化，本身也会带来低效率腐败的高风险，尤其在治理不良及国库有权决定谁（支出机构）应被优先支付的情况下。处理发票浮存（尚未办理付款的发票存量）集中在国库机构，意味着工作量十分繁重，容易导致积压和延迟。分散支付（消极模式）因而显现出优势，这意味着转向支出部门更多地负责支付是合意的。

基本观点如下：①鉴于行政管理能力和银行基础设施的限制，对偏远地区采用预付体制很可能是适当的；②只对政府整体的核心层交易采用国库直接支付（积极）模式，也就是通过国库单一账户实现交易的日常集中化；③机构层交易采用机构直接支付（消极）模式。在那些核心层付款交易（如债务清偿和薪金支付）份额很高的国家，三重支付模式并举的体制更为适当。

核心命题如下：①付款体制的组织必须考虑银行基础设施公共行政管理能力，因而需要多重付款体制；②无论采用怎样的支付体制，现金余额的集中化应覆盖所有用于付款交易的政府银行账户，包括作为预算外资金管理的账户[②]，以确保所有付款交易都通过国库单一账户办理。在交易（付款与收款）办理与会计核算两方面，国库集中控制与支出部门自主负责需要适当平衡；③适当平衡的最优方案，就是采用财政总分类系统记录所有交易。

7.2.6 配套安排

除了国库单一账户基础上的现金余额集中化、适当的银行安排与账户结构外，良好

---

① 发展中国家外援通常采用特定账户管理，其程序与预付体制相同。

② Schiavo-Campo S. Budget preparation and approval//Shar A. Budgeting and Budgetary Institutions. Washington D. C.: The World Bank Publication, 2007: 314.

的现金管理系统还要求内部控制、技术基础、激励机制和信息披露四项配套安排。

1. 内部控制

公共预算提供了公款管理的第一道防火墙，用以防范偷窃和严重挪用，帮助公共组织在其管理控制下有效利用资源获取回报[1]。然而，预算控制无法代替现金管理系统中的内部控制，即旨在监控组织内外现金流循环的政策和程序[2]。

图 7.3 给出了针对现金支出循环的内部控制框架，覆盖授权、承诺、核实、会计审核、支付令签发、付款、审计和（责任）解消八个完整的内控节点。就中国现状而言，建构和实施这一内控机制仍是一项令人敬畏的挑战，包括开发真正意义上的预算会计。

授权 → 承诺 → 核实 → 会计审核 → 支付令签发 → 付款 → 审计 → （责任）解消

图 7.3　现金支出循环中的内部控制框架

除以上基于预算过程的财务控制程序外，内部控制还应覆盖人事和采购管理等各个方面。优先事项包括：在支出单位内部建立内控程序，取消特定的预算执行程序，如特别的支付令程序（通常不透明），以及简化预算执行与财务控制程序。财政控制程度尤其应关注改进和强化承诺控制系统，并与现实的预算准备[3]相结合，两者均应以透明的方式进行。

2. 技术基础

现金管理系统的有效性与银行的信息基础设施息息相关。支付方法，如支票、现金、电子转账、借记卡等，对现金流出的交易成本有重要影响。许多现代化的支付方法（如电子转账）取代了此前被广泛使用的支票或现金支付，这使政府得以更准确地制订现金流计划、扩展支付、简化管理及会计程序。

电子转账系统和在线报告系统尤其重要。前者可使政府更精确地制订现金流量计划、加速付款、简化管理和会计核算程序。对于加速收款、减少现金储备需求、节省资金的机会成本和管理成本而言，特别是在标准国库单一账户机制下汇总现金余额进行投资获利方面，电子转账系统更是不可或缺。

在线报告系统可帮助公共财务官员精确与实时了解现金流入、流出和可供短期投资的现金余额信息，还可帮助追踪支票清偿和自动监督付款。在这方面，中国与发达国家的差距仍然很大，仍有许多薄弱环节，财政补贴被骗取和套取就是佐证。

3. 激励机制

有效的激励机制应使公共组织面对现金占用的全部成本——覆盖从缴款到付款各

---

[1] Mikesell J L, Mullins D R. Reforms for improved efficiency in public budgeting and finance: improvements, disappointments, and work-in-progress. Public Budgeting& Finance, 2011, 31 (4): 1-30.

[2] 与政府整体或核心层统一制定和实施相比，在部门和机构层面制定和实施更能适应特定情况，但底线是覆盖现金流循环的所有阶段。

[3] 现实的预算准备尤其要求以"现实的预测"作为预算准备的起点。现实的预测要求基于可信与可靠的信息，既不人为高估也不人为低估。现实的预算准备也要求以严格的支出限额和明确的政策（目标与优先性）引导，作为预算准备的基础。

个环节。在实务上，这意味着公共组织需要就其非现金资产占用向国库缴纳资本占用费[1]，就其现金资产占用向国库支付不低于同期银行存款利率计算的利息。激励机制还要求将市场原则引入政府与银行关系安排中，政府对其存款向银行收取利息，为所得到的银行服务支付费用。

4. 信息披露

中国目前并无任何正式的政府现金管理绩效信息披露机制。该机制应包括现金余额和一系列运营指标，特别是投资报告披露的投资绩效。作为良好投资规划的重要组成部分，投资报告应披露投资交易的所有方面，包括被允许选择的投资工具，以及实际绩效与绩效目标的偏差。预算的法定约束要求此类比较作为基本财务报表的组成部分[2]。

➢ 本章小结

- 预算执行根植于预算的控制功能。预算从强调控制支出转向管理政府活动，这是通过把预算作为计划工具来预测多年期规划支出实现的。
- 预算执行是管理控制以确保管理灵活性和民主受托责任的工具之一，这些工具包括政治、法律和管理因素。预算执行的基本问题是确保对预算授权的遵从——但应避免机械地执行。有效率地实施规划要求财政部门避免过度干预支出部门的预算执行管理。为应对日益复杂多变的未来挑战，也要求在预算授权和预算执行中的问责重点从符合管理要求转向是否实现了可量化的绩效目标。
- 预算执行包含重要的监督职能。理想情况下，应通过各个监管者之间的协调管理，把对每个政策目标的预算与监管联结起来。
- 支出周期的财务合规性控制是预算执行的基石，承诺控制尤其重要。集中化的国库现金管理体制也是如此，主要通过标准国库单一账户机制实施。支出周期也是真正意义上的预算会计的逻辑起点，后者用以追踪预算拨款，分为授权阶段和授权管理（承诺、核实与交付）阶段。
- 集中性的国库管理体制有两个模式：付款交易的集中化和现金余额的集中化。前者分为"积极模式"和"消极模式"。

➢ 本章术语

预算执行　法定授权　预算实施　预算拨款　承诺控制系统　合规性控制　支出周期　拨款令　预算批复　预算授权　基本支出　项目支出　投资支出　资本支出　经常支出　承诺　承诺控制　核实阶段　经常支出承诺　资本性支出承诺　法定承诺　预算承诺　投资支出承诺　义务　财政义务　运营支出　预算授权体制　支付承诺　承诺授权　支出　应计支出　支出会计　预算会计　付款　取得阶段　国库单一账户　零余额账户　现金余额集中化　国库　预算会计　财务会计　预算调整　科目流用　两个直达　拨款

---

[1] 资本占用费有助于激励部门和机构减少持有的现金数量，途径有建立更审慎的应收款制度、加强催收、改变付款时间和支付方式及减少存货。

[2] Wilson E R. Accounting for Governmental and Nonprofit Entities. 15th ed. New York：McGraw-HILL/Irwin，2010：75.

财政专户　垫付账户　支付系统　预付系统　内部控制　机构直接支付　投资报告　拨款储备　承诺授权　支付拨款　预算授权体制　预付系统　集中支付　分散支付　支付

> 思考题

1. 预算执行通常须满足哪五项基本要求？
2. 发展中国家和转轨国家改革预算执行的优先事项，应是确保财务控制系统的可靠性。请说明其理由和主要内容。
3. 典型的支出周期涵盖哪五个主要阶段？各阶段涉及哪些主要预算运营活动？
4. 预算授权的典型具体机制有哪两类？
5. 预算意义上的承诺有哪五个主要来源？
6. 健全的支出承诺控制系统应包括哪五个要素？
7. 支出应在支出周期的哪些阶段进行记录？为什么？
8. 如何区分支出周期的授权阶段和管理阶段？
9. 在支出周期的承诺阶段实施合规性控制的目的是什么？
10. 为什么在核实阶段"定义支出"最为合理？
11. 付款前的会计控制应包括哪些主要事项？
12. 为什么公共投资计划和中期支出规划对于资本预算下管理多年期承诺并不适当也不充分？
13. 预算执行的哪三项核心职责需要被清晰区分？财政部门的核心职责有哪两项？
14. 资本预算下的多年期承诺管理涉及哪三个主要事项？
15. 财政部门为什么不应干预部门预算政策？在何种特定情形实施干预才是必要的？
16. 支出部门在预算执行阶段的核心职责是什么？
17. 预算执行阶段涉及哪些主要的财务计划？它们与现金预算释放程序有何不同？
18. 季度预算实施计划应包括哪些主要内容？
19. 预算执行中，国库的核心职责是什么？
20. 分散和集中化的国库现金管理模式各有何优缺点？中国的现状如何？
21. 有效收入征集包括哪些要点？
22. 政府现金管理的一般目标和特定目标各有哪些？
23. 科目流用应遵从哪三项特定原则？
24. 预算会计与财务会计有何不同？前者对于哪四个目的特别重要？
25. 标准单一账户体系包含哪五个要素？
26. 为何说"通过国库单一账户实现现金余额的有效集中化对所有国家都是必须的"？
27. 关于"现金余额、交易和会计记录集中化或分散化"的两个一般观点是什么？
28. 实践中的国库集中控制有哪两个模式？差异是什么？
29. 预算执行和国库管理中的银行安排涉及哪些主要事项？
30. 付款交易集中化的积极模式和消极模式有什么不同？
31. 支付系统的设计涉及哪三个主要方面？
32. 政府应使用银行账户的主要原因是什么？

33. 简述现金支出循环中的内部控制框架与流程。
34. 简述机构直接支付的框架与流程。
35. 设计付款体制的两个核心命题各是什么?
36. 支付拨款和承诺授权两类预算体制的主要差异和相同作用是什么?
37. 如何准确理解预算管理的年度原则?
38. 预算执行过程中至少应准备哪六个年内财务计划?其各自的作用是什么?
39. 承诺控制系统的基本作用和关键要素是什么?

第 8 章 预 算 体 制

预算体制（budget system）因资源配置基础的不同，通常分为条目预算（line-item budgeting）、规划预算（program budgeting）和绩效预算（performance budgeting）[1]；因会计基础的不同，区分为现金预算和权责预算；因决策事项（内容）不同，区分为常规预算和应急预算。绩效预算在概念上非常吸引人，但其成功依赖许多苛刻条件，多数发展中国家目前并不（完全）具备这些条件。另外，绩效预算分为产出预算（budgeting for output）和成果预算（budgeting for outcome）[2]，但只是驱动绩效的各种可能方法中相对极端的方法，并非最有效的方法。所有预算体制的功能都依赖预算的适当范围，预算应确保全面性，但并非范围越宽越好。

8.1 类型与比较

按照预算资源配置单元与方式的不同，预算体制区分为条目预算，也称投入预算、规划预算和产出基础的绩效预算，还可区分为常规预算和应急预算。更一般的划分有组织中心的预算体制、规划-绩效导向的预算体制及专业化预算体制三类。组织中心的预算体制指传统的投入预算，与预算渐进主义（增量预算）相连；专业化预算体制主要有"专款专用"预算、资本预算和应急预算。有经验表明，那些旨在将更多信息融入预算过程而非打破组织本位的预算改革，更可能取得成功。然而，组织本位的预算体制不足以证明预算资源配置的合理性和适当性。最终，预算体制改革几乎总是在组织本位与非组织本位间摇摆或融合[3]。

8.1.1 条目预算

条目预算的显著特征是按条目配置预算资源，即工资、差旅、租赁、办公、利息等。

---

[1] 规划预算并不严格地要求预算资源配置与政策目标直接挂钩，挂钩方式通常是间接的。
[2] 每个模式均有其特定价值与作用，亦有其相对优劣。投入预算最早被发展起来，目前仍是包括中国在内的多数国家的主流模式，但忽视绩效导向这一主要弱点在最近一个世纪中日益被关注与反思。作为回应，规划预算和绩效预算被逐步发展起来。一般认为，在转向正式绩效预算之前，通常需要引入规划预算以积累相关经验。
[3] 预算体制也可按会计基础不同分为现金基础体制和权责基础体制，分别支持组织导向和绩效导向，并且财政政策的含义和操作也因此大不相同。

有些国家的预算条目甚至超过 1 000 个[1]。条目预算因此也被称为投入预算或投入导向的条目预算[2],与绩效导向方法形成对照。然而,投入导向并非全然不反映绩效,节约(投入)本身就是绩效的一个来源,只是与绩效的关联很弱。

条目预算采用投入导向方法配置资源。以组织作为资源配置本位、以条目作为资源配置基础,旨在通过追踪"谁花钱"和"花在何处"确立起详细的事前支出控制,形成传统上合规焦点的财政受托责任体制(fiscal accountability regime)的基石,反映了立法机关的传统关切——对"谁花钱"和"花在何处"保持有效的财政控制。尽管条目预算有其局限性,但从立法机关的角度来看一直是合意的预算体制,至今仍是如此[3]。

合规与绩效间的冲突和协调一直是公共预算制度演变发展的关键线索,分别指向行为正确性(对人)和结果合意性(对事)。因为正确行为未必能带来合意结果,所以需要关注结果;因为对合意结果的追求不可牺牲行为正确,所以需要关切行为;因为公共部门对行为正确的要求高于对结果合意的要求,所以前者将前者置于相对优先的位置自有其合理性与必然性。这与公司场合的"绩效为王"恰好相反。从公民角度看,如果必须作"鱼与熊掌"的选择,公民也宁可忍受政府的低绩效而非高腐败,对腐败的容忍度总会比绩效(差)低得多。腐败指向行为,绩效对应结果。虽然行为正确对于结果合意并不充分,但错误行为往往足以招致结果的失败。因此,行为正确对引导合意结果至关重要[4]。

在此视角下,关注行为正确性的投入预算和关注结果合意性的规划预算与绩效预算间的差异及其相互关系,则立即清晰明朗起来。条目预算本质上属于行为导向的预算体制,规划预算与绩效预算则属结果导向的预算体制。结果导向亦称绩效导向,关注"多好"而非"多少"。这是两类截然相反的激励机制,条目预算体制诱使公仆们热衷"多少",通常被描述为官僚机构的预算极大化;规划预算与绩效预算体制激励公仆们热衷"多好"——花钱的结果如何?

由此可知,条目预算体制需要得到规划预算与绩效预算体制的补充,否则将有公共政策与服务交付绩效失灵的高风险;规划预算与绩效预算体制亦无法彻底取代条目预算体制,否则将要冒行为失灵的高风险[5]。在此意义上,不同类型的预算体制可被看作矫正政府失灵的不同方法,用条目预算矫正行为失灵,用规划预算和绩效预算矫正绩效失灵。

---

[1] 相近的条目也可以被合并为较大的条目,但无论怎样合并,条目预算总是以条目作为配置单元。条目主要与"用途"和支出对象相联系,显示在哪些用途或对象上花钱,即花钱得到的投入(资源本身如办公用品)是什么,而不是用这些投入生产了什么"产出",以及"成果"——打算或实际实现的目的与目标——是什么。

[2] 条目预算起源于 19 世纪的欧洲,之后逐步传播到全球范围,至今仍是多数国家的主流模式。即便采用绩效预算的国家也未放弃条目预算,而是将其融入绩效预算中,如同权责会计并不拒斥而是包容现金会计一样。

[3] 相对于合规性关切而言,绩效关切更重要;相对于绩效关切而言,合规性关切更重要。最优先之事未必为最重要之事。作为处理人类事务的一般规则,形式先于实质、实质重于形式,在这里同样适用。

[4] 限定条件是行为正确必须建立在良规(规则与规制)的基础上。所谓"好制度造就好人、坏制度造就坏人",表明规则与规制对引导人类行为的特殊重要性。然而,劣规亦规,劣法亦法,故亦应遵从之;但遵从劣规意义上的"正确行为"极易招致糟糕的结果。在这种情况下,结果关切尤其重要,但改进结果的努力不可取代而应"倒逼"劣规本身的改革。

[5] 行为失灵和绩效失灵为政府失灵的两种基本形式;在许多国家,其普遍性和严重性丝毫不亚于市场失灵,尽管前者受关注的程度较低。

另外，除非投入预算体制被牢固确立起来并能正常运转，否则，转向规划预算和绩效预算体制的适当时机将不会成熟[1]。

投入预算的显著特征与优势主要有二：一是详细的事前控制用以促进合规性；二是预算、拨款和合规性控制均采用现金基础。投入预算的一个相对优势是，只需要较少（无须产出与成果及影响）信息即可运作。投入预算的主要弱点有忽视和妨碍绩效导向、不能恰当说明支出合理性与正当性、有利强势组织、激励不相容以及诱发支出膨胀。在没有伴随 MTEF 时，这些弱点更为突出。相对而言，忽视和妨碍绩效导向的弱点最为明显，这也是回应以规划预算和绩效预算的主要原因。

8.1.2 规划预算

作为对弥补投入预算局限性和弱点的回应，规划预算于 1950 年在美国联邦政府被率先采用，要求对所有旨在促进相同目标的活动，应适当地组合为相同的规划，无论组织实体如何安排，为此，政府寻求将目标构建为规划结构，作为形成预算的基础。与条目预算体制不同，规划预算寻求建立新的决策结构取代组织中心的预算制定[2]。

投入预算的局限性从 20 世纪初开始逐步被检讨。对投入预算的主要批评如下：只过问资源的使用，不过问资源使用的结果（绩效），因为它并未关注和寻求在政府政策目标与预算间、投入与产出间建立最有效的联系。从 20 世纪 50 年代早期开始，工业化国家和一些发展中国家尝试采用各种"绩效预算"改革来解决这些问题。一般认为，与所付出的成本相比，早期改革的结果是令人失望的，个别情况下甚至适得其反[3]。

条目预算的弱点可以通过引入绩效导向方法加以补救：首先是规划预算，其次是绩效预算。两者都基于相同的核心理念——组织本身的存在并不足以证明预算申请的合理性："生命周期理论假设当一个机构通过了'最初的生存门槛'（initial survival threshold, Downs 1967，9）并达到成熟，它就有可能无限期的存在，直到慢慢失去它的活力和创业精神，但它仍会以一定的规模存在，并关注于保护其负责的领域……生物模型假设机构度过'最初的生存门槛'之后，将获得预算的快速增长……党派政治模型假设一个机构获得的得以保持其活力和生存的支持，依赖于它的功能是否符合执政党的优先目的。"[4]规划预算是介于传统的条目预算和现代绩效预算的中间形态。美国和其他国家的实践表明，鉴于规划预算是绩效预算的基础，从投入预算向绩效预算的转变需要有规划结构的初步发展[5]。

---

[1] 这与如下类比很相似：如果现金会计体制运转不良，将不具备转向"高端"复杂的权责会计体制的前提条件；即使勉强推动，也不要指望它能够运转良好。延伸类比是，如果某人尚未学会站立，怎能学会跑步？此类基本的战略次序问题常被忽视，极少在本土财政学话语和改革议程中反映。

[2] Schick A. Performance budgeting and accrual budgeting: decision rules or analytic tools? OECD Journal on Budgeting, 2007, 7（2）: 115.

[3] Schiavo-Campo S, Tommasi D. Managing government expenditure. Manila: Asian Development Bank, 1999: 62.

[4] Balint P J, Conant J K. The environmental protection agency's budget from 1970 to 2010: a lifecycle analysis. Public Budgeting & Finance, 2013, 33（4）: 22-42.

[5] Bourdeaux C. The problem with programs: multiple perspectives on program structures in program-based performance-oriented budgets. Public Budgeting & Finance, 2008, 28（2）: 62-68.

规划预算是指围绕范围广泛的规划组织资源配置，并与成果相联结的预算体制。成果是指实际或打算促进的目的与目标，凡是可能即应量化。规划与规划目标根据政府政策目标确定。作为促使所有参与者将注意力集中于公共支出结果方面的方法，规划预算的参与者包括部门管理者、部长、立法机关代表与公众。总体而言："规划预算要求在考虑各种资源需求时，依据'做什么''做多少''何时做'等问题来对资源分配做出选择，以此为改善决策提供一个正规和系统的方法。在较狭隘的意义上，一项规划可定义为旨在达成某项共同成果的一系列活动。"[1]

规划预算若与复式预算结合起来，可带来更有价值的信息。

表 8.1 结合了复式预算，从而将资本支出和经常支出区分开，这一点很重要，源于两类支出的特性、风险和管理要求的差异。

表 8.1　规划预算/复式预算的一般制式

部门/负责人姓名：环保局/张三

拨款名称：环境保护（功能分类科目）

规划 1 名称：污水处理

拨款额	财政年度	来源 A	来源 B	来源 C	其他	预算总额
实际	上年					
概算	本年					
申请	下年					
审批	下年					
经常支出						
资本支出						

现代规划预算起源于 20 世纪 60 年代中期美国联邦政府采用的规划-计划-预算系统（计划项目预算制），该版本对早期的规划预算做了许多改进，预算分类也更加合理。计划项目预算制是指基于公共政策、规划结构和资源配置的决策系统，依次涵盖"目标与策略""方案筛选""预算"三个主要阶段的运作，三者被整合为一个"系统"——计划项目预算制中最关键的要素，成为新公共管理的模范样本[2]。

直到今天人们仍然认为，计划项目预算制的兴起是政府预算管理的一场革命。当前的改革中采用的预算文献的许多专业术语虽然名称各异，但计划项目预算制所采用的分析概念和技术因素继续影响着许多国家的预算模式，并被 20 世纪 90 年代以来的绩效预算改革吸收。

规划预算的主要优势有二：将绩效导向方法引入预算过程，从而避免了条目预算妨

---

[1] Schiavo-Campo S. Potemkin villages: the medium-term expenditure framework in developing countries. Public Budgeting & Finance, 2009, 29（2）: 18.

[2] 早期的新公共管理文献将基本的管理要素划分为"公共政策""规划""资源"。真正的问题在于三要素的整合。决策程序与机制的支离破碎使三者成为大杂烩，无力有效应对现实世界中复杂多变的经济社会难题。再好的政策也需要通过规划落实，再好的政策与规划也需要联结预算以形成可信、可靠的资源配置方案。规划预算因而具有坚实且十分合理的逻辑基础，即打破部门边界与内部导向。但失败的主要风险也在于，组织的力量和"向内看"（忽视外部利益相关者）的惯性在官僚体制下尤其强大。

碍绩效和规划优先性的弱点;相对于严格意义的绩效预算而言,实施门槛较低,并且避开了预算资源配置与绩效机械挂钩的风险。机械挂钩源于直接针对特定产出或成果的资源配置,在许多情况下会带来非意愿的结果[1]。规划预算的其他优点包括:促进规划管理、引导公民参与[2]、促进外部(服务公众)导向的组织变革,以及强化立法机关在预算过程中的作用。

除了适当的法律框架外,规划预算的成功还依赖适当的管理机制:规划预算依赖管理机制,尤其是预算申请以绩效为导向、激励和评估[3]。稀缺的资源应该分配给可以带来成果的规划和管理者。但实际上很少这样做,因为机构很少能够通过提供实现成果的令人信服的证据来获得资源;预算中没有适当的奖罚机制以促进规划的有效运作;一旦资金被分配给这个特定规划,也没有对该规划的结果进行跟踪调查的机制。

8.1.3 绩效预算

绩效预算用来展现资金申请目的和目标,旨在达成这些目标的规划和活动的成本,以及通过每个规划生产的产出或服务,包括使命陈述、规划、规划成果陈述和绩效目标这四个基本要素[4]。广义的绩效预算是指按宽泛的规划加以组织并联结成果(政策目标与结果),从而与条目预算区分开来的预算体制。狭义的绩效预算仅指预算拨款直接联结产出与成果的预算体制,即产出-成果预算体制,这是严格意义上的现代版本绩效预算体制。规划预算也可视为绩效预算的一种特定形式,聚焦由政府政策目标界定的规划分类。

自 1950 年美国联邦政府首次采用规划预算以来[5],各种版本的绩效预算被相继开发出来,并为越来越多的国家所采用。依其发展脉络,大致有三个版本:20 世纪 50 年代美国率先实施的规划预算、20 世纪 60 年代美国率先实施的计划-规划-预算-系统(planning-program-budgeting-system,PPBS)、70 年代美国率先实施的零基预算(zero-base budget,ZBB)[6]。

---

[1] 例如,污水处理的产出(数量)越多、成果(水质改善)越好,相应的预算拨款越多;反过来,即属机械挂钩的例子。两种情形都会带来不合意的结果。

[2] 一般地讲,公民社会的"声音"只是在与特定服务("规划")相关时才会被听到,尤其是在那些缺乏组织良好的公民压力集团的国家。参见: Schiavo-Campo S. Potemkin villages: the medium-term expenditure framework in developing countries. Public Budgeting & Finance, 2009, 29(2): 19.

[3] Kasdin S. Reinventing reforms: how to improve program management using performance measures. Public Budgeting & Finance, 2010, 30(3): 51-78.

[4] Shah A, Shen C. Citizen-centric performance budgeting at the local level//Shah A. Local Budgeting. Washington D. C.: The World Bank Publication, 2007: 151-178. 使命陈述的(警察部门)例子如下:提供关键的警察服务以确保安全的社区环境,保护所有在本辖区生活、工作和旅游的人们的生命、财产和权利。

[5] 美国联邦政府首次绩效预算尝试是在 20 世纪 30 年代,由农业部和田纳西流域管理局实施。1949 年在胡佛委员会的帮助下,绩效预算被正式批准为首选的预算制定方法。参见海迪 A C,等. 公共预算经典——现代预算之路. 苟燕楠,董静译. 上海: 上海财经大学出版社, 2006.

[6] 美国是最早对条目预算进行系统改革以使预算与绩效相联系的国家。1907~1940 年,美国许多预算官员已经参与规划与绩效预算运作,只是没有建立起正式的绩效预算。参见: 王雍君. 美国公共部门绩效计量与应用:百年回眸与经验教训. 公共财政评论, 2012: 1-12.

一般认为，这些早期的尝试并不成功。经过20世纪80年代的深入反思和短暂的沉寂后，90年代又启动了聚集产出与成果的新绩效预算，并伴随权责会计在公共部门应用，而新西兰和澳大利亚等成为这一轮更激进的绩效预算版本的先锋。

推动绩效预算兴起的直接原因在于对传统投入预算局限性的反思。早在20世纪50年代以前人们就意识到，如果预算体制只是用来分配财政资源和追踪资源的支出，而未关注支出对产出和成果的影响，那么需要做出调整，以便将投入（拨款和支出）与产出及成果联系起来。绩效预算的各种不同变体都致力于替代传统的条目预算作为配置资源的主要工具[①]。

产出-成果预算要求清晰定义、区分产出与成果并建立相关的分类系统。产出与成果构成新绩效预算的两个核心成分。成果（如降低发病率）是产出意欲达成的、与政策目标相关联的结果，虽然比产出更贴近政策目标（因而层次更高和更重要），但比成果更难以计量，并且受更多的外部（机构不能控制）因素的影响。

产出预算（如新西兰）框架下，支出机构得到的预算拨款相当于政府为某一项产出支付的"价格"，它们必须为其所生产的产出"定价"才能得到足够的拨款以支付成本；从作为产品与服务购买者的决策者的角度看，只有了解包括非现金开支在内的全部成本，才能全面评价一个机构的绩效，并与其他公立或私立机构进行比较。为此，从现金会计转向应计（权责）会计尤其重要，无论对于确定拨款金额还是对于确保基于成果的受托责任，了解特定产出的成本都是一个必要的前提条件。

产出-成果预算——严格意义上的现代版绩效预算——的逻辑基础如下：紧盯产出面向成果的受托责任体制；机构直接对产出负责，并通过投入-产出-成果关系链，最终实现对成果的受托责任。这是绩效预算最重要的特征，它要求预算和政府会计系统从主要强调规则导向的控制功能，转向更多强调目标-结果导向的政策与管理功能。

绩效预算的特定模式因国家而异，但都包含一系列与预算资源配置挂钩的绩效信息，尤其是任务说明、活动、绩效目标和成本信息，参见专栏8.1[②]。

专栏8.1　美国加州Sunnyvale市警察绩效预算

任务说明：通过提供关键性的警务服务，确保工作、生活或在本市旅游的所有人的社区安全环境，保护他们的生命、财产和权利。

绩效目标当前数　　　　建议数
紧急事项：90%的事项在4分30秒内做出反应
急迫事项：90%的事项在11分钟内做出反应
火警事项：90%的事项在6分30秒内做出反应
EMS紧急事项：90%的事项在7分钟内做出反应

[①] Schiavo-Campo S, Tommasi D. Managing government expenditure. Manila: Asian Development Bank, 1999: 511.
[②] Shah A, Shen C. Citizen-centric performance budgeting at the local level//Shah A. Local Government. Washington D. C.: The World Bank Publication, 2007:151-178.

活动 481100-巡逻
 成本   7 757 170   8 571 575
 产品数   45 000   45 000
 工作小时   80 475   80 475
 生产成本   172   190
活动 481101……
总的警察服务
 成本   14 635 445   16 175 937
 工作小时   152 216   152 216

绩效预算的一般程序如下[①]。

（1）预算准备阶段：在预算指南中给出绩效指标及要求达到的特定（通常需量化）绩效基准；机构使用这些指标证明其过去已经实现的、与其预算申请相一致的成果。

（2）预算立法审查阶段：绩效信息被应用于帮助立法机关制定更好的预算决策；机构使用绩效指标表明其预算申请的依据与合理性，立法机关使用这些信息确认期待的服务数量与质量；绩效信息因而能够促进公民与政府间的沟通。

（3）预算执行阶段：管理者使用绩效指标表明其管理目标，监督这些目标上取得的成绩，并且找出运营问题；能够获得统一的绩效指标，则可用于对不同辖区间比较。

（4）预算审计和评估阶段：绩效信息与其他信息有助于评估公共规划的效率和有效性。

成本会计是绩效预算编制方法的一个先决条件，但很少有政府完整地拥有这种能力[②]，焦点在于应用分步式产出成本核算法：①机构对其全部产出做出规定；②鉴别财务期间内产出的全部成本；③鉴别所有的直接成本；④确定应用的成本分配方法；⑤计算产出的直接成本；⑥鉴别所有的间接成本；⑦确定采用的成本动因；⑧将间接成本分配到产出上；⑨加总产出的直接成本和间接成本得到其完全成本。

条目预算、规划预算和绩效预算的主要特征比较参见表 8.2[③]。

表 8.2 各种预算体制的主要特征比较

模式	条目预算	规划预算	绩效预算
内容	基于投入/资源的支出分类	针对同一目标的活动集合	实现特定目标的结果基础链
制式	运营和资本投入的购买	支出的规划分类	每个目标的投入产出影响数据
导向	投入控制	投入控制	关注结果
联结的管理范式	等级式控制很少管理裁量	等级控制/规划内活动间配置的管理灵活性	投入与规划的管理灵活性/服务交付和产出绩效的受托责任

---

① Shah A, Shen C. A primer on performance budgeting//Shah A. Budgeting and Budgetary Institutions. Washington D. C.: The World Bank Publication, 2007: 151-178.

② Schick A. The performance state: reflection on an idea whose time has come but whose implementation has not. OECD Journal on Budgeting, 2003, 3（2）: 71-104.

③ 参见：Shah A, Shen C L. Citizen-centric performance budgeting at the local level. 2007: 153.

应注意的是，绩效预算中的规划不同于计划项目预算制中的规划。在计划项目预算制中，规划与特定政策目标的联系是间接和松散的；在严格意义的绩效预算中，规划的产出与成果直接联结特定政策目标。因此，规划预算可以看作广义或宽泛的绩效预算的特定版本；但区别于严格意义的绩效预算——产出-成果预算，目前只有新西兰、澳大利亚、英国等少数发达国家在较大范围内采用。

绩效预算背后的理论基础是"以结果换取自由"。管理者（支出部门与机构）应当对结果负责，但为了实现既定的产出与成果，应当享有充分的运营管理自主权。正因为"结果"（产出与成果）和"自由"（放松投入控制）都是针对特定规划而言的，绩效预算就与规划预算联系在一起。实际上，作为实施绩效预算这一庞大工程的一部分，美国佛罗里达州从2003年开始从投入预算转向规划预算的变革，即称为规划基础的绩效导向预算[1]。

绩效预算的成功依赖法律基础。有研究表明，完善严格的相关法律更有可能实现绩效预算系统的良好运作[2]。绩效预算的实施通常会遭遇两个障碍：绩效信息与预算决策制定间的关系不密切，不同的利益相关者和决策者对绩效信息的模棱两可的解释。将绩效预算法与政策执行结合起来，有助于克服这两个障碍，因为对于公共部门而言，立法是公共政策变化的先导——绩效预算法对绩效预算的成功至关重要[3]。

8.1.4 现金预算与权责预算

会计基础因记录交易的时间和标准不同而区分开来。财务会计分为现金基础和权责基础两个基本类别，两者在公共预算上的应用分别形成两类预算体制：现金（基础）预算和权责（基础）预算。现金预算体制的由来和特征如下："200多年前产生于欧洲的现代预算被作为固定时期（一般指一年）内计划和规制政府现金流的手段。现金基础上的预算拨款限定了政府授权支出的总额。由于其内在的政治文件的性质，预算有其特殊的规则和传统。财政余额由财政年度内现金收入和现金支出差额计算，这一公式仅包括了预算内资金数量，而没有将预算外事项包括在内。"[4]

现金预算的优势是简明易懂，对行政管理能力和专业技能的要求相对较低；缺点是易于操纵，无论是拨款还是产出或成果的选择方面，也无论是时间还是各种交易确认方面，预算过程的财务诚实很容易遭到破坏[5]。

---

[1] Bourdeaux C. The problem with programs: multiple perspectives on program structures in program-based performance-oriented budgets. Public Budgeting and Finance, 2008, (2): 28.

[2] 截至2010年，美国有39个州有关于绩效预算的专门立法，其中10个州在预算过程中将绩效信息运用到了决策制定中，而没有这种立法的州，在预算审议中，不会类似地使用绩效信息。参见：Lu Y, Willoughby K, Arnett S. Performance budgeting in the American States: what's law got to do with it? State and Local Government Review, 2011, 43 (2): 79-94.

[3] Lu Y, Willoughby K, Arnett S. Performance budgeting in the American States: what's law got to do with it? State and Local Government Review, 2011, 43 (2): 79-94.

[4] Schick A. Performance budgeting and accrual budgeting: decision rules or analytic tools? OECD Journal on Budgeting, 2007, 7 (2): 109-138.

[5] 现金预算聚焦"谁花钱"和"钱去了何处"（组织-条目），并不关注在什么产出和成果上花钱，这就为产出和成果的任意选择创设了巨大的自由裁量空间，机会主义行为由此蔓延开来。

20 世纪初以来，在各种国际组织（包括 IMF 和 IPSASB[①]）的热心推动下，权责会计基础逐步被应用于公共部门财务报告、政府财务统计（government statics system，GFS）和国民收入核算体系，使现金预算体制受到质疑和挑战，以致部分发达国家转向权责预算体制——导致预算文件开始成为受权责会计规则或准则约束的政府文件，而企业预算从未如此。

不应将绩效预算混同于权责预算。两者基于不同的分类标准，功能和操作也不相同。绩效预算对应投入导向的条目预算，条目预算以条目作为预算资源的配置本位，旨在满足立法机关对"谁花钱"和"钱去了哪里"（花钱做了什么）实施投入控制的需求，作为传统上实施受托责任的机制。绩效预算将配置本位从条目（对象和用途）转向政策/规划目标和结果。这是配置本位上的变化。在绩效预算下，预算拨款仍然可以采用现金基础（现金拨款）。

权责预算对应现金预算，分类标准基于财务会计基础而非配置本位。与采用现金拨款的现金预算不同，权责预算下的预算体现为一笔费用。两者的共同点在于作为公共预算与财务管理中的分析工具而非决策规则[②]："绩效预算和应计预算都是分析工具，用来提供信息和洞见——它们在传统路径中不能获得。但两者都没有准备好扩展为预算过程的决策规则。对这些创新及其应用需要更多理解，政策制定者应更加系统地使用绩效和应计信息。"

区分作为分析工具的预算和作为决策规则的预算很重要，预算实际上就是两者的某种结合。关键差异在于政治家和官员在其确定资源配置时被允许的裁量[③]。预算的本质可理解为将信息转换为决策的过程，决策质量依赖决策者的数据可得性，以及他们使用的、旨在处理这些信息的分析工具。信息始于预算申请，经由审批转换为资源分配和使用，终于产出的生产直至成果的实现和影响的评估。

这些信息在传统上以组织-条目分类被组织起来，绩效预算下以规划-活动-产出分类被组织起来。绩效预算和权责预算反映将信息转换为决策规则的两类当代努力，前者将预算决策从投入转换为产出或成果，要求以购买产出的方式花钱；后者将支付转换为成本——要求按被消耗的商品或引起的负债拨付资金[②]。绩效预算和权责预算都契合理性预算选择，从而与传统的渐进主义决策区分。作为一般观点，政府应将两类信息融合为政策制定者可得的主流数据，但将两类预算作为法定决策规则应十分谨慎[④]。

迄今为止，多数国家已经开发权责会计和财务报告，但只有少数国家采纳权责预算

[①] IPSASB 为国际公立部门会计准则委员会缩写，IMF 为国际货币基金缩写。

[②] Schick A. Performance budgeting and accrual budgeting: decision rules or analytic tools? OECD Journal on Budgeting, 2007, 7 (2): 109-138.

[③] 分析工具赋权而非约束预算制定者，使其拥有广泛的配置裁量权。如果某项规划或活动花费大笔费用，决策者可选择忽视非付现费用，而只拨付现金流出部分。

[④] 渐进主义决策只将年度预算资源的增量部分（通常只占全部支出总额的 5%）纳入"可决策"的范围，存量部分被自动带入年度预算，无须"再决策"，通常被描述为基数法预算。20 世纪 70 年代由美国率先发展起来的零基预算，作为一种彻底的理性预算决策方法，旨在全面打破基数法。这种逻辑上完全正确的理想方法因实施工作量太大，并未得到广泛和全面采用，无论发达国家还是发展中国家。

体制①。一般地讲，只有那些最具管理能力，同时给予公共管理者广泛的运营裁量权的国家，才适合或愿意采纳权责预算，因为这是权责预算的两个必要前提。

这一现实反映现金预算相对权责预算的优势地位——多数国家就是如此。透明度也有优势，因为民众更易看懂现金预算，也能更好地反映政府短期财政状况。此外，由于权责预算涉及大量的专业问题，技术官僚比政治领导掌握了更多的预算权力，也使其难以被普及开来。权责会计的主要优势之一在于不易被操纵——源于会计规则对预算的"硬"约束②。另外，现金会计并不妨碍公共部门采纳绩效导向的公共预算与财务管理③。

8.1.5 常规预算与应急预算

公共预算体制还可因应对的政策事项不同，区分为常规预算和应急预算，前者处理相对稳定、可预见性强的事项，后者处理预算执行中难以预料的突发事项，主要包括突如其来的经济波动（危机）、自然灾害、战争或战争威胁、医疗卫生灾难、群体性事件、担保违约、国有企业或金融机构突然倒闭等。

应急预算的基本原理可提炼为如下公式：

$$应急预算 = 风险后果 \times 风险概率$$

风险后果是指风险一旦发生可能造成的最大损失中需要政府财政承担的部分；风险概率是指风险事项发生的可能性。风险后果比风险概率更重要，需要更加重视。

风险后果与风险概率都需要"预算"，遵从常规的法定预算程序，经立法机关审查批准后付诸实施。风险预算中应包括一份预先制定的详细应急预案。为增强风险意识，预算实体应有政府整体和部门层面的风险管理手册，清晰阐明风险管理政策、程序、职责、流程和活动。尤其重要的是，应急预算与常规预算应明确分开，但应遵循统一的法定预算程序。这一分离体制高度契合"凡事预则立，不预则废"的至理名言。作为应急管理体制的核心组成部分，应急预算应采取高度协调统一的集中性管理体制。

风险预算应用于中央和地方各级政府。公共预算的法定授权与控制职能，通常并不十分关注授权（金额与使用上的灵活性）对于应急管理是否充分。作为贯彻政策职能的关键方面，应急预算赋予行政部门在预算执行中较高程度的裁量权，使其能够迅速做出反应。这些必要裁量权的行使必须处于立法机关的有效监控之下，确保透明度；更一般地讲，需要有适当的治理安排。

良好的应急预算依赖预算创新，预算灵活性尤其重要。如果预算制度只能应对确定性事项，无力有效处理应急事项，那么，引导财政决策的现行预算程序就要改革，以确保在非常情势下预算的治理（贯彻政策）功能仍可正常运转。

增强预算灵活性的方法至少包括预算预备费（中国现行《预算法》规定为支出总额

---

① 采用完全权责预算的国家只有新西兰、澳大利亚和英国。冰岛、瑞士和美国等多数发达国家采用修正权责预算体制。总体上看，各国在预算中应用权责会计原则的程度和范围各不相同，包括税收收入确认（有些用权责、有些用现金会计确认）。

② 权责制的优势之一即相对于现金制而言不易被操纵。在权责制下，销售政府资产不会引起资产净值的变动，加速征税或延迟账单支付亦不会改善财政状况。在现金基础上，政府可以通过改变利率、税收拖欠、调整贴现率、重估资产，以及在推算收支过程中改变其他假设条件等方式操纵财政估计或结果。

③ 在公司中，关注现金收益的投资者通常比关注利润（权责基础）的投资者做得更好。公共部门的绩效管理也很可能如此，现金预算体制的绩效管理比权责预算体制的绩效管理来得更好，尽管少量例外可以理解。

的1%~3%）、雨天（应急）基金、预算科目流用。预算科目流用是指允许在特定条件下预算科目A的资金转用于预算科目B。例如，某个预算年度在"扫雪"科目下安排1 000万元，但当年并未出现大雪，反而发生洪水，这部分资金或其中一部分可被用于防洪。

与其他预算体制一样，应急预算的成功也依赖更大的框架——应急管理框架。许多文献探讨了这一主题[①]。

8.2 预算的全面性

预算制度的所有功能都依赖预算全面性。完整意义上的预算全面性，是指在适当的预算范围内预算程序和预算文件的全面性，包括空间上的全面性和时间上的全面性两个基本维度。在空间维度上，预算全面性意味着预算范围、预算程序和预算文件不能过于狭隘；在时间维度上，预算全面性要求预算的时间框架和预算数据涉及的年份数不能过短，通常应覆盖上年、本年及至少未来三年的信息。

8.2.1 预算的空间范围

预算的空间范围首先是指预算过程对公款（获取与使用）的要求，不能在宪制框架之外提出。否则，预算制度将无法扮演限制权力滥用的宪制角色。

其次，预算的详细程度。高度详细的预算称为包容性预算，其特征是澄清所有的收入来源和支出用途，有助于增强受托责任和透明度，以及促进更好的财务管理。但是，预算并非越详细越好。过于详细的预算有以下几个劣势：预算准备和解释困难；把某些不受法律控制的政府运营与融资带入预算可能造成误解；某些信息很难获得[②]。

最后是一并覆盖支出、收入、赤字/盈余和债务。健全的公共支出规划、确保预算的可靠性与可信度，都要求以对收入的现实估计（既不高估也不低估）作为预算过程的起点，因此，确定支出范围不可能没有关于"（政府）可以拿到多少钱"的清晰概念。如果对资源可得性不了解，那么支出规划反映的只是"希望"而非规划，包括这些规划的预算也只是纸面文件[③]。

包含债务信息的理由是，预算不能仅仅揭示政府服务的范围，还要反映服务的财政条件。因此，债务清偿计划特别有用，尤其是在评估财务状况方面及为未来需求融资的

---

① 部分应急管理文献可参见：Paton D, Jackson D. Developing disaster management capability: an assessment centre approach. Disaster Prevention and Management, 2011, (2): 115-122; McEntyre D A. Searching for a holistic paradigm and policy guide: proposal for the future of emergency management. International Journal of Emergency Management, 2003, 1(3): 298-308.

② 设想某个地方政府把不属于其法定责任的、涉及大笔支出的规划或工程包括在预算中，公众很容易误以为政府没有能力控制支出。除了引起虚假的期待外，这种做法也会人为地为政府创造不必要的法定义务和财务义务，最终导致规划或工程被糟糕地管理。

③ Schiavo-Campo S. The budget and its coverage//Shar A. Budgeting and Budgetary Institutions. Washington D. C.: The World Bank Publication, 2007: 56-57.

能力方面[①]。

空间范围还涉及预算实体的详细界定。预算实体指向立法机关提出预算申请的机构或实体，不同于会计实体和财务报告实体，但大多重叠。在微观预算层面上，空间范围还包括特定规划的范围适当性。被"塞进"一级规划中的次级规划越多，该规划的预算范围和投资规模也越大，寻租和腐败的空间也越大，规划失败的风险也越高。将小项目包装成大项目、大项目包装成特大项目以获得更多预算拨款和投资的现象，在许多国家和政府中相当普遍，部分地反映了隐秘的寻租动机、对经常支出的偏见——对经济增长的贡献不如资本支出。实际情形很可能恰好相反，即资本支出和项目规范的过度扩展倾向于降低投资回报率。在这种情况下，虽然浪费性（过度）投资也会增加 GDP，但通过降低生产率而减损了国家的经济实力。国家间经济竞争的本质并非 GDP 与增长率竞争，而是经济实力的竞争，经济实力主要取决于生产率而非增长率[②]。预算的微观范围与生产率密切相关：给定其他条件，投资或资本支出越是逾越其合理范围，生产率越低。

概括地讲，预算的空间范围与政府活动的范围紧密相连。预算不仅反映和记录政府活动的范围与方向，也直接界定了政府活动的范围和方向。对于"政府与市场的相互关系"这一经济学的永恒主题而言，预算的范围是其中的核心要素。有关政府"越位"与"缺位"的讨论，无法回避对预算的适当范围的讨论。

8.2.2 预算程序的全面性

预算程序的全面性是预算全面性的首要标志和核心成分。预算程序因国家而异，但一般都覆盖行政运作（行政部门准备预算）、立法运作（立法机关审查和批准预算）、行政执行（行政部门执行预算），以及监督、评估与审计。预算程序由此形成一个循环。这个过程需要立法机关、政府内阁、财政部门和预算申请者等关键角色的直接参与，每一方都扮演不同角色，拥有不同的权力，行使不同的职责，年复一年地参与竞争公共资源。

程序的全面性尤其要求公共资源的汲取、配置和使用决定通过预算程序做出，并通过这一程序进行审查、评估和审计。换言之，支出决定（即所有需要消耗公共资源的政策决定）是通过正式的预算程序予以推动的。正因为如此，通过预算分配稀缺资源的过程构成了现代社会最基本、最正式和最频繁的治理程序[③]。

在时间维度上，对于一个运作良好和全面的预算程序而言，年度框架过于短促，但长期（下一预算年度后的 5 年以上）框架具有太高的不确定性，中期框架（包含下个预算年度的未来 3~5 年）最为合适。

许多国家的预算程序是不完善的，如不能确保公共资源的分配准确反映国家战略优先性和政策重点，包括某些政策目标特别关注的领域难以获得充足的资金。然而，预算

---

① Lewis C W. How to read a local budget and assess government performance//Shah A. Local Budgeting. Washington D. C.: The World Bank Publication, 2007: 135.

② 美国两位经济学家经过长期研究，发现了一个比 GDP 更好的衡量经济实力的方法：经济实力=GDP×生产率×生产率开平方。该公式表明：GDP 增长率没那么重要，生产率更能衡量经济实力。参见：哈伯德 G, 凯恩 T. 平衡——从古罗马到今日美国的大国兴衰. 陈毅平, 等译. 北京：中信出版社，2015：53.

③ Moynihan D P. Citizen participation in budgeting: prospects for developing countries//Shah A. Participatory Budgeting. Washington D. C.: The World Bank Publication, 2007: 65.

程序的不完善并不是将政府活动和支出决定置于其他程序或机制中的适当理由。适当的理由是改进这一程序使其能够正常和有效运作，而不是在某种程度上以某些方式（如预算外）废置不用。

预算程序不只是民主的机制，也是法治的机制。对政府活动和公共资金施加以基本的合规性控制，包括实质上、形式上和程序上的限制[1]。在现代法治与民主国家，预算已成为立法机关和公民控制政府的主要工具，在宪政意义上构成限制政府权力滥用的安全阀[2]。

8.2.3 预算文件的全面性

作为预算程序最重要的"产品"，预算文件应满足若干基本要求。明显的是，预算文件不应隐藏政府支出，或者容许政府将这些支出用于个人而非国家目的，也不能允许行政部门的预算申请偏离或没有表述为立法机关授权的目的[3]。

这些要求都是从法律意义上提出的。在此意义上，预算文件的功能在于记录立法机关为政府活动提供的授权，包括活动本身的授权和为其征集资源与开支公款的授权[4]。授权不仅是区别专制政体与民主政体的财政标志（为政府活动提供合法性），也是针对政府活动的基本合规性控制机制的核心成分。全面性要求预算文件包括所有法律要求的信息[5]。

然而，预算文件不只是一份法律文件，在治理意义上也是政府唯一最重要的政策文件，全面性亦应作为其基本要求。正如联合国非洲经济委员会（U. N. Economic Commission for Africa，UNECA）所解释的那样："预算是政府唯一最重要的政策文件，它将发展方面的复杂挑战表述为一组真实的预算条件。国家预算反映根植于国家政策中的基本价值。它勾画了一国社会经济状况的政府视角。它是一份政府财政、财务和经济目标的宣言，并反映其社会和经济方面的优先性。"[6]

全面的预算文件就其内容而言包括四个主要组成部分[7]：预算前报告；预算概要；详细的计划（覆盖收入、支出、赤字/盈余与债务）；补充性文件和信息。

---

[1] 实质上的限制包括一系列的预算原则和规则，如年度平衡、黄金规则及其他正式的和量化的财政约束。形式上的限制是指立法机关批准的预算文件是以法典（年度预算法）的形式呈现。

[2] 事实上，除了正式的年度预算程序外，没有其他任何程序承载如此精密和正式的合规性控制规则、程序和实施机制。由此可以合理推论，受其他程序或制度安排规范的政府活动和公共资金，将不能充分满足民主与法治财政对政府活动的起码要求（包括合法性要求）。

[3] von Hagen J. Budgeting institutions for better fiscal performance//Shar A. Budgeting and Budgetary Institutions. Washington D. C.: The World Bank Publication, 2007: 31.

[4] 立法机关表决预算本身是一项授权行为，表明政府活动和公共资金的征集与使用已经获得合法性。有些国家（如美国）要求单独制定年度授权法和拨款法。授权和拨款在民主政体中是一项关键的制度安排，对于指导财政政策和管理至关重要。

[5] Rubin I. Budget formats: choices and implications//Shah A. Local Budgeting. Washington D. C.: The World Bank Publication, 2007: 139.

[6] UNECA. Committee on human development and civil society. Participation and partnerships for improving development and governance in Africa. Addis Ababa, Ethiopia, 2005: 180.

[7] Lewis C W. How to read a local budget and assess government performance//Shah A. Local Budgeting. Washington D. C.: The World Bank Publication, 2007: 185-186.

（1）预算前报告阐明即将到来的下一个预算年度中政府的关键性决定和优先事项，包括相对于当前年度而言在优先性方面发生的重要变化，以及对这些变化的解释。预算前报告还包括以叙述式报表列示的预算总额。预算政策和预算总额是预算前报告的两个主要成分[1]。

（2）预算概要衔接预算前报告，表明政府作为一个整体的综合财政计划，包括主要的收支分类，支出应包括按对象和功能的分类。好的预算概要应有助于公民阅读和理解。如果不能阅读和理解预算，公民就不能有效地参与到公共资源配置和分配事务中。因此，如果确保预算过程的合规性控制并非十分紧迫的任务，预算即应采用亲善用户的预算分类[2]。

理想情况下，预算概要应以一份公民指南（a citizen's guide）或公民概要（a citizen's summary）的形式发布。对于受托责任目的和透明目的而言，预算的公民概要很重要，虽然很少被作为法律要求。为此，美国政府财务官联合会（Government Finance Officers Association，GFOA）建议构造及时、简明、客观和可理解的预算报告，以鼓励来自阅读者的反馈[3]。

（3）详细的计划。其中，支出计划需要进一步按组织机构分类，收入也应有详细分类的信息。基于组织机构、清晰详细的支出分类对于受托责任十分重要。受托责任要求预算文件提供关于"谁从预算中拿了多少钱""这些钱被用于什么目的""实际上是否用于这些目的"的详细信息。

（4）补充性文件和信息，旨在帮助阅读者理解预算计划，以及帮助评估预算对于政府打算促进的政策目标的充分性及其资源含义。

除了要求预算程序与预算文件覆盖所有的政府运营外，完整意义上的预算全面性还要求基于结果证明绩效的链条，预算过程的透明，把预算当作战略管理和公民赋权的工具，这些都是旨在克服预算制度局限性的改革中的重要因素[4]。

> **本章小结**

- 预算体制因预算资源配置本位的不同而区分开来。预算的全面性是预算体制的基石。
- 规划预算联结宽泛的绩效目标，绩效预算联结特定的绩效目标。有些国家的预算体制还区分立法预算和行政预算。后者作为一个将所有地方政府活动整合成一个单一计划的工具，一个用以阐明政府应该做什么和不应该做什么的文件。
- 规划预算寻求建立新的决策结构取代组织中心的预算制定。尽管有许多版本，但核心理念是：支出应根据政府目标、而非机构加以组织和决定。

---

[1] OECD. 2001. Best practices for budget transparency. Report JT00107731，OECD，Paris.
[2] Lewis C W. How to read a local budget and assess government performance//Shah A. Local Budgeting. Washington D. C.: The World Bank Publication，2007：185，141.
[3] Government Finance Officers Association. Recommended practices for state and local governments. Chicago，2001：9-10.
[4] Shar A. Budgeting and Budgetary Institutions. Washington D. C.: The World Bank Publication，2007：1.

- 有些文献将预算体制划分为三个模式：投入控制预算（input control budget）、产出控制预算（output control budget）和成果导向预算（outcome-oriented budget），规划预算是产出预算的基础。
- 好的预算体制应追求预算的全面性，包括预算文件和预算程序的全面性。应设想一种更好的预算程序以克服短视倾向，确保能够对当前政策或拟建议政策在较长时期的财政影响进行估计，至少覆盖未来3~5年甚至10年。
- 应急预算用来处理未来突发事件和紧急情况，估计已知的风险，然后再对未知的未来进行储备，大多通过临时拨款提供。
- 权责预算约束决策者和管理者对完全成本，而非仅对现金流负责，拨款的基础是费用（资产减少和负债增加）而非现金，要求政府赋予管理者充分的运营裁量权。
- 权责会计和预算只有在与绩效管理和绩效预算联系起来时才能发挥作用。升级现金体制应谨慎。在转向权责预算体制前，应努力完善成本分配和计量系统、放宽管理裁量权以及提高绩效计量的质量。
- 现代绩效预算的顶峰为美国乔治·布什总统政府应用的规划评级系统。
- 资本预算是指用来界定一个组织主要资本项目及其获取的角色、政策，以及规划、融资、授权和决策实施的程序，覆盖多年而经营预算的1~2年。
- 向内看的组织-条目本位的预算模式有利强势组织，与规模经济脱节（以预算极大化显示自己的重要性）、与通行的成本效益分析脱节、与组织能力和工作量脱节（导致资金呆滞或扩大选择范围）、与绩效脱节、与未来脱节（历史模式而非前瞻模式的）。
- 各种版本的绩效预算都依赖规划结构的初步发展。规划结构中最重要的部分是"规划目的陈述"：涵盖规划名称、谁供应、产出、谁受益、受益为何五要素。规划结构亦应包括绩效计量，覆盖投入、产出、成果、影响，聚焦质量-服务-成本三要素，确立基线和标杆很重要。
- 成本核算与适当分配（针对规划、活动、产出与成果）也是绩效预算中的关键元素。常用方法有：吸收成本法、直接成本法、标准成本法、工作成本法、过程成本法、作业成本法和长期可避免成本法。
- 分步式产出成本核算法（step-by-step approach to costing output）分九步：界定全部产出、确定全部产出的成本、鉴别全部的直接成本、确保采用的成本分配方法、计算产出的直接成本、鉴别所有的间接成本、确定采用的成本动因、将间接成本分配到产出上、加总产出的直接与间接成本得到完全成本。
- 应注意3E计量忽视了规划评估的适当性：计划成果与社区需求相适应的程度。适当性也涉及规划的规范以及资本支出与经常支出间的匹配。
- 只是当条目基础的财务受托责任和绩效基础预算制定相结合时，透明度才会得到促进，并呈现出政府运作的完整图像。

> **本章术语**

完全成本　权责预算　现金预算　应计预算　规划预算　绩效预算　产出预算

预算体制　预算的生命周期理论　预算的生物模型　预算的党派政治模型　规划　活动　风险损失　组织本位的预算体制　专业化预算体制　财政受托责任体制　分步式产出成本核算法　广义绩效预算　狭义绩效预算　风险概率　风险后果　应急预算　预算全面性　预算文件　预算的空间范围　预算程序的全面性　预算的公民指南　预算前报告　预算概要　成本　预算文件的全面性　直接成本　间接成本　增量预算　零基预算　公民赋权　行政预算　新零基预算　作业成本法　吸收成本法　标准成本法　义务基础的预算　部门战略规划　包容性预算　预算申请　成果预算　专款专用

> **思考题**

1. 组织本位和非组织本位的预算体制的根本区别是什么？后者包括哪些类型？
2. 投入预算、规划预算与绩效预算有何不同？
3. "作为分析工具的预算"和"作为决策规则的预算"的关键区别是什么？
4. 为什么规划预算和绩效预算是对组织导向的预算体制的革命？
5. 组织本位的预算理论有三个模型，即生命周期理论模型、生物模型和党派政治模型，在多大程度上可以解释中国的预算资源配置现实？哪一个更有说服力？
6. 规划预算的成功依赖哪三个主要的管理机制？
7. 绩效预算的实施通常会遭遇哪两个主要障碍？为什么绩效预算法对克服障碍很重要？
8. 投入预算的两个显著特征与优势是什么？
9. 为什么计划项目预算制会成为新公共管理的模范样本？
10. 为什么区分为作为分析工具的预算和作为决策规则的绩效预算很重要？
11. 为什么将权责预算和绩效预算作为法定决策规则应十分谨慎？
12. 为什么在治理意义上，预算文件是政府唯一最重要的政策文件？

第 9 章 预算分析（上）

20世纪60年代以来，主要源于三场预算革命的全球性影响[1]，同时伴随政治民主的发展将公众注意力日益引向公共支出与预算领域，"我们怎样开始着手提高评估与改进公共预算的能力"逐渐受到广泛关注[2]。预算分析旨在识别成败得失以建立正确激励（奖赏成功惩罚失败），常常伴随预算评估，分别关注预算政策效应和脆弱性两个关键方面，涉及许多领域和八个重要议题，即预算准备阶段的预算指南分析[3]、行政部门的预算提案分析[4]、一般经济效应分析、预算程序分析[5]、税收-收入分析[6]、部门分析[7]、归宿分析[8]、次国家级（中国的省级）和政府间分析。最重要的分析议题是政策视角的支出分析，区分为联结公共预算与财务管理关键目标的宏观分析、配置分析、运营分析（规划取舍与排序标准）和风险分析（财政可持续性）四层次分析。配置分析也称结构分析，关注支出配置失衡与支出"短板"，涵盖财政归宿、社会偏好和部门分析。此外还涉及若干特定问题。中国当前背景下预算分析薄弱，亟须推动预算分析战略作为能力建设的关键一环[9]。

---

[1] 预算革命分别如下：凯恩斯宏观经济分析理论应用于预算制定产生的宏观预算革命，美国联邦政府率先采用的著名的"计划-规划-预算系统"带来的运营（规划或微观）预算革命，以及信息分析和决策技术的发展。

[2] 预算分析能力提高也有助于提高评估自己目标成败得失的能力。

[3] 预算指南对所有政府都有价值，作为帮助制定预算的一个很好的出发点。许多国家缺乏基本的预算指南，以致许多公众和社区不能很好地理解预算问题及其重要性。一份设计良好的预算指南也可作为预算分析培训规划的基础。

[4] 多数国家的预算问题中最受关注的是行政部门向立法机构呈交建议的预算案。只有在呈交预算建议的阶段进行的分析才可让一般公众也能理解。

[5] 对于多数人而言预算程序是神秘的，甚至公民社会也不例外。没有对预算程序的理解，不可能有效开展预算。典型的预算程序有四个阶段：预算形成，预算制定，预算实施——由政府执行预算，以及审计与成果评估。

[6] 税收-收入分析有分配效应（还有贫困问题）、收入充足性（税基是否足以支出关键的政府规划）、税务行政管理效率与合规性三项主要任务。

[7] 部门定义为经济社会或政府的某个重要领域，如保健、教育和国防，信息可得性相对较高。

[8] 也称组织效应分析（analysis of effects on groups），分为两个次级主题：对不同收入组别的影响——关注多少预算资源被用于有利于穷人的规划，因而需要检验预算决策对弱势群体的效应——预算对弱势群体的影响最大；检验对特定组别（如妇女或儿童）的影响——组别由收入水平以外的其他因素（性别或年龄等）界定。后者面临信息困难。

[9] 预算分析能力对于政府和公民都很有价值。预算分析战略应重点关注促进公民分析团体的发展，发挥独立研究者、公民团体（包括非政府组织）在预算决策中的关键性作用，寻求让预算过程有更高的透明度和参与性，为此加强预算信息披露，系统改变预算过程被设计成妨碍公共辩论的方式；顺应预算决策应遵循公共检查与辩论这一正日益形成的共识，公开性和民主社会要求有见多识广的公民和公共参与以及透明的治理程序；鼓励向特定政策领域配置资源的预算规则和程序问题的研究，包括影响弱势群体的预算政策。预算脆弱性和"他山之石"的研究亦应重视。

9.1 宏观预算分析

预算作为管理公共支出的基本工具,具有重要的宏观经济效应。预算视角的宏观支出分析[①]关注财政总量目标与宏观预算政策目标的一致性,涉及宏观预算政策有效性、财政赤字的适当性和财政的可持续性。包括中国在内的许多国家都面临强化和改进支出分析的迫切需求,这是系统持续地提高公共支出管理质量、改进公共预算与政策制定的关键一环。

9.1.1 财政政策筹划与有效性

健全的预算制定应以对宏观经济框架(聚焦收入预测和财政与经济政策目标及手段)的精心筹划为起点,有效性则与挤出效应相连。筹划不良和挤出效应都会损害宏观财政政策的有效性。因此,在关注预算是否足以作为贯彻财政政策的良好工具时,分析预算筹划是否充分和挤出效应至关重要。预算的宏观筹划关注财政变量与政策目标间及彼此内部各个成分间的一致性[②]。在通过反复磨合以形成一份现实的、具有内在一致性的宏观经济框架的过程中,许多关键方面需要保密,但筹划工作完成时,这一框架必须公布[③]。宏观经济框架的准备并不需要复杂的模型技术,模型技术旨在为制定宏观经济目标和检验目标一致性建立一般性框架[④]。

宏观财政政策即财政稳定(需求管理)政策。凯恩斯革命——财政政策的宏观经济分析(功能财政理论)理论——深刻地改变了许多国家制定预算的方式,要求公共预算的宏观经济影响(乘数效应)在预算制定时即应被认识到,财政总量基准(支出、债务与赤字的目标水准)与宏观经济政策目标(增长与就业等)变量的反复磨合以达成协调一致,成为预算制定的关键考量,而不应只是简单地考虑收支平衡或减税[⑤]。总量财政目标(包括按功能和经济分类的支出)与宏观经济政策目标间的不一致,将招致宏观经济失衡和高"挤出效应"进而损害财政政策有效性的高风险。

---

① 支出分析也可采用非预算视角,主要涉及政府规模和宏观财政负担两个主题。

② 关键财政总量目标(基准),如支出、收入、赤字/盈余与债务之间存在重要的相互联系,宏观经济政策目标,如增长率、就业率与通货膨胀之间也是如此。因此,预算的宏观筹划面对财政目标与政策目标间的一致性,两类目标内部各成分间的一致性两项基本任务。中心任务是政策工具与政策目标间的一致性。

③ 立法机关和公众在很高程度上有权清楚了解政府政策目标和财政基准。财政筹划的特定问题还涉及共识和定义。前者可加强政策实施和财务规划的有效性,包括由独立(于政府)的、受尊敬的专家小组审核预算的宏观经济框架。加拿大与中国香港宏观经济框架需经由审计长签署后才生效。严谨清晰地定义什么是"收入"、"支出"和"赤字",对判断赤字的维持能力至关重要。

④ 采用复杂的模型技术可能误导人们将宏观经济框架仅仅看作一种"预测",这会损害宏观经济框架的实际价值。在经济增长目标与货币政策之间缺乏一致性(磨合)是一个常见的问题。避免部门规划与宏观经济框架的不一致很重要。预测假设及基本的政策目标应与广泛经济分类的支出类别相联系,而不是如何在各部门之间分配财政资源。转移支付或权益性支出项目无须做出详细的说明。假设的未来建设性支出也不需要与基线承诺对比。

⑤ 2015年中国实施的新预算法规定中央财政的"跨年度平衡"原则,似乎将预算制定引向"平衡"(方式)而非"磨合"这一关键问题。

预算是政府基本的财政政策工具，财政政策分析因而作为预算分析的基本组成部分，涉及两个相关的主题：①检验预算的财政含义——典型的涉及分析预算政策目标和财政基准，即支出筹划与宏观经济框架间的一致性；②赤字与债务水平应是可持续的[1]。前一主题涉及支出、赤字和债务的挤出效应[2]，其必要性根植于预算与宏观经济的相互影响，为此要求健全的预算制定须置于宏观经济政策目标和资源可得性的框架之下。

一致性分析关注预算变量与政策变量间的"磨合度"是否良好，这是稳定政策和财政调整的关键方面[3]。宏观经济计量模型和财政乘数被广泛应用于总量分析。对于鉴别财政刺激（或紧缩）的规模、时机和方式，避免加剧经济波动的顺周期调控，模型和乘数分析都很重要，财政弹性分析也是如此[4]。

财政政策对宏观经济的影响通过一系列的预算变量加以传递和扩散，包括支出、净贷款（贷款减借款）、税收、赤字或盈余。净贷款的宏观经济效应与支出类似，支出总量分析因而需要涵盖净贷款，使预算对宏观经济的所有影响都得到评估。

这些影响可能是正面的（促进增长），也可能是负面的。负面影响包括加剧通货膨胀、恶化国际收支（经常项目与资本项目）状况及挤出效应（排斥民间部门投资）。因此，预算变量的目标水平与宏观经济政策目标之间，应彼此一致而非相互冲突。此外，为使不利影响最小化，财政上寻求公共支出、税收、借款间的平衡也是十分必要的[5]。

总量分析的核心指标是"可持续赤字"，是指在给定货币需求函数、可取的通货膨胀、实际利率及经济增长率条件下，未来债务/GDP；如果这个比例越来越高，则不可持续；还要尽可能使用综合赤字，包括中央和地方政府、社保基金、预算外资金（中央银行损益），但不包括各类公共实体间的资金转移，否则会使支出总量与宏观经济状况的协调性产生歪曲[6]。

9.1.2 计量与分析财政赤字

财政政策的宽泛目标并非特定水平的财政赤字或盈余，而是财政可持续性——依据一般经济政策三个综合目标及资源可得性进行判断。尽管如此，财政赤字依然是宏观预

---

[1] 普拉丹 S. 公共支出分析的基本方法. 蒋洪，等译. 北京：中国财政经济出版社，2000：2.
[2] 过度或不当支出挤出民间投资与消费的风险很高，尽管在政策与预算制定中很少受到关注。挤出效应至少有通过提高利率（政府作为资本市场的融资方）、通过采纳替代而非支持市场机能（与民争利）的投资项目、通过浮动汇率三个途径。给定其他条件，与固定汇率体制相比，浮动汇率体制倾向于削弱财政政策的有效性。过度开支招致或加剧超额负担和腐败（寻租）的风险很高，从而损害市场信心和增长潜力。
[3] 处理宏观经济失衡、产业结构升级转型和财政可持续性问题，都要求财政调整，不只是调整（削减）支出总量（与增长），更涉及财政目标（支出、税收、借款等）之间的更好匹配，两者都依赖健全的公共支出管理。
[4] 财政乘数是指财政变量1%的变化带来GDP的变化幅度，包括税收乘数、转移支付乘数、购买支出乘数和预算平衡乘数。前两个相等但方向相反。财政弹性是指GDP变动1%对财政变量的影响幅度，为乘数分析的反面——捕捉宏观经济波动或政策变化的财政效应；乘数分析用于捕捉财政政策或预算的宏观经济效应。两类效应在制定预算和筹划支出安排时都必须仔细鉴别，并在预算与政策制定时即应确认。这类密切的运作已经成为发达国家预算过程的显著特征，反映了凯恩斯的宏观（职能）财政革命的深远影响。
[5] 普雷姆詹德 A. 公共支出管理. 王卫星，等译. 北京：中国金融出版社，1995：149.
[6] 普拉丹 S. 公共支出分析的基本方法. 蒋洪，等译. 北京：中国财政经济出版社，2000：5-6.

算分析的重要指标。对于预定的增长率和就业率等而言，预算赤字（财政赤字的预算数）是否充分（偏低、偏高还是适当）？分析财政赤字的计量是否恰当就变得十分重要。

财政政策的指示器（表明扩张、收缩及其力度是否适当）主要有两点。

（1）财政约束比率：赤字比率（财政赤字/GDP）、税收比率（税收/GDP）、债务比率（债务/GDP）及未备基金的净社会保障负债。

（2）平衡表净值：净值经常会由于资产（如土地）价值的变动而很不稳定，当作近期财政政策的一个指示器可能带来严重的误导性。

财政赤字的正确定义和计量对判断财政政策风向很重要，涉及几个重要的赤字概念，如表 9.1 所示[①]。

表 9.1 计量财政赤字

财政变量	现金基础	承诺基础
收入与补助	1 000	1 000
收入	900	900
经常性	850	850
资本	50	50
补助	100	100
经常性	30	30
资本	70	70
支出	1 300	1 370
经常支出	1 000	1 100
其中利息	300	310
资本支出	300	270
净贷款	50	50
综合赤字	−350	−420
融资	350	420
国内	150	150
银行	100	100
非银行	50	50
国外	200	200
减让	125	125
非减让	75	75
欠款变动	不适用（现金制不反映）	70
新欠款		90
支付欠款		20

---

① Schiavo-Campo S，Tommasi D. Managing government expenditure. Manila：Asian Development Bank，1999：99.

续表

财政变量	现金基础	承诺基础
经常账户赤字	−120	−220
经常性收入	850	850
经常性转移	30	30
经常支出	1 000	1 100
基本赤字	−50	−110
综合赤字	−350	−420
利息	300	310
运营赤字	−300	−370
综合赤字	−350	−420
利息支付的通货膨胀部分	50	50

表9.1列示了常见的几个重要赤字概念。

（1）赤字有四类，即经常账户赤字、基本赤字、运营赤字、综合赤字，依会计基础不同又可分为现金基础赤字和承诺基础赤字，后者不含多年期承诺和拨款预留[1]。

（2）现金基础赤字是指"政府借款需求"（国内与国外）[2]，作为宏观财政政策的主要特定目标，表明在公共债务增长受到控制的情况下，确保预算以非通货膨胀（无须增发货币弥补赤字）方式融资，因而不会挤出私人投资的赤字水平。

（3）基本赤字=综合赤字−利息，并不取决于利率、汇率的非政策性波动，因而可更好地反映政府在财政调整方面所做的努力。

（4）经常赤字=经常收入−经常支出，相当于"政府储蓄"，因此理论上也是政府对可投资资源和经济增长所做的贡献[3]。

（5）营运赤字=现金基础赤字−利息支付的通货膨胀部分，对于分析剔除高通货膨胀对债务存量（贬值性）影响后的实质赤字水平很重要。次中央级政府运营赤字的约束通常比中央财政严格。

分析赤字计量的适当性及其政策含义时，需要一劳永逸地将财政结果从其他营运活动中分离出来，后者包括销售公共资产与重新收回以前拖欠[4]。"拖欠"以应计支出计量，不包括未交付订单[5]。

---

[1] 承诺预算中采纳的现行政策与规划不变产生的后续支出义务称为多年期承诺，拨款预留是指预算中已经安排但未规定特定用途的预备性支出，如中国现行的预算预备费，按一般公共预算支出的1%~3%安排。

[2] 赤字对应（等于）净借款（即政府融资净额）必须满足三个条件：①赤字/盈余中剔除借款；②收入中不应包括当年和以前年度结余（银行存款与现金）；③支出中不应包括债务本金偿付。赤字和净借款的口径不一致将导致财政政策分析的困难。原则上，政府的赤字是通过借债弥补的，因此，保持"赤字"与"净融资"的对应关系，对于基于宏观经济政策准备和执行预算十分重要。

[3] 尽管偏见一直存在（认为经常支出对增长的贡献弱于资本支出），真实情况是，两类支出对经济增长同样重要。

[4] 销售资产和收回以前拖欠形成的"收入"并非真正的收入，而是弥补赤字的手段；计作收入会高估或粉饰政府的财政状况。

[5] 未交付订单对应支出义务，支出义务由支出承诺（签订合同和发出订单）引发。不应将应计支出（预算会计要素）与权责会计的费用混为一谈：前者是指对应商品与服务"取得"形成的支出，后者是指经济资源的消耗。

牢记赤字计量与分析的以下要点亦有益处：①计算赤字时使用的支出，使用核实阶段的支出即应计支出（"硬"支出）更好[①]，这意味着严格意义上的现金基础的综合赤字计量，应将尚未交付的订单包括在内；②对于多数发展中国家而言，有必要准备"合并的公共部门账户"，以确认公共部门作为一个整体的融资需要。但在实践中，经常只是中央政府才被包括在内，这会使人们对政府真实财政图景产生误解，并诱使将财政赤字转嫁。

中国现行财政赤字的官方计算并不吻合以上任何一个赤字概念（专栏9.1）。

专栏9.1　中国如何计量财政赤字

问：有媒体报道，根据财政部公布的2016年我国财政收支状况，全国一般公共预算收入159 552亿元，全国一般公共预算支出187 841亿元，这使2016年度出现了约为2.81万亿元财政赤字，比全国人大会议上通过的2.18万亿元的财政赤字目标超出了6 000多亿元，请予以解释说明。

答：财政赤字不是一般公共预算收入与一般公共预算支出简单相减得出的结果，还要考虑使用预算稳定调节基金、从政府性基金预算和国有资本经营预算调入资金、动用结转结余资金等因素（这些资金实际来源于以前年度财政收入，不能再重复列一般公共预算收入）。

考虑以上因素后，我国财政赤字的计算公式为财政赤字=（全国一般公共预算收入+调入预算稳定调节基金和其他预算资金+动用结转结余资金）–（全国一般公共预算支出+补充预算稳定调节基金+结转下年支出的资金）。

以2015年为例，全国一般公共预算收入152 269亿元，全国一般公共预算支出175 878亿元。如果简单将两者相减，则差额为23 609亿元，比当年全国人大批准的财政赤字目标16 200亿元多7 409亿元。按照公式计算，全国一般公共预算收入，加上调入预算稳定调节基金1 000亿元、动用结转结余及调入资金7 236亿元，收入总量为160 505亿元；全国一般公共预算支出，加上补充预算稳定调节基金827亿元，支出总量为176 705亿元。收入总量减去支出总量，全国财政赤字16 200亿元。

（资料来源：财政部新闻办公室．http://www.mof.gov.cn/zhengwuxinxi/aizhengxinwen/201701/t20170124_2526984.htm，2017-01-24）

为了判断赤字的可持续性，使用"结构性赤字"很重要。虽然赤字可以无限期出现，但基本赤字断然不可，因为政府必须在某个财政年度拿出一部分钱，支付现行债务的一部分利息，否则将落入靠借新债还旧债、债务越背越重、总有一天无法持续的陷阱[②]。

结构性赤字，是指消除暂时（周期）性因素影响后的政府赤字，包括结构性综合赤

[①] 核实是指商品与服务在交付时的检查确认——支出周期的第三阶段，确认无误后形成运营性债务——义务（"软"支出）转换为应计支出（"硬"支出）。支出周期分四个依次展开的阶段，即拨款、承诺、核实和付款。

[②] 只有一种情形例外，即财政资金的使用效率很高，以致经济和财政收入增长率一直超过政府债务的实际利率。然而，从长期来看，经济增长一直高于实际利率并无可能。

字和结构性基本赤字。周期性因素主要影响收入，但也影响支出。资产收益（如土地出让金）与以前年度及当年形成的结余（银行存款和现金），实际上是用于弥补赤字的资金来源，而非增加收入。因此，在计算结构性赤字时，应将其剔除在外[1]。此外，考虑到误差随时间跨度而扩大，结构性赤字概念亦有其局限性[2]。

9.1.3 财政可持续性分析

正确界定与计量赤字对于判断财政可持续性很重要。综合赤字用以衡量政府对国内外新增的借款需求，基本赤字表明财政年度中采纳的现行政策对债务困难应负的责任，结构性赤字则表明政府赤字的长期前景。

然而，财政政策的综合目标是财政可持续性，通常根据政府政策目标（资源需求）与资金可得性加以判断。判断财政赤字的可持续性是其中最常用的方法。财政赤字的维持能力并非一个抽象或不重要的概念[3]。

关键标尺之一是"审慎的财政赤字水平"。当前的财政赤字水平是审慎的吗？其答案取决于很多因素。最常见的是采用赤字/GDP 比率判断，欧盟的标准是 3%。然而使用标准赤字比率（不高于 3%）或类似比率，如欧盟债务比率（不超过 60%），判定赤字的审慎水平，几乎没什么意义。这些标准是经验性的，从未得到严格检验，实际上也从未得到严格执行[4]。

正因为如此，判断财政赤字维持能力应集中在更有前途的方向上，赤字水平是否足以影响债务、通胀、私人投资的目标水平及贸易平衡（经常账户余额）？这些与赤字的关系通常相当直接。

判断财政赤字维持能力的另一个方法是可吸收性，国内私人部门（主要是家庭部门）的储蓄[5]。

使用赤字判定财政可持续性最为常见，但有其局限性，没有考虑政府净资产变化。净资产是指资产减负债，即资产负债表（也称平衡表）中的净资产。无论是公共部门还是私人部门，通常都不会因为预算赤字的压力走向崩溃。即使赤字持续多年，政府也有办法通过干预使其恢复平衡。因此，许多情况下，财政上的不可持续并不通过赤字表现出来，而是隐藏在平衡表中，净资产减少令人担忧[6]。

---

[1] 价格大起大落对收入和支出产生的短期影响，亦应如此，尤其是矿产资源富集的辖区。周期性因素还包括利率和通货膨胀，两者出现异乎寻常的波动时，对收支的影响亦应剔除。

[2] Williams D W. The politics of forecast bias: forecaster effect and other effects in New York city revenue forecast.Public Budgeting & Finance, 2012, 32（4）：14-15.

[3] 在真实世界中，不可持续的财政赤字将对经济社会生活的各个方面产生广泛的负面影响，虽然其结果没那么明显、速度也不快。这些影响包括通货膨胀、资本外逃、贸易赤字和外汇储备减少。对于纳税人而言，财政赤字的不可持续意味着他们的显性和隐性财政负担将不断攀升，即便赤字通过政府举债而不是加税弥补也是如此。

[4] 各国的具体情况也很不相同，经济增长速度快、潜力和规模较大的国家承受赤字和债务的能力高得多。

[5] 储蓄是指收入超过消费和投资的部分。与许多国家相比，中国的国民的整体储蓄率较高（高达 45%）。以此言之，中国经济吸收政府赤字的能力是很强大的。但须牢记，这一观点不能过分强调。民间的吸收能力再强大，也不能避免政府赤字和债务的挤出效应。

[6] 多年来，这个问题在中国极为突出，大规模的土地出让金（导致政府减少土地使用权）和自然资源（尤其是矿产资源和水资源）的衰退，转变为各级政府财政收入的超高速增长，直到近年来才有所减缓。这种"减少资产、赚取收入"的短视行为带来极高的财政风险，随着时间推移逐步显现出来，"资源枯竭型城市"遭遇的就是此类问题。

在这种情况下，超越传统的赤字判定法，通过评估政府净资产的变动趋势，决定当前的财政政策是否需要做出调整，可能更适当[1]。

净值法还能校正赤字与债务判断法的另一个盲点"对未来数代人的欠债"[2]。只要将其引入平衡表，就可能导致公共部门净资产从正变负，这是财政上不可持续且需对现行政策做重大调整的显著标志。错失了调整机遇，后果不堪设想。此外，采用代际会计法评估长期可持续性也是必要的[3]。

9.2 配置预算分析

配置分析尤其关注社会偏好和财政归宿分析，这是决定战略优先性的两个基本方面。了解公民偏好以确定配置优先性需要基于广泛的信息，但支出机构与政府之间的信息不对称使获取信息变得十分困难[4]。规划择优有助于纠正公共预算与财务管理中的这类政府失灵。归宿分析分为横向归宿（群体间分布）和纵向归宿（世代间分布）。偏好与归宿分析可以合并为结构分析[5]。

9.2.1 方法与流程

配置分析的要点主要包括以下几点。

1. 确定分析单元

支出配置的单元涉及按支出分类系统组织和列示支出信息，至少应有功能分类（政策分析）、经济分类（经济分析）、组织分类（责任分析）和规划分类（绩效分析），每一类都有其特定价值因而不可替代，但配置分析的基本单元是规划，政策通过规划才能实施、服务通过规划才被交付。最终，所有的其他分类均联结规划或主要规划类别。

分析单元也可以是空间概念的"辖区"，总的政府支出如何在辖区间配置？区域发展与竞争政策与此紧密相连。中国背景下，这是中央和地方政府都高度重视的政策领域。财政资源的空间配置（效率与公平考量）因而尤其值得重视，单一制国家的集权式财政安排也突出了这一主题的重要性，地方尤其关注财政蛋糕纵向分配游戏中的横

---

[1] 净值法（平衡表法）可以揭示某些看似不起眼的变化，很可能对政府净值带来重大影响，从而置财政可持续性于危险境地。这些"小幅变化"包括汇率、利率和资产价值的波动。在资产和债务规模累积到一定程度时，可能导致政府债务规模和政府救助（无力还债的公共企业和金融机构等）大增。

[2] 这类跨代债务主要体现为未备基金的未来社会保障权益，本质上是当前政策（基线）下社会保障体系中的预期财政赤字。在"未富先老"风险很高的背景下，老龄化社会迅速到来，很可能意味着这方面的"欠账"（未来赤字）超过现有政府性债务。

[3] 这一方法已经在许多国家得到发展，在中国背景下更有其独特作用。大部分公共政策都具有长期影响，即影响当代人和下一代人的财政利益。财政利益包括支出受益和财政负担，两者相减形成净财政利益。

[4] 制度安排应致力于降低关于政府获取社会偏好信息的成本。发达国家的实践中，这通常意味着内阁提出部门限额和部门内部配置，国会对预算辩论，议员代表某些选区和某些利益集团。国会的委员会通常对特定支出规划进行评估。

[5] 配置概念在经济学和公共预算与财务管理领域中具有不同含义，前者限于配置效率，后者则应一并包含对公平或平等分配的考量。据此，配置分析也可将归宿分析（损益分配或再分配效应）包括在内，甚至也可包括规划选择标准的分析。

向损益效应[1]。

2. 建立理论标准

支出配置最适当的理论标准是公民偏好与财政成本,两者共同决定支出优先性与重点。良治背景下,公共预算必须看作社会选择的财务镜子。推论起来,公共利益的主要元素是基于偏好与成本的优先性排序:给定成本,偏好越强烈及广泛越应优先;给定偏好,成本越低越应优先。据此,配置分配应关注实际配置与公民偏好[2]的吻合度。

主要由于偏好与成本上的双重信息不对称[3],将两者结合起来确定支出排序虽然深具理论优势,但在真实世界中难度很大,包括计量与运用公共资金的机会成本[4]。

因此,理论标准分析即应转向政府与市场的相互关系,这是经济学经久不衰的主题,旨在通过分析市场失灵(性质与严重性)确认:①政府(支出)干预的适当基础;②公共支出的合理边界、优先性与重点[5];③政府干预的方式。政府干预方式主要涉及:规制还是支出干预更好?公共生产还是公共融资(生产责任外包给第三方)更好?现金转移(补助)还是服务交付更好?相应的配置分析需要结合特定的政策领域,以及不同的发展阶段[6]。

两个理论标准都有实际操作上的局限性,因为在真实世界中,驱动配置决策的主要力量并非理论或原则的吸引力,而是政治力量背后的权力与利益博弈。因此,次优但更可行的选择主要有立法机关(作为公民代表)的预算审查、国家战略与政府政策、严格的支出限额三个机制,后两者通常表述为中期财政框架,以引导年度预算的准备吻合战略优先性与政策重点,同时保证财政持续性。配置分析与总量分析的视角相同,关注实际的支出筹划年度预算与宏观经济框架间的一致性。

3. 资本支出与经常支出的整合度

两类(复式)预算的分开申报与列示很重要,但配置分析应关注经常支出是否足以维持(公共设施等)正常维护与运营,或者被过于庞大且迅速增长的薪金支出挤压。据此,整合分析应关注经常支出是否被低估、低估的程度有多大及后果,也有助于消除对经常支出的偏见,偏见包括低估其对经济增长的贡献及其他价值[7]。

---

[1] 地方政府通常非常关心自己的净财政贡献(地位),对国家(中央)的财政贡献有多少?得自"上面的"转移支付有多少?与其他辖区相比,自己是输家还是赢家?这些均与支出的空间配置紧密相关,区域发展规划和"飞地"(特区等)也是如此。

[2] 偏好与成本相连,准确揭示偏好要求(假设)公民面对真实财政成本(自己负担)。

[3] 偏好信息非常分散,政府的信息劣势十分明显;支出规划的财政成本信息相对集中,公民为典型的信息劣势方。正如阿罗不可能定理表明的那样,即使政府非常了解偏好信息,将其聚合为社会偏好进而作为支出配置决策的基础,实际上并不可行(排除专制与独裁)。

[4] 在公共政策评估中,公共资金的机会成本的概念都是必要的——考虑到融资市场的动态变化和公私合作关系的发展尤其如此,但在实证分析中大多被忽略,尽管也有一些国家(如法国)已将其运用到成本效益分析中。参见:Massiani J, Picco G. The opportunity cost of public funds: concepts and issues. Public Budgeting & Finance, 2013, 33: 96-97. 公私合作关系最简单的含义就是降低项目的公共成本,包括公共融资产生的机会成本。

[5] 作为一般规则,应避免对替代、扭曲市场机能或对市场机能只有有限(很少)改进的支出规划,化石能源和农产品补贴很可能属于此类;非传染病治疗(相对于预防)支出也是如此。

[6] 市场失灵在不同政策领域与发展阶段上大不相同。即使同一个政策领域也是如此。例如,基础教育的市场失灵(溢出效应或社会回报率)通常高于高等教育;医疗保健领域中的预防与治疗也是明显的例子。

[7] 对于提高教学质量和责任性而言,保证教师的薪金支出很可能比新建学校更重要;道路的及时维护比新建道路可能更有价值。

著名的 r 系数可用于估算经常支出的缺口究竟有多大，从而也有助于防范盲目（不谨慎）的投资决策。r 系数是指净经常支出占投资项目总成本的比重。例如，农业投资项目的 r 系数约为 0.10，这意味着每投资 10 亿元就需要额外安排 1 亿元的净经常支出。净经常支出是指特定投资项目需要的全部经常支出（包括日常维护运营），减去投资项目本身包含的经常支出[1]。如果确认经常支出的融资缺口很大，则表明现行的投资政策不可持续，需要纠正对新投资的盲目偏向[2]。此类问题也可能出现在现有投资项目上，因为这些项目同样会引发后续的经常支出需求。

4. 分析步骤

配置分析通常应遵从三个标准步骤[3]。

（1）分析政府与市场的边界（分工）以确认何处支出相对偏多、何处相对不足。第一步鉴别当前的公共支出和其他干预措施（如规制）所介入的领域，在何种程度上真正反映市场失陷，抑或仅仅是对市场机能的替代。只有确实存在足以引发政府干预的市场失灵，才能确认干预的必要性；即使如此，亦应比较干预方案与干预方式的适当性和相对有效性。只要可鉴别出适当且特定的受益者，即应由私人补偿成本，政府补贴仍可能有必要，但补贴方式（在哪个环节补贴）及与其他干预工具间的比较亦应关注[4]。

其焦点始终是，当前的支出安排究竟在替代、抑制还是支持市场机能的运作？适当退出或选择其他干预方式是否更好？与此对应的问题是，哪些市场失灵严重的领域，政府开支或其他适当的干预措施却很少？两个方面也可以合并为一个问题，即市场/私人供应的可行性与适当性多大？

竞争潜力、服务特性、用户付费可能性、责任适合性和环境外部性五个市场化指数可作为基本分析指标加以应用，市场化指数是指五因素的平均值。此外，还要分析支出方案的选择是否适当（基于社会回报率），研究显示现有道路维护支出收益率相当于新建道路的两倍，而维护和维护支出的不足在许多国家很普遍[5]。

（2）确定私人价值与社会价值的偏离度和干预措施的实际改善程度。需要估计溢出效应（如环境污染与发明创新活动）究竟多大，各种支出配置方案（包括财政补贴和

---

[1] 普拉丹 S. 公共支出分析的基本方法. 蒋洪，等译. 北京：中国财政经济出版社，2000：72-73.

[2] 应用 r 系数作分析时，需要注意将分母的总投资调整为资本（支出）投资，并结合本国的实际情况。

[3] 普拉丹 S. 公共支出分析的基本方法. 蒋洪，等译. 北京：中国财政经济出版社，2000：7-8. 标准步骤也可扩展为四个，外加对资本支出和经常支出的组合分析。有些国家的预算申报并不区分，因此数据很难获得，在这种情况下，遵从三个标准步骤仍是必需的。但只要有数据可得性，第四个标准步骤不应省略，以鉴别现有和新增投资项目的经常支出的融资缺口有多大。

[4] 产业补贴的有效性与补贴环节——研发、采购、生产、销售还是最终消费者——密切相关。多数情况下，起点（研发）和终点（消费）补贴好于生产与销售补贴，部分原因在于后两个环节容易诱发产能过剩和寻租活动。另外，税收优惠、财政补贴、采购/购买订单、财政贴息、政府持股（投资）、公共生产（通过政府控制企业或公立医疗与学校等），以及政府悬赏等各种经济激励机制相对优劣及适用性的比较，亦须关注。一并需要比较的还有所得税、增值税、消费税等，抑或中央税与地方税各种税收优惠。比较分析的经济学基础仍是市场失灵。行政管理的便利性的实务考量经常比经济合理性考量更多，因此亦应纳入分析视野。不同干预方式与手段也隐含不同的腐败风险。政治层面的吸引力也各不相同。

[5] 指数越高越适合市场提供（支出和其他干预的退出越有必要）。竞争潜力涵盖规模经济、沉没成本和替代服务三个次级要素，服务特性区分为"公共物品""私人物品""俱乐部物品"，责任适合性是指基于公平考量是否为政府而非私人的责任。参见：普拉丹 S. 公共支出分析的基本方法. 蒋洪，等译. 北京：中国财政经济出版社，2000：133-134，142.

公共定价）在多大程度上改善了市场缺陷？

（3）导入分配效应以确定对贫困阶层的影响。其涉及分配效应的公平考量，归宿分析为常用方法之一。

完整的归宿分析涵盖负担（税收）归宿和支出（利益）归宿，遵从福利分组、估算归属和前后比较三个步骤[①]。为鉴别结果的变化在多大程度上真正源自支出规划（政府干预），有必要分离环境噪声[②]。

配置分析的焦点是鉴别公共支出中的"结构失衡"和"局部短板"，涵盖公私部门间、部门政策、规划间配置、区域间配置、群体间配置五个基本方面。部门政策层面的支出分析涉及基础设施、农业、教育、医院保健和军事支出，以及税收、支出和规制政策间的选择。成本效益分析仍有许多盲点，许多国家的军事支出的成本效益分析尤其不充分，尽管这类支出的规模相对很大。

9.2.2 规划选择标准

配置分析还包括分析公共规划的选择标准。公共预算与财务管理领域中，规划是指促进同一个经鉴别的政府目标的若干活动的集合，要求与支出部门和机构的任务相联系，并鉴别特定目标受益群体[③]。由于特定时期内可得资源的有限性，政府和部门需要在数目庞大的规划中做出选择，随后纳入年度预算和 MTEF[④]。这就涉及采用适当的选择标准和方法以确定取舍与优先性排序[⑤]。这里有两类常用方法：成本效益分析（cost-benefit analysis），适用评估标准可以量化为"效益"（得）与"成本"（失）的情形；因素分析法，其中最重要的是层次分析法（analytic hierarchy process，AHP），适用评估标准不可量化的情形。

1. 成本效益分析

成本效益分析现已广泛应用于公共部门，用以帮助选择最优（净社会福利最大）的政府干预方案[⑥]。在分析中，效益和成本必须是完整和相关的，理论上应包含公共

[①] 福利分组是指采用福利指标（收入、消费和资产等）对支出受益者分组，利益归属是指估算每个组别对支出利益的平均使用，前后对比是指计算支出（干预）前后的再分配指数——落沧茨曲线和基尼系数最为常用。类似步骤与方法原则上也适用税收归宿分析。

[②] 环境噪声是指不可控因素（如天气状况）或与政府干预无关的因素对结果（如空气质量）造成的影响，在财政绩效评价技术中通常归入"影响评价"，涵盖剔除噪声后的净成果变化，鉴别间接（成果以外）效应的类型、范围和程度，管理间接效应的相关（制度与组织等）安排与技术方法三个方面。

[③] Schiavo-Campo S, Tommasi D. Managing government expenditure. Manila：Asian Development Bank，1999：512.

[④] 中国术语称为中期财政规划，中央政府于 2015 年开始正式实施。

[⑤] 取舍决策与"可行性"相连，排序标准与"优先性"相连。取舍涉及"得"（分子/效益）与"失"（分母/成本）的比较，排序涉及"谁应更优先"的比较。常规的成本效益分析要求比较"成本"与"收益"，为典型的得失分析；在评估标准不能量化的情况下，规划或方案择优（取舍与排序）需要采用因素分析法：对不同评估标准的相对重要性（不是成本与效益）进行比较。

[⑥] 自 20 世纪 30 年代以来，成本效益分析已经在美国联邦立法中正式应用，作为资本预算决策的理性基础。该方法的主要问题是成本清晰但收益很难界定。因此，自 90 年代以来，公共部门资本预算理论出现了新的转向，源于人们认识到资本项目应以相关标准为基础确定优先性排序，包括被淘汰的危险、法律授权、制度合规性、对项目完成的承诺、现有资产的保值、服务强化等。这是传统的资本预算技术采用成本效益分析很难应对的问题。本质上，"（成本收益）谁大谁小"的问题和"谁应优先"的问题并非一回事，传统的成本效益分析因而需要拓展。

资金的机会成本[1]，包括政治成本、法律成本、管理成本和超额负担[2]，甚至腐败和浪费造成的损失，如此才吻合完全理性概念，但实践中的成本效益分析反映的只是有限理性[3]。

实践中的成本效益分析至少应把握以下五个关键要点[4]：①遵从财务分析到经济分析，到（损益）分配效应，再到环境影响的次序；②只计量实质性的成本与效益，不计量"总和为零"的抵消性成本与收益（如土地涨价的损益）；③直接与间接效应需要一并计量，只要它们属于相关（源于政府干预行动）效应；④一并计量最终（与公路使用者）和中间（公路附近厂商等）的成本与效益；⑤内部化与外溢性的成本与效益。

常规的成本效益分析指相关因素可被直接或间接量化"成本"与"收益"的分析方法，通常遵从三个标准步骤。

1）结果链分析

典型的结果链同时涵盖纵向相关性与横向相关性刻画规划的关键要素，从而为规划取舍和择优确立了结果链（逻辑）模型：投入—活动（或次级规划）—产出—客户—成果—影响。纵向相关性通过六个要素间的因果关系紧密度展现出来，越紧密越好。成果最为重要，反映了政策与规划致力达成的目的与目标。

例如，若将政策目标成果界定为"促进儿童（全面）发展"，支出规划至少包括"儿童教育规划"、"儿童保护规划"（免受暴力与不良影响，如拐卖）和"儿童保健规划"。认识到旨在达成相同政策目标的不同支出规划之间，通常存在重要的相互依赖性和外部性至关重要，要么互补要么冲突[5]。

因此，在建构支出成果关系时，需要确立若干方案，并鉴别其中最有助于达成目标成果的方案，儿童教育、儿童保护、儿童保健规划中，最能满足"儿童发展"的是哪一个？这里涉及的是横向相关性，关注备选活动对规划目标间做出贡献的能力。

类似的问题在规划层次也完全一样。例如，儿童保健规划（规划目标为"促进儿童健康"）至少应设计四项活动（或次级规划），即建立儿童保健中心（活动1）、注射儿童疫苗（活动2）、开发儿童药品（活动3）和开发儿童营养品（活动4）。相同的问题随之出现：哪项活动对于规划目标最有价值？若以量化的支出成果（规划目标）关系表达，

---

[1] Massiani J, Gabriele P. The opportunity cost of public funds: concepts and issues. Public Budgeting & Finance, 2013, 33 (3): 96-114.

[2] 财政经济学在传统上分析的只是税收超额负担概念，忽视支出面和非税融资（非税收入和债务）的超额负担，两者的差异非常大。支出面至少有挤出效应、替代效应（高福利鼓励偷懒等）、边界繁乱（政府与市场以及央地政府间的"越位"和"缺位"）和偏好错配四类超额负担。因而广义上的超额负担是指财政活动对社会福利造成的净损失，即负面效应剔除正面效应的福利损失。与其他类型的机会成本相比，超额负担的独特之处在于其隐蔽性、分散性、持续性、沉重性及由此而来的复杂性。

[3] 完全理性与有限理性的区别，主要在于决策中使用的相关信息的充分性。信息的获取、使用与管理都有成本。简单情形下的决策两者并无区别，经验因素起主导作用。但复杂决策（如大型投资决策）时，有限理性方法的局限性非常明显，尽量逼近完全理性方法非常重要。中国三峡工程即为经典例子。

[4] 王雍君. 中国公共支出实证分析. 北京：经济科学出版社，2000：252-253.

[5] 儿童教育规划可能与儿童保健规划的目标相冲突，如学业压力致使近视儿童数量增加；但与儿童保护规划存在互补关系。

即为 1 元投入可带来几元的价值（效益）？这就是横向相关性问题：哪项规划、次级规划或活动与目标成果的关联性最强？

2）转换分析

如果其他方案（规划、次级规划或活动）的转换系数超过原定方案[①]，那么，这个方案就优于前一个。所有可供选择的方案均需作转换分析，之后便可形成基于分析的方案优先性排序。接下来就是政治或决策层面的考量，因为分析基础的决策能否被采纳，最终并不取决于分析结论，而取决于政治决策程序。但如果明显最优的方案得以通过分析呈现给决策者，那么分析对决策的影响力将会增加。

3）通过预算程序投票

投票决策基于如下假设：投票结果反映对不同规划（公共品）的社会评价（评价偏好）。民主决策基于这一假设，偏好基础的"社会福利"概念则基于对"一人一票"规则的尊重，位高权重者亦无例外。这一规则历来被视为选票箱式民主的基石。真实世界的情形复杂得多，但在民主治理背景下，整个支出分析（自然包括规划选择标准分析）的理论基石都指向公民偏好。因此，支出分析必须包含财政偏好分析。

对于具有财务回报的项目，成本效益分析的具体方法主要有四个，即贴现现金流量法（discounted cash flow，DCF）、回收期法、最低费用选择法及物有所值方法（value of money，VFM）。

贴现现金流量法与回收期法适用于具有财务回报的规划，且其局限性比私人部门更明显。贴现现金流量法包括净现值（net present value，NPV）、内部收益率（internal rate of return，IRR）和现值指数[②]。这些方法并不涉及对再分配的考量，对于私人部门这是适当的，但对于政府并非如此。

与私人部门不同，政府干预还要考量公平因素，尤其是对低收入阶层的影响，据此调整后的净现值法比单纯（效率考量）的净现值好。两个标准很可能不一致。例如，某个公共规划对强势群体带来的净现值为 1 000 万元，对弱势群体带来的为 -800 万元，相抵后的净现值为 200 万元，在未作分配调整的净现值下应予采纳。但如果社会赋予两类群体的分配权重分别为 40% 和 60%，加权平均的分配调整净现值 = 1 000 × 40% - 800 × 60% = -80 万元，结果就是否决。此外，对于公共部门而言，贴现率的选择也应有所调整，在充分反映公共资金真实的社会机会成本[③]。

最低费用选择法也是一种特定的成本效益分析法，适用成本可量化、效益（或目标）

[①] 如果备选方案彼此互补而非冲突，那么，跨部门规划与部门间协调机制的重要性尤其突出。规划选择标准的分析，因而具有促进跨部门规划与部际协调的潜力。

[②] 净现值是指项目生命周期内现金流入与流出贴现值的差额，大于零为可取。内部收益率是指净现值为零时的投资回报率，要求高于项目融资的加权平均资本成本。现值指数是指现金流入现值之和（分子）与现金流出现值之和（分母）。贴现现金流量法的应用经常伴随许多错误，即现金流估算、不真实的贴现率、不恰当的再投资假设、忽视通货膨胀影响和不适当的风险调整，不适当的风险调整要求基于准确的融资风险判定设定贴现率，债务很多的政府的加权平衡资本成本通常在 5%~8%。贴现率的适当选择要求资本成本基础，充分反映相关的风险和通货膨胀率。贴现率偏高会招致低看（淘汰）好项目、高看坏项目的风险。回收期法也会带来错误，因为未考虑回收期之后的现金流。

[③] 王雍君. 中国公共支出实证分析. 北京：经济科学出版社，2000：254-261.

不能量化但大致相同的情形[1]。

物有所值评价也称货币价值评价。中国财政部于 2015 年引入了物有所值方法的定量方法，以判断是否采用公私伙伴关系模式代替政府传统投资运营方式提供公共服务的项目。该方法在假定采用公私伙伴关系模式与政府传统投资方式产出绩效相同的前提下，通过对采用公私伙伴关系模式的项目全生命周期内政府方净成本的现值与公共部门比较值进行比较，判断公私伙伴关系模式能否降低项目全生命周期成本；前者小于后者即判定为可采用，否则不可采用。

公共部门比较值是指三项成本的全生命周期现值之和，参照项目（精心选择的参照系）的建设和运营维护净成本、竞争性中立调整值、项目全部风险成本。竞争性中立调整值是指采用政府传统投资方式比采用公私伙伴关系模式实施项目少支出的费用，通常包括少支出的土地费用、行政审批费用、有关税费等[2]。

物有所值方法本质上属于最低费用选择法，在满足同等效益目标的前提下，选择成本费用较低的方案。对于"通过"的项目，还需要进行财政承受能力论证；未通过的项目可在调整实施方案后重新评价，仍未通过的不宜采用公私伙伴关系模式。

成本效益分析的基本逻辑很简单，只有效益大于成本的方案才能被选择，越大越好（排序越优先）。问题在于多数情况下成本相对清晰、效益很难量化。此时，采用因素分析法就是适当的。相对重要性通常以权重表达，权重乘以每个因素的专家打分之和，即得出该因素的评分值；各个因素的评分值相加，得出特定方案的总评分，总评分越高的方案越优先，低于某个临界分的方案也可规定为不予采纳。因此，与成本效益分析法一样，因素分析法既可作为方案取舍，也可作为方案排序的方法，但后者关注排序，而非得（效益）与失（成本）的估算和比较。层次分析法作为一种改进版的专家打分法，在公共部门中的作用日益受到重视。

2. 层次分析法[3]

层次分析法是指将多因素决策问题分解为多元（目标层、指标层和方案层）的层次结构，以相对重要性的基本标准加以对比判断优劣（分高、中、低三个级别）的方法，在评估标准不可量化的情况下尤其有用。六个步骤依次如下。

1) 确定择优标准

有些国家（如加拿大）的地方政府资本预算采用公众健康与安全、财务影响[4]、资

---

[1] 遵从效益或目标相同时费用最低者为最优的决策逻辑。民用与军用领域都有广阔的应用前景。例如，针对海洋的同等控制这一目标，以发展哪类武器装备（各类舰船等）最好？

[2] 财政部关于印发《PPP 物有所值评价指引（试行）》的通知，财金〔2015〕167 号。

[3] 美国运筹学家 Saaty 于 20 世纪 70 年代初提出，被广泛应用于许多领域的方案择优，包括资本预算、评价政治候选人、评估组织有效性、评估投资风险与不确定性、评估管理欺诈的风险等。原则上，只要为解决问题（方案取舍与择优）而须同时考虑多个因素，均可应用层次分析法。参见：Saaty T L. The Analytic Hierarchy Process: Planning, Priority Setting. Resource Allocation. New York: McGraw-Hill, 1980; Saaty T L. An exposition of the AHP in reply to the paper "remarks on the analytic hierarchy process". Management Science, 1990, 36 (3): 259-268.

[4] 财务影响评估的焦点在于财务收益是否超过成本，涉及融资方案、债务要求、项目现金流量和税收的长期含义。贴现现金流量分析涵盖净现值、内部收益率、盈利指数（流入贴现/流出贴现）和保本点。另一个常用的方法是回收期。私人部门中，大公司多用贴现现金流量法，中小企业多用回收期法。

产维持/替代[①]、附属需求[②]和服务强化[③]五个评估标准。所选择的标准也可作为绩效评价的关键指标：按结果链（联结目标的层级）分为投入、产出、成果；按内容可分为相关性（需求政策相关性及规划设计的适当性）、就绪度（开工前需要准备好拆迁、环境评价报告及招投标）、效率（施工和财务进度）、有效性和可持续性。这些因素不能量化为"成本"与"效益"，但涉及"谁比谁更重要"的判断，具体地讲涉及目标层、因素层和方案层三个层次的分析[④]。

2）确定评估指标（标准）的权重：加总专家打分后排列计算权重矩阵

各因子相对重要性的两两比较采用9分制确定：1（同样重要）、3（稍微更重要）、5（重要很多）、7（显然更重要）、9（绝对更重要），2（1~3）、4（3~5）、6（5~7）、8（7~9）则作为中间判断（表9.2）。

表9.2　9分制规划择优打分表：A 相对于 B

分值预设/分	含义
1	同样重要
3	稍微更重要
5	重要很多
7	显然更重要
9	绝对更重要
2、4、6、8	相邻判断的中值

根据表9.2建立权重判断矩阵（用以计算各因素的权重），如表9.3所示。

表9.3　规划择优的权重判断矩阵

指标	A	B	C	D	E
A	1	1/2	4	3	6
B	2	1	8	5	3
C	1/4	1/7	1	1/2	1/8
D	1/6	1/5	2	1	9
E	1/3	1/5	3	9	1

表9.3系假设专家对五个评估标准相对重要性打分，形成相应的判断矩阵。第一行与第一列为倒数，对角因素为1（每个标准与自己一样重要）。表9.3中任何一个都表示相对

[①] 资本预算的这一评估标准关注"扩大服务容量与提高服务效率"。考虑是否应采纳新规划时，假设"现状保持不变"并不切合实际——许多现有（如供热系统等）设施的老化会导致成本增加和效率降低，升级（替代）这些设施可能更适当。在这种情况下，贴现率的选择（反映风险）尤其不应偏高，而且替代现有项目所节省的成本应作为新项目的收益加以估算。

[②] 许多资本项目都涉及土地和设施（如停车场、绿化面积和现场管理机构）方面的配套需求。

[③] 服务强化涉及减少等候时间和改进服务质量，医疗和交通领域很典型。

[④] 例如，目标层是指选择规划目标（提高儿童体能），因素层是指哪个评估标准（绩效指标）更重要，方案层是指活动选择（疫苗注射还是其他更好）。这是层次分析法中涉及的三个层次。

重要性。例如，1/7（第四行第三列）表示 B 相对于 C "显然更重要"；1/5（第六行第三列）表示 E 相对于 B 后者"重要很多"，2（第五行第四列）表示 D 相对于 C 的重要性介于"同样重要"与前者"稍微更重要"。该矩阵的运算可得出各评估指标的权重。

各专家的打分需要加总（通常采用算术平均法），才能排列运算代表专家整体看法的权重矩阵。初始的打分需要处理（如去掉最高分与最低分），以去掉某些明显的无效打分。

各个评估标准下的二级甚至三级的相对重要性指标，也可采用以上相同方法确定（二级或三级）权重。对预设权重的常规因素分析法而言，层次分析法的关键优势在于"计算权重"。当相对重要性的打分覆盖各类利益相关方而不仅仅是专家时，计算得出的权重具有更广泛的代表性，从而容许将外部沟通与参与机制引入决策过程，避免武断或专断式决策所固有的弱点与局限性。

3）针对每个评估标准考虑各备择方案

在儿童保健规划中，备择方案为所设计的活动，如注射儿童疫苗等。

4）确定每个方案的各个指标得分

在儿童保健规划中，疫苗注射、开发儿童营养品等各项活动（方案）可设计相关性、效率、有效性、可持续性和影响五个评估指标，每个指标的实际得分可以采取专家打分方法，由于量纲（计量单位）的不同，这些得分应转换为可比的数据口径。

指标得分也采用"相对优越性矩阵"计算得出，如表9.4所示。

表9.4 规划相对优越性矩阵

方案	$X1$	$X2$	$X3$	$X4$	得分
$X1$	1	2	3	6	12
$X2$	2	6	8	9	25
$X3$	4	7	1	5	17
$X4$	6	5	2	4	9

表9.4 是 9 分制打分表[①]，据此可建立与计算相应的方案优越性矩阵：1 表示两两（方案）相比的优越性（改善程度）相同，针对某个特定评估指标（如相关性和有效性），2 表示（前者对后者）改善略多，9 表示绝对改善，其他数字表示递增的改善程度介于两者间。横向加总后的得分乘以该指标权重，即得出该方案在特定指标下的得分。得分越高，表明就某个特定评估指标而言，备择方案的优先级越高。作为一般原则，可客观计量的指标数据应优先运用；不可客观计量的才采用专家（相对优越性）打分。基于充分利用可得信息的决策原则，两类信息都应纳入相对优越性矩阵[②]。

5）加总每个方案的各指标评分得出总评分

指标评分由指标得分乘以指标权重得出。加总每个评估指标的评分，即得出该方案

---

① 区分两类打分很重要，即指标层面的相对重要性打分，以及方案层面的相对优越性打分。两类打分表达的都是排序而非数值的大小。相对数值打分而言，排序打分的合理性和客观性得到增强。

② 此时，得自客观计量的数据因量纲不同，需要通过特定技术方法处理为可比和可加总的数据，才能纳入相对优越性矩阵加以计算。两类矩阵的运算结果的含义不同：相对重要性矩阵为指标权重，相对优越性矩阵为方案（的指标）得分。

的总评分：越高表明方案越好；反之越差。依总评分最终分出备择方案（规划间或规划下的活动间）的高、中、低三个优先级。

6）评估实施能力

再好的方案也需要考虑其可实施性。有些方案会比别的方案更难或更易实施。这取决于一系列前提条件和管理安排。

层次分析法可作为多因素决策的有用工具，在这些因素不能量化为成本效益时尤其如此，无论涉及的评估指标和备择方案有多少。在公民偏好不可描述（阿罗不可能定理）、成本效益难以量化、拒斥专断（拍脑袋）决策、常规因素分析法（专家对评估指标的具体数值打分）有明显不足的情况下，层次分析法提供了一个相对理想的理性基础的决策方法。该方法也具有矫正贴现现金流量法缺陷[①]的重要潜力。对于优化资源配置和促进资本预算（决策）朝向民主化方向发展而言，也是如此。

9.2.3 财政归宿

支出归宿分析是指对公共支出分配效应的研究，通常是指受益归宿研究，有时也包括替代效应的研究。

预算不可避免地产生赢家与输家（尽管并非预算的目的），无论收入面还是支出面，也无论当代人（群体间与辖区）之间还是不同世代之间。财政归宿分析源于对如下事实的关注：收入和支出在两个相反方向上改变了个人、家庭、群体和地区的相对经济地位。

然而，归宿分析传统上聚焦收入面的税负（转嫁与）归宿分析，对支出归宿分析的文献相对有限，分析方法的进展也比前者少，无论在整体收支还是其组成部分。税负归宿分析关注"谁为预算买单"，支出归宿分析关注"谁从预算中受益"。两者的对比才能产生财政利益分配的完整图像，包括静态的横向图像和动态的纵向图像。两者对于预算制定和财政政策调整都很重要，以达成更公平的财政利益分配和社会共识。

与税负归宿分析相比，支出归宿分析通常更复杂，也需要更多的技巧，数据要求也更高。特定问题之一是范围，归宿分析应尽量使用"广义公共支出"概念，即除了涵盖购买支出、薪金支出、转移和债务利息四个主要成分的常规支出外，还应包括未纳入预算的税收支出、政府贷款、中央银行损益（利润或损失）、特定基金，以及政府通过"政府控制企业"实施的替代性支出五类非常规支出。这些支出作为公共政策的工具，发挥着类似公共支出政策的作用，没有理由不将其纳入分析范围[②]，基于透明度亦应如此。公共支出中不应包括债务本金偿付，后者应列示为融资，无论在预算文件、财务报告，还是统计中[③]。

[①] 除了贴现率选择、通货膨胀调整、现金流估算和风险调整外，用现状作为对比的基线——设施运营现状会持续下去以至于引发明显的效率降低和成本增加。

[②] 支出归宿忽视这些支出可能不会影响整体的归宿分析，但可能会影响支出再分配程度（基尼系数）。例如，如果税收支出主要是累进所得税，那么，支出归宿的基尼系数将会降低。

[③] 将债务（偿借与偿还）混同（列示）于"收入"和"支出"在中国背景下很常见。这是基本的常识性错误，也会误导分析与政策制定。债务作为融资项目应列示于平衡表中，收支则属运营表项目。

支出归宿分析的三个主要步骤需要清晰界定[①]。

1. 前期准备：确定分析期、分析框架、分析单元和收入计量

分析期大致有年度、终生和世代三种选择，各自需要不同的分析单元、数据来源和方法[②]。分析框架分为局部均衡分析和一般均衡分析，前者计量直接受益（收入与效应增加），后者一并计量间接效应[③]。收入应界定为个人收入+政府支出−纳税[④]。分析单元可以是个人、家庭、群体和辖区，也可以确定为低收入阶层[⑤]。公平概念与支出是否或多大程度上惠及穷人密切相关。

2. 将支出归属于各个受益人组别

现金转移（补助）可直接鉴别受益人，某些商品与服务（如中国背景下的经济适用房）也是如此。但国防、法律、警察等社会平均受益的支出，难以追溯到特定的受益人，可按各个组别作平均分配。基于公共支出应致力于保护社会弱势群体的理念，妇女、儿童、残疾人、穷人、少数民族与族群及偏远地区，应受到特别关注。

支出的适当分类也很重要，因为不同支出的受益特征很不相同。据此，可区分为一般支出（假设平均受益）、特定支出（可直接追溯到特定受益者）[⑥]和债务利息支出三个主要类别。债务利息支出既不用于转移（补助）也不用于购买。

非常重要的是，利益归属分析中，必须剔除受益者的参与成本，包括由参与者负担的管理成本。包括减贫规划在内，在设计或实施不良时，许多支出规划都会给贫困阶层及其他受益者带来各种参与成本，包括满足各种资格、填写表格和申报等花费的时间与资源损失。

3. 选择和应用再分配指数

最常用的是基尼系数，可应用于整体或部分政府开支再分配效应的总结性计量，也可应用于全球范围。全球公共开支的规模非常庞大，但其受益分布极不平衡。基尼系数的临界（警戒）值约为0.4，越高表明受益分配差距越大，暗示现行政策需要向公平分配方向调整。

归宿分析的独特性在于：一是鉴别支出带来的"益处"，二是再分配效应。益处可以用福利概念计量。政府通过公共支出涉及的服务交付和直接的现金转移两种基本方式

[①] Shah A. Public Expenditure Analysis.Washington D. C.：The World Bank Publication，2005：82.

[②] 年度分析通常以家庭为单元，采用实际数据；终生分析适合以个人作为分析单元，使用终生收入数据，需要计算个人在其终生中每个年度的归宿，涉及支出利益在年度间的分配，这在政府购买支出上会产生复杂性。购买支出既包括经常支出（商品与服务购买）又包括资本支出（道路修建等）。

[③] 公共支出规划的间接效应通常非常广泛，减贫的间接效应包括：人力资本（技能提升）、社会资本（互助网络）、妇女赋权、农业生产率、自然资源与环境、组织机构与政策。间接效应可能是正面的也可能是负面的，在归宿分析中均须仔细鉴别。减贫的直接效应是家庭收入与资产的变化。

[④] "收入"概念十分复杂，依其形式（如货币与非货币收益）与来源正确分类很重要。

[⑤] 就方法论而言，以个人或标准家庭（根据血缘、年龄和婚姻给定）概念作为分析单元最为适当，因为最接近对支出受益的真实计量。真实计量还要考虑剔除规模经济（收入被其他人分享）的影响，以保证收入或资产的变化中真正来自政府支出影响的部分。归宿分析通常需要按年度收入将家庭分为不同组别，并假定组别内的每个人平均分享政府支出利益。

[⑥] 转移支付、教育和医疗等购买支出追溯到特定受益者相对容易，因而可归入特定支出。转移支付需要区分针对企业与个人的部分。教育支出可区分为学前教育、初等教育、高等教育、职业教育和在职教育。

影响受益者的福利，两者代表政府履行服务人民职能的主要方式，其相对有效性值得特别关注，尤其在中国背景下[①]。如果得到的是服务交付，福利通常用微观经济学中的"效用"概念计量[②]。

益处鉴别的困难主要体现在间接效应方面。支出的间接效应通常比想象得复杂，但不同支出类别相差很大。救济与养老支出非常明显：影响接受者的工作-休闲与储蓄-投资的选择。替代效应[③]分析本质上属于配置分析的范围，但因伴随支出的间接效应而来，归属到支出归宿分析的主题下亦无特别不妥[④]。

与权益（养老保障等）和减贫类支出不同（通常刺激偷懒和削弱竞争力），教育和医疗保障的间接效应具有广泛的外溢性、长期性和正面性，两者分别对形成与增进知识资本、健康资本多有裨益，并且也是知识经济时代经济增长的主要源泉。支出归宿分析可用于捕捉这些效应。相对而言，捕捉薪金支出、一般行政管理支出及法律与司法支出的效应较为困难，尽管非常重要。总体上讲，以目前的分析方法与工具，公共支出的许多间接效应难以通过支出归宿捕捉，反映了支出归宿分析的不完善与不成熟。其他问题包括数据来源[⑤]的限制。

归宿分析的特定问题也包括成本计量。与现金转移（1元就是1元）不同，受益者从政府服务交付的商品与服务中的真实受益，理论上要求采用"自愿付费"计量，但个人没有这样的动机，因为这些都是免费提供的，此时，可使用政府成本作为（个人）服务评估价值的粗略计量，尽管收入计量（政府支出对个人收入的影响）更准确。成本计量原则上应包括公共支出的管理成本，以及受益人承担的相关成本，但通常很少如此。

由于广泛且较长的溢出效应，教育、医疗和环保支出的"受益"（益处）的货币计量比有形商品更困难，也更不适当，但将货币收益以外的溢出效应包括在归宿分析中，有其合理性与必要性[⑥]。

鉴别受益的困难在跨代受益的支出类别上尤其明显。例如，债务利息，几乎不可能准确鉴别未来的受益者。在债务资金用于经常（当前受益）支出时，问题更为复杂，因为这意味着未来世代为当代人买单。代际税收和支出归宿分析称为纵向归宿分析，比横

[①] 除了权益（社会保障与福利）外，中国的产业补贴和"惠农"补贴也大量采用现金转移方式。现金转移和服务交付的组合提出了"政府如何更好地发挥作用"这一根本问题，与支出归宿这一主题紧密相连。两者的边界应如何划分，即何时采用现金转移好、何时采用交付服务好，也攸关政府职能的合理化。

[②] 通常用"消费者剩余"或社会福利函数作为分析工具，但其实用性和主观性一直存在争议。

[③] 微观经济学分离了税收和支出的两种不同经济效应，即收入效应和替代效应。前者指财政措施影响购买力进而影响行为，后者指财政措施影响相对价格进而影响行为。资源配置受相对价格的引导，替代效应因而成为配置分析的焦点。税收的超额负担亦源于替代效应，但支出面的替代效应和超额负担很少被关注，尽管某些情形下非常严重，"不当高福利养懒人和削弱竞争力"就是如此。这是福利国家普遍面临的问题，中国背景下的"贫困县政策"（贫困县享受许多财政优惠与援助）亦为经典例子。

[④] 配置分析关注效率，归宿分析关注公平。公共支出同时影响这两大目标。

[⑤] 三个主要的数据来源可用于归宿分析：公共财政账目、国民收入核算系统和统计数据。国民收入核算系统提供经济与财政总量数据，并不提供详细的支出分类数据，因而不适合分析支出规划的分配效应，但有助于整体的政府支出归宿分析。

[⑥] 如果将税收的超额负担纳入税收归宿分析中，那么支出归宿分析更有必要纳入溢出效应的计量。支出面溢出效应（如教育对公民素质的提升）比计量税收的超额负担更困难，因此，两类归宿分析计量都忽略间接效应，可简化分析，但影响准确性。

向（同代人之间）分析更困难，但有其意义与价值，尤其在可持续发展和包容性发展理念逐渐兴起的背景下。

9.2.4 财政偏好与激励

民主治理要求公共预算与财务管理必须致力于促进广泛的公共利益。推论起来，公共利益的基本元素是公民的财政偏好。这是基本配置分析的关键方面和最高指导原则。

然而，信息不对称和激励不相容的综合作用，阻碍了基于公民财政偏好的支配配置，集权式体制尤其突出。

1. 财政偏好信息不对称

公民与政府间的财政偏好信息不对称非常严重，政府内部纵向各层次之间、核心层与支出（一线运营）机构之间也是如此，后者涉及支出配置的战略优先性——财政偏好信息的近似替代。相对于核心部门而言，支出机构享有重要的运营（结果链）信息优势，包括纵向（投入-产出-成果）和横向（哪些活动量有助于促进目标产出与成果）相关性两个方面。这些信息对于核心部门建立支出配置的战略优先性非常重要，但支出机构没有动力提供这样的信息，它们的主要动机在于获得尽量多的预算份额。依赖等级式治理也难以解决问题，因为交易成本太高。

偏好分析因而应关注实际的支出配置对于财政偏好的吻合/偏离度。即使在视投票箱民主为民主政体首要特征的发达国家中，预算决策也往往与民意有很大出入。但投票箱民主机制也有助于约束和引导决策者对公民关切的利益与目标负责。

一种方法是直接计量公民的财政偏好，发达国家付出了大量努力并取得积极进展[①]。另一种方法是模拟市场价格机能，即改进公共服务定价。更根本的是改革涉及财政分权与自治，以及增加支出机构的管理灵活性，让其在某种程度上对结果负责。

2. 激励不相容

政府内部的激励不相容是阻碍朝向偏好基础支出配置的另一个原因，支出分析和公共支出管理因而应关注动机问题。公共机构与官员缺乏以合理成本交付服务以满足公民偏好的合理动机，这在机构层面尤其明显。支出机构拥有信息优势，但不能确保他们以最佳的方式实施其预算规划，从而以最低的成本达到期望的结果。救济之道包括：公开财政账户及其问题；公开财政审计及其问题；财政账户和审计受监督的程度高；组织产出的清晰性；在提供产出方面的可竞争性；机构负责人的任期制及其与下属间显性或隐性的绩效合同；绩效审计的程序及其公开性；客户调查的使用。

支出机构有效提供服务的能力依赖于对预算资源流量的可预见性[②]、良好的公务员

[①] Koford B C. Public budget choices and private willingness to pay. Public Budgeting & Finance, 2010, 30（2）: 47-68; Blomquist G C, Newsome M, Stone D B. Public preferences for program tradeoffs: community values for budget priorities. Public Budgeting & Finance, 2004, 24（1）: 50-71.

[②] 除非支出机构能够在某种程度上预知下一年度可以得到的预算，否则就无法制定确定的规划，因此也就不能制订有效的分配方案。对主要的部门规划进行定期的事后评估公布评估结果，可以使支出部门对其在中期框架中承诺生产的产出更为敏感。

招聘和晋级机制[①]。概括地讲，预算资源的运营绩效依赖于支出机构的相对自主性、机构能够对绩效负责的程度、进入部门预算的资源流量的可预见性、机构官员的能力、招聘和晋级基于其才能的程度。绩效预算的信息应被用于改进而非代替决策者的决策制定责任。绩效信息只是决策制定中的因素之一。

政府高层对公众利益的关注通常强于一线机构的关切。如果确实如此，支出分析应致力于发现这样的制度安排，让支出机构的激励与政府高层相一致。可以鉴别两种主要的机制，即财务激励和绩效评价。两者都可以设计出很多具体机制，包括退休预备金机制[②]。

另一种激励不相容可称为行为扭曲。援助与转移支付作为"免费午餐"招致的行为扭曲。提供方和接受方都存在此类扭曲，一方面，提供方可能提供没有真实或紧迫需求的援助或转移支付，只要对自己的狭隘利益有好处。另一方面，接受方自然乐意得到这些援助与转移，并且容易形成依赖性。例如，中国背景下的"（国家与省级）贫困县政策"，以及转移支付中的"跑部钱进"。支出分析因而需要特别关注这个方面。

➤ 本章小结

- 预算分析的范围十分广泛，包括诸多特定问题。更好的信息和分析并不会自动带来更好的预算，但是做出重要决策的基础。检验一个政府的预算编制和执行的方式是否得到了改进，就看它是否能使人民生活得好、发展得好并实现自己的梦想。
- 分析给定目标的当前政府战略——开支规划、税式支出和法规等——相对有效性或成败得失，包括分析当前战略能否实现预定的战略目标，对于改进运营绩效、消除问题规划和增强应对未来挑战的政府能力提升至关重要。
- 宏观预算（财政政策）分析关注宏观经济框架的适当性和财政可持续性，前者作为检验有关假设或筹划间是否达成一致性的工具，主要涉及宏观经济增长、财政赤字、付款余额、汇率、通货膨胀、信贷增长、公私部门比例、外部借款政策等方面的内容。所有政策目标与财政（约束）目标的收敛性依赖反复磨合。财政目标亦应在中央和地方政府间区分开来。
- 预算分析尤其关注预算政策的有效性。为使预算分析更有用，以下要求须被满足：分析与分析报告应是准确、健全、及时和可得到的；应经常注意与媒体、政策制定者和公众的交流与接触；应用性预算分析强调研究报告的简短、清晰与迅速及时——这决定了只能由分析者而不是学术研究人员准备这样的报告。
- 配置分析包括动因分析：谁为何得到这么多预算拨款。据此可界定内部（机构）驱动和外部（党派和公众）驱动模型。
- 理解财政政策对国民经济影响的最好标尺是预算盈余或赤字。赤字意味着政府需要

---

① 最糟糕的情形是，晋级和招聘只是以政治上的人事关系和影响为基础。在此情形下，高薪只会倾向于那些最擅长人事关系的人，而公务员把主要精力集中在建立人事关系方面而非有效完成任务方面。参见：Campos E, Pradhan S. Budgetary institutions and expenditure outcomes: binding governments to fiscal performance. Policy Research Working Paper, 1996.

② 如果在退休前没有犯错（腐败等），那么退休时可以领取一笔可观的奖赏；如果犯错，将拿不到。如果设计得当，这种激励机制的效果强大。

从私人部门那里借钱,但政府从私人部门那里并不能借到任意数量的钱。这个事实本身对利率、通货膨胀和长期经济绩效具有重要含义。

- 为了确定政府必须有从私人经济体那里借钱的数量,预算赤字必须基于对联邦总支出和总收入的评估来计算。
- 财政影响分析即财政效应分析,聚焦作为一次效应的财务变化(宏观效应)和作为二次效应的行为变化(微观效应)。
- 运营分析有时称为项目(规划)评估,一般采用覆盖项目生命周期的成本效益分析。大型建设工程(如三峡工程)还要评估项目计划和文件,需要统计和工程技术方面的专业能力。
- 项目评估有两个模式:目标导向的经典模式和结果导向评估。后者只关注实际结果如何,不要求联结目标。一般看法是:经典方法为主、结果方法为辅。
- 大数据时代和信息革命已经大大降低了转换和评估信息的成本,使数据的迅速传播和实证分析成为可能。这有利于增进预算分析和透明度,进而增进预算、会计、审计——更一般地讲是公共预算与财务管理的整体能力。

➤ 本章术语

预算分析　公共资金的机会成本　部门分析　归宿分析　宏观分析　配置分析　运营分析　风险分析　财政政策筹划　财政乘数　可持续赤字　挤出效应　综合赤字　财政约束比率　平衡表净值　经常账户赤字　基本赤字　运营赤字　现金赤字　承诺赤字　承诺基础赤字　结构性赤字　r系数　市场化指标　成本效益分析　结果链模型　贴现现金流量法　投资回收期法　最低费用选择法　物有所值评估　净现值　内部收益率　层次分析法　财政归宿　税收归宿　支出归宿　常规支出　非常规支出　规划结构　公共部门比较值　货币价值评价　财政偏好　激励不相容　跨代效益　代际归宿　财政影响分析　经济影响分析　财政筹划　预算的宏观经济框架　预算赤字　发言权机制　预算提案　预算指南　规划评估　准财政活动　统一预算　财政影响分析

➤ 思考题

1. 如何理解"预算授权直接对行政部门产生法定义务"?
2. 预算分析有哪八个主要议题?分别关注什么?
3. 为什么预算分析对于政府和公民都很有价值?
4. 预算的宏观财政政策分析涉及哪两个主题?
5. 为什么一致性分析是稳定政策和财政调整的关键方面?
6. 综合赤字、基本赤字、运营赤字和经常赤字的相互关系是怎样的?各有何作用?
7. 为什么计算赤字时,最好使用核实阶段定义的支出?
8. 判断财政可持续性的主要方法有哪几个?
9. 为什么财政政策的一般目标并非特定的赤字水平,而是财政可持续性?
10. 配置分析的要点有哪些?理论标准是什么?三个标准步骤分别是什么?
11. 为什么r系数对于促进资本支出与经常支出间的整合很重要?

12. 用来判定政府干预适当性的市场化指数有哪五个?
13. 实践中的成本效益分析至少应把握哪五个关键要点?
14. 公共项目择优与私人项目择优的标准有何关键差异?
15. 层次分析法对专家打分法做了怎样的改进?
16. 为什么债务本金偿付不应列示为公共支出,而应列示为融资项目?
17. 公共部门比较值的用途是什么?
18. 支出利益归属分析中,为什么应剔除参与者的参与成本?
19. 支出归宿分析的三个主要步骤分别是什么?
20. 如何区分支出归宿分析的直接效应和间接效应?
21. 为什么财政偏好是基本配置分析的关键方面?
22. 政府内部的激励不相容如何阻碍了朝向公民偏好基础的支出配置?如何克服?
23. 如何判断财政赤字的维持能力?

第 10 章 预算分析（下）

与理想财政成果的四个层次（公共预算与财务管理的四个关键目标）相对应，预算分析涵盖宏观预算分析、配置预算分析、微观预算（运营预算）分析和财政风险分析，财政风险与法定合规性分析密切相连。财政风险的关键方面之一是受托人风险，即财政代理人偏离委托人关切的目标与利益（嵌入法定预算授权）的可能性。本章讨论基于预算授权的法定合规性分析（也称一致性分析），以及一系列特定的分析议题，如预算融资的适当性、预算指南分析和预算体制评估[①]。

■ 10.1 法定合规性分析

法定合规性分析也称预算偏离分析，旨在鉴别行政部门实际执行的预算与立法机关预算授权的吻合度或偏离度，分为差异计量、差异解释（比前者更复杂）和控制建议三个基本部分。预算偏离是指预算执行结果与立法机关预算授权间的偏差，涵盖财务偏离、政策偏离和行政偏离，这是公共预算与财务管理领域中受托人风险的三种基本形式[②]。这一分析的重要性根植于民主治理的一个核心理念，即行政治理必须置于立法机关法定授权的约束下。在行政治理成为现代公共治理"心脏"和自由裁量权巨大的背景下，尤其如此。

10.1.1 对预算授权的遵从

预算执行的基本要求是合理保证预算实施遵从立法机关的预算授权，涵盖收入征集授权与支出授权两个基本方面，涉及主要由国库部门、财政部门和支出机构承担的一系列职责[③]。两个基本方面都可能出现偏离，涉及以下四个特定问题。

[①] 典型的不适当融资包括：用公共债务为经常支出融资，用资本收入（如销售土地或处置其他长期资产）为经常支出融资。用一般税收（全国纳税人分担）为特定辖区受益的支出也有类似问题。

[②] 预算执行的三个关键方面分别是财务、政策和预算事务的行政管理。民主治理确立"行政部门对立法机关负责"的受托责任框架。受托人风险是指行政部门背离立法机关预算授权的风险，反映行政部门追求的目标与利益和立法机关期望、约束其追求的目标与利益间的冲突。

[③] 有效实施预算要求国库部门根据合同付款、避免提前付款、精确追踪未来到期的付款信息、及时征集收入和降低债务融资成本；还要求支出机构关注政策实施和预算事物的行政管理，以及财政部门关注政策实施和预算执行控制。

（1）政策偏离、财务偏离还是预算事务的行政管理偏离？
（2）偏离的程度、范围与时间？
（3）偏离的原因、性质与责任？
（4）偏离控制的程序、机制与有效性如何？

政策偏离是指政策实施结果对预算授权的偏离，尤其是政策优先性和政策重点的偏离，也包括时间上的延误或提前。财务偏离是指预算变量的实际结果对预算授权的偏离，主要包括金额、时间、进度上的偏离，还可区分为收支偏离和现金流偏离[1]。

预算事务的行政管理也可能出现偏离，涉及预算执行中支出部门的一系列核心职责[2]。正如预算几乎从未得到严谨细致的准备和审查外，许多发展中国家，包括中国在内，通常很少将行政偏离纳入"预算执行"（一致性）分析概念中，政策偏离也是如此。

财务偏离分析关注收支进度和总额偏离，预算文件和决算报告的总量信息相对充分。中国当前背景下，支出进度分析尤其受到重视，涉及财务控制这一预算的首要职能：强调对公共资源的支出进行法律、行政和其他方面的限制。预算控制通常被看作政府履行对纳税人受托责任的基本机制[3]。预算授权提供了预算控制的最高基准——在法定财政年度内就是如此。"最高基准"意味着除非绝对必要且适当，否则即应确保行政部门对立法机关预算授权的遵从；还意味着最高预算授权在财政规制体系中的最高地位[4]，也意味着年度预算法的地位高于税法[5]。至少，预算授权提供对收入用途的约束。如果对收入的用途没有约束，收入就变得等同于政府决策者的私人收入[6]。基于预算授权的法定控制，也与权力制衡（限制行政裁量权滥用）的诉求密切相连。更一般地讲，容许过度与不当偏离将损害和扭曲公共预算与财务管理的所有功能及目标，因为它们都直接或间接地依赖或来源于预算授权。许多国家立法机关预算授权的质量不高，形式多于实质，但这一事实不应导致矮化、损害或扭曲预算授权的最高规制地位。至少在（民主与法治）形式优先于实质[7]的意义上，预算授权的这一地位必须得到尊重与保障。

---

[1] 不应将"收入""支出""赤字"分别混同于"现金流入"、"现金流出"（付款与投资）和"现金余额"。出于各种原因（包括将拨款记录为支出），差异可能很大，即使预算采用现金会计基础也是如此。权责预算下的差异更大。不同会计基础下的"收入""支出""赤字"含义相差很大。"支出"概念在支出周期的不同阶段也有不同含义。特定含义的差异加剧了预算分析的困难和复杂化。

[2] 支出部门在预算执行中的核心职责包括关注政策实施和预算事务的行政管理两类。后者涉及处理支出周期各个阶段的事务，主要包括：向下属单位分配资金，支出承诺（签订合同和发出采购订单），购买、采购商品与服务和核实交付，准备支付申请和在分散（非集中）化支付系统中办理支付，准备预算执行进度报告，监督绩效指标，保持银行账户与会计记录。

[3] 受托责任依赖控制。控制系统中的投入很容易被量化（为现金支出），从而可以用标准现金基础会计和技术方法管理。

[4] 财政规制的清单很长，如法定支出（法律法规确定的强制性支出）、专款专用、无经费的任务。

[5] 税收法定主义不能自动适应预算领域。征税合法性和正当性依赖税法和预算授权两个条件的同时满足。缺乏任何一个都难以去除武断和专制课税的嫌疑与污点。

[6] 布伦南，布坎南.宪政经济学.冯克利，等译.北京：中国社会科学出版社，2003：31.

[7] 形式民主与法治优先于实质民主与法治的事实与合理性，无须刻意证明。例如，没有爱情（婚姻的实质）可以结婚，但没有领取结婚证（婚姻的形式）不行。作为法定授权的预算授权为公款管理的三条底线之首要底线——形式意义上的底线。形式与实质的关系在所有人类事务中具有普遍意义，处理两者关系的基本准则，是"形式（优）先于实质、实质重（要）于形式"；民主与法治亦无例外。公款管理的另外两条底线分别是权责分立，以及公款动用处于立法机关有效监督之下。

预算授权的真实含义应予明确，立法机关批准行政部门的预算申请、授予其财政权力与资源以使其产生义务。授权的直接目的是约束行政部门产生法定义务，即财政承诺意义上的法定义务。财政承诺包括收入（征集）承诺和支出（决定）承诺。授权一旦做出，行政部门即须面对这些义务，没有履行不履行、提前或延迟履行的自由裁量权，也就是说，没有不作为或乱作为的裁量权。因此，偏离预算授权的情形需要及时和准确鉴别，这是一致性分析的原则性任务，无论基于限制权力还是贯彻政策的考量。

在限制权力的意义上，预算授权作为立法机关对政府行政部门的法定约束，不仅约束行政部门基于支出周期的预算执行控制，也约束行政管理者报告所有公共资金账户信息，并通过预算比较报告[①]（预算执行与决算报告）将实际数与预算数进行比较，包括比较收入、支出和基金余额的实际数与预算数，以此作为基本财务报表的组成部分；预算文件作为约束行政管理者活动的法定文件，也须借助预算会计加以准备和证实其法定合规性[②]。鉴于轻易和随意的预算偏离将招致很高的受托人风险，确保遵从预算授权尤其重要。

预算授权的首要（控制）功能虽然是防御性的（限制权力），但在贯彻政策和规划管理的意义上，也包含积极授权和效率价值[③]。

10.1.2 从计划型到控制型预算

一致性分析的必要性与重要性源于对预算授权的遵从。不仅遵从立法机关的预算权威，也遵从预算制度的控制功能。公共预算与财务管理的所有功能与目标都依赖预算控制。预算授权提供预算控制的最高基准，但在实践中，许多国家的预算执行没有伴随有效的控制措施，使实际执行的预算与立法机关批准的预算明显脱节，导致预算在很大程度上变异为计划型预算（即"计划"的同义词），从而在很大程度上弱化了控制功能。

区分两类预算很重要。预算依其目的与功能分为计划型预算和控制型预算两类。前者用于确定（政策与规划）目标及相应的资源配置，后者用于查证与修正差异（实施控制的前提条件）。一致性分析的直接目的在于查证差异，即偏离预算授权带来的差异。有效实施预算因而可解读为将计划型预算转换为控制型预算的过程。立法机关批准计划型预算后，行政部门将着手将其转换为季度控制型预算。转换应在财政年度开始之前准备。

对于查证差异而言，有必要区分展望期、预算期与控制期三个概念。展望期即"中期"财政规划期，通常包括下一个财政年度在内的未来2~4年；预算期指法定财政（预算）年度；控制期指特定财政年度内部实施预算控制措施的周期，基本控制期应确定为

[①] 中国背景下是指年内预算执行情况报告和年度决算报告。两者都很粗略，很少提供法定合规性方面的关键性细节信息，如付款迟延、预算超收、拖欠、年末现金结余和突击花钱等。

[②] Wilson E R. Accounting for Governmental and Nonprofit Entities. 15th ed. New York: McGraw-HILL/Irwin, 2010: 75-531.

[③] "好政府"不只是"安全的政府"，也是"积极作为"的政府。两个范式的融合奠定了"有效政府"范式的基石。为公众利益而积极作为的政府很难与专制政府画等号，前者依赖积极授权（行动领域）而非消极授权（行为领域）。预算授权机制的精心设计与实施，可以且必须兼容积极与消极授权范式，无论财务还是政策层面。一致性分析必须涵盖以上两个关键方面。

季度和月份，分别针对预算实施计划和现金计划。预算事务的行政管理则应在日常基础上进行控制。

作为一般规则，计划型预算须按预算期编制与实施，控制型预算通常按季度编制与实施。简言之，作为记录预算授权的预算文件应按年度编制、按季度控制，包括按季分月的现金流控制。控制型预算必须与计划型预算相一致，两者均应滚动（循环）进行。这是"转换"（计划型转换为控制型预算）一词的准确含义。

包括中国在内没有适当转换机制的国家，实际上没有真正意义的控制型预算。在这种情况下，计划型预算变异为纸面预算的风险很高，预算文件展现的只是理想和决心，而非可信、可靠和相关（与预算授权一致），以致良好的意愿与客观结果之间往往存在鸿沟。要使预算成为解决复杂经济社会问题切实可行的工具，使预算展现可信、可靠与相关，远比展现理想与决心重要。

控制型预算的缺失还会导致多重预算。对法定合规性的遵从要求确保行政部门的预算执行与立法机关的预算授权相一致，这就要求有适当的控制机制，以确保将计划型预算转换为控制型预算。多重预算包括"黑箱预算"、"现金预算"（配给）[1]、"非财年预算"[2]及其他预算。中国背景下都很普遍。多重预算至少带来忽视与漠视预算授权、损害预算的控制功能两类问题。

10.1.3　查证与控制差异

技术层面的一致性分析包括三项内容，每项内容都应区分为财务差异、政策差异和（预算事务）行政差异三个类别。其中，财务差异应区分收入、支出和现金流三个基本要素。即使在现金会计下，预算报告、财务报告和官方统计报告中的收支概念，也与现金流概念不一致。现金流分为现金流入、现金流出和现金余额。财务差异的每个要素都涉及金额、时间和进度上的偏差。立法机关的预算授权通常不会十分详细，但年度预算授权必须分解为年内各控制期的控制目标，且各控制期的控制目标必须与年度授权一致，以确保在法定授权的基础上实施预算控制。

1. 差异计量

差异计量是指计量实际与目标（预算授权）间的偏差，应尽可能量化。相对而言，财务差异的计量更容易，涉及"控制数"与"实际数"的对比。偏离的幅度可设定"高度偏离"（大于20%）、"中度偏离"（5%~20%）和"低度偏离"（小于5%）三个等级。比较的基准就是预算授权。为此，预算授权必须满足"正式"（形式）和"明确"（实质）两项基本要求，后者涉及金额、类别、对象、时间和进度的清晰界定。

差异计量应按如下五个步骤依次展开：①界定差异要素；②确定每个要素的控制目

---

[1] 现金预算程序是指现金调拨取代预算程序和报告的作用，即并非依据预算授权调拨资金，并且现金调拨并不处于立法机关的有效监控之下。

[2] 预算文件中记录的"收入"、"支出"和"现金流"（流入、流出与余额），很大一部分形成于预算年度之外。例如，动用以前年度结余、本年度结余转入未来预算年度使用、上年度的税收拖欠在本年度收回使用、本年度的支出用于偿付以前年度的拖欠等。因为预算授权的两个基本方面（收入征集授权和支出授权）都对应特定财政年度，那些并非形成于该年度但在该年度发生的资金与事项，就隐含了偏离预算授权的高风险。

标（分解预算授权）；③将实际与目标比较以确认差异；④确定每个差异对预算授权的影响；⑤差异分类（区分"正常""基本正常""不正常""极不正常"）。

差异要素应区分为财务差异、政策差异和行政差异三类，分别涉及国库部门、财政部门和支出部门的职责。行政差异是指具体工作（任务与决策权的组合）层面的差异，涵盖支出周期各阶段中预算事务的行政管理，暗示支出部门没有按预算授权所预期的那样开展工作。政策差异尤其关键，因为预算执行的成败主要取决于政策目标、重点与优先性，是否如同预算授权所预期的那样得到保证。因此，任何明显不利的政策差异一旦出现，即应特别关注并及时报告。

差异计算是一项重要且具有高度技巧性的工作。其差异信息锁定了控制和行动的方向、重点和目标。如果不计算差异或者差异计算很糟糕，预算很容易变为没有控制的游戏，因而也没有人真正在乎实际与预算的偏差。既然如此，何必劳神费心准备昂贵的预算？又如何能够运用预算确立国家战略与政府政策优先性，从而推动治理和驾驭未来？

2. 差异解释

差异解释比差异计算更为困难，造成差异的原因往往十分复杂。解释差异的目的主要在于判断问题的真正根源而非追究责任。如果没有自动识别差异原因的固定程序，差异原因的判断在很大程度上依赖于经验、智慧和专业知识。

复杂性部分地体现在差异发生的部门通常并非真正的原因所在。例如，支出或支付进度很可能源于支付系统的低效率，糟糕的天气（导致无法如期施工），或者基本制度安排的脆弱性。不同差异间的相互影响也使责任追究变得不可行。例如，（转移支付）资金拨付太晚（财务差异），导致规划实施延迟（政策差异）和相关的行政延迟；预算执行中随时可能实施新政策、新规划，也可能导致预算实施面目全非（与预算授权相比）。

尽管具体原因十分复杂，但差异形成与积累的基本原因通常只有如下四个：①执行不力；②计划差异，通常源于预测失败和模拟失败[①]；③计量差异（计算出错）；④随机差异，如官员在工作中随机表现出来的优缺点。作为控制建议，执行差异指向改进预算执行力，计划差异指向改进预测模型和预算审查质量，计量差异指向改进计量方法和程序，随机差异则无须调整。

3. 差异分析报告

一致性分析的直接成果是提供或发布最终的差异分析报告，也可称为控制报告。每个季度一开始，即应形成上个季度的差异分析（预算执行与决算）报告，还应有半年度和年度的控制报告。

中国当前通常称为预算执行报告和决算报告，通常偏重报告财务差异，政策差异和行政差异很少出现在报告中，隐含预算文件仅仅作为"财务文件"，而非"政策文件"和"管理文件"的不当认知。此类报告的准确名字应称为"（实际与预算）比较财务报告"，不应与差异分析报告混为一谈，差异分析报告包括五个要点：报告差异（财务、政策与行政层面）大小、性质（正常与否）和出现的时间；区分且报告可控差异与不可控差异

[①] 制定预算和预算授权要求对未来财政年度内外环境进行正确模拟，但错误模拟的风险通常很高，如相信工程和付款都会如期展开、公共设施都会被充分利用、突发事件几乎不会出现、收入征集效率与过去一样高等。准确模拟不确定性环境总是困难的。

（不要求任何人负责）；报告差异造成的影响（对全年的预算授权与预算目标）；分析差异的成因；提出简要建议。

分析报告不应只是定期重复计算和查证差异，还应努力找到差异发生的真正原因（除非查证成本过于高昂），尤其应报告特定事件引发的大额综合差异，如突发事件在政策、财务和行政层面造成的综合影响。

以上讨论并未涉及行为层面，但法定合规性分析不应忽视腐败和舞弊。两者都是严重违反法定合规性与行政合规性的主要形式[①]。

10.2 特定议题

10.2.1 支出融资适合性分析

特定类别的公共支出适合采用怎样的融资方式？专款专用在何种情形下才是适当的？这是支出分析的一个特定领域——适合性分析——关注的问题。

公司财务管理中普遍运用的财务匹配原则，对公共部门也是适当的。这一原则有如下三个含义：①长期资金运用应配合长期资金来源，短期资金运用应配合短期资金来源，这是时间匹配性；②股权融资比债务融资更适合高风险投资，债务融资比股权融资更适合安全投资；③负债应与资产相匹配（平衡表），收入应与费用相匹配（利润表）。这些原则不应机械地应用于公共支出，但其基本的合理性仍是适用的。

据此，支出融资的适合性分析关注以下几个方面。

1. 资本预算：资本支出对应资本收入

资本支出的定义与解释因国家而异，但一般应与国际通行的国民收入核算体系保持一致。据此，资本支出是指获得土地、设备、其他实物资产和无形资产、政府存货，以及高于最低价值且被用于生产过程超过一年的非军事和非财务资产；所有资本支出以外的支出被称为经常支出。资本支出中也应包含资本性转移支付（有时也称资本补助），即接受方为取得非金融资产、补偿资本资产毁损、增持金融资本、清偿债务或弥补损失，而接受的无须返还和无偿的转移[②]。

生产过程是指将资产用于服务交付的运营过程，意味着这些资产（根据定义）必须实际发挥作用。资产与服务的关系如同"母鸡"与"鸡蛋"的关系，资产本身并非目的，而是作为生产与交付服务的手段。确认这一健全的关系有助于防止盲目扩张、忽视充分利用资产的偏向，在绩效评价中也很重要。

---

① 腐败可最简单地定义如下：为谋取直接或间接的个人利益而对公共或私人职位的滥用。舞弊是指招致公共利益受损的任何故意疏忽的活动，涉及收入和支出面。支出面的三种主要舞弊行为如下：使用或报送虚假、不正确或不完全的报告或文件，造成拨款滥用或错误占用资金；不披露基于特定义务应该披露的信息，并导致相同效应；不按原来批准的意图而误用资金，并导致相同效应。收入面也有三种主要的舞弊行为：使用或报送虚假、不正确或者不完全的报表或文件，以致对非法减少预算资源产生了影响；不披露基于特定义务应该披露的信息，并产生相同效应；滥用合法利益，带来相同效应。
参见：Schiavo-Campo S, Tommasi D. Managing government expenditure. Manila: Asian Development Bank, 1999: 499, 504.

② Schiavo-Campo S, Tommasi D. Managing government expenditure. Manila: Asian Development Bank, 1999: 495.

以上是从会计和统计目的方面定义的资本支出，其经济学含义是受益期跨年度的支出；经常支出则是指受益期为当年的支出，如薪金、租金、水电费、会议费和通信费。无论怎样定义，资本支出都应被理解为形成资本资产的支出，在预算文件与财务报表中作为平衡表要素；经常支出则作为运营表要素。

根据财务配合原则，正常合理情形下，资本支出应以资本收入而不应以经常收入作为融资来源。这是复式预算的一个重要含义[①]。资本收入是指销售超过最低单价标准且用于超过一年的生产过程的非金融资本资产的收入，包括土地、无形资产、存货、固定资产（如建筑物与设备），以及接受的、非政府来源的、资本目的的无偿转移。基于财政可持续性和避免误导财务状况之目的，确保资本收入用于资本支出、避免用于经常支出，以及采用平衡表（存量法）而非单一赤字概念（流量法）进行预警与监测，都至关重要，如中国的资源枯竭型城市问题[②]。

2. 经常预算：经常支出对应经常收入

财务匹配原则也要求以经常收入作为经常支出的融资来源，这是复式预算的另一个方面。经常支出可简要定义为资本支出以外的其他所有支出，即不包括资本转移或取得土地、无形资产和政府存货的支出，也不包括非军用与非耐用、单价超过最低数额且被用于超过一年的生产过程的资产。经常性收入是指所有来自税收和其他无偿来源的收入，不包括补助、与土地、无形资产、政府存货与固定资产销售，以及资本性转移支付[③]。

3. 中长期负债作为资本支出来源

中长期负债是指偿付期超过一年（12 个月）的负债。公司部门平衡表中通常列示为长期负债，对应流动负债。资产与负债相匹配的原则，要求公共部门的中长期负债必须基于资本支出的目的，不应用于经常支出。中国 2015 年实施的预算法也做出此类规定。

4. 流动负债作为经常支出来源

流动负债也称经常负债，是指实体在常规运营过程中形成的、12 个月以内到期且需要偿付的、通常列示于财务报表中的债务[③]。所有的财务匹配原则奠基于经济学确立的受益原则，流动负债匹配（用于）经常支出也是如此。

10.2.2 受益原则与专款专用

指定支出用途的收入非常普遍，中国术语通常称为"专款专用"，实务上非常普遍，但很少纳入支出（适合性）分析的视野：为特定用途指定特定（资金）来源合适吗？即

[①] 中国 2015 年实施的新预算法取消了此前规定的复式预算。实际上，各级政府将资本收入（包括土地等资产销售）用于经常支出的情形相当普遍，容易招致恶化财务状况和财政可持续性。

[②] 20 世纪 90 年代以来，这些城市无节制地开发、销售资本资产与资源，政府从中获得巨额财政收入。在钱财（"横财"）滚滚而来的背景下，许多收入被轻率地花在经常支出上。净资本资产的锐减换来了财政收入的剧增，但寅吃卯粮的短视和麻痹注定好光景不会长久。这些城市在 21 世纪前 10 年中普遍陷入财政困境。主要教训有两个：必须有公共部门平衡表作为财政状况的预警监测机制，必须建立确保资本收入严格用于资本支出的程序；清晰准确地定义资本支出/收入、经常支出/收入非常重要。其他教训还包括复式预算体制的必要性和重要性不应被低估。

[③] Schiavo-Campo S, Tommasi D. Managing government expenditure. Manila: Asian Development Bank, 1999: 500.

便合适，需要怎样的治理安排？

受益原则的逻辑合理性和基础地位，在人类生活的各个领域都很难被质疑和动摇，尽管避免机械理解和僵化应用是必要的。在公共预算与财务管理和支出分析中应用受益原则的核心价值，在于为公共支出与财政融资间的适当联结确立概念基础。在财政世界中，财政融资（收入与债务）决策和支出决策固有的分离性特征，即由不同的财政实体在彼此分离的程序与责任机制下制定与实施，包含收益考量与成本考量脱节、受益者与负担者相脱离的双重风险。脱节损害效率和理性决策的经济学基础，也创设了腐败和腐败的空间；脱离则导致不公平，使负担者无法看清服务改善（或恶化）与其财政（纳税等）义务增加（或减少）的关联，从而带来抵触（义务）情绪。

支出融资适合性分析，有助于鉴别问题的严重性，而其判定标准就是基础的受益原则：①凡是可能且适当，受益者与负担者应一致；②凡是可能且适当，受益的期间与负担的期间应相一致。前者可称为横向受益原则，后者可称为纵向受益原则。两者为专款专用合理性的判断提供了概念框架。

据此，只有具有清晰的成本受益联系，并且服务提供给被精心鉴别的用户时，专款专用对于引导代理人改进绩效和促进成本补偿而言才是合意的[①]。另一个附加条件须满足：特定成本与受益的对称性和服务对象的清晰鉴别，均具有政策上的重要性（如代际平等）。后者涉及财政成本与收益在不同世代间的公平分配，对资本预算和复式预算具有重要含义（5.3.5 小节）。

中国背景下，多数非税收入和政府性基金并不满足这一要求[②]。合适性分析因而需要关注，即使指定特定（支出）用途是适当的和必需的，融资来源与方式的适合性和治理安排也需特别关注，中国背景下主要涉及范围广泛、规模庞大的公共收费，专款（特定目的转移支付）和法定支出。

公共收费有规费、使用费、罚没（罚没与没收）三个基本类别。这是专款专用清单中涉及的一个重要类型。适合性分析需要关注：在何种情况下和限度内，私人部门的成本补偿是适当的和必需的？公共收费是否应被用于特定用途？

规费分为行政规费（如申请证照）和特许规费（申领特许证）。使用费是指对公共设施（如公路）和某些公共服务（如供水供电与垃圾处理）的直接使用者支付的费用。在地方政府、城市与农村公共基础设施建设中，一个基本的问题就是，公私部门如何分担成本补偿的责任？

基础设施融资与成本补偿问题在地方政府中尤其突出，虽然具体答案相当复杂，但基本的受益原则在任何情况下都需要优先考量。受益原则尤其适合地方政府，但也适合中央政府的支出融资，一般要求是，一般受益应配合以共同负担（大致均等）的融资来

---

① Schiavo-Campo S. The budget and its coverage//Shar A. Budgeting and Budgetary Institutions. Washington D. C.: The World Bank Publication, 2007: 71.

② 中国真实的非税收入和政府性基金规模非常庞大，普遍欠缺良好的治理安排（包括法定授权和透明度）。

源，主要是指能力基础的税收（如所得税）；特定受益应配合以特定来源的融资，如受益税、使用费和规费。其隐含的逻辑基础是，固定成本（必要性）源于对一般受益的诉求，变动成本则源于特定受益的诉求。十分重要的是，一般受益的界定和鉴别，必须包含溢出效应和选择的价值[1]，否则可能导致低估前期投资（固定成本）的规模与价值。

据此，公共设施与服务的成本补偿的一般规则如下：固定成本由一般税收和中长期负债融资，由受益税[2]、使用费（由直接使用者补偿成本）和流动负债融资则殊为不当；变动成本由用户以使用费或政府短期负责融资，由一般税收（基于量能课税原则的税收）与短期债务融资则殊为不当。

殊为不当包括两类情形：特定受益者为所有人买单与所有人为特定受益者买单，两者都背离基本受益原则——受益人与负担者的脱节。前一种情形下，公共收费（公共定价的特定形式）构成对使用者的实质（但不公平）的课税；后一情形下，一般税收构成对使用者的补贴，两者都有违受益公平与等价交换原则。凡是没有提供或获得相应服务的公共收费，即使为使用公共收费之名，亦为实质课税，本质上属于行政部门自行（擅自）创设公民之财政义务的作为，不仅损害了经济效率，也与法治原则背道而驰，因而定义为"乱收费"甚为贴切[3]。支出的正当性并不自动带来支出融资的适当性，这是支出分析中需要关注的主题，尽管很少被关切。

在支出融资或成本补偿的适合性分析中，清晰区分设施或项目的固定成本与变动成本十分重要[4]。一般地讲，固定成本与"存在"相连，变动成本与"使用"相连。公共设施首先必须"存在"，支持一般（间接）受益，引发固定成本；其次必须被"使用"，支持特定（直接）受益——除引发变动成本外还可能引发外溢成本。

源于使用引发的外溢成本在许多城市十分严重，并引发与外溢成本内部化（谁引发谁负担）的支出融资问题。外溢成本分为拥堵成本、损毁成本和管理成本三类，每类都会招致额外支出，因而需要适当的融资来源加以补偿。受益原则在这里仍然适用，但需要得到成本补偿相关性原则的补充，成本应追踪到引发这些成本的对象上。由于外溢成本源于使用者（用户）的使用行为，由使用者补偿这些成本，而不是通过一般税收（以

---

[1] 公路等公共设施除了助益"交通与运输服务"外，还可带来广泛的经济与社会（如社交与社会融合）效益，即溢出效应，中长期尤其明显。选择的价值是指机会的价值，即使眼下没有直接使用这些（包括外地）设施，但仍然有选择使用它们的机会，只要这些设施"存在"。设施存在的价值不仅包括对设施本身的直接使用，也包括选择的价值，后者在相关文献中常被忽略，尽管它们都是投资决策中必须考量的重要因素。溢出效应和选择的价值也可能是负面的，如A市的人也难免到污染严重的B市（旅游或出差等）的影响。

[2] 受益税分为一般受益税和特定目的受益税，只要受益原则得到遵从，两者都是适当的。以燃油税为例，如果资金被指定为道路与运营，即为特定目的的受益税；如果未限定支出用途，即为一般受益税。受益税因而可宽泛地定义为对特定（可具体鉴别）受益人的征税。

[3] 公共财政领域中，法治原则的应用对行政部门设定了不可逾越的底线。不得自行向公民创设财政义务；公民的法定财政义务只应基于立法机关批准通过的法律。遵从法定授权和拒斥法外义务两项原则，为财政法治原则之精髓，两者都持守"法无授权不可为"之法治理念。以此观之，中国背景下的"乱收费"现象严重，范围比通常想象的大得多。

[4] 固定成本集中体现为设施或规划的前期投资；变动成本主要指维护与运营成本。这种区分只是短期的。长期内，所有成本都是变动成本。

及非流动负债)为其融资,显然是合理和必要的。相关性原则也称为成本动因原则[①],在实践中常被违反,但因非常隐蔽分散而很少被关注与重视[②]。

因此,公共设施的成本结构需要通过融资适合性分析加以鉴别,分为固定成本、变动成本和外溢成本三个基本成分。其中,以一般税收、中长期债务为固定成本融资较为适当;以使用费、受益税和短期负债(若需要)为变动成本融资较为适当;使用费的补偿范围应涵盖变动成本和外溢成本。公共收费结构或成本补偿体制的精心设计与实施,即使从支出分析的角度看也非常重要[③]。

广义的公共收费包括规费,共同之处在于遵循等价交换原则,这与政府性基金的成员问责性原则[④]区别开来,也与罚没收入理应遵循的充分惩罚和适度惩罚原则区别开来,并且不同于援助融资的援助人关切原则。这些原则的差异也界定了公共收费、政府性基金、罚没及其他专款专用预算间的区别。

支出融资的适合性分析依赖、也有助于促进这些原则,中国背景下这些原则无论在文献还是实践中,都很少受到关切与重视,误解与忽视很常见,如罚没融资的变异("创收"等)。在这里,正确的原则只有一个,即充分惩罚和适度惩罚,前者旨在制止背叛诱惑,后者旨在避免将惩罚目的变异为"创收"目的,即财政目的的规范压倒社会目的的规范[⑤]。

另一个特定问题涉及多重融资:预定用途的支出可以容许重复性融资吗?例如,在已经以机动车牌照税和公路通行费为道路养护融资的情况下,以道路养护为名而再对机动车车主征收牌照税,理由是否正当充分?没有简单的答案,但需要寻求一般原则的指导。无论如何,基于公平和效率的双重考量,除了受益原则和成本补偿的相关性原则外,拒斥重复融资原则也有必要作为支出融资的合理原则得到遵从。在这里,重复融资是指为特定支出用途而对相同使用者多重收费或课税。

支出融资适合性分析的受益原则、成本动因原则、充分与适度惩罚(罚没融资)原则、基金问责原则、援助人关切原则,以及拒斥重复征税原则,最终都可概括为人类文明生活的基本指导原则,没有人能够逃避其行为和角色所内生的责任。这是社会秩序和

[①] 成本动因,即引发成本及其变动的因素。成本动因原则也称成本非分摊性原则:凡是可能,成本不应作动因之外的分摊(补偿)。例如,公共设施的外溢成本既然确认源于过度(集中)使用,那么,由使用者承担这些成本就是适当的和必要的;免费使用只有在无溢出成本也无变动成本的情形下才是适当的。这是基本受益原则的引申含义。

[②] 该收费(拥堵、污染、损毁设施的情形)不(少)收费、不该收费多收费的现象,中国背景下很常见。节假日时,北京等各大城市免费出行(道路不收费)的政策,即为经典例子。加上强制和集中统一休假政策,人为造成公共设施溢出成本的代价其实十分高昂,每年"五一""十一"长假期间尤其如此。启示和教训十分深刻:即便是真正亲民的政策,也不可置高昂的社会交易成本于不顾。人类悲剧般命运的一个根源是,客观结果与主观意愿间存在鸿沟,但很少被内化于公共决策中,尽管这些决策影响公众利益和长远利益。正如美国当代经济学家萨缪尔森所说:良好的愿望,经常为通向坟墓铺平了道路。

[③] 王雍君. 公共经济学. 第二版. 北京:高等教育出版社,2016.

[④] 专款专用的基金模式不同于其他模式,由固定数目、共享利益、共担责任、预先缴纳基金份额的成员组成。基金需要定期提供财务报告,本身亦为财务报告的实体。

[⑤] 背叛诱惑原为博弈论术语,是指个人理性(如交通路口"闯红灯")与社会理性(如遵从交通秩序)间的冲突,遍及人类生活的各个领域,公共预算与财务管理中亦为高发区。

合作得以形成、展开与强化的终极原则，可以称为基本责任原则，对于约束和指导有意义的公共预算与财务管理与支出融资尤其合适。

然而，相对于市场或私人领域而言，基本责任原则在公共领域中的应用困难得多，也复杂得多。因为即使受益与成本完全对称、成本补偿严格遵从成本动因的技术方案切实可行，其可靠性和有效性也高度依赖良好的治理安排。主要困难并非令设施使用或服务接受方的成本与受益相对称，而在于成本受益的对称性很难约束收费方（行政部门）。让使用者为其招致的相关成本负责并不太难，让公共官员为其财政（融资）决策招致的成本负责绝非易事，在某种程度上也不适当①。

这就突出了适当治理安排的重要性。在"乱收费"和预算外资金盛行的环境中，治理安排更有其紧迫性。支出融资因而不仅需要回应"怎样花钱更好"，还要回应"如何拿钱更好"，而且经济合理性分析不应取代对治理安排适当性的关切，尤其在非税融资方面②，这一主题的详细讨论参见 11.2.2 小节。

10.2.3 分析预算指南

理想情况下，预算指南应作为预算准备、呈递和执行的百科全书。预算指南对各个政府都有价值，作为帮助制定预算的一个很好的出发点。许多国家缺乏基本的预算指南，以致许多公众和社区不能很好地理解预算问题及其重要性。一份设计良好的预算指南也可作为预算分析培训规划的基础。

常被援引的最佳范例是美国联邦政府著名的 A-11 预算指南（Circular No. A-11），全称为预算准备、呈递和执行指南③。以下是 2014 年美国预算与管理局编制的预算指南概要，涵盖"一般信息""概算的准备与申报""预算呈递""预算执行指导"四个部分。

1. 第一部分：一般信息

1）预算概要

（1）什么是预算？
（2）什么是预算准备的法定要求？
（3）预算应提供什么类别的信息？
（4）预算应覆盖哪些机构？
（5）预算过程何时启动？
（6）什么是中期展望？
（7）什么是核心财务机构？
（8）美国预算与管理局的责任和职能是什么？
（9）国库局的责任和职能是什么？

---

① 如果让决策者为其决策的后果承担全部责任，不作为就是最优选项；如果一点也不要求担责，自行其是和后果都将难以承受。因为这样的困境，受托责任机制的设计，就变得尤其重要。"市场治理"（以价格机制内化成本与收益）应用于公共领域并不可行亦无必要。

② "乱收税"的风险通常远不如"乱收费"和"乱举债"。非税融资的这两个主要方式更难置于良治框架之下，财政法治薄弱残缺的国家尤其如此。

③ 该指南由直属总统的预算与管理局于每年 11 月上旬发布。

（10）CBO 的责任和职能是什么？

（11）审计署的责任和职能是什么？

2）基本预算法

（1）哪些法律用于规范预算过程？

（2）为什么预算法和会计法很重要？

（3）国会怎样制定预算及预算如何被实施？

（4）什么法律用于规范预算执行过程及资金何时列支？

（5）2010年公共财务现代化法案的要求是什么？

3）术语和概念

（1）必须知道哪些特定术语？

（2）对预算授权需要知道什么？

（3）何时在何账目下应记录财政义务？

（4）对实际支出应知道什么？

（5）对收款、抵消性收款与征缴应知道什么？

（6）对现金等价交易应知道什么？

（7）对自由裁量支出、强制支出和现收现付应知道什么？

（8）对账户和基金类型应知道什么？

（9）联邦预算中的转移支付有哪些？

4）与国会和公众的沟通及清单

（1）保密的预算事项。

（2）国会的查证和沟通。

（3）对国会和媒体的材料清单。

（4）对总统的材料清单。

（5）公众可得的信息。

2. 第二部分：概算的准备与申报

（1）总体要求。向美国预算与管理局呈交信息的方式；对美国预算与管理局的预算申请应有什么内容；建立 MAX 数据库的方法。

（2）预算政策、相关法律和其他一般要求：包括预测的基本策略与假设。

（3）机构预算申请应包括的主要信息。各机构获得政府支出（预算授权）的账户逐个列示。各机构的不同收款来源账户逐个列示。按主要功能分类的预算授权、支出和收款账户逐个列示。政府总额预算授权、支出和收款分为预算内账户和预算外账户。总额预算外账户包括在社会保险基金和 Postal Service 中。实际或概算的预算盈余（收款超过支出）或赤字（支出超过收款）。

3. 第三部分：预算呈递

（1）证明基本正当性的材料。

（2）一般要求。规划正当性；资源分析；正当性对应的账户结构；拨款规划和基础设施投资信息；绩效目标、计量和指标；其他分析信息；相关证据与评估；对追加拨款申请的解释；税收和税收支出。

（3）收入概算的主要变化。

（4）使用费。

（5）直接贷款和贷款担保规划。

（6）资本资产的预算制定。

（7）财务管理信息。

（8）一般报告要求。报告采用的策略；谁必须报告；财务管理系统的含义；财务管理活动的资源报告的含义；技术投资信息；必须报告信息技术投资的原因；MAX 数据系统和其他材料要求；预算数据系统；阅读系统的数据的方法；知道账户身份编码的原因和方法。

（9）建立基线概算。基本要求；一般规则；应用于裁量支出和征缴的规则；规则应用于强制性支出；支持性材料；预算授权、支出和收款的基线概算。

（10）特定报告要求。按规划活动报告义务；报告预算资源；报告预算授权和支出；列示转移支付；必须报告用途分类信息的理由；用途分类结合功能与规划活动分类；运用用途分类编码和定义的方法；对教育和培训的义务进行分类；对退伍军人的义务进行分类；在 MAX 系统中报告账群分类；知晓平衡表；应知晓预算拨款申请表原因。

（11）预算附录与打印材料。预算附件；规划拨款的特定语言要求；脚注和表格；记录与处理证券投资及分红与收益如何。

4. 第四部分：预算执行指导

（1）拨款与拨款程序。批准机构的拨款申请的主体；负责准备配置账户的拨款申请的主体；向美国预算与管理局呈交拨款申请；必须将资金控制在低于拨款的水平上的原因；处理未实现的预定拨款；美国预算与管理局拨付的资源；美国预算与管理局和机构需要使用的规划报告类别；信托基金限额；拨款是否覆盖来年发生的义务；拨款未到位时机构如何运营。

（2）预算执行报告。报告预算资源；报告义务；其他报告要求。

（3）报告支出监督程序的一般要求。

（4）大额交易的报告的一般要求。

（5）资产销售报告的一般要求。

（6）信用融资报告的一般要求。

（7）机构和规划支出报告的范围。

（8）投资账户报告的格式。

（9）融资账户报告的格式。

（10）如何报告无票据支出。

（11）对资金的管理控制。机构必须有资金管控系统的原因；机构的内部控制与资金控制的关系；机构的财务管理系统与资金控制系统的关系；标准总分类账户如何联结机构的财务管理系统。

（12）联邦信贷。背景信息；贷款资产的销售；计算补贴概算。

（13）规划和规划账户。规划账户中报告内容；预算执行中的年度规划账户报告。

（14）预算执行中的贷款担保融资报告。

（15）战略计划报告和绩效报告。联邦绩效框架概要；法定要求；机构的战略计划；有效的战略目标；机构战略目标须全面反映机构担负的主要使命与活动原因；有效的管理目标；准备战略目的与目标报告的主体；须向美国预算与管理局提交战略计划草稿；年度绩效计划；机构优先性目标与机构战略计划和绩效报告的关系；年度绩效报告；绩效评估报告；年度规划绩效报告；机构绩效计划和报告是否应出版。

由上可知，一份结构良好的预算指南不仅可以作为制定预算的一个良好起点，还可以提供许多重要的分析性信息以帮助公众在早期阶段理解政府预算是如何准备的，以及预算执行应遵从哪些指导。中国目前依然缺乏基本的、结构适当、内容详细的预算指南，以致政府和部门的预算准备在一开始就难以得到精心指导，这成为影响预算制定质量的重要原因之一。

10.2.4 分析结果的应用

公共支出分析的文献大多暗示一个基本结论：提高公共支出质量的潜力通常比想象的大，而且在无须大量增加支出和重新设计基本制度安排的情况下，通过改革公共支出管理即可获得重大的改革红利。这些努力应集中在支出分析的以下四个方向上。

1. 改进支出控制与中期财政规划

支出总量分析需要应用于以下几点。

（1）将支出控制与中期筹划扩展到全面的支出概念上，包括政府贷款、税收支出、中央银行损益、政府控制企业、特定基金和或有负债。

（2）将当前支出、赤字与债务水平削减到可持续水平上，为此需要可靠地估算"可持续支出""可持续赤字""可持续债务"。

（3）在资本投资、权益支出和或有负债等主要的跨年度支出类别上，率先采用基线筹划技术制定中期支出规划[①]。

（4）相关部门（中国背景下的财政部门、税务部门及发展和改革委员会等）之间密切协调，以及采用更好的模型改进财政目标与政策目标间及其内部间的一致性。

2. 重整公共支出结构

在结构分析的基础上，整体的支出结构应集中在政府职能的核心领域，即市场的失灵最明显、后果最严重或者主要由强势群体受惠的领域，关键要点如下。

（1）逐步消除那些替代或只是有限改进市场机能的支出和其他干预措施（如规制），形成常态化的"越位退出机制"。

（2）将由此释放出来的资源与新增资源共同形成的财政空间，重新配置到市场失灵紧迫而严重的"支出短板"领域，中国包括学前教育、基本医疗（预防）、土壤与水源保护（比大气保护更重要也更困难）、食品与药品安全、基础研究，以及对穷人尤其重要的服务（如金融和司法服务）。

---

① 基线筹划将支出（还有收入和债务）筹划区分为"基线"和"线上"两个部分，前者指假设预算中采纳的政策与规划自动执行下去所需要的支出，后者假设变更（或增或减）现行政策与规划对支出的影响。中期支出框架只将基线和线上支出同时列入下一个预算年度，之后的年度只列示基线而不列示线上，旨在避免使各支出部门形成"线上也是我们的支出权益"的错觉，这会削弱支出控制。

（3）定期审视公私接合部和公私分工模糊地带的干预政策，类似最容易滋生问题与风险的城市"三不管"地带，中国背景下尤其明显，涉及政府控制企业、公共服务社会购买、政府采购、合同外包，以及逐步兴起的PPP模式。

（4）分别申报但统筹规划资本支出与经常支出[①]，统筹规划应同时集中在支出部门内部与支出部门，两个方面同等重要。

结构分析结果的应用，可以率先在数据较易获取、"改革红利"较易产生的特定部门进行，如农业支出、产业补贴、土壤保护、废水处理与再利用，以及城市中尤其明显的高端专业化护理服务（特权的一种重要形式）。

支出结构调整亦可采用与结构分析四个标准步骤[②]相对应的行动步骤。

（1）调整公私职责分工，将资源从私人部门具有相对优势的领域中撤出，释放到政府具有相对优势的核心，或者相反，如将传染病防治的支出责任移交政府[③]。

（2）采用改善效果最好的干预方案，如强化免疫疫苗接种与保障提供干净饮用水，比增加医院和医生数量（公共生产取代私人部门活动）更有助于降低母婴死亡率。

（3）强化对低收入者尤其重要的服务交付清单，削减利益主要流向强势群体的支出——许多支出（包括大部分补贴）的利益主要流向富人。

（4）调整资本支出（如新增医院）与经常支出（如疫苗接种）的组合，结构分析在这里的应用潜力尤其巨大[④]。

3. 改革规划选择的标准

投资规划的决策（取舍与排序）事关重大，历来是权力与利益博弈及腐败与寻租活动的高发区。在过度集权决策且理性分析很少起作用的环境下，决策失败的风险很高，但很少真正有人为此担责。支出分析的成果在这种环境下很难得到重视和利用，但技术方法的改进仍是可能的，也是可行和必要的。

4. 改革预算与决策体制

公共预算与财务管理的所有关键目标都依赖政府决策体制。支出分析可帮助在三个关键方向上改革决策体制。

（1）确立中期财政框架下制定预算与决策的程序与机制，中国背景下尤其具有特殊意义[⑤]。

（2）促进决策权下放（地方）和公民赋权，使政策与服务交付更好地吻合公众偏好和需求。

---

① 统筹规划要求采用相同程序对现行和新规则的资本支出和经常支出统一估算、统一决策，避免支离破碎的方法。一体化的估算与决策程序必须有良好的部门内部与部门间的协调机制加以保障，尤其在两类支出的估算、筹划与决策程序以及责任分离的环境中。

② 四个标准步骤依次为分工（鉴别公私职责边界与干预方式）、改善（市场失灵的程度）、分配（穷人受益如何）及组合（资本支出与经常支出）。

③ 中国从20世纪90年代开始，结核病等传染病卷土重来，与政府鼓励医院创收和转嫁责任密切相关。

④ 对经常支出的偏见经常导致两类缺口：低估现有投资项目需要的后续经常支出，低估新增投资需要的大量经常支出。两者都招致资金缺口，进而带来维护与运营不足及其他问题，如拖延维护带来安全隐患和日后额外的支出需求。

⑤ 特殊意义有二：促进政策连贯性（减少政策与规划朝令夕改）与减少成本。相关文献很少关注到这两个中国背景下的独特优势，只是分析和强调对于改进公共预算与财务管理功能和目标的价值，尤其是促进总额财政纪律和资源优化配置。

（3）改革组织架构，包括改革组织形式以促进合理分工和有效协调，有效协调对解决总量控制与优先性配置中的微观与宏观的矛盾意义重大。组织架构改革亦应致力于促进激励相容——目标一致与管理努力，涉及公职人员的薪酬和机构运营能力建设。

10.2.5 评估预算体制

预算分析结果应用的关键领域之一是评估预算体制的质量，尤其是鉴别脆弱性，作为确立改革议程的基础。许多国家和政府对预算过程和预算文件的质量从未认真评估，如同预算文件从未被立法机关详细审查一样。启动这项工作可从确认关键评估要素着手。一般来讲，良好的预算准备过程同时满足11项关键要素的要求。

1. 透明度

评估要点有以下五个：①预算文件清楚地展示目标与支出的关联；②预算过程的所有参与者清楚其角色与职责；③程序简单明了且有明文规定；④充分说明预算的基础，如零基预算还是增量预算；⑤目标分解与资源分配，清晰陈述和解释部门/实体的目标与资源。

2. 管理元素

评估要点如下：①年度预算文件的质量；②支持年度预算的管理措施，包括部门战略规划、绩效监测（报告与评估绩效以及修订绩效目标）、绩效审计、绩效管理工具的应用、能力建设、奖罚机制和绩效管理工具的应用。

作为绩效管理的重要工具，绩效监督旨在监督与评价：①成果实现程度；②机构规划与活动的适当性，是否与政府政策、战略优先性和公众需求相吻合；③产出-成果间因果关联程度；④绩效改进策略的作用与结果；⑤全面的数据收集和运用。

绩效改进涉及以下主要的绩效管理工具的应用：作业成本法（activities based cost，ABC）；平衡计分卡（balanced score card，BSC）；建立绩效基准（包括偏差确认与控制）；最佳实践或良好实践；外包与民营化；绩效预算；流程再造；共享服务[①]；功能集中化，如城市规划和预算指南等政府职能应集中行使。

应牢记的是，绩效预算只是绩效管理工具箱中的一个，相对"激进"或"高级"，不应抑制也无法取代其他管理工具的作用。迄今为止，绩效预算的成功案例并不多见，尽管其历史可以追溯到美国的进步时代（Progressive Era，1890~1913年）。

绩效计量也是至关重要的管理工具，旨在准确、清晰追踪由特定行为引起的绩效变化，侧重产出贡献计量，监督成果（难以计量），以帮助机构管理规划与服务达成绩效基准。绩效计量不同于绩效指标，后者主要被用于评价成果实现的有效性，但并不直接反映绩效与绩效进展，通常也不显示直接的因果关系，特定行为努力引起的绩效变化。

3. 分权决策

评估要点有二：一是横向分权，关注预算决策权在立法与行政间的分立制衡，主要涉及立法机关的审批-监督权对行政部门决策制定-实施权的制约程度。二是纵向分权，

[①] 不同机构或不同级别政府共享某些具有规模经济效应的服务，如共享培训中心、数据库、垃圾清扫车辆，避免重复与浪费。

关注预算权力在政府间的纵向划分。所有的过度与不当集权都具有潜在的效率损失,并损害预算体制的有效性。

4. 协调与合作

关注预算过程的参与者是否致力于将资本预算与运营预算融入统一的财政管理程序。虽然两类预算的分开呈报是合意的,但统筹决策以避免脱节很重要。统筹决策依赖一体化的财政管理程序,以确保资本资产的"建设(购置)"与维护运营得到统筹协调,这在预算准备阶段尤其重要。两类预算及其相互关系在概念上应清晰界定。

对于发展中国家和转轨国家而言,开发和应用中期财政规划的主要价值之一,就在于达成资本预算与运营预算的整合(协调一致);另一个主要价值是将至关重要的展望意识融入预算过程,尤其是预算准备阶段。前者涉及大量的协调与合作要求。运营预算有时也称经常预算,资本预算也称建设预算。

5. 完整

良好预算准备的一个关键方面是,对资本支出和运营支出进行"完整的预算"。涉及如下两个要点:估算资本项目产生的维护运营成本,作为经常支出计划的组成部分;从确保资本项目的持续运营出发,仔细权衡其资本支出与运营维护支出间的比例关系。后者因政策领域(和农业与交通项目)的不同而不同,但经验表明存在大致稳定的数量对应关系。

6. 灵活性

预算准备(以及审查与执行)需要充分分析与正确应对环境(参数)变化的财政效应,但相关的调整不应导致损害预算的法定控制功能,也不应导致偏离政府整体的政策目标及其优先性。

7. 财政纪律

作为一般规则,预算过程的灵活性不应弱化有效的支出控制。相应的评估要点如下:①任何预算变动都要有详细的分析和适当理由;②追加预算应控制在最低程度上;③对违规违章行为给以惩罚;④联结中期财政框架。

8. 与中期财政框架的关联

评估要点包括:①中期的资源框架与年度预算相结合;②中期的政策和优先事项与预算资源分配相结合。

9. 受托责任与可靠性

相应的评估包括:①治理主体参与,关注负责决策制定、实施、审批、监督的治理主体,与负责执行决策的行政人员之间的工作关系是否良好;②行政首长(高管)是否担负全面的受托责任;③预算联结和达成目标成果的程度。

10. 全面性

相应的评估关注预算过程与文件:完整覆盖所有的政府收入、支出、债务与基金;时间跨度,财政信息应涵盖前后五年,即上一财年、本财年及未来三个财年。

11. 绩效指标

相关评估聚焦预算对产出绩效指标的影响。产出绩效评价应清晰区分资本支出和运营支出。资本支出与运营支出的根本目的不同：前者旨在形成"优质资产"，后者旨在合理保证资产的维护运营状况良好，类似于"母鸡"与"产蛋"的关系。两类支出也因经济学和会计标准区别开来：前者基于受益年限，后者基于支出结果——是否形成资本（长期）资产。

这些基本差异，意味着相应的绩效指标应加以清晰分离，也意味着复式预算——区分资本预算与运营（经常性）预算——是适当的，至少在原则上如此。在这里，"区分"意味着分别编制、呈报、执行与评估审计，并不意味着决策程序与机制或组织结构上的分离。由于脱节（重建设轻维护运营）的风险很高且后果严重，这种分离完全不合需要。资本预算体制也提供了管理政府债务的适当框架——公共债务与赤字只应出现在资本预算中，也有助于宏观财政政策的制定与实施。在多数发展中国家的实践中，资本预算体制的主要问题是其概念框架与实施不一致，概念清晰但决策程序支离破碎。

近半个多世纪以来，随着政治民主的发展和公共治理中预算作用的日益增强，预算分析与评估工作在全球范围内日益受到重视，旨在为明智的行动提供指南。作为同一过程的两个不同侧面，预算分析关注结果与原因及其关联性以形成对相关问题的真知灼见，涉及一致性分析（相对预算授权）和预算效应分析这两个关键方面；预算评估关注实际与目标间的吻合度，以此作为判断成败得失的基础，涵盖（结果导向）绩效评价、配置评估、财政可持续性评估和脆弱性评估四个关键方面。预算分析与评估涵盖支出、收入和债务三个基本要素，但以公共支出分析与评估为重心，着眼于系统改进公共支出质量，改进公共支出质量正是多数发展中国家改进公共部门治理的关键一环。

当前全球范围内的预算体制改革的主流是将自上而下和自下而上两种方法结合起来，以及确保对结果负责、管理灵活性、资源总量约束，三个核心概念概括了主流的改革思想；理论上，政治与管理应区分开来，但高层制定和实施可行且意见一致的政策是个难题[①]。

> **本章小结**

- 计划型预算必须通过控制型预算转换为一种可控结构，并按严格的时间表（控制期）控制进度，否则变异为纸面预算、多重预算以及预算拖延的风险很高，造成严重影响，而且滚雪球般发展。预算的一致性分析因而十分重要。
- 年度预算有三项基本功能：目标、资源、查证与控制差异。前两项属于计划型预算的功能。一致性分析服务于第三项功能，以此作为控制型预算的基本组成部分。有效实施预算要求年度计划型预算必须转换为季度控制型预算，一致性分析因而应包含季度分析。
- 预算执行检查表为预算一致性分析的重要工具，源于授权耽搁：即使支出已获授权，程序延误、部门或地区银行资金不足、资金误用、烦琐程序要求导致各类偏离原定

---

① 威尔达夫斯基 A，内奥米 C. 预算过程中的新政治学. 第四版. 邓淑莲，魏陆译. 上海：上海财经大学出版社，2006：348.

预算的各类问题。
- 一致性分析的特定内容主要有：财年前分配给各部门的预算、现金需求预测以保障授权的可靠性、下属部门资本与运营支出管理是否良好、部门获取预算外资金的难度、分散支付是否损害支出控制、监管部门的支出信息是否充分、延迟支付比率的高低、保障授权的部门计划与控制机制的有效性（不会超过授权）、相关各方是否都做出了最优决策、支付是否集中化且及时、分散支付是否导致超出拨款限额、超支是否有惩罚机制。
- 经济学家评估公共资金在资本支出和经常支出之间的配置时，倾向于认为资本性支出占很大份额的国家有更好的增长前景。黄金法则由此而来：经常支出需求与经常收入相平衡，但是一国可以在其限额内安全地运作财政赤字，并通过国内外借款为其融资，而赤字总额必须等于政府的资本支出。
- 腐败与公共支出的关联分析很重要。腐败指数与特定的公共支出结构之间可能存在某种联系。有些类别的支出比其他类别更容获得贿赂。
- 总体而言，预算分析聚焦合规性和预算政策，后者暗示支出配置集中于政府职能的两个核心领域：市场失灵最严重和贫困阶层获益最多的领域。
- 市场失灵视角的分析关注增长和透明度。如果政府不主动充分披露信息，市场运转将会遭遇困难，社会最优的信息水平也无法得到。
- 资本支出没有任何常规可循：具有高度的自由裁量性。
- 预算分析的特定议题之一是腐败对公共支出结构与增长贡献的影响。一国可以通过使现有基础设施维持良好的运行而获得更多的产出。现有设施的退化对经济增长的损害甚至会超过新项目对增长的贡献。证据表明，建设工程的相关官员需要被特别打点，无论为了获得合同还是获得及时付款。一般看法是：腐败在增加公共投资的同时降低其生产率而损害增长。
- 预算体制分析可基于"如何花钱"分为四类，即现金预算、产出预算、权责预算和义务预算。
- 绩效导向有助于改变公共官员的传统思维：用于公共项目的资金可以稳定增长，只需要关注其增长多少。这种思维方式导致无数财政资源被浪费，也阻碍形成结果导向的政府。

➢ 本章术语

现金预算　权责预算　义务预算　受托人风险　法定合规性　预算执行　预算授权　规费　差异计量　差异解释　差异控制　预算比较报告　计划型预算　控制型预算　专款专用　资本支出　经常支出　资本收入　经常收入　财务配合原则　受益原则　流动负债　罚没　一般受益　特定受益　使用费　行政规费　特许规费　预算指南　绩效评价　绩效计量　绩效指标　绩效监督　绩效基准　黄金法则　财政受托人风险　前期承诺　绩效导向　黄金法则　基线筹划　代际财政平等　预算体制　受益原则　专款专用

> 思考题

1. 为什么确保特定公共规划下的"投入-活动-产出-客户-成果-影响-持续"即结果链诸相邻要素间形成紧致的联系对于3E绩效至关重要?
2. 在何种目的和意义上,预算授权安排至关重要?
3. 为什么预算控制通常被看作政府履行对纳税人受托责任的基本机制?
4. 如何理解确保预算规制在财政规制体系中的最高地位至关重要?
5. 公共设施与服务成本补偿的一般原则是怎样的?
6. 为什么良好预算指南至关重要?基本结构和内容应满足哪些要求?
7. 基于受益原则,公共设施使用费的结构应如何设计以适应公共设施的成本结构?
8. 公共支出分析文献暗示"改革支出管理可产生重大红利"的四个努力方向是什么?
9. 为什么在跨年度的主要支出类别上采用基线筹划来规划中期支出尤其重要?
10. 重整公共支出结构的四个主要步骤是什么?
11. 预算体制评估的适当框架应是怎样的?
12. 为什么公共债务和财政赤字通常只应出现在资本预算而非经常预算中?
13. 哪些理由表明资本预算和经常预算应分开申报,但应采用一体化的财政管理程序?
14. 一致性分析涉及哪些主要内容?
15. 以某年中国财政部的预算指南与美国联邦政府美国预算与管理局的 A-11 预算指南为例,说明开发结构良好、内容详细的预算指南为何很重要,以及应从哪些方面着手改进。
16. 腐败对发展中国家的资本支出规模及其对经济增长的贡献带来了怎样的影响?
17. 为什么低看经常支出、高看资本支出对经济增长的贡献很可能是一种偏见?
18. 通过非法或不当途径获得公共工程的合同而支付的前期费用,通常会通过哪四个途径轻易得到补偿?
19. 为什么黄金法则在一定程度上源自对资本支出的偏爱?

第三篇 财政管理

  公共实体的所有人员都应或多或少地负有财政管理责任。财政管理系统的目标是支持对有限的资源进行配置和使用的管理活动，以期在提供产出中确保经济性和效率，并实现期望的能满足公共需要的成果。财政管理的一般内容涵盖收入管理、支出管理、资产管理、负债管理和财政风险管理；特定内容包括日常现金管理、中长期财务目标、政策和战略规划制订以支持实体的运营计划；资本支出的计划和控制、营运资本管理、基金决策和执行决策；对监督与管理起支撑作用的财务会计和管理会计功能、内部控制及财务信息系统。良好的财政管理系统需要得到适当的法律、规章、指令和系统的支持，受过培训且胜任的职员也是必需的。如果有坚定的高层支持，并辅之以结果导向的管理战略而非局限于合规导向的管理，财政管理就会有比较高的层次性和权威性。

引自国际会计师联合会 2001 年度治理报告

第 11 章　管理支出与收入

发展中国家普遍面临系统提升公共支出质量以应对治理挑战的紧迫需求，为此，公共支出管理必须联结一般经济政策三个综合目标的三级框架，即财政纪律、支出优先性和运营绩效；尤其应在配置和运营层面上关注公共支出真实的最终影响，涉及"认识穷人"等诸多特定问题[1]。三级框架对于公共收入与债务管理也是适当的，并且构成扩展的当代公共预算与财务管理的框架的核心部分[2]。不言而喻，公共支出管理和公共收入管理（PRM）应严格遵从良治的所有基本原则，尤其应确保所有收入征集均有明确的法定基础，改进听证会等公民参与机制，强化专业理性和激励等管理机制也很重要[3]。为使其真正有效，治理安排与管理机制必须能够有效地控制共同池问题、代理问题及其负面后果。

■ 11.1　公共支出管理

与公共预算与财务管理的其他方面一样，财政纪律、资源配置（支出优先性）和运营绩效公共支出管理的三级框架须满足合规和正当程序两项基本前提，前者包括对会计和报告规则与规制的遵从。一般来讲，只有在合规性（聚焦投入控制）目标牢固确立以后，公共支出管理的重心转向运营绩效才是适当的。

---

[1] 计量、报告、监督和改进公共支出对穷人的影响为 PEM 的关键方面，涉及对公共支出如何影响穷人的地位、生活源泉和经济条件等的认知。为使 PBFM 成为核心的政策工具，确保同时追求经济政策的三个一般目标——增长、平等、稳定——至关重要。增长意味着把蛋糕做大，联结 PBFM 的运营绩效；平等要求蛋糕的公平分享，联结 PBFM 的优先性配置；稳定要求两者皆可持续，联结 PBFM 的总额财政纪律。三级预算是指运营预算、配置预算和宏观预算。后者聚焦总额财政纪律，兼容政策目标（资源需求）和财政可持续性（资源供给）的支出、收入、赤字和债务水平。

[2] 本书将 PBFM 扩展为范围、总额、配置（关注惠及穷人）、运营绩效、风险管理和透明度六个层级，每个都有特定而丰富的内涵，并且各个层级相辅相成。六级框架提供了评估良好 PBFM 的理论标准。各级政府可以依次改革其 PBFM。

[3] 目前的听证会（hearings）依然侧重特定的实际问题，较少关注听证会在参与式民主治理体制中的角色和职能——代表权、问责权、透明度和改进决策制定。忽视这些战略利益而关注战术利益削弱了参与收益。

11.1.1 总量控制与财政纪律

发展背景下[①]，任何公共支出管理系统的第一个层级都是总量控制以达成财政纪律，财政纪律是指能够同时满足政策目标和财政可持续性的支出水平，以及相应的收入水平、赤字水平和债务水平，涉及筹划与控制两项主要作为。

1. 支出筹划

公共支出需要在政府整体和部门两个层次上进行年度或中期筹划：需要花多少钱？有多少钱可花？如何平衡两者间的缺口？这是预算准备阶段必须完成的三项基本筹划，包括经常支出与资本支出、担保等或有事项形成或有负债，以及权益（社会保障与福利）类支出的筹划，但不包括筹划部门战略优先性——这是公共支出管理的第二个层级的成果。

支出筹划旨在形成一份正式的、须被呈递立法机关审查与批准的年度预算草案，但应连接一个中期展望，其通常被称为中期支出框架或（中国现行）中期财政规划。一般认为，只有在与 MTEF 相联结时，年度预算才可能运转良好。对于发展中国家而言，MTEF 的主要价值在于将至关重要的展望意识引入预算过程，以及促进资本支出与经常支出的统一筹划——无论部门间还是部门内部[②]。

更一般地讲，支出筹划旨在形成四重一致性：①财政目标与宏观经济政策目标间的一致性；②宏观经济目标（增长、就业、稳定和国际收支平衡）间的一致性；③财政目标（支出、收入、赤字/盈余和债务）间的一致性；④财政政策与货币政策、汇率政策间的一致性。四重一致性作为宏观预算（对应配置预算和微观/运营预算）的原则性任务，根植于凯恩斯的宏观财政革命[③]，用以在达成宏观财政政策的一般目标（财政可持续性）的同时，使其成为促进宏观经济政策目标的核心工具，确保与货币政策和汇率政策的协调。

自 20 世纪 90 年代起，发达国家在 MTEF 下普遍采纳了基线筹划（baseline projects）取代过时的基数法，作为筹划公共支出和制定预算的基本方法[④]。

早期只是要求审查预算申请，现在要求滚动式的前期预测。部长们同意财政部为未来三年中继续现有规划所建立的基线筹划，以及财政部随后根据经济参数的变化或者（影响规划成本的）政府决策的变化，对这些筹划所做的更新。未来三年中，新规划必须筹划其完全成本以考虑其融资需求。这一过程减少了未来融资水平的不确定性，消除了每

---

① "发展背景"是指将公共支出管理作为达成经济发展政策（一般经济政策）目标的工具，涵盖"增长"（蛋糕做大）、"平等"（蛋糕分享）和"稳定"（增长与平等皆可持续）三个综合目标间的平衡。财政纪律与其中的稳定目标相联系，公共支出控制构成了宏观经济稳定的重要前提条件。公共支出管理还可作为达成政治目标（公民培育）的工具。

② 中国延续多年的"重建设、轻维护"就是两类支出脱节的典型例子。发展中国家普遍低看经常支出、高看资本支出对经济增长的贡献。复式预算的核心价值之一就在于消除对经常支出的偏见。

③ 20 世纪最著名的英国经济学家和财政学家凯恩斯开创的宏观经济分析理论——职能财政理论为其中的核心成分，从 20 世纪 60 年代开始即从根本上改变了工业化国家制定预算的方法：要求在准备预算时就充分认识到预算决策的宏观经济影响，而不是单纯地关注减税或收支（年度与周期）平衡。这些变革也对发展中国家的预算制定产生了深远影响。MTEF 本质上就是这一革命的产物，并由早期盛行于发展中国家的公共投资规划改良而来。

④ Schiavo-Campo S. Potemkin villages: the medium-term expenditure framework in developing countries. Public Budgeting & Finance, 2009, 29（2）: 4-5.

个财政年度对于基数（base）的讨价还价，并及时确认政策变化或战略决策的预算含义（budgetary implications）。

应注意的是，MTEF 为下一年度建立的部门限额（sector ceiling）并非立法机关批准的限额，只是 MTEF 的当前年度的硬限额才是如此，但前者构成健全的年度预算准备程序中的起点[①]。

基线筹划由财政部门主导，在政府整体和部门层次上进行。各部门在财政部门指导下负责筹划本部门的支出基线（支出筹划中最重要的核心概念），其是指当前预算中包含的政策和规划，假如自动延续将会产生的支出水平，包括参数（如通货膨胀率、利率、汇率和工资率），但不包括政策/规划变化的影响——称为线上（above baseline）支出。收入、债务、赤字/盈余基线与线上支出类似。

中国当前背景下关于是"以收定支"还是"以支定收"（制定预算）的讨论，实际上均未得要领。从预算和支出作为贯彻公共政策核心工具出发，无论预算制定还是人大的预算审查，要领都是基线筹划的四步法：[②]支出基线为多少？收入基线为多少？缺口（支出基线-收入基线）为多少？如何调整以弥补缺口？只要遵循这四个依次展开的步骤，支出筹划和预算制定的质量即可得到系统改进。就中国现状而言，基线筹划对于改进公共支出质量的巨大潜能很少被充分认知，这在某种程度上导致陈旧过时的基数法、"以收定支"或"以支定收"延续至今[③]。

2. 支出控制

被筹划的支出形成正式的预算案并经立法机关批准后，即进入预算执行阶段的支出控制。支出控制包括通过分项控制达成总量控制与直接总量控制下放松分量控制两个模式。前者为组织-条目-现金基础的预算体制的功能，旨在控制"谁花多少钱"和"花在何处"（支出条目），作为促进合规性受托责任最基本、最正式和最频繁的工具。由于赋予支出机构的投入组合管理的裁量权很小，也未关注产出和成果，可称之为集中控制模式。一般地讲，这种控制模式并不适合绩效导向的新公共管理理念。相比之下，直接控制模式赋予机构管理者很大的裁量权，在严格的硬预算约束下要求管理者对预先界定的产出及其种程度上对成果负责。这正是新公共管理在公共预算与财务管理中的基本逻辑。

无论哪种模式，支出控制都伴随各种形式的事前财政约束规则，如赤字/GDP 比率、债务/GDP 比率、黄金法则及州/地方政府的税收-支出限制[④]。这些规则既约束管理者，也约束立法机关和公共预算与财务管理的其他角色。一般来讲，即便在发达的西方民主

[①] Schiavo-Campo S. Potemkin villages: the medium-term expenditure framework in developing countries. Public Budgeting & Finance, 2009, 29 (2): 16.

[②] 对基线筹划方法的详细讨论参见：王雍君. 中国公共预算管理改革：从基数法到基线筹划. 经济与管理研究, 2010, (10): 64-73.

[③] "以收定支"形成"收入驱动预算"模式，导致预算与政策的脱节，"以支定收"要么形成不现实的预算（收不抵支），要么形成预算松弛（收大于支），因而均为糟糕的预算策略。

[④] 讨论美国州与地方政府的税收-支出限制及其有效性文献很多，可参见：James F J, Wallis A. Tax and spending limits in Colorado. Public Budgeting & Finance, 2004, 24(4): 16-33; Wallin B A. Symposium tax and expenditure limitations: a quarter century after proposition 13—dedicated to the memory of Franklin J.James. Public Budgeting&Finance, 2004, 24 (4): 1.

体制下，如果没有伴随财政制度的约束，仅仅通过民主决策过程决定的政府支出水平会导致政府支出的膨胀。①

尽管如此，财政约束规则的有效性一直有争议，主要因为旨在逃避约束的形形色色的机会主义行为很难被有效监管，以及现实生活中的立法机关很难像独立运作的中央那样，保持与政治压力（导致支出膨胀）绝缘而获得对守护财政纪律至关重要的独立性。有鉴于此，一个"极端"的解决方案是设想某种独立的财政议会，使财政政策至少在一定程度上绝缘于政治压力。政治上独立的财政议会反映出对现有机制的某种绝望，这些机制无力控制公共债务不断累积——长期以来一直就是发达国家的现实。历史和现实教训表明，过度支出和债务可以招致国家破产；至少，当公债趋于超过 GDP 的 90%时，潜在的增长率就会下降②。

更实际可行的方案是强化立法机关的财政控制职能，至少涵盖三项举措：全面的经常预算，以确保当代的支出通过当代人的税收加以融资；代际分配预算，以决定和披露未来世代为当代人买单的事项，包括退休金亏空和当代人的环境损害；国家投资基金预算，以确定和披露通过长期借款和税收专款支付给未来世代受益的事项，主要涉及基础设施、对教育的投资、改进工作与生活质量、环境投资、吸引国外人才等。三类预算均应置于立法机关的有力控制之下③。

3. 预算授权和执行控制

立法机关的预算授权提供支出总量和单项控制的最高依据。支出可以低于但通常不得超过预算授权。立法机关的强大不在于宪法规定了多少抽象的权力，而在于实际运作特征——强大的立法机关作为制约行政裁量权的平衡机制。授权机制的强大表征了立法机关的强大④。

预算授权包含责任维度。没有特定目的和"谁""做什么"（活动）或在何处（功能）的授权无法想象——等于授予在规定额度内"随意花钱"的权力，预算因而必须明确表达支出目的。责任政府永远不会从虚弱的预算授权安排中产生。一般地讲，形式民主（预算授权机制）的无效——相对于行政裁量的边缘化，会带来更多的预算功能和治理能力的弱化。尽管如此，预算授权不能超越税法限度——税法上限提供预算授权的绝对限度，逾越税法限度的预算授权须被视为无效并应尽力避免。总体上看，中国现行预算授权安排依然相当初级与滞后⑤。

支出控制的第一个终极观点依赖于财政自我负责原则的确立与恪守。政府扩张支出的动机及将负担转嫁未来纳税人的便利，通常远远超出想象，这使自我负责原则很容易

---

① 转引自：霍尔库姆 L G. 公共选择与税收政策. 税收译丛, 2001,（4）: 31-36.
② 阿塔利 Y. 国家的破产. 吴方宇译. 北京：北京联合出版社, 2011: 129.
③ 阿塔利 Y. 国家的破产. 吴方宇译. 北京：北京联合出版社, 2011: 161-163.
④ 作为立法机关对政府行政部门的法定约束（legally binding），预算授权不仅约束行政部门基于支出周期的预算执行控制，也约束行政管理者报告所有公共资金账户信息，并通过预算比较报告将实际数与预算数进行比较，以此作为基本财务报表的组成部分。
⑤ 1998 年中国财政部长接受记者采访时说："总理命令我在今年的最后两个月内，税收要比预算多收 200 个亿，而我做到了。"引自王怡. 宪政主义：观念与制度转换. 济南：山东人民出版社, 2006: 392.

被漠视。总额财政制度的精心设计与实施因而至关重要，目标则是达成财政纪律，这涉及对代际财政平等（财政自我负责的关键方面）的考量。第二个终极观点是进行公共债务管理与控制，确保债务被用于具有长期效益的资本项目，以及与资本项目受益期间相一致的偿债计划，两者都根植于代际财政平等。

支出控制亦须坚守第三个终极观点，即收入约束。除了稳定经济的考量外，政府在特定年度的"可支出水平"应以"可得收入"作为基本约束，体现政府一切支出最终来自纳税人买单的真谛。此外，事前财政约束规则对于支出控制也是绝对必要的，但要伴随清晰的定义、严格的监管和违规惩罚机制才会真正有效。

11.1.2　管理支出配置

如果支出控制的必要性根植于公地悲剧，那么，管理支出配置的必要性根植于偏好信息的不对称。如果公民偏好能够充分传递给政府，并且对这些偏好进行合理排序是可行的，那么配置问题就变得简单了。然而，偏好信息的不对称妨碍了朝向偏好基础的支出配置——政府偏好在很大程度上取代了公民的支出偏好。在实践中，解决这一问题有直接民主（全民公决）和间接民主模式两个方案。在大社会中，后者成为主流模式，由公民选举产生的代表对政府呈递的预算进行审查、批准和监督。这是预算过程中最具政治性，在发达国家也最受公众关注的阶段。隐含经立法机关表决通过的预算反映了公民偏好的预设——仅仅是预设。许多原因都会导致立法机关批准的预算偏离公民偏好[①]。

与支出控制要求的最少裁量相比，支出配置要求赋予预算决策者与管理者较高程度的自由裁量权——底线是不能逾越预算授权和财务诚实，使支出结构具有灵活性从而能够应对复杂多变的动态世界。毕竟，执政的本质就是应环境变化抓住发展的机遇，解决棘手的治理问题。为此，配置管理应确保支出结构准确反映国家战略和政府政策的优先性，涉及一系列重要的工具和机制。

1. 中期支出框架

MTEF 对于达成公共支出管理三个层次的目标都很重要，旨在通过确立紧密联结政策与资源配置的预算体制，以及确保支出规划至少具有中期可持续性，使预算具有可信度（credible），这正是使预算成为一个有效的经济政策工具的前提条件[②]。

就战略优先性而言，MTEF 的必要性和重要性集中体现为[③]"在预算制定时，多数支出承诺已经做出。工资、偿债和养老金等不能在短期内变化，其他项目只是边际调整。发展中国家，这些财务上的边际变化典型地不超过总支出的 5%。因此，支出优先性的任何调整要想取得成功，必须至少有数年的时间跨度。假如政府需要持续加强技术教育，这项政策的支出含义极其重要，但在年度预算中可能形成盲点，无法看清这项政策的支

[①] 明显的原因包括：立法机关的代表性，选民约束其代表履责的能力，代表的专业理性（专业知识、实践经验与组织能力），立法机关的数据可得性。中国背景下，党委、政府与人大的相互关系亦为紧要因素。

[②] Schiavo-Campo S. Potemkin villages: the medium-term expenditure framework in developing countries. Public Budgeting & Finance, 2009, 29（2）: 9.

[③] Schiavo-Campo S. Budget preparation and approval//Shar A. Budgeting and Budgetary Institutions. Washington D. C.: The World Bank Publication, 2007: 237.

出含义：边际变化如此之小。正因为预算中的自由裁量部分（discretionary portion）很小，所以中期展望特别重要。"

有效的 MTEF 须采用基线筹划取代基数法，以筹划总量和支出优先性。基线筹划的过程既是促进四重一致性（11.1.1 小节）的过程，也是促进支出结构优化调整的过程，调整的本质是基于战略优先性的财政空间分配。财政空间（fiscal space）是指可被用于重新分配的财政资源，通常来自线上收入（如增税）、支出释放（如公共工程的支出需求随进度而逐步减少）和支出节约。如果现行预算中采纳的某些规划或政策被中止或终止，也会创造出财政空间。发展中国家和财政空间多由财政部负责分配，发达国家多由支出部门负责分配。

2. 功能分类的部门间支出评估

某些重要的政府功能可能支出相对过多，某些可能相对偏少，形成"锦上添花有余、雪中送炭不足"的支出格局。因此，部门间支出评估不应关注保重点，而应关注补短板。在与重点支出（GDP 或经常收支等）挂钩的法定支出中，保重点经常会导致大量的浪费性支出，民生支出同理。这些看似"政治正确"的支出只要置于木桶效应的"短板观"下，其武断和错误即可清晰鉴别。

与"保重点"相比，"补关键短板"才是配置管理的首要原则。关键短板可通过优先性矩阵加以鉴别，据此，预算中采纳的、依赖公共支出贯彻的政策/规划被划分为四类，其中第一象限（A）即关键短板，如图 11.1 所示。

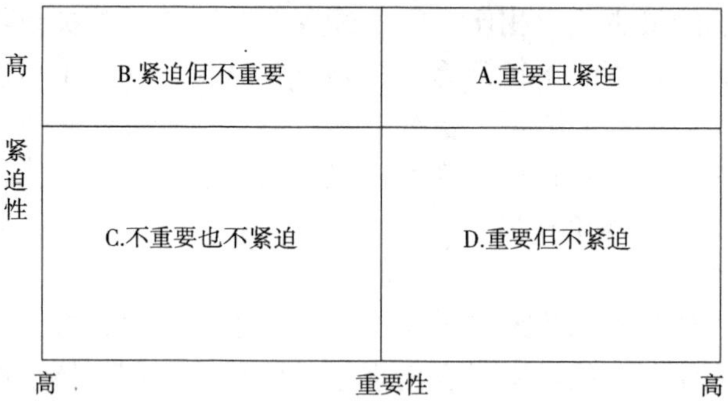

	重要性 低	重要性 高
紧迫性 高	B.紧迫但不重要	A.重要且紧迫
紧迫性 低	C.不重要也不紧迫	D.重要但不紧迫

图 11.1　支出优先性矩阵

支出优先性矩阵可作为确定优先性的重要工具，由利益相关者或其代表的打分（重要性与紧迫性的满分可分别设定为 10 分）获得确切结果，后者由优先性=重要性×紧迫性得出。无论重要性还是紧迫性，都应基于利益相关者，尤其是出资人（纳税人）立场得出，否则将会出现扭曲。然而，该矩阵的可应用性取决于预算过程的制度安排和政治意愿。毕竟，政治力量在预算资源配置决策中发挥关键性作用。

支出优先性矩阵的主要价值在于其可作为政治性的预算配置决策的辅助工具。据此，公共财政战略——旨在增强政府的应变和恢复能力——的核心本质并非增加收入或债务，而是依赖低优先级的资源释放以应对环境带来的机遇与挑战。尽管预算与支出领域中根深蒂固的既得利益会阻止这一调整，但正是这类存量调整才构成应变与恢复战略的核心本质。鉴于高增长（两位数或 8%以上）时代的终结，中国当前背景下采用"资源释放-转移"战略尤其深具战略意义。

3. 支出分类系统

支出配置最终都反映在经立法机关审查批准的各个预算拨款科目中，毕竟，预算拨款科目是立法机构钱包权的心脏[①]。

这些科目与特定的支出分类系统相联结，显示纳税人的钱（支出）究竟去了哪里。无论基于分析目的还是决策目的，发展良好的尽可能与国际通行分类一致的分类系统，并且确保统一应用于各级政府与部门、预算内与预算外都至关重要。中国现行三级支出分类即"类"（如教育）、"款"（如普通教育）、"项"（如高等教育）并不满足国际通行的分析标准（5.3.3小节），相当粗略且严重限制透明度。尤其重要的是，尽管组织-条目基础的预算分类对于受托责任绝对不可或缺，但对于有效的支出配置并不充分——忽略绩效导向和专业化导向。专业化预算通常是指资本预算（"母鸡"的投资与融资）与经常预算（"鸡蛋"收支）。良好的公共支出管理要求两类预算应分开申报和统一筹划。

分类系统的最低标准是组织分类与功能分类，两者提供稀缺资源如何被引向政府特定职能领域的信息，与行政结构最相契合。在此，公众能够了解"谁花钱"和"钱去哪里了"，但并不了解"花钱做了些什么"——组织和功能分类并不衡量公共服务对于公众和利益相关者的价值。发展公众最易理解的分类（规划-产出分类）以提供联结社会成果的信息非常必要。与其他分类相比，规划-产出分类具有最高透明度的潜力，这对引导公众参与至关重要。更一般地讲，组织-规划分类的组合分类使公众和媒体深入了解政府的运作和财政计划，这在以前是无法达到的；这种组合分类提供更好的财政控制和支出配置能力[②]。

4. 全面性与专款专用

在统一的"预算池"中进行反复磨合，权衡各个用途上的相对成本效益，但碎片化的、通常相互隔离的专款专用预算的盛行，阻碍了这种预算竞争机制的达成，导致预算僵化。如果预算制定和审查能力脆弱，最优政策反应并非发展专款专用，包括中国当前背景下的法定支出和政府性基金（如产出引导-创新基金等），而是改革预算程序和提高预算能力。

专款专用只有在满足成本-收益的清晰对称性、服务对象的可以清晰鉴别，以及两者在政策上的重要性三个条件下才是适当的。否则，专款专用会导致大量稀缺预算资源长期滞留在低优先级用途上，难以释放到公共回报更高的用途。活跃的再分配机制在预算过程中消失了，以至预算和政府的规模虽然越来越大，但发挥的作用（应变和恢复）越来越小，从而预示了一个暗淡的治理前景。

统一的预算模式要求全面性。凡是可能和适当，即应涵盖全部的财政实体、预算外资金和准财政活动。全面性亦应针对预算程序和预算文件，并且具有时间跨度。

---

① Mikesell J, Mullins D R. Reforms for improved efficiency in public budgeting and finance: improvements, disappointments, and work-in-progress.Public Budgeting&Finance, 2011, 31（4）: 23.

② Mikesell J, Mullins D R. Reforms for improved efficiency in public budgeting and finance: improvements, disappointments, and work-in-progress.Public Budgeting&Finance, 2011, 31（4）: 8-9.

5. 部门自主性

支出部门和机构在最优投入组合和规划设计方面通常具有相对于核心部门的信息优势，因而赋予其必要的管理与运营自主性是明智的，无论对于绩效导向还是对于资源配置。在这里，区分"部门规划""跨部门规划""政府整体规划"三个类别及其界限很重要。对于部门规划，支出部门应有充分的自主性，包括规划的设计、预算、实施和执行阶段的管理；跨部门规划是指由若干相关部门协调配合才能完成的规划，源于组织边界与政府职能边界的不一致，如中国当前背景下的"土壤保护规划"至少涉及农业、国土、水利和环保部门间的协调与合作；此外，诸如"经济适用房"资格标准的认定和规模等规划，通常应由政治家做出决定，本质上属于政府整体的规划，支出部门的自主性非常有限。部门自主性的另一个重要问题是产出与成果导向的选择[①]。

配置管理的困难主要来自组织边界与政策-规划的不兼容。尽管政策-规划是战略优先性的基础，但强势的组织边界经常处于压倒性地位。永远不应低估组织在预算资源配置中的决定性作用，也永远不应忽视决定性作用的（负面）后果与风险。两者的平衡正是配置管理的核心命题，因为失败的政策与规划很少会妨碍组织获得预算资源，更不用说其生存了。相应的改革有两个方案：改变决策规则——从组织导向的决策转向绩效导向规则，以及将绩效信息融入预算决策中。前者为激进改革方案，很少成功；后者更易取得成功，但成果相对有限。

11.1.3 管理支出绩效

多数文献将公共支出绩效表述为技术效率——投入产出关系表达的效率，更一般地表述为 3E 绩效。无论怎样定义，公共预算与财务管理领域的绩效概念都有共同焦点——政府必须有效地交付公共政策和服务，两者均与规划相联结。更一般地讲，各国应将公共支出管理系统所遵从的关键原则[②]确立为政府决策程序和运营管理中的永久部分，并清晰区分为规划制定、绩效报告及预算与拨款阶段三个关键阶段[③]。

与管理支出总额和支出配置相比，绩效管理要求赋予管理者更高的管理自主性。公共支出管理的三级结构要求自由裁量权依次递增，财政纪律要求最少的裁量权，配置优先性要求中等程度的裁量权，运营绩效要求最高的裁量权。然而，裁量权不能被免费取得和使用，应以对结果导向的绩效负责为前提。这通常是指支出机构对产出负责，包括产出的数量、质量、成本和及时性；政治家对成果负责；产出与成果之间的紧密联结（因

[①] 产出导向出现扭曲和失败的风险远高于成果导向。以为穷人提供住房服务为例，中国采取产出导向方法，政府给穷人建设并提供经济适用房（产出）；美国多数州政府则给穷人发放住房券（成果导向），穷人可以在任何地点和时间使用。两相比较，后者优势明显。

[②] 关键原则至少应包括：高预见性和稳定性的政府战略、政策和计划环境，在预算框架内确立资源分配的部门战略优先性，机构自主制定规划作为政府总体规划的组成部分，规划绩效计量、常态化的规划评估及透明度。

[③] 规划制定（计划阶段）要求确立优先性，绩效报告阶段要求将经审计的绩效报告呈递立法机关，预算与拨款阶段制定拨款法案。

果关系）很重要，由此形成面向产出的预算、面向成果的管理框架[1]，伴随着相应的奖罚机制，受托责任的焦点也从传统的合规转向新公共管理强调的绩效。中国当前盛行的绩效评价与所谓的绩效预算运动，正是这一趋势的写照，但能否取得实质成果取决于合规（关注行为正确）与绩效（关注结果合意）间是否平衡，正如希克所说：[2]"在组织机构中，合规通常是绩效的敌人。管理者规定自身的职责，并且在遵守既定的规则和程序下完成任务，在这个意义上说来，他们就会减少对结果的注意力。绩效的推进需要较松的控制和较少的合规性。"

运营绩效管理（公共支出管理的第三层级）应被界定为一个持续的过程，通常包括七个步骤[3]。

（1）部门战略规划。支出部门通过战略规划概述其目标和服务对象的需求[4]。

（2）项目规划。部门确定如何提供服务及这些服务是否有助于实现政府的总体目标。

（3）设立绩效标准。部门重新审视其目标，与领导者、一线员工甚至公众一起努力制定一套综合标准。

（4）成果预算。对以控制为基础的传统预算进行重塑，引入目标和绩效标准。

（5）收集使用信息来管理工作进程。

（6）评价结果并反馈。这是一项正式、范围宽泛的评估，以制定政策和长期决策。

（7）成果报告。对所有相关方面作清晰有效的报告。

以上步骤将微观绩效管理界定如下：决定如何经济、有效地使用纳税人的资源来提供公共服务和实施对规划的行政管理。

绩效管理的有效性取决于一系列的重要前提条件能否得到满足，尤其是三个管理机制是否同时具备，即预算申请的绩效基础、对绩效指标的持续跟踪评估和奖罚机制。利于留住人才的有吸引力的薪水，基于专业能力而非"关系"或政治考量的招聘与晋升机制，以及有助于减少纵向信息不对称的管理裁量权和严格的硬预算约束[5]，所有这些条

---

[1] 这种结果旨在防止或减弱绩效扭曲。绩效首先体现在成果上，其次才体现在产出上。但包括中国在内，几乎所有支出领域的考核机制都采用产出导向，如科研支出以发表的论文数量与等级考核，教育支出以（毕业生及其就业率等）规模指标考核，导致偏离真正的成果，成为失败的主要根源。

[2] Schick A. The performance state: reflection on an idea whose time has come but whose implementation has not. OECD Journal on Budgeting, 2003, 3（2）: 86-87.

[3] Filtin C. Finding your way through the government performance maze. Journal of Government Financial Management, 2005,（3）: 54.

[4] 美国国会通过的《1993年政府绩效与成果法案》规定，联邦政府行政部门负责人须于每年9月30日前向美国预算与管理局和国会呈交部门战略计划，涵盖9项内容：部门职能-目标-任务陈述；相关绩效指标；如何完成目标和绩效指标的说明（包括工作进度、手段和技术、人力、资本、信息及需要的其他资源）；说明绩效指标与总目标的联系；影响绩效指标的非可控和外部因素；说明规划评估及时间表；覆盖自提交年度起的未来5年；至少每3年更新一次；部门与国会协商制定且考虑利益相关者意见。参见：Willoughby K G. Performance measurement and budget balancing: state government perspective. Public Budgeting & Finance, 2004, 24（2）: 21-39.

[5] 如果财政偏好信息在政府-人民的横向不对称为配置管理的主要制约因素，那么，一线（支出）机构与核心部门的纵向信息不对称构成运营绩效管理的主要制约因素。机构通常更了解达成特定产出与成果所需要的投入组合信息，或者特定投入或投入组合能够带来的产出与成果信息。投入、产出与成果信息通常高度分散于贴近公众或服务对象的一线部门与机构，而非负责预算筹划、总量控制和战略优先性的核心部门。

件都基于委托-代理范式提出,但这一范式有其局限性[①]:"公共服务的道德规范(service ethic)是政府绩效的基石。这个观点与'委托代理模型'发生了尖锐的冲突,此模型由新制度经济学(new institutional economics,NIE)普及,并由新公共管理学引入公共部门。新制度经济学和一些新公共管理学的描述宣传公共部门雇员是利己主义者、机会主义者、用公共利益填自己腰包的懒惰者。在这个观点中,只有对他们进行积极的监视,给他们规定明确的目标任务以及做好工作的强硬动机,公共部门才能够履行职责。"

尽管绩效导向治理的近期发展强调了公共道德的作用,但委托代理模型在公共部门中的主导地位很难被动摇。真正的问题不在于取代,而在于补充和改进这一模型。改进的焦点是激励结构和监督机制的设置,这一直是经济学研究中的一项尖端的课题。两个焦点都涉及考核代理人可控成本和共享资产(占用或使用),成本计量与共享资产价值的分配因而成为实务上的重大问题,成本计量和共享资产分配不当都会造成业绩和价值的误导性信息[②]。

无论依赖代理模型还是道德规范,运营绩效管理都聚焦联结政策目标的规划成果,延伸至结果链的各个要素(投入-活动-产出-成果-影响),其中投入、产出、成果计量分别关注 3E 计量(measurement),管理的关键方面包括计量、评估、报告、监督(包括审计监督)、预算,也包括规划择优及所有公共服务都通过公共规划交付。规划也是政策实施的同义语。规划导向因而与微观公共支出管理(对应微观预算)紧密相连,并与特定绩效导向区分开来[③]。

改革的第一步是建立计量,第二步是强化评估(review)、报告和监督(monitor),第三步是绩效信息被用于改进规划和资源配置,尤其强调迅速准确识别和清除问题性政策与规划——比计量与评价绩效重要得多,与利益相关者的沟通及正确的解释也是如此。

尽管计量和报告绩效并非目的——目的是识别成败得失、实施奖罚及改进绩效,但计量和报告总是必要的,并且必须作为运营绩效管理的第一步,涉及针对特定规划和活动(activities)结果链的 10 个关键计量,即公共服务的数量、类别、质量、成本、及时性、平等性、渠道、关联性、方式、过程。

每项计量都有其特定关注点,数量计量强调充分性,类别计量强调与公众偏好间的一致性,质量计量强调可信与可靠性,成本计量强调合理性(标准成本),及时性计量反映时间(申领证照及急救服务等尤其紧要),平等性计量强调消除对弱势群体的服务偏见

[①] Schick A. The performance state: reflection on an idea whose time has come but whose implementation has not. OECD Journal on Budgeting, 2003, 3(2): 80.

[②] 代理人的可控经济(权责)成本由直接成本和间接费用构成,后者包括固定沉没成本和期间费用的分配。经济成本并不限于利润表,还包括平衡表成本。以作业为基础的分配可能是最好的分配。关键问题之一是如何在较低层面上准确计量投入资本的实际水平,这要求将净营运资本与现有固定资产。部门整体层面的事后业绩计量必须考虑应收、存货、应付的实际水平这三个主要运营资本。但不能预先分配超额存货——过量存货应作为一项沉没成本。

[③] 规划导向也是绩效导向,但并非特定而是一般性的绩效导向。例如,"保护土壤"属于规划导向(土壤保护规划的一般目标),"(土壤中)重金属含量降低 50%""农药残留下降 30%"等为特定绩效导向。联结两类导向的预算资源配置分别形成规划预算和绩效预算,后者以新西兰的产出预算和澳大利亚的成果预算最为典型。

与歧视（尤其是司法与医疗及金融服务等领域），渠道计量关注服务供应的可替代性（政府垄断服务供应意味着没有替代性），关联计量强调投入-产出-成果形成紧密的因果联系，方式计量关注不同干预方式的不同效果（如补贴、服务、订单及补贴环节的选择），如住房供应服务和企业补贴[①]，过程计量关注内部运营流程和利益相关者的满意度。

计量并不意味着采用大量的绩效指标。指标越多越复杂，行为扭曲的风险越高，也越发难以对成败得失及其原因做出清晰准确的解释。绩效计量、评估与报告因而应该聚焦成本有效性（内部视角）和利益相关者满意度（外部视角）两个关键节点。成本有效性定义为"成果"（分子）与"成本"（分母）的比率。

11.2 管理服务交付

服务交付可以看作公共支出管理的扩展，主要涉及计量与报告成果、公私伙伴关系及让支出惠及穷人三项核心内容。作为政府最主要的行政职能，服务交付模式大致经历了从行政国家（the Administrative State）到管理型国家（the Management State）的过渡，这是历史发展的大势所趋。管理型国家有两个支柱：一是建构内部市场取代韦伯的官僚制度，内部市场作为新公共管理范式的核心；二是在公共部门中全面推行合约制度（contractualism）。两者对绩效导向的公共财政管理具有特定而丰富含义：资产占用费为应用内部市场的典型例子，公私伙伴关系为合约制度的典型例子。

11.2.1 计量与报告成果

成果即意欲的结果。公共组织和公共规划应定期计量与报告成果，至少应按年度，最好更频繁，如按季度计量，包括计量服务质量与方式[②]。成果计量的重要性根植于政府目的，帮助管理者最优地利用资源，判断规划的成败得失以督促公仆们改善服务交付，鉴别（干预措施）产生的效果，促进公共组织对结果负责，强化公众对政府的信任。计量成果对预算申请和审批也很重要。

计量成果旨在唤起目的性关切，其目的并非取得投入，也非生产产出，而是达成意欲的成果。有意义的人类事务皆具有目的性。就公共支出管理而言，目的不明、不当就不能花钱。成果导向的目的性关切还是对付形式主义和官僚主义的利器[③]。计量成果也

---

① 中国的经济适用房政策与美国分发住房券政策的比较，给企业现金补贴与给企业采购订单的比较，在生产环节补贴与在研发或消费者购买环节补贴的比较，产业补贴的申报-审批制与自动适应制的比较，都可以看到不同方式造成的支出结果大不相同。这意味着在不需要现行政策作基本调整的情况下，改进服务方式即可产生绩效倍增的效应。

② Hatry H P. Results matter: suggestions for a developing country's early outcome measurement effort//Shar A. Public Services Delivery.Washington D. C.: The World Bank Publication, 2005: 85-109.

③ 两者的显著标志是痴迷投入而拒斥成果的自然倾向，因为投入与内部（狭隘）利益最密切，实现成果要求付出巨大努力，但益处外溢给公众。产出计量有所进步，但易陷入形式主义的官僚作业，参考中国当前背景下以发表论文科研绩效、以毕业生规模衡量学校教育绩效、以就诊人数衡量医院绩效，就能明白个中原委。产出计量因而必须联结成果计量，最低要求是监督成果（成果难以适当计量时）。

要求公众的反馈。

然而，成果计量的困难不应被低估，发展中国家尤其如此，其原因包括数据技术的限制、资金不足、缺乏对成果计量的技能与培训、高层官员很少理解成果反馈的重要性和援助方的分歧等。解决方法之一是开发成果计量手册程序。更关键的问题是以最低成本鉴别成果改善目标和需要的资源，无论政府在提供怎样的服务。

成果计量与应用的基本步骤如下。

（1）机构使命与目标陈述。这是确定究竟需要计量什么成果的第一步。

（2）数据来源。成果数据主要有机构记录、消费者反馈、焦点人群（focus group）和观察者评估四个来源[①]。例如，卫生部门记录的各类疾病分布和婴儿死亡率，交通部门记录的交通事故数目、伤残率和死亡率，饮用水供应部门记录的水质污染程度等。这取决于政府是否具有系统记录和开放使用的意愿。

消费者反馈需要采用专业方法并定期进行，主要包括服务满意度、服务特征、公民状况（及态度和行为）、公民抱怨及其合理性、公民的改进建议和地理信息，地理信息是指哪些地区的哪些群体使用哪些服务存在哪些特定问题。政府机构应建立消费者反馈的数据库并适当回应，还可建立调查机构。

焦点人群只适用于特定服务的消费者，旨在获得定性而非定量信息，提交给相关的责任部门。机构邀请少量消费者（10~15人）座谈，问及特定服务的体验并要求对特定服务的不同特征评级，以及为何给出这一评级，也可以征求建议。应尽可能由不同地理特征的人参会，包括穷人与富人及少数群体。

观察者评估要求机构监督与追踪其负责的公共设施的关键物理条件，如道路、供水排水、医院、校舍设施及疾病感染者和街道清洁状况等。观察者应被培训，无论是否为雇用者，必要时可采用现场摄像获得信息。

（3）信息整理与质量控制。在用于计量和评价前，采集的信息通常需要进行加工整理。首先是初步整理，旨在剔除无用和不可靠的信息；其次是分类，使其与计量指标相对应。此外，许多情况下还要分离噪声的影响。噪声是指不可控的干扰因素对结果造成的影响，如天气状况对城市空气质量的影响。噪声影响无论从正面还是负面，均表明与主观努力无关，应分离开来，避免与奖罚挂钩。

无论手工还是自动数据，被操纵的可能性都相当高。因此，需要塑造适宜的"文化气候"，使组织成员感觉到提供不好看的数据并不可怕。质量控制第二个途径是强化内部责任以避免数据差错。第三个途径是独立的外部审计，这是最重要的途径。政府审计机构应定期审计数据样本表格程序以及数据采集。

（4）等级评分表。信息加工整理结束后，即可被用于计量与报告绩效。政府机构需要开发经良好界定的绩效等级评分表，区分清楚评级标准与类别。

（5）独立计量与报告腐败。公共支出和服务交付领域在许多国家都是腐败风险的高发区，几乎所有的利益相关者都关注腐败信息，援助方尤其如此。在这种情况下，反

[①] Hatry H P. Results matter: suggestions for a developing country's early outcome measurement effort//Shar A. Public Services Delivery. Washington D. C.: The World Bank Publication, 2005: 85-109.

映腐败程度的指标应作为成果导向的绩效计量系统的组成部分，尤其在发展中国家[1]。然而，由于政治敏感性和保密文化的影响，腐败数据的获取、计量和报告在许多国家都受限制。

（6）成果数据的应用。最重要的是确保成果数据被用于改进成果。每个机构和公仆都应过问"最需要改善什么"或"最需要消除哪些问题政策与规划"。每个绩效报告发布后，相关机构应立即准备一个简短的会议，以迅速有效地识别问题与行动建议，这对于机构管理者很重要。成果数据也可被用于改进预算配置，使稀缺资源流向社会优先级更高的用途。

11.2.2 公私伙伴关系

根据"谁如何提供服务"的不同，公共服务交付分为三个模式，每个的效率和激励含义与相对优劣势各不相同，因而成为运营绩效管理的关键方面。

1. 公共供应

公共供应为多数国家的主流模式，包括政府机构供应及责任指定给某些独立或半独立的特定目的政府控制实体，中国当前背景下涉及冗长的清单，包括各种形式的投融资平台[2]、资产管理与投资公司、政策性银行和国有企业或地方企业。

包括中国在内的国家将运营责任日益移交给特定实体，涉及 PPP 和范围广泛的市政服务，如警察、消防、路灯、公园、道路、街道、小区保安、停车场、供水所排水、电力和公共交通。在此背景下，政府供应与实体供应的比较变得越来越紧要。根本问题是，谁负责制定运营政策决策可能更好，政府还是责任实体？这些责任实体负责的公共服务供应称为实体供应（政府干预的一种特定方式），对应政府供应。例如，公用事业为典型的实体供应，但远非仅限于此。

真正的问题是实体供应的合理基础和风险究竟是什么。首先合理基础通常涉及自然垄断、强化竞争和规模经济。多数情况下，这些都没有牢固的经济学理由来证明政府干预的合理性[3]。许多服务并不具有自然垄断特性，而且责任实体在打破政府垄断供应的同时限制了私人部门的竞争潜力，而竞争的强化通常是运营绩效改善的主要源泉。

其次，这些政府需要这些责任实体为其征集收入，如非税收入的征集，其他某些国家也不鲜见。

财政收入贡献也是一个重要理由。许多政府依赖其控制的实体提供收入来源，尽管这经常成为政府的财政包袱。其他理由包括：责任实体相对于政府机构具有专业技能优势，作为规避财政控制的方法（隐藏收入、支出与借贷），增加就业，服务成本更低而效

---

[1] Hatry H P. Results matter: suggestions for a developing country's early outcome measurement effort//Shar A. Public Services Delivery. Washington D.C.: The World Bank Publication, 2005: 89.

[2] 2015 年实施的新预算法规定，剥离这些平台的政府融资功能，政府转而采用 PPP 和发行债券（一般债券或专项债券）为公共建设项目融资。

[3] 公共交通并不具有规模经济，也不具有自然垄断特性，因而可竞争性很强——意味着通过责任实体实施干预的理由并不充分。电力、供水、排水具有自然垄断属性，但也具备有限和间接的竞争性。

率更高（相对于机构供应），强化财政幻觉以减少公众抱怨[1]。

由于攸关公众利益和政府职责，运营绩效管理应包括政府控制实体评估，至少涵盖经济效率、受托责任、透明度和行政管理简便性（ease）四项评估[2]。经济效率评估关注同等服务消耗的资源更少；受托责任评估关注"谁负责什么"及成本收益间的联系；透明度评估强调立法机关应强制规定地方公共部门呈交和披露年度绩效报告，约束所有公共政策均以公开透明的方式制定；行政管理简便性评估关注更少的精力与时间浪费在不必要的事务上。

在此视角下，政府控制实体可能难以通过严格的运营绩效测试。主要问题包括：公民了解政府和"谁负责什么"的能力下降，从而削弱受托责任（政府对公众的责任变得很间接）和透明度，也使立法机关的政治控制变得更加困难，"政府碎片化为企业"加剧了行政整合与协调的复杂性以及裙带关系。

尽管政府控制实体地位通常很牢固，但没有证据表明它们在任何事情上做出独一无二的贡献；相反，证据显示它们造成潜在的决策问题与对公众的不必要的成本，表明其成立、维护和扩展的理由的脆弱性。一般结论是，消除或控制政府控制实体有助于提高公共部门效率、受托责任和透明度，尤其有助于消除"谁负责什么"上的混乱，以及强化统筹协调，后者对改进战略性资源配置的优先性和消除服务短板很重要。

次优办法是改进政府控制实体治理——政治实体（political body）负责所有政策制定，因而区别于日常管理和服务交付；改进的方向是服务交付的所有决策权都留给具有很强地方代表性的政治代表，以及专业化的行政官员，中国背景下需要在执政党的领导下进行。如此，公共服务交付与职能（涉及促进增长与平等）在早期阶段即可得到统筹协调，从而强化对纳税人的受托责任和回应性。

2. 私人供应

私人供应包括合同外包、特许（franchise）、政府补助、凭票供应（vouchers）、志愿者服务、自助组织和非营利机构。第三部门（the third sector）在其中扮演的角色日益重要，包括社会服务组织和非政府组织。

（1）合同外包。合同供应方式——通过合同确定政府服务供应商——不只适应于私人部门，也适应于非政府组织和政府组织及企业。出价最低者在投标中被选择的可能性较高。当缺乏规模经济（垄断不适当）时，鼓励多种方式投标，特别是鼓励小企业投标变得很重要。产出易于标准化和监督的合同供应（如固体垃圾处理）更易取得成功，但即使如此，引入可靠的质量监督和适当的激励机制必不可少，后者关注基于绩效的奖罚体系。有研究表明，合同供应对服务绩效的改进源于竞争的强化，而非建立合同供应商体系这一事实本身。

（2）特许。特许适用于私人企业在某个特定地区向居民提供某项服务并且供应商

---

[1] 因为通过销售获取收入比通过增加地方税资助同等服务对地方公民造成的负担更小。建立地方政府企业并销售商品与服务获取收入，比通过征收地方税在政治上的可接受性更强；如果市政当局的征税能力必须面对法律约束，向政府实体销售商品取得收入比征税更具吸引力。

[2] Kitchen H. Delivering local/municipal services//Shar A. Public Services Delivery. Washington D. C.: The World Bank Publication, 2005: 121-122.

向用户收取使用费。特许可以是排他性的（只有一个供应商）或非排他性的（多个供应商）。前者须管制价格，管制还应延伸到质量标准和绩效计量标准的保证，并且客户有从其他渠道获得服务的选择权。例如，垃圾采集等非资本密集领域，投标和绩效标准应基于频率以确保竞争质量和低成本。总体来说，聚焦特许协议的合理设计很重要[①]，但因利益集团介入及削弱受托责任，特许通常很少会改进运营绩效。

（3）特定服务补助。许多政府为包括社区在内的社会服务组织与特定活动提供授权，在授权范围内提供财政补助。预算授权须由立法机关通过法定预算程序做出，按年度提供，但通常需要适用下一年。

（4）凭票供应。地方政府赋予公民获得特定服务的资格的凭证，私人供应商负责向这些有资格的人提供服务，然后以这些票据向地方政府申请支付。此方式适用范围广泛，包括为无家可归者提供住房服务、家政服务、公共交通及残障人士福利等。焦点在于形成潜在供应商间的竞争，以及与此紧密相关的票据现金价格的制定[②]。

（5）志愿者和自助集体组织。两者在很少依赖政府方面类似，但政府援助可提高其有效性。前者为免费服务，需要有培训规划、指南和协调，在许多国家的图书馆、医疗、教育和援助规划中很常见。自助规划被设计成个人或家庭为自己提供服务，如为邻居看门，只有当多数居民同意自愿合作时才会有效率，大多基于保护目的（安全和减少犯罪）。

此外，还有私人非营利组织，通常只是提供地方政府并不提供的服务。人员素质资金缺乏使其难以成为稳定的供应商，公共机构的责任可能因此被稀释。对于为大量人口和大量地区提供服务而言，取得规模经济与范围经济优势很重要。在这种情况下，混合供应体制最为适当。

3. 公私伙伴关系

在需要巨额融资的实物基础设施领域，PPP 的发展尤其迅速。无论采用哪个具体模式，政府保留政策制定和融资决策权都必不可少，但未必需要拥有资产和负责服务交付。

PPP 可以看作合同外包的形式之一，包括工程设计、建造、运营、所有权关系和融资等各个方面，政府和社会资本方都提供资源或服务，以换取某些权利和未来收益。

常见的 PPP 特定模式如下：私人运营并收费，公共部门承担建设（资本）成本；私人租赁或购买设施和运营，使用者付费；私人改造、扩建设施，然后收费运营若干年；私人建设设施然后运营若干年再移交政府（build-operate-transfer，BOT）；私人建设设施并负责资本筹集，公共部门规制和控制运营；私人部门建设设施然后移交政府（build-transfer，BT）。

PPP 的主要优势在于利用私人部门的专业化、效率和创新优势降低成本，这对中小

---

① 特许协议是约束政府与供应商的关键法律文件，尤其应包括特许费的支付条件、定价策略和原则、须满足的标准和绩效计量、须呈递与披露的财务报告与绩效报告的清单及描述、对协议进行再谈判的标准和条件及遵循的程序、协议期末应实现的回报及其应满足的条件。

② 票据的现金价格如何决定很关键。这会影响供应商的生产和交付效率。须被满足的服务数量与质量应清晰界定。为避免惩罚最有效率的供应商，单位现金价值应等于最有效率的供应商的平均成本。票据伪造也要防范。针对低收入者的某些社会服务尤其适合凭票供应。

城市尤其重要，因为它们比大城市更难利用这些优势；主要劣势在于相关各方能否演好自己的角色，以及关键性服务供应破产（中断或终止）的风险。就政府而言，前期的资本成本和后期运营成本的平衡亦需考虑。此外，政府隐性负债和财政风险也可能增加。

20世纪90年代和21世纪初期的研究表明，公私伙伴关系在实践中降低了成本，提高了效率，强化了服务，这些收益来自竞争机制的引入[①]。然而，PPP的适应范围和条件有其限定性：实物基础设施工程，目标标准（objective standards）和绩效计量清晰可行，潜在供应商之间存在竞争，公共部门更难满足目标标准和绩效基准，相关资产可作为融资来源，政府对合同商的绩效监督易于进行，私人部门的资产所有权不存在法律问题。

私人部门的角色是根据政府规定的条件与标准交付服务。政府的角色主要有精心选择工程（项目），仔细选择合同商，确定合同交付条件和状态，确立融资和绩效标准四个。

另外两个是确定绩效监督的策略和价格规制，后者旨在保护纳税人和消费者免受不公平涨价的损害，非常复杂，涉及何时（在缺乏竞争时）规制、规制内容、谁规制（可考虑任命独立的专家组）和如何规制，还涉及财务成本还是经济成本，以及是否需要与服务标准挂钩，后者进一步涉及标准。如何规制有回报率规制和价格封顶（price cap）两个选项，各有其优劣[②]。

11.2.3 让支出惠及穷人

公共支出管理的第二个层级是预算硬约束下的配置绩效，即预算中采纳的公共政策和规划的战略优先性，传统上聚焦配置效率和公平，但后者应解读为平等和减贫两个不同的目标，每个都强调让公共支出（更多）惠及穷人这一根本问题，在税收和公共债务均具累退性的环境中尤其如此[③]。

尽管减贫主要依赖经济增长的积极影响，但公共支出具有成为减贫政策核心工具的巨大潜力。与税收工具相比，多数政府在运用公共支出纠正不平等和促进减贫目标方面潜力更大，因为证据显示富人从公共支出中的获益通常远多于穷人。在高等教育支出、治疗支出和能源补贴规模可观的政府中，更是如此。相对而言，初等教育、疾病预防和最低保障支出更可能使穷人获益，但许多国家这类支出占比相当低。作为一般性观点，穷人在或明或暗和激烈的支出博弈中成为输家的概率很高。许多劣质的公共服务典型地主要损害穷人，如土壤污染和水源污染。

许多国家的许多公共支出和服务对穷人的偏见和歧视很严重，就业、司法、教育、医疗和政府采纳的招投标都是常见的例子。腐败也阻断了穷人获得某些关键服务的渠道和机会。

[①] Kitchen H. Delivering local/municipal services//Shar A. Public Services Delivery. Washington D. C.: The World Bank Publication, 2005: 141.

[②] 回报率规制以合理利润率——通常为资产报酬率ROA——为基础，缺陷在于刺激增加资产基数、削弱效率改进和降低成本的动力，监督价格也耗时费力。价格封顶有助于创造降低成本提高效率的激励。每年根据通货膨胀调整价格。如果公司通过技术创新降低了成本，其利润就会增加。主要困难在于建立效率计量。可以通过寻找适当的参照系确定。

[③] 中国当行税制下，间接税比重很高，而间接税被普遍认为具有累退性。逃税和脆弱的税收征管也会加剧累退性。相关文献很少关注的公共债务实际上同样如此。穷人很少购买政府债券，因而利息收益远低于高收入阶层和利益团体。

许多政府在减贫方面投入巨资，但往往效果不彰甚至失败，原因非常复杂。除了上述原因，还有减贫政策和体制的缺陷：范围（过宽）与标准（过高）不当；方式不当（着眼输血而非造血）；组织架构不当（导致"政出多门"和"钱出多门"的碎片化）；还有过度集权导致地方政府缺乏必要的灵性。政府间财政体制，尤其转移支付的集权或分权程度，在许多国家为影响政策效果的重要因素。其在中国当前背景下都很明显，支出归宿分析和规划评估能力不充分也是重要原因[①]。

方式不当的后果尤其严重，成为减贫政策招致依赖性的主要原因，根源在于两个核心理念的缺失：减贫只应限于救济，救济应侧重能力和机遇——只有丧失劳动能力例外。这意味着以收入或资产作为贫困线标准并不适当，也意味着对贫困根源的误判后果严重。穷人之所以穷，并非因为缺钱，而是因为缺乏挣钱的能力、意愿和机会。所以，正确的减贫政策与规划不可基于"给钱"——只有不可抗拒情形（疾病、年幼、衰老和自然灾害）如此，而应致力于提高穷人挣钱的能力、意愿和机会。方式问题还涉及"减贫资金间接（通过机构）给还是直接给贫困家庭"的选择。只要忽视或漠视这些基本考量，减贫政策几乎注定要失败，即使耗尽国库也是如此。

给定公共支出或政府辖区的规模，评估不同公共支出类别的减贫效果，可作为努力的第一步。购买性支出和现金转移支付的减贫效应通常相差很大。支出/收入比率（反映本级政府为本级支出融资的能力），不同层级政府（尤其关注基层政府）支出占总支出的比率，工业用地占总开发用地的比重，也可能是影响减贫的重要变量。一并需要评估和检验的还有治理因素，涉及选举制和任命制之间，以及政府直接交付服务与通过政府控制实体交付服务间的选择。其他相关因素还包括人口结构（如城镇和老龄人口比例等）。

减贫政策的效果评估关注贫困目标的透明度与支出在各类公共服务中的作用，两者都要求对贫困的准确计量，即使减贫作为最重要的政策目标。毕竟，目标的失误和不能将福利集中在穷人身上，往往是政策失败的主要原因。

有必要采用效用（utility）、财富、能力、机遇四个尺度计量贫困。效用既作为个人偏好的表达，也作为政策的基本目标，历来为福利经济学的主题，涵盖货币福利和非货币福利，非货币福利包括闲暇的价值。财富尺度主要是指收入，还有资产和消费。不同计量具有潜在冲突。常见情形是提高穷人收入的举措（如发放食物券）减少了穷人的工作时间，增加了休闲的时间。应该视其为失败吗？这取决于减贫政策的经济学基础，福利经济学的效用还是非福利经济学的财富？后者并不关注非货币福利，包括闲暇和工作的辛苦（福利的减项）。穷人的工作常常相对辛苦[②]。

考虑到获取贫困信息的成本很高，有必要采用折中的观点协调冲突，即承认福利的尺度是多元的，并且无法简单地合并在一起。然而，即使如此，需要一并计量受益程度

---

① 全国"一刀切"式的收入贫困线在许多情形下并不恰当，但地方政府无权调整。

② "穷人从公共支出中究竟得到了什么"的福利计量面临的价格和数量两个特殊估价难题，均源于集体物品缺失市场交易机制的固有特性。以同样的价格得到公共物品与服务，如基本食品、药品和教育服务，对需要它们的人而言效用高得多，这就是价格难题。数量难题则指相同的数量对于某些人太多，对于其他人太少。

和行为变化，这是政策影响（impacts）的两个关键方面。最简单的受益程度计量采用成本法，估算特定服务的支出如何被分配于不同组别的人群①。行为计量关注个人经济行为反应，如劳动供给（工作-休闲）、消费、储蓄和投资抉择的变化②。替代选择包括自愿支付法：对于给定的支出方案（如修建一条公路），个人真实的支付意愿是多少？这会撞上偏好难题③。

除受益程度和行为效应外，福利计量的另一个线索是越来越使用教育和健康成果计量，两者都具有福利（效用）上的重要性，但并未特别关注与能力和机遇的关联，而是关注特定结果（results）——教育成就（入学率等）和健康水平（婴儿死亡率等），以及一系列相关的投入，投入教育与医疗领域的人力、物力（设施等）和财力及其利用情况。穷人获得教育提供的知识资本和医疗提供的健康资本之重要性，远高于富人，因为除此之外他们可能一无所有。

相对于福利观而言，能力基础的减贫关注个人基本能力信息及其变化，但涉及的问题更为复杂。因此，思考方向集中在改进福利基础减贫上可能是适当的。较有前途的方法是将行为效应模型融入受益程度模型中，旨在弄清政策（如公共就业和食物补贴政策）真实的最终影响④，包括公共支出如何降低风险和收入不稳定性，此类支出规划的绩效很明显相当重要。

11.2.4 规划评级

许多国家已经开发规划评级作为评估服务交付绩效的重要工具，以鉴别公共规划的成败得失、改进激励和决策制定。在美国联邦政府中，规划评级作为一项行政管理工具始创于2002年，而首次使用则是在2004年财政年度，用于评估联邦规划的绩效以确定该规划的投资水平。规划评级由一系列（25~27）的判断题组成，覆盖规划的目的和设计（权重20%）、部门战略计划（权重10%）、规划管理（权重20%）和规划结果（权重50%）四个评估领域。

规划评级问卷由联邦机构与联邦预算和管理局一起回答。基于每环节回答为"是"的答案所占比重，每个规划在每个环节上都能得到一个介于1~100分的分数。然后，每个规划被授予一个介于1~100分的总的加权分数。基于不同的四个分数段，每个规划根据总的加权分数被评定为一个等级。这四个等级和分数段分别是有效（85~100分），比较有效（moderately effective）（70~84分），适度有效（adequate）（50~69分），无效（0~49

---

① 主要缺陷：不等价、质量差别和数据可得性。不等价的明显例子是，疫苗的价值远低于其带给疫苗接种者的健康价值。质量差别是指相同支出成本的公共物品与服务的质量，在不同接受者间存在差别。计量每个组别的单位成本也存在困难。

② 传统的福利经济学以马歇尔式需求曲线以下区域的面积表达的消费者剩余计量货币形式的福利效用，但忽略了价格变化的收入效应（增加或减少实际购买力）；Hickson的补偿需求函数计量价格（替代）效应和收入效应引起的消费者剩余变化。两者都预设个人偏好可知和可比，也都有其方法论缺陷：从私人物品的需求曲线推断从集体物品中获得的效用，这种推断大有问题，因为市场机制通常在集体物品中不存在或者不起作用。

③ 偏好难题也是民主政治的基本难题，包括个体偏好揭示与个体偏好聚合为统一的社会偏好两个方面。

④ 包括政府发放食物券增加穷人的消费（受益程度提高），但减少其劳动供给（行为效应）；社会保障削弱家庭保障和家庭成员间的传统联系。

分）。此外，如果美国预算与管理局认为缺少足够的可靠信息来回答问卷中的问题，该项目可能会被评级为"未必证明的评级结果"（not proven rating results，RND）。

规划评级被应用于预算、拨款和监督，主要目的是确认联邦规划是否达到了国会的要求，即有效地为纳税人提供最高价值。规划评级只是一个诊断工具，不是给规划拨款的唯一标准。当一项规划效果不佳时就会被考虑终止，或缩减规模，或者经改善以产生好的效果。2008年1月，联邦预算与管理局运用规划评级评估了98%的联邦项目（共1004个）和两万六千亿美元的政府支出，表明了国会对绩效评估的兴趣[1]。

目前中国的财政绩效评价运动已经在全国范围内展开，但尚未实现类似规划评级的标准化评级，在立法机关的应用程度也低出许多。规划评级的另一个优势在于解决了可比性问题，不同职能领域的规划均可在"等级"上加以比较。这是目前中国的绩效评价尚未达到的。在那些地方政府权威和自主性相对较弱的国家（如中国），地方政府间的绩效比较和可比性更为紧要[2]，规划评级因而可作为中央政府调控地方政府行为的新型工具，从而与传统的资源与权力（税收、支出与债务）基础的纵向控制区别开来。

11.3 公共收入管理

公共支出管理的三级框架对于管理公共收入（税收与非税收入）也是同样适当的，但后者也涉及一系列特定议题，主要包括收入组合管理、非税收入治理安排和避免粉饰财政状况。与公共支出管理一样，公共收入管理亦须遵循法定授权和透明度的约束，以及良治的其他基本原则。

11.3.1 收入征集与组合管理

收入征集为政府现金管理的一项主要功能。政府有种种形式的收入来源，它们应以适当方式被及时、可信地征集到正确的基金类别中，并尽快存入正确的银行账目。政府应努力提高征收率，并便利和简化对公民的支付办理。

征收系统的目标包括加速收款，保护政府现金安全，通过适当的账户结构和限制银行账户数目使银行成本最低化。为建立有效的收入征集系统，政府应理解浮存（float）概念及其如何影响资金可得性[3]，还要做及时准确的报告。在资金用于支付和变成可用资金之前，浮存将花费政府很多钱[4]。

收入征集系统的设施因政府而异，这取决于政府规模和结构，政府收入的性质，以

---

[1] Frisco V, Stalebrink O J. Congressional use of the program assessment rating tool. Public Budgeting & Finance, 2008, 28（2）: 1-19.

[2] 在类似美国这样的宪法与法律赋予州地方政府独立权威与自主性的国家，尊重和保障州地方政府支出优生性排序方面的自主权，通常比州/地政府间的横向比较更利于驱动绩效。

[3] 浮存是指政府收到资金与付出资金间的时间差，有许多类型：纳税人邮寄支票到收到支票的时间，收到支票和支票存入银行的时间，支票存入到用支票结清付款人的银行账目所需时间，存入支票到成为可用资金的时间。

[4] 以下例子表明减少浮存带来的收益：假设政府征集1000万元的税收，政府投资的回报率为5.25%。减少两天浮存带来的年度收益将达到：1000万×2天×0.0525/360≈2917元。

及支付方法。有些是集中性的，即一个部门负责征集所有的收入。其他系统是分权性的，每个部门负责征集自己的收入。财务官员应负责限制负责征集收入的官员数目，建立保护政府收入的程序，寻求最具成本有效性的征集方法，推动有效的现金管理实践[①]。

收入征集系统覆盖银行余额报告系统。财务官员需要银行余额、现金收款及其他交易的日常信息。这些影响其现金状况。在线报告系统是一个充分利用财务官员精确熟知有多少进账、多少现金可供短期使用、1~2日浮存等信息的有效电子系统，帮助追踪支票清偿、自动监督付款。许多使用零余额账户收款。每日终了账户余额为零，并被转入一个集中性的账户上。这对于那些需要在不同银行账户中分割资金的政府特别有用，有助于减少政府的银行成本，也使资金可以自动进入政府的投资账户。

现金余额集中化为现金管理的重要功能，可以最优地通过零余额账户达成。多少资金应被集中化取决于政府使用的账户的数量和类别，以及被银行使用的政府账户的数目。资金集中化一旦完成即应进行投资，因为留在集中性账户（concentration accounts）上的资金会失去获取收益的机会而产生机会成本。零余额账户由政府整体开设于中央银行并由其负责维持。支付系统也分为分散和集中模式。集中性支付系统的主要优势在于账单支付可与现金流入相匹配。

征收管理不能代替收入组合管理。现代社会中，政府主要通过税收为支出融资，但以税收为主的多样化收入组合管理对收入稳定性和充足性非常重要，地方财政尤其如此。地方政府财政管理面对的主要挑战之一，就是设计支持理想的服务水平的收入结构——能够经受住变幻莫测的商业周期，并且能够预见未来的冲击。收入波动的一个重要的财政含义是在没有充足的财政储备的情况下，一个拥有波动税基的政府很难避免在经济危机时削减开支和增税，由此形成不合需要的顺周期财政稳定政策。研究表明税基的构成对收入波动的影响是显著的，而收入类别的多样性对收入的稳定性有利[②]。

收入组合管理涉及多样性和挖掘收入潜力两个基本问题。两者亦有其限定前提——作为手段而非目的，目的是财政绩效即公共预算与财务管理的六个关键目标，地方政府还包括收入决策的自主性，自主性对强化地方服务供求间联结的紧密性和有效性很重要，对于发掘地方财政其他独特优势也是如此（15.1.1小节）。

多样性收入来源有税收、非税收入、转移支付和资产收入四类，资产收入是销售、出租或处置资产获得的收入。凡是可能，应努力保持各种收入来源的"适当份额"。

税收来源进一步分为直接税-间接税，量能税-受益税，中央税-地方税-共享税三级。量能税是指根据纳税能力的强弱征税，为现代税制的基石。受益税是指根据公共支出受益征税，如以道路税（费）为道路建设与维护筹措资金，通常作为专款专用的道路基金，属于指定用途的收入（earmark）。一般来讲，只有具有清晰的成本受益联系，并且服务被提供给被精心鉴别的用户时，指定用途对于引导代理人改进绩效和促进成本补偿而言，

---

① Larson M C. Local government cash management//Shar A. Local Public Financial Management. Washington D. C.: The World Bank Publication, 2007: 39.

② Kwak S. Tax base composition and revenue volatility: evidence from the U.S. States. Public Budgeting & Finance, 2013, 33（2）: 41-42.

才是合意的[①]。受益税也是如此。受益税尤其适合地方财政，也适合中央财政。不过，在当代税制结构中，受益税的地位远不能与量能税等量齐观，反映了能力（公平）原则相对于受益（公平）原则在税收诸原则中的优先地位。

中国当前背景下的非税收入清单很长，地方尤其如此，主要有规费和政府性基金两大类。

规费是指政府行政机构与公民间的等价给付：前者向后者提供特定服务，后者支付相关费用。规费依据等价交换原则而成立，类似市场交易。规费有三种基本形式：公共设施与服务的使用费、行政规费、特许规费。

医疗、教育、公路、垃圾处理、供水排水等，均为使用费的常见例子。行政规费是指公民申办证照支付的费用，如护照与身份证收费。特许规费是指申领特殊许可事项（如开办俱乐部和开采矿产）的付费。根据公共财政的法律主义原则，任何规费都应有法定基础，即通过法律提供授权使其获得合法性。因此，对其收入稳定性与充足性的考量，除了遵从等价交换原则外，还受制于相关法律。然而，许多国家（包括中国）至今没有一部规费法。

公共基金不可与规费混同。在必需且合理的约束条件下，公共基金的设立应同时满足群体同质、群体共责和群体共益三个条件。在三个条件同时具备的情况下，采用统收统支的一般预算模式并不适当，采用基金预算或专款专用（earmarked revenue）的基金模式更为适当。

基金可以很大，也可以很小。小者如道路基金，大者如社会保险基金。无论其范围与规模如何，特定基金中的所有人都具有问题同质性，即面对共同的问题需要诉诸基金解决，这就是群体同质性。加入基金的每个人都要承担相关义务，如缴纳费用，即群体共责。此外，所有基金成员都可分享基金的利益，即群体共益，这一特征尤其重要。

如同规费一样，基金模式不可滥用，不可运用于不具备三个条件的情形。公共基金必须遵从适当的治理安排，包括报告、评估、审计与监督。这种可问责性通常不适合受益税。另一个主要区别在于不可退出性，基金成员不可退出或回避责任，受益税则可以。以燃油税为例，只要不消耗，即可回避纳税义务。

受益税和基金也不可与目的税混同。目的税满足两个条件：预设特定目的；支出受益不必指向目的税的纳税人，即不必遵从群体共益和严格的专款专用原则。例如，预设促进全民保健这一特定目的，但支出未必针对"烟民"。

其他特定收入来源有如下几点。

（1）资产销售收入。资产收入应在运营表中单独列示，作为弥补赤字（收不抵支）的手段，与正常收入区分开来。中国当前背景下的"土地财政"收入规模巨大，为典型的资产（土地使用权销售）收入，列入正常收入导致财政状况被严重粉饰，包括严重低估财政赤字或虚假平衡。资产处置收入单独报告旨在突出不经常发生的性质（如作为资

---

① Schiavo-Campo S. The budget and its coverage//Shar A. Budgeting and Budgetary Institutions. Washington D. C.: The World Bank Publication, 2007: 71.

本收入）及对报告期现金赤字或盈余的影响。

（2）拨款不应记录为收入。对作为整体的政府而言，拨款是使用资金的一个授权。然而，对政府中的各个机构而言，任何在报告期内得到授权支付给机构的资金都被作为现金收入入账。预算拨款也不被记录为支出——中国现行的"以拨作支"明显与现金会计的基本逻辑相悖。只有在现金流出政府、流向供应商时，也就是在支出周期的核实或付款阶段，才应记录为支出。对于政府而言，现金拨款本身只是意味着钱从左边口袋装入右边口袋，记录为支出是错误的。另外，以往年度的结余资金，不应作为收入记录，因为在取得这些收入时已经被记录。

债务发行取得的资金应作为融资对待，不应作为"收入"加以记录并列作预算收入。明显错误的例子如下[①]："一般债务收入应当在一般公共预算收入合计线下反映，省级列入'一般债务收入'下对应的预算科目，市县级列入'地方政府一般债务转贷收入'下对应的预算科目。……专项债务收入应当在政府性基金预算收入合计线下反映，省级列入'专项债务收入'下对应的政府性基金债务收入科目，市县级列入'地方政府专项债务转贷收入'下对应的政府性基金债务转贷收入科目。"

（3）托管收入和受限现金收入单独列示。托管收入包括代理其他政府征收的税收、养老金缴费和福利基金及其他代理其他机构获得的收入。受限现金收入是指其使用受到内部或外部限制的收入。

（4）货币发行收入纳入预算。纸币或铸币形式的货币通常由中央银行印制和发行。印制纸币和铸币的成本是中央银行的现金支出。当货币被发行的时候，中央银行收到相当于货币面额的现金。尽管这些现金收入和现金支出是中央银行的现金流，但如果中央银行是政府报告机构的一部分，那么现金收入和支出也将是作为整体的政府的现金流，并被包括在政府整体财务报表中。

（5）现金余额调整后单独披露。现金基础财务报表为现金流量表的收入和支出报表，应调整未结算和结算的现金余额加以编制和披露。外币汇率的变动导致的现金余额的变化，没有被确认为收益/损失，应被单独披露。现金余额定义为"期初+本期流入-本期流出"，包括留存现金、在途现金和活期存在，可能以本币和外币的形式被持有，应分开披露。外币形式持有的现金余额按收盘时汇率报告。现金等价物、短期债券和黄金估价方法也应披露。

（6）挖掘收入潜力。以怎样的方式挖掘收入来源更好？如何推动"财源建设"？这是挖掘收入来源的两个基本方面，分别涉及收入工具的使用和税基（尤指产业成长）扩展，后者是指做大"经济蛋糕"增加财政收入。

收入工具的运用涉及"广税基低税率-窄税基高税率"和"显性征税-隐蔽征税"间的选择，其各有经济和政治层面的优势与劣势。经济学家大多倾向于第一个组合中的广税基低税率的税制，认为其更容易达成收入的充足性和稳定性，同时对经济造成的效率损失即超额负担（excess burden）更小，因为更中性，从而其可为市场机制的作用创设更大空间。然而，

[①] 财政部. 关于印发《地方政府一般债务预算管理办法》的通知（财预〔2016〕154号）. http://yss.mof.gov.cn/zhengwuxinxi/zhengceguizhang/201612/t20161201_2471205.html，2016-12-01；财政部. 关于印发《地方政府专项债务预算管理办法》的通知（财预〔2016〕155号）. http://yss.mof.gov.cn/zhuantilanmu/dfzgl/zcfg/201701/t20170125_2527828.html，2017-01-25.

某些窄税基、高税率组合的税制,如烟草税、奢侈品税和进口关税,有时在政治上更受欢迎。

隐蔽征税也包括许多巧妙的形式。历史上许多统治者都偏爱"拔鹅毛而鹅不叫"的财政措施,它造就了普遍的财政幻觉,从而很少遭遇反抗。极端的例如,过量发行钞票制造的通货膨胀税(有时称为铸币税),削弱人民的购买力而使财政资源隐性地流向国库。这种作为从未绝迹,现代社会中也并不鲜见。

又如,扭曲价格,包括人为压低或抬高利率、汇率和工资率。垄断价格高于市场价格,相当于对消费者征收一笔隐性间接税。压低存款利率,则效果与征收一笔隐性所得税类似。

若规定的存款利率低于市场利率1个百分点,公共金融机构中的每100亿元的平均存款,1年将损失1亿元。扭曲价格有时也会被当作隐性补贴(负值隐性税)的工具。例如,假设市场定价为每吨50元,实际为10元,那么,每使用1吨水相当于得到隐性补贴40元。多数情况下,隐性征税总量会高于隐性补贴,这意味着资源从社会(经济系统)向政府(国库)的净流入,其真实规模可能远大于想象。

多数法规具有类似效应。法规的过度供给在许多国家很普遍且后果严重,但即便必要且合理的法规,包括旨在保护公众健康与生态环境的法规,也会对被规制者造成遵从成本——特定形式的隐性征税。上级政府对下级政府的财政规制(fiscal regulation),包括财政专款(专项转移支付)和无经费支持的强制性任务,也会给执行这些规制的下级辖区带来"准财政负担"。各种法规客观上造成的隐性征税效应可类比税收理论中的超额负担,本质上与隐性征税无异,但很少被立法机关审查,也未包含在常规的预算收入和预算拨款内。以财政流量法度量的政府规模及其实际作用,因而被进一步低估。

11.3.2 收入管理中的治理安排

良好的收入管理高度依赖适当的治理安排,公共预算与财务管理的所有六个层级的关键目标都是如此。适当治理安排旨在保证"行为正确",聚焦规则-规制和正当程序,边界的适当性——即作为公共预算与财务管理第一个关键目标的"范围"——为其中特别重要的方面,分为支出边界和资产边界,两者从财务维度上大致界定了政府的职能边界,涉及政府与市场的相互关系这一规范性命题。

就公共收费而言,适当的治理安排须保证透明和效率,涵盖以下九项原则[①]。

(1)清晰的法律授权:法律规定收费的一般框架但不规定具体的数量,所以没有法律的变更,收费也可以调整。

(2)与用户磋商:既有助于预防误解,也有助于改进用户费的设施和实施。

(3)完全成本:每项服务的完全成本须确定下来,无论目的是否在于弥补完全成本,抑或只是弥补一部分(此时的补贴有助于增进透明度)。

(4)定价适当:只要相关,定价应以竞争性市场价格为基础,或者反映弥补完全成本的需求,或者考虑限制拥护的需要,亦应有助于促进服务分配的有效性(优先满足

---

① 这是经济合作与发展组织于1998年制定的一般指导原则。参见:Schiavo-Campo S. The budget and its coverage//Shar A. Budgeting and Budgetary Institutions. Washington D.C.: The World Bank Publication, 2007: 71-72.

高效益使用者需求)。

（5）竞争中性（competitive neutrality）：在为服务定价时，成本应准确并且应包括私人实体在相同运营下的所有成本项目。

（6）公平：低收入者的收费水平应降低或者免费，偏远地区用户和其他类似情形亦应如此，但降低的标准必须透明且不被操纵，还应考虑满足公平目标的不同方法，因为更直接地提供利益[①]通常更透明——与减少收费相比。

（7）有效的征集系统。

（8）审计：征集使用费的组织需要接受定期的外部审计。

（9）绩效：应定期监督组织的绩效水平，以确保效率和服务质量，使用费不能用于资助那些长期无效率的用途。

11.3.3　避免粉饰财政状况

任何政府都希望获得充足且稳定的财政来源，以维持充足且稳定的公共支出。财政融资的目的并非融资本身，而是为公共支出提供财源进而转换为集体物品。因此，公共支出职能与财政融资职能需要一并考量，尤其需要关注支出总量与收入总量的适当平衡。

特定财政年度内的支出大于收入将形成财政赤字，否则将形成财政盈余。财政赤字意味着特定时期内的公共支出大于"正常"收入，正常收入不包括（至少不应包括）债务举借和资产出售与出租获得的收入。债务融资与资产收入在财政报告（fiscal report）与财务报告（financial statement）中应单独列示，因为两者实际上都是弥补赤字而非获取收入的手段。如果两者被包括在正常收入概念中，财政赤字将不可能出现从而变得难以理喻，政府财政状况因此被粉饰，并与财务诚实这一公共治理的关键原则相悖。

中国当前背景下，不当会计计量的典型例子之一是"以拨作支"——将拨款当作支出记录，将债务发行取得的资金记录为"收入"。直到今天，中国源于对"支出周期"及其运营阶段概念缺乏基本认知，依然缺乏关于"支出"的严格定义。基于良好管理的目的，支出至少应在承诺、核实和付款阶段同时记录与追踪。

除了会计计量外，财政状况也可能因为人为操纵或过于乐观的预测而被粉饰。地方政府在 GDP 导向的"政绩压力"下，大多采用"以支定收"方法制定预算：先确定支出，然后确定收入；所确定的支出往往远高于实际可得收入，缺口部分以虚列收入的方式填补以满足预算法的平衡约束；预算执行过程中则采取"收入空转"的方式虚增收入。形形色色的机会主义行为还包括操纵支付时间，这在现金会计下很容易。

[①] 用一个政策手段（公共定价或收费）来应对两个不同目标（效率与公平）在多数情况下并不可行。公共定价机制的主要优势在于效率而非公平。对于公平目标而言，更真正、通常也更有效的方法是针对低收入阶层提供直接的财政补贴，有时（如自来水耗用）采用货币补贴更好，有时（如免费接种疫苗）采用实物补贴更好。多数情况下，公共定价只是公平（再分配）目的的一个蹩脚的工具，招致稀缺资源的浪费性使用，如中国许多缺水城市的自来水补贴政策。一般规则，大凡世上的好东西，只要免费或近乎免费，通常就会被糟蹋。这是经济学著名的"公地悲剧"范式的通俗解释。

> **本章小结**

- 公共支出的历史不可避免地与税收的历史紧密地缠绕在一起，而税收的历史则是一部人民与政府，人民与人民间关系的历史。
- 所有政府支出都应以某些法定授权为基础。支出授权通常应有时间界限并且是特定的，拨款的法定基础通常应由依照法律（in statutory law）提供，但这类法律不必过于详细，应由行政法（administrative law）提供程序指南（procedural guidance）以允许作少量变动。
- 公共财政管理的重点是公共支出管理，多数文献将其描述为理想财政成果的三个层次：财政纪律、战略优先性和运营绩效。这一框架也适应用于公共预算与财务管理的其他成分，包括收入、资产、负债和政府现金管理。
- 在考量支出配置的战略优先性时，将减贫目标和平等（缩小分配差距）目标区分开来很重要。
- 基于运营绩效的受托责任只有在纳税人/消费者能够鉴别"谁负责什么"以及政府服务与该项服务花费间的联结时才能实现。收入决策与支出决策分离（由不同的政策实体独立制定），受托责任和透明度就变得很弱。
- 运营绩效管理强调可靠有效地计量与报告成果（outcomes），这是明智地配置与使用稀缺资源以改进服务交付的主要工具。计量和报告运营绩效的焦点是以等级评分和程序来准确区分绩效级别。
- 绩效级别以影响评估（impact evaluation）为基础，影响评估指通过比较规划成果与预测假如没有规划会发生什么，对该项规划的净效应进行评估（assess），用于在已知外部因素影响规划成果的情况下，将规划贡献从达成的目标成就中分离出来。
- 运营绩效层面的支出管理应致力发挥机构的作用和社区价值（community value）。
- 运营绩效的焦点是成本有效性：以合理的成本对预定目标做出贡献。对于公路而言，有效性关注便利性、安全性和车辆的经济性，并非仅指建设效率。支出有效性也涉及服务质量，服务质量可通过公民调查、地方经济条件的研究、问卷调查（tallies）、收到的投诉或专家评估得到数据，涉及公民满意度。
- 运营绩效管理可区分为行政国家和管理型国家两个范式，后者包括两个支柱：内部市场和合约制度。
- 结果导向的运营管理与评价亦有其局限性：不能跨越组织界限进入功能层面。"成果"发生和控制在机构层面，但机构无法控制功能——机构只是功能的产物。
- 好的运营管理系统还必须包含三个机制（挂钩、奖罚和评估）：①事前的预算申请与机构管理、运营效率相联结，而非完全取决于政治决定；②绩效基础的激励机制，包括对集体和个体进行奖励而非惩罚以鼓励促进目标和节约成本的作为；③规划绩效的跟踪评估。
- 有效激励满足六项基本要求：①区分管理影响与环境影响——剔除环境噪声；②预算拨款当作管理工具——拨款增减取决于环境变化影响的规划需求，而与管理问题分开；③规划目标互补（比如农业规划中保护土壤和改善水质）而非替代或冲突；④针对每个绩效计量单独实施奖罚——必须有针对个人的绩效计量并与管理及预算奖罚结合起来（仍为难题）；⑤各种绩效计量间的协调性——确保各种绩效计量指标合理地结合在一起并可据此观察到管理影响；⑥对管理者绩效的激励不能因为政治考量和官员偏好而轻易改变。

- 腐败影响公共行政的三个主要领域：收入征集、支出配置和对作为消除市场（信息）失灵的工具的公共规制。
- 收支组合管理尤其应关注偿付能力、可持续性、灵活性和脆弱性衡量。

➢ 本章术语

财政管理　以拨作支　收入空转　财务诚实　财政约束规则　委托代理模型　支出筹划　基线筹划　以收定支　以支定收　中期支出框架　代际财政平等　预算授权　支出配置　财政纪律　运营绩效　财政空间　新制度经济学　新公共管理　专款专用　成果计量　服务交付　凭票供应　公共供应　公私伙伴关系　私人供应　志愿者服务　规划评级　特许　规费　使用费　合同外包　超额负担　政府控制实体　财务诚实原则　行政规费　特许规费　公共基金　目的税　财政规制　治理安排　公共收费　公共定价　托管收入　铸币税　货币发行收　受限现金收　互惠收入　非互惠收入　价格封顶　零余额账户　投资账户　浮存　收入征集系统　现金余额集中化　集中性收入征集系统

➢ 思考题

1. 公共支出管理的三级框架及相互关系是怎样的？
2. 试比较为低收入者提供住房服务的经济适用房政策和住房券政策之优劣，考虑产出导向和成果导向的差异。
3. PPP 日益增加的背景和动因是什么？适应范围和条件有何限制？
4. 公私部门在 PPP 中的适当角色各是什么？
5. 公共支出的适当范围取决于什么？中国当前背景下存在哪些明显的"越位"与"缺位"？
6. 哪些常见原因导致公共支出更多地惠及富人而非穷人？
7. 哪些理由表明好的支出分类很重要？
8. 什么是对公共支出的福利（效用）计量？困难及其根源是什么？
9. 比较中国现行预算支出功能分类与联合国功能分类的差异，以及中国现行经济分类与国际货币基金组织政府财务统计系统的经济分类的差异。
10. 规划分类、条目分类和组织分类的用途有何不同？
11. 举例说明什么是产出分类。
12. 了解中国各级财政"以拨作支"情况，说明为何将拨款记录为支出是错误的，并说明其影响和后果是什么。
13. 事前财政约束规则为何易被忽视和漠视？破坏这些规则的机会主义行为有哪些？
14. 公共经济学关于委托代理模型研究的两个顶尖问题分别是什么？
15. 对支出问题的基线筹划包括哪四个基本问题？

16. 为什么"以收定支"和"以支定收"的预算制定策略都存在问题？
17. 对于发展中国家而言，引入中期支出框架的主要价值是什么？与年度预算的关系是怎样的？
18. 为什么"弥补关系短板"而非"保重点"才是支出配置的首要原则？
19. 支出优先性矩阵可为思考支出配置问题提供哪些洞见？
20. 宏观预算筹划应致力达成哪四重一致性？其理论基础是什么？
21. 试比较公共服务交付的委托代理模型与道德规范的差异及其相互关系。
22. 专款专用安排只是在满足哪三个条件下才是适当的？为何？
23. 为什么组织中的合规往往是绩效的敌人？结合中国当前的"不作为"现象加以阐述。
24. 为什么对于绩效导向而言，迅速准确鉴别与消除问题规划比绩效计量重要？
25. 成果计量与报告的主要步骤依次有哪些？成果数据有哪四个主要来源？
26. 公共服务交付有哪三个基本模式？
27. PPP 有哪些常见的特定模式？相对于公共供应模式的主要优势是什么？
28. PPP 的适应条件有哪些？政府和私人部门的适当角色是怎样的？
29. 相对于富人而言，哪些公共支出使穷人受益更多或更少？
30. 试从理解二级（附带）支出效应出发，解读"减贫只宜限定为救济"的合理性。
31. 减贫政策的影响计量有哪三个主要方面？
32. 依赖政府控制实体的服务交付模式的局限性和缺陷是什么？如何救济？
33. 收入组合管理包括哪些要点？
34. 公共收费的适当治理安排应遵从哪九项原则？
35. 分析中国当前背景下粉饰财政状况的主要症状、原因，评估其后果。
36. 公共基金预算（相对于统一预算）应满足哪三个条件才是适当的？
37. 为什么在地方财政自主性较低的国家，中央政府采用规划评级工具（政府控制实体）进行横向比较对驱动地方财政绩效尤其适当？
38. 收入征集系统的（集中或分散模式）设计主要取决于什么？

第 12 章 管理资产与负债

公共资产和公共债务典型因其"人人都有、人人都没有"和必须被托付给公共代理人管理,滋生和蔓延共同池问题和代理问题的风险很高。控制共同池问题和代理问题及其负责的负面后果,因而成为公共资产与负债管理的一般目标,特定目标包括(消极)限制领域的确保安全、获得授权和满足信息(会计与报告)要求,以及(积极)行动领域的公共回报率。经济学、新公共管理和新制度经济学为管理资产和债务提供互补性的视角和方法,值得费心思量。此外,不应孤立地管理资产和负债。资产-负债联结也是受托责任的基本要素,如收支联结[①]。

■ 12.1 管理公共资产

公共预算与财务管理的多数文献聚焦财务资产(financial assets),尤其是现金资源的管理。财务资产通常被定义为可直接用于偿付债务的资产,核心成分为现金和现金等价物。现金资源作为公共预算与财务管理的重中之重,源于作为公共组织唯一可定期从预算中合法获得最重要的资源。然而,拓展资产管理的概念框架是有益的,该框架覆盖所有被法律界定为公共所有权的资产,即区别于私人资产的公共资产。公共基础设施和自然资产为其中特别重要的类型[②]。

12.1.1 一般要求

所有公共资产都应被妥善管理,底线是安全,然后是公共回报。两者都有丰富含义和特定要求,包括正确分类。公有制主导的国家会面临更多的困难与挑战。这些国家的公共资产尤其是国有金融企业和非金融企业的资产,通常非常庞大。意识到管好他人钱财总是比意识到管好自己钱财难得多。

[①] 受托责任的基本含义是资源-权力运用者对来源者负责。因为政府的权力和资源来自人民的授予,所以服务人民成为政府的基本受托责任。为使其真正有效,两个基本的前提条件须被满足:收支联结和代理人有能力清晰鉴别"谁负责什么"。在权责会计下,没有资产-负债联结,就不可能实现真正的收支联结。

[②] 在人类活动的自然环境影响日益加剧的背景下,全球正兴起一股管理自然财富的热潮,将其包括在管理框架内尤其适当。

1. 正确分类

正确分类的重要性在传统的管理文献中大多被低看或漏看，尽管它是任何科研和科研管理的第一步。错误分类无法带来正确的管理。正确分类的逻辑标准很简明，既无遗漏又无重复。坚持正确分类在公共预算与财务管理领域尤其重要，攸关普遍利益也攸关政府核心职责，两者都依赖公共预算与财务管理作为良好的分析工具和决策工具。糟糕的分类只会带来糟糕的分析和决策。正确分类还是透明度的关键元素[①]。

正确分类与资产的清晰定义紧密相连。会计学定义和经济学定义的资产并不相同。管理目的一般采用会计学定义的资产：公共组织可控制、导致利益流入（组织）、可货币计量的资源。相应的资产依流动性不同而被区分为两个基本类别，即财务资产和非财务资产。两者都包含很多细目，平衡表中同样按流动性强弱列示于左方（横向制式平衡表）或上方（纵向制式）。

管理目的不应忽视资产的经济学定义：可带来未来回报，无论回报的特定形式为何，特定的财务（货币）收益、实物收益还是抽象的"社会效益"。相应地，经济学依利益生产期的长短而区分为运营资产（operational assets）和资本资产（capital assets）。前者是指投入生产（利益的）过程的时间不超过一年，或者不超过某个规定的运营周期（如两年）。生产过程跨越多年的资产即为资本资产，如政府存货与低值易耗品。固定资产、土地和无形资产为典型的资本资产。应注意并非所有的资本资产，以及为取得这些资产而发生的资本支出，都应包含于资本预算（capital budge）中。

2. 保护资产

与私人资产相比，公共资产被偷盗、掠夺和损毁的风险高得多——源于公共资产特有的共同池问题和代理问题。保卫资产（最优先的是保卫货币）因而作为资产管理的第一道防线，这意味着基本的财务控制职能作为公共预算与财务管理的首要职能，其底线是安全。不安全意味着不能控制。不能控制它，也就不能配置（allocate），不能配置它，明显地也就不能管理（management）。安全因而为第一底线，涉及以下三个关键目标的财务控制。

（1）所有资产的获取和使用或占用都必须获得法定授权。没有立法机关正式明确的授权，行政部门不可以取得、使用、占用或处置公共资产。即便在弱势立法、强势行政的国家，涉及公共资产的行政作为也不能规避或逾越法定授权。只有立法机关要么通过法律、要么通过法定预算（审查与批准）授权行政部门合法权威，行政作为才具有合法性。哪怕徒具形式，也是必需的形式。此为"法无授权不可为"的题中之义。源于四项基本理念与制定安排[②]，法定授权既是民主的机制，也是法治的机制。在缺失法治观点的情况下，从政治学、新制度经济学、公共管理、行政管理或经济学视角管理公共资

[①] 透明度涉及公民权利、腐败和公共官员对渎职失职的自我保护三个主要论点。

[②] 公共资产如同政权亦如同国家，皆属"天下为公"的公有制和"共和国"，公仆亦如此；国家和政府皆为服务人民的工具；人民的意志、目标与利益由直接或间接地通过其选举产生的人予以代表；行政部门为执行部门，虽具专业优势但并非扮演代表的角色。中国自2013年以来密集颁布实施的诸多关于公共资产包括国有企业改革的行政文件，并未得到各级人大的授权。虽然实质重于形式，但法治的精髓在于形式先于实质。法治政府首先必须是形式法治的政府，其次才是实质法治的政府。形式法治对于实质法治并不充分，却是基本前提，因而不可逾越。

产并不充分。

（2）完整、清晰、可靠、有用和及时的记录与报告。底线是现金会计记录与报告，但并不充分，扩展到修正权责会计，最终扩展到完全权责会计，对于会计和报告目的而言很可能是适当的[①]。

资产应在部门和政府整体两个层次上记录和报告，并尽可能与国际会计与财务报告准则相一致，以促进可比性、沟通、分析和评估。会计与报告采用"国际语言"的优势和益处不应被低估，保持本国特色有害无益，尽管细节和范围例外的合理性应予确认。

表外资产总会存在，只要适当，应尽量作为财务报表（平衡表）附注披露。

（3）制度化和常态化的评估与监督（包括外部审计）。会计和报告非常重要，但不会自动带来良好的管理。良好管理依赖对这些信息的有效利用，制度和常态化的评估与监督很重要。评估可以在事前进行。成果监督大多需要在资产被投入使用的若干年后进行，因为成果（意欲的结果）不会立即实现。相对而言，产出，尤其是投入的监督要更容易，也可在早期阶段实行。

内部监督和外部监督应结合起来。前者依赖内部控制的有效性，后者主要依赖独立公正的外部审计。

3. 公共回报

在牢固的控制机制使安全目标得到合理保障后，资产管理的重心应转向公共回报定义的绩效目标。如果安全目标关注行为正确，那么，绩效目标关注结果合意。两者都必不可少，但安全更优先，绩效更重要。

4. 政治性价值

如果公共回报并未涵盖抽象的政治性价值，那么政治性价值即应作为独立的目标被追求。民主治理之所以值得费心追求，是因为结合了工具理性和价值理性。工具理性将民主治理当作达成功利性目标（安全和回报）的工具，价值理性将民主治理本身当作目标加以追求。

政治性价值因其抽象性——对应于功利价值的实在性——而在发展中国家被普遍低看、漏看和偏看。一般来讲，在渡过了生存门槛后，抽象的政治价值的重要性便以递增的速率，逐步压倒功利主义的实在价值（经济增长和稳定），两者的关系与"勾股玄定理"如出一辙。这就是组织社会的基本原则并非"富强"而是政治价值（正义和责任为首选）的原因。在公共预算与财务管理领域中，良治的关键原则最佳地体现了这些价值，涵盖法定授权、受托责任、透明度、预见性和公民参与。每个对管理公共资产都很重要，并且有许多特定要求与含义。首要的是管理好现金资源，底线是，财务官员在现金流循环所有阶段须借助内部控制和资金集中化程序保卫资金的安全[②]。

[①] 权责会计应用于政府预算则须十分谨慎。目前国际上只有少量国家——主要是英国、新西兰和澳大利亚——采纳对专业和行政能力要求很高的权责预算。这是针对作为决策工具的权责预算而言。在作为分析工具（呈现信息）的意义上，权责预算则是适当的。从作为分析工具和作为决策工具的角度区分两个含义的"权责预算"很重要。

[②] Shar A. Local Public Financial Management. Washington D. C.: The World Bank Publication, 2007: 2, 360.

12.1.2 管理现金资源

现金资源为公共资产的核心部分，也是公共组织可从预算中定期合法获得的唯一最重要的资源。现金管理为所有政府和公共组织的基本职能，经常被看作绩效管理系统的一部分，要求细致地分析，聚焦安全性、流动性和收益率，尤其应建立清晰明确的"投资标准"指导剩余现金投资。以现金流出度量的公共支出，在许多国家相当于 GDP 的 1/4 甚至 1/3，某些福利国家更是高达 1/2。

现金资源由现金和现金等价物组成。现金由库存现金、活期存款和在途径现金组成。现金等价物是指短期高流动性的投资，易变现且不会遭受价值变化的重大风险。持有短期高流动性投资旨在满足现金支付义务要求而非投资，一般仅包括 3 个月就到期或少于 3 个月的投资，不包括权益投资但可能包括 3 个月内就被赎回的优先股。

现金管理目标包括引导政府资金尽可能快地进入国库，尽可能有效率地办理支付，以及在支付运营费用前有效地利用资金。有时政府在年度中会出现收入短缺，需要借钱弥补缺口。在这种情况下，账目和及时借款的责任可能归于负责现金管理的财务职员或其他预算官员。现金管理的另一个目标是为现金管理活动提供准确和及时的会计记录[1]。

现金管理分为流入管理、流出管理和余额管理。流入管理分为"现金收入管理"、"融资管理"和"托管收入管理"，三者应分开记录和管理。融资是指债务与债务利息。现金收入分为互惠收入和非互惠收入，后者主要是指税收、拨款和赠款。互惠交易包括产品和服务的销售、股息和利息收入，以及资产转让的全部收益。现金支出管理应区分经常支出和资本支出。

除了财政部门和支出部门或机构外，中央银行在现金管理中也扮演重要角色。事实上，多数国家的中央银行都是政府主要的现金持有者（main cashier），即便支出机构持有自己开设于商业银行的账户，资金也从中央银行的国库账户释放出来。一般地讲，在如政府证券发行（issuing activities）、公共债务管理、干预二级政府证券市场中，中央银行是政府的财政代理人（fiscal agents）和实施者。在许多国家，中央银行还为政府提供短期流动性管理（overdraft facilities）[2]。

为避免与分派给中央银行的货币（物价）稳定的职责相冲突，越来越多的国家都建立了政府向中央银行借款的严格限额，或者禁止向中央银行借款。另外，多数国家原则上将中央银行的损益转作政府的损益，但实际做法各不相同。为鼓励政府优化其现金管理和限制非透明的准财政支出（quasi-fiscal expenditure），中央银行向政府提供的现金服务应遵从市场（等价交易）原则，包括向政府支付其存款利息。透明度也要求中央银行损益应作为收益（revenues）或支出纳入预算。

中国当前背景下，根据相关法律与法规，除了其他部门外，中国人民银行也是政府现金管理的重要代理人，担负着作为政府的银行、银行的银行和出纳机关经理国库的职责，商业银行也提供相关的金融服务，政府现金管理因而涉及重要的银行安排和

---

[1] Larson M C. Local government cash management//Shar A. Local Public Financial Management. Washington D. C.: The World Bank Publication, 2007: 33-68.

[2] Schiavo-Campo S, Tommasi D. Managing Government Expenditure. Manila: Asian Development Bank, 1999: 194.

账户结构。

会计和预算都是管理现金资源的重要工具。即使会计系统采用权责发生制,现金基础预算仍然是有效的现金管理的基本要素。因此,预测现金流出和流入的时点总是必要的[1]。预算需要与会计相结合。在预算和财务报告中采用相似或相同的会计基础,可为计划和控制支出以及财政决策提供更合理的框架[1]。

12.1.3 管理公共养老金

许多国家的公共养老金规模可观,无论作为资产还是负债。作为负债是因为总有一天政府需要偿付给公民。需要偿付的数额远大于基金资产形成养老金缺口,本质上类似负债,但经常未被充分计量和披露。现金会计账目导致低估缺口的现象通常相当突出。如果采用权责会计计量,缺口巨大的真相极可能立即被暴露出来。

养老金资产的独特性在于其可作为可索偿资产,类似于公司场合的所有者权益。多数资产在任何时候都不会被索偿,包括"办公资产"、基础设施和自然资源资产。可索偿性有助于形成更强的受托责任,但常被相对严重的代理问题"稀释",这源于养老金运作涉及很长的委托代理链,即存在许多扮演不同角色的代理人(如基金管理人)。代理人——包括受政府委托的二级代理人即养老金管理者——没有底线也没有赢利保证。

不完全契约(imperfect contract)问题意味着容易滋生和蔓延机会主义行为(包括道德风险),以及有缺陷(难以兑现)的承诺,其本质是代理人不履行契约的高风险。理论上可以通过强化监管减少机会主义行为,但高昂的交易成本削弱了其有效性,主要有:参与和监控成本、决策-立法-执法成本、代理成本(约束和激励代理人履约)和不确定性成本,不确定性成本伴随体制和政策的不稳定而来。

令人十分纠结的代理问题源于代理人优势和委托人劣势,暗示制裁或惩罚机制很难真正有效。改革因而聚焦强化受托责任,包括针对民众的政治受托责任与针对上级的管理受托责任。支持性措施应包括以个人所有权和退出选择权引入竞争机制,增进透明度,进行独立的风险评估,聘任资深的专业人士任职基金管理人,以及强化内部控制和外部审计。

这些努力应融入制度安排,包括激励机制。好问题是这样的:怎样的治理安排才最有助于降低交易成本和保障基金资产安全的同时,提高投资组合管理的回报率?投资组合应清晰界定[2]。国际经验表明,对伴随明确授权和强大问责机制的养老金基金经理进行有明确商业目的无障碍投资,并给予其最大无不当风险回报,将带来更高的社会回报。

---

[1] IFAC Public Sector Committee. Governance in the public sector: a governing body perspective.Study,2001,13:46.

[2] 最佳治理安排很可能为四级结构:基金所有者或其代表—政府部门—半自治的政府代理机构—私人部门。私人部门负责实施全球投资组合管理,涵盖债务管理、财产管理和资产净值管理。

12.1.4 管理公共投资

发展中国家的投资支出占全部公共支出的比重通常高于发达国家，伴随相对较多的借款为其融资，确立债务基础的可持续性规则因而很重要。40%~60%的债务/GDP 比率在发达国家较为常见。

可持续投资规则可表述为，公共部门负债净额/GDP 比例将会在经济周期内以一个平稳的水平得到控制（低于 40%GDP）。公共部门负债净额=金融负债−流动性金融资产。

在可持续投资规则下，"二级"问题即为资产配置——投资组合管理，尤其关注财务资产和实物资产的比例关系。

"三级"问题是全面的投资审查，通常应 1~2 年审查一次，每次审查范围以 3 年的时间段为宜，重点是审查投资总额和战略优先性。资本预算采用零基预算方法是适当的，相应的审查应涵盖四个组成部分：资本存量（构成和状态）调查，资本配置计划，资本管理程序，政策和策略，此外还需恪守维护先于重置或更新和新投资采用多元化以分散风险的原则。

投资管理的底线是登记形成的资产，包括谁持有和谁管理这些资产，涵盖各级政府、支出部门或政府控制的自治或半自治的实体。这些信息应作为资产配置计划的重要参考加以利用。基于激励更好利用资本资产的目的，各部门从其持有或管理的资产中获得的资本收入，经审批后可被用于该部门的后续再投资，包括维护、更新、扩建或升级以强化服务潜力[①]。

许多国家将利用私人融资引入投资管理，中国的 PPP 模式也是如此，具有带来更好的风险控制和更好结果的潜能。私人部门在管理风险方面的专业经验通常好于公共部门。然而，成功取决于许多条件。私人融资的常见形式之一是政府部门向私人租赁资产，包括融资租赁和经营租赁，通常需要在平衡表或其附注中披露。租赁使政府不必持有资产的所有权，在转移部分相关风险的同时，有助于平衡各期间的财政支出负担，还可能降低成本和纳税人负担。包括办公楼和电脑等资产在内的许多资产，都很适合租赁，从而无须用纳税人的钱承担全部成本和风险。

资本预算可作为投资管理的重要工具，资本预算反映各类资本融资的全部资本性支出。资本性支出可能并不由现金融资，因此在现金流量表中不能反映出来。在某些国家（如澳大利亚），由预算拨款形成的新资本支出需要作为一项股本投入或贷款而单独反映。如果重大和永久性地增加了某个机构的营运能力，股本投入就需要得到批准。这并不是经常发生的。股本投入也可以通过债转股的方式形成，这时就不需要通过现金融资，也不会发生现金流量。

表 12.1 提供了确认资本金的资本预算申报简要制式。

[①] 英国采纳的权责预算称为资源预算，各部门各自负责本部门的不动产支出，包括维护和更新。英国还采用资本付费制度，即要求各部门就其占用的资本向国有缴纳占用费，使各部门产生更好地利用和管理资产的动机。一般认为并未产生预期效果。资本付费制度涉及投资估价：实际占用的资产究竟值多少钱，技术难度较高，涉及运用资本资产定价模型。

表 12.1　确认资本金的资本预算申报简要制式

资金来源	预算年度	规划年度 1	规划年度 2	规划年度 3
股本总额				
贷款总额				
来源总额				
申报项目名称				
资本资产				
其他非财务资产				
总计				

12.1.5　管理不动产

不动产，是指土地（无论境内或境外）、矿山和矿石、建筑物、建筑物组成部分和改进部分及其他位于土地上方、下方及表面的固定物，并且包括其中的利益。各级政府均在其辖区范围内负有管理不动产的全部或部分责任，后者适合这些资产由其他辖区持有的情形。

不动产的"正确且重要的分类"是区分"特殊用途"和"一般用途"不动产。特殊用途包括医学实验室和武器库。两类不动产的管理责任应区分开来。然而，即便是一般用途的不动产，采用集中统一管理模式——由高度专业化和职业化的专门机构负责——总是必要的。中国背景下长年采用"九龙治水"的高度部门分散化和碎片化模式，无法利用起码的规模经济优势，并带来了其他许多负面后果，包括效率低下、协调困难和内部人控制（"靠山吃山、靠水吃水"）。

集体统管模式下，使用部门获得不动产的基本途径是"向政府租赁"。政府是这些资产的持有人（公民为所有权人）。租金可从其部门预算中支付，也可从部门利用这些资产产生的收益（若有）中支付，但后者应经许可和审查。鉴于中国的不动产规模极为庞大，改革资产管理体制具有带来重大红利的潜力，因为大量不动产并未得到适当利用，长年闲置和浪费现象严重。通常情况下，这些呆滞资产也难以进入市场而被"盘活"。无论如何，管理不动产的专业化要求甚高，公仆通常不具备这些专业技能，精心设计和实施制度安排因而尤其重要。

中国背景下的土地公有制有其特别突出的一个优势，不必像土地私有制国家那样遭遇"拿地"的特殊困难和障碍。但这些优势能否得到充分和适当发掘利用，取决于许多条件，包括资产集中化管理体制和对法治的尊重。法治可最佳地理解为对普遍良法的普遍遵从。

清晰明了的不动产清单和数据库的重要性不应被低估，其中，"受污染或疑似受污染场地"应单独记录和报告，并向公众公开——攸关公众健康与安全。在财务报告（平衡表）中单独披露这些信息也有必要。此外，各部门处理其不动产的权力和条件应清晰界定。最佳实施是建立《公共资产管理法》。行政文件、法规或规章制度再多，频率再高，其效果永远远低于得到精心制定和实施的一部好法律。

鉴别部门裁量权的适当方法是区分为两类不动产，即常规性资产和战略性资产。单位价值较低的财产，如果出售前投入很小，可当作常规性资产，允许部门在市场上出售。战略处理通常用于大规模、价值较高或比较难处理的不动产，该财产在进入市场前往往需要大额投资。

值得许多政府费心思量的改革方向包括出售-租赁的 PPP 模式，出售经适当界定的不动产给私人部门，然后回租若干年（如 20 年），可为政府带来的益处至少包括：将主要建筑的资本费用、所有权风险转移给社会资本方，通过合同约束这些不动产得到良好的维护，增进不动产支出的透明度及其预见性。

12.1.6　管理公共设施

公共设施（public facilities）的清单很长，对政府运转、经济发展和民众日常生活影响重大。最佳实践包括确立集中统管体制，授权独立机构在政府部门间履行"中介管理"职能，协助政府制定总成本最小化的政策。后者（协助模式）包括为政府提供相关信息（如投入和产出等），以及提供办公场地。与分管体制相比，统管体制利用规模经济和专业化优势的潜能大得多[1]，尽管少量例外可以想象[2]。

分管体制的弱点很多，尤其是无法有效管理和利用资产。例如，有些机构车辆过多，也有些机构车辆太少。统筹体制可以进行集中调配避免或处理，分管体制则无法做到。中国当前背景下这个问题很突出。禁止支出和资产"超标"的运营性政策，远不如在体制或组织架构层面作深度改革。随着时间推移，资产分散化管理体制的弱点和代价将越来越大。

中介职能分为采购和建设两个次级职能。集中统一采购应清晰区分"货物"（产品）与"服务"，前者如车辆和消防，后者如信息系统。建设职能针对部门和机构使用的建筑物，包括建设、维护、租用及出租和管理出租收入。建设职能涉及以下主要活动：对目录中的建筑物进行有形监控；办公设施的全寿命周期管理，包括履行针对机构客户的合同义务；做出明智的投资决定以保证资产保值；决定在何时及以何种方式配置资产。

除了充分利用专业优势外，集中统管的规模经济优势在信息设施上最为明显，要求确保公共信息充分共享，包括：共享虚拟主机服务、共享信息安全协议费用、共享研发费用、共享合同载体-成本效益分析、共享最佳规范、共享数据标准、共享支持费用、政府拥有的开放源码软件、低额启动费。

---

[1] 美国为独立统管体制的典范。随着《联邦财产与行政服务法》的通过，成立于 1949 年的联邦总务署（General Services Administration, GSA），管理并协助实现联邦中介机构的基本职能——主要是采购和建设职能，在管理职责之外制定政府总费用最小化的政策。雇员约有 12 000 联邦雇员，每年负责超过 660 亿美元的政府采购，协助管理超过 5 000 亿美元的联邦资产，包括 8 300 座私有和出租的建筑物、170 000 个机动车调配场；职责范围及美国 50 个州及海外的联邦机构。旗下的公共建设服务局为美国最大的公共房地产组织，为 110 万联邦雇员提供总计达到 34 200 万平方英尺的工作空间；拥有超过 1 500 座政府建筑约，占有总务署目录中总量的 51%；剩余的 49% 是租用私人所有的设施。总体而言，公共建设服务局负责为联邦机构提供一流的房地产服务——建筑师和建筑物，涉及保护历史遗产、节能和循环利用。

[2] 如美国联邦总务署并未统管财政部大楼。财政部大楼作为联邦政府最古老的大楼，现由财政部独家拥有，并负责整修和维护。

12.1.7 资产占用费和利率机制

如何激励政府部门有效利用其占用的（非现金）公共资产和现金资产？有些国家（如英国）采用资产占用费和利率来创造这种激励。两个激励机制都依赖权责会计进行完全成本（full costs）的计量，后者是私人部门定价的基础，涵盖利息、承诺给所有者的收益等因素。

例如，某部门平均占用的资产基数（包括现金余额）为100，按3%的利率，则需要缴纳给政府（国库）100×3%=3 的资产占用费。利率机制属于资产付费制度的关键要素之一，发挥着类似贴现率（discount rate）的作用。

一旦完全成本被认为对政府定价、外部等决策很有用，或者对于分析目的（呈现更相关的信息）很有用，资产使用费的重要性就突显出来，在产出定价和资产采购决策方面尤其有益。完全成本提供与私人部门相同的竞争基础，从而为公共服务领域引入竞争机制创造了一个重要条件。

资产使用费对于促进更好的资产管理，包括最小化现金余额和提高现金使用（国库剩余现金投资）回报也有价值，在部门占用现金头寸的体制中尤其如此[1]。基于两个核心理念：如果资产是免费午餐，那么没有人真正在乎，人们只会在乎需要付出成本才得到的东西；精心确定的资产付费率是衡量资产是否被有效利用的财务基准。

如果某个部门占用的净资产（资产-负债）创造的公共回报低于付费率，则表明其投资失败。这与商业领域（私人部门）用内部收益率评估投资项目完全相通，只有当内部收益率高于可接受的、作为最低回报率的贴现率时，投资项目才是可行的——带来正值的净现值。总的来说，资本使用费会在以下几个方面的决策上产生积极的影响：资产管理决策、生产与采购决策、产出决策、资本投资决策[2]。

贴现率应反映风险水平。各种投资决策的风险水平是不同的，因此需要使用高低不同的折扣率。资本资产定价模型可被用于帮助选择适当的贴现率，即反映真实风险水平的贴现率[3]。资产使用费可以用占用的净资产的实际值（不考虑通胀）或名义值（考虑通胀）计算。

资本使用费由政府向既不支付利息又不产生所有者资本收益的政府机构收取，作为对利息和资本收益二者的替代物。这笔费用至少要能够弥补政府的贷款利息，这是政府资金成本的底线。但是政府的各种活动并非没有风险，故在政府贷款成本中包含一定数量的风险补偿金也是合理的[4]。

在政府服务的产出定价中包含资产占用费后，事实上的纳税人补贴就会减轻甚至消失，这些服务购买者或使用者将重新审视其原来的决定：要么以较高的价格继续购买，

---

[1] Ball I. Modern financial management practices. OECD Journal on Budgeting, 2003, 2（2）: 200-229.
[2] 内部收益率定义为投资项目净现值假设等于零（保本）的回报率。
[3] 资本资产定价模型提供了一种测量风险和风险补偿（溢价）的方法，这一模型来源于金融理论，新西兰已将其应用于政府机构风险补助金的确定。另一种源于金融理论的方法称为套利定价理论。
[4] 若政府和私营企业签订协议委托其以政府的名义提供商品和服务，这类企业的资金来源包括债务和所有者权益，企业的债主和投资方一定期望得到与企业的投资风险相当的收益。尽管政府不会面临破产的风险，但会与私营企业一样面对其他类型的运营风险。

要么约束政府降低成本，或者转向其他供应商。中国背景下许多城市的城市公交服务定价长期偏低，并由纳税人的钱补贴使用者，不仅造成服务交付的低效率，也加重了财政负担。改进定价以允许将资产占用费（大多为固定成本）分配其中，可望改善局面，如城市自来水、垃圾采集、街道清扫和城市道路收费等。在什么情形下，政府或纳税人没有适当的理由补贴服务（机构内部或外部）使用者？一般地讲，只有存在政府的产能过剩（闲置）（中国当前背景下通常很普遍）时，以低于成本的价格交付服务者才是合理的。

公共定价合理化满足两项要求，即完全成本和成本对产出成果的合理分配。两者都涉及资本使用费，并且在多数情况下比重很高。产出的真实成本信息对于外包决策也很重要。外向即政府与私人签署建设和运营合同，将服务交付责任转交私人部门，政府负责监督、评价绩效和按合同约定的条目付费。

资产付费制度对于改进采购决策的作用，源于可比成本–价格基础上引入竞争机制，前提是购买性评估。除了核心服务外，多数贴近民众日常生活的服务，包括医疗、教育、文化娱乐、家政服务和垃圾处理等，典型地属于非核心服务，这意味着公私交付相对成本标准可作为主要的评估标准（在服务质量和数量等大致相同的条件下）。

资产付费制度也可望改进资产管理，因为它关注了持有资产（包括政府存货）的完全成本。注意资产的取得成本不等于持有成本。后者比前者更大，因为"持有"（占用或使用）本身会产生额外成本，包括机会成本和实际成本，后者如维护、处置、毁损、偷盗或过时。在资产付费制下，机构可以通过提高固定资产管理效率减少资产使用费，方法包括及时处置多余、不需要的资产，或者以更便宜的资产取代现有资产以提高利用率。

12.1.8 购买责任和占用责任

公有制国家的公共资产规模尤其庞大，意味着政府担负更大的责任。其中很多资产形成于公共支出并被投入政府机构中，清晰界定机构的两类资源责任因而很重要。对应本期公共支出流量的购买责任及对应存量资产的占用责任。公共部门不仅被期待对支出购买负责，也被期待对资产占用负责。确保运营绩效（operational performance）没有忽视占用责任很重要[①]。

购买责任涉及两个核心问题：谁花钱？买了些什么？正是为了建立对"谁"（支出机构）和"什么"（支出内容）的财务控制，公共预算才被制定成法律。公共组织需要在法定授权（批准预算申请）的范围内，就支出购买的合规性（compliance）和绩效（performance）承受双重受托责任（accountability）。

除了预算拨款外，公共部门还占用大量资产，在许多国家还包括庞大的商业性资产。逾越合理资产边界的风险，往往比逾越合理支出边界的风险更高。资产边界"越位"的风险与后果可能远甚于支出边界越位。

因此，应牢记公共预算与财务管理存在流量模式和存量模式两个模式，两者都适用

[①] 中国当前背景下的绩效评价虽已形成热潮，但并未产生逻辑一致的完整概念框架，包括没有清晰区分和界定购买责任和占用责任，尤其是对占用责任的忽视。

六级框架作为统一的管理框架，前提是合规和确保遵从适当程序。

应注意到两个模式在中国当前背景下的复杂关联及其后果。双重模式源于政府以控制公共产权和财政融资两种方式汲取财政资源。其可分别称为产权财政和税收财政。两者均有久远的历史[①]。"土地财政"也是产权型财政的当代范例[②]。

12.1.9　报告资产

公共资产应采用国际通行标准在公共部门平衡表中报告，至少应按年度报告，区分为财务资产（financial assets）和非财务资产。即便简单粗略的平衡表对于分析目的也很有价值，用于帮助发现经济系统和财政可持续性方面的弱点。

公共部门平衡表应在政府整体和部门层次上分别报告。平衡表（也称资产负债表）的基本概念非常清晰，将年累计的所有财务和非财务资产加总，所有债务和其他形式的负债加总，两者之差就是公共部门净资产。因为同时记录了资产和负债，分析者可以借助此表评价财政政策对净价值的影响，估算一段时间后净价值涨跌的趋势，而这些是决定要不要维持财政政策的基础。这种方法通常称为存量法，区别于财政运营表（fiscal operation state）的流量法，后者聚焦财政赤字，其理论基础为凯恩斯开创的宏观经济分析理论。

尽管平衡表的基本概念——资产=负债+净资产——很简单，现实往往并非如此。许多政府和部门（ministries）甚至不知道过去这些年获得了什么资产，还欠着什么，谁拥有哪些债权——尤其是或有负债。此外，资产和负债以什么价格（市场价值还是名义价值）计入平衡表，也会导致巨大差异。

最佳实践要求本期和前期报告中的所有财务资产都应在本年度的预算报告和财务报告中反映，报告应清楚地说明对资产估价所采用的会计政策。财务资产是指政府可用以清偿债务或者承诺，或者为未来活动融资的资产。应予报告的财务资产包括现金和现金等价物，其他货币资产如黄金和投资，以及贷款和预付款（advance）。现金等价物包括银行部门为维持和管理政府账户所要求的最低存款要求（demand deposits），以及短期的、随时可转换为现金的高流动性投资。

财务资产应分类报告，如投资应区分为直接上市证券、对私人公司的股本投资和资产（portfolio）投资，以及对国际机构的投资。可收回的贷款和预付款应按短期（如农业贷款、工业贷款和住宅贷款）分类反映，而在部门内部则应按贷款项目反映。财务资产的任何特定属性（如对其使用的约束），应作为财务报告的附注披露。任何不被报告的财务资产亦应作为附注反映。财务资产的报告期应与债务的报告期相一致。

基于财政政策的目的，中央银行持有的外汇储备不应作为中央政府财务资产报告书中的内容报告。这些储备用以偿付进口和外汇市场投资。外汇储备应作为其他方面的透明度要求（如金融和统计要求）加以报告，通常由中央银行报告。

---

① 早期的产权财政可追溯到西汉时期的专卖制度。中国在传统中央计划经济时代的古典税制也是典型的产权型财政。此处的古典税制指没有"明税"，而以扭曲（压低）农产品收购价格的"剪刀差"、压低公职人员工资形成的隐性所得税及国有企业上缴利润作为国库收入的主要来源。

② 在过去10余年中，中国各级政府的土地出让金规模十分惊人，地方政府尤其明显，形成了所谓的"土地财政"。

12.2 管理公共债务

公共债务是指以政府举借或由政府承担偿付责任的债务，通常属于公共预算与财务管理中最为复杂棘手的领域，源于三个固有特性带来债务膨胀的高风险。三个特性分别是没有真正的债务人、普遍的负担幻觉及缺失预见性（predictability），从而与私人债务区别开来[①]。债务膨胀的主要后果是威胁宏观经济稳定和可持续性，从而损害未来世代的利益，可被看作向未来转嫁赤字和负担的方法。另外，公债管理亦需面对重要损益（输家与赢家）效应，平等目标因而应予以特别关注。及时鉴别威胁对于判断现行政策是否需要调整至关重要。

12.2.1 一般要求

若将公共政策置于宽泛的宏观经济背景下，政府应寻求将公共债务作为财政纪律的焦点，确保债务水平和增长同时满足：基本的可持续性（sustainability）；整体的借款成本和风险目标。债务管理的主要目标是在满足中长期内尽可能低的成本与相应的风险审慎水平（prudent degree of risk）下，确保满足政府融资需求及其支付义务（payment obligations）[②]。

财政纪律为国家与地方公共财政管理的关键价值[③]，财政纪律适合所有关键的财政计量，即总收入、财政余额（赤字或盈余）和公共债务。当多个财政总额同时受到约束时，财政纪律即实现了。例如，如果只是约束收入，地方政府将发现很容易通过借款而不是控制开支来达到赤字或平衡目标。

过度债务的直接根源为过度支出。在后者与贪婪常常形成恶性循环的意义上，过度支出和贪欲均为万恶之首。人类一切麻烦的终极根源都是调节机制失灵导致的贪欲放纵。在公共部门中，贪欲（放纵）表现为政府活动全面持久介入"非必要职能"领域，即中国式术语下的（职能）"越位"，根植于与民争利和利出一孔的久远历史传统。"越位"招致过度支出，过度支出进一步推动"越位"。恶性循环推动公共债务膨胀。道德风险（moral hazard）使其雪上加霜[④]。

因此，债务管理应致力于确保财政纪律，无论中央还是地方。然而，不应将财政纪律理解为债务越少越好。在某些情形下，当增税的经济成本高于借款的经济成本，或者

[①] 每个官员和公仆都不被要求承担公共债务的任何个人偿付责任。所以，公共债务的债务人只是名义上的而非真实的。公债的偿付非常明显地将构成纳税人的财政负担——羊毛出在羊身上。但在真实世界中，偿债资金的来源和负担分配是未来的和高度不确定的，以至每只"羊"都有"羊毛拔在别的羊身上"之幻觉。另外，政府通常缺乏准确的"所欠"（多少、谁、何时到期）信息，尤其在或有负债上。

[②] IMF. Guidelines for public debt management//Shah A.Fiscal Management. The World Bank, 2005: 109, 113.

[③] Vogt A J. Local capital budget//Shar A. Local Budget. Washington D.C.: The World Bank Publication, 2007: 79-102.

[④] 经济学将道德风险视为市场失灵的一个重要根源，特定情形下可从做不道德的事情中获利。保险和中央对地方转移支付及地方债务，均为道德风险的高发区。当地方政府形成"出现麻烦时有办法向中央救援"的预期时，道德风险就会形成。中央政府避免向地方政府发出错误（代你还债）的信号非常重要。

借款可让几代人分担社会经济基础设施的成本时，借款是明智的。

财政纪律也与财政总量的可承受性（affordability）相连，涉及传统（第二次世界大战前）的年度平衡和此后的周期（跨年度）平衡两个规则，两者都约束债务水平。周期平衡并非仅指时间尺度——覆盖经济周期（衰退到复苏），更指通过财政政策缩小实际产出与潜在产出的偏差。经济危机导致这一偏差变得很大。周期平衡弥补了年度平衡的忽视增长波动（及其阶段性）和短期的支出紧迫性两个缺陷，并从根本上改变了预算制定的方法，但其局限性同样不应被忽视[1]。

追求债务管理的上述目标需满足一系列要求。

（1）货币政策与财政政策的协调（coordination）。债务管理者、财政政策制定者和中央银行应分享各自对债务管理目标及财政与货币政策的理解，包括分享对不同政策工具的理解，以及对政府近期和远期流动性需求（liquidity needs）的理解。同等重要的是，债务管理应与货币政策目标和相应的受托责任分离开来。

（2）透明度与受托责任。负责债务管理的财务部门的角色、责任和目标应予以澄清，制定和报告债务管理政策的过程应予以公开，债务管理政策的信息可得性应予以保证，债务管理机构的诚实（integrity）和受托责任应予以确保。

（3）制度框架。治理方面的法律框架应澄清授权借款和发行新债的权威，以及投资和代表政府的交易。制度框架亦应涵盖对内部运营和法律文件的管理，涉及风险损失控制和健全的商业实践，后者包括职员责任的良好界定及监督、控制政策与报告安排。债务管理流动也应得到良好的财务管理信息系统（financial management information system，FMIS）的支撑。

（4）债务管理策略。各类政府债务工具包含的风险应被仔细监督和评估。现金管理政策和借款决策应精心制定与实施。

（5）风险管理框架。开发这一框架旨在使债务管理者能够鉴别政府债务工具及其组合的成本和风险。债务管理应进行压力测试，即测试经济和财务震荡对债务工具及其组合的成本与风险的影响。在制定借款决策时，考虑或有负债对财务状况（包括流动性）的影响很重要。

（6）发展和维护有效的政府证券（government securities）市场。证券市场的开发应同时考虑国内和国外市场，仔细比较两类市场的债务成本和风险差异。在两类市场上保持适当的投资平衡也很重要。保证初级市场的透明度和预见性很重要。债务发行应最大限度地采用市场基础的机制，包括竞价。政府和中央银行亦应致力于推进二级市场的健康发展，确保金融市场中涉及政府证券的交易反映健康的商业实践。

---

[1] 发达国家自20世纪60年代开始，系统地改变了预算制定的方法——在预算准备的早期阶段即确认宏观财政政策的效应。周期平衡有两个主要缺陷：技术上难以准确预测经济趋势的拐点（衰退和低谷何时到来），政治上难以扭转半边凯恩斯主义的偏好——政治家即使在经济周期的高涨阶段也喜欢多开支。

12.2.2 债务约束规则

当代公共预算与财务管理拒斥脱离预算制定和政府间背景管理公共债务以促进财政纪律（fiscal discipline）。预算视角的约束通常采用量化的赤字/平衡和债务/GDP 比率，政府间视角的约束可由中央政府直接规定地方债务限额。中央政府通常亦应在立法机关授权的债务限额内举借债务。

作为一般规则，如果没有直接的债务限额制度，那么财政约束（fiscal constrain）应采用其他三个方式：①现金流缺口规则，短期债务以弥补年内现金周转的季节性不平衡为基础；②资本需求规则，中长期债务应以资本项目（capital projects）的资金需求为基础；③经济稳定规则，优先使用债务资金满足作为财政稳定（需求管理）政策目标的工具。此外，基于资本市场的市场约束（market constrain）也可作为财政纪律之外的另类约束机会。

预算管理背景下的债务约束包括以下要素。

（1）可持续财政赤字，确保赤字基于财政可持续性和宏观经济稳定目标确定。

（2）采用技术方法（包括风险敏感性风险）整合财政总量的宏观经济效应与财政（乘数）效应[①]。

（3）预算制定与实施联结并确保实际水平与目标（收支与借款）总量相同。

（4）将年度预算的准备置于中期支出规划之下，包括财政总量目标（基准）与相关风险是透明的。

（5）预算全面性（budget comprehensiveness），预算与平衡表应包括所有来源的收入、支出和负债。

除了预算背景的考量外，对管理一般政府借款的一般要求还包含一系列政府间因素。

（1）中央政府应避免对地方的隐性担保和恶化共同池问题的作为[②]。

（2）政府间转移支付的精心设计应遵从五项一般原则，即稳定、透明、非武断、统一和非谈判确定（拒斥裁量）[③]。

（3）地方自有收入的充足性应得到特别强调[④]。

（4）借款控制应覆盖事前与事后的借方控制和贷方（资金提供方）控制。

（5）事前的借方控制包括债务限额、赤字基准、限制国际借款。

（6）事前的贷方控制包括禁止从中央银行融资、限制国际借款、中央银行规制、金融监督机构、信贷配给（rationing）和资本金要求。

（7）事后的借方控制包括限制从中央银行融资、禁止撤资、中央拒绝救援地方、

[①] 此处的敏感性分析指假设其他参数不变时，某个单一参数变动对目标变量的影响，如税率降低 1%，GDP 和税收收入会有怎样的变化。预算参数清单很长，涉及通货膨胀率、利率、汇率等经济参数，以及工资率和税率等财政参数。敏感性分析应作为财政风险加以量化和报告，中国目前尚未如此。

[②] 这是多数国家（包括中国）地方债务膨胀的两个主因。设计不当而规模很大，中央转移支付为共同池问题的高发区。地方政府将其视为免费午餐，预期可用于帮助清偿其到期债务，这使其债务决策变得更不谨慎，如所有欠中央的钱（包括中央转贷）都从转移支付中扣减。

[③] 作为政府间财政安排的重要支柱之一，转移支付体制不当经常是恶化地方债务的重要原因。

[④] 自有收入的充足性有应对共同池问题、增进收支联结（进而强化受托责任）及作为地方财政纪律的基石三个重要价值。

禁止地方以中央转移支付资金偿债、披露相关的财政报告。

（8）事后的贷款方控制包括强化银行监管、强化资本（流入流出）规制。

对一般政府借款控制的有限性因国家而异，主要取决于是否存在良好的预算程序、会计系统和债务管理信息系统。合作性的财政管理方法同样至关重要[①]。当地方政府、特别是大城市积极参与一般政府宏观经济与财政目标、财政政策关键参数形成过程时，它们就在实现一种共同责任。

此外，约束债务的机制还应包括资本市场，但只有满足一系列条件时才会真正有效，至少包括资本市场本身的健全性、关于政府财务状况的信息充分披露，以及没有中央政府的救助。高可信度的债券评级机制和规定只能为特定目的借款，这一点也很重要。只要这些条件不具备，中央就有必要介入地方债务管理。

债务政策和管理属于最应置于法律下运作的典型财政事项，源于其高风险的特性。债务为政府财务风险的焦点。没有债务的政府就没有财务风险（但依然有运营风险）。只有在国家法律赋予地方政府确定地方税率、确定使用费及鉴别额外来源时，地方政府才能在财政压力下做出最佳反应。

12.2.3 负债报告

只有负债被记录和报告，分配管理职责才是可能的。如果负债没有被报告，很难约束决策制定者在制定决策时充分考虑，从而不能采取合理的措施。更一般地讲，没有负债、或有负债和承诺方面的完整和完全信息，政府和政府财务报告使用者就不能对政府财务状况做出真实评估，制定不合理决策的风险会更大。

权责会计确认直到报告期末取得的产品和服务相关的负债，包括应计薪水和工资、应计法定假期津贴和其他应计补偿津贴。负债报告应包括：①内部欠款（包括存量与流量）报告。这一报告应区分为对私人部门的欠款、对次国家级政府实体的欠款及对非政府公共部门的欠款。②中期外部债务报告。该报告应反映各种类别的中期政府债务，直接借款和担保等形式的或有负债，以及未来 5~10 年的偿债方案等方面的信息。③短期借款报告。该项报告亦可与中期债务报告合并为"政府债务报告"。④其他负债和其他或有负债报告。例如，养老金和保险形式的或有负债，国外欠款及政府不能合理估计或确定的负债、承诺、或有事项，债务工具的种类，拖欠的债务本金与利息（分别报告）。

中央政府的全部负债均应予以报告，区别短期（低于 12 个月）、中期和长期。国际最低标准要求债务规模和结构应按年报告，时间滞后不超过 6 个月；具有重要政策意义的债务应按季度报告。中央政府的负债应在中央政府预算文件和最终账户（决算）中加以报告。最佳策略至少在季度基础上报告，同时也涉及报告待清偿的负债项目，包括预定利率和中长期负债的分期偿付。这类信息应在未来的四个季度中按季提供，并且此后按年度提供。预定偿付的短期债务也应在季度基础上报告。作为财政透明度最低标准

---

① 合作方法（cooperative approach）的范例之一是澳大利亚的贷款理事会（Australia's Loan Council）。作为一个合作论坛，其旨在分析州和联邦政府在一般政府财政政策背景下的融资需求，以及在各个期间内配置借款。理事会还监督次级政府的贷款活动。当一个政府不能在其借款限额内借款时，须向该理事会报告。在那些欠缺资本市场与财政纪律不良的国家，或者中央政府的领导不力的国家，协作的激励和机会相当少。

要求，年度预算文件应包括一份关于主要的中央政府或有负债的报告书。这些或有负债应作为更为广泛的财政风险评估的一部分加以报告。风险报告书应反映每类或有负债的性质及其受益人。最优策略包括在预算文件中提供一份关于每类或有负债预计成本的估计（只要技术上可能就应做出这样的估计），同时应提供如何得到这些估计（估计的基础）的信息。另外，尚未清偿的或有负债存量和透明度，也应在可能导致支出的那一年的预算中适当地体现出来。

➢ 本章小结

- 管理公共资产的基本困难源于共同池问题和代理问题，两者分别投射于公共债务难题：缺失真正的债务人和财政负担幻觉。公共债务不是任何人（包括代理人）的债务。
- 公共资产管理有必要区分"管资产"和"管资本"。良好的资产管理满足三个一般要求：安全、合规和绩效。资产绩效与支出绩效均为财政绩效的关键方面。
- 资产管理不应忽视公共资产的合理边界问题：公共组织应该控制或持有哪些资产？在什么意义上持有大量商业或营利性资产并不适当？管理公共资产的底线要求之一是"摸清家底"：有能力及时、准确记录资产，确认应包含于财务报表（平衡表）中的全部资产，证实这些资产的存在（位置和状态）以及其真实价值。
- 债务管理的目标是在尽可能降低成本与保证审慎风险水平的前提下，满足政府的融资需求与支付义务。政府应确定明确的资产管理战略（AMS）
- 在部门持有并"分管"资产基础的体制中，创造充分有效利用资产的激励至关重要。全周期免费占用和使用应予以改变。
- 在做出购买资本资产的决策时，预算中即应记录购置该项资产的完全成本。如果预算不记录折旧，那么该项资产和购置该项资产的预算成本就会显得非常便宜。
- 理想的角度看，预算应做两件事情：首先，在购置资本资产的决策做出（无论是否获得资产）时，即以完全成本为基础记录预算授权（budget authority）与支出；其次，在资产使用期内，使用资本资产的费用按照完全成本归集到营运规划中。
- 代际利益与代际偿付责任相匹配，契合成本利益匹配的原则。最佳的公共融资实践要求那些产生未来数代人受益的资本支出由长期债务融资解决。
- 债务政策涉及六个基本问题：为何使用债务？何时使用债务？如何评估债务可持续性？使用什么形式的债务？如何发行债务？如何管理现有债务？中央在协助地方债务管理中发挥领导和指导作用很重要。
- 债务报告应按到期日区分为短期（低于 12 个月）、中期和长期，应基于居住地区分为国内和国外债务，发行标价的货币，债务持有者和债务工具。任何债务拖欠亦应披露，拖欠与利息应区别开来。任何债务交易亦应披露。最低标准要求债务规模和结构应按年报告，时间滞后不超过 6 个月。具有重要政策意义的债务应按季度报告。

➢ 本章术语

公共债务　现金缺口规则　资产使用费　公共资产　债务　公务资产　现金资源　互惠收入　非互惠收入　财务资产　购买责任　占用责任　现金流缺口规则　经济稳定

规则　资本需求规则　运营资产　负债　资本资产　资本预算　现金管理　可持续投资规则　代理问题　不完全契约　财政纪律　道德风险　资产占用费　现金等价物　风险审慎水平　年度平衡　周期平衡　贴现率　内部收益率　土地财政　短期流动性管理　公共设施　不动产　现金余额

➤ 思考题

1. 简要评估中国现行非营利目的公共资产管理体制存在的主要问题。
2. 公共资产管理的目标和一般要求是什么？
3. 占用责任和购买责任有何不同？为什么现金资产管理绩效应作为占用责任的关键方面？
4. 发达国家管理公务资产有哪些"最佳实践"（best practices）？
5. 为什么资产付费制度为机构创设了促进资产管理的适当激励？其有效性取决于什么？
6. 简要描述中国现行非营利目的公共资产管理的组织架构与法律法规框架。
7. 中国于2015年实施的预算法中关于"跨年度预算平衡"该如何解读才正确？
8. 试就巴西于2000年通过的财政责任立法作案例研究，该法为州预算制定以及人事和债务管理确立了最低标准。重点是提炼对中国管理地方债务有借鉴意义的关键因素。
9. 中国于2015年实施的预算法规定了哪些债务管理条款？如何解读？
10. 如何评估2008年以来中国发生在产权制度上的"国进民退"现象？
11. 为什么长期资产的融资通过长期债务而不是运营预算更适当？
12. 中国的政府债券一级和二级市场现状如何？主要问题是什么？
13. 达成公共债务目标有哪些特定要求？
14. 公务资产占用付费制度的潜在作用有哪些？需要哪些配套安排才会更有效？
15. 管理政府借款的一般要求涉及哪些政府间因素？
16. 如何理解在现金管理中中央银行作为政府的财政代理人角色？
17. 基于怎样的理由，中央银行损益应作为政府损益纳入预算？
18. 现金管理的适当目标和基本内容是什么？
19. 公共信息资产的充分共享应涵盖哪些内容？
20. 管理公共投资的目标和要点是什么？
21. 管理公共不动产的关键要点有哪些？
22. 管理公共养老金的关键要点有哪些？
23. 资产占用费的理论基础是什么？通常应满足哪些条件才会真正有效？
24. 公共资产报告应满足哪些基本要求？
25. 公共债务管理的主要目标是什么？为此应满足哪些要求？
26. 公共债务膨胀的内在和外在根源是什么？
27. 预算管理背景下的债务约束包括哪些要素？
28. 在资本预算框架下，公共投资审查的主要内容有哪些？
29. 在满足哪两个基本前提下，政府以借款为公共投资融资是适当的？

第 13 章　管理财政风险

财政风险是指威胁公共组织实现其预定目标或招致损失的可能性,分为可持续性风险、配置风险、运营风险和战略风险[①]。各类财政风险都可采用标准化框架进行分析、评估和管理,这就是预期风险损失=风险概率×风险后果。公共部门应清晰定位其风险管理策略——消减、转移或承担风险[②],无论政府整体还是部门层级。作为一般规则,年度预算中应确认主要的财政风险并尽可能量化风险,将其列示为财政风险表(a statement of fiscal risks)作为预算文件的附件,包括经济假设的变动和特定支出承诺(如财务重组)的不确定性成本,以反映假设中使用的变量的变动对财政预测的影响,或有负债及其他主要确定性项目的成本不确定性。

13.1　管理可持续性风险

政府需要通过政策、预算程序及一份完整的资产与负债管理战略,管理其或有负债和引发财政风险的其他预算外来源[③]。特定措施至少应包括财政储备(fiscal reserves)和风险削减(risk mitigation),后者涉及要求进一步降低政府负债结构的货币与利率风险,对新增担保义务确定优先性并施加严格限制,发展分析与管理风险的能力,以及风险管理与财政管理的其他政策相衔接。公开披露从而消除隐性赤字也很重要[④]。管理财政可持续性风险要求可靠地计量政府财政状况(fiscal condition),包括财政义务和清偿能力两个基本方面。全球范围内,过去数十年对财政状况的衡量有了大量研究[⑤]。

---

① 财政风险的文献大多狭隘地关注财政可持续性风险,忽视配置风险、运营风险与战略风险。财政可持续性风险也可称为公共财务风险,源于债务和或有负债。配置风险即财政资源错配导致高机会成本的可能性,运营风险分为合规风险和绩效风险。政府整体的财政发展战略与竞争战略也都蕴含风险。

② 消除风险来源或降低其损失包括定期审计和检查、实施质量控制程序、采用自动化以减少人为错误。对于不可避免或不愿意承担的风险也可通过购买保险等方式转移出去;对愿意承担的风险应经常监督检查。

③ Polackova H, Shatalov S, Zlaoui L. Managing fiscal risk in Bulgaria. Policy Research Working Paper, Europe and Central Asia Region Poverty Reduction and Economic Management Sector Unit of The World Bank,2000.

④ 隐性赤字由多种原因引起,包括负债结构因素(如货币和利率风险)及预算外义务(如担保)。如果公共资产由于各种原因发生损失,包括毁损和贬值,也不会在预算文件中确认。

⑤ 追究其根源,一定程度上是由于美国政府会计准则委员会 1999 年颁布的第 34 号报告,首次要求报告和陈述政府广义财政数据,主要是使用净资产(资产−负债)和运营表帮助分析政府综合财务状况及进行政府间比较。

13.1.1 财政义务的分类与计量

许多案例表明政府保持义务偿付能力的极端紧要性,近期最著名的案例是美国底特律的城市破产案[①]。

正确分类和计量财政义务是管理财政可持续性风险的第一步,以弄清楚"政府究竟欠了什么和欠了多少"。过度或过度增加的"欠"意味着潜在且严重的财政危机,因而也意味着现行政策需要调整。风险管理始终面对两个中心问题:政府承诺的义务比可得资源多出多少?有哪些选择可用于保持两者间的适当平衡?无论隐瞒还是公开所有义务,政府都必须面对这两个问题。

财政义务可宽泛地定义为"政府所欠",需要清偿但尚未清偿的现行和未来义务(obligations)有许多不同形式。Polackova 于 1998 年基于义务的预见性(predictability)区分了以下四种政府义务。

(1)直接显性义务。直接显性义务是指由法律或合同确定具有到期日的特定义务,包括主权负债的清偿及长期内具有法律强制性养老金和保健支出。预算文件中列示的通常就是这类义务,满足"确定"(概率为 100%)和"法定"(并非道德)的义务两个条件;前者指"直接",后者指"显性"。这是预见性最高的政府财政义务。

(2)直接隐性。直接隐性代表施加给政府的肯定会发生的道德义务或者政治而非法定义务,如积累起来的和预期的公共投资需求。"隐性"指并非法定(义务)。

(3)或有显性。政府只是在特定事项发生时才需要实施这笔支付,如担保。"或有负债"(contingent liability)意味着不确定性,或者有、或者没有的债务,取决于特定违约事件是否发生及政府承担的责任。"或有"意味着不确定性。典型的或有事项是政府的贷款担保,但担保本身只是"或有事项",可能招致也可能不会招致或有负债。只有"预定的"(due)和"应付的"(payable)两个条件同时满足,才是或有负债。

(4)或有隐性。或有隐性是指只有在坏结果发生时政府才予以确认,而且引发坏结果的事项,需要承担风险的价值及要求的政府支付规模都是不确定的。政府对金融机构可能破产或遭受损失施以援手的可能性,为或有隐性义务的例子,但并非或有负债。这是四类财政义务中,可预见性最低的一类。

与直接借款相比,计量政府承诺和或有事项形成的义务复杂得多,在环境类、废弃物(包括危险物)处理类、雇员福利类、贷款担保类、救助类及对外签署的条约协议类方面,准确计量尤其困难。财政风险管理要求政府部门具有大致准确计量这些承诺性义务的技术能力,无论核心部门还是支出部门。

然而,可靠估算政府整体(government-wide)的财政义务并非易事,跨期或未来影响很长的政策和规划更是如此,采用权责会计进行计量更有必要。对于多数负债,现金制与权责制计量的差异不大,但对于未来多年政府才会支付的特定交易(多年累积利息在债务到期后支付)并非如此。时间越长,通货膨胀的不确定性影响也就越大,计量的

[①] 2013 年 7 月,密歇根州底特律市依据《破产法》第 9 章的规定申请破产,成为美国历史上规模最大的破产城市,反映政府财政状况日益恶化酿成财政危机的程度。Stone S B, Singla A, Comeaux J, et al. A comparison of financial indicators: the case of Detroit. Public Budgeting & Finance, 2015, 35(4): 90-111.

复杂性也会增加。

引发未来义务的复杂交易或事项主要有直接贷款和贷款担保、政府的融资租赁授权（通常需要现值计量）、公务员退休和养老金。这些需要采用权责会计计量的交易有一个共同点，即政府做出承诺的当时就会引发成本，但相应的部分或多数现金流量的发生要晚得多。保险事项如政府的存款保险和洪水保险也是如此。对这些特定事项采用权责会计可能是适当的，包括使用权责预算作为在决策做出的当时即在预算中确认完全成本的工具。如果不是如此（采用现金预算），这意味着支出（现金流出）只会发生在未来，这会诱发错误的激励（忽视或低估成本）。

即时（做出授权或制定决策的当时）确认完全成本是决策体制的基本优势所在，但现金基础的会计和预算并非如此。这是许多跨期财政义务需要另行估算的基本原因。

再好的决策也需要以评估为基础。反映财政可持续性的财政状况有直接评估法和间接评估法两种评估方法。前者作为一般方法用于直接评估"政府欠了多少"和"是否有能力清偿"，可称为义务清偿能力评估法；后者作为特定方法采用一系列特定指标并伴随经验法则，间接评估政府的财政义务清偿能力。

13.1.2 评估政府财政状况

财政义务分类与计量只是为了弄清一个基本问题：在给定的某个未来时间上，政府究竟需要花（支付）多少？对应的问题是在这个时间上，政府是否有这么多钱可花？两者的比较提供判断当前政策是否需要调整及如何调整的关键信息。可花的钱不足以支付必须花的钱，即表明当前政策需要调整。

如果政府在无须增加纳税人（包括未来世代纳税人）负担的情况下有足够的资源清偿未来义务，即表明现行政府和规划是可持续的，否则就是不可持续的。这是现行政策与规划需要调整的明确信号。

有两种评估财政义务清偿能力的方法，即直接评估法和间接评估法。后者采用某些特定指标进行间接判断，如实际赤字/GDP 比率和债务/GDP 比率是否超过规定标准（欧盟分别规定为不超过 3% 和 60%），平衡表净值是否下降。

直接评估法采用四个标准：[1] 现金偿付能力，短期内产生足够现金履行短期义务的能力；预算偿付能力，产生足够收入支付预算开支并避免赤字的能力；长期偿付能力，对长期义务的支付能力；服务保障能力，保障社会获得必要健康、安全和幸福的能力。

前三个是纯粹的财务数据，服务的保障能力包含经济和人口统计因素。

直接评估法（义务清偿能力法）并未区分存量（stocks）和流量（flows），也不能给出"财政状况如何究竟如何"的确切答案，部分原因在于没有建立可行或可取的有关比率值的经验法则，如赤字比率和债务比率。很难对所有政府应用统一的经验法则[2]。

---

[1] Wang X, Dennis L, Sen Y. Measuring financial condition: a study of U.S. States. Public Budgeting & Finance, 2007, 27(2): 1-21.

[2] 这是由于不同政府承担的责任高度不同，不同辖区也可能对比值有不同的意见。债券持有人主要关注违约风险的评估，热衷于政府保持良好的财务状况及按时支付，而纳税人更在意少付税而获得更多服务。城市年龄也是一个影响经验比率值的主要因素，新兴的、高增长城市可能承担更多的债务来支付近期基础设施建设。

采用间接评估法评估和预警财政状况可弥补这一缺陷。美国政府间财政关系咨询委员会采用的三分法预警体系相当典型。

（1）财政压力预警。使用如下六个指标：现金支出流量超过现金收入流量的存续期间；流动负债超过流动资产的情况；年终结算时有高比例的短期应付借款；不可预期的资产评估价值突然大幅下降；有高比例或越来越多的逾期不缴财产税者；每年债务负担成长。

（2）财政收入能力预警。使用三个指标，即政府总收入，政府偿债能力（应付债务/收入）及债务支付能力与所得比例。

（3）其他潜在指标（蓄势发生）。使用七个指标：国民不动产借贷与财产价值比；国民债务与收入比；税负与所得比；低收入户数与总户数比；各类产业生产总值；失业率；人均所得。

有些文献使用权责会计的财政指标计量存量与流量财务信息，作为对财政状况的改进评估与预警[1]。

（1）变现能力。变现能力指标反映流动性状况，包括现金准备率=（现金+现金等价物+投资）/流动负债；速动比率=（现金+现金等价物+投资+应收账款）/流动负债；流动比率；政府基金速动比率=（现金+投资）/（流动负债-递延收益）。

（2）运营能力。运营能力反映周期支付能力（如一个预算周期），包括经营比率=总收入/总支出；人均盈余；基金余额占总支出比重。

（3）资产-负债指标。这类指标测算政府偿还长期债务，特别是与资产负债表相关的长期债务的能力。包括长期债务比率；人均长期债务；净资产率；总债务外非限定性净资产负债比；非限定性净资产支出比。

（4）偿债比率。偿债比率包括：资产负债率=长期债务/总资产；政府广义偿债比率＝偿付的债务（本金+长期债务支付利息）/（总支出+本金）。

（5）收入-服务偿付能力。用以计量政府提供和交付服务的能力，包括人均税收、人均收入、人均支出、自有收入比率和政府间转移支付收入比率。

（6）商业活动比率，指有偿提供公共服务产生的费用和收费分别占项目收入与支出的比重。

如果直接评估关注"义务清偿能力"——财政可承受性（affordability），间接评估则关注"风险与损失的可能性"。两者都未关注财政结构（fiscal structure）是否足以应对各种内外冲击，如突如其来的经济衰退、自然灾害、人口老龄化和突发事件（医疗卫生和群体性事件等）。因此，在评估财政义务清偿能力的同时，一并评估财政结构对风险冲击的敏感性很重要，这就是财政易损性分析。

13.1.3 评估财政易损性

财政易损性（fiscal vulnerability）评估关注政府对内外冲击的反应以达成其宣示的

---

[1] Stone S B, Singla A, Comeaux J, et al. A comparison of financial indicators: the case of Detroit. Public Budgeting & Finance, 2015, 35（4）: 97-102.

财政政策目标的能力，这是财政现行结构或初始的财政状态（预算和预算外）对风险的敏感性问题。

对短期风险的敏感性评估包括宏观经济波动、或有负债及不清晰的支出承诺；中长期敏感性评估关注财政可持续性，涉及债务动态、基线筹划（baseline projects）、压力测试和资源损耗等方面的长期压力[1]。易损性也包括结构或制度层面，如支出构成、收入体制、赤字融资和财政管理的制度性能力。此外，注意到风险的政府间关联也很重要。地方政府的许多行为会给中央政府带来财政风险，反过来也可能如此。

区分短期、中期和长期评估很重要。有些国家已经展开长达数十年的长期财政评估[2]。尽管时间跨度越长越不准确，但首要的并非精确而是可信与可靠，因为可持续性评估的目的就是弄清楚现行政策是否需要以及需要怎样的调整，只要评估结果足以帮助做出判断，可以容许一个较大但不足以导致误判的误差。

对于地方政府而言，易损性评估还涉及政府间因素——财政自给率。财政自给率是指自有可支配收入占地方本级支出的比重。（1–财政自给率）大致相当于对上级转移支付的依赖——可称为政府间融资依赖，显示地方财政收入结构对于抵御冲击的能力，提示我们地方的经济特性（尤指产业结构）和纵向集权（vertical concentration）对地方财政易损性的影响，以及不同辖区在政府间融资依赖方面的巨大差异。全国性的政府间财政安排改革，包括地方制、转移支付及支出责任框架的调整，都会深刻地影响地方财政易损性，转移支付对地方征税努力的影响尤其如此，精心设计改革方案与议程因而至关重要[3]。

财政易损性评估可区分为两类方法。

1. 流量法

流量法以财政赤字或盈余度量政府财政状况，这是凯恩斯主义宏观经济分析理论的财政政策上的应用。从 20 世纪 60 年代起，从根本上改变了发达国家制定公共预算的方法，不应只是简单地关注减税或收支平衡，更应关注财政变量与宏观经济变量的相互影响，而且这些影响在预算准备的早期阶段即应被捕捉到。隐含的基本认识如下：财政收入、支出、赤字和债务受内部参数（如有效税率、公务员人数、年均标准薪金等）的影响，更受外部参数（如增长率、通货膨胀率、利率、汇率和人口出生率与死亡率）的影响。某些参数（如人口出生率或老龄化比率）的微小变化可能足以导致一个大额的中长期赤字。外部参数也涉及自然环境、技术和突发事件。

流量法并未区分"财政收入"的正常收入和"赤字融资"两个截然不同的类型，后者作为弥补赤字的手段，通常有出售资产（资产收入）和举借债务两个。两者都会导致平衡表中的净资产（资产减负债）的减少。

---

[1] 基线筹划是指筹划现行政策与规划假设继续、没有新的变化时的中长期（超过未来 3 年）财政效应。压力测试是指某个参数的给定变化对目标变量的影响，如汇率上升 3 个百分点将导致债务清偿比率高出出口额的 25%。

[2] 2002 年澳大利亚的代际报告评估了政府现行政策在未来 40 年内的长期可承受性，其目的是确保政策决策考虑对未来子孙的财政影响。

[3] Ibarra-Salaza J, Rodriguez-Guajardo R. Fiscal coordination and financial dependence of state governments in Mexico. Public Budgeting & Finance, 2010, 30 (3): 79-97.

将赤字融资单独列示于运营表（operation state），从而不当作正常的收入对待，即可得到改进的赤字概念，可使流量法对财政状况的判断更为准确。但即使如此也无法取代平衡表的早期预警作用。许多案例表明，在流量法度量的财政危机到来之前，净资产减损的风险已悄无声息地在平衡表中存在了很长时间，但真正引起重视时往往已错失了解决问题的最佳时机。因此，哪怕是初步的公共部门平衡表，也有必要作为预算文件的一部分，通过预算程序进行审查和公开披露，以激发至关重要的政策辩论：现行政策是否需要立即调整，需要怎样的调整，才能应对财政可持续性风险？

2. 存量法

存量法以公共部门净资产度量。控制商业性实体与资产在财政上很有吸引力，公有制国家尤其如此，尽管其三个主要社会、经济和政治代价通常十分高昂，这就是动机、垄断和裙带关系[①]。

从可变现的意义上讲，几乎所有公共资产都属于营利性（商业）资产。从政府办公楼等公务资产到公共基础设施，再到公有产权的自然资源，虽然目的是持有而非出售，但都具有变现能力，如果必要，任何时候都可以出售或出租变现。

由于许多政府并不公开其平衡表，所以常规的财政预算报告上根本看不出这种变化，从而掩饰、扭曲和高估了真实的财政状况，表明传统的流量法的局限性。

13.1.4　强化管理框架

财政风险管理框架应被设计三个层次，短期优先事项集中于后两个。

1. 法律与规制框架

中期优先事项集中于建立适当的法律和规制框架，以支持所有政府机构或其控制实体的财政风险管理，避免他们将自己的财务风险扩散到中央政府和其他方面。所有直接或间接与政府相关的规划和机构都必须遵守报告和监管要求。政府需要预先准备一份充分的应急计划，并对这些或有义务的特性有充分的理解。特别紧要的是，所有公共投资及其经常性（current）成本均应反映在公共投资规划（public investment planning，PIP）中，最终应由一份范围更广泛的中期财政计划取而代之。进而言之，应致力于促进政府中的风险意识文化（risk-awareness culture），培养"忧患意识"。

制度安排亦应包括风险分担。预算法等相关法律应规定利益相关者分担风险的原则，利益相关者是指获得政府或有工具支持的规划的参与者，包括借款人、贷款人和规划管理者；还应规定地方政府担保既不应补偿全部义务，也不应承担能够由借款人和贷款人承担的全部风险，如特定的商业风险。

确立适当的风险分析程序也是制度安排的关键要素，比估算风险损失的最终结构更

---

① 2008年至今，中国的"国进民退"趋势令人担忧。在什么限度和前提条件下，公共产权及其边界才是适当的？存量型的产权财政压倒和流量型的税收财政的复杂影响及其中长期后果，在PBFM中很少被适当讨论。虽然财政上深具（短期）吸引力，但强势存量财政和弱势流量财政的结合，即国家或政府层面的高比率资产/收入结构带来的长期后果，主要是动机（目标不一致和管理不努力的局部最优与全局最优的冲突）、垄断（利出一孔）和裙带关系（腐败和寻租），即便"家大业大"的社会也无法长期承受。

重要。支持风险储备为该程序本身的重要功能,其他功能包括支持风险承担授权(risk-taking authority)和风险管理责任机构的集中化。对于政府风险管理而言,关键性的授权和责任可能最好由财政部承担。许多政府已经成功地实现了授权举债、担保、减免税收及其他预算外规划的集中化[1]。

与公共支出(包括税收支出)一样,财政风险管理也不应与良治(good governance)的基本原则相冲突,尤其是受托责任和透明度,避免形成"隐形"治理。在税收支出、贷款担保和金融机构的准财政活动中,相应的财政资源流量并未进入预算文件和程序,形成隐形治理的风险很高。税式支出的治理安排应满足三个条件:①正常或基线(baseline)结构需要正式确定;②按照统一的支出分类确定和公布为直接的开支;③需要完全融入预算过程,包括由相同审批机构遵从与一般支出相同的审批程序审查和批准[2]。

2. 结构性政策

结构性政策要求持续关注是否存在明确的借款战略,仔细分析平衡表中的资产负债结构、负债结构,尤其应关注以最优负债结构作为参照系,聚焦设计低风险的债务组合政策。理想情形下,预估的风险损失一旦发生,即应确认政府承担的支付义务,相应的财政储备随即到位。

3. 技术方法与工具

长期努力应集中于发展更好的财政管理框架,聚焦"监督与报告"以及"根据风险预估及时调整中期支出框架"。财政风险报告应包括或有负债、税式支出及其他各种财政风险来源,讨论其特性和敏感性、对于未来财政状况与政府权益的含义,尽可能采用市值或估算价值。由于风险裸露(risk exposures)随时间而变化,预算制定的基础条件也会变化,政府应该重新评估其预算假设,一年数次地进行风险分析进而调整其储备[3]。

社会保障义务在许多国家都是复杂棘手的一种义务形式,通常有预算、闭组(closed group)和开组(open group)三类计量方法。三者差别很大并有不同的计量指标。预算计量的只是预算期间政府需要支付的现金流。闭组法是对现有参与者从当前一定时点到最后一个参与者死亡期间内的现金流进行预测。开组法除了包括前者所有的人口外,新加入了接下来的 75 年新的劳动人口。相对而言,闭组法与权责预算的赤字或盈余最为接近,而且比其他两类计量得出的数据大得多[4]。

---

① Polackova H, Shatalov B S, Zlaoui L. Managing fiscal risk in Bulgaria. Policy Research Working Paper, Europe and Central Asia Region Poverty Reduction and Economic Management Sector Unit of The World Bank, January.

② 许多国家的税收支出规模庞大,作为特定的经济刺激手段使用时尤其如此。美国联邦政府根据《美国复苏与再投资法案》(1999 年)实施的庞大的补充经济刺激计划中,超过一半的支出于 2011 年 9 月以政府减税的形式出台。参见: Mikesell J, Mullins D R. Reforms for improved efficiency in public budgeting and finance: improvements, disappointments, and work-in-progress. Public Budgeting&Finance, 2011, 31(4): 13-16.

③ 澳大利亚、加拿大、哥伦比亚、荷兰、新西兰及美国都是典范。这些国家的预算文件通常进行压力测试(stress-test),即财政基线(fiscal baseline)如何随主要宏观经济、政策和人口统计学(demographic)风险而变化。出生率或死亡率的微小变化都可能引起结果的上巨大差异。

④ Laine M, Kreyche C A. Revisiting federal financial management reform. Journal of Government Financial Management, 2005, 54(2): 50.

理想情况下，三类计量应同时使用以相互补充，因为每个都可作为政府制定政策的主要工具。政策制定关注现行政策需要怎样的调整，以确保恢复中长期财政平衡，中长期财政平衡为"财政可持续性"概念的核心含义。政府可以在预算年度或若干年（"中期"）的开支多于收入，但无法长期如此，这意味着耗尽国库和牺牲未来世代的利益。

此外，尚未支付的政策义务应采用总额法而非净值（收支抵减）法计量，涉及社会保险与福利及政府运营费用。这些义务采用现金计量通常很小，但采用权责计量会大得多。

如果未能反映财政风险的含义，那么中期财政战略是不可行的。对于政府定期重新估算风险相对基本假设变动的敏感性，以及对于决定储备和相应战略而言，压力测试是非常关键的。中期财政战略应包含一份可信的关于隐含或直接风险爆发时如何行事的计划。反映财政风险对综合财政状况产生的中期影响的一个最佳方式是，开发中期基线现金筹划（baseline medium-term cash projections），并对其与风险决定因素间的关联进行压力测试。

强化财政风险管理框架的关键方面有以下几点。

（1）强化风险评估。强化评估有多样选择，包括指定独立的预算分析人员负责对义务清偿风险进行评估。评估应与公开风险信息和检查预算过程结合，还应鼓励对处理长期风险的方法进行公开辩论。政府对预算的辩论做出回应也很重要，发展独立评估机构也有此效。此外，政府潜在负债的估计，可作为正式预算文件的补充文件而很好地提出来。如此透明的政府，可以更加明确地为未来财政义务及对个人和整个社会的责任作准备[①]。

（2）限制立法机关追加预算的权力。在预算法中为立法机构的预算审议程序设限，规定立法机关不得超过给定的最低限度去增加未来的财政承诺。长期视角亦应融入预算程序。

（3）建立和强化财政约束规则。财政约束规则包括债务比率、赤字比率和黄金法则。

（4）创造财政空间。在一个不确定性世界中，保持财政空间和财政盈余是对应不确定性的最好办法。债务过重很难减税或增加支出。需要有足够的财政空间以应付意外冲击，而不至于突然无法履行未偿义务。在债务高企的国家，降低公共部门债务/GDP比率应作为长期战略的核心。现有或新增政策义务亦应减少，方法包括将部分风险转移给私人部门，以及定期根据寿命预期或利率变化调整养老金福利支付义务。

（5）加强国际政策协调以公平分担国际集体物品费用。有些财政风险来自单个国家不能控制的因素。全球的政策性协调可能有效，如减少气候变迁带来的损失。

（6）对部门政策（sector policies）实行风险管理。典型的部门政策包括监督、税收与支出政策。这些政策应明确考虑和详细说明在不利环境下政府负责（承担支付）的范围，并在这样的后果发生时尽量少受损失。

---

① Heller P S. 谁来付账?金融与发展，2003，（3）：36-39.

13.2 管理配置风险

财政资源错配意味着稀缺资源未被用于公共回报更高的用途，从而造成隐性但通常高昂的机会成本（opportunity costs）。由于种种原因，与市场"看不见的手"配置资源相比，作为"有形之手"的政治预算程序导致资源错配的风险高得多，反映了社会困境（局部最优招致全局毁灭）更可能出现在公共领域而非市场（私人）领域的现实。理论上，管理配置风险要求资源配置充分契合公众偏好——消费者偏好与公民偏好为两个主要选项，但偏好理论有其局限性，因而需要在其他方向上得到补救[①]。

13.2.1 资源错配的机会成本

与私人资源配置不同，财政资源配置没有统一的货币尺度或价格作为信号机制，目的也截然不同，并非利润而是普遍利益。普遍利益有时也被表述为公共利益，很难定义但也很容易理解。没有人确切地知道什么是真正的普遍利益，但几乎所有人都能分辨出什么不是普遍利益。因此，普遍利益概念作为公共预算与财务管理和财政配置的最高准则不仅是适当的，也是必需的。

推论起来，普遍利益的一个核心元素就是公众偏好。偏好（preference）不同于需求（demand）。前者指"更喜欢什么（相对次序）"，后者指"需要什么（类型与多少）"。在传统的公共预算与财务管理中，偏好基石的财政配置要求基于公共回报的（支出）优先性，这意味着满足配置效率（allocation efficiency）和平等（equity）的政策目标。对于集体物品（collective goods）——公共政策与服务——交付而言，两者都很难度量和（人际）比较。

在实践中，偏好难题的"现实解决方案"要求立法机关对公共预算的审查和批准，而立法机关被认为具有充分的代表性和责任性，前者依赖独立公正的选举（投票箱机制），后者依赖选民约束代表对其关切的目标与利益负责任的能力。进一步的要求是"二级委托代理安排"，行政部门对立法机关负责，如中国当前背景下的"一府两院对人大负责"。公共预算为其中的关键方面。立法机关通过法定预算程序和对预算报告的审查批准，约束与引导行政部门的财政责任，尤其关注审查预算配置是否充分反映国家战略重点和政策优先性。战略和政策被预设为公众偏好的良好指示器。

普遍利益的另一个核心元素是完全成本（full cost），它与现金支出的差别在于非付现费用（折旧和摊销最明显）。给定成本，偏好强度越大，范围越广，优先级越高；给定偏好，成本越低，优先级越高。偏好与成本共同构成财政资源配置的优先性标准。然而，计量完全成本本身也存在困难，虽然难度低于偏好。

[①] 偏好理论至少有三个局限：不得不面对阿罗不可能定理指出的偏好难题——个体偏好揭示与社会聚合的难题，许多消费者和公民根本不清楚自己的偏好究竟是什么，以及为何偏好和契合偏好的行为本身就是合乎"公共善"（public goodwill）——或者就是正义的。

虽然存在缺陷和困难，但偏好和成本作为优先性判断标准的基础地位仍难动摇。据此，财政资源错配的风险可定义为"偏好弱而成本高"的可能性，如中国当前背景下十分常见的"面子工程"。配置风险概念暗示，在无须对现行制度安排进行结构性调整也无须增加资源总量的前提下，只要通过改进优先性排序，将低优先性用途的稀缺资源转移到更高优先性用途，公共回报（public return）计量的治理绩效即可得到显著改进，即机会成本的最小化。这是管理配置风险的理念基础。

资源错配的原因非常复杂，大致可区分为"制度缺陷"和"技术缺陷"。前者假设即使可以准确计量普遍利益和优先级，现行制度也不足以阻止（甚至鼓励）局部最优（狭隘利益）压倒对全局最优（普遍利益）的考量，这意味着狭隘利益考量支配的预算程序很难被真正打破。垄断总是比竞争更能对狭隘利益提供最佳保护。很难分清中国当前背景下盛行的"法定支出"、"专款专用"（政府性基金）和"专项转移支付"在多大程度源于部门利益及真正的普遍利益的驱使。在制度缺陷重重的环境中，以普遍利益之名行部门利益（垄断）之实的作为（部门法律与法规）很容易大行其道。制度缺陷也体现在强势的组织条目导向的预算体制中①。这里的根本问题在于利益冲突并且欠缺有效的制度调节。在利益（狭隘利益）和原则（普遍利益）的较量中，前者几乎会占据上风，除非基本的制度脆弱性得到系统矫正。

技术缺陷观假设制度安排良好，也难以辨识基于公共回报的社会优先级：A 的优先性为何高于 B？各种成本效益分析技术提供了有用的解决方案，在发达国家已经得到普遍应用。主要困难在于计量社会效益。社会效益涉及公共支出的受益指数，集中化和分散化为两个基本模式。集中度越高，计量越容易，政治预算程序的重视程度也越高；分散度越高，受益越模糊或越遥远，恰好相反。这是加剧错配风险的另一个（对应制度缺陷）重要根源，集中度或分散度并非社会优先性排序的合理基础。正如前述，合理基础是公众偏好和相关成本。

13.2.2 被漏看与低看的普遍利益

难以计量的东西通常难以管理，也容易被忽视甚至漠视。中国当前背景下的几个显著例子如下。

1. 土壤保护

环境保护覆盖保护土壤、保护水源、保护植被、保护大气"四保"。哪一个最重要？土壤保护！因为对普遍利益的影响最为重大。土壤为地球地表层的最上面的 20 厘米。大自然形成"自然土壤"的时间至少需要两千年，但人类破坏土壤只需要两个月。生物圈所有的成员包括人类的生存繁衍均极度依赖土壤。土壤也是滋养人类文明的真正源泉，因为人类需要的一切，绝大部分都直接或间接地来自土壤。

---

① 此类预算体制明显有利强势组织而不利弱势组织，并且忽视绩效导向。组织条目导向的配置与规划绩效导向的配置，为两个决策规则截然不同的预算体制。真正的问题不在于何者应被取舍，而在于两类体制间的适当平衡。其麻烦在于，政治力量在预算过程中具有支配性地位，意味着绩效导向的决策方法很难融入政策与预算决策过程。结果，即使"绩效评价"轰轰烈烈，组织条目导向这一最体现"政治本质"的预算体制也很难被真正撼动，资源错配风险居高不下的局面也就极难改变。

环境"四保"中，最困难的是什么？土壤保护！刮风下雨可以让笼罩中国许多城市上空的雾霾消散，但完全无法去除土壤中的有毒物质——化肥、农药、除草剂、杀虫剂、激素及其他。去除它们以使土壤恢复到自然状态，至少需要一百年。

在当前中国各级政府环境保护支出结构中，土壤保护支出究竟占多少？尚未有确切的数据，但经验事实表明受重视程度最高的是大气，其次是植被，再次是水源，最后是土壤保护。这提供了一个深刻的配置问题,为何对普遍利益最为紧要的问题最易被忽视？从技术层面看，答案很可能是这样：土壤支出产生的利益既分散又遥远且不确定性很高——受益模糊指数很高。但这全然不构成低优先性排序的适当理由。如果对普遍利益真正紧要的东西总是被漏看低看，设想通过改革公共预算与财务管理以降低错配风险几乎是不可能的。

2. 学前教育

中国的教育支出规模庞大且增长迅速，但几乎完全集中在高等教育和义务教育方面，职业教育次之。最被忽视和漠视的是学前教育——在很大程度上被当作一项产业交给私人部门。很少有人设问，这种支出排序适当吗？家庭和社会代价会有多大？

以上两个问题都与"教育产业化"密切相关，将适合高私人收益率的（职业）教育产业化，不假思索地应用极不适合高社会收益率教育——学前教育最为典型，集中体现在"道德良知"和"底色感知"教育上。两者最适合在学前教育阶段实施。在童年世界错失了这两大教育的人，几乎无力抵御进入成年世界后的复杂与诡异。这大致这就是中国的现状。

很少有人意识到，和谐社会主要根植于童年世界对道德良知和底色感知的学前教育。童年世界的可塑性最强（相对于成年和老年世界），但并不意味着道德良知与底色感知是与生俱来的：两者需要被悉心培养。学前教育的私人供应模式可担负起这两项关键教育吗？可能性很低，因为两者的社会收益率远高于私人收益率，意味着私人供应很难获得成本补偿更不用说利润。于是，大行其道的私人供应模式聚焦"专长早开发"也就不足为奇。"专长"当然指数学、音乐、英语之类，几乎不可能将道德教育和底色教育涵盖其中。学前教育三大内容（道德、底色和专长）的严重失衡影响至今，很少有人思考其后果是什么。

学前教育的社会价值首先体现在道德良知的"早期获得"上，越早知道善恶、对错、正义与非正义越好。法盲首先是道德良知盲，由这一现象酿成的悲剧不胜枚举，而且仍在继续中。社会价值也体现在底色感知的早期感知上，越早形成"社会是美好的而非邪恶的"的心理意识越好。这是形成两类人（只有两类人）——阳光心态的"君子"和阴暗心态的"小人"——的分水岭。从小就认知"社会阴暗"的人，长大后形成小人人格的概率非常高；从小就认知"社会美好"的人，长大后形成君子人格的概率非常高。君子和小人的区分根植于数千年来的中国传统文化中，今天仍在延续，但反思其根源的人很少。

学前教育的社会价值还反映在"保姆角色"中。充分的学前教育得以使无数家庭从保姆事务中解脱出来，将更多的时间和精心投入工作中。保姆（解除公民的后顾之忧）

不正是政府的适当职责吗？将这一角色交给私人或社会并不适当。

中国学前教育的现状十分令人担忧，开发潜能（专长）代替了道德和底色教育，私人供应取代公共供应。如果专长教育后移至义务教育、高中教育、职业教育和高等教育阶段，而非放学前教育阶段——至少不作为重点，同时将道德与底色教育作为重点并由政府担负起主要责任，很可能更为适当。

这意味着延续多年的"锦上添花有余、雪中送炭不足"的教育支出结构，亟须深度调整。预算和支出安排中流行的"保重点观"存在严重误导性，因为他忽视了"重点"也有其限度（并非越多越好），以及重点也是动态变化的，而且被滥用和变异为保护部门利益保护伞的风险极高[①]。对于支出优先性排序而言，唯一正确的是"补短板观"。

3. 预防性医疗卫生服务

计划经济时代，国家穷、政府穷、民众更穷。但是，国家采取了集中财力办大事的优越性体制，将稀缺资源集中投向农村基础设施、农村教育和农村医疗卫生保障体系，建立起强有力的照顾弱势群体的体制，从而使三大建设取得举世瞩目的成就。今天的中国早已从当年的贫困政府变成了现在的富裕政府——财政存量之庞大可见一斑，科学技术也不知进步了多少，但解决复杂棘手的治理难题的能力有所退化。

究其根源，至少可以部分追溯到医疗支出安排的严重失衡，预防支出严重不足，治疗支出相对偏多。治疗支出的利益相当集中，私人化（包括特权）的风险极高，惠及普遍人的程度相对很低；预防支出恰好相反——利益是分散的、遥远的和模糊的却是巨大的。

4. 公共设施维护与运营

"重建设、轻维护"的现象在中国一直十分普遍，后果也很严重，包括设施利用率不足甚至闲置与浪费，尽管维护与运营支出比建设支出的成本有效性高得多。技术上可以归结为两类支出受益的特性不同，建设支出受益的集中化程度很高，为少数人创设的寻租与腐败的空间巨大，这种受益是确定的、即期的和集中性的；维护运营支出的收益更长远也更分散，社会化程度很高。

于是问题再次出现，为什么对普遍利益最重要的支出，在政治预算程序中受到重视的程度低得多？对普遍利益的贡献相对微小的支出，反而备受重视？适当的救济之道是什么？只有当一个社会有能力"提对问题"时，"分析问题"和"解决问题"才真正具有价值。热衷于寻找答案（对策建议）而长期忽视"提对问题"，已经对国人（尤其是学界与官员群体）造成了深远的不利影响，包括思维和行为两个层面。一个好问题，只要能够被提出来，仍有可能导致重要的发现；相反，问题提不对，即使分析得再好、解决得再好，也显得无足轻重。所以，提对问题的能力最重要：远比分析问题和解决问题重要。

13.2.3 优先性矩阵

管理配置风险的难度甚至比管理可持续性风险和运营风险的难度更大，无论制度安排还是技术能力方面。技术性选择主要有三个，每个都聚焦为理性配置决策提供基础：

---

① 证据表明教育法等部门法律法规在"重点领域"造成的浪费性支出非常严重，而且仍在继续。

成本效益分析、财政归宿分析、优先性矩分析。

这里只就第三个作讨论，公式如下：

$$优先性得分 = 重要性得分 \times 紧迫性得分$$

优先性总分为 100 分，取决于 1~10 分的重要性得分和同样 1~10 分的紧迫性得分。得分越高越优先。采用专家打分的方式：对于每个类别的支出，选择相关领域的若干专家评分。按照优先性由高到低的次序，可排列为优先性矩阵中的四类支出活动，即重要且紧迫（A 类）、紧迫但不重要（B 类）、重要但不紧迫（C 类）、不重要也不紧迫（D 类）。四类活动的优先性取决于总的得分。

优先性矩阵可作为支出结构性调整的技术基础，也可作为管理财政配置风险的有用工具。在真实世界中，配置决策是政治决定的结果，但政治决定中融入"重要性评估""紧迫性评估"和作为两者乘积的"优先性评估"非常重要，至少可以取代"拍脑袋决策"、武断或专横决策，并可将"民主决策"和"科学决策"原则融入决策程序与机制中[①]。

优先性矩阵提供了"加减乘除"的支出结构优化方法：D 类做"除法"——终止既不重要又不紧要的政策与规划，将资源转移到 A 类活动中，后者作为年度预算中最优先的事项，最适合采用集中财力办大事的"乘法观"。B 类适合采用"减法"，在当前预算中安排较为适当。C 类适合"加法"，在未来年度预算中安排较为适当。

优先性矩阵有许多重要的应用，包括时间管理，隐含"重要的未必紧迫"和"紧迫的未必重要"的考量，从而提供了优先性排序的技术基础。在公共预算与财务管理中，优先性矩阵的主要价值在于提供政策规划层配置决策的思考方向，因为通常并不存在客观或绝对正确的标准确定支出优先性。另一个主要价值在于提示政策-规划层面的配置决策集中化的重要性，涉及预算程序的集中化和预算的全面性。支出结构优化的"诀窍"在于恪守"与其伤其十指不如断其一指"的原则，"天敌"则是"撒胡椒面"。

13.3 管理运营风险

讨论财政运营（fiscal operation）风险的文献很少，尽管其重要性并不亚于备受关注的财政可持续性风险。运营风险是指政府或公共组织不能以合理成本有效交付服务的风险，即运营（交付）绩效不能满足 3E 的风险，决策风险和消失的预算为其中两个主要形式。

---

① 如果政治意愿足够，优先性评分也可采用利益相关者模式，即由利益相关者评分而非专家评分。这取决于政府活动的特征：专业技术含量不高、贴近民众日常生活的配置决策，采用利益相关者打分更好；如果涉及大量专业技术问题的应用，采用专家模式更好。

13.3.1 运营决策风险

运营决策主要包括采购决策、外包决策、产出决策和资本（资产与投资）决策，也包括与收入面相关的运营决策。所有理性的运营决策都依赖关于产出、资本、活动和规划的完全成本信息。收益与完全成本的比较提供理性决策的经济学基础。不完全成本基础的运营决策招致风险损失的可能性很高。对于资本资产而言，这意味着在做出决定的当期只记录折旧或摊销，比真实的"取得"成本低出许多。

完全成本只有在将费用（expense）以适当程序和方法分配到相关的产出（outputs）与成果（outcomes）时才能得到，这在许多国家并不可行，基于各种原因，包括技术难度和政治意愿。在庞大而复杂的政府中，对产出和成果进行计量（包括计量其完全成本）的精确性和全面性，尚不足以使其成为制定预算的基石，虽然这肯定有助于改进运营决策制定。

对于资本资产购买决策而言，现金预算是适当的，权责预算则并不适当——因为只记录资产折旧导致此项成本被低估许多，这将会激励政策制定者购置资产而很少顾及其需要。政府的直接贷款或贷款担保与此类似。

一般结论是，对固定资本和存货作现金计量比作权责计量更好。

对于那些权责计量与现金计量在时间上没有多少差异的交易，精确地计量这些交易的成本带来的利益似乎相对较少，而问题不少。首先是复杂性。应计报表更复杂，因此准备和提供它们更为昂贵且更难理解。其次是及时性。权责报告将会比现金报告需要更长的时滞。权责数据也可在某些情形下以其他方式被操纵，进而削弱透明度。

此外，权责会计下，在年末结账需要进行大量调整事项，因为大量的应收与应付及相应的收入与费用需要估算到各期，如折旧与摊销，公务员跨年度的各种收益归入各个支付期中，或有负债及相关费用的估算。作为这些调整事项的结果，总的费用将以不可控制的方式增加或减少。作为一般规则，所有针对运营风险的安全管理程序应制度化，信息资产安全的管理尤其有必要纳入法律框架[①]。

预算实体应估计和报告不正确支付信息，作为改善公共预算与财务管理的关键因素之一。不正确支付通常反映内部控制的缺陷。无论原因如何，巨额不正确支付会导致损失和浪费公款，采取立法行动因而是适当的[②]。

对不正确支付的报告应涵盖发生在何处（规划、活动与条目）、金额多大及如何控制。

在许多国家，信息安全问题通常存在于高运营风险的领域，主要后果包括资产损毁、敏感信息被置于不恰当暴露的危险中、重要数据丢失及信息系统关闭。及时和大致准确估计、报告实际损害和损失，应作为公共组织的一项重要职责，相应的财务损失应作为财政运营表中的"费用"项加以报告。

税收征管中的运营风险包括纳税人账户记录的错误和延误，以致税务机关不及时不努力追讨纳税人应纳税款。

---

① 2002年12月美国国会正式颁布了《2002年联邦信息安全管理法案》。
② 美国联邦政府的《2002年不正确支付信息法案》规定，所有联邦机构必须采用相同方法证实和报告不正确支付信息，报告应提交给预算与管理局与GAO。

13.3.2　避免消失的预算

当某些政府活动和收支不能既不遵循的正式（年度）预算程序，也不在预算文件和报告中披露时，预算的全面性就被违背，形成消失的预算（disappeared budgets），最为明显的是准财政活动[1]："有两种不公平的隐蔽税收一般并没有在我们的预算中列为税收。其中，一种是由我们的法规和法律制度征收的隐蔽税收（它们对家庭和企业征收了不必要的多余费用）……另一种是由预算赤字隐含的较大的未来税负……未来数代人将承受这些负担，可是还有谁比这些未来数代人更缺乏代表呢？"

消失的预算主要有四种常见情形[2]。

（1）使用预算外资金为政府活动融资。预算外资金是几乎所有国家预算体制的普遍特征。非洲国家中，预算外资金账目平均占总支出的 1/5 至 2/5；在工业化国家平均约占总的政府支出的 1/3，其中养老金支出的 90% 属于未在年度预算程序中安排的支出[3]。预算外资金使政策制定者得以逃避预算程序的约束，阻止其决定免受冲突性的资源分配的挑战。

国际货币基金组织在 1998 年发布的《财政透明度示范章程——原则宣言》中，确认预算外活动应作为预算过程的一部分，如同正式的财政活动一样受制于政府检查和优先性排序。准财政活动不可能完全避免，但应尽可能予以报告。

（2）非预算决策的扩展。非预算决策是指包含于预算之内的支出是在预算程序之外决定的，而不是预算决策的结果。例如，某些受到指数化（indexation）保护的支出类别——在发达国家中主要表现为法律永久固定下来的社会福利与保障支出（公民权益类支出）。指数化意味着这类支出随物价指数的变化而自动调整，不受预算决策的影响和控制。有些国家的公务员工资也已经指数化了。另一类典型的自动生成的支出是国债利息，在任何时候都必须支付。

非预算决策支出的典型特征是上不封顶和自动变化，因而不能通过预算程序本身加以控制，权益类（社会保障与福利）和债务利息等支出尤其如此。许多国家的权益支出是增长最快且最难控制的支出，导致通过预算程序做出决定的预算资源数量所占的比重呈下降趋势。

（3）强制性支出法案。许多类别的支出受特定的非财务法（non-financial laws）的约束，预算变成了对这些法所创立的强制性支出的概括。有效的预算程序要求将预算与非财务法清楚地区分开来。非财务法只是为某些政府承担的活动创立授权（create the authorization），预算在特定时间内为其提供资金。

强制性支出法表明对非财务法和财务法的区分不充分。财务法案是指年度预算本身，立法机关用它为公共政策的年度开支提供授权。非财务法案为政府采纳的公共政策

---

[1] 博斯金 M J. 美国税制改革前沿. 北京：经济科学出版社，1997：42.

[2] von Hagen J. Budgeting institutions and public spending//Shah A. Fiscal Management. Washington D. C.: The World Bank Publication，2005：13.

[3] Schiavo-Campo S. The budget and its coverage//Shar A. Budgeting and Budgetary Institutions. Washington D. C.: The World Bank Publication，2007：64.

建立法定基础（legal basis），通常表现为强制性（compulsory）支出法案，导致某些政府开支必须在财政年度中按某种预先规定的标准增长，如中国当前执行的教育法、科技法、农业法等一系列部门性法案。

对于法定支出而言，预算程序被降格为对这类支出所依据的法律的"计算"，而非做出"决策"。支出"法定"的事实意味着这类支出在预算这一共用资源池中得到了特别保护（垄断地位），从而避免了与其他支出类别的竞争。因此，预算只是变成了这些简单法律的概括。除非改变相关法律，否则，即使是立法机关也不能"拿它们怎么样"。预算的控制功能对于这类支出不起作用。

（4）政府或有负债和其他准财政活动。后者的常见例子包括为公共或公共实体提供担保等活动形成的或有负债和税收支出（优惠）。在许多国家，政府的贷款担保及其资源流量并不在政府预算文件中记录和披露[1]。

无论是否记录收入，不记录（赔偿）支出和不了解全部成本导致风险被低估，使预算和政府财务状况看起来比实际情况好。这类或有义务包括很长的清单，包括政府在有关法律和合约中明确承认的（正式）部分，以及隐性的"道德义务"，如对农作物因自然灾害遭受损失、银行和企业倒闭承担的或有赔偿义务。

对预算全面性的偏离导致劣治，建立适当的治理安排因而至关重要，尤其是那些准财政活动盛行的国家。

13.4 风险评级与预警

财政风险管理的收益非常广泛[2]，确认风险裸露（risk exposures）是风险管理过程最重要的步骤，是指由于参与一些与风险有关的交易造成损失或伤害（loss or injury）的可能性，这是五步管理法中的第一步[3]。自这一步始，所有其他步骤即可循序而进。如果风险确认很糟而未被确认，整个风险管理就会大受连累。因此，在年度基础上对风险裸露予以确认至关重要，方法就是采用风险损失=风险概率×风险后果进行评级与预警[4]，数据采集方式主要有清单（checklists）、调查（surveys）、问卷（questionnaires）、记录、档案（files）、年度报告、特定报告、流程图（flowcharts）、专业判断和单边检

---

[1] 有些情况下，政府会为提供贷款担保而向贷款人收取费用，此时，预算把这些收入记录为政府收入，但未来可能产生的支出（在违约事件发生时的赔偿）并未出现在预算文件中，因而不能由预算程序加以控制，而且政府通常并不了解这类政策的真正成本和长期成本。

[2] 直接利益至少包括减少财产损失、降低事故频率与严重性、减少不必要的支出、为公仆和公众提供安全的环境、缩短向公众提供服务的中断期。

[3] 管理财政风险的五个标准步骤依次如下：确认风险和风险裸露（identify perils and risk exposures），评估裸露的重要性（assess the significance of the exposure）——包括确定损失发生的可能性（频率和时间）及其财政影响（the fiscal impact）即严重性，选择一种风险管理方法（methods）——消减、转移还是控制（焦点是风险融资即风险储备），实施选择的风险管理方法，以及评估（evaluation）风险管理规划。

[4] 考虑到风险概率和风险后果的权重及政府负责的义务，财政风险损失的一般公式调整为 L=（aP）×（bR）×f。这里 L 表示预期或实际的财政风险损失；a 表示风险概率 P 的权重；b 表示风险后果即严重性 R 的权重；f 表示风险损失中由政府承担支付责任的比例。a+b=1。

查（on-site inspections）。

13.4.1 评估风险频率与严重性

风险概率也称损失（frequency），是指发生相同或相似损失的数目或次数，为风险损失管理的第一个维度，另一个是风险后果即严重性（severity），后者也称风险后果，即潜在的风险损失。概率与后果分析也称频率/严重性分析（frequency/severity analysis），据此确定风险损失的归类和优先性排序，损失越大的事项越应置于财政风险管理的优先位置。一旦风险暴露和损失被归类和排序，即应优先关注确认风险控制技术以避免、消除或控制它们，无论涉及的是哪类风险——可持续性风险、配置风险抑或运营风险。表13.1提供了风险等级排序。

表 13.1 财政风险五级分类与排序

严重性等级与赋值	解释	频率等级与赋值	解释
1. 灾难（catastrophic）	单项损失可威胁组织生存	1.经常（frequent）	高频率持续发生
2. 危机（critical）	单项损失可严重影响预算	2.可能（probable）	至少每年发生
3. 严重（serious）	单项损失可中度影响预算	3.偶尔（occasional）	组织存续期内发生
4. 边际（marginal）	单项损失只低度影响预算	4.遥远（remote）	组织存续期不发生
5. 轻微（negligible）	很可能不会导致组织损失	5.极端（extremely）	损失概率近乎零

表13.1中的"赋值"是指人为地赋予每个等级的风险价值，即由低到高分别为1、2、3、4、5，严重性价值和频率价值都是如此，两类价值相乘即为风险损失，乘积越小（最小为频率价值1×严重性价值1=1），在风险管理中给予越高的优先级；乘积越大（最大为5×5=25），给予的关注度越低。这样，各类风险事项在风险管理中的关注度从最高1级到最低25级，由此可构造纵横各为赋值1~5级的频率/严重性矩阵，频率为横，严重性为纵。

13.4.2 控制风险损失

风险控制的实质是损失控制，分为七种策略。

（1）损失规避（risk avoidance）。风险规避是指不去承担一项非意愿的、必有损失暴露的活动、行动或规划，但并非总是可行。

（2）风险预防（risk prevention）。这一策略关注阻止风险源的发生，聚焦最大限度地控制风险频率。例如，酒后驾车产生事故风险，可以通过教育也可通过实施严格的法律予以管理。有些风险源是无法阻止的，如多数自然灾害和经济危机。

（3）风险减少（risk reduction）。风险减少是指当损失发生时，努力减少损失的严重性。经常检查是一项消防技术，但配备好的喷水车可以减少火灾损失。另外，各公众及时提供灾害（如洪水）预警也是一项减少风险的措施。

（4）隔离裸露（segregation of exposures）。这是一种同时预防风险和减少风险的专门形式，包括在不同地点分离资源、活动或规划。例如，设备可以储存于好几个地方以预防和减少偷盗或火灾损失。"不要把所有鸡蛋都放在一个菜篮子里"的风险分散策略，以及"不相容岗位分离"的内控原则[①]，都体现了隔离裸露的策略。内部控制对管理运营风险尤其重要，其精髓可表述为 GONE 原则[②]。

（5）多管齐下（duplication）。也称为留有退路，如电脑资讯备份、拓展服务渠道。

（6）风险融资（risk financing）。在风险保留（retention of risk）即自己承担风险的情况下，需要为承担的风险提供相应资金，此即风险融资，包括多种方法：损失支付（expensing of losses）、风险储备（reserves）、借款（borrowing）支付、自我保险（self insurance）[③]。

（7）转移风险。风险损失招致的财务负担可转移给组织外部，这可通过购买商业保险或通过合同转移实现。

▶ 本章小结

- 多数文献将财政风险过于狭隘地定义为财务（可持续性）风险，忽视至关重要的配置风险和运营风险。基于财政义务的预见性，财政风险分为四类。
- 许多政府和公共组织参与或面对大量高风险交易，形成各种财政风险源：经济波动、自然灾害、人类活动（与偷盗和公仆侵犯公民权利而被诉）、突发事件和政策-制度变更（如中央政府减免地方税和实施无经费资助的规制）。
- 有效管理财政风险为所有公共组织的核心职责。财政风险分为可持续性（宏观）风险、配置风险和微观（运营）风险。微观风险关注公共资产的安全性与绩效，以及财政报告不能满足报告要求的可能性。
- 财政风险应在政府整体和机构层面上进行管理。拥有较大的风险裸露和/或较少预算约束的大机构应考虑雇用一位全日制风险管理员，并精心开发和实施风险管理手册。独立且专业的风险管理委员会机制也很有价值。
- 管理可持续性、配置和运营风险的特定安排各不相同，但均应遵循风险损失最小的原则以及五个步骤：确认风险裸露、评估风险损失、采用某种风险管理方法、实施这一方法以及评估其有效性。
- 降低风险和风险损失是风险管理的基本目标。风险裸露（a risk exposure）指参与风险交易造成损失或伤害的可能性。
- 如果公共债务超过了政府在中长期中清偿债务的能力，财政政策就是不可持续的。将短期或中期经济和财政总额的周期性波动，与长期的基本的结构性变动区别开来加以评估非常重要。许多国家采用平衡表评估财政可持续性和稳定性，且从早先关注债务评估转向关注净值评估。长期评估可采用代际会计（generational accounting）：根据税负和支出的分担情况以及跨年龄组（age cohorts）的财政调整来评估财政可

---

① 会计与出纳为典型的不相容岗位：一个人同时负责容易出问题，且出了问题不容易被发现。同时满足这两个条件称为不相容岗位。

② GONE（greed opportunity need expose）分别为（减低）欲望、（减少）机会、（评估某人特殊）需求、（增加）暴露（可能性）的四个英文词汇的第一个字母。四眼原则（组织中的任何一件事必须至少有两人同时知晓）指向暴露，举报机制也是如此。内控并非越细越好，因为涉及成本。内部必须追求成本有效性，因而无法提供绝对保证——只是合理保证。

③ 损失支付是指并未建立专款专用的保险基金，而是在当前的运营预算中支付风险损失，如更换损毁的电脑，大额风险损失并不适用。自我保险是指大型组织中的各个单元向总部缴纳保费（premiums），形成共同保险模式。

持续性。
- 财政风险管理系统分为两部分：现有风险和新风险。
- 新风险的管理的优先事项有：鉴别新的现金储备能否覆盖风险增加；建立系统的风险分析框架、风险矩阵（直接–间接/显性–隐性）融入预算程序并定期更新；决策制定当时即确认全部财政效应（成本、资产、负债与收入变化）、财政储备的策略（相对于裸露风险的比率、投资管理、风险暴发时如何使用）、购买保险的政策；充分报告风险、资产–负债组合管理、收入–支出组合管理、监督储备政策的实施；在中期财政现金筹划（fiscal cash projection）和中期财政战略中反映现有财政风险在未来实现的可能性。
- 基于风险管理和决策制定的目的，预算应在做出购买决策的同时记录当前资本资产的完全成本，权责会计在此并不适当——只记录作为费用的折旧意味着低估成本。相反，现金预算是适当的。
- 权责预算的益处是有限的，主要是作为在做出决策的当时即更全面地确认成本的一个工具，比如贷款担保等支付时点与决策时点相距很远的交易。
- 只有预定的和应支付的（due and payable）才应确认为或有负债。
- 作为预算文件之一的财政风险报告应报告以下风险：关键性预测假设的变动、或有负债、特定支出承诺规模（size）的不确定性、其他。不确定性，如政府已宣布要进行政策变动，但在编制预算时此项变动的细节并不确知。
- 风险管理通常依次遵从五个步骤：确认风险和风险裸露、评估风险损失（风险后果乘以风险概率）、选择风险管理方法（消减–转移–承担）、实施选择的风险管理方法、评估（evaluation）风险管理规划。
- 所有国家都需要评估其多方面的风险——这些风险将在期内暴露出来，以保证政府有财政能力解决它们，最重要的是财政上留有余地。

▶ 本章术语

财政风险　风险损失　风险概率　风险后果　风险裸露　财务风险　配置风险
风险转移　运营风险　财政义务　流量法　存量法　财政易损性　开组法　闭组法
风险储备　偏好　直接显性义务　直接隐性义务　或有显性义务　或有隐性义务
或有负债　或有事项　代际会计　财政易损性评估　风险融资　财政运营表　平衡表
平衡表净值　机会成本　非预算决策　强制性支出法案　权益支出　完全成本
运营决策　配置决策　贷款担保　准财政活动　风险评级　财务法案　非财务法案
部门政策　损失规避　风险　风险减少　隔离裸露　配置效率　需求　财政自给率
基线　压力测试　结构性政策

▶ 思考题

1. 对于理性决策目的而言，权责预算应用于怎样的交易或事项可能好于现金会计？
2. 发展中国家的财政资源错配风险很高的主要原因是什么？
3. 对于控制财政配置风险而言，为什么"补短板"原则比"保重点"原则好？

4. 为什么在政策和预算决策做出的当时即确认其完全成本很重要?

5. 中国当前背景下,诸如土壤保护、设施维护运营、学前教育和预防性医疗服务的特殊重要性,通常被严重低看甚至漏看的深层根源是什么?

6. 举例说明为何"普遍利益"很难定义,但"什么不是普遍利益"很容易让人明白。

7. 在基于预见性划分的四类财政义务中,每个类别列举3~5个。

8. 采用现金会计和权责会计所计量的财政赤字有何不同?差异的根源是什么?

9. 列举中国当前背景下主要的准财政活动,解释其根源,评估其风险,给出适当的治理安排大致是怎样的。

10. 为什么中国当前背景下,财政资源错配的风险很高?机会成本是什么?

11. 财政易损性评估的流量法和存量法有何不同?两者如何互补?

12. 强化财政风险管理框架的关键方面有哪些?

13. 消失的预算有哪四种主要形式?

14. 根据风险后果的不同,财政风险有哪五级分类?

15. 如何理解财务法案与非财务法案的界限与相互关系?

16. 哪些涉及普遍利益的事项易被低看或漏看?一般规律是怎样的?

17. 在何种意义上可以说,对固定资本和存货作现金计量比作权责计量更好?

18. 社会保障义务的预算计量、闭组计量和开组计量有何不同?各自优劣如何?

19. 如何评估支出错配的机会成本?

20. 以中国的"资源枯竭型城市"为例,解释存量法在预警和管理财政风险中的作用。

21. 财政义务清偿能力的直接评估法和间接评估法有何不同?

22. 如何区分真正的"收入"和弥补赤字的融资手段?

23. 财政风险报表应披露哪些风险类型?

24. 如何理解财政(发展与竞争)战略风险?如何理解财政战略与政府战略的关系?

第 14 章 地方财政管理

透明和谨慎的地方财务管理日益被确认为地方公共部门获得和保持地方居民信任的关键[①]。地方财政的固有特征赋予其一系列重要的独特优势，从而具有对公共预算与财务管理所有目标——尤其是有效地服务交付——做出重要贡献的潜能和机会，无论在地方还是国家层次上[②]。然而，充分发掘和利用这些优势需要克服许多困难与挑战，尤其是确保原则导向和目标导向之间、中央纵向控制与地方自主性之间的适当平衡。地方财政管理的核心功能包括预算、会计、现金管理、债务管理与收入管理。鉴于宽泛的融资政策和规划、政府规模的确定及其他功能都与预算联结在一起[③]，地方预算构成地方财政的核心。

14.1 基本要求

良好的地方财政管理的有许多特定要求，基本要求是充分利用地方治理的独特优势来追求公共预算与财务管理的所有目标与功能，为此应满足适当的角色定位、清晰的关键原则和灵活的特定目标三项前提条件。角色定位基于对独特性的认知和应对环境变化带来的机遇与挑战。几乎所有国家的地方财政都扮演着不同于中央财政的角色。角色定位亦应结合政治思想和政治力量对地方财政的影响，某些研究表明这种影响相当显著[④]。

14.1.1 特征与优势

地方财政相对于中央财政的独特优势，主要根植于地方政府对地方公民的贴近性，决策可以贴近公民，因而可以更好地回应地方公民偏好。

---

① Shah A. Local Public Financial Management. Washington D. C.: The World Bank Publication, 2007.
② 地方政府在多数（英文）文献中是指次国家级政府（省或州）以下的各个辖区层级。本书在宽泛意义上将地方政府定义为中央（联邦）政府以下的各个政府层级。中国背景下也包括街道和行政村，它们没有宪法地位但履行许多重要的政府职责，尤其是公共服务交付和执行上级政府政策。目前的地级政府也不具有宪法地位，"省直管县"改革后其作用进一步削弱了。
③ Mikesell J L. Fiscal administration in local government: an overview//Shah A. Local Budgeting. Washington D. C.: The World Bank Publication, 2007: 15-52.
④ 关于政治因素显著影响地方财政状况的西班牙案例研究，可参见: Garcia-Sanchez I M, Prado-Lorenzo J M. Effect of the political system on local financial condition: empirical evidence for spain's largest municipalities. Public Budgeting & Finance, 2012, 32 (2): 40-68.

通过政府政策和向地方公民交付服务，地方政府可以为公共福利做出重要贡献。地方财政特有的优势在于决策制定者和规划管理者贴近公民，公共服务通过这些规划得到供应。在向公民提供服务方面，地方政府具有最透明和最负责任的潜力。然而，完全实现这些承诺要求强有力的财政管理，以使公民利益反映在地方规划中；政策以维护财政可持续性的方式加以引导；资源不会因为缺乏效率、有效性和浪费或腐败性的运营而遭受损失。对公民的回应性的潜力意味着：如果资源以官僚主义和政治领导的偏好加以配置，潜力就会受到限制。[1]

贴近性带来了其他一系列重要的其他优势，公民直接参与为其中特别重要的一个。大量文献确认了公民参与在地方财政决策和执行中的关键意义与价值。相对于中央政府而言，这些意义与价值更容易在地方层次上实现，这为地方政府建立财政过程中的直接公民参与提供了最大希望。参与的优势也体现在间接参与上。间接参与是指公民通过其代表参与，即代议制民主参与。公民的声音能够通过行政机构，也可同时通过代议机构被融合在公共规划与服务中。当地方代议机构有能力制定这些规划并通过听证加以引导时，间接参与得以结合直接参与，从而可望带来更多的代表性、回应性和受托责任。这是听证制度特别关键的方面，最有可能在地方层次上实现。

在公民贴近性和差异性偏好的良好管理提供大量独特优势中，受到特别关注的有七项[2]。

（1）选择性与回应性。数目庞大且差异明显的地方政府具有财政多样性，得以提供多样化的服务满足生活环境各异的人们的差异性偏好。当精心建构与实施的财政自治（fiscal autonomy）体制得以充分融入地方性（localities）时，优势更为明显。相对于小国而言，大国的地方服务选择性和回应性优势更为突出，这是大国财政管理优势的关键方面。小国也可通过"划得更小、数目更多"的地方政府和其他机制，追求更多的选择性和更好的回应性。差异性的地方政府本身就是最佳服务公民利益的治理机制。

（2）公民参与。财政过程的各个方面都适合也依赖参与，尤其是（政策与预算）决策形成、规划设计和绩效评价阶段。除了切实地解决"发展"问题外，参与对于促进民主治理及其活动（vitality）同样至关重要。财政决策过程的公民参与尤其有助于推动参与式治理（participatory governance）中的公民赋权。即使中央政府可以使用更易获得和更便宜的通信技术处理事务，也不能完全取代（regular）常规的、面对面的接触。参与式预算在地方也有更大的应用潜力[3]。

---

[1] Mikesell J L. Fiscal administration in local government: an overview//Shah A. Local Budgeting. Washington D. C.: The World Bank Publication, 2007: 15.

[2] Mikesell J L. Fiscal administration in local government: an overview//Shah A. Local Budgeting. Washington D. C.: The World Bank Publication, 2007: 16-20.

[3] 为使参与式预算（participative budgeting）最有效，磋商（consultation）是不够的：某些社会团体的"到场（presence）和代表性（representation）"需要制度化为一个常规性的决策制定渠道。参见：Oertel S. Best Practices in the Participatory Approach to Delivery of Social Services. Addis Ababa: Economic Commission for Africa, 2004: 11.

（3）试验与创新（experimentation and innovation）。"摸着石头过河"的中国式改革模式基于没有标准答案的客观现实，也基于对"一损俱损"的风险远高于"一荣俱荣"的可能性。通过实验和创新，地方政府可以发展许多独特的方法来处理公共问题，成功经验或者通过公民、或者通过上级政府而被推广到其他辖区，即使失败也只是局部失败，负面后果有限。

（4）受托责任。受托责任的含义极为丰富，最基本的含义是使用者对资源提供者负责，即"拿人钱财、替人消灾"。无论采用怎样的路径、方法和机制，为使其真正有效，两个基本前提条件必须被满足：受益-成本联结与对"谁负责"的清晰鉴别。前者要求服务与融资间的关联性，形成"谁受益、谁负担"的机制，体现公共财政的基本受益原则（benefit principal）。

两个前提最可能在最贴近公民的地方层次上达成，从而为草根共同体成为小而美共同体带来最大希望。"地方集体物品绩效更易被看清"的事实，也使公民和外部审计机构更可能关注公共政策和公共财政事务。在我们已知的人类社会中，所有集体物品都通过特定的财政共同体（fiscal communities）被交付给社会成员，包括从最小供给单元的乡村或社区，到最大单元的民族国家甚至国家间联合，莫不如此。认知到真正的受托责任最可能在草根层次上实现很重要，至少有助于摒弃绝对国家主义。

（5）改进收入动机（revenue mobilization）。当公民感知到服务改进时，依法纳税和接受增税的意愿将会增强，否则将会被削弱。在这种联系相对清晰时，地方公民更愿意为地方预算而非中央预算或国家预算做出贡献。地方政府在增强税法遵从和纳税意愿方面优势明显，源于服务与融资的较强关联更易在地方达成这一事实。

政府间转移支付机制很难让地方公民看清这种联系。在此机制下，上级辖区从地方辖区拿钱（如征税等），通过层层集中财力直到金字塔顶端的中央政府，然后再通过层层"下拨"直到金字塔的底端，伴随复杂冗长和碎片化的"条条式"申报与审批。这种无效率的转移支付体制不仅创设寻租、设租和食租的巨大空间，也切断了宝贵的收支联结，在每个政府层级上都导致或恶化共同池问题，因为大额转移支付无论对于中央还是地方都是免费午餐，而非需要审慎对待的投资。中国现行转移支付体制大致如此[①]。

（6）更易监督结果导向的绩效。运营绩效关注花钱带来怎样的结果。给定其他条件，地方服务更具有可观察性，因而更易实施观察基础的绩效评价，无论公共服务的数量、类型、质量、成本、及时性、平等性、渠道、可持续性还是满意度。公共政策也是如此。各种结果或过程导向的绩效管理方法，包括绩效预算，在地方尤其是草根共同体层次上，最可能产生低调务实的成果，也更易取得成功。这是小而美共同体概念的关键方面之一。

（7）少数的多数（minority majorities）。许多国家都有少数族群（如少数民族），他们在国家整体中只是人口的少数，但在地方上可能成为人口的多数，因而其合理的特殊

[①] 2015年实施的新预算法与2013年十八届三中全会《决定》都承诺改革转移支付体制，重点是减少和整合专项转移支付，但至今成效不彰。

利益更可能在地方实现，而且地方自主性（local sovereignty）给了这些公民治理（govern）和提供地方服务的机会。中国的基层单位和民族自治写入宪法，作为基本政治制度的重要组成部分，即基于这一理论基础。理论基础的正确性很重要，理论就是"论理"，即以理服人，从而脱离丛林法则这一人性的阴暗面。自治和自主最重要的前提是融合和忠诚于国家。

分权结构有助于为地方少数的同时也为地方多数在治理中扮演重要角色提供机会，包括更强的代表性和话语权。这些机会几乎不可能在国家层面形成。然而，分权并非万能（panacea），即使发达国家也是如此[①]。

14.1.2 角色定位

地方政府的角色因国家而异并且是变化的，但最适当的角色是服务交付者，即以合理成本向地方公民提供数量充分、质量可靠、及时、平等、多渠道和可持续的公共服务。在地方政府的关键角色被界定为服务交付时，地方治理的独特优势得到充分开发利用的机会更大、潜力更大，尽管也取决于其他因素，尤其是辖区数量与规模、贴近性（财政决策贴近公民的程度）、偏好差异的强度及政治与文化传统。这些因素在设计政府间财政安排时至关重要。

然而，多数国家的地方政府的角色和作用是多重的，除了服务交付外，还包括贯彻中央和上级政府政策、为上级政府征集收入（收入征集代理人）、行政规制、"创收"（财源建设包括投资获利），中国背景下尤其包括促进地方与区域经济发展，以及作为贯彻国家关切目标与利益的工具，地方政府的政治角色也很重要。

这就提出了一个根本问题：如何协调这些具有潜在冲突的角色，以确保在任何情况下都不损害其核心角色——多数服务的交付者？为此，两个基本的前提条件须被满足：对地方公民的受托责任，不同于对上级的受托责任；财政能力（fiscal ability），尤其是自主收入来源（own source）的充足性和稳定性。财政分权的有效性也是多数分权化改革的主要目的，同样如此。"受托责任-财政能力-财政分权"的铁三角关系，因而构成财政分权化改革的基本逻辑。与践行对上责任相比，地方政府具有践行对下责任的更多机会与更大潜能，中国当前背景下更是如此；让地方主要担当对下责任通常更为适当，单一制国家亦无例外。这一理念与建立地方政府的根本目的相契合[②]。

毫无疑问，地方治理优势可以在多种角色上得到利用。即使在课税权划分这一强调集权合理性方面，也是如此。财政联邦制理论的一个重要观点是"支出分权与税收集权"的组合，源于辖区间流动性对政策有效性和资源配置的影响[③]。

[①] 加拿大魁北克（Quebec）省持续的不满；分权在乌干达和莫桑比克等国家甚至引起内战。但在政府服务中若没有某种程度的自主性，公民的不满很可能更强烈。

[②] 中国至少两千多年以来，地方政府主要作为中央治理功能的附属工具，即作为中央政府无力直接实施全面的地方治理的回应。这种"让委托地方代表中央施治"的等级式治理体制，日益遭遇到全球化、民主化和地方化的挑战，这些挑战集中指向对"以公民为中心、以市场为基础、以绩效为导向"新型治理体制的强烈诉求。

[③] 流动性为政府间财政安排的关键因素。辖区间流动性的增强，在一定程度上意味着稳定政策和再分配政策的失效，也意味着政府干预导致资源流向低公共回报的辖区，或者稀缺资源长期滞留在没有前途的辖区。

中国当前背景下的地方政府角色定位涉及"经济发展"和"服务交付"的平衡，这是一个重要主题。与多数国家相比，中国的地方政府在经济事务中扮演更重要的角色，基层政府在基本服务交付方面的角色也是如此。这两个分别"亲商"（资本）和"亲民"的角色并不一致，甚至明显冲突，这对公共预算与财务管理会带来负面影响[①]。

在此视角下，政府（官员）问责制的重心逐步从经济面转向服务面，变得越来越重要。对于塑造和引导角色而言，没有什么比问责制更有力量的工具了。中国当前背景下，包括考评机制在内的问责制是最强大的指挥棒，无论对于公仆还是对于体制内的学界。因此，要想改变什么，首先需改变考评与问责机制；没有考评和问责机制的转向，什么实质性改变都不可能发生[②]。

角色定位也涉及"掌舵与划桨"的平衡。"中央掌舵、地方划桨"的观点很吸引人，但中国背景下尤其应审慎对待。难道地方政府就不需要或者不适合扮演掌舵者的角色吗？以下观点很可能更具合理性：相对于中央政府负责"建立与监管最低服务标准"而言，地方政府的适当角色就是划桨，负责从此岸划向中央设定的彼岸；但相对于纯粹的地方服务（如垃圾处理）而言，地方政府扮演掌舵者和划桨者的双重角色更为适当。即使在中央掌舵的领域，如减贫政策的标准和方式，也可能很有必要赋予地方政府以"灵活掌舵"的角色，因为"一刀切"几乎不可能在地方层次上带来益处，这些益处主要来自因地制宜和因时制宜。

此外，注意到角色定位也因地方辖区层级不同而异很重要。中国有省级、市级、县级和乡镇四级正式的地方政府。它们在贴近性方面差别很大。省级辖区的规模和人口堪比国外一个中等国家。这至少暗示财政分权如果限定在"中央对省"的层面上，效果注定不会太好。省级政府距离地方公民仍然相当遥远，很容易导致"找不到政府"的弱点，在建立收支（服务与融资）联结方面也是如此。两者都表明在省级层次上达成基本受托责任的机会渺茫，因为受托责任的有效性总是依赖鉴别"谁负责"和"谁受益谁负担"（收支联结）。

14.1.3　原则与目标

良好的地方财政管理不仅应贯彻精心界定的关键原则，也应在这些原则约束和指导下追求灵活的特定目标，尤其在复杂多变动的动态环境下，环境变化既制造挑战也带来机遇。妥善应对挑战和抓住发展的机遇，依赖于追求被精心界定的特定目标，尤其应关注短期和中长期目标间的平衡。理解原则导向和目标导向的平衡及其相互关系很重要，前者关注行为正确性后者关注结果（绩效）合意性。行为正确性和结果合意性可作为检验地方财政管理是否良好的基本标准。

[①] "服务"的逻辑不同于"发展"的逻辑。浪费性公共支出或者面子工程无损 GDP 增长——短期看就是如此，但明显损害服务公民的功能。增长目标也可以通过牺牲财政纪律（PBFM 的首要价值）达成，明显的是过度举债和担保。

[②] 考核什么就会有什么，不考核什么就不会有什么。这是铁律。在体制内的学术界中，只要产出以"发表论文数量与等级"考评，只要成果以"领导指示"考评，就会发现各种各样的扭曲和人性弱点的放大，以及腐败和寻租。制度改革因而非常重要——最重要的莫过于引导行为的考评问责制和抑制人性阴暗面的内部控制。这是所有走上正轨的制度改革的起点，也是重中之重。考评问责也可称为广义的激励机制。

原则导向通常比目标结果导向更具有优先性。任何情况下都不应忽视或淡化一系列关键原则，因为确保对这些原则的遵从正是达成公共预算与财务管理所有目标的前提条件，尽管并不充分。这些基本原则有以下 10 个：[1]预算过程的全面性(comprehensiveness)；尽量少使用专款专用；地方预算作为运营指南并遵从指南执行；预算过程应是年度性(控制职能)但应采纳多年期框架以促进计划功能；预算以现实的收入概算(预测)和运营环境为基础；预算应作为对地方政策的权威性陈述(statement)；预算的行政管理分类(受托责任)应结合基本目的或规划分类；预算文件应采用公民友好型制式以利于公民沟通；预算过程应关注绩效结果而非仅与投入相联系；适当的激励机制融入预算过程以促进回应性和资源节约。

如同中央政府一样，地方政府务必不将财政收入、支出和债务(极大化)作为管理目标，尽管在政治上极具诱惑力。强有力的政治领导可以顶住来自这些利益集团的压力，避免公共支出的大幅度增加[2]。所有的财政指标，包括收入、支出、债务和财政余额(fiscal balance)、盈余、赤字或平衡，都应作为财政基准(fiscal targets)，即作为促进公共政策目标(objectives)的手段，并且确保两者间的联结与一致性(conformance)；特定财政变量也不应作为财政政策的目标(goals)，财政政策的宽泛目标是财政可持续性。地方财政管理应约束和引导所有的公共政策都在财政可持续性运作，包括稀缺资源的配置和利用。

最后五项原则关注地方预算过程的公民参与。发展中国家的预算过程典型地并非亲善公民。为建立参与功能，一些重要措施如下[3]：①预算数据必须以对公民有意义的方式分类；②预算需要以贴近公民的方式准备；③预算必须清晰地表达官员的核心责任；④预算文件应清晰地报告财政运营的关键特征，如支出、收入、赤字和盈余、绩效成果等。

上述原则应约束与引导地方财政管理在合规和适当程序的前提下，致力于追求理想财政成本的六个层次，即扩展的公共预算与财务管理的六级框架，见表 14.1。

表 14.1　公共预算与财务管理的六级框架

层级	名称	关键目标	联结政策目标	管理灵活性	工具类型
01	范围	范围适当	宽泛	较小	控制
02	总量	财政纪律	稳定	很小	控制
03	结构	战略优先性	平等	较大	配置
04	运营	3E 绩效	增长	最大	运营

---

[1] Mikesell J L. Fiscal administration in local government: an overview//Shah A. Local Budgeting. Washington D. C.: The World Bank Publication, 2007: 27-28.

[2] Borge L. Strong politician, small deficits: evidence from norwegian local governments. European Journal of Political Economy, 2005, (21): 325-344.

[3] Andrews M, Shah A. Toward citizen-centered local-level budgets in developing countries//Shah A. Public Expenditure Analysis. Washington D. C.: The World Bank Publication, 2005: 183-216.

续表

层级	名称	关键目标	联结政策目标	管理灵活性	工具类型
05	风险	风险适当	宽泛	较小	控制
06	信息	透明度	宽泛	较小	控制

范围（scope）主要涉及财政实体（fiscal entities）、预算程序与文件和财政报告，关注全面性（comprehensiveness）和政府市场的合理边界。风险管理的一般目标是适当的，因为风险并非越低越好或越高越好，范围与此类似。工具类型分为限制和行动类。配置和运营为行动领域，强调财政回应性（local fiscal responsiveness），其余四个都属于控制（消极功能）即限制领域。六级结构拓展了此前公共预算与财务管理文献的三级和四级（加上透明度），可作为结果导向财政绩效视角下评估公共预算与财务管理的完整框架——前提是合规和程序适当，因而涵盖公共预算与财务管理的主要精华。

预算的范围（budget scope）涉及预算的全面性。全面性很重要，但并非范围越宽或越窄越好。全面性应该适当。超出适当范围的全面性，如一个城市不具有法定责任（legal responsibility）的规划或工程被包括在预算中，至少有两个劣势，即准备和解释过于困难，以及导致公众误以为市政府没有能力控制相关支出，或者引起虚假的期待（false expectations）[1]。

透明度应在制定预算、立法机关审查、行政执行及审计与监督四个阶段加以保证。透明度与预算的范围密切相关。制定预算从做出预算范围的决定开始。预算范围包括预算的时间框架和预算中包括或排除的条目。接下来决定哪些预算中哪些法律和规章应该是透明的，因为预算总是面临特定的政策问题，政策问题受制于法律环境和执行挑战。透明度要求多样化的分类。如果足以证明合规并非那么紧迫，预算就应采用亲善用户的预算分类（user-friendly budget categories）[2]。

务必不应将透明度单纯地解释为可靠、有用和及时性信息的可得性，应一并解释为确保对任何一个约束（限制）有效的前提。易言之，透明度不只是要求需要的信息可被得到，还一并要求这些信息能够构成有效约束，其适当范围十分广泛，包括风险评估、中期财政规划、政策和目标、全面的预算框架、完整的财政报告，以及健全的审计和监督机构。

财政纪律是公共财务管理的关键价值，无论在中央还是地方层级。财政纪律涉及的理念是可承受性（affordability），可维持的预算和实际支出、收入，以及借款均基于财务上的可持续性及其与短期和长期经济目标间的一致性。在地方层次上，自有收入能力和有效率的地方收入管理是地方财政纪律的基石[3]。在财政总额（fiscal aggregates）要么事

---

[1] Rubin I. Budget formats: choices and implications in local government//Shah A. Local Budgeting. Washington D. C.: The World Bank Publication, 2007: 134.

[2] Mikesell J L. Fiscal administration in local government//Shah A. Local Budgeting. Washington D. C.: The World Bank Publication, 2007: 141.

[3] Shah A. Local Budgeting. Washington D.C.: The World Bank Publication, 2007: 3-4.

前要么事后不可承受时,政府就会被视为缺乏财政纪律[1]。国家层面上,财政纪律的含义大致相同[2]。另外,财政分权也可能创造弱化财政纪律的风险,进而导致宏观经济稳定的风险[3]。

配置层次的基本问题是偏好一致性。满足服务偏好有财政的回应性、财务上的可持续性及与民主治理的标准(包括透明度)相一致三项基本要求[4]。

地方政府应致力于通过地方预算追求表 14.1 所示的所有目标。预算约束管理者不仅对其获取的资金,而且对于使用这些资源取得给定水平的绩效负责。预算不可能很好地同时和平等地完成所有任务,官员必须确定哪些目标是最重要的,并且引导预算来促进这些目标。总的看法是,应致力于开发多种工具达成多重目标,而非使任何一个目标最大化。

全球范围内,越来越多的政府甚至采用参与式预算,从而给普通公民直接制定或影响决策而非仅仅"发发言"的机会。在许多城市的参与式预算案例中,公民参与集中于开发支出而非传统的运营规划,其中多为工薪和其他政府运行费用,后者很少通过规划向公民交付服务留下余地,除非公民能够改变资源分配。公民参与的增加与公共预算与支出管理的全球趋势相一致,即从强调预算投入的控制(财政纪律)转向强调服务成果的责任,包括结果导向管理与评估。但投入控制至关重要,在转向预算过程的结果控制这一高风险任务前必须予以确保。

中央政府应致力于约束与引导地方政府的财政运营(fiscal operations)遵从所有上述基本原则,而不只是寻求让地方政府提供最低标准的关键服务。但在许多国家,中央政府更热衷于传统的、投入导向的财政控制,包括在"宏观调控"的名义下层层集中财力、实施不必要的过分垂直管理及转嫁赤字和支出责任。因此,地方政府的适当角色无法孤立地加以定位,必须与对"中央如何对待地方"的考量紧密结合起来。

为使地方政府有效地服务地方公民,中央政府强化对地方的运营指导,而不只是聚焦服务标准。由于各种原因,地方政府大多缺乏达成良好财政运营所需要的专业技术。良好财政运营聚焦以合理成本服务地方公民,包括服务的数量、质量和及时性等一系列绩效特征。任何情况下,中央对地方的预算控制不可或缺,包括宪法约束、法令(statutory)与规制(regulatory)[5],但如何确保控制不至于抑制地方有效运营才是最根本的问题。

自秦以来的两千多年中,纵向控制与服务公民两个关键目的的冲突,一直纠结着中

---

[1] Folscher A. Local fiscal discipline: fiscal prudence, transparency, and accountability//Shah A. Local Budgeting. Washington D.C.: The World Bank Publication, 2007: 79-104.

[2] 在国家层面上,财政纪律意味着在给定的风险下,维持预算的和实际的支出,在收入与借款与财务可持续性和短期与长期宏观经济目标相协调的水平上,最优地建立这些目标以及达到这些目标是预算过程的一项功能。Folscher A. Local fiscal discipline: fiscal prudence, transparency, and accountability//Shah A. Local Budgeting. Washington D.C.: The World Bank Publication, 2007: 79-104.

[3] Prud'Homme R. The dangers of decentralization. World Bank Research Observer, 1995, 10(2): 201-220; Tanzi V. Fiscal Federalism and Federalism and Decentralization: Review of Some Efficiency and Macroeconomic Aspects. In proceedings of the 1995 World Bank Annual Conference on Development Economics, Washington D.C., 1995.

[4] Mikesell J L. Fiscal administration in local government//Shah A. Local Budgeting. Washington D.C.: The World Bank. Publication, 2007: 16-17.

[5] 法令界定政府间财政体制、政府结构和程序、受托责任过程与结构,以及违规惩罚的制度细节。

国的地方财政管理和政府间财政安排。听令行事的地方政府和有效服务地方公民的地方政府存在根本差异，只有在被精心建构和实施的制度安排中才能得到调和。这样的制度安排必须满足"正和导向"这一最重要的前提，即使输家和赢家不可避免，亦应被置于这一规则下，拒斥刻意选择赢家和输家[1]。

根本的观点是，中央控制是必要的，但底线是不损害地方运营。这也是当代背景下，中国地方财政管理和政府财政安排改革最核心的命题。困难在于部门利益、地方利益与普遍利益间的调和，而非改革方案的技术细节。

14.2 政府间财政安排

包括中国在内许多发展中国家，没有其他任何要素比政府间财政安排的缺陷更容易导致地方独特的治理优势无法充分实现，尤其在地方财政管理中。只有在地方政府具有回应公民服务需求的很强责任与能力时，地方财政管理才能对地方公民福利做出重大贡献。这并不意味着需要放弃或弱化纵向财政控制，而是明确地要求纵向控制与"铁三角"逻辑的一致性[2]。

政府间财政安排被精心设计和实施高度依赖对三重一致性的理解。财政联邦制理论的精髓也根植于此，可以简要提炼为正和规则导向下的伙伴关系，取代家长主义的单向服从关系。在此意义上，良好的政府间财政安排与地方财政管理所包含财政联邦制理论的思想维度，即使对单一制国家也有借鉴意义[3]。这些合理内核应一以贯之地融入政府间财政安排的"铁三角"——支出划分、税收划和转移支付，以及其他关键方面，如政府间规制（包括规制地方债务），还有横向财政关系的各个方面，辖区间财政竞争、税负输出和财政合作等[4]。

---

[1] 例如，体育比赛总要分出赢家和输家，但如果预先就被刻意选择或指定（很坏的裁判），就违反了"正和规则导向"的游戏规则。人类事务的所有冲突的根源都与此相通，不是以理服人，而是滥用丛林法则。人类成为文明人类，只是因为采用的正和导向规则取代丛林法则，这在国内更容易实现，国际关系中则相差很远，尽管如此，第二次世界大战之后人类亦有长足进步，战争频率的减少即为明证。

[2] 财政分权的"铁三角"是指受托责任–财政能力–财政分权。财政分权的基本含义是支出责任和收入征集能力的分权化，这意味着赋予次级政府法定、政治及管理性权威，以制订计划，做出决策和管理公共职能。参见：Baltaci M, Yilmaz S. Keeping an eye on sub-national governments: internal control and audit at local levels. World Bank Institute, Washington D.C., 2006: 3.

[3] 对财政联邦制理论的偏见大多源于误读，或者缺乏基本的理解。这一理论的基本思想是倡导适当的财政分权。中国改革开放取得的伟大成果，至少相当一部分来自中央对地方的分权所激发的地方活力和创新性。戴着有色眼镜看待财政联邦制理论的人其实并未真正理解其实质和精髓，虽然常以政治正确性的面目出现。

[4] 政府间财政安排在中国式术语下通常也被称为政府间财政体制，是指约束与规范政府间财政关系的制度安排。完整的概念框架分为纵向和横向两个维度。横向财政关系是指地方政府间的财政关系，源于辖区间财政外溢（fiscal spillovers）——征税和支出对其他辖区造成的正面或负面影响。专项转移支付设计的理论基础是补偿正外溢，如内蒙古自治区保护草场对北京和其他辖区带来的益处。假设年度成本为100，60%的利益外溢，那么，专项转移支付的配套比率即为成本的60%应由中央政府补偿，或者由其他受益辖区补偿。横向转移支付与生态补偿的理论基础也是外溢。负外溢的例子是辖区间税收转嫁和恶性税收竞争。辖区间财政外溢也是区域协同概念的基石，一如产业间外溢作为产业补贴的基石。背离外溢补偿原则的转移支付，无论政府间转移还是产业补贴，其合理的经济学基础都很难得到恰当说明，变异为分钱游戏的风险很高。

14.2.1 纵向控制与分权"铁三角"

基于许多理由，单一制国家的中央政府特别强调对地方政府的财政控制。纵向（财政）控制本身并非问题。真正的问题在于是否妨碍地方政府的受托责任和财政能力，后者定义为财政收入的充足性和稳定性[1]。由于受托责任和财政能力高度依赖财政分权，并且也是分权的主要目的和前提条件，三个因素间的紧密关联因而有如"铁三角"，即缺乏受托责任的财政分权是不合需要的分权，缺乏财政能力的财政分权是没有意义的分权，这就解释了为什么发展中国家的财政分权化改革较少取得成功。

另一个主要原因是，有缺陷的纵向财政控制妨碍"铁三角"的每个成分。因此，解开纠结的入口非改革纵向控制方式莫属。根本的观点是，纵向控制是必要的，但不应损害分权"铁三角"，以此为良好地方财政管理的提供最大希望。

纵向控制可通过以下方式得到改进，从而使其从妨碍转向支持"铁三角"。

1. 纵向控制从聚焦投入转向支持运营

纵向控制从聚焦投入转向支持运营很重要。这意味着中央政府应担负起双重责任，建立与监督最低服务标准，以及提供最佳的运营指导，约束与引导地方对前述 10 个基本原则的遵从。运营指导既针对服务标准也针对地方公民关切的目标与利益，但基于规则（rules）、规制（regulations）和监督（monitor）的控制职能，应集中指向绩效导向的财政运营而非传统上关注的投入（inputs）。投入基础的纵向控制根植于合规性，预算体制的首要功能，但并未关注对地方公民的回应性。

纵向控制模式的转变也有利于促成公民中心的绩效导向模式，这是多数财政分权的主要逻辑[2]："当前中央政府采用的方法代表着一种潜在的社会思潮，那就是让公众去决定哪个指标对于他们是重要的并且对这些指标进行监督。重点是地方而非中央的优先选择，因此地方政府间的比较就不再重要了。但是，地方政府却在致力于使自己能够名列全国范围内相似的政府的前百分之二十五之列。这一社会思潮改变的一个主要原因就是从产出计量到成果计量的改变，尽管已经意识到效果的许多方面都是定性的并且难以计量。每个地方政府都在致力于寻找最佳的混合计量法，不论是产出还是成果，只要是最好的计量。"

支持运营的纵向控制机制尤其要求关注公民关切的信息和透明度，包括预算分类、参数、分析、批准和报告，应以最有利于公民参与和沟通的方式披露。在这里，全面性很重要，涉及预算实体的范围、预算文件的数量、预算内和预算外的公共账目。

2. 决策须处于真正的硬预算约束之下

焦点是财政控制致力于严格的预算限额和事前财政约束，包括赤字/GDP 比率、债

---

[1] 美国政府间关系咨询委员会用代表性税收系统（RTS）衡量收入能力，将税收能力定义如下：如果按国家平均税率征税，地方政府将会征收的税收金额，由此创建了标准收入和标准支出概念。参见：Advisory Commission on Intergovernmental Relations. State Fiscal Capacity and Effort, Washington D.C.：1993. 在某些国家，两者被作为均等化转移支付体制的关键要素。

[2] Cunningham G M, Harris J E. Toward a theory of performance reporting to achieve public sector accountability: a field study. Public Budgeting&Finance, 2005, 25（2）：15-42.

务/GDP 比率、预算平衡和黄金法则（公共投资只能用于资本支出）。这种全新的控制概念聚焦形成很强的财政纪律（fiscal discipline），财政分权的第三个基本前提（另外两个分别是受托责任和财政能力），从而为合乎需要（强化对下责任）且有意义（强化财政能力）的财政分权创设了空间。

14.2.2 分权的三个模式

分权的模式很重要。许多文献区分为三个模式的分权[①]。

1. 政治分权

政治分权通常要求宪法或法律变革、发展政党、加强立法机关、创立地方政治单元，以及鼓励有效的公共利益团体的发展。旨在强化透明度、政策制定、支出计划、管理效率及受托责任。

2. 行政分权

行政性分权在不同层级政府间重新分配公共服务的权威和责任。分权的弱式形式是将行政责任转向政府控制的商业性实体，如中国当前背景下地方政府控制和监管下的各类融资和投资实体。

3. 财政分权

包括授权（delegation）和权力下放（devolution）。授权是指将职能和决策制定权转移给半自治（semiautonomous）的组织，后者对中央政府负责但不受其控制。权力下放（放权）是指将决策制定、融资和管理权威通常转交地方单元，后者系选举产生的行政和立法部门，具有独立的财政权威。它对地方资源配置产生积极影响，但民主过程的欠缺很可能限制透明度和受托责任。

认识到三类分权间的关联及其对地方预算的影响很重要："有效的和有意义的政治分权与行政分权要求有充分的收入与支出权。否则，地方决策制定包括地方预算就没有意义。财政分权要求在设计适当的政府间财政框架下，次国家级辖区可自由裁量地获得重要的收入工具。这种获取与预算支出中的优先性排序、决策制定、资源使用以及规划运营能力相伴而行，以此提供有意义的地方决策权威。有效的地方预算高度依赖于有效的政府间体制……"[②]

有效的地方预算要求中央和地方政府致力于在地方辖区发展有效的治理制度。在建立旨在改进地方运营和透明度的程序和标准方面，以及在增强地方官员对地方选民的受托责任方面，较高层级辖区至关重要。中央政府必须引导旨在监督和评估分权体制的分析性研究，建立和管理转移支付体制，以及审计程序。另外，必须建立人事和环境规制，公共雇员的资格要求，最低（minimum）服务标准，解决政府间争端的机制，以及惩罚

[①] Gurger T, Shah A. Localization and Corruption: Panaceas or Pandora's Box? Unpublished Manuscript, Washington D. C.: World Bank. Rondinelli, Andrew. 1999; Tanzi V. Fiscal federalism and decentralization: a review of some efficiency and macroeconomic aspects. In Proceedings of Annual World Bank Conference on Development Economics. Washington D. C.: World Bank, 1995: 295-316; von Braun J, Ulrike G. Does decentralization serve the poor? Paper presented at the International Monetary Fund Conference on Fiscal Decentralization, Washington D. C., 2000.

[②] Mullins D R. Local budget process//Shah A. Local Budgeting. Washington D. C.: World Bank, 2007: 217.

机制。中央和省级的帮助和推动也应作为地方能力建设的主要成分。

　　财政分权要求强有力的协调，这是有效的地方预算——需要财政和部门责任的下放——的重要前提条件。参与协调的角色包括许多中央政府机构和官员，地方政府计划部门、财政部门、其他政府部门，以及非政府角色和私人组织。协调的目标是确保各级政府的政策一致，这是有效的地方预算和预算过程的关键因素。为此，协调的关键是澄清各级政府的角色，确定次国家级政府的收入、支出权威和适当的财政结构。确保适宜的政府间协调制度本身即应作为政府间财政安排的关键组成部分。

14.2.3　预算过程的政府间协调

　　政策制定、执行和创新方面的政府间协调（intergovernmental coordination）可以采用威压（coercion）和合作（cooperation）两种形式[1]。主要差异在于前者聚焦基于过程和计划的合规性，后者聚焦分担绩效目标，地方的裁量权因而大不相同，前者很少后者较多。

　　威压模式把地方辖区作为受规制的代理人对待，要求遵循上级政府强制实施的标准和程序。地方合规性通过惩罚、程序、规定或政策强制实施，集中于规定的活动、计划和过程。合作模式试图促进地方关切、支持和促进达成上级政策目标的能力。地方利益和地方政府目标得到尊重，国家目标由中央和地方分担责任。监督集中于地方在实现国家目标方面的取得的成绩，以及地方履行职责的能力。地方创新得到鼓励。

　　每种协调方式都有自己的约束和困境。威压体制（coercive regime）抑制和牺牲在国家驱动创新的领域中的地方创新。对程序遵从的强调甚于实质遵从（substantive compliance）。威压模式要求牢固的监督。如果监督机构本身问题重重，地方合规性将遭遇困境。合作模式依赖激励机制的有效性，以促使地方关切国家政策的宽泛目标，可能产生更强的实质遵从，只要地方与上级政府的政策利益和激励机制一致就是如此。如果各级政府的政策关切和优先性相冲突，合作体制将会退化（degrade）[2]。

　　在威压和合作这两类政策制定模式下，公开性和参与式过程（participatory processes）都非常重要，以防范任何一种特殊利益对政策制定过程的潜在侵蚀，促进公众和利益相关方对政策目标的支持，以及强化地方执行国家政策目标的承诺的可信度。

　　参与式过程对于形成必要的共识很重要。合作模式要求分担政策目标。如果对政策目标或实施工具存在根本的歧见，政府间伙伴式合作的性质将淡化。要使合作模式有意义，真正的责任必须下放给地方辖区。合作模式还要求执行机构强有力的承诺并有能力促进地方绩效。当存在地方政策承诺（承诺促进高层级的政策目标）时，结果至少会好于威压机制，并在长期内这类承诺将扩展和强化[3]。

　　协调也涉及国家和次国家级预算间的联结。集权体制下的最强联结形式是将次级预算

---

[1] Mullins D R. Local budget process//Shah A. Local Budgeting. Washington D. C.: World Bank, 2007: 235.

[2] May P J. Environmental manage and governance. Paper Prepared for the National Academy of Public Administration/Nation Institute for Research Advancement. U.S.-Japan-China Conference, Tokyo, 1998: 26-29.

[3] May P J, Burby R J. Coercive versus cooperative policies: comparing intergovernmental mandate performance. Journal of Policy Analysis and Management, 1996, 15 (2): 171-201.

作为中央政府职能的组成部分，遵从中央确立的优先性，并采用集中式批准。在分权体制下，两级预算并不进行正式协调（美国模式），或者两者整合到一个框架中（如德国）[①]。

14.2.4 政府间规制与公平补偿

除了支出划分、税收划分和政府间转移支付构成的政府间财政关系"三个支柱"外，许多国家还通过法律与行政措施建立与实施政府间规制。这些规制被用于约束和引导下级政府追求上级政府偏好的目标与任务，从而发挥类似于三个支柱的作用，但上级政府通常并不补偿由此加诸下级政府的规制成本（regulatory cost），下级政府因被迫承担这些成本而多有抱怨，某些情况下甚至强烈反弹。问题也就随之而来：规制方应补偿被规制方的遵从成本吗？为什么？

这些被相关文献普遍忽视的问题出现在许多国家，美国和中国尤其突出。美国背景下，讨论的重点已经从原先"自求多福"环境中的"竞争性的联邦制"[②]，转向质疑联邦任务的合法性，暗含受托责任的失败及与之相关的政策决定和财政责任的分离，限制（或禁止）无经费强制（unfunded mandates）的程序规则、费用补偿和一般性赔偿补助金的建议因而被提出，以减轻联邦政策对州和地方政府的规制压力。

一般性看法是，有必要区分两类无经费强制的任务，一类被用于处理宪法和个人权利，另一类被用于处理国内政策。这一区分反映在 1995 年国会通过的《无经费强制改革法》（*Public Law 104–4 Unfunded Mandates Reform Act of 1995*）中。该法案要求对于将任务施加给州和地方的立法的影响进行定性评价，如果可能也进行定量评价，同时考虑对地方管辖区补偿相应的成本。这个立法是为应对无经费强制的适当性而颁布的，与资金要求（require funding）几乎没有关系。法案中的显著例外条款包括强化个人的宪法权利、禁止歧视、要求财务会计遵从（制度）、提供应急援助、促进国家安全，以及基于总统或者国会紧急选派的任务。除了这些例外，其他情形下应考虑对被规制方的成本补偿[③]。

中国当前背景下，公平补偿依然没有得到文献的充分关注和讨论，更未提上立法日程，尽管中央对地方和省对下的政府间规制——强制要求下级遵从上级规定的任务并自行承担成本——相当普遍。这一主题的讨论至少应关注以下六个问题：

---

① 美国联邦政府使用财政激励影响州和地方政府顺应国家政策，国家宪法和立法机关以某种方式限制次级预算的范围。德国的《预算原则法》（1969 *Law on Budgetary Principles*）建立了一个框架，以协调政府间预算过程和建立统一的预算原则。一般条款规定了财政年度、总额概算、全面性、支出授权、效率和成本有效性。特定条款建立了预算准备工具、会计结构、预算分类、审计、执行和报告，收入和支出的全面性，完全成本（而不是净值）条款，特定基金的作用。所有这些遵循国家的统一标准。立法机关要求制订多年期财务计划和进行各级政府间预算信息的交流。特定的基金和预算外（off-budget）资金受到严格控制。还规定年度预算必须反映中期财务计划，中期财务计划由所有三级政府合作制订，由财务计划委员会（a financial planning council）负责。

② Shannon J, Kee J E. The rise of competitive federalism. Public Budgeting & Finance, 1989, 9（4）: 5-20.

③ Congressional Budget Office. A review of CBO's activities in 2010 under the unfunded mandates reform act. Washington D. C., 2011. 法案要求国会预算局将估算联邦强制（federal mandates）加诸州和地方政府及私人部门的成本作为一项法定要求，还要求对超过某个成本门槛或 CBO 未估算拨款的强制遭遇的反对意见提供评论，包括洁净空气法、洁净水法、住宅保障法、残疾人法、无子女者保障、患者保护与平价医疗法案（Patient Protection and Affordable Care Act）和未成年人保护。参见：Government Accountability Office（GAO）. Unfunded Mandates, Analysis of Reform Act Coverage. GAO-04-637, Washington D. C.: The Congress of the United States, 2004.

（1）决策制定与财政责任应否统一？分享是否适当？
（2）无经费强制在何种情况下是适当或不适当的？
（3）无经费强制的财政遵从成本和经济影响是什么？有多大？
（4）在何种情况下上级政府补偿规制成本是必要的、必须的及如何补偿？
（5）无经费强制是否以及如何与地方财政自主性相兼容？
（6）与地方政府的财政约束规则相比的优势与劣势是什么？

地方政府的财政约束规则主要有债务约束[①]、税收-支出限制政府间转移支付、预算平衡及公民投票批准预算等，通常被用于约束公共预算的增长以控制公共部门规模。普遍认为财政规则的有效性存疑，因为政治家很可能会想办法绕过它们。相比之下，地方政府逃避无经费强制任务的可能性低得多。无经费强制还使规制方省去了"自己拿钱"的必要，因为相应的支出和成本被转嫁给了下级政府——作为转嫁上级赤字（不仅仅是财政责任）的特殊方法。这两个方面都可部分地解释中国背景下无经费强制盛行不衰的原因，下级政府很难甚至无法规避这些任务和成本。

然而，即便无经费强制是适当的，本质上也属于准财政活动（quasi-fiscal activities）的特殊形式，因为规制成本并不出现在规制方（上级）政府的预算中，甚至某些成本也不出现在受规制方的预算中。如果作为准财政活动的政府间规制不可避免并且是适当，那么即应满足良治的普遍标准，即法定授权、受托责任、透明度、预见性和参与。其中，法定授权要求规制事项（无经费强制的任务）得到立法机关的审查和批准，无论规制方还是受规制方。受托责任要求某种形式与程度的公平补偿——决策制定者不承担决策引发的成本意味着受托责任的丧失，透明度要求这些规制及其成本与影响的公开披露，预见性要求规制基于被广而告之、被统一实施与解释的法律法规，参与要求公民的"声音"能够畅通地传递到规制的制定、实施和评估程序中。以此观照，中国目前的差距很大。

对无经费强制进行适当控制的理由可从几个角度提出，最佳视角有三个：决策制定与财政责任的关联性、政府间准财政活动的治理安排及对地方财政自主性价值的认知。每个视角都可提出最有价值的次级问题。就第二个视角而言，如果决策制定者无须就其财政影响（增加与转嫁成本）承担责任，将会有怎样的情形与后果？其更为宽泛，包括透明度和法定授权，两者都涉及规制成本与成本门槛（超过必须获得立法机关授权）信息。

第三个视角最为紧要，直接触及政府间财政关系安排的核心命题，纵向（中央）控制与地方自主治理间的平衡。两者间的不兼容成为两千多年来困扰中国的"条块矛盾"的主线，至今依然。这一矛盾常被描述为集权与分权的冲突。多数时候，集权压倒分权，当代背景下的主要财政手段是政府间转移支付。有研究表明，州和地方政府对于转移的越来越强的依赖是一个国际现象[②]，但真正的"集权化"程度取决于转移体制的设计[③]。

政府间规制（无经费强制）的盛行削弱了这两个观点，也将思考的方向转移到"谁更兼容"上。与传统的三支柱（支出划分、税收划与转移支付）相比，政府间规制是否

---

① 台湾地区有关公共债务的相关规定为各县市债务上限为 GDP 的 2%，县市政府公共债务未偿余额占年度预算支出总额比例，一年以上不得超过 45%，未满一年债务不得超过 30%。

② Bahl R. The design of intergovernmental transfers in industrialized countries. Public Budgeting & Finance, 1986, 6（4）: 3-8.

③ Palumbo G M. The report on federal-state-local fiscal relations: a review. Public Budgeting & Finance, 1987, 7（3）: 26-34.

或在何种情况下，与地方财政自主性价值更可能实现兼容或相反？为何？除了资源控制、评估（地方政府绩效）和激励（奖罚）外，政府间规制成为"另类纵向调控"焦点的背景下，转换思考方向尤其重要。另类调控的另一个"极端"方式是对地方辖区进行重组——焦点是功能融合[①]。政府间规制需要置于这些个广阔背景下加以考量，包括对各种纵向调控对地方财政管理的综合影响——它们共同形成了地方财政管理的整体环境。

更一般的讨论需要关注政府间规制对"自求多福联邦制"（fend-for-yourself federalism）[②]观念的冲击。财政联邦主义的一个重要观点是，中央政府承诺不干预地方的经济问题，也不愿意制裁地方政府的支出增加行为，因为将对经济产生收缩作用。如果中央政府切实承担全部或部分地方支出和收入的责任，那么"让地方的政治家处理地方经济问题"的承诺就会缺乏可信度[③]。鉴于政府间转移支付对刺激地方政府的资本支出有重要影响，以及地方政府在促进整体经济增长方面的关键作用，[④]政府间规制与政府间转移支付的相互作用及其财政联邦制的影响，也是政府间财政关系中值得费心考量的重要问题。

14.3 地方预算过程

地方预算过程在很大程度由政府间财政安排界定，也反映不同国家的历史传统和文化多样性，因而没有简单的最优模式。尽管如此，仍有许多基本要求应被满足。明显的是，地方预算过程（process）与中央预算过程相似，始于对最关键问题的展望——要求一个向外看（outward-looking）和向前看（forward-looking）的财政框架（fiscal framework）。向外看关注服务的产出和成果，以及将组织单元（谁花钱）和目的（绩效导向）联结起来的支出分类系统。向前看旨在形成前瞻性意识。在此框架下，资本预算应有单独的程序和方法加以组织和管理。

---

① 这通常应归结于"最优财政辖区"的主题从属空间财政理论这一更大的主题。中国当前背景下的撤区并乡、增设直辖市等议题，均属于此。空间财政理论为财政共同体理论的二级主题。最近200年中，全球范围内城乡政府整合案例持续发生，但成功的案例只有39个。高失败率源于忽视功能整合——两个或多个地方政府被整合为一个提供更多功能和服务的政府。参见：Martin L L, Schiff J H. City-county consolidations: promise versus performance. State and Local Government Review, 2011, 43（2）: 167-177.

② Gold S D, Ritchie S. State policies affecting cities and counties in 1991: shifting federalism. Public Budgeting & Finance, 1992, 12（1）: 23-46.

③ 多数分权文献强调地方政府以回应性、有效率的和负责任的方式使用公共资源，并支持分权基于如下认知，即地方政府比高层级政府更可能提供正确的服务。许多发展中国家中央政府创建地方政府旨在对较低层级的回应性做出反应。文献表明并非所有的地方政府都对其选民具有回应性，即使地方政府行为合法且财政健全，源于中央政府对地方政府服务供应决策的政治干预侵蚀了地方层级的回应性，这类干预嵌入政治与行政指令创造的等级式结构——妨碍回应性的结构。Andrews A, Shah A. Assessing local government performance in developing countries//Shar A. Public Services Delivery. Washington D. C.: The World Bank Publication, 2005: 72.

④ 在许多发展中国家，鉴于转移支付体制作为中央政府调节地方政府行为以支持经济增长的重要工具，忽视对其作根本性改革而放任经济在次优条件下运行，将会产生巨大风险，也无法实现中长期经济目标。Lewis B. Local government capital spending in Indonesia: impact of intergovernmental fiscal transfers. Public Budgeting & Finance, 2013, 33（1）: 17.

14.3.1 一般要求

有效的次国家级政府预算体制必须包容旨在促进公共支出管理三个关键目标的某些要素：财政纪律支出控制、优先性/战略性资源配置及运营（管理）效率/有效性[1]。在这里，有效性强调"谁负责制定决策"应透明，确保预算诚实（budgetary integrity）对所有预算交易（budgetary transactions）保持会计记录的预算全面性，绩效导向和展望意识融入政策和优先性制定过程，以现行优先性为基础的支出计划，允许资源使用的灵活性，以及得到全面强化的受托责任和控制机制[2]。

发展背景下，所有预算体制都应具备五项基本职能：建立中长期财政框架，以政策优先性和规划有效性为基础的规划层面的资源配置，运营性政府（operating government）和有效率地交付服务，确保预算反映公民偏好，以及确保支出单位对其活动负责[3]。

其他要求包括建立有效的机制以联结国家和次国家级政府的计划与预算过程，因为集权和分权的范围影响地方的预算能力。

概括地讲，为发挥地方治理的独特优势，地方预算过程应满足五项基本要求：中长期展望与组织目标间的联结；与利益相关者的互动与沟通；向管理者和雇员提供激励；预算执行和服务交付评估；维护资本资产。

满足上述要求的地方预算过程须包含以下四个阶段的运作：为治理决策的制定提供指南[4]，做正确的事；筹划与确定达成目标的途径[5]，正确地做事；制定预算以达成目标：决定预算中采纳或不采纳的事项；评估绩效和适时调整预算。

一般要求包括确定预算过程的各个阶段"谁、何时该干什么对谁负责"的清晰界定。任何政府预算过程包括一个周期：准备和制定（formation）、审查批准、执行及审计和评估。各阶段的基本因素在各级政府都存在，但预算执行并不统一。

准备阶段应强调将计划与中期支出框架联结起来，建立优先性及资源与支出限额，为支出机制编制预算提供指导，以及对预算申请的行政评估（administrative review）。立法机关审查和批准阶段，应关注确定预算的范围、预算文件呈递的级次、批准预算的权力、预算调整中立法机关自由裁量的权力范围、授权令的发布（warrants issuance）、确保行政部门对立法机关的受托责任的机制、拨款、行政裁量程度和年中调整程序、国库管理与财政控制。审计和评估阶段作为核实阶段，应关注预算执行报告、对账目的独立核实、财务和绩效报告及其公开披露。

---

[1] Schiavo-Campp S, Tommasi D. Managing Public Expenditures. Manila: Asian Development Bank, 1999: 213.

[2] Milkesell J L, Mullins D R. Reforming budget system in counties of the former soviet union. Public Administration Review, 2001, 61（5）: 548-568.

[3] Schick A. Twenty-five years of budget reform. OECD Journal on Budgeting, 2004, 4（1）: 81-102.

[4] 涉及评估需求、鉴别机遇与挑战（涵盖服务、资本资产和管理方面）、开发和发布宽泛的目标（broad goals）三项运作。

[5] 涉及四项运作，即采纳的融资政策、制订投资与运营计划、与计划相一致的规划与服务、确定管理策略（management strategies）。

14.3.2 优先事项

地方财政管理依次涉及的优先事项如下：收入概算、预算的范围、中期支出规划、预算过程、在预算制定中强化绩效导向、引入评估与监督入。

1. 改进收入概算

预算过程应以可靠的收入概算（包括预测）为起点。缺乏关于资源约束的可靠理念，所有计划都是纸上谈兵，预算制定也不可接受。改进收入概算的优先事项如下。

（1）以历史数据为依据审查实际收入与预算收入（budgeted revenue）的差异。
（2）根据以前若干年度的平均差异对下一预算年度的收入预测数进行"机械式"调整。
（3）各相关部门逐个对其收入预测的历史准确性进行评估。
（4）确保税基的准确性以估计潜在的收入并与实际收入作对比。
（5）引入纳税人单一识别码（a single identifying number for taxpayers）。
（6）按逐个收入条目包括非税收入改进预测方法。
（7）改进信息与通信系统。
（8）建立收入预测奖罚机制以促进可靠性。

2. 预算的全面性

预算范围应关注全面性：①预算实体，预算文件数量，分类系统（满足政策分析和管理要求并涵盖全部支出），评估与披露所有具有直接财政效应的政策（包括）、量化财政风险（如担保）；②评估实际负债，取消不公正的预算外，为专款专用和非税收入及准财政活动建立适当的治理安排，改进条目现金预算（line-item cash budgeting）制定和支出控制，引入规划活动基础的分类以联结绩效（尽管并未引入正式的规划和绩效预算），评估在现金基础条目预算下强化导向预算体制的途径（聚焦关键规划和年度预算的全面结果）。

中期支出框架（MTEF）应致力于建立预算与政策间的联结。

（1）初步的宏观经济筹划，关注收入、支出、赤字/盈余、债务及其与货币政策间的一致性和财政可持续性。
（2）转向真正意义上和正式（与年度预算直接衔接）的 MTEF，仅包括融资来源确定的规划或项目，新政策的支出只在年度预算中准备，支出筹划只包括继续现行政策与规划的支出即基线（baseline），旨在避免 MTEF 变为各部门的权益[①]。

总体上应先易后难、先局部再全部、先试验再推广，但最终应是全面的 MTEF。前期局部 MTEF 应以投资支出、权益（养老保障等）支出和担保为重点，因为三者的跨期财政效应最明显，对经济增长也很重要。应特别关注改进投资效率。

3. 改进预算过程

预算过程的准备阶段优先事项如下。

[①] 此处的权益是指政府部门将下一预算年度之后筹划的支出当作自己"必须有这么多"的意识，这会导致 MTEF 背离强化支出控制的初衷。参见：Schiavo-Campo S. Strengthening public expenditure management in Africa: criteria, priorities, and sequencing//Shar A. Budgeting and Budgetary Institutions. Washington D.C.: The World Bank Publication, 2007: 403.

（1）通过预算指南（budge circular）为各部门建立和颁布机构支出限额（spending ceilings）。

（2）评估收入、支出（区分资本支出和经常支出）、债务、预算外等主要预算成分间的匹配性。

（3）在各部门选择性地开展预算能力建设（budgeting-capacity-building）[①]。

（4）建立针对政府特定政策领域的部门支出限额（sectoral spending ceilings）。

（5）鼓励各政府部门建立部门性政策（sectoral government policies）的基线评估程序[②]。

（6）强化部门间协调与合作[③]。

（7）寻求预算准备过程的公民参与。

（8）赋予支出部门规划制定的自主权以使其对规划的实施结果负责。

（9）将预算作为一个整体加以评估。

预算执行阶段的优先目标是强化基本的支出控制，此后再转向改进运营绩效。优先事项如下。

（1）确保良好的预算准备作为执行的前提[④]。

（2）制订一份与预算授权相一致的现金计划，并考虑后续承诺，以实际收入和支出为基础。

（3）按照现金计划适时释放资金（release funds）。

（4）通过两步法改进现金管理，首先是现金余额集中化，随后是投资收入最大化和借款成本最小化。

（5）改进对供应商的支付系统。

（6）在支出的三个阶段（承诺、核心和付款）都基于内部控制实施有效控制。

（7）以简化的方法记录预算运营交易，尤其是承诺。

（8）建立实施透明和有效率的采购程序。

（9）改进债务管理，从及时跟踪借款与偿付到债务成本极小化。

在支出控制取得进展的情况下，预算执行的运营绩效需要改进，允许较灵活的科目流用，渐进地推动管理分权（赋予管理机构必要的裁量权）——前提是审计和报告程序的可靠性，选择少量关键规划建立和监督主要的绩效计量并融入预算准备，但应避免机构地与配置挂钩，审慎地引入合同外包和公私伙伴关系。

4. 改进会计、报告和审计

会计方面的优先事项如下。

（1）现金账目的清晰、完整和及时。

（2）承诺登记（a commitment register）应付未付账，若不存在则引入债务应计会

[①] 资本预算和经常预算分离的国家，两类支出在预算准备的每个阶段和每个行政管理层级上一并审视。

[②] 基线评估是指评估继续现行政策与规划的未来成本。

[③] 应优先促进两个主要的核心部门（财政部门与计划部门）间的协作，以及核心部门与支出部门的协作。

[④] 改进预算执行的前提是改进预算准备，因为一个不现实的预算不可能执行良好。如果导致不现实预算编制的根源未解决，引入承诺控制的技术方法也不可能取得成功。承诺控制是预算执行的关键方面之一。

计（debt-accrual accounting）并定期报告债务。

（3）预算外运营并入预算并遵循相同的分类。

（4）或有负债单独记录和报告，包括受益人。

（5）向公众和媒体公开基本的财务报告。

随后应予深化改革的事项有全面确认负债和或有负债，包括养老金及其他权益类支出；引入修正权责会计和一并确认所有财务资产；选择性地记录实物资产[①]。只是在这些改革取得进展后才应考虑引入完全权责（应计）会计和合并财务报告。

5. 在预算决策制定中强化绩效导向

好的绩效指标（performance indicators）的关键要求可以总结为 CREAM 规则，清晰（clear）、相关（relevant）、经济（economical）、充分（adequate）和可监督（monitorable）。因为指标多数、权重等主观性不可避免，指标应当作为围绕绩效开展对话的基础[②]，不应被机械地指定为"要点"。以下才是真正的要点。

（1）指标并非越多或越少越好，精心选择 3~4 个最适当。

（2）指标选择过程须有一线员工和服务用户的全程参与和反馈。

（3）应开发标准化计量和监督公共支出管理（公共支出管理）绩效指南。

（4）不应将作为手段的计量和作为目的的改进绩效混同起来。

（5）绩效导向永远不可取代或削弱旨在消除脆弱性和腐败的制度改革。

（6）密切关注对个体行为的影响。

（7）牢记最基本的国际经验教训，预算配置与绩效要素挂钩要极端，机械地与预算配置相联结会导致大量操纵以使结果合符所愿[③]。

6. 引入评估与监督

监督与评估政策与服务的机制应在改革过程中尽早建立，作为改革议程本身的一部分。有效性评估只在活动结束后的较长时间进行，但评估过程和产出在很早阶段进行。在贴近民众的底端服务（如垃圾采集），发展公民参与式的实物产出和受托责任评估很重要；但在顶端（如政策评估和规划制定），过程指标的评估最相关。

两个评估模式需要区分开来，目标导向评估和结果导向评估，分别称为经典路径（classic approach）和规划路径（pragmatic approach）。前者评估预定目标的实现程度，后者评估实际达到的结果而不管与初始目标的匹配。前者常被批评为过度拘泥于形式和易引起逆向行为变化。监督与评估能力建设需要时间。规划途径可以减轻对能力的要求。较好的做法是以经典路径为主，补充以规划方法[④]。

---

① 会计术语中的"确认"专指作为财务报表的某个要素的组成部分。财务资产因较高的流动性而不同于实物资产。流动性是指在不遭受损益的情况下资产变现的难易。

② 内部对话应侧重在财政部门与计划部门之间及它们与支出部门之间。

③ Schiavo-Campo S. Strengthening public expenditure management in Africa: criteria, priorities, and sequencing//Shar A. Budgeting and Budgetary Institutions.Washington D. C.: The World Bank Publication, 2007: 422-423.

④ Schiavo-Campo S. Strengthening public expenditure management in Africa: criteria, priorities, and sequencing//Shar A. Budgeting and Budgetary Institutions.Washington D. C.: The World Bank Publication, 2007: 426.

14.3.3 资本预算

资本预算的含义十分宽泛，涉及许多活动，但焦点是资本资产的融资、投资和运营，旨在形成"想要的资本资产"以支持运营即服务交付。资本资产与服务交付的关系如母鸡和鸡蛋的关系。多数公共服务交付都依赖资本资产。许多国家地方政府在资本资产的融资、投资和运营中扮演关键角色。

资本预算的重要性根植于事关重大、后果长远、预设授权、非年度重复、代际平等及作为促进经济增长与繁荣的工具六个特性。

资本预算因事关重大，涉及公款、风险和后果，因而需要建立特别程序加以筹划及制定与实施决策。这是贯彻民主治理明智地花纳税人的钱的关键方面。许多国家的资本支出中隐藏的腐败的高风险，远高于经常支出的风险。中国当前背景下的PPP也是如此[1]。后果长远指受益期和经济增长贡献延续多年。预设授权是指在任官员为资本项目的借款决策，等于为未来官员预设了未来必须偿付本息的义务，即前者使行了令后者必须遵循的授权（exercise authority），这一个事实要求高度关注资本项目及其融资决策[2]，尤其在担保的情形下。

多数资本项目并非每年重复，因而无法利用当前经验制定未来决策，只有每年重复的运营决策才会如此，这就增加了决策出错的风险。这是构建特别程序以约束和引导资本预算决策的很好理由，包括对许多细节的仔细考量。另外，无论在国家、次国家级还是以下的地方政府中，资本支出通常被认为能够对经济增长做出更大贡献，注意这个观点有其偏见和误导性[3]。

资本预算的重要性也根植于代际平等作为中长期发展政策的关键目标。若以当代人负担的税收为未来世代资本融资，或者若以债务资金资助当代人受益的规划，势必招致财政成本与受益在世代间的不匹配，前者偏袒未来世代，后者偏袒当前世代。财政成本分配只有以不同世代的受益分布为基础，才可达成代际平等。这意味着三项要求须被满足：税收等经常性收入用于资助经常支出（当前世代受益），债务（期限超过一年）资金等资本收入用于资助资本支出，不应允许以经常收入作为偿债资金来源[4]。

许多国家和政府缺乏对资本资产、进而资本支出的清晰界定，以至经常与"投资支出"和"建设支出"等混同起来。好的资本预算需要先确定范围，而范围取决于如何定义。

资本支出（capital expenditure）的经济学定义和会计学定义相差很大。

经济学以"受益期"是否跨越年度定义。只要支出产生的利益超过一年，即归入资

---

[1] 2013年至今，国务院和政府许多部门以及地方政府颁布实施的PPP文件难以计数，预示PPP热潮的兴起，但至今仍未纳入健全的资本预算框架加以管理，所以风险比多数人想象的更高。PPP本来名称为公私伙伴关系，中国官方术语为"政府与社会资本合作模式"。

[2] Vogt A J. Local capital budget//Shar A. Local Budget. Washington D. C.: The World Bank Publication, 2007: 308.

[3] 知识资本和健康资本对经济增长的贡献可能被大大低估了，长期看尤其如此。这两类资本大多不被当作资本资产对待。

[4] 著名的勒纳（Lerner）代际模型表明，若两个假设得到满足，即任一时期存活着以20年划分的老、中、青三代人，并且每代人数量相同，即可分析债务负担如何在世代间转移。依据该模型，若政府以举债作为经常（消费）支出，并以征税作为偿债来源，将使前代老年人受益而后代青年增加税负，即前代享受，后代负担的债留子孙。但如果政府以举债作为资本建设支出，且该资本建设耐用年限在20年以上，则后代享受与负担并存，不会导致债留子孙负担。

本支出，因而范围相当宽泛。而会计上通常记录为经常支出的研发、培训和广告支出，以及非资本财产的教育（知识资本）和医疗支出（健康资本）。

公共预算与财务管理通常采用会计学定义，将资本支出定义为取得资本资产的支出，其他所有支出都定义为经常支出（current expenditure）。资本资产中通常不包括军事资产及财务资产，但包括无形资产、政府存货、土地、基础设施和其他固定资产，但应满足投入生产或使用的时间超过一年，单价高于规定标准（称为重大价值）[①]，以及持有而非销售目的三个标准。

根据国际惯例，并非所有的资本支出都被包括在资本预算中，每年重复取得或以当年收入资助即可取得的资本资产，通常作为经常预算而不包括在资本预算内。然而，会计考量亦应包括"未来受益"的经济学维度。在此视角下，如果重置（更新）、扩建或改良的支出恢复或强化了现有资本资产的服务潜力，即使以当前收入加以资助，纳入资本预算处理更好。

有些支出虽然受益多年，但在资本支出中并不适当，包含于运营预算更好。运营预算（operational budgeting）即经常预算。培训支出即很典型。将其并入资本预算意味着用债务资金资助当前费用。债务资金只应为未来用途的资本资产融资。培训支出在会计上不形成资本资产——无论作为实物资产还是无形资产。

资本预算通常分为前期筹划（过程界定和政策制定）、评估资本支出需求、资本融资和项目管理四个阶段。每个阶段都包括若干步骤。支出需求评估包括由专业人士评估现有资本资产更新和重置的最佳时机，还有方案选择和排序标准，相当复杂。

有两种排序方法，即需求紧迫性排序和规划-目标优先性排序。两者都涉及权重，采用分析层次法可帮助改进权重及其分配。主要差异有二：前者采用多维度（视角）评估，通常包括公众健康与安全、法定要求（如电梯必须按期更新重置）、经济增长、利用外部资金、与治理实体目标一致、环境影响及社区支持，运营预算采用其他标准；后者采用单一视角，如确定公众健康与安全为首要目标（权重因而最高），并且两类预算的排序标准完全相同。

项目评估（evaluation）经常被用于择优和排序，主要涉及成本效益分析，包括分析受益，估计成本及其对未来运营预算的影响。成本与受益评估应基于项目生命周期。成本应区分建设、运营和管理成本。

建设工程还应评估建设计划和文件。大型项目还涉及合同外包和技术考虑。项目评估亦应包括评估项目范围，许多项目的范围并不明显。在范围确定后，预算人员需要在项目设计实施阶段进行监督（以项目评估为基础的监督）。范围为规划设计合理性（技术

[①] 美国政府会计标准委员会 GASB 财务报告第 34 号〔1999〕引导许多辖区采用 5 000 美元作为重大价值的单价限定，据此确认资本支出和资产。低于此数的支出，即使获得的财产可使用许多年，也记录为经常支出或运营支出。

与成本视角）的关键方面，归属相关性评价准则[①]。

项目评估涉及深思熟虑的判断，需要复杂的统计和工程基础的分析技术。财务分析技术在私人部门已被广泛应用，也可帮助分析公共项目，但需要设定合理的贴现率[②]。

资本预算表格的一般制式见表 14.2。

表 14.2 资本预算表的一般制式

支出功能类别	上年	当年	预算年度	计划年度	合计
公共安全					
文化娱乐					
社区发展					
资本支出总额					
融资来源					
资本收入					
债务融资					
经常收入					
经常盈余					
其他来源					
对经常预算的影响					
收入增加					
支出增加					
增加运营成本					
减少运营成本					
偿债					
总的影响					

表 14.2 中的计划年度至少应有 3~4 年。

资本预算的最佳问题并非地方政府是否有独立的资本预算过程。由于运营预算和其他程序并不适合为地方政府面临的资本项目制定规划和融资决策，多数地方政府总会有单独的资本预算过程。最佳问题应该这样提出：好的资本预算应由哪些步骤构成？好的步骤的主要衡量标准同样适用计划、融资、建设、运营和风险管理，也适用于资本项目的择优和排序。

14.3.4 税收与支出限制

许多国家以税收与支出限制（tax and expenditure limits，TELs）形成地方财政管理的环境性规则，大多为州和地方通过法律进行自我设限，作为事前财政约束规则的一部分，旨在促进地方财政纪律。

在美国，税收和支出限制政策在州和地方政府中相当普遍，通常通过地方立法机

[①] 资本项目通常采用准则评价框架，主要有相关性、就绪度、进度、有效性、可持续性五个。
[②] 多数财务预测覆盖 5~6 年，对于多数项目适用。有些需扩展到 10 年甚至更长，也有只是 3~4 年的。

关或市民投票自主决定[①]。美国在 20 世纪 70 年代的抗税引发了众多的税收与支出限制政策，但最引人注意的 TELs 政策为加利福尼亚州 13 号提案，它于 1978 年由地方政府颁布并对财产税施以限制[②]。加利福尼亚州抗税运动在全美国迅速蔓延，两年时间里，有 43 个州实施了类似的对地方财产税的限制；州政府也成为了税收与支出限制政策的焦点。到 21 世纪初，53 个州中有 31 个州已经实施了税收与支出限制，而 1970 年以前只有 2 个州有税收与支出限制政策。税收与支出限制政策的兴起与对地方财政行使稳定职能的新思维有关[③]，而稳定基金被当作稳定职能的主要工具[④]。

税收与支出限制政策的有效性历来多有争议。一些研究表明："限制地方政府征税的自由可能产生许多意想不到的效果。正如政策倡导者希望的那样，受到限制的政府组织可能会缩减支出和收入，但它们也可以策略性地改变其收入结构以及更多地依赖那些未受限制的收入来源，包括贷款和中央政府转移支付……由于地方政府对地方税收政策的责任减少了，税收与支出限制政策可能削弱地方自治并对地方政府责任产生负面影响。"[⑤]

目前中国的地方财政依然没有类似的自我限制。来自中央的各种纵向限制依然强势，但能否取代自我限制的独特作用，实为值得费心考量的关键问题。随着地方民主治理及税制结构趋向税负透明化（如个人所得税、房产税及继承税等），地方人民对自身财政利益（税收负担与支出受益）的觉醒与关切势必逐渐提升，自我设限的可能性和必要性也将逐步增强。

> **本章小结**

- 公共预算与财务管理涉及政府间因素，因而需要引导各级政府的财政资源流向国家优先事项，同时致力达成地方政策目标。地方政府在运营（服务交付）职能方面具有重要的独特优势。好的地方财政管理的原则性任务就是发掘利用这些优势。
- 地方财政管理具有为公共预算与财务管理所有目标做出重要贡献的潜力。地方治理至少有七项主要的独特优势。地方治理也有某些劣势，并反映在地方财政管理上，后者深受环境性规制（财政约束规则）、政府间财政调控（包括无经费强制）和民主治理价值观的影响。公民投票表决财政提案的做法在某些发达国家的州或地方辖区中几乎

[①] 美国的"税收限制运动"以加利福尼亚州 1978 年采用 13 号提案及马萨诸塞州 1980 年的 2 1/2 提案最为典型。其他国家也有对地方财政建立的类似限制，如丹麦中央政府于 2009 年开始对地方政府实施税收限制，引发对财政集权和地方自治弱化的关切。

[②] 加州于 1979 年还制定了根据人口增长和人均收入等因素实施支出限制的第 4 号提案，规定超出支出限额的收入退还给纳税人。1986~1987 年共有 11 亿美元的纳税人税款退还。Musso J, Graddy E, Grizard J. State budgetary processes and reforms: the California story. Public Budgeting & Finance, 2006, 26（4）: 1-21.

[③] 传统文献认为稳定职能为中央财政所独享，地方财政因空间流动性和政策手段的限制而使稳定职能失效。

[④] 美国马萨诸塞州的市与镇每年可以向其稳定基金注入最高相当于上一财年财产税收入的10%，动用稳定基金则需要立法机关 2/3 以上票数通过。参见: Snow D, Gianakis G, Fortess E. Simulating massachusetts municipalities' recession readiness: early warning of a perfect storm?Public Budgeting & Finance, 2008, 28（1）: 1-21.

[⑤] Snow D, Gianakis G, Fortess E. Simulating massachusetts municipalities' recession readiness: early warning of a perfect storm?Public Budgeting & Finance, 2008, 28（1）: 1-21; Blom-Hansen J, Baekgaard M, Serritzlew S. Tax limitations and revenue shifting strategies in local government. Public Budgeting & Finance, 2014, 34（1）: 64-84.

常态化了[①]。
- 地方政策与服务交付高度依赖分散性和差异性很强的地方资源与信息。如果地方人民的目标和利益本身就是国家关切的关键组成部分的话，尊重和保障地方财政制度与管理的多样性就是必须的
- 限制地方财政自主性的适当理由通常限于辖区间外部性和管理不胜任，并且限制应基于适当的法律框架。不当的纵向调控经常损害自主性，而代价是沉重的。
- 一些研究表明削弱地方财政纪律的两个风险因素。第一个是地方政府的财务义务由中央政府的隐性担保（implicit assurance）来满足。第二个是共用池问题。
- 好的地方财政管理根植于好的地方政府，反过来也是如此。
- 地方政府预算过程依赖于政府间结构。有意义的地方预算过程要求适当的地方自由裁量权以管理地方资源和满足地方需求与目标。财政纪律必须检查以确保对地方民众的代表性。
- 设计任何政府间补助体制时应考虑四个方面的问题：政府间财政关系应基于稳定、透明、非武断、统一和不可谈判的规则；地方政府应获得足够资源来补偿其支出强制（mandates）要求；地方政府预算应有灵活性来应对地方环境及其需求；支出要求不应过于详尽具体——地方政府在决定产出组合或交付产出的手段方面应有裁量权[②]。
- 信息与受托责任体制的设计是当代政府间管理的关键。两种基本形式的控制是：绩效基础的控制和传统的规则基础的控制。
- 政治分权（通过公民社会参与）通常惠及穷人且应优先于行政分权或财政分权。最低限度的门槛（threshold）支出责任亦应作为减贫的前提条件。但支出分权（expenditure decentralization）可能损害关键性服务的交付。
- 地方财政在五个主要方面不同于国家财政：服务受益范围、融资结构（中央侧重量能而地方侧重量益课税）、收入稳定性（中央收入弹性大适合量出为入和承担经济稳定及再分配职能）、财政权力、政策工具。
- 地方财政自主管理满足五项标准：预算自主、自有收入来源足以支持基本的运营支出、支出决策权自主、自求收支平衡、自设地方金库（独立管理财物以使现金账与预算收支账匹配）。
- 地方财政自主的价值有二：利用地方治理的独特优势，促进自我责任和财政纪律。无财政自主即无财政责任，无财政责任即无财政纪律，无财政纪律即无可持续性。国家财政亦受连累。集权常低估或漠视其中长期的附带后果。

---

① 美国加州的著名例子包括：1978年的13号提案，规定全体选民2/3以上表决通过新的地方税种，州议会2/3以上通过新的州税种或者拨款措施。1979年的14号提案，规定每年的支出受到前一年的支出的限制。1982年的5号和6号提案规定取消遗产税和赠予税。1988年的98号提案授权州预算的40%拨给幼儿园和12年制学校及公立大学。1998年的10号提案规定烟草附加税用于早期的儿童教育和预防吸烟。2004年58号提案规定基金预算必须平衡和建立预算储备。公民提案主要涉及控制征税、建立支出优先性和保持预算平衡。参见：Musso J, Graddy E, Grizard J. State budgetary processes and reforms: the California story. Pubic Budgeting & Finance, 2006, 26（4）：1-21.

② Folscher A, Local fiscal discipline: fiscal prudence, transparency, and accountability//shah A. Local Budgeting. Washington D. C.: The World Bank Publication, 2007: 89.

➤ 本章术语

决策贴近性　草根共同体　财政分权　财政自治　地方财政多样性　公民参与　回应性　听证制度　代表性　预算的全面性　授权　权力下放　行政分权　政治分权　资本支出　目标导向评估　结果导向评估　资本资产　经常支出　项目评估　参与式治理　公民赋权　地方自主性　辖区间税负输出　辖区间财政竞争　政府间转移支付　转移支付　公平补偿　政府间规制　无经费任务　预算诚实　预算交易　承诺登记　预算指南　部门性政策　承诺登记　税收与支出限制　财政联邦制　财政联邦主义　受托责任

➤ 思考题

1. 为什么基本的受托责任最可能在草根共同体层次上得到促进？
2. 地方财政的独特优势有哪些？为什么这些优势根植于贴近性和偏好差异？
3. 为什么地方财政的独特优势尤其反映在草根共同体上？
4. 如何理解地方治理的独特优势主要来自贴近性、差异性偏好、辖区数量与规模，还有各国特定的政治文化传统？
5. 如何通过地方财政管理发掘和利用地方治理的独特优势？
6. 在何种情形下，中央对地方的财政控制不至于损害地方治理的独特优势？
7. 如何解读"财政分权-受托责任-财政能力"的"铁三角"关系？
8. 为什么地方财政难以在宏观经济稳定和再分配职能上扮演重要角色？
9. 为什么地方财政在运营即服务交付职能方面作为主角？
10. 地方财政与国家财政的主要差别是什么？
11. 良好地方财政管理遵循哪十项原则？请举例说明。
12. 建立地方预算过程的参与功能应采取哪些主要措施？
13. 地方预算过程应满足哪些一般要求？
14. 为什么预算的范围并非越大越好？
15. 试从联结的财政（关键）目标、政策目标、管理灵性性和工具类型角度，描述扩展的公共预算与财务管理的六级。
16. 基于政策制定、执行和创新的政府间协调的威压模式和合作模式有何不同？
17. 中国当前背景下，地方政府作为中央政府的代理人还是作为派驻机构，对于构造健全的政府间财政关系更适当？为什么？
18. 为什么向外看和向前看的财政框架要求资本预算采用单独程序和方法加以组织与管理？
19. 为发掘地方独特优势，地方预算过程应满足哪五项基本要求、哪四个运营阶段？
20. 如何理解好的绩效指标的CREAM原则？
21. 发展中国家地方财政管理改革应依次关注哪些优先事项？
22. 资本预算的重要性根植于哪六个特性？如何界定其适当范围？
23. 好的资本预算应由哪些阶段和步骤构成？为何？

24. 评价无经费强制（政府间规制）采纳哪些视角最为适当？中国当前背景下主要有哪些无经费强制？无经费强制对地方财政的服务交付绩效会带来怎样的影响与后果？公平补偿的合理性和必要性何在？

25. 为什么充分的收入和支出自主权是地方财政自主性的关键方面？

26. 为什么地方与中央预算过程均应始于对关键问题的展望——向外看和向前看的财政框架？

27. 对地方政府的征税自主性的不当限制可能带来哪些难以预料的后果？

28. 为什么财政联邦制理论的合理内核对单一制国家的政府间财政安排也有积极意义？

29. 评论中国背景下地方政府对税收-支出实施自我限制的必要性及需克服的困难与障碍。

30. 哪些理由表明资本预算过程应有不同于经常预算过程的特定程序？为什么真正的好问题是"资本预算过程应包括哪些步骤？"

第四篇 技 术 基 础

健全的会计、报告和审计策略作为透明度的三个核心工具,为公共预算与财务管理提供最基本的信息技术基础。信息必须是可靠的,以健全的会计原则和标准为基础。公共预算与财务管理无论作为分析工具还是决策工具都依赖信息。信息透明也是公民的基本权利,对于防治腐败与渎职、评估政府受托责任至关重要[1]。20世纪90年代以来,在全球范围内,公共预算制定出现了密切融入其他方面的财务管理过程的趋势,尤其在政府会计、财务报告和财政审计方面。三者紧密相连,财务受托责任要求独立审查,这依赖可靠及时的会计和财务报告。重点是加强现金会计,确保简洁和定期的财务报告,建立可靠的管理控制,以及确保外部审计功能有效。此外,在转向复杂系统前尽可能改进现行程序[2]。

---

[1] 出于各种原因,信息不对称在 PBFM 中极为常见,代理人倾向于利用信息不对称谋取私下的好处。参见:Brehm J O, Gates S. Working, Shirking, and Sabotage: Bureaucratic Response to a Democratic Public. Ann Arbor: University of Michigan Press, 1999.

[2] Schiavo-Campo S. Strengthening public expenditure management in Africa: criteria, priorities, and sequencing//Shar A. Budgeting and Budgetary Institutions. Washington D. C.: The World Bank Publication, 2007: 410.

第15章 公共部门会计

公共部门会计也称政府会计，为公共预算和财务管理最基础的技术。记录交易是会计体系最基本的功能。在关键但狭隘的意义上，会计可视为确保对财务诚实（financial probity）和防范腐败的一项控制[①]。与私人部门普遍采用权责会计不同，公共部门传统上采用现金会计，但采用权责会计的国家自20世纪90年代以来逐渐增多，以支持绩效导向的管理方法，成本会计，尤其是作为其核心成分的作业成本法，也因此被开发出来并得到更多应用。一般地讲，在引入全面的权责会计和成本会计之前，优先事项是开发基于支出周期的全面预算会计，真正意义上的预算会计。随着财政可持续性日益受到广泛，代际会计方法变得越来越重要，以帮助判断当前的政策是否需要及怎样调整。不同会计分支因会计基础和功能而区分开来。相对而言，现金会计对于基本（投入基础）的财务合规性控制更重要，因而构成政府会计体系的底线；预算会计对公共预算制定和监督预算执行更重要；权责会计和成本会计对于支持绩效导向的公共预算与财务管理更重要；代际会计对于判断财政政策的中长期可持续性更重要。

■15.1 会计基础与应用

与公司不同，公共部门通常采用多个会计基础支持公共预算与财务管理的不同功能与目标，由此形成由政府会计的财务会计、预算会计、成本会计三个主要分支。财务会计分为现金会计和权责会计两个基本的二级分支。此外，公共部门还需要开发利用代际会计技术，以评估代际财政再分配效应和长期财政可持续性。每个分支都有其独特功能和弱点，因而需要取长补短。通常地方政府会计改革先于国家会计改革，并且是渐进的。但最彻底的转型发生于20世纪90年代的国家层面。此前，现金基础的预算会计体系旨在提供最毋庸置疑和广为接受的控制规范。现在，这类体制被质疑并逐渐向应计体系转变[②]。

15.1.1 财务会计

财务会计因会计基础不同区分为现金会计和权责会计两个基本分支，有时分别称为

[①] Shar A. Local Public Financial Management. Washington D. C.: The World Bank Publication, 2007: 8.
[②] 现金会计忽略了太多的经济事项。应计会计融合了现金会计，在实务上提供了记录计量披露这类经济事项的完整方法。

现收现付制会计和应计会计（accrual accounting）。

1. 现金会计

现金会计（cash accounting）用以记录现金收受、现金支付和现金余额的会计方法，即计量现金资源的流量，只是在现金被收到或付出时才确认和计量。虽然在公共部门中使用应计会计的国家有逐步增加的倾向，但迄今为止，传统的现金会计仍是使用得最为普遍的政府财务会计模式。一般来讲，只要连同一个能充分记录承诺和报告欠款的系统一并实施，现金会计就能够满足支出控制的要求。

现金基础上的财务报告应包括本财政年度现金收款加上追加期内的应收款，以及本财政年度内的现金付款加上追加期内的应付款。概括地讲，现金制会计模式下的财务报告，主要报告的是现金收款、现金付款及现金余额方面的信息。现金会计的优点主要是简洁和易于理解，但它不确认和记录任何应付的长期负债，如养老金。

应注意的是，在现金会计下的财务报告中，现金流量（现金流入和现金流出）和现金余额，与应计会计报告中的"收入"、"支出"和"运营余额"具有概念上的对应关系，但含义截然不同。有些使用现金会计来核算预算营运的国家，也会在修正应计制下编制财务报告①。

修正现金会计以确认那些已经发生于年末，且预期将在年末后的某个特定期间内导致现金收付的交易和事项。这一模式的一个重要特征是，会计期间包括一个在财政年度结束后发生的现金收付的追加期（complementary period），如 30 天或 60 天。

在当前财政年度的追加期内发生的现金收付，只要是由前一财政年度发生的交易导致的，即应作为当前财政年度的财政收支加以报告。这样做的目的通常在于确保在某个特定财政年度中做出的"年度承诺"，与作为"预算支出"加以报告的付款之间，达到更高程度的一致性。在某些国家，追加期也涉及收入。其实本来不应如此，因为收入必须在纯现金基础上加以报告。

修正现金会计被许多国家的政府采纳，尤其是在法国和西班牙的体制中。然而，这一体制在发展中国家中会有许多局限性。对修正现金会计可取性的看法不一。一般认为这一模式没有多少优点却有很多风险（包括易于诱发操纵预算拨款时间），故一般应予避免。

2. 权责会计

权责会计在获得收入的权利和承担费用的责任产生时记录交易。在大部分交易中，由于权利和责任的产生时间早于现金流量收付的时间，因此，权责会计比现金会计提供了关于交易和财务报告的更为前瞻性的信息。另外，由于权责会计覆盖六个财务要素而现金会计只覆盖三个财务要素（现金流入、现金流出与现金余额），前者比现金会计提供范围更为广泛的信息，包括现金会计无法提供的费用和成本信息。

（完全）权责会计在财务交易或经济事项发生时即进行记录和计量，而不考虑收到或付出现金的时间。收入反映的是年度中到期的收入，无论这些收入是否已经被征收上来。支出反映的是年度中被"消耗掉"的商品与服务的数量，无论款项何时支付。资产的成本（折旧）只是当使用它们来提供服务时才加以确认。完全应计制会计与私人企业中使用的会计制度（商业会计）相似，它为评估完全成本和绩效提供了一个完整的框架，

---

① 预算营运（budget operations）是指使用预算拨款和拨款使用的过程，通常用支出周期概念刻画。

也可记录所有资产和负债。然而，它的实施要求十分严格，管理能力和数据能力很弱的许多发展中国家全面引入这一模式会遇到很大的困难，并且是不合适的。

权责会计的首要原则是配比（matching），费用是在相关收入得到确认的同一个期间加以记录的。必须注意，应计会计下的"费用"概念不同于现金会计中的"支出"概念。费用是指在会计期间内商品与服务的消耗、负债的增加或资产的减少，资产减少的典型例子是折旧和损失，它们通常在没有任何交易的情况下发生。配比原则是完全权责会计的首要原则，它意味着费用是在相关收入得到确认的同一期间加以记录的。

权责会计下的财务报告，通常包括收入、费用（含折旧）、资产（财务和实物）、负债及净资产的报告。

完全权责会计和修正权责会计具有相同的核算框架，它们都不考虑相关的现金流量所发生的时间。二者的主要区别在于物品（商品/服务与资产）的"获取"与"使用"的时间，在修正权责会计下，一旦获得物品，它们即被当作本期消耗一笔勾销，在取得时作为费用处理，不确认存货和实物资产；在完全权责会计下，需要确认存货的变动，而资产则根据其使用寿命逐步提取折旧。换言之，在修正应计基础下，取得物品的时间被当作"使用"（消耗掉）物品时间；而在完全权责会计下，"取得"物品的时间和"使用"物品的时间是区别对待的。

修正权责会计下的财务报告应包括收入、支出、财务资产、负债及净财务资源。相对于现金会计而言，修正应计会计的优势在于在取得/核实阶段即确认支出，从而为确认负债和拖欠提供了一个适当的框架。不同国家有各种修正应计会计系统，它们因对待跨年度负债、存货、折旧（可能只是对于某些资产）等会计事项的不同而不同。但修正应计会计亦有其弱点[1]。一般来讲，旨在强化绩效导向的预算与管理变革，需要引入和发展权责发生制会计和成本会计才更易取得成功[2]。然而，权责会计对于绩效导向管理并非必须。在那些实行产出预算（或拨款）框架的国家（如新西兰）中，转向权责发生制会计尤其重要[3]。这是因为，无论对于确定拨款金额还是对确保基于成果（outcome）的受托责任，了解特定产出的完成成本（full costs）都是一个必要的前提条件。

20世纪90年代以来，越来越多的国家在改革传统（投入基础）预算体制的同时，在其政府预算和（或）报告系统中引入权责发生制基础。相关研究表明，各国政府会计

---

[1] 在纯现金会计系统和纯现金基础预算的国家，预算截止日和结账日是在同一天（预算年度的最后一天）。在修正现金会计系统下，存在一个追加期，以考虑支出义务（承诺）与付款存在的时间差。在实践中，这种追加期会导致有问题的策略，如在同一阶段（追加期内）执行两本预算。由于存在追加期，预算数据必须调整时间口径使财政统计数据具有可比性。此外，在发展中国家，引入修正现金会计系统的一个风险是可能导致财政透明度降低和受托责任的削弱。

[2] 这是因为，要求管理者对绩效负责的分权式管理模式，需要对支出机构乃至整个政府的绩效进行计量，据此进行事后评估，而不仅仅是对预算投入的事前规定（传统预算的特点），这就要求有相应的会计系统，能够将费用分摊到相应的产出和成果上（现收现付制会计提供的是现金而不是费用和成本信息），同时确保绩效信息与财务信息同样的完整性和可靠性，以此将预算和政策意图转化为财政管理和控制的信息。

[3] 在产出预算框架下，支出机构（或部门）得到的预算拨款相当于政府为某一项产出支付的"价格"，它们必须为其所生产的产出"定价"才能得到足够的拨款以支付成本；从作为产品与服务购买者的决策者的角度看，只有了解包括非现金开支在内的全部成本，才能全面评价一个机构的绩效，并与其他公立或私立机构进行比较，这种评价和比较为进一步改进支出绩效提供了重要的决策和管理信息。

改革的总趋势是由完全的现金制、修正现金制（modified cash basis of accounting）和修正的权责发生制基础（modified accrual basis of accounting），转向完全权责基础（full accrual basis of accounting），核心内容是提供与私人部门相似的一整套以权责发生制为基础的政府财政报告，以及（或者）在政府预算中采用权责发生制进行确认和计量。

财务会计的一种特定形式是基金会计：[①]"在政府会计中，一项"基金"指一项服务于特定目的并且与其他资源相分离的资源池（a pool of resource）。基金会计提供自我维持的财务报表。基金会计是传统上关注财务控制的结果，也是对为特定目的安排资金的技术性回应，满足特定类别资源分别进行会计核算的要求。一般认为，基金会计的问题并非使用问题，而是应否使用的问题。基金会计的主要问题是与地方政府作为一个整体的观念相冲突。"

15.1.2 成本会计

权责发生制政府会计为核算完全成本提供了一个很好的框架，但在精细核算公共组织运营成本方面，单纯的权责发生制会计是不够的，需要有更加专业化的成本会计作为补充。基于此，目前许多发达国家已经开发了应用于公共部门的成本会计系统，以支持绩效导向的预算和管理变革。

与绩效计量相关的成本核算，一般包括以下步骤。

（1）区分直接成本与间接成本。在成本核算系统中，公共组织的成本通常被划分为直接成本和间接成本两大类别。直接成本是应直接追踪到产品或服务上的成本，通常包括工薪但并不总是如此。例如，提供共享服务（corporate service）的雇员薪水应归入间接成本。间接成本是那些不能直接追踪到特定产品或服务上的成本，如财产营运费用、资产折旧和行政人员工资。

（2）将所有的成本费用归集到产出上。在产出预算中，产出是成本费用分配的对象，但不同类别的成本费用通常采用不同的方法分配到产出上。其中，直接成本可以通过多种方法分配，分配的基础（或标准）可以是总分类账中的成本中心、时间及直接人工等。一般来讲，公共组织应尽可能将成本费用直接分配到产出上。

间接成本分配涉及两个阶段。首先，将间接成本积累到某个成本库（a cost pool），如清扫垃圾的成本和租金可以归集到某个"被占用的空间"；其次，将成本池中的成本费用按照一定标准分配到产出上。直接成本也可以通过对单笔交易进行编码（coding）直接分配到产出事其他成本对象上。

（3）将成本费用分配到成果上。对于公共组织而言，确保为追求成果而消耗的资源具有透明度非常重要，为此需要将产出成本归属到成果上。这并不是一个正式的成本核算过程，因为成果就其性质而言并不是产品和服务，平均成本对于成果而言没有意义。

在产出预算模式中，支出机构在某个特定财政年度中发生的成本费用，一方面需要根据成本动因（cost drivers），按一定的方法和程序分摊到其产出上，从而形成这些产出的成本；另一方面，由于这些产出支持直接联结政府政策目标的特定成果，产出成本需

[①] Jones R. Financial accounting and reporting//Shar A. Local Public Financial Management. Washington D. C.: The World Bank Publication, 2007: 18.

要按照一定的原则和方法进一步分摊到成果上。

15.1.3 预算会计

预算会计的核心功能在于提供有效监控预算执行必不可少的关键信息，即支出周期（expenditure cycle）各阶段的预算运营信息。支出周期概念描述了典型预算运营循环经历的拨款（appropriation）、承诺（commitment）、核实（verification）和付款（payment）四个阶段。虽然各国的预算制度和具体国情不同，但预算循环均起始于拨款（立法机关的预算授权）终结于对受款人的付款，期间依次经历承诺（做出支出决定）与核实（供应者交付的商品与服务）阶段。付款（包括付款后的审计）阶段的结束表明此轮预算运营循环的结束，同时也意味着下一轮预算循环的开始，预算就是在这种周期性的循环往复中达成配置公共资源和管理控制目的的。

预算会计的特殊重要性根植于预算授权安排。支出信息应在支出周期的各个阶段加以追求与监控，以确保立法机关的预算授权机制真正有效。在行政部门拥有过于宽泛且通常不透明也未受到有效监管的裁量权的环境下，代理人偏离委托人关切的目标与利益——承载于预算授权——的风险很高，通常称为受托人风险。

对预算执行的整个过程进行有效监控因而很重要。与预算准备、审查、执行评估与审计不同，预算执行是唯一与法定预算年度（即财政年度）完全重叠的阶段。在这一阶段形成的对预算收支的记录，是评估预算执行结果、准备下一轮预算编制及预算执行过程中财政决策的基础。

虽然各国政府会计系统存在许多差异，但都应有一个核心的功能，即能够在支出周期的每个阶段——从承诺（如签订合同）、核实（verification）到付款——都追踪财政交易，以及追踪各项拨款之间或预算条目（budget items）的资源流动。这一旨在追踪预算拨款和拨款使用的会计方法通常称为预算会计（budgetary accounting）。它与现金基础（cash basis）会计一并使用，后者只是在付出或收到现金时才记录。

在政府会计体系中，预算会计的独特性在于记录预算授权及其实施，以此作为制定预算、监督预算实施的基本工具，确保基于预算授权的预算执行控制的有效性。为此目的，预算会计通常需要对支出周期各个阶段的预算运营进行记录与追踪，这才是真正意义上的预算会计。中国现行的预算会计有其名无其实[①]。

[①] 中国现行预算会计是在 1997~1998 年改革的基础上形成的。这次改革按照组织类别将预算会计区分为总预算会计、行政单位会计和事业单位会计三个分支，三者采用不同的会计科目记录各自的交易。按组织类别构造预算会计核算框架的做法，客观上形成了相互分割、互不衔接的"三张皮"格局，一方面导致会计信息支离破碎失去可比性，另一方面导致总预算会计和核心部门无力追踪支出机构层次上的交易信息。更严重的是，现行预算会计的三个分支虽然都记录各自的交易，但没有哪一个分支记录了支出周期上游阶段的预算拨款（授权）信息，中游阶段的支出义务（对应承诺交易）和应计支出（对应核实交易）信息，（事前）财政监督、管理财政风险、评估财务状况和财政政策的可持续性这些关键的管理决策（managerial decision）职能几乎完全落空。参见王雍君. 政府预算会计改革研究. 北京：经济科学出版社，2004；王雍君. 支出周期：构造政府预算会计框架的逻辑起点——兼论我国政府会计改革的核心命题与战略次序. 会计研究，2007，(5)：3-9.

专栏15.1　中国的总预算会计与会计准则

财政总预算会计制度

2015年10月，财政部修订发布了《财政总预算会计制度》(财库〔2015〕192号，以下简称《制度》)，自2016年1月1日起实施。这是对1997年颁布的《财政总预算会计制度》进行的重大修订，作为中共中央十八届三中全会提出的"建立权责发生制政府综合财务报告制度"的关键一环。新制度改进了会计核算方法，既核算反映政府预算收支执行情况，也核算反映政府资产负债情况，以与行政事业单位的核算方法保持一致。

适用范围如下：各级财政部门管理的一般公共预算资金、政府性基金预算资金、国有资本经营预算资金、财政专户管理资金、专用基金和代管资金等资金活动的会计核算；不适用于各级财政部门管理的社会保险基金、国际金融组织和外国政府赠款的会计核算。

主要修订有八项：重新定位会计核算目标，改变会计核算基础，改进会计核算方法，补充完善资产核算内容，补充完善负债核算内容，补充完善净资产核算内容，完善财政收支核算内容，完善会计报表体系和报表格式。

第十一条规定"总会计的会计核算一般采用收付实现制，部分经济业务或者事项应当按照规定采用权责发生制核算。"六个事项采用权责会计核算：应付国库集中支付结余，股权投资，应收股利，应收转贷款的应收利息，应付政府债券，应付转贷款的应付利息。

新制度规定采用"双分录"会计核算方法：在核算预算收支的同时，也核算反映与预算收支变动密切相关的资产负债情况，如政府持有的股权投资、发生的转贷款等债权资产、发行政府债券形成的负债。

会 计 准 则

2015年10月财政部令第78号《政府会计准则——基本准则》颁布，决定于2017年1月1日起放行，适用与本级政府财政部门直接或者间接发生预算拨款关系的国家机关、军队、政党组织、社会团体、事业单位和其他单位。第三条规定"政府会计由预算会计和财务会计构成。预算会计实行收付实现制，国务院另有规定的，依照其规定。财务会计实行权责发生制。"第十八条规定"政府预算会计要素包括预算收入、预算支出与预算结余。"第二十六条规定"政府财务会计要素包括资产、负债、净资产、收入和费用。"

截至2016年底，财政部还发布了政府权责会计的四项具体准则：存货、投资、固定资产和无形资产，规定自2017年开始施行。目前更多的具体准则仍在制定和相续颁布中。

发达国家的预算会计在细节上各不相同，但共同的阶段通常包括拨款（法律规定的支出机构在财政年度内可获得的金额）、拨款分配（预算当局向下属机构分配拨款授权）、承诺和付款[①]。承诺会计是指确认商品与服务被政府订购的（ordered）会计系统，主要目的是预算控制（budgetary control），主要困难在于与财务报告的关系。在美国体制下，

[①] 普雷姆詹德 A. 有效的政府会计. 应春子, 等译. 北京：中国金融出版社, 1996: 50.

与承诺等价的术语是保留（encumbrance）[①]。

支出周期各阶段的预算运营信息清楚而准确地刻画了预算运营流程的动态和连续的画面，使借助预算会计将公共组织的活动和公共资金流动一一呈现成为可能。正因为如此，作为政府会计的核心组成部分，预算会计应被准确地定义为"追踪拨款和拨款使用"的政府会计[②]。

在那些采用现收现付制会计的国家（多数国家如此），政府会计在传统上一直采用双重方法：①通过预算会计，有时称拨款会计（appropriation accounting），记录拨款和支出周期不同阶段上拨款的使用；②只是在收到或付出现金时，通过现收现付制会计来确认交易。

所以，基于监督预算管理或实施合规性控制的目的，现金基础会计不应把对承诺的会计核算排除在外。目前多数发达国家都在预算会计的框架下，仍然保持对拨款（授权）、承诺（支出义务）和核实（应计支出）阶段的会计记录，即便转向权责会计的国家也是如此[③]。

15.1.4 代际会计

公共预算的焦点是财政政策——首要的是联结总额财政纪律的财政可持续性。如果有证据表明当前的财政政策不可持续，即为现行政策需要做出调整的明确信号。为此，越来越多的政府采用权责财务报告，以平衡表净值（存量法）取代或至少补充现金财务报告的赤字（流量法），作为计量长期财政可持续性的主流方法。然而，无论对负债信息的确认（如政府雇员未来义务）或剔除（如社会保障）的基本原理如何，真实结果是权责报告不能为政府长期财政状况提供充足信息。开发财政可持续性报告、长期财政预测（英国）和代际政府报告（澳大利亚每5年一次）作为权责报告的补充，因而很有必要[④]，后者即使用代际会计。

财政可持续性的一个关键含义是，当代人的发展不应建立在牺牲未来世代人利益的基础上，即中国式术语的"寅吃卯粮"。这种风险在公共预算与财务管理领域可能很高。布坎南曾指出：[⑤] "集体决策具有把当前项目筹资而造成的过重负担加在将来几代身上

[①] Jones R. Financial accounting and reporting//Shar A. Local Public Financial Management. Washington D. C.：The World Bank Publication，2007：16，32. 承诺会计的逻辑是：预算持有者（budget holder）想要花掉预算，既不能低估也不能高估支出。承诺会计因复杂性、昂贵和不现实、有用性三个问题而被质疑。到达的商品数量与订购的可能不一致，价格也可能有差异。这要求在收到时进行调整。由于承诺会计倾向于反映许多相关的小型交易，记录和校正都会产生大量复杂性。当它与商品与服务取得时记录交易的（义务）会计系统相联系时，复杂性将放大。就预算控制而言，承诺会计比现金会计不可靠。它给预算持有者通过签署订单增加预算申请的机会（"支出"易被操纵）。承诺会计对于财务报告的益处无多。地方政府没有动力发布这样的财务报告，即它订购而不是收到了多少价值的商品与服务，结果形成两个信息不一致的报告和支出口径。地方政府可在内部财务报告提供这一信息，但外部报告并不提供——倾向于低估支出。

[②] Schiavo-Campo S，Tommasi D. Managing Government Expenditure. Manila：Asian Development Bank，1999：22.

[③] Schiavo-Campo S，Tommasi D. Managing Public Expenditure. Manila：Asian Development Bank，1999：225.

[④] Schick A. Performance budgeting and accrual budgeting. OECD Journal on Budgeting，2007，7（2）：136.

[⑤] 康格里顿 R D. 评 J·布坎南的契约主义财政学. 财经译丛，1989，（2）：41-46.

的倾向，以至将来几代人所需要偿还的公债负担大于他们能从中获得的利益。"

西方民主政体下的财政决策通常受制于多重委托代理关系，未来世代很可能成为这类共谋游戏的牺牲者。集体决策体制中"未来世代的代表无法在场"的现实，意味着这类风险比想象得可能更高。这是民主政治的棘手挑战之一。不同代理人代表不同委托人（选民）群体竞逐财政利益，从而扮演共谋者（cohorts）的角色。

由于时间跨度明显不足，无论以流量法（财政赤字）还是存量法（平衡表净值）判断财政可持续性，均不适当。代际会计（generation accounting）应运而生，以鉴别和确认现行财政政策是否确实损害未来世代的净财政利益，程度有多严重，以及需要的调整措施。这是财政归宿分析（确认分配含义）的纵向扩展[①]。

代际会计使用一系列的代际账目（accounts）评估财政政策对于不同的共谋者的分配含义[②]。其方法是，在当前的税收与支出政策下，计算数代人的终生净纳税（纳税额减去收受利益）现值。一代人被界定为出生于同一年的所有男性与女性（由于税收与受益有别而分别予以考虑）。

代际会计通常被当作分析可持续性与代际分配问题的一项附属技术，有其苛刻的数据要求，而结果在很大程度上取决许多被简化的假设[③]。

截至20世纪初，26个国家的政府机构建立了代际账户（generational accounts）。代际账户是指一代人未来将要向联邦、州和地方政府支付的税收净额的现值，不包括以前支付的税收和获得的转移支付。税收净额是指联邦、州及地方所有税收减去转移支付额。税收包括所得税、工资税、消费税、资本税和财产税，转移支付包括社会保障津贴、健康保险、家庭补助、一般福利津贴、失业保险及发给失业者或贫民的粮票。

国际货币基金组织、世界银行、经济合作与发展组织都已经开始建立或者研究代际账户了。美国国会预算办公室和联邦储备局研究人员早在21世纪初即着手更新代际账户信息。作为趋势，建立代际账户的国家和政府一直在增多，部分原因在于应对老龄化。老龄化将会严重加剧诸如社会保险之类的政府规划负担，正是这些规划在进行着代际的再分配。代际账户显示终身的净税负额，因而影响终身的资源。

代际会计经常反映在每一代人科目中，显示一代人中一个典型成员在他的一生中将会支付给各级政府的税赋与得到的转移支付净额。净税收对于儿童是正的，因为他们被分配了一部分家庭税负，但是他们并不能像老年人那样从社会保障和医疗保险中得到很多收益。退休者的净税收随着年龄的增长而不断增加，这是因为越接近死亡，他们能得

---

① 财政归宿分析涉及负担归宿、利益归宿和两者结合而来的净财政利益归宿三个层次，每个层次都区分为横向和纵向维度。横向维度关注境况不同的利益群体间的分配效应，纵向维度关注世代间的分配效应。传统的税收负担转嫁归宿分析过于狭隘。

② 代际会计是Auerbach、Gokhale和Kotlikoff在20世纪90年代初期引入的，作为传统赤字会计的一个替代选择。他们认为，由经常支出减去经常性收入形成的联邦预算赤字，对于财政政策的连续性和代际间再分配来说都是一个很弱的指标，尽管一项预算赤字可能暗示着让下一代来支付税收的财政政策可使当代人受益，Kotlikoff证明了仅仅依据当前预算赤字，难以确定哪一代人从财政政策中获得的收益。这是因为预算赤字并没有考虑到政府必要的未来支出，如社会保障和医疗保健转移支出。

③ Schiavo-Campo S, Tommasi D. Managing Government Expenditure. Manila: The Asian Development Bank, 1999: 49.

到的收益的年限将会越少。女性的净税负倾向于少于男性，她们收入偏少因而应纳的个人所得税少。女性得到的转移支付，如家庭补助和社会保障一般也较多，这就减少了退休期的净税额。如果政府对当代人征收的税收不足以支付转移支付和消费，那么下一代人就必须来支付这个账单[1]。

代际账户作为传统预算的重要补充，至少能在两个目标中应用：反映现行财政政策是否可持续[2]，以及意欲采纳的政策调整将如何影响各个世代的资源。如果导致某代人的代际账户增加，同时其他世代的代际账户减少，即表明该项政策调整具有代际再分配效应。

15.1.5 预算的会计基础

会计基础被应用于公共预算与财务管理的会计核算、财务报告、预算制定和预算拨款这四个领域。一般观点有二：公共部门会计和财务报告采用权责基础是适当的，但权责基础应用于预算（权责预算）应谨慎；预算遵从报告的"两边"应采用相同的会计基础以利比较和鉴别一致性[3]。

20世纪90年代以来，作为推动绩效导向预算和公共管理改革的重要组成部分，多数发达国家和部分发展中国家引入了权责发生制会计（accrual basis accounting），财务报告（包括预算执行报告）甚至预算也按权责发生制会计基础编制。有些国家还一并在公共部门引入作业成本法。

现金基础预算（Cash-based budget）下，预算拨款确定了现金支付和年度承诺的时限，至今仍为多数国家采用的模式。现金预算满足支出控制和预算的行政管理之需要，并不妨碍绩效导向方法的预算制定，也不妨碍应计或修正应计会计体系的开发；但确实应补充评估与控制工具，以评估和控制后续承诺（forward commitments）及政策决定的财政影响（fiscal impacts）[4]。

如今，采用应计基础预算（运营拨款覆盖完全成本）的国家仍然较少。应计预算体制可向支出机构提供改进绩效的框架，但有苛刻的实施要求，并且需要现金控制的额外机制。国际上的主流观点并不建议发展中国家和转轨国家放弃现金承诺基础的拨款。

15.2 预算会计基本原理

尽管20世纪90年代以来的全球性政府改革主线是转向权责会计，但中国背景下更

---

[1] Eschker E. Generational accounting and the saving rate decline, 1960-2000. Public Budgeting & Finance, 2005, 25（1）: 46-65.
[2] 例如，如果下一代的代际账户比新生一代的代际账户大，那么将来某一时刻税负必将上升，并且财政政策必将调整。
[3] 预算遵从报告包括预算执行情况报告和决算报告，以鉴别预算执行与立法机关的法定预算授权间的一致性，要求将实际数和预算（授权）数进行比较。
[4] Schiavo-Campo S, Tommasi D. Managing Government Expenditure. Manila: Asian Development Bank, 1999: 83.

优先的事项是开发基于支出周期的全面的预算会计。中国目前官方和学界普遍指称的"预算会计"有其名无其实——属于财务会计而非真正意义上的预算会计，这使有效预算制定、监督预算执行和管理财政风险变得十分困难，也妨碍人大的预算授权功能和预决算监督能力，因而优先发展全面的预算会计依然为当务之急。为此，作为第一步，理解预算会计基本原理至关重要，不仅因为它全然不同于现金会计、财务会计、成本会计和代际会计的基本原理，也因为许多熟知常规（现金与权责）会计的政府会计人士并不了解真正的预算会计，在预算会计与财务会计分立的体制中更是如此[①]。

15.2.1 以支出周期为逻辑起点

预算会计原理和功能的根本独特性在于，以联结预算授权的支出周期作为构造账户和整个体系的逻辑起点，这使其信息结构具有独特的循环性——呈现公共支出从起点到终点的完整动态画面[②]。

支出周期将预算授权界定为预算拨款阶段和管理拨款阶段两个阶段，前者构成预算运营（budgetary operation）的起点——立法机关向政府与机构提供拨款授权，经由预算机构的承诺（签署合同和发出订单等）、核实交付（供应商交付的商品与服务），终于向供应商的付款。全面的预算会计即指对各阶段的预算运营保持完整记录的政府会计，即真正意义上的预算会计。

以此视之，中国现行"预算会计"只是财务会计而非预算会计（徒有其名），三个分支（总预算会计、行政单位会计和事业单位会计）中没有哪一个分支记录了支出周期上游阶段的预算拨款（授权）信息，中游阶段的支出义务（对应承诺交易）和应计支出（对应核实交易）信息，以致支持（事前）财政监督、管理财政风险、评估财务状况和财政政策的可持续性这些关键的管理决策（managerial decision）职能几乎完全落空[③]。

引人注目的是，有些文献普遍把现行预算会计信息的过于狭窄和滞后，归因于在财务要素（financial elements）和会计基础（accounting basis）选择上的问题。这些文献无视发达国家将联结支出周期的预算会计作为政府会计基石这一事实，误以为美国、英国、澳大利亚、新西兰等的"政府会计定位为财务会计"，并侧重从财务要素的角度为我国的政府会计开出改革的药方，如建议在政府会计中设置资产、负债、净资产、收入、支出、结余六个会计要素，以此扩展会计信息的核算范围；而在预算会计改革方面，则多从组织架构（哪些公共组织应纳入预算会计和政府会计范围）的角度去寻求改革路径和方向。

---

① 在美国标准总分类账中，有 4 000 个用于预算会计的相互独立的自求平衡的账户组，而其他的账户是用于权益会计（proprietary accounting）的。两套账户的存在使设计及实施会计和财务系统变得相当复杂。所以质疑出现了，只要机构能够恰当地管理预算执行，并且将所要求的预算执行信息提交给预算管理局和财政部，真的需要要求所有机构都使用 4 000 个账户吗？参见：Laine M, Kreyche C A. Revisiting federal financial management reform. Journal of Government Financial Management, 2005, 54 (2): 50.

② 预算的重心在于公共支出管理。与私人部门不同，公共部门的开支受制于许多约束才能最终实现。这些约束首先来自预算授权和依据授权进行的预算拨款。一般来讲，在民主与法治社会中，如果没有明确的预算授权，就不可能有实际的公共支出。预算授权不仅赋予政府开支公款的合法权威，也是财务控制的法定基础。

③ 王雍君. 政府预算会计问题研究. 北京：经济科学出版社，2004：65.

据此，政府会计改革的方向被不适当地设定为引入（修正或全面的）权责基础取代或至少部分取代现金基础。

在这个事关政府会计改革核心命题与战略次序的问题上，澄清误解并保持清醒的头脑十分重要。这里有如下两个要点。

（1）借鉴在发达国家中广泛采用的"双重方法"，在保持和改进现金会计基础的前提下，以支出周期概念为主线扩展预算会计的核算范围，此为最优先事项。

（2）在这方面的改革取得实质进展之前，全面（不排除局部）引入权责会计基础扩展政府会计核算范围（覆盖资产与负债）的做法，哪怕是渐进性的，也有本末倒置之嫌。

第一个要点是指，在那些采用现收现付制会计的国家（多数国家如此），政府会计在传统上一直采用的双重方法：通过预算会计（有时称拨款会计）记录拨款和支出周期不同阶段上拨款的使用；只是在收到或付出现金时，通过现收现付制会计来确认交易。

所以，基于监督预算管理或实施合规性控制的目的，现金基础会计不应把对承诺的会计核算排除在外。直到今天，发达国家普遍在预算会计下保持对拨款（授权）、承诺（支出义务）和核实（应计支出）阶段的会计记录，即便转向权责会计的国家也是如此。易言之，预算会计的核心账户结构需要依托支出周期概念加以构造，以便分门别类地产生至关重要的预算信息[①]。

预算会计的四类核心账户分别是拨款账户、承诺账户、核实账户和付款账户。无论对中央还是地方政府而言，也无论对政府整体（whole-of-government）、核心部门（central department）还是支出机构（expenditure）而言，这些账户记录的信息都是关键性的，对于有效实施预算不可或缺。

15.2.2　拨款账户记录预算授权

在年度预算经立法机关批准后，当即在拨款账户上记录预算授权数（而非实际数据）十分重要。作为预算执行过程的起点，拨款是一种预算授权，即针对某个支出机构、条目（line-item）或规划（program）的法定授权（legal authority），使其产生（enter into）某个确定金额的支出义务，这个义务将导致支出周期下游阶段的实际支出[②]。

预算授权也是实施支出控制的法定准绳[③]。因此，即便采用权责基础会计与预算的国家，对关注受托责任的立法机关和外部使用者而言，以及对那些以拨款为参照系来监督实际开支的内部使用者而言，"立法机关授权的支出是多少"这类信息，对于监控预算执行以确保合规性同样十分有用。达成这项支出控制功能，要求在预算年度终了时将实际支出数与预算授权数进行比较。

例如，美国联邦政府会计系统中设立有专门的预算账户，用于记录包括预算决定在

[①] 王雍君. 支出周期：构造政府预算会计框架的逻辑起点——兼论我国政府会计改革的核心命题与战略次序. 会计研究，2007，（5）：3-9.

[②] 在实行国库集中收付模式的国家就是国库的实际支付（disbursement），通常通过国库签发支票兑付。

[③] 这源于如下事实：公共部门的开支行为必须受到有效控制与约束，预算超支本质上是违反预算法律和政策的，因而需要通过会计系统来追踪实际支出与支出授权之间的相互关系，防止此类现象的发生。

内的预算执行信息，如预计收入和预算授权数。预算授权反映预算法或预算政策确立的预算限额，其作用在于为支出机构的实际支出数提供对照标准或指南，以控制支出。在一个特定的财政年度中，预算账户记录的预算数据通常并不改变（除非发生预算变更的事项）[①]。

表 15.1 假设行政管理服务处（支出机构）在"办公用品"科目下获得 1 000 美元拨款（记录在预算账户中），并在该财政年度的某个时候购买了价值 100 美元的办公用品，两者分别为预算拨款数据和实际数据。拨款数据与实际支出数的差额（900 美元）表示该支出单位尚可支出的余额，也就是尚可继续使用（剩余）的预算授权数。

表 15.1　预算会计分录—办公用品为例　　　　　　　单位：美元

支出	拨款	可支出余额
借方	贷方	贷方
1 000	1 000	
100		900

15.2.3　承诺账户记录支出义务

承诺（commitments）是支出的源头。会计意义上的承诺通常被严格界定为公共组织对现有的合约安排引起的未来支出义务承担责任，一旦交付商品、服务或资产即兑现这些义务[②]。与供应商签署合同或向其发出采购订单是做出承诺的典型标志，虽然有时支出承诺会采取隐含的方式（如支付工资和房租）。

基于许多理由，记录承诺非常重要。承诺引发的支出义务是营运性负债（应付账）和（实际）支出的原因，因而也是评估公共组织财务状况的一个重要参数。

更一般地讲，如果没有对支出义务的记录，有效管理财政风险和控制公共支出将会变得十分困难。支出部门及其下属单位如果不记录承诺，财政部门及其他监控预算执行的核心部门就无法得到支出机构承诺支出的资金、剩余的可用预算授权及未来现金流量方面的信息，从而可能会导致财政紧张、改变预算条目的重点、积累负债和欠款，并导致现金计划无法准确编制，这会进一步影响预算的有效实施。

做出承诺即意味着政府将动用资源用于清偿未来的确定性义务（certain obligations）。承诺的金额越大，表明政府能够用于其他用途的资源就越少，除非增加新的收入。因此，承诺信息对于评估政府的未来收入要求和资源约束都是十分有价值的信息。因此，有效的支出控制要求预算会计系统在发出采购订单或签订采购合同的同时即记录支出义务。国际会计师联合会认为，披露承诺信息如同披露负债（liabilities）和或有负债（contingent liabilities）一样重要。

目前多数国家（即便采用现金会计）在记录付款交易（实际支出）的同时，仍然保持对承诺信息的账面记录。在这样的体制下，一般而言，如果没有事先的支出承诺，就不可能有后续的支出行为。

---

① 理德 J，斯韦恩 J W. 公共财政管理. 朱萍，等译. 北京：中国财政经济出版社，2001：39.
② 承诺引发的是"未来"而非"现时"的支出义务。正因为如此，支出义务不同于会计上定义的"负债"。

记录承诺阶段发生的财政交易的会计称为义务会计（obligation accounting）或承诺基础（commitment basis）会计。在发达国家中，美国是实行义务会计最典型的国家。义务会计模式不仅在联邦一级得到广泛应用，许多州也采用这一模式记录财政交易。在这种模式下，每笔交易设置三组分录：一组记录承诺，另外两组分别记录承诺的解消和现金的支付[1]。

15.2.4 核实账户记录应计支出

多数发达国家都在核实阶段定义和公布"支出"信息，同时保持对预算授权和支出承诺的会计记录。在支出周期的核实阶段的支出称为应计支出，其确切含义是公共部门"取得"（不是使用或消耗）商品与服务所支付的成本。

需要注意的是，预算会计中的应计支出是与财务会计中的"费用"（expense）要素相对应但含义上有重要差异的概念。费用概念反映资源的使用、消耗或资产和负债的变动。在修正或完全权责发生制（modified or pure accrual accounting）会计下，核实阶段的应计支出作为负债加以确认。记录应计支出是任何确认负债的会计系统所必不可少的。另外，在核实阶段定义和监督支出是预算健全性的一个关键因素。

与服务购买性支出不同，对于物品的采购支出和投资支出而言，承诺和核实阶段的差异显而易见，因此在这两个阶段都进行支出记录尤其必要。在取得商品与服务（根据合同等）并经核实后进行核算的预算会计称为"支出会计"（expenditure accounting）[2]。与承诺阶段的支出义务不同，应计支出概念表明公共组织已经产生确定性的现时（并非未来）法定支出义务；相比之下，支出义务并不具备这么强的约束力，因为在某些情况下，如双方同意中止采购合同，支出义务（承诺）是可以被撤销的。

对于规划管理（program management）和机构管理而言，记录应计支出信息也十分重要，因为支出机构对其负责实施的规划（program）需要进行成本评估，而评估成本通常需要借助核实阶段产生的应计支出信息，以及折旧、存货等方面的信息。应计支出信息可很好地反映公共规划在核实阶段的进展情况，这对于在此阶段编制和报告资本（投资）支出必不可少。对于管理应付款和合同而言，在核实阶段记录支出也是必要的。

15.2.5 付款账户记录实际支出

实际支出（outlay）是支出周期下游向供应商支付款项以清偿此前发生的债权债务关系时产生的，需要通过预算会计的第四类核心账户（付款账户）加以记录。与承诺和核实阶段的"支出"概念相比，在付款阶段定义的支出（实际支出）概念更容易计量，更具有客观性，也可更好地测量政府财政活动的经济影响。主要由于这些原因，包括中

---

[1] 理德 J，斯韦恩 J W. 公共财政管理. 朱萍，等译. 北京：中国财政经济出版社，2001：41.
[2] 与付款阶段定义的"支出"概念不同，核实阶段定义的"支出"概念并不对应实际的现金支出，其特定含义是"取得商品与服务的成本"，无论这些成本是否被实际支付。在未被支付（未发生付款行为）的情况下，核实阶段的"支出"对应的是负债意义上的支出概念。

国在内的几乎所有国家的政府会计,都记录付款阶段发生的实际支出。事实上,在现金会计下,许多国家预算会计的账户结构通常限定为针对付款阶段的预算账户,也就是现金基础(现收现付制)会计[①]。

现金会计的特点是在实际发生收付时记录交易,其优势如下:能与支出的合规性控制结合起来(最重要的合规是与现金资源取得与使用相关的合规),工作量相对较小因而运行成本较低,现金支出信息容易被理解。然而,现金会计有如下三个主要缺点:付款时间易被操纵(多为推迟),导致公共部门的债务或拖欠被隐藏起来,加剧财政风险;记录交易的时间最晚,这意味着在付款阶段,事情(坏结果)已经不可逆转——采取任何行动都为时已晚;对承诺交易和核实阶段交易缺乏记录,不能完整地追踪公共资金的流动。

现金会计的这些缺陷,在很大程度上可以通过记录支出周期中上游阶段的前瞻性预算信息得到矫正。这也是预算会计需要锁定支出周期构造核心账户的重要原因。

15.2.6 相关信息的比对

将预算会计账户的相关实际数据与预算数据进行比对[②],正是对预算过程实施合规性控制的基础和依据,还可产生比单一类别的预算信息更具价值的综合性信息,以帮助评估和改进政府会计支持的公共预算与财务管理的两个根本目的,即受托责任(accountability)和管理决策(managerial decision)。

1. 实际支出与预算授权的比对

实际支出超过预算授权表明公共组织在没有获得合法授权的情况下开支了公款;相反,实际支出小于预算授权很可能表明机构没有完成立法机关要求其完成的任务(该做的事没有做)[③],这将造成资源闲置和浪费,并减损公众和其他利益相关者享受的服务数量和质量。

最重要的比对可在预算年度内进行,也可跨年度进行,这取决于预算授权与实际支出在年度的匹配性。然而,无论匹配性如何,实际数与预算数的比对都是公共支出得到良好控制所必不可少的。

表15.2给出了美国联邦预算会计中实际支出与预算授权跨年度比对。假定国会决定从2014年财政年度开始建造一艘战舰,总的成本是40亿美元。为此,国会将制定40亿美元的新预算授权下达给国防部。国防部通常只支付给承包商在每个建造阶段已完工部分所花掉的钱,而非预先支付全部金额。

表 15.2 对预算授权和支出的会计记录　　　　　单位:10亿美元

年份	2014	2015	2016
预算授权	4.0	0	0
实际支出	0.5	1.5	2.5

---

① 也有少量的针对记录内部财务交易和财务营运的账户,甚至包括某个承诺账户(或者关于承诺的备查账)。

② 会计核算中横向比对的要求并非仅限于预算会计。在财务会计中,基于配比原则(matching principal),通常也需要进行一系列横向比对,包括负债与资产的比对(得出净资产)及收入与费用的比对(得出净损益)。然而,这些比对并非发生在"预算数"与"实际数"之间,而且并非基于控制的目的,因而与预算会计核算采用的比对概念是不同的。

③ 这种情况也可能表明预算授权过多,或者表明支出机构通过改进管理与技术降低了成本,节省了开支。无论属于哪种情况,预算授权与现金支出的偏差在管理决策和受托责任方面都具有重要含义。

通过财政部（国库局）向承包人实际签发支票，假设2014~2016年分别导致5亿美元、15亿美元和25亿美元的实际支出[①]，表15.2显示3年中实际支出恰好等于总的预算授权数，表明设计与建造该艘战舰的支出控制在预算授权所约束的水平上。

由表15.2可知：

（1）支出义务与预算授权的比对。预算授权确定了公共组织在特定时间内获得的合法开支公款的数额，支出承诺则表明已经"动用"的预算授权数额，因此，两者的比对可得出尚可动用的预算授权数（预算资源）。机构管理者在日常运营中随时都需要了解这些信息，以确保支出在不超过预算授权的同时，更好地筹划各项活动的进度。

（2）应计支出与支出义务的比对。支出义务和应计支出可以看作在支出周期承诺和核实阶段分别定义的公共支出，两者都是未发生现金支付的支出概念。差异在于，支出义务反映与支出承诺相对应的支出水平，应计支出反映其中已经形成负债（因而具有更强约束力）的支出水平。因此，两者的比对产生的差额，表明尚未形成（但随时可变为）负债的未来支出义务有多少，这一信息可为公共组织管理（如决定是否减少）承诺和决定是否增加收入提供极大便利。

（3）实际支出、支出义务和应计支出的比对。赤字概念通常被笼统地定义为"支出减收入"。问题是用什么样的"支出"减去收入？通过比对这三个口径的"支出"概念可以发现，与通常采用实际支出概念计算的赤字相比，承诺阶段定义的赤字（支出义务减收入）和核实阶段定义的赤字（应计支出减收入）比账面赤字高出许多，而财政可持续性和财务健全性则远不如现金（现收现付）会计数据显示的那么乐观[②]。

15.2.7 预算会计分录

在预算运营循环中，公共组织与其供应商之间通常会发生一系列具有约束力的权利义务关系或债权债务关系。预算会计核算方法上显著特征之一，是在支出周期的特定阶段以会计分录解消前一阶段形成的这些关系。最终的解消发生在支出周期下游（付款）阶段的现金流出，它表明此轮预算循环的终结和新一轮循环的开始。

例如，支出机构根据合同向其供应商发出10万元的采购订单。这项支出承诺导致公共组织增加10万元的支出（支出义务），同时产生了等额的未清偿支出义务（对应未交割订单）。相应的会计分录为[③]

借：支出义务　　　　　100 000
　　贷：未清偿义务　　　　　100 000

该机构在随后收到供应商交付的商品与服务后，经核实应支付供应商的实际货款为90 000元。此时首先应按订单金额全部解消承诺阶段产生的支出义务和未清偿支出义务，解消分录为

[①] Committee on the Budget of United States Senate. The congressional budget process—an explanation, U.S. Government Printing Office, 1998.

[②] 财政可持续性与财务健全性是两个相关但含义有别的术语，前者表明"假如现行的财政政策维持不变将会如何"，后者则常用公共部门的净资产（资产负债表）、净现金流量（现金流量表）和净营运成本（运营表）衡量。

[③] 由于做出承诺时采购的商品尚未收到，实际支付也尚未发生，以上两个科目只能按估计金额入账。

借：未清偿义务　　　　100 000
　　贷：支出义务　　　　　　100 000

此时还需要做另一笔分录以反映支出义务转化为运营性负债（并非金融负债），同时增加了公共支出（核实阶段的应计支出）这两个具有财务意义的事项。这里的运营性负债表现为支出机构应付供应商的凭单（对应财务会计中的"应付账款"）。此笔（第三笔）分录为

借：应计支出　　　90 000
　　贷：应付凭单（即未交割订单）　90 000

需要指出的是，对于工薪、水电和电话费等非合约性支出而言，承诺阶段的支出义务对应的是核实阶段的应计支出，因此可在承诺阶段直接做（只需做）第三笔分录。应付凭单体现的债权债务关系仍需在付款阶段最终解消（同时减少应计支出），解消分录如下：

借：应付凭单　　　90 000
　　贷：应计支出　　　　90 000

解消应付凭单也意味着付现支出增加和现金（或银行存款）的减少，因此，付款阶段还需要另一笔分录加以反映：

借：实际支出　　　90 000
　　贷：现金　　　　　90 000

预算会计、财务会计和成本会计在核算方法（和其他方面）存在重要差异，但差异并不是绝对的，因为预算、财务和成本信息的互补性很强，因而需要并存和融合。事实上，包括美国、意大利、荷兰等在内的发达国家中，政府会计系统中分立与融合预算（尤其是支出承诺和应计支出）信息、现金基础财务信息、应计基础财务信息以及成本信息的做法相当普遍。

尽管如此，将预算会计混同于财务会计是错误的。预算会计主要帮助公共部门建立对预算过程的合规性控制，财务会计的主要功能在于帮助评估公共部门的财政可持续性和财务健全性。事实上，预算会计与财务会计的分立是许多国家政府会计的共同特点，美国联邦政府就单设了4 000个预算会计账户[1]。

➢ 本章小结

- 财务会计分为现金和权责会计以及作为两者变体的修正现金-权责会计。修正现金会计将某个递延期（多为财年结束后顺延一个月）内的交易，确认为财年的交易。修正权责会计将那些难以计量的资产（如军事资产、文化遗产和某些公共基础设施）和负债（如社会保险负债）排除在计量范围之外。
- 若与记录支出承诺的会计方法一并实施，现金会计通常可满足合规性控制要求，但因不记录非现金交易，特别是不能提供当前政策的未来成本信息，在监控财政风险和改进决策制定（需要完全成本）上存在弱点。

---

[1] Laine M, Kreyche C A. Revisiting federal financial management reform. Journal of Government Financial Management, 2005, 54（2）: 50.

- 现金会计的一个主要局限就是缺少资本（资产）信息，但现金会计可以被扩展到对应收与应付款的确认。至于应付利息，只是在权责会计下才被确认。权责会计要求重新认识"支出"——折旧包括在其中。
- 权责会计要求建立财务报告标准。政府应努力确保使用国际公认会计准则（GAAP）和会计方法处理相关交易，以确保信息的可靠性并改进监督者的风险评估能力，以及对违规者的惩罚能力。
- 公认会计原则规定财务报表必须在权责会计基础上编制，但允许在税收计量中使用修正的现金制。修正现金基础允许在现金基础上设置一个附加期，通常不超过30天。
- 现金制与权责制最大的区别在于确认和计量收入与成本的时间。例如，某些公认会计原则规定在环境清理费用及相关负债（liabilities for costs）的决定发生时确认。相反，现金预算（cash-based budget）对这笔费用的确认会较晚，因为它在实际发生清理支出时确认。这些会计原则还要求确认固定资产的折旧费、累积的应计负债（liability for accrued leave）、养老金、退休金和退休卫生福利的全部应计负债（actuarial liabilities）。
- 在实践中，权责会计通常在预算会计系统之外，作为一个独立的会计系统被引入。预算会计同时采用承诺基础和现金基础，这种双重记录在欧洲大陆国家相当普遍。
- 财政约束规则（如预算平衡）在不同会计系统下的含义存在重大差异。
- 成本会计制度是绩效预算编制方法的一个先决条件。
- 会计基础在会计、报告、预算和拨款中的应用可以一致，但多数国家并不一致。美国即很典型：联邦预算是义务基础的预算（an obligations-based budget），但与公众的交易通常在现金或现金等价基础（cash-equivalent）上计量。
- 对于许多国家来说，在不远的将来，公共部门采用权责制可能既不合乎需要也不那么容易，尤其在预算和拨款中。政府会计的两项传统职能——适当记录交易和确保对支出的预算控制——不应改变。

▶ 本章术语

政府会计　公共部门会计　预算会计　支出周期　财务会计　成本会计　应计会计　会计　权责会计　支出会计　应计支出　财政承诺　支出义务　预算授权　现金会计　会计准则　代际会计　修正应计会计　修正现金会计　完全应计会计　配比原则　直接成本　成本　费用　间接成本　成本库　成本动因　拨款会计　财政总预算会计　代际账目　拨款账户　承诺账户　核实账户　付款账户　现金基础预算　代际再分配效应　财务要素　会计基础　义务会计　承诺基础会计　未清偿义务　应付凭单　实际支出　财政可持续性　作业成本法　后续承诺　预算运营　财政交易　基金会计　法定授权

▶ 思考题

1. 现金会计的主要优势与劣势是什么？
2. 基于怎样的理由，记录应计支出很重要？
3. 为什么"披露承诺信息如同披露负债和或有负债一样重要"？

4. 目前国际上有哪些主要的国际组织制定公共部门会计和财务报告准则？它们制定了哪些主要的、尚在使用的一般公认会计准则？

5. 与国际标准比较，中国的政府财务会计和报告准则的现状如何？

6. 如何理解"若有充分记录承诺和报告欠款的系统，现金会计就能满足支出控制的要求？"

7. 为什么中国现行"预算会计"有名无实？为什么应以支出周期作为构造真正意义上的预算会计的逻辑起点？

8. 什么是政府会计的双重方法？为什么现金会计不应把对承诺的会计核算排除在外？

9. 代际会计的必要性和作用是什么？为什么权责财务报告对评估财政可持续性不充分？

10. 会计基础在公共预算与财务管理中有哪四个应用领域？一般观点是什么？

11. 记录承诺引发的支出义务信息的作用是什么？

12. 基于怎样的理由，记录核实阶段的应计支出信息非常重要？应计支出与费用有何不同？

13. 现金会计至少有哪三个主要缺点？

14. 基于怎样的理由，在核实阶段定义"支出"最为适当？

15. 义务（承诺）会计模式下，每笔交易用哪三笔分录加以记录？

16. 预算会计与财务会计的关键区别是什么？

17. 公共部门成本会计和作业成本法对于哪些目的和活动很重要？

18. 中国财政部是如何界定和记录"支出"的？现行"支出"概念与计量紊乱的后果为何？

19. 作为预算执行的起点，"拨款"的确切含义是什么？

20. 公共部门成本会计的一般核算步骤是怎样的？

第16章 财 政 报 告

及时、准确、有用的财政信息是做出日常运营决定乃至达成公共预算与财务管理所有目标与功能的基础。财政报告（fiscal reports）涵盖预算报告、财务报告和绩效报告[1]，向公众和其他信息使用提供观察政府和满足其特定需要的信息窗口，对于支持公共预算与财务管理的分析功能和决策功能至关重要[2]。20世纪90年代以来，权责会计和财务报告成为全球化发展的主要方向，有些国家也采用权责预算体制。一般地讲，相对于权责预算而言，权责财务报告应作为优先事项[3]。为促进信息及时性，有些国家要求政府部门在年报之外呈交季度财务报告[4]。公共部门财务报告也是鼓励公民参与和尊重公共价值（public value）的工具[5]。外部财务报告自20世纪下半叶在许多国家有得到广泛采用，美国为先驱[6]。

16.1 财务报告

财务报告的基本目的是满足信息使用者对财务信息的需求，据此区分为一般目的与

---

[1] 财政报告有时特指财政收入、支出和债务的预测评估报告，以支持财政政策的宏观经济分析。预测与评估通常结合在一起，但方法和目的的差异很明确，预测要求建立基线（baseline），即假设政策法律与政策不变会如何；评估要求确认法律与政策变更的影响。本章在宽泛意义上使用财政报告这一术语，定义为表明公款和公共资源获取、使用与使用结果的各类报告，主要包括财务报告、预算报告和绩效报告。

[2] 三类报告的关键差异在于，预算报告作为"事前报告"记录法定授权和政策文件加以实施，所产生的财务效果需要通过"事后"财务报告计量和披露，非财务后果（服务绩效）通过"事后"绩效报告计量和披露。如同预算体制一样，财务报告也因会计（现金或应计）基础不同而区分开来。

[3] 多数国家将预算转换为完全权责基础目前并不适当，但政府应鼓励深化权责制的经验，尤其是在平衡表及其他财务报表方面。尽管财务报告的标准化必不可少，但各国仍有必要构建本国的预算惯例。Schick A. Performance budgeting and accrual budgeting: decision rules or analytic tools? OECD Journal on Budgeting, 2007, 7（2）: 113.

[4] 美国预算与管理局要求各部门从2004年3月1日起，在每个季度结束后的21天内向美国预算与管理局递交未审计的财务报表，要求12月15日之前向总统和国会公布。较短的报告期和提交日期可促使部门为收集和报告财务信息而优化其流程和内部控制。

[5] Glaser M A. Networks and collaborative solutions to performance measurement and improvement in Sub-Saharan Africa//Shah A. Performance Accountability and Combating Corruption. Washington D. C.: The World Bank Publication, 2007: 122.

[6] Jones R. Financial accounting and reporting//Shar A. Local Public Financial Management. Washington D. C.: The World Bank Publication, 2007: 8.

特定目的财务报告，分别针对外部使用者和内部使用者[①]；根据会计基础的不同区分为现金和权责基础报告，包括预算遵从报告。权责报告的主要价值在于能显示当前预算决策的远期影响，从而弥补仅限于分析现金预算报告的缺陷。权责财务信息是评估政府承诺之财政效应必须考虑的重要因素。所有财政报告的一致性目标是作为分析工具以满足使用者的信息需求，但预算遵从报告和权责预算运营表还作为决策工具。理想情况下，财务报告应在政府整体、部门（departments）和规划（programs）层次三个层次上准备、审计和披露。整个财务报告体系包含主表、附表（明细表）、附注及分析和文字说明四个部分[②]。

16.1.1 与预算报告比较

财务报告与预算报告在传统上为公共预算与财务管理中两类最重要的财政报告，功能各异因而不能相互替代。财务报告用于描述过去事项（政策决策实施）的财务结果，反映未来事项与交易的信息惯例上只在预算报告出现，尽管财务报告也可能有。国际上的一般观点认为，在财务报告中应用权责会计基础是适当的，但拓展至预算报告（权责预算体制）会引起严重的问题，需要额外的政治和管理机制应对[③]。权责会计与报告的广泛使用及权责预算的少量使用因而形成鲜明对比。

预算报告与财务报告的关键差异如下。

1. 回顾性-前瞻性

预算报告讲述未来的故事，即政府打算做什么、需要花多少钱、钱从何来。其本质上是前瞻性的，具有强烈"展望（未来）意识"，即便对于不确定性事项，展望意识也至关重要，因为必须确保集体（预算）决策体制不仅能够应对常规的确定性事项，面对非常规的不确定性事项时也能正常运转，如应急预算。

财务报告则是回顾性的（向后看），呈现预算决策的财务后果实际上是怎样的——呈现于平衡表、运营表、现金流量表、资本支出表和财政风险表等。财务报表中的资产负债表最为重要，呈现资产、负债及作为两者差额的净资产存量及其变化。变化的主要原因是预算决策的实施，收入决策、支出决策和债务决策为其中的三个主要类型。

2. 分析工具-决策规则

认识到财务报告与公共预算的基本区别很重要。在现金预算体制下，财务报告作为

[①] 外部使用者包括选民（包括被选举的代表）、财务分析师、政府债券投资人、贷款人、供应商、评级机构、其他政府、国际机构和媒体。纳税人被要求提供资源给政府，因此对政府如何运用当年和以前年度征收的资金的信息感兴趣。内部使用者为政府本身，包括立法机关、决策制定者、行政部门（负责人），通常能够要求查阅内部财务报告。不同使用者对财务信息有不同需求。特定目的财务报告包括为主要贷款者和机构负责人编制的财务报告，信息需求也由使用者决定，差异很大。本章讨论的只是旨在满足外部使用者的一般目的财务报告，即通常应按一般公认会计原则准备的标准化报告。

[②] 附注披露的内容包括会计政策和特定事项（如财政收入细目、资产租赁和外币折算为本币使用的汇率）的具体说明。会计政策是企业在编制和说明财务报表中所采用的具体的原则、基础、惯例、规则和实践。国际会计准则要求披露所有重大的会计政策，一般通过会计政策报表来实现。

[③] Schick A. Performance budgeting and accrual budgeting: decision rules or analytic tools? OECD Journal on Budgeting, 2007, 7 (2): 130.

分析工具而非决策规则，但预算报告是公共部门中关键的管理决策文件和记录法定授权的文件——作为决策规则的文件，基本的财政受托责任（accountability）也以遵从法定授权的预算实施为基础。合理情形下，预算政策筹划以权责财务报告为重要视角，对平衡表、运营表、现金流量表等的影响会是怎样的？财务报告的角色是分析工具而非决策规则，除非转向权责预算体制，这意味着根据消耗的商品与引起的负债来决定未来若干年的收支安排。

相比之下，预算报告体现决策规则的角色：要么基于组织-条目（传统模式），要么基于超越组织的绩效导向（规划与产出或成果）或专制化决策，后者的典型例子是资本预算——对应经常预算，后者仍以组织作为预算决策的基本结构。

3. 外部报告-内部报告

预算报告主要供政府内部使用，即侧重满足内部使用者的信息需求，包括立法机关、核心部门、支出部门和各级政府。财务报告主要满足外部使用者的信息需求，包括公众、媒体、供应商、政府证券购买者、分析人士、其他国家和国际组织。然而，这种区分只是相对的，因为预算文件并非内部文件，作为记录立法机关法定授权和政府政策（及优先性）文件，都要求向民众公开。

4. 财务存量-财务流量

资产负债表（财务报告中最重要的一个）计量财务存量，预算报告计量财务流量。因此，即使采用统一的权责基础预算体制和财务报告，预算差额（盈余或赤字）与净资产变动通常也很不相同[①]。

5. 遵从标准-遵从惯例

预算报告的政治本质（法定授权和政策工具）意味着惯例压倒标准化，财务报告的标准化很少有类似的政治考量，无论采用现金还是权责基础。包括中国在内的许多国家的财务报告准则与制式与国际标准的差距越来越小，在某种程度形成对沟通和比较极为有利的"国际语言"。

16.1.2 预算遵从报告

预算遵从报告属于财务报告的一个特定而关键的类型，也称法定合规性报告或预算一致性报告，中国当前背景下包括"决算报告"和"预算执行情况报告"。可以连同其他财务报告一起发布，也可独立发布或（同时）出现在下年度预算文件中。此类报告实体通常与预算报告实体的范围相同，要求向立法机关和提供公共资金的纳税人表明资金使用是否与拨款的用途一致，也可能被要求说明是否与相关法律、规章、合同一致。

预算遵从报表的显著特点是同时列示预算（授权拨款）数和实际数及其偏差。预算执行中通常会有若干次的拨款调整（追加追减预算授权）。在这种情况下，应同时列示初始预算所选择的授权和调整的授权。许多信息使用者关注预算遵从情况，尤其是立法机关、财政部门、支出部门和纳税人。

[①] 2005年澳大利亚昆士兰州预算盈余约为30亿澳元，但是在资产负债表中资产净值增加了180亿澳元。这一差异主要由于对现有资产的重新估值，而非当年新增的资产积累。

此外，基于保持一致（可比）和财务控制的目的，授权数（"计划"或"预算"）与实际结果采用相同会计基础并由同一报告实体加以报告非常重要。虽有少数例外，多数国家依然采用现金基础预算体制，它们通过预算遵从报告了解对年度预算法、其他相关法律及合同规定的遵从情况，现金基础的预算遵从报告能够直接满足这一要求。

预算拨款和财务报告采用不同会计基础会加剧复杂性。目前大致有四种情形，即拨款与财务报告均采用现金基础（多数国家如此）、拨款与财务报告均采用权责基础（如英国、澳大利亚和爱尔兰）、拨款采用现金基础而财务报告采用权责基础、拨款采用现金基础但包括某种义务而财务报告采用修正权责基础（如美国）①。

采用相同的会计基础的显著优势是可直接显示和评估预算遵从情况。在预算采用现金基础、财务报告采用权责基础的情况下，将两个口径——现金基础的预算遵从报告和权责基础的财政运营表——的预算差异（盈余/赤字）调整为可比口径很重要。中国当前的做法（专栏16.1）是提供预算结余差异对照表，以反映权责基础当期盈余与现金基础预算结合间的差异。

专栏 16.1　中国的政府财务报告制度

迄今为止，中央和地方政府均未公开披露正式的权责财务报告，但相关努力和框架已经在四个主要文件中体现出来。

国发〔2014〕63 号

2014 年 12 月 31 日发布的《国务院关于批转财政部权责发生制政府综合财务报告制度改革方案》指出："仅实行决算报告制度，无法科学、全面、准确反映政府资产负债和成本费用……必须推进政府会计改革，建立全面反映政府资产负债、收入费用、运行成本、现金流量等财务信息的权责发生制政府综合财务报告制度。……县级以上政府财政部门要合并汇总本级政府综合财务报告和下级政府综合财务报告，编制本行政区政府综合财务报告。……总体目标是通过构建统一、科学、规范的政府会计准则体系，建立健全政府财务报告编制办法，适度分离政府财务会计与预算会计、政府财务报告与决算报告功能……改进政府绩效监督考核……政府会计规则尚未全面建立之前，在现行政府会计制度的基础上，暂按照权责发生制原则和相关报告标准（编制）……政府财务报告主要包括政府部门财务报告和政府综合财务报告。……（两类）报告按规定接受审计。审计后的政府综合财务报告与审计报告依法报本级人民代表大会常务委员会备案，并按规定向社会公开。……建立健全政府财务报告分析应用体系……并将政府财务状况作为评价政府受托责任履行情况的重要指标。"

财库〔2015〕212 号

2015 年 12 月 16 日财政部发布的《政府财务报告编制办法（试行）》规定："……从 2017 年起开始编制 2016 年度政府财务报告……包括会计报表、报表附注、财务分析

---

① 包括某种义务是指承诺基础的预算拨款，拨款并不代表实际拨付的资金，而是代表承诺（签署合同等）形成的未来支付义务（obligations）。预算意义上的承诺（财政承诺）对应支出周期的第二阶段，第一阶段是拨款授权，第三阶段是核实交付，第四阶段是付款。

等……政府部门财务报告由政府部门编制……政府综合财务报告由政府财政部门编制……会计报表主要包括资产负债表、收入费用表及当期盈余与预算结余差异表等……资产负债表应当按照资产、负债和净资产分类分项列示……收入费用表应当按照收入、费用和盈余分类分项列示……差异表重点反映政府部门权责发生制基础当期盈余与现行会计制度下当期预算结余之间的差异。……分析应当包括财务状况分析、运行情况分析、财政中长期可持续性分析等……（财政部负责）审核省本级和全省政府综合财务报告，合并汇总编制全国政府综合财务报告……本办法自 2017 年 1 月 1 日起施行。"

财库〔2015〕224 号

财政部 2015 年 12 月 2 号发布的关于印发《政府综合财务报告编制操作指南(试行)》的通知规定：平衡表的"资产"按"货币资金"和"受托代理资产"等 17 个条目列示，"负债"按"应付短期政府债券"和"受托代理负债工"等 13 个条目列示；收入费用表中的"收入"按包括税收收入、非税收入、投资收益和其他收入等 7 个条目列示，"费用"按"工资福利"、"折旧"、"摊销"等 10 个条目列示，"当期盈余"定义为本期总收入减去本期总费用的差额。当期盈余与预算结余差异表的"当期盈余"定义为权责发生制基础的本期总收入减去总费用的差额，包括政府财政当期盈余和政府部门当期盈余等。此文还规定编制货币资金明细表等 16 张附表。

财库〔2015〕223 号

财政部 2015 年 12 月 2 号发布关于印发《政府部门财务报告编制操作指南（试行）》的通知，内容与 224 号文相对应，包括 16 张附表。

预算遵从报表一般制式如表 16.1 所示。

表 16.1　预算遵从报表一般制式

预算科目	初始预算	批准调整	授权总额	实际结果	高于授权	低于授权
收入科目						
增值税						
所得税						
融资科目						
借款						
贷款						
资产销售						
支出科目						
个人薪金						
资产租赁						

更完整的预算遵从报表应覆盖支出周期（expenditure cycle）四个主要阶段的预算运营信息，即预算授权、承诺（义务）、核实（应计支出）和付款。表 16.2 直观地显示了基于支出周期的预算遵从表基本格式。

表 16.2　基于支出周期的预算遵从表基本格式　　　　　　　单位：元

条目	预算授权	支出义务	应计支出	付现支出
工资	300 000	320 000	310 000	300 000
公车购置	2 000 000	2 500 000	2 300 000	2 000 000
差旅费	200 000	240 000	230 000	220 000
汽油	50 000	56 000	55 000	53 000
道路维修	1 000 000	1 800 000	1 500 000	980 000
房屋租金	1 000 000	1 000 000	1 000 000	997 000
合计	4 550 000	6 916 000	5 400 000	4 550 000

表 16.2 显示了总的付现支出与预算授权总额相等，表明预算系统的控制机能很好；"工资"和"公车购置"两个条目也是如此。但是，其他条目的付现支出与预算授权都有偏差，其中"差旅费"和"汽油"分别超支 20 000 元和 3 000 元，"道路维修"和"房屋租金"两个条目分别节支 20 000 元和 3 000 元。

引人注目的是，虽然总的付现支出与总的预算授权一致，但若以支出承诺（义务）衡量，总的超支高达 1 366 000（6 916 000－4 550 000）元，其中每个条目的超支情况不等。即使以核实阶段的应计支出（相当于预算单位应付未付的债务）测量，总的超支也高达 845 000（5 400 000－4 550 000）元。这些信息可以帮助预算报告使用者（尤其是立法机关）进一步查明具体原因，从而为实施新的控制（纠偏）措施奠定基础。

表 16.2 的信息对管理拖欠和财政风险也十分重要。若以实际付款低于支出承诺衡量，总的拖欠达 2 366 000（6 916 000－4 550 000）元；若以实际付款低于应计支出衡量，拖欠也达 850 000（5 400 000－4 550 000）元。由于拖欠最终需要偿付，而偿付能力对于许多政府和预算单位通常不足，任其发展下去就可能造成财务危机，并引发更多的连锁反应。这些信息则可以帮助查明原因，提前采取应对措施。

16.1.3　资产负债表

资产负债表（平衡表）为分析公共预算与财务管理提供比现金报告更好的视角[1]，这主要是指以存量法（净值法）评估财政政策的效应[2]。平衡表遵循资产－负债＝净资产，此为平衡表三要素[3]。中国的政府资产负债表如表 16.3 所示[4]。

---

[1] 根本性的改变在于，宏观财政变量与政策政策目标量（增长率和就业率等）的相互作用，在预算筹划的早期阶段即应被充分认识到，因而宏观预算准备的重点不再是收支平衡或税收减免，而是目标间的反复磨合，以产生一份协调性和一致性程度很高的权威性政策文件。

[2] PBFM 的焦点是财政政策。财政政策的综合（overall）目标是财政赤字的可持续性，而非财政赤字或盈余的特定水平。如果财政赤字导致公共部门净资产（资产减负债）地位的削弱，即为不可持续的显著标志。因此，对财政风险采用存量法预警好于采用流量法预警，后者由凯恩斯宏观经济分析理论开创，从 20 世纪 60 年代起深刻地改变了许多国家准备宏观预算的方法。

[3] 由于没有利润、特定股东、特定索取权，公共部门没有"权益"概念，资产减负债得到的因而是净资产而非权益。公共资产的无索取权、公共负债无真正债务人并有很高的负担幻觉，意味着与私人资产和负债的根本区别。平衡表的含义也是如此。当然这只是指一般情形。对于公共部门的股权投资，权益（区别于净资产）仍为平衡表要素。

[4] 根据财库〔2015〕224 号关于印发《政府综合财务报告编制操作指南（试行）》的通知整理。

表 16.3 中国的政府资产负债表

资产	负债
流动资产	流动负债
货币资金	应付短期政府债券
应收及预付	短期借款
应收利息	应收及预收
应收股利	应付利息
短期投资	应付职工薪酬
存货	应付政府补贴
一年内到期非流动资产	一年内到期非流动负债
非流动资产	非流动负债
长期投资	应付长期政府债券
应收转贷款	应付转贷款
固定资产净值	长期借款
在建工程	长期应付
无形资产净值	其他负债
政府储备资产	受托代理负债
公共基础设施净值	负债合计
公共基础设施在建工程	
其他资产	
受托代理资产	
资产合计	净资产合计

表 16.3 缺失了很多信息因而不够完整[①]，但即使是初步报表作为财政预算文件的一部分进行发布，也有助于将其引入政策讨论中。因此，原则上公共部门应提供完整独立的平衡表和其他权责财务报表[②]。

以净资产评估财政状况方法称为存量法。使用财政赤字判定财政可持续性虽然最为常见，但有其局限性，即没有考虑政府净资产变化。无论公共部门还是私人部门，通常都不会因为预算赤字的压力走向崩溃。即使赤字持续多年，政府也有办法使其恢复平衡。因此，许多情况下，财政不可持续并不通过财政赤字表现出来，而是隐藏在平衡表中，净资产的减少令人担忧。多年来，这个问题在中国十分突出[③]。

在此背景下，中国亟须超越传统的赤字判定法，通过评估政府净资产的变动趋势决定当前的财政政策是否需要调整。为此，各级政府必须了解其真正的资产和负债情况。更一般地讲，各级政府都要定期编制和披露其可信的资产负债表。

净值法（平衡表法）可以揭示出某些看似不起眼的变化，很可能对政府净值带来重

---

① 明显缺失的主要有不可再生的生态环境资源、跨代债务（未备基金的养老金等）和公共企业。
② Traa B, Carare A. A government's net worth. Finance & Development, 2007, 44（2）: 46.
③ 大规模的土地出让金（导致政府减少土地使用权）和自然资源（尤其是矿产资源和水资源）的衰退，转变为各级政府财政收入的超高速增长，直到近年才有所减缓。这种"减少资产、赚取收入"的短视行为蕴含极高的财政风险，随着时间推移逐步显现出来。

大影响，从而置财政可持续性于危险境地。这些"小幅变化"包括汇率、利率和资产价值的波动。在资产和债务规模累积到一定程度时，可能导致政府债务规模和政府救助（无力还债的公共企业和金融机构等）大增[①]。

净值法还可帮助鉴别代际债务"对未来数代人的欠债"。这类跨代债务主要体现为未备基金的未来社会保障权益，本质上是当前政策（基线）下社会保障体系中的预期财政赤字。在"未富先老"风险很高的背景下，老龄化社会的迅速到来，很可能意味着这方面的"欠账"（未来赤字）超过现有政府性债务。只要将其引入平衡表，就可能导致公共部门净资产从正变负，这是财政上不可持续、需对现行政策重大调整的显著标志。错失了调整机遇，后果不堪设想。

平衡表涉及的若干特定问题总结如下。

（1）需要规划层平衡表。政府、部门和规划三个层次的平衡表都有其独特作用，因此须被精心准备。规划层平衡表也称规划报表（program statement），即显示每个规划的总资产与负债的财务报表，对于规划评估（program evaluation）至关重要，后者是指对规划成果（outcomes）的系统研究，包括内部机构与外部个体的评估[②]。

（2）资产销售（平衡表交易）应作为融资。许多国家将资产（包括公共企业及土地和矿产等自然财富）销售计作财政收入，混同于平衡表明交易与运营表交易的界限，显著地粉饰了政府财政状况的真实面貌，也延迟了至关重要的政策调整，中国背景下的"资源枯竭型城市"问题和资源诅咒即为明证[③]。

资产销售的实质是资产结构的转换，将非货币资产（包括固定资产、无形资产和存货）转换为高流动性的货币资金。因此，会计记录应是借记货币资金、贷记被销售资产。这意味着其财务本质与债务融资相同，为财政赤字融资。易言之，收入不抵支形成赤字时，才需要通过举债和销售资产融资。合理情形下，销售资产的目的与本质都在于提供弥补赤字，而非获取财政收入的手段[④]。非常明显的是，资产销售不可持续，因为正常情形下，公共资产的目的是被持有（使用以提供服务）而非被销售。

（3）或有平衡表（contingent balance sheet）。标准（常规）平衡表只能用于监测确定性的资产与负债。许多政府通过承担担保和救助等或有责任，而形成数目可观的或有资产和或有负债，两者差额形成或有净资产。或有平衡表对于监测财政风险尤其有用。标准平衡表的主要作用是简明扼要地描述资产和负债，并未特别关注财政风险，尽管净资产的持续减少即意味着可持续性风险。

（4）厘清中央银行的平衡表。这项工作主要涉及采用当前市场价格对账面价值进行调整，以反映资产、负债和所有者权益的真实情况，并确认真实损益及其与政府预算

---

① 至少在2001年前的20多年中，中国各级政府的财政收入形势"一派大好"的背后，政府平衡表中隐含的风险乃至危机，实际上已经悄无声息地存在了很长时间，只是很少被关切而已，更不用说采取有力的措施（如控制土地和自然资源锐减趋势）了。

② Schiavo-Campo S, Tommasi D. Managing Government Expenditure. Manila：Asian Development Bank，1999：512.

③ 在销售资产带来源源不断的收入被纳入财政收支表，显示政府财政状况一片（虚假）繁荣的同时，净资产地位却在持续下降。如果将平衡表引入预算过程并及时预警，那么在当时即做出政策调整的可能性较高，有效性更是如此。缺失平衡表预警给中国各级政府造成的负面后果，远高于想象。

④ 在此意义上，中国背景下的财政状况被严重粉饰，财政赤字水平和可持续性被严重高估。

间的关系。

16.1.4 财政运营表

财政运营表（fiscal operational state）的重要性仅次于平衡表，两者都采用权责会计基础，但前者采用流量视角，后者采用存量视角。无论预算体制采用现金基础还是权责基础，两类报告都是适当的且非常重要。

与作为存量表的平衡表不同，运营表为流量表，通常按预算年度准备和披露，涵盖三个财务要素（financial elements）：收入-费用=运营余额（operational balance）编制。注意不应将现金基础的财政收支表与权责基础的财政运营表混为一谈，前者呈现报告期内现金流（现金流入、现金流出与现金余额）信息，后者反映报告期内经济资源流量，收入表达的是"可得资源"（包括未实现但确认可获得），费用表达的是"可得资源的耗费"，作为两者差额的运营余额若为正，则表明当期可得资源用于提供当期服务后还有富余，可用于以后继续提供服务；若为负，则表明当期提供服务动用即消耗了未来资源，因为本期可得资源存在缺口（不足），暗含未来需要节余的资源数量。

中国拟议的政府财政运营表（表16.4）称为收入费用表，按当期盈余=收入-费用三个财务要素等式编制[①]。

表 16.4　中国的财政运营表

收入	费用
税收	工资与福利
非税收入	商品与服务
事业收入	个人与家庭补助
经营收入	企事业单位补贴
投资收益	政府间转移支付
政府间转移收入	折旧
其他收入	推销
	财务费用
	经营费用
	其他费用
收入合计	费用合计
当期盈余=收入合计-费用合计	

注意"收入"术语在不同会计基础下的差异很重要。现金会计下，收入是指现金收入，对应作为财务资源的核心成分现金资源；在权责会计下是指运营收入，即筹措的经济资源，美国联邦预算中通常称为运营收益（net operating revenue），与费用的差额即运

---

① 根据财库〔2015〕224号关于印发《政府综合财务报告编制操作指南（试行）》的通知整理。

营余额称为净运营收益（net operating revenue）。

运营表的"收入"和"费用"信息对帮助使用者评估政府财务状况和服务绩效非常重要。费用对成本核算对象的分配形成成本（总成本和单位成本），在运营绩效中区分为投入的成本（对应经济性）、产出的成本（对应效率）、成果的成本（对应有效性）及作业的成本（作业成本法）。与"现金支出"不同，费用与成本信息包括资产的减少（折旧、摊销和毁损等）和负债的增加（应计利息），从而将平衡表和运营表联系起来，提供观察与评估政府政策之未来财务影响的更大框架。

权责会计既可提供政府整体提供服务的总成本信息，也可提供特定成本对象的成本信息。两类成本评估对于评估财务绩效和服务绩效都深具价值，对于改进运营决策也是如此。财政运营明细表可提供特定成本对象的成本信息，以决定是否继续该活动并考虑编制合理的预算方案和控制活动。成本信息对于绩效导向和公共定价尤其重要[①]。更一般地讲，通过提供更好的财务信息给使用者，权责会计可以改变公共部门中的资源分配。这可能直接发生或通过投票表决实现。

16.1.5 现金基础财务报告

现金基础财务报告表明了现金资源的来源、分配和使用，国际会计师联合会所属公共部门委员会将其分为运营活动、投资活动和融资活动现金流三类。现实地看，还应包括难以归属其中的"其他"类。而现金流量表是现金基础财务报告的主要形式，现金流量表的基本格式如表 16.5 所示。

表 16.5 现金流量表基本格式

现金流类别	期初余额	本期流入	本期流出	期末余额
运营活动				
投资活动				
融资活动				
其他活动				
合计				

本期现金流入应区分直接税、间接税、来自公共设施的收入（道路使用费等）、来自公共服务的收入（行政规费等）、资产租赁-销售-处置收入、特许权收入、罚款、捐赠和其他收入；也应在复式预算框架下区分为经常收支和资本收支（表 16.6），包括总表和明细表。应注意的是，资本支出（与取得资本资产相关的支出）在现金基础财务报告下作为资本支出单独披露，但并不资本化（折旧与摊销）。

[①] 了解政府活动的总成本可以帮助决定如下：预算中采纳哪些政策（目标）、如何最优地实现这些目标、机构自己提供还是外部购买、向公共设施使用者收费中应否包括（补偿）服务成本。了解特定成本对象（投入、产出、成果、活动与规划）的成本信息，对于确定给定资源总量下的可行性与优先性至关重要。优先性取决于社会偏好和成本。给定社会偏好，成本成为决定优先性关键因素。

表 16.6　经常收支与资本收支表基本格式

收支分类	预算授权	实际结果	偏差
经常账户			
经常收入			
经常支出			
经常余额			
资本账户			
资本收入			
资本支出			
资本余额			
合计			

资本收入主要包括拨款、借款、资本性转移支付、投资收益和资产销售与处置收入。所有资本收入以外的收入都是经常收入。在某些情况下，资本支出也可能包括支付的税收（如增值税）。特别重要的是，经常支出和资本支出应有明细表显示特定明细项目，如"信息与计算机系统"中的两类支出。几乎所有的公共投资项目（如公路建设）均包含经常与资本支出。

估计两类支出的比例关系对于投资决策很重要，通常以 r 系数表达这种关系。r 系数是指每 100 元投资需要的经常支出，若为 0.10，则表明每投资 1 亿元即需要安排 1 千万元的经常支出。估算 r 系数对经常支出与资本支出的统筹安排、避免盲目的投资决策（忽视资金缺口）都必不可少。

对于多种目的而言，经常支出和资本支出的统一筹划及分别报告非常重要，前提是清晰定义资本资产（capital assets），即为取得资本资产发生的支出。资本资产指预期使用寿命在 1 年以上、单位价值在规定标准以上的非财务和非军事资产，主要包括固定资产、无形资产和政府存货。

IFAC 所属公共部门比较值（财务报告准则 7）还区分了"互惠收入"和"非互惠收入"的现金收入，前者是指等价交换形式的收入，后者是指政府运用权力获得的无偿性收入；相应的支出分别称为互惠交易支出和非互惠交易支出。互惠收入主要包括销售、出租与处置公共资产、投资收益、利息收入、特许权收入。非互惠收入主要包括预算拨款、税收、转移支付、罚没收入、救助和捐赠。

政府贷款和转移支付形式的现金支出，在数目可观时亦应单独披露，否则可作为现金流量表或现金支出表的附注披露。类似的处理还有利息支出和对政府控制实体（如国有金融和非金融企业）的注资（股本投资）。托管支出（对应托收入）亦应如此。社会保险基金与地方政府为上级政府代理征收的税款的支出，为典型的托管支出。"托管"是指"受代理人委托管理"的事项。

16.2 绩效报告

许多国家的政府提供绩效报告以期强化受托责任和透明度,但尚须发展出比较全面的理论进行指导和证明其有效,包括区分政府整体绩效报告和部门绩效报告,并使其能够切实地帮助改进绩效,还应如同私人部门(财务报告)那样作为强制披露要求[①]。绩效的基本含义是"表现如何",可以从主观努力和客观结果(以及过程)方面定义。由于主观努力很难观察,多数文献关注客观绩效,可宽泛也可狭隘地定义,可区分为三个层次:作为"好政府"衡量标准的广义绩效;作为"好的公共预算与财务管理"衡量标准的财政绩效(fiscal performance);作为"好的服务交付"衡量标准的运营绩效(operational performance),运营绩效也称服务绩效,涵盖常规公共服务、对公众的转移支付(分发现金)及国库现金管理三个层次。最常被使用的是服务绩效概念,反映政府的本质是服务人民的核心理念。然而,各个层次的绩效均应加以报告,因为信息不对称反映在每个层次上。各种绩效报告的适当理论基础和重要性,均根植于绩效受托责任、管理控制和公民权利[②]。

16.2.1 报告政府绩效

最广义的绩效是指政府绩效,即衡量"好政府"的一整套标准,其必要性和重要性在于关于政府角色和适当作用的讨论,以及随之而来的适当政策与制度的讨论,依赖于对"好政府的量化标准"的讨论,要求开发政府质量的量化评估指数,以此作为对不同公共政策目标进行评估的起点,以强化治理质量,包括确定财政分权的适当水平,财政分权尤其关注贴近人民偏好或意愿的服务交付与受托责任。这里涉及计量什么及如何报告两个基本问题。计量为报告的基础。

一项包含 80 多个国家的实证研究提出了关于政府治理质量指数的计量,涵盖治理维度的 4 个关键方面和 10 个指标,所有政府均应被期待追求这些最重要的目标[③]。

(1)公共话语(参数)指数,关注政治透明度和所有公民的话语权,以"政治自由"和"政治稳定性"计量。

(2)政府导向指数,关注有效率和有效的公共服务,以"司法效率""机构(官僚)效率""消除腐败"计量。

[①] Cunningham G M, Harris J E. Toward a theory of performance reporting to achieve public sector accountability: a field study. Budgeting & Finance, 2005, 25(2): 15-42.

[②] 绩效受托责任要求公众了解"谁负责什么"及"做得怎么样——收支联结(成本有效性)",并且只有在问责(信息和报告)与实施(裁决和奖罚)机制存在时才会有效,此外还意味着管理文化的转变,内部导向转向外部导向。管理控制聚焦决策管理(制定和执行)和决策控制(审批与监督)。决策分为政策决策和预算(财政)决策。绩效报告制度对于反腐和透明度也很重要,也有助于引导机构将精力从运营细节转向追求政策目标上。然而,绩效信息通常比财务信息更难获得,尽管大数据技术正在快速发展。

[③] Huther J, Shah A. A simple measure of good governance//Shar A. Public Services Delivery. Washington D. C.: The World Bank Publication, 2007: 40-41.

（3）社会发展指数，关注促进公民健康，以"人类发展"和"平等的收入分配"计量。

（4）经济管理指数，关注为经济增长创造适宜的气候，以"外部导向""央行独立性""债务/GDP 比率"计量。

普遍认为，地方政府的治理质量需要单独评估，评估视角和重点因国家而异，涉及如下五个维度，每个都有特定的评估标准[1]。

（1）运营合规性。关注政府运营与法律及程序的一致性（conformance），评估标准涵盖资源分配、服务供应及收入面标准（收入面的标准），前两个受制于法律界定的地方政府的权力、职能及责任（responsibility），后者要求最大化其收入基础的同时确保征税或收取使用费过程中没有引发无效率，与"广税基、低税率"最优税制理论相契合。

（2）财政健康（fiscal health）。关注资源使用与财务管理的结果，记录为财务报告与预算报告中的数字，以及决定这些结果的财政过程（fiscal process），两者都聚焦财政纪律（fiscal discipline）这一财政管理的首要价值。

（3）回应性。关注提供正确的服务以回应公共需求[2]，即使运营合法且财政健全，也未必具有回应性。

（4）效率。关注以效率最高的方式提供服务，财政分权文献对效率的强调甚至甚于回应性，评估标准主要有"成本效率"（少花钱多办事）、"竞争性"、"话语权"（表达对无效率服务的不满）、"退出机制"（可选择替代性供应商）和"服务生产过程"，竞争性来自服务交付的替代性选择，包括其他地方政府[3]，过程评价主要涉及各种形式的公私伙伴关系与某些情形下的私有化。

（5）受托责任。关注最高程度地针对公民的责任，分权文献将其视为高于效率、更高于回应性的中心主题，源于分权将政府权威贴近人民这一初始优势，交通、通信和信息技术的发展并不会从根本上削弱这一优势，相应的评估标准涵盖地方受托责任三个前提条件，即政治代表的地方性[4]，选民拥有地方政府绩效信息，存在话语权与退出渠道。

发达国家的地方政府评估通常更侧重前两个维度，即运营合规性和财政健康；发展中国家更侧重后三个维度，尤其是政治（代表对选民）受托责任，其为地方治理的中心原则[5]。每个维度都要求评估与报告成果（outcomes）和过程（process）。

在"计量什么"确定后，接下来的问题是如何报告。许多国家的政府已经致力于建立和实施统一与标准化的绩效报告体制。通过这一体制，绩效信息得以流向社会。绩效

---

[1] Andrews M, Shah A. Assessing local government performance in developing countries//Shar A. Public Services Delivery. Washington D. C.: The World Bank Publication, 2005: 63-68.

[2] 回应性源于贴近性带来的独特优势，这使地方政府比中央政府更可能提供正确的服务。许多发展中国家的中央政府创建地方政府的目的，就在于对较低级的需求做出回应，但政治与行政的命令—控制导向创造的等级式治理结构妨碍回应性。

[3] 这是 Tiebout 表达的观点，即著名的"以足投票"理论。

[4] 政治代表的地方性假设地方选民有能力约束其代表对其行动和绩效负责，绩效信息要求预算去神秘化（budget demystification）。

[5] 在公共资源管理领域，治理概念的基本含义是执行法定授权的各个方面，包括组织架构、内部控制、风险管理和职业道德规范，焦点则是代理人对委托人的受托责任。

信息可比性和公开透明相结合，反过来形成重要的压力与激励机制，驱使政府和机构致力改进绩效。统一的、标准化的、可比的和定期披露的绩效报告之重要性正在于此。有时地方政府自行详细报告绩效与过程信息，如中国香港、菲律宾[①]。这些以目标或可比参照物为基础的标杆（benching）提供的绩效信息获取渠道，消除了官僚文献，强化了政府官员和选民代表作为公仆应履行义务的民主理念[②]。

标准制式的绩效报告有助于约束政府采取应对挑战的行动，但只有伴随有力的监督-评估与话语权-退出机制才会有真正有效，两者的基础都在于常规的公共选择（public choice）过程：选民能够评价其政治代表（中国背景下的人大代表）的表现，以及约束其代表对绩效负责。为此，畅通的公民话语权渠道和对立法机关负责的审计体制至关重要。

16.2.2 报告运营绩效

运营绩效报告的终极观点是，绩效报告制式能对绩效信息的使用与配置产生持续影响；报告需要清晰、简明（concise）、有吸引力和可理解，特别好的方式是将地理位置的成果数据呈现出来，表明哪些地方最需要改进，如机构可以锁定一个城市的不同街区的清洁度，可据此配置清洁工。通过阅读不同报告期的报告，阅读者能够了解随时间发生的变化。此外，数据无论来自观察者评估、消费者调查、机构记录还是焦点人群（focus groups），均可以图形呈现，只要数据能够区位化[③]。

运营绩效报告以规划（programs）绩效作为基本单元，聚焦产出、尤其是成果（意欲的结果），分为以下两个报告模式。

1. 准则基础的绩效报告

全过程的评估与报告依次涵盖相关性-就绪度-效率-效果-资产-可持续性六个准则，每个准则区分为财务维度和非财务维度，以此形成标准化报告制式的基本框架很重要，可称为准则基础的绩效报告。

准则视角的报告制式依绩效的内容不同而区分开来。其中，相关性以"需求"（是否客观存在）、"政策"（是否扶持）和"设计"（规划设计的合理性）加以评估；就绪度以"环境评价报告"（是否通过）、"移民拆迁"（是否符合预期进度）、"招投标"（是否完成）、"机构与管理团队"及"资金落实"加以评估；效率以"工作量进度"是否符合预期加以评估，项目资产以"数量"与"质量"和"货币价值"加以评估；效果以"预定目标"的达成程度加以评估，更好的评估要求聚焦成本有效性；影响以对"经济""环境"

---

① 《菲律宾地方政府章程》（*Local Government Code 1991*）要求地方政府报告绩效信息，提供半年和全年建设工程的成本和成就的绩效标准方面的信息，不只是政府内部而且向社会公开，旨在促进指向公民及其代表的受托责任。

② Andrews M, Shah A. Assessing local government performance in developing countries//Shar A. Public Services Delivery. Washington D. C.: The World Bank Publication, 2005: 79.

③ 焦点人群是指受邀参加简短座谈会的特定服务的少量消费者，他们会被问及服务体验、服务特征及改进建议等问题。
参见：Hatry H P. Results matter: suggestions for a developing country's early outcome measurement effort//Shar A. Public Services Delivery. Washington D. C.: The World Bank Publication, 2005: 85-109.

"社会""行为"的正面及负面影响加以评估；可持续性以"机构与团队"、"运营预算"、"政策导向"（政府支持与否）及"利益相关者沟通"加以评估，"内部控制"也是重要的评估尺度。

2. 关联性基础的绩效报告

此类模式以结果链（投入-活动-产出-成果-影响）作为报告基础。每个要素与绩效的关联程度依次递增，投入最弱而影响（impacts）最强，但可计量的难度也依次递增。量化非常重要，因为只有量化的才是真正可以"被管理"的东西。不可量化的东西，本质上也不可被管理。

投入最易量化，无论人力投入、物力投入还是财力投入。广义的投入是指努力（efforts）、政策、规划和资源四个要素的集合。其中，主观努力（脑力和精力的消耗）变量很难观察，所以焦点常常集中在资源维度上。但除非受到政策和规划的引导，否则，单一的资源要素不足以构成完整的投入。为得到意欲的结果，我们所投入的不可能仅仅是资源，还必须有政策和规划。

产出的量化为重中之重，因为产出是通向成果的桥梁，而且产出的可控性远高于成果。任何情况下，都不应要求任何人对其不可控或超出职责范围的东西负责。当产出量化出现困难时，过程计量和成果的监督变得尤其重要。

作为一般规则，过程报告应单独融入绩效报告。过程报告涵盖流程绩效、利益相关者满意度和服务渠道三个尺度，服务渠道关注公共设施与服务的替代性选择，如果无法以合理成本从本辖区政府得到服务，那么，公众应有其他替代性选择，包括其他政府、私人部门和各种形式的公私伙伴关系。

与绩效计量一样，绩效报告应聚焦"解释"而非"指标"。对绩效信息作清晰合理的解释远比绩效指标本身重要。解释的重点在于鉴别成败得失，以及改进绩效的适当建议，尤其应注重鉴别失败，这比鉴别成功重要，尽管很可能引起某权力执掌者或负责人不快。

无论采用哪一类模式，绩效报告的五个要素——"标准"、"实际"、"偏差"、"评级"和"解释"——都必不可少。为促进绩效报告的可信度和可靠性，保证适当的证据来源非常重要。原始证据可以来自机构记录、消费者反馈（调查）、焦点人群和观察者评估。观察基础的评估（observation-based evaluation）与报告使利益相关者有能力鉴别政府是否吻合"好政府"的一般标准。

无论采用什么制式，绩效报告的数据质量控制程序都至关重要。该程序应满足四项基本要求：界定良好的评级体系（用以准确鉴别服务优劣）[1]、对观察者的充分培训、对观察过程的监督、定期检查评级质量的流程。中间两项适用于绩效报告数据来自观察者这一特定情形。

---

[1] 道路清洁度观察评级可分为四级：1级为清洁（完全或几乎完全清洁）；2级为适度清洁（moderately clean），即大部分清洁只有一小部分有点脏；3级为有点脏（moderately dirty），零星地散布有少量垃圾；4级为脏（建筑物的许多区位很脏）。

以观察者评估获取数据的方法，适用于许多重要的服务类型，尤其是贴近民众的一线服务，如供水排水、道路与交通及街道洁净程度，其优势和劣势都很突出[①]。观察培训的目标是让不同观察者在不同时候对相同的物理状况做出大体相同的评级。评级方式可以是书面评级、照相评级（最简）、其他可视法评级或其结合。表 16.7 为道路等级评级的例子[②]。

表 16.7　道路状况九级评分表

评级	状态	描述	评价
9	优异	无可挑剔	
8	良好	无损害/正常磨损/裂缝少	最近完工的工程
7	较好	轻微损害/裂缝较少	达到全市平均等级
6	维修	10%的完全重置成本	可忍受
5	维修	25%的完全重置成本	符合重建规划
4	维修	50%的完全重置成本	可作为第 4 级
3	维修	75 的完全重置成本	表明需全部重建
2	维修	完全重置成本高于 75%	申请完全重建
1	不可维修		

16.2.3　服务绩效报告

除了以财务报告提供财务绩效（financial performance）信息外，公共部门还需要发布绩效报告（service performance）提供服务绩效，以满足信息使用者对不同类别财政信息的需求。绩效报告的必要性根植于公共部门区别于私人部门的一系列特征[③]。与公司对股东和利益相关者负责、无须报告其产品与服务的绩效特征不同，政府被期待就其交付的集体物品的绩效特征对其服务对象负责。服务绩效特征表现为非财务尺度的数量、类型、质量、及时性、平等性和可得性，还有非常重要的成本维度。成本信息通常被并入政府财务报告中，但其他绩效信息需要通过独立的绩效报告发布，以满足信息使用者评估政府受托责任和决策制定所需。

与预算遵从报告需要比较预算数额和实际结果类似，绩效报告通常应包括绩效基准和实际绩效间的比较。绩效基准主要是指预算（计划）的产出数量和质量。许多政府也发布宏观经济绩效（economic performance）报告，即作为一般经济统计数据的指标，如经济增长率、就业率、通货膨胀率、利率和国际收支等。

[①] 优势在于定期观察数据的准确性较高，并可直接应用于改进规划的资源配置。劣势在于需要较多人力（劳动密集型），以及需要定期检查评级以确保观察者遵循程序。人员安排也可能令人不快。

[②] Hatry H P. Results matter: suggestions for a developing country's early outcome measurement effort//Shar A. Public Services Delivery. Washington D. C.: The World Bank Publication, 2005: 114.

[③] 这些特征包括非营利目标、纳税人对财政交易无选择权（无论服务状况如何都必须纳税）也无支出受益的保证、服务供应的垄断、政府无法以同公司对股东回报负责的方式对纳税人负责。在这种情况下，发布独立的服务绩效报告非常重要。

公共部门面临的一个挑战是评估政府政策决策及其实施的后果，即财务层面、服务层面和经济层面，分别对应财务绩效、服务绩效和经济绩效。

公共预算与财务管理领域的绩效报告通常指服务绩效报告。与财务报告通过 GAAP 加以标准化不同，（服务）绩效报告很难标准化，但绩效报告系统的一体化（特定的标准化）趋势已经形成。一体化是指政府在整体上采用统一的绩效报告制式，向使用者报告可比（横向与纵向）的绩效信息，但中国目前相距甚远。表 16.8 提供了按政策部门（如农业部门）编报的标准制式的服务绩效报告。

表 16.8　服务绩效报告的标准制式　政策部门：A

指标	上上年实际	上年实际	本年估计	下年估计	下下年筹划
投入					
产出					
效率					
成果					

产出计量应直截了当，尤其应包括成本计量。计量成本特别有价值，为测量政府目标实现的最佳指标。计量成果经常要求详细的工具，包括决策规则、培训和定期核实以确保准确性。满意度是计量有效性最重要的指标之一，但公民通常缺乏相关的知识，以及服务评级所依赖的有效性和可靠性方面的知识。成果计量通常只能对变化做出有限解释。只有当计量同时捕捉规划影响和环境影响时，绩效计量才能得到改进[1]。环境影响反映机构或政府不能控制的"噪声"效应。

规划报告亦应被设计为规划评估（program evaluation）报告，主要基于成果评估规划等级。规划评估使用影响模型（impact model）描述规划逻辑，解释为何设计规划来解决特定问题是合理的，该模型作为规划交付和界定基准的重要工具。规划评级工具可作为规划评估报告的基础。服务绩效计量和报告的焦点是以等级评分和程序来准确区分绩效级别。绩效报告发布后，责任部门应迅速召开简短会议，迅速识别问题和建议以采取改善行动。

绩效报告亦有必要向一体化和标准化方向发展。在中央政府提供大量资金给地方政府、地方政府提供绝大多数公共服务的国家（如中国、英国），中央政府负责开发一体化和可比较的地方政府绩效报告尤其适当[2]。这些报告可帮助立法机关利用绩效数据评估规划成败和改进拨款决策，通常应按季度报告产出（包括成本）与效率计量，按年度报告成果和解释性计量。每个机构宜选择 3~5 个绩效指标报告，目标是寻找纵向（时间）

---

[1] Glaser M A. Networks and collaborative solutions to performance measurement and improvement in Sub-Saharan Africa//Shar A. Performance Accountability and Combating Corruption. Washington D. C.: The World Bank Publication, 2007: 105.

[2] 此类体制将中央和地方安排为委托代理关系。中央政府详细列明要求地方提供的最低标准服务，提供大部分资助，并对地方税的种类和数量进行严格限定。地方政府定期向中央汇报绩效和公开绩效报告因而很有必要。主要的绩效标准和基本报告制式由中央和地方协商确定。中央政府还可要求地方政府提供部门绩效报告。公开和可比较的绩效报告也提供强化受托责任、回应性和效率的重要激励与压力机制。如果中央政府审计部门对地方绩效报告进行审计，效果会更好。

可比，而非所有机构间标准化比较的指标。

16.3 特定问题

财政报告涉及财政风险报告、合并报表、通俗财务报告及报告实体与信息需求等主要的特定问题。目前国内学界对通俗财务报告的研究依然很少，实务上比发达国家也落后[1]。财政风险报告也大抵如此。特定问题包括费用和支出的确认。包括中国在内的许多国家的政府会计系统不能正确地确认和计量支出。

16.3.1 报告财政风险

财政风险报告有直接模式、间接模式和表外模式三个常见模式，表外模式针对未纳入预算的准备财政活动（quasi-fiscal activities）。直接模式用于报告财政义务偿付能力，关注"需要花多少钱"（财政义务）和"有多少钱可花"之间的平衡。间接模式通过一系列特定财政比率，间接判断财政义务的偿付能力。常见指标有财政赤字（流量法）和净资产（存量法），以及脆弱性和灵活性等辅助计量[2]。净资产信息来自平衡表——作为新型监测工具的独特作用无可替代[3]。

1. 报告财政义务偿付能力

此类报告将财政风险定义为政府在不至于损害基本公共交付的前提下，以自有资源独立清偿现有或未来财政义务（fiscal obligations）的能力。财政义务源于财政承诺（fiscal commitment）和政府借款，在满足特定条件下即形成债务或者或有负债（contingent liabilities）。多数财政风险并不包含于标准财务报告，如平衡表、运营表和现金流量表等，因而需要特定的财务报告工具加以评估，采用现金基础报告和现金预算体制时尤其如此[4]。作为特定目的财务报告的主要类型，财政风险报告包括许多不便采用权责发生制记录的承诺和义务，它们通常属于表外承诺和义务。

负债分为直接负债和潜在负债，前者源于政府直接借款，后者源于承诺引起的未来支付义务，包括或有负债。许多政府中，潜在负债为财政风险的主要来源。许多外部信息使用者关注政府的潜在负债信息。关于或有负债的信息帮助使用者了解政府遭受的风

---

[1] 明显的标志包括每年政府公布的预算报告中缺失了公民概要（预算报告的公民指南），以至普通公民很难真正看懂。有必要尽快系统改革预算报告制式使其成为透明政府和责任政府建设的关键一环。

[2] 脆弱是指应对各种冲击的能力，通常要求压力测试；灵活性是指现行政策的可调整性，如果路径依赖很小，则表明灵活性高。

[3] 20世纪90年代的经济危机后，经济学家们意识到使用传统的流量法（财政收支、净出口和政府借款）难以发现经济和公共部门的财务弱点，因为它们不能在预算中显现。因此，流量法应与平衡表（存量法）一并使用。无论如何，原则上公共部门需要独立完整的平衡表作为新的监测（财政风险）工具，即便初步的平衡表对于监测风险和带来更好的政策也有意义。焦点是净资产，若连年下降就值得特别关注。观察净资产变动的存量法可以帮助我们更好地理解为何需要调整现行政策。

[4] 现金预算与报告体制难以追踪政府当前承诺（签署合同和发出订单等）转化为未来支出义务的部分。

险的大小。关于政府承诺方面的信息，使使用者可以正确评价政府资源已经被用来承担将来某类义务的程度。关于或有负债和承诺的信息也使管理层可以监控这些项目。

作为财政风险概念的三个核心成分之一，国际上广泛采用的"负债"是指，由于过去的交易或事项引起未来可能发生并可计量的资源流出或其他方式的减少，通常形成合约义务（contractual obligation）的行为。许多政府大量从事这些高风险的合约义务，尤其是在社会保险和福利方面。三个核心成分的关系如下：承诺作为义务的源头，义务又作为债务的源头。财政承诺-义务报告因而应作为确认和披露财政风险的重要工具。

承诺是机构对建立在现有合同协议基础上的将来负债承担的义务，或有负债和或有义务（contingent obligations）的披露表明政府可能遭受损失和将来负债的风险。或有负债包括未决且可能败诉的官司、承担法定支付义务的担保和赔偿。

承诺和或有负债均应作为正常披露项目列示于权责报告中披露。未授权支付、税收支出（减免优惠）和预算预测（概算）信息可作为权责报告的附加披露[①]，以此形成的完整的负债信息比只拥有部分负债信息更重要。现金会计虽然不把直接借款确认为负债，但鉴于政府借款对财政政策和货币的重要性单独披露"借款一览表"很有用，财政承诺与义务报告的一般格式见表16.9。

表 16.9　财政承诺-义务报告

承诺事项总额	义务金额
社会保险	
养老与残疾保险	
医疗保险	
退休保险	
合计	
其他事项	
未交割订单	
长期租赁	
国际机构与援助	
其他承诺	
或有事项	
合计	

美国联邦政府使用闭组义务法（closed-group obligation）、闭组债务法（the closed-group liability）和开放组估算法（open group）分别计量。闭组义务法是指规划（项目）启动时所有15岁以上参加者在规划持续期间可望获得的净支付（扣除税收的福利收入数）的现值，在权责制下只记录在职人员的已获福利收入（税后）；闭组债务法还考虑未来收入和税收。两者都比严格的权责制更具前瞻性，也能更可靠地度量现行法律规定下未来纳税人要为现在的参加者承担的支付责任。开放组估算法将当前和未来参加者一并考虑进来。

将表16.9总计的义务金额加上尚未清偿的直接债务，然后与总的资产净值（最好与GDP）加以比较，即可得到总的资产负债率和总的债务比率（占GDP）。因资产中不包

[①] 税收支出体现了政府放弃的税收收入。尽管税收支出会导致税收收入低于预定征收的，但没有政府当前将税收支出确认为现金支出。

括课税权（无法从会计角度计量），所以债务比率更好。"义务加直接债务"提供了现行政府政策与规划的完全成本，缺口代表完整意义上的不可持续的财政赤字，表明当前政策与规划需要调整，可供选择的方案包括：促进经济增长、扩大社会投资和储蓄、增发联邦债券、控制医疗保健成本，以及修改原先的法律规定以提高参保积极性（improved incentives）、降低福利标准和增加税收。无论如何，政府要合理安排好资源以履行其未来的支付承诺总是很困难的[①]。

比披露财政承诺和义务更紧要的是"管控"，法律应规定政府的财政承诺不得逾越相关的法律框架。此外，仅有直接债务的限额制度是远远不够的，一并必需的还有财政义务限额，其中或有义务（源于担保和救助等或有事项）应有单独的限额[②]。

2. 报告准财政活动

常见的三类主要准财政活动是税收支出、政府担保和政府控制实体代行部分政府职能。许多国家的政府控制实体范围广泛，包括中央银行、政策性银行（中国的国家开发银行等）、公共非金融企业、公用事业等。

各种准财政活动都具有相对较高的财政风险，因而需要建立适当的治理安排。"适当"的主要标准是"向预算看齐"，底线是在预算文件中加以报告。发达国家已经前行较远，尤其在报告税收支出方面。

16.3.2 合并报表

许多国家的政府控制实体间存在复杂频繁的财政交易，即内部交易。通过编制抵消分录将这些交易从本级政府总的财政交易中剔除，即抵消掉重复计算的部分，才能准确显示与外部实体间的财政交易效应。

合并财务报告需要剔除本级政府内部实体之间与政府间交易两类内部交易。内部交易抵消体现了合并报表的基本原理，将报告实体当作一个"独立实体"加以观察。无论对于财政部门还是支出部门，正确理解和处理抵消交易都是不小的挑战。合并的部门财务报告也涉及部门内部交易的抵消问题，虽然工作量大，为保证信息披露的及时性亦应在报告期结束后较短时间内提交，并接受审计[③]。

与其他财务报告的审计一样，合并财务报告亦需被审计，审计报告亦需披露，以使公众了解合并财务报告是否遵从公允的会计准则。

16.3.3 通俗财务报告

通俗财报（popular financial reporting，PFR）也称用户友好型财报（user friendly financial reports），发布给缺乏正式政府财报专业背景但希望概要了解政府财务状况和活

---

① 表明达成 PBFM 的首要目标（总额财政纪律）的复杂性远比想象的高。

② 中国 2015 年实施的新预算法规定了政府债务限额（存量与增量）管理制度，但限额并未覆盖财政义务和担保等或有义务。伴随 PPP 和公共服务社会购买热潮而来的财政承诺和义务，在中央和地方都很可观，两者都属于典型的（资产负债表）表外义务和预算外义务。直接债务只呈现了全部义务的冰山一角。

③ 美国联邦财政部包括其下属各司局的合并财务报表必须在财年结束后的 45 天内提交，包括合并各司局、作为财政部的主要组成部分的收入署（国税局）的财务报告。

动的公民及其他相关方（如企业和社区团体等），作为一种旨在满足政府透明和受托责任的路径或工具，旨在以一种不同于标准会计和财务报告的方式提供财务数据，标准会计和财务报告通常令人混淆和沮丧。

通俗财报产生于如下背景：对于多数公民而言，多数政府预算和财务文件难以理解。这与如下信念相悖，即"政府开支和税收的细节，对所有人都应是清晰的和可获得的，假设人民的监督是有效的话。"

Chambers 在分析公民参与导向的预算改革的主要障碍时有如下描述：专业人员创造了只有他们才能控制和理解的预算过程，这一过程也只邀请其他专业人士参与；此情形下公民导向要求预算制式"去技术统治化（de-technocraticzation）"，并从组织内部的、投入基础的控制导向转向外部的、基于结果的绩效导向[1]。

Andrews 和 Shah 则以"预算去神秘化"（budget demystification）提出应对之策，主张信息需要以更连贯一致的方式供应，以亲善公民的方式提供预算数据[2]。

国际上常见的通俗财报包括以下特定类别：公民中心财务报告（citizen-centric financial reports，PAFR）；预算概要（budget summary）；预算摘要（budget-in-brief）；努力与成就报告（report of efforts and accomplishments）；公司风格的年度报告（corporate-style annual report）；概要财务报表（summarized financial statement）；财务趋势报告。

所有这些报告都旨在向非专业人士解释一个问题，即纳税人的钱如何流入与流出政府。这是预算透明度关于公共资金账目的核心部分，许多国家甚至通过法律和开放且便利的官方网站，向普遍公民提供他们较易理解并感兴趣的信息[3]。

许多政府的预算报告距离"公民读懂"的要求仍很遥远。预算报告中缺乏公民喜闻乐见的术语、表达风格和制式，特别是缺乏亲善公民的（支出）分类系统，以至看起来"像一个谜，普通人没有任何办法理解预算'语言'。数十年来，预算（报告）一直被这样书写，'语言'按官员能够领会的方式组织……（公民）通常一脸茫然"[4]，成为妨碍改革和良治的主要原因[5]。在此背景下，预算报告改革的一个主要方向就是开发公民友好型预算报告，这类受到普通公民欢迎的报告与公民导向的回应性预算相一致，有助于强化政府对公民的受托责任[6]。

---

[1] Chambers R. Rural Development: Putting the Last First. London: Longman, 1983: 214.

[2] Andrews M, Shah A. Toward citizen-centered local-level budget in developing countries//Shah A. Public Expenditure Analysis. Washington D. C.: World Bank Publications, 2005: 209.

[3] 2006 年美国国会通过了《联邦资金责任和透明度法案》（The Federal Funding Accountability and Transparency Act 2006），强制建立研究性的在线数据，适用所有金额超过 25 万美元的联邦补助和合同。该法案导致了名为 www.USAspending.gov 的创立。美国恢复和再投资法案 The American Recovery and Reinvestment Act 2009 要求联邦政府恢复滚动提供季度报告——说明如何处理这些资金。所有这些数据都被放在 www.Recovery.gov，以便公众能够追踪这些资金的使用。在联邦政府的指导下，至少 28 个州已经通过立法，强制创建关于政府支出的搜索（研究）性 searchable 网站。

[4] ESSET（Ecumenical Service for Socio-economic Transformation）. Brazil's participatory budgeting process. Economic Justice Update, 2000, 4 (3): 1.

[5] Andrews M, Shah A. Toward citizen-centered local-level budget in developing countries//Shah A. Public Expenditure Analysis. Washington D. C.: The World Bank Publication, 2005: 215.

[6] Chan J L. The implications of GASB statement No. 34 for public budgeting. Public Budgeting and Finance, 2001, 21 (3): 79-87.

政府预算报告一经网上公布（中国从 2010 年开始中央政府直属部委的部门预算全部在网上公布），"网民"的一切"在线"行为即可随时向政府传送大量的反馈信息，而政府部门也可实时回应。这样，互联网为政府提供了一个向全体公民开放话语权的有效平台，借助这一平台，报告式参与可被塑造为一种有效的参与方式，使公民与民众能够真正扮演参与者的角色，而不再是被动地接受政府所做的决定。Schick 对此有生动描述：[1]"很多政府现在已经采用电子形式编制预算并且将关键文件通过互联网向外传播。大多数信息都是公开的；最新的信息也可以轻松获得。随着互联网的普及，那些从前能够掩盖的问题现在已变得公开了。政府预算将会更加公开和透明。一些关键的步骤使机构的要求、基线预测、提议的政策变化、支出项目、预算假设和其他相关信息公布在网上，并且再作些改进，使读者能够在留言板提交自己的意见。"

规划预算遵从报告具有作为最佳"微观"通俗财报的潜力，联结规划预算，规划预算由来已久[2]，但全球性快速发展始于 20 世纪 80 年代。政府面临降低服务成本和提高服务绩效的双重压力，要求对传统上以组织和条目为基础的预算模式进行改革。新信息和网络化技术的发展使公共服务的供应围绕最终消费者（公民）的需求而非以机构为中心成为可能，为规划预算提供了有力的技术支持。实践证明，规划预算可促使公民更加直接而广泛地参与决策和价值观的建设，使政府、公民与市场更加紧密地联系在一起。规划预算遵从表的基本格式见表 16.10。

表 16.10　规划预算遵从表基本格式：儿童保健规划

活动	疫苗注射	开发儿童药品	儿童保健中心
预算	100 万	500 万	300 万
工资	10 万	***	***
疫苗	85 万	***	***
其他	5 万	***	***
实际	120 万	490 万	350 万
工资	12 万	***	***
疫苗	80 万	***	***
其他	18 万	***	***
实际比预算	+20 万	−10 万	+50 万
工资	12 万	***	***
疫苗	80 万	***	***
其他	18 万	***	***
绩效指标	注射率	合格率	进度
目标值	95%	***	***
实际值	90%	***	***
偏差	−5%	***	***
责任官员	ABC	***	***

***省略

---

[1] Schick A. Does budgeting have a future? OECD Journal Budgeting, 2002, 2（2）: 29.

[2] 现代规划预算起源于 20 世纪 60 年代美国联邦政府的计划-规划-预算系统。这项改革并未取得成功，但其规划分类系统一直被延续和改进，并扩展到其他许多国家，成为绩效导向预算和公共管理系统中最基础的技术单元。

16.3.4 报告实体与信息质量

谁应呈递和披露财政报告？这些报告的信息应满足哪些特定质量要求？所有财政报告制度都涉及这两个特定问题。前者涉及报告实体的界定，通常指一个能合理预期使用者存在的机构，这些使用者依靠财政报表提供的信息来认识自己承担的义务和做出决策。

就财务报告而言，报告实体的界定有以下四个标准。

（1）资金授权。据此，报告实体被界定为其全部或部分资金来自公款之法定授权的机构。这一标准也适应预算报告实体，基金会计也是如此。政府基金本身就是满足法定授权标准的特定报告实体。传统上，确定资金授权和表明遵从这些授权一直是政府财务报告的重点。

（2）法律规定。许多国家通过立法来决定财务报告实体及其范围，包括必须被包括在政府合并财务报告中的实体。有些国家还以法律规定审计实体的范围，包括财务报告和绩效报告或两者合并的报告[①]。

（3）政治义务。该标准规定政府应向其负责的机构报告其所有活动，包括政府和私人机构或其他政府合作开展的活动，无论实施这些活动的法律或组织结构如何。

（4）实际控制。该标准将政府控制的所有机构和交易都作为报告实体。控制概念通常被私人部门采用，但也日益为政府所采用。与其他标准相比，控制也是被采用最多的标准。

无论报告实体如何界定，所报告的财务信息应满足公认的八个质量标准，即可理解性、有用性、可靠性、真实性、实质重于形式、谨慎、完整性和可比性。可靠性要求信息的报告是完整的、合理的、没有偏见的（中立的）及可核实的。有用性是指一般使用者对那些与他们评估和决策直接相关的财务信息感兴趣。

目前许多国家和一些国际组织已经发布了大量公共部门财务报告标准，以指导财务报告实践。影响最大者之一是国际会计师协会下属公共部门委员会的相关研究报告。作为会计职业领域内一个全球性的组织，IFAC 的宗旨是发展和提高会计职业水平，使会计职业能够在公众利益准则下提供持续的高质量的服务。公共部门比较值是 IFAC 的一个常设委员会，寻求在全球合作的基础上应对各国公共部门财务管理、报告、会计和审计方面的需要[②]，在确定和处理具体的公共部门会计和审计问题以及相关的其他问题上发挥着重要作用。

16.3.5 支出的确认与计量

支出为非常关键财政信息，正确确认和计量非常重要，这取决于采用现金基础还是

---

① 2002 年美国国会通过的《税款受托责任法案》(*Accountability for Tax Dollars Act*)，要求规模较小的部门也编制接受审计的财务报表。除部分部门外，该法案要求的审计范围覆盖年度预算授权额在 2 500 万美元以上的行政部门，从 2004 财年开始把接受审计的财务报表与其他财务和绩效报表合并，在截止日期 2004 年 11 月 15 日之前形成一份综合的绩效和受托责任报告。Longo R. Accelerated financial reporting in the federal government—how did It go? Journal of Government Financial Management, 2005, (1): 54.

② 本章的"公共部门"是指中央政府、地区政府（如州、省、地区）、地方政府（如城市、乡镇）及各个政府部门（如派出机构、委员会、事业单位）。

权责基础，前者相当于现金流出（流出政府），后者相当于费用（expense），费用不包括债务偿还和捐赠资本。

IFAC 所属公共部门比较值的《政府财务报告——公立单位委员会第 11 号研究报告》分别规定了现金基础和权责基础下的支出确认标准，前者即"现金支出"："在导致发生现金支出的交易中，有许多时点可以将这些交易计入会计系统，这些时点包括：预算正式批准，预算包括该类交易的特殊项目或数量；在实体内购买申请的批准；发出订单（支出义务的确认）；收到所购商品；收到发票；批准支付订单；根据发票支付。在承诺事项会计下，在购买发生时确认支付义务。"

由于不能记录非现金交易，特别是无法提供当前政策的未来（跨年度）成本的信息，现金会计在帮助监控财政风险和改进决策制定（需要完全成本信息）方面存在弱点。

第 11 号研究报告规定权责基础下支出作为"费用"确认："权责发生制下费用确认的时点很多，可能发生于支出之前、之时或之后，其核心在于设法确定资源何时为实体所消耗，并依据以下确认原则：如果未来经济利益的减少与一项资产的减少或一项负债的增加相联系，并且能够可靠地加以计量，就应当确认为费用，这实际上意味着确认费用的同时，也要确认负债的增加或资产的减少。"注意不应将应付账款混同为支出或费用。前者通常采用所有权标准确认[①]。

➢ 本章小结

- 公共部门应在政府整体、部门、规划和基金层面上提供四类财政报告：预算报告、财务报告、政策分析报告和服务绩效报告。财务报告至少应包括平衡表、运营表、现金流量表、财政风险表、政府投资报告（尤其应报告政府投资损益）和预算遵从报告。

- 通过提供准确、及时和有用的信息，财政报告被用于支持评估、决策和透明度。各类财政报告应清楚简明地传递基本的财政信息。因为用户通常不会直接查阅政府会计账目，而是通过财政报告获得信息。

- 财政报告的一致目标是满足使用者对政府财政信息（包括信息质量）的要求，聚焦"怎样的报告对于帮助使用者评估与决策制定必不可少"，以及"应该怎样设计规范的报表才能使其易被理解和使用"。财政报告应尽量采用与国际通行标准一致的报告标准。

- 现金基础财务报告亦应报告资本支出与经常支出。政府整体、部门和每个政府层级均应提供及时可靠的财政报告。以此观照，中国目前的差距甚大。

- 权责财务报告为公共预算与财务管理提供了新的、不同于现金基础财务报告的更好分析视角与工具——政府短期财政状况和财政可持续性，也利于促进管理者有效运营和降低数据操纵的风险。这是其主要优势。现金会计无平衡表，但修正现金会计可提供某种平衡表。

---

① 美国《政府会计与财务报告准则汇编》对"应付账款"的规定：当联邦主体接受商品的所有权时，不论该商品已经交付或在途中，该主体应将商品的未付款金额确认为一项负债。假如在财务报告编制时这些商品的发票仍不能取得，那么应对所欠金额进行估计。

- 财政风险报告至少应包括主要的或有负债、预算预测参数、错误支付以及未经授权的收入与支出。
- 政策分析报告用于评估财政政策对一般经济政策与部门政策的影响。前者关注对三个综合目标——增长、平等和稳定——的影响,涉及由乘数效应和挤出效应决定的财政政策有效性。后者关注对特定职能领域比如教育和医疗等政策目标的影响。
- 财务报告是回顾性的,因而不包括预算报告,但包括预算遵从报告。
- 财务报告的特定类别因国家而异,但通常应包括平衡表、运营表、现金流量表、资本支出表和财务状况变动报表,财务状况变动表传递关于基金来源和使用的重要信息。附表和附注也是财务报告的重要组成部分。
- 中央银行的再贴现利率如果低于市场利率应视为准财政活动。
- 财务资产指政府可用来清偿债务或者承诺,或者为未来活动融资的那些资产。应予以报告的财务资产包括现金和现金等价物,其他货币资产如黄金和投资,以及贷款和预付款。
- 特定承诺应公布为财政信息。
- 清楚地确认继续性的政府规划(continuing government programs)的成本,以及对建议的新提议(new initiatives)进行严格的成本核算,是极重要的预算纪律因素。预算文件中应包括一份税收和支出政策变动及其财政效应(fiscal effects)的报告书。
- 政府交易应以总量基础(a gross basis)报告区分收入(revenue)、支出和融资(financing),并且支出应作经济分类(economic category)、功能分类(functional category)和管理分类(administrative category)。预算外活动的数据应作相似的分类。预算数据应以有利于国际比较的方式列示。
- 有些文献将财政报告(fiscal report)特指为财政政策的经济影响报告,类似于政府财务系统,关注对政府财政营运(fiscal operations)如何影响经济进行分析。如此,在采用权责制的国家,财政报告和财务报告在某些方面将趋于一致。
- 平衡表交易内的资产销售收入,应作为融资而不是收入对待。如果规模很大且量化是可行的,应将公共金融机构和非金融公共企业纳入扩展余额的计算中。此处"余额"指财政收入与支出的差额。
- 公共机构应尽可能实现绩效计量报告制式的标准化,带来的好处包括组织内外信息的可比性和透明度。
- 促进有效运营有两个前提:管理者对完全成本负责——权责预算体制的本质要求,有较广泛的运营支出裁量权——管理者不能对不可控的事负责。与权责报告不同,权责预算将改变决策规则,因而对多数国家并不适用。
- 公共部门会计准则和财务报告审计自20世纪初开始了全球化趋势。

➢ 本章术语

或有平衡表　常规平衡表　财政运营表　流量监测法　存在监测法　财务报告　预算报告　决算报告　预算合规性报告　绩效报告　公共价值　权责财务报告　现金财务报告　费用　财政报告　内部报告　外部报告　资产负债表　平衡表　现金流

量表　支出　资本资产　资本支出　经常支出　互惠收入　非互惠收入　直接负债　潜在负债　回应性　运营余额　收入费用表　资本收入　经常收入　政府治理质量指数　财政健康　合并报表　受托责任　财政纪律　公共话语　运营绩效　常规的公共选择　观察基础的评估　服务绩效　财务绩效　宏观经济绩效报告　财政义务　或有义务　财政风险　风险报告　合约义务　准财政活动　未交割订单　税收支出　内部交易　通俗财务报告　会计准则　公民友好型财政报告　基金会计　报告实体　国民收入核算体系　政府财务统计

> **思考题**

　　1. 为什么财务报告应在政府整体、部门、规划三个层次上呈递、审计和披露？
　　2. 财务报告与预算报告的关键区别及其相互关系是怎样的？
　　3. 与私人部门相比较，公共部门平衡表余额（资产减负债）和运营表余额的含义有何不同？
　　4. 如何计量与评估地方政府治理质量？
　　5. 地方政府受托责任的三个前提条件是什么？
　　6. 绩效报告的数据质量控制程序应满足哪四项基本要求？
　　7. 作为分析工具和作为决策规则的财政报告有何不同？预算报告属于哪一类？
　　8. 在何种意义上，公共友好型财政报告至关重要？
　　9. 如何理解基金会计的目的与理论基础？
　　10. 中国现行财政报告制度与发达国家的主要差距是什么？
　　11. 全球范围内，权责报告的广泛使用和权责预算的少量使用形成鲜明对比，说明什么？
　　12. 如何理解"预算政策筹划应以财务报告作为重要视角"？
　　13. 如何理解"基本的财政受托责任以遵从法定授权的预算实施为基础"？
　　14. 为什么"如果与记录支出承诺（commitment）的会计方法一并实施，现金会计通常可满足合规性控制的要求"？
　　15. 为什么监测财政健康的存量法好于流量法？
　　16. 现金会计与权责会计下，支出确认有何不同？

第 17 章 公共财政审计

审计在公共预算与财务管理中扮演受托责任角色——良治的首要原则，作为对会计与报告之信息职能不充分的回应。审计也只能就信息质量提供合理保证，因为审计成本总会存在甚至很高。"为信息来源与质量提供合理保证"界定了审计的适当角色与职责[①]，从而与监察机关和"办案式审计"区分开来。审计的传统重点为财务审计和合规性审计，但许多国家已经将重心转向绩效审计。中国当前正面临发展专业化和职业化审计、系统强化审计能力的挑战，审计的独立性须得到加强，这对更有效地发挥审计在反腐和促进绩效中的独特作用至关重要。

17.1 审计的角色与作用

审计的重要性和灵魂均根植于政府对社会的财政受托责任，涉及促进合规（聚焦探测与预防腐败）和促进绩效两个关键方面，每个方面都依赖审计体制的监督功能和信息功能。前者采用内部视角（约束政府履行职责），后者采用外部视角（满足公众的财政信息需求）。

17.1.1 审计起源与受托责任

审计是指对财务合规性或绩效的专业审查（expert examination），可由组织自己实施以满足管理要求（内部审计），也可由外部审计实体或其他任何独立审计者实施以满足法定义务（statutory obligation）——外部审计。公共部门审计反映公民对如下事实的认知：政府是属于他们自己的政府，其货币被开支或被浪费均应有其基本标准（materiality criteria）。

内部审计的特定任务是监督管理控制系统，以及向高管（senior management）提交关于内部控制脆弱性和改善建议的报告。在那些没有外部自动报警信号（类似私人部门面对的市场信号）的组织中，内部审计变得非常关键，即作为政府保持自身谨慎的工具，构成政府绩效的前提条件。

审计的范围相差很大，主要包括财务审计、合规性审计和绩效审计，绩效审计也称

---

① 如果会计和报告足以保证委托人关切的信息质量，审计就没有必要，但这只是假设，因为没有什么能够为信息质量提供绝对保证。

货币价值审计（value-for-money audit）。各类审计的必要性都在于对强制监管的效果不佳所做的回应（补救），因而必须呈递某些基于结论（findings）的判断，并由审计报告加以记录——审计的焦点是文件（document），主要用户是立法机关、监管部门和公众[1]。

财务审计涵盖对财务报表的审查和报告，以及对这些报表所依据的会计系统的审查。

合规性审计是指审查法定和行政（legal and administrative）合规性、行政诚实与适当性（probity and propriety）及财务系统与管理控制系统。绩效审计指评估（assess）3E 表述的关于公共规划的管理与运营绩效，以及评估部门与机构使用资源达成特定目标的情况[2]。

政府审计的特定范围主要涵盖：财务报告合规性，相对于法律与规制[3]；预算法（budget law）的合规性[4]；政策与规划内容的合规性，相对于法律与规制（regulations）；账目的健全性；财报的真实与公正；有序和可核实的财务管理[5]；法律与法规的滥用或不当运用；政治家和官员的舞弊与腐败；绩效[6]。

审计的一般历史起源可描述如下：[7]"审计职业产生于19世纪中期。最古老的审计专业实体可以追溯到1850年的苏格兰。工业革命带来了经济繁荣和商业组织的增加，所有者与管理者之间的"距离"随之产生，要求有独立的审计支持的监管关系。政府领域指令结构的复杂性要求发展审计体制，巴比伦在公元前500年出现。"

公私审计差异比历史起源的差异更大，关键差异在于如何选择审计报告的利益相关

---

[1] 代表公民的民选立法机关为基本用户。其成员应包括地方政府的所有利益相关者，虽然某些利益相关者可能不被代表。立法机关代表利益相关者的多数。私人部门的审计报告与财务报告的用户一致。相反，在政府部门中，财务报告是立法机关履行监督功能的基本手段。参见：Bac A. External auditing and performance evaluation, with special emphasis on detecting corruption//Shar A. Local Public Financial Management. Washington D. C.：The World Bank Publication，2007：247.

[2] Schiavo-Campo S. Managing Government Expenditure. Manila：Asian Development Bank，1999：493. 财务控制为管理控制的财务方面，包括财务绩效。在法式体制下，财务控制由财政部实施。在英式体制下，财务控制通常通过组织内部控制实施。

[3] 民主社会要求预算必须成为向公民公开的文件。因此，公共部门财务报告的法定合规性始于预算制定过程及预算文件的信息结构。与私人部门侧重报告资本存量（偏重平衡表）不同，运营表对于公共部门的重要性甚于平衡表——收支账目须有严格的功能界定，即与特定政策领域的可得资源相一致的内在重要性。对于公共部门而言，运营表报表为零最为适当——表明政府意志被成功执行且公民不会被过度课税。

[4] 如果某个预算年度某个规划的开支超过了当年该规划原定的或调整后的预算，即出现预算背离（budget overruns），其严重形式包括：交易发生于预算年度外（预算资金未被使用）或所属规划之外、实际超过预算（即便差额得到弥补）、两类情形源于规划的资金不足但未及时探测和报告、挪用资金、特定规划与功能的支出绩效缺失、投资预算的失误导致资本损失过多。参见：Bac A. External auditing and performance evaluation, with special emphasis on detecting corruption//Shar A. Local Public Financial Management. Washington D. C.：The World Bank Publication，2007：236.

[5] 财务管理审计涵盖：与行政部门预算指南相一致的预算准备、可接受的概算数、预算结构对法律的遵从、预算过程对法律的遵从、预算会计系统的框架、财务会计系统与内部控制、预算系统的安全-可持续性-可核实性、预算系统的效率、预算控制的有效性、监督结构、回应性、预算数据及时更新、税收征集的准确与完整、承诺的可接受性、合同的可接受性、会计记录的时间、存货-材料管理、风险管理。

[6] 与合规性审计不同，绩效审计的范围并不那么清晰。审计人员需了解需要检测的究竟是什么，以及需要得出怎样的结论。绩效审计关注支出的适当性（propriety），要求根据被消耗的资源判断被提供的服务数量与质量，这一观念始于20世纪70年代早期。当时审计人员并不被要求就政府绩效发表观点，而是被要求提供政府是否已经采取了切实措施实现绩效的信息。

[7] Bac A. External auditing and performance evaluation, with special emphasis on detecting corruption//Shar A. Local Public Financial Management. Washington D. C.：The World Bank Publication，2007：228.

者及他们是否需要被提供公正和真实的账目信息[①]。与私人审计不同，公共审计受制于民主程序中的正式监管程序，其由公众选举产生的立法机关代表公众行使，涉及立法机关与行政机关间的持续互动，两者共同行使公共管理，连同大量法定规则共同构成公共审计特有的环境背景[②]。此外，政府审计的目标比私人审计更为宽泛，也更为复杂，部分源于公共部门绩效不能通过报表底线加以计量。

在整个历史上，审计都支持受托责任。在早期，审计作为资产所有者降低资产风险的策略而得到发展，这些资产由其所有者委托代理人管理，由此产生代理人风险。委托人要求代理人提供适当的会计记录，以证明这些受托资产得到了适当管理，并雇用独立的第三方（审计人员）来证明这些会计核算的可信度。绩效审计的起源与此类似，代表客户（公众）对公共组织或规划的绩效进行检验（examination），要求有独立的审计人员[③]。

在预算过程中，受托责任体制依赖信息从代理人向委托人的流动，以支持政府的行政部门对立法机关的法定授权负责。治理的基本含义是执行授权的各个方面。在政府整体（government-wide）层面上，这意味着审计功能支持立法机关的功能，主要集中在强调财务控制目标的公共预算领域：[④]"预算完全不是会计系统的产物，但一旦被批准，依照预算监督实际支出便成为首席财务官的责任，以此形成内部与外部财务控制的关键形式。预算的形式与内容（form and content）对财务控制具有重要影响。……传统上，预算被用于对政府的所有方面实施核心的财务控制。……鉴别谁开支公款以及用这些公款购买了什么……不只是财务官关注，也涉及公众利益，预算因而被制定成一项法律（be enacted a law）用以强调这类控制的重要性。传统预算的这些特征也是关注财务诚实（financial probity）的自然组成部分。"

立法机关在预算过程中发挥范围广泛的作用。全世界的立法机关至少扮演的一个正式角色就是监督所批准预算实施，由此对预算形成的影响在不同体制下具有重大差异。另外，随着时间的推移，立法机关在预算过程中扮演的角色在许多国家已经发生了变化，并且预期还将继续转变。由此产生了信息来源——立法机关需要可靠的不带偏见的信息参与预算过程，包括制定和监督预算[⑤]。

立法机关在预算过程有批准预算（budget approving）、影响预算制定（budgeting

[①] 在私人部门中，短期审计报告连同财务报告一同公布，长期审计报告被呈交审计或监管委员会批准；在公共部门中，多数国家的地方政府将短期与长期审计报告融为一体，呈交市政财务报告理事会并由监督委员会批准。

[②] 公共管理要求政府恪守真实与合法压倒一切，决策制定受制于法律理性与政治理性（legal and political rationality）兼顾经济理性；商业管理则由科技理性和经济理性（technical scientific rationality and economic rationality）驱动。政治理性的决定性作用来自政治组织，其他三类理性来自公共机构。更一般地讲，公私部门的运营均遵从经济原则，关键区别在于分别受市场纪律和财政纪律的约束与引导。审计人员必须意识到公共部门审计的这些特性。

[③] Waring C G, Morgan S L. Public sector performance auditing in developing countries//Shar A. Performance Accountability and Combating Corruption. Washington D. C.: The World Bank Publication, 2007: 323.

[④] Jones R. Financial accounting and reporting//Shar A. Local Public Financial Management. Washington D. C.: The World Bank, 2007: 10-12.

[⑤] Johnson J K, Stapenhurst F R. The growth of parliamentary budget offices//Shar A. Performance Accountability and Combating Corruption. Washington D. C.: The World Bank Publication, 2007: 359.

influence）和预算制定[①]三个法定角色。批准预算为所有国家立法机关的共同角色。影响和制定预算的角色在不同国家相差很大。美国模式下立法机关直接制定预算，其法定地位高于总统的行政预算，后者在本质上相当于给国会的预算提案。

三个角色的信息需求相差很大。预算批准角色下，立法机关并不需要通过独立的官员提供预算分析，挑战行政假设[②]，或者变更预算草案（draft budget）。其他两个角色都依赖从行政部门获取信息。即使是批准预算角色的立法机关也需要监督预算实施的信息。然而，行政部门信息垄断造成的信息不对称通常很严重。

立法机关有三个方法打破信息垄断，即信息立法、独立机构和审计。许多预算制定和预算影响角色的立法机关，在过去半个世纪中已经建立了独立的非党派预算单位[③]。独立预算局体制的价值包括：打破预算信息的行政垄断，行政部门通常不能提供立法机关所需要或能理解与使用的简明扼要的预算信息；促进对立法机关和对公众的透明度，包括在网上公布和分析预算信息；强化预算过程的可信度，方法包括披露参数与结果的一致性和预算制定的基础；借助外部专家对行政预算的检查，鼓励行政部门更细致地制定预算。

处理信息不对称的另一个途径是审计。与独立预算局体制一样，三股力量驱动审计的发展，即民主的程序概念观、强有力的示范效应、对透明度和受托责任的全球强调。预算透明度与政府财务的所有审查与审计都紧密相连。立法机关需要预算专家和审计来帮助开发与监督预算及控制政府开支。

基于预算管理的观点，审计应支持条目预算制式对应的财务受托责任与规划预算下的规划受托责任两类受托责任。有些文献将绩效预算视为捕捉两类差异——预算差异（budget variance）和绩效差异（performance variance）——的一种方式，认为两者都有必要提供关于绩效的完整画面[④]。

财务受托责任要求财务审计确保条目预算的财政纪律，也需要独立的内部审计。内部审计的优势在于了解组织及其运营的信息，劣势在于独立性缺失。对于那些打算加强公民对政府信任的发展中国家而言，财务审计特别重要。

财务审计对于绩效预算也很重要，因为绩效基础的预算制定提供财务和规划两类受

[①] Johnson J K, Stapenhurst F R. The growth of parliamentary budget offices//Shar A. Performance Accountability and Combating Corruption. Washington D. C.: The World Bank Publication, 2007: 360. 批准预算的角色缺乏修订行政部门预算案的权威，或者立法机关没有能力做出修订，无论行政部门呈递的预算案是怎样的。预算影响意味着有能力修订或拒绝行政部门的预算，但缺乏足够的能力自行制定预算。在预算制定角色中，立法机关既有法定授权也具有足够的技术能力修订或拒绝行政部门预算，以及以自己制定的预算取而代之。

[②] 行政部门制定预算时不可避免地会采用大量参数假设，如增长率、就业率、通货膨胀率、汇率、利率、燃油价格（影响车辆支出）、工资率（公务员年人均标准工资）、领取养老金资格人数等。参数也包括敏感性分析，如经济增长率1%的变化对财政收支的影响。

[③] 1941年建立的加利福尼亚法定分析局（California's Legislative Analyst's Office, LAO）为第一个机构，其模式由1974年成立的美国国会预算局采纳。菲律宾国会也于1990年成立了独立的预算局，即国会规划与预算部（the Congressional Planning and Budget Department）。其他国家包括墨西哥、乌干达、韩国、肯尼亚、尼日利亚的立法机关也先后建立了类似机构。

[④] Kelly J M, Rivenbark W C. Performance Budgeting for State and Local Government. Armonk N Y: M.E. Sharpe, 2003.

托责任。前者与条目报告相连，后者与规划活动或成本中心相连。后者允许那些不熟悉政府与预算的人审视政府产出，鼓励公众评估其纳税是否获得了良好回报。不仅评估价值与质量，也检查评估方法与绩效报告的可靠性与准确性。在这里，审计的作用很关键，因为信息的准确和可靠既是决策制定也是受托责任的关键要素。

17.1.2 探测腐败和舞弊

公共预算与财务管理在许多国家为腐败的高发区，未经授权的支出、公款浪费和滥用程序对公众造成的损失相当普遍。公共投资或建设支出的腐败风险通常远高于想象，成为人为扩大公共投资项目规模、数目和对经常支出形成偏见的重要原因[①]。

腐败是指利用公共职位谋取非法私利。滥用权力谋私也可以发生在私人领域或公私合谋的领域，因此，腐败也可定义为私人或公共官员背离（deviate）职责、利用职权谋取私利的行为。裙带关系（nepotism）为腐败最常见的直接根源。腐败的原因主要包括权力制衡体制的缺陷、发展政策与规划的缺陷、虚弱的司法体制、不发达的公民社会、公务员薪金偏低和保密的盛行（缺失透明度）。最麻烦的腐败莫过于司法腐败，财政腐败和金融腐败次之。这三大腐败在许多发展中国家很普遍。

没有几个国家没有腐败，但偶发的腐败和系统性的腐败之间存在根本的差异，后者严重削弱法治，损害人民对政府的信任及发展政策的所有三个综合目标（增长、平等和稳定）。腐败对投资和开发的损害尤其重大，也阻止了穷人获得某些关键服务而损害平等目标。

公共预算与财务管理有偷窃、滥用拨款权力及基于部门利益制定、变更和解释法律与法规三类常见的财政腐败[②]。偷窃是指将公共资产据为己有的种种作为，包括贿赂和保密。各种腐败行为和过程都高度隐秘，以致很少留下书面证据。系统性腐败的持续存在，表明许多国家审计和其他机制没有在控制腐败方面发挥有效作用。假以时日，腐败蔓延到所有政府部门和经济社会生活的各个领域，社会对腐败的容忍程度、麻木程度逐渐上升，这使反腐变得更加困难。与许多发展中国家一样，普遍认为中国当前背景下的财政腐败及其对公众导致的损失相当可观，涉及未经授权的收入与支出、公款浪费和滥用程序（如招投标程序）。

如果预防腐败被证明效果不彰，那么，审计改革的重点——从侧重预防（prevent）转向侧重探测（detect）腐败——就可能是适当的[③]。前者更有效但也更困难，主要涉及改革公共预算与财务管理体制、评估内部控制系统、鉴别和纠正脆弱性、强化行为守则在治理中的作用，以及激发人们的风险意识。在探测工程的腐败时，尤其应关注以腐败

---

① 一个国内建设工程涉及工程特性和设计问题、招标问题、招标审查委员会问题、招标谈判问题，以及招标审批和合同签署过程。复杂工程的合同签署是困难的，不可避免地存在许多不确定性和评估上的意见纷争，这些都需要通过谈判解决。对于任何企业而言，得到一项大的公共工程建设合同极为有利可图。因此，潜在合同商极愿向决策者提供佣金以帮助获得合同。在某些国家，若无一笔腐败支出，得到一个政府合同明显是不可能的。当佣金被计算为工程总成本的某个百分比时，帮助潜在合同商获得投标的官员接受佣金就有巨大激励去扩展工程规模与范围，诱惑几乎不可抗拒。

② 普雷姆詹德 A. 公共支出管理. 王卫星, 等译. 北京：中国金融出版社, 1995：185-186.

③ Dye K M. Corruption and fraud detection by supreme audit institutions//Shar A. Performance Accountability and Combating Corruption. Washington D.C.：The World Bank, 2007：303-321.

手段获得合同和及时付款的成本是如何被补偿的[①]。

腐败常常与舞弊相连。如同腐败一样,国际上并不存在统一的、关于舞弊的法律定义,但通常认为舞弊的含义更为宽泛,可定义为使用欺骗手段达到获利(优势)、逃避义务或对其他方带来损失的目的,主要手段有欺骗(deception)、贿赂(bribery)、伪造(forgery)、勒索(extortion)、腐败(corruption)、偷窃(theft)、共谋(conspiracy)、侵占(embezzlement)、挪用(misappropriation)、虚假陈述(false representation)、隐藏重要事实(concealment of material facts)和合谋(collusion)。

腐败和舞弊的高风险领域主要有处理现金(授权和征税及分配)、采购承诺、资产资产购置和保管使用、处理秘密信息、许可与证照处理、监督和强制实施的管理措施。中国背景下至少还应包括公共职位的招聘和晋职。潜在损害包括组织的财务损失、公款浪费、丧失公民信任、道德腐化、毒化工作团队气氛等。可靠的内部控制因而极端重要,涉及职员招聘(recruitment)和导向政策、清晰的职位与职责描述、不相容职责分离[②]、四眼原则(four-eyes principle)[③]、赠品收受、岗位轮换(job rotation)、额外职能或岗位的可接受性、吹哨政策(举报)。缺失这些时,腐败和舞弊的风险会很高。

以探测腐败和舞弊为主要目的财政审计并非财务审计和绩效审计,而是合规性审计。舞弊和腐败经常通过合规性审计进行鉴别,合规性审计被设计成确保对法律规则和法规的遵从。合规性的标准由法律、法规、合同条款、特许协议及其他要求确立,它们影响实体对资源的获取、保护和使用,以及数量、质量、及时性和服务成本。

对舞弊风险的审计探测通常应特别关注以下事项:关联方交易、重大不寻求的复杂交易、管理者与监督者的无效监督、复杂或不稳定的组织结构、无效的内控因素、缺失道德标准的章程、大额手头现金和易转换资产(easily convertible assets)。审计亦应关注舞弊风险得以滋生蔓延的环境因素:偏差(discrepancies),涉及会计记录;各类财政报告的调整事项和授权不充分[④];证据冲突或丢失;审计者与被审计者间的不寻常关系(如后者不配合)。审计一旦意识到舞弊风险即应做出反应,包括对可疑事项实施随时测试、改变审计方法、实际观察运营和程序。

财务审计旨在合理保证财务报表未被误导,并且公正地呈现了与某个会计框架相一致的经济交易。探测腐败并非财务审计的基本目标。

绩效审计旨在提供绩效信息和确保公共资源管理的质量,要求评估 3E,涉及检查实体的资源使用、信息系统、产出交付、成果,涵盖绩效指标、监督机制及法律与道德合规性。绩效审计被设计成实际运营绩效与预定标准的比较,因而也应包括某些有助于鉴

[①] 通过非法或不当途径获得合同而支付的贿赂和其他成本,至少可从如下四个途径得到补偿:佣金包括在投标成本中、首次较低的投标价可以按照修改工程设计而被调整为较高的投标、偷工减料、提高定价。结果,纳税人要么负担加重,要么面对超出实际需要的扩大化工程。完工后永远不被使用、后续不断增加维修开支、产出能力却令人失望也要计算在内,还要降低现有基础设施的回报率。这些都招致生产率下降进而损害增长,为腐败扭曲投资预算决策的结果。

[②] 如果两项或更多职责由一个人行使易出问题且不易被发现,那么这些职责即为不相容职责,如会计与出纳。

[③] 组织内部的任何相关信息应由两人或更多的人同时知晓,避免成为只有一个人知晓的秘密信息。

[④] 不充分的授权在中国各级人大的预算审批中很常见,涉及特定用途、时效和范围(非税收入和总理基金等未纳入审批)。

别舞弊和腐败的法律法规，尤其在高风险领域。政府审计机构应定期审计绩效数据样本、表格程序及数据采集，作为对运营绩效数据进行质量控制关键一环[1]。

区分寻租和腐败亦有必要，三个主要区别如下：[2]①腐败多伴随第三方货币支付，寻租大多并不涉及第三方支付也未必与货币支付有关，如游说活动；②寻租并不必须涉及贿赂，可能是合法的也可能是不合法的；③腐败是接受第三方支付的官员的受贿行为，寻租并非必定指向这些官员。

17.1.3 促进财政绩效

绩效审计支持各个层次的财政绩效。运营绩效审计是指对政府规划或活动的意图（由有效性、经济性和效率确定）的系统和客观评估，伴随改进建议被报告给管理者、部长、立法机关及其他负责强化受托责任的人，作为改进负责任的回应性公共治理的重要组成部分[3]。

完整的绩效审计概念涉及公共预算与财务管理的各个层次与过程，包括收入、资产、负债和服务交付。服务交付即狭义的绩效审计，其核心成分常被描述为3E。绩效审计也包括财务层面的检查。审计产出和成果都包含对财务与实物的检查。使用最关键的少量指标进行审计很重要。例如，效率审计可聚焦生产率与单位成本，收入管理的过程绩效审计可聚焦税收成本、入库率和差错率，资产管理审计可聚焦利用率和更新率。

审计也通过为政府绩效衡量计划提供保证，或者通过"倒逼"政府实施改进绩效的计划来间接地促进财政绩效。在绩效审计的约束与引导下，政府与机构需要在财政年度开始前搜集数据，并在财年结束后的规定时间内提供须经审计的财务报告[4]。一般要求是财年结束后的六个月的时间里，向立法机关提交经审计的绩效报告。审计人员需要确认数据搜集方式和位置的适当性，但并不核实数据本身。

绩效审计还通过促进绩效文化来帮助强化财政绩效。在某种意义上讲，审计关切什么，政府也会关切什么，反过来也是如此。公共预算与财务管理的传统重点是"钱花哪里了"，绩效审计有助于使其转变为"绩效指标是否计量准确"。

在一些案例中，如果审计部门确认一个机构汇报的绩效对绩效标准有5%的上下偏离，就会要求机构必须提供一份书面说明；立法机构引导公众参与立法会（legislative session）对行政部门的绩效听证；机构管理者定期评价绩效；审计部门不评价绩效指标的合适度，因为这会与行政部门的绩效评价相重复；绩效汇报过程高度透明以促进机构的责任感[5]。隐含的理念是，政治程序（political processes）在拨款的决定过程中虽然起着关键作用，但融入绩效信息是必要的。

---

[1] Hatry H P. Results matter: suggestions for a developing country's early outcome measurement effort//Shar A. Public Services Delivery. Washington D.C.: The World Bank Publication, 2005: 100.

[2] 张军. 什么是腐败? //张军. 走近经济学. 北京：生活·读书·新知三联书店，2001：74-80.

[3] Waring C G, Morgan S L. Public sector performance auditing in developing countries//Shar A. Performance Accountability and Combating Corruption. Washington D.C.: The World Bank Publication, 2007: 323.

[4] 中国于2015年实施的预算法规定每年6~9月，审计机关对上年决算和当年预算执行情况进行审计，审计报告经本级政府审定后提交本级人大常委会批准，之后对社会公开。

[5] Cunningham G M, Harris J. Toward a theory of performance reporting to achieve public sector accountability: a field study. Public Budgeting & Finance, 2005, 25（2）: 15-42.

在许多国家，腐败常常是损害绩效的关键原因，集中体现为在扩大资本支出的同时降低增长率。如果腐败持续下去，重复建设就难以避免，要么因为现有设施腐败而劣质，要么因为创设了更多的腐败机会[①]。腐败也会侵蚀税基从而减少收入，降低现有公共设施的质量。

17.1.4　信息功能与监督功能

审计通过履行监督功能和信息功能而在财政受托责任中扮演关键角色。前者强调对公共财务活动的监督，包括评估内部控制（internal controls）的有效性、专项调查和建立独立的财务审计委员会，使其与立法机关的预算授权相一致；后者强调确保财政审计和财政报告的准确性，以增强使用者对财政报告真实反映报告实体财政状况的信心。

监督功能聚焦政府的职责，信息功能聚焦保护利益相关者的权利和利益。如果审计体制能够在这两个关键方面有效发挥作用，受托责任安排出现严重缺陷的风险将会大大降低[②]。审计体制的有效性也取决于独立性和专业性[③]。

好的审计体制应满足信息和监督功能。多数国家的审计在披露和促进克服公共预算与财务管理缺陷方面取得了持续进步，包括应用于高风险领域（如预算行为控制和资产可靠性）的审计系统的现代化。扎实的内控和准确及时的财务信息对于促进绩效公众信任至关重要。财务报告和绩效报告审计制度在发达国家早已制度化，美国的最佳实践产生了最深远的全球性影响[④]。

审计的信息功能强调如下。

1. 检查会计记录的一致性

无论平衡表还是运营表交易，交易记录的一致性都会影响财政运营余额（赤字或盈余）。建立标准的政府内部交易规则，如政府间投资活动使用相同方法摊销债券和票据，对于多数国家依然为困难的挑战。合并报表与部门报表间的一致性也是如此。财政部门应致力于开发一套新的系统和程序来准备合并会计报表。只有在这些基础工作完成后，对财务报告发表审计意见的体制才是适当的。先有财务报告，之后才能对报告进行审计。

目前国际组织和多数发达国家已经发布标准财务报告，但如何确保政府内部交易遵循相同规则及政府间交易的协调一致，仍面临很多挑战。明显的是，如果支出机构与财政部门的支出记录不一致，势必严重影响财务报告的质量。审计部门可将财政部门的支

---

① 结果，一方面不断在上新项目，另一方面现有设施的服务潜力下降。极端腐败的情形下，对实物设施的营运和维护被完全忽视。

② 研究表明，从债券发行者的角度来看，利益相关者对政府财务报告的信任程度增加会有效降低市政债券的发行成本。参见：Denison D V. Did bond fund investors anticipate the financial crisis of orange county?Municipal Finance Journal，2000，21（3）：24-39.

③ 独立性只有审计者在被审计者和被审计事项中没有利害冲突的情况下才能实现，这意味着不应允许财务管理者作为审计委员会的成员。专业性可以通过吸收专业人士进入审计机构和强化咨询得到强化。没有大量独立从事财务监督的民间委员会，官方审计机构通常只能起到象征性的作用，不能真正达到强化财务受托责任的效果。参见：Gendron Y，Be'dard J. On the constitution of financial-oversight committee effectiveness. Accounting，Organizations，and Society，2006，31（3）：211-239.

④ 财政部长和预算与管理局总裁每年必须向国会提交联邦政府的财务报告，然后GAO进行审计，涉及内部控制、合法性和合规性审计。不正确支付通常源于缺乏充分的内部控制。

出记录作为及时探测、纠正部门财务报告中错误和不确切之处的关键控制工具。

2. 鉴别关键资讯缺失及其初步后果

许多被审计机构和实体缺失审计关切的资讯，审计时应鉴别和列示缺失的资讯清单，并表明其初步后果，包括对部门与政府整体的财务报告造成的影响，以引起相关方重视和作为改进建议。

（1）资产清单残缺和不准确。导致不能完整确知资产的位置、状况，也不能有效地保护财产遭受物理损坏、盗窃和损失；了解资产的获得和处置情况；确保资产在需要时能够使用；防止不必要的存储和保存成本及购买已有资产；决定使用资产的规划或资本项目的全部成本。

（2）负债资讯残缺或计量方法错误。导致不能准确确定政府的年度运营成本，影响债务决策，包括决定债务偿还的优先顺序及安排未来所需偿债资源的能力。当处理方法不得当或不正确时，将无法获得有关政府债务的可靠信息。

（3）成本信息残缺和不准确，影响成本控制、评估业绩、规划评估及必要时收费以弥补成本的能力，以及财务报告的陈述。

（4）政府间交易资讯残缺和不准确，影响政府间交易（转移支付等）规模、结构和相关细节的核算与了解。

（5）合并会计报表相关资讯残缺和不准确，影响政府保证合并报告与部门报表间一致性的能力，以及在合并报告中正确报告运营结果（收入、支出与差额）的能力。

（6）衡量不正确支付的信息系统残缺不全，导致机构难以确定是否存在、有多少及如何纠正不正确支付。

（7）应收款（包括被担保贷款负债）资讯残缺，影响预算执行和下年预算安排、损害管理规划成本和计量财务绩效的能力。

（8）信息系统可靠性与安全性资讯残缺，导致许多资产暴露于高风险环境中。

（9）收入征缴资讯残缺，影响正确计算征收收入、制定征收决策的能力，导致收入损失和财务报告不实。

17.2 审计策略与实践

不同审计类型有不同的目的与目标，因而也有不同的审计策略与实践，共同点都在于促进公共部门形成信息的质量、可信度、一致性和及时性的基本理念[1]。为此，审计机关需要依法对公共组织的财务报告和绩效报告发表审计意见[2]。两者都涉及相关的内部控制，后者旨在为迅速收集和准确报告财务与绩效信息提供合理保障。对于许多政府而言，除非在交易流程、会计记录和报告财务结果方面实施系统改革，否则，以高质量

---

[1] Longo R. Accelerated financial reporting in the federal government—how did it go? Journal of Government Financial Management, 2005,（1）: 54.

[2] 审计意见的类型可以表述为"合格、不合格、弃权"，也可表述为"标准无保留意见、非标准无保留意见、无法表达意见"。

信息满足使用者需求的报告目标仍难达成,但这一努力无法取代审计的独特角色和职能。

17.2.1 财务审计

财务审计关注合规性而与绩效审计区分开来,分为财务报告审计(一般目的财务审计)与特定目的财务审计两个模式。前者支持标准化财务管理,促进使用一般公认的财务会计与报告原则记录和报告交易。机构如果不采用这些标准,就可能在审计报告中被视为问题。审计机构需要对被审计财务报告是否按照标准或公允会计准则披露向公众和政府发表审计意见,通常分为"标准无保留意见"、"无保留意见"、"保留意见"和"无法表达意见"(原因包括缺失资讯)。

财报审计通常基于报告实体的如下责任:按照公认会计准则编制年度财务报告,合并会计报表;建立、保持、评估内部控制,为管理者的财务控制目标提供合理保证;遵守现行法律和法规。财务控制的主要目标有每年评估、报告内部控制、会计系统的充分性及纠正重要问题。

标准化报告涉及许多特定要求,如受托管理的资产应单独报告[①],要遵从内部交易的报告规则,财务报告与绩效报告的融合或一体化。合并报告审计的一项重要功能在于促进内部交易的适当规则的确立,涉及是否与标准会计规则保持一致、对资产是否采用相同计价方法。

合规是财务报告审计的主要关切。公共组织在一切方面必须严格遵循各种法律法规,包括经费、人员、保健和安全及其他方面。保证机构行为的合规性是机构管理层的责任,机构财务报表是其中的关键方面。内部和外部审计都关注机构财务报告的合规性。审计人员通常依据财务报告所涉及的法律法规来审查其合规性。如果没有发现与政府整体财务报表的重大不符,但个别机构存在重要的控制缺陷,则应在个别机构的财务报表审计报告中进行披露。

内部控制审计也作为促进财务报告质量的重要方法。内部控制是指旨在为运营目标、合规性目标和财务报告目标的实现提供合理保证的相关政策与程序。在美国联邦政府内控审计案例中,为了达到报告目的,内控缺陷被要求在机构财务报告中描述;普遍存在于政府财务报表中的控制缺陷则由 GAO 在其附加报告(accompanying report)中说明,相关机构负责采取纠正措施。管理和预算局与财政部也会协助联邦机构解决跨部门的事务。

特定目的财务审计包括许多受关注度最高的事项。减少错误支付是其中的一个。错误支付是指政府或机构对供应商或收款人的不当或不该支付。不当支付导致过度支出,损失纳税人的钱财。美国联邦政府规定机构在其年度财务报告中披露主要规划的不当支出规模,情况突出则需要重新对该规划的支出做出安排[②]。如果不当支付发生在联邦政府对州政府的转移支付上,则会伴随着相应的资金制裁(cash sanction),以抑制削弱财

[①] 美国案例中,联邦政府拥有文化遗址、历史性建筑物、纪念碑、墓地及图书馆和博物馆的书籍和物品,其中包括重要的艺术作品和历史文献。这些资产会在报表附注的"政府托管信息"(stewardship information)中披露。

[②] 2003 年美国 GAO 报告披露了联邦机构多达 300 多亿美元的不当支付。

务控制和规划健全性的企图。这些努力被认为有助于减少因浪费、舞弊（fraud）和滥用（abuse）给联邦政府造成的损失，否则这些情况会大量发生。

17.2.2 财政可持续性审计

财务审计的一个关键主题是财政可持续性审计，后者是世界审计组织多年来一直关注的议题："财政政策的长期可持续性是实现国家良治无可置疑的前提。最高审计机关通过独立而专业的审计，增强公共财政透明度，报告公共财政绩效，揭示系统性风险，帮助决策者维护财政政策的长期可持续性和执行力……提升对公共财政规划阶段进行审计的能力，促使行政和立法机构在对中长期财政规划进行评估时，将经济周期、偿债、公共项目，政府对诸如社会安全、养老金、教育医疗事务的承诺，以及自然灾害、气候变化和金融危机等或有事项的预期发展态势，纳入考虑范畴。"[1]

可持续的公共财政意味着有能力偿还当期和未来的债务，不将过多的债务留给后代。财政可持续性为公共部门财务状况的关键方面，后者可通过一系列的财务分析加以判断，权责财务报告通常可为此提供大部分可得信息，分析指标包括现金/债务比率、限制性与非限制性净资产/总资产比率。

财务审计的关键方面是审计公共部门的财务报表，以推动建立并改进财政体制和财务报告准则，确保公允地报告政府的财政绩效和财政状况。基本财务报表通常指平衡表、财政运营表、现金流量表；特定财务报表包括资本支出表、量化的财政风险表和政府投资报表。如果将基于运营表的流量分析和基于平衡表的存量分析结合，财政可持续性即可得到更好的评估。

短期财政状况不同于中长期的财政可持续性，后者关注人口变化、气候变化、经济变化、安全变化、技术变化老龄化和传染病等未来挑战。这些挑战对社会经济生活具有深远意义，但其财政影响（支出和收入压力）的研究在许多国家一直很少。为了对财政冲击做出反应，避免未来世代支付更高的税收的同时服务减少，政府不得不调配财力应对额外支出需求，从而使财政风险加大。

这些未来财政风险并未反映在预算文件和财务报告中，而且缺少关于政府如何履行财政义务（fiscal obligations）的指导性框架，更不用说法律框架。预算程序也不鼓励对政策承诺或担保进行辩论，立法机构也很少要去规范或限制这些政策[2]。

在政府债务规模远低于政府承诺的全部义务的国家，问题尤其突出。在诸如社会保险等公民权益（entitlements）领域，许多政府累积了大量财政承诺（fiscal commitments）。中国背景下，还应包括贷款担保和PPP合同等形成的承诺。此外，尽管采用中期支出框架筹划年度预算的政府越来越多，但做常态的长期预测的政府至今仍不多见，使对宽口径的长期（超越未来5年）财政可持续性评估缺失可信度。宽口径是指除了政府直接借款形成的债务外，还包括源于财政承诺的未来支出义务。

---

[1] 审计署. 北京宣言——最高审计机关促进良治. 世界审计组织第二十一届大会. http://www.audit.gov.cn/n9/n459/n462/c15751/content.html, 2014-02-13.

[2] Heller P S. 谁来付账？金融与发展, 2003, (9): 36-39.

长期预测向来很难①，这进一步突出了财政可持续性审计的重要性，可区分为财政总量审计和财政压力审计两个模式。两个模式旨在促进政府建立更好的、旨在处理不可持续问题的政策框架。

财政总量审计着眼于审计财政总量指标（如支出、赤字和债务），包括对财政约束规则的遵从情况。主要的财政约束包括赤字比率和债务比率，欧盟规定其上限分别为GDP的3%和60%。

财政压力审计关注财政压力的来源。收入面压力是指导致收入减少的压力源，支出面压力涉及退休年龄、养老金领取标准与指数化问题。一般来讲，支出面压力远甚于收入面压力，主要源于政治家或决策者偏好"空头支票"的政策承诺。收入面压力也不应忽视，因为当资本变得更具有流动性时，政府将更难以对其征税，这将使税负日益转移到劳动者身上。

17.2.3 绩效审计

绩效审计在传统上指运营绩效审计②，涵盖三项主要内容。

1. 3E

（1）经济性审计，行政活动的经济性应与健全行政管理原则和管理政策相符。

（2）效率审计，人力、财务和其他资源，还有信息系统、绩效计量和监督安排、审计实体所遵循的程序的利用效率。

（3）有效性审计，被审计实体实现目标的程度及对被审计活动的实际影响。

绩效审计以立法机关的决策制定或者建立的目标为基础，也可能覆盖整个公共部门。

2. 审计发现及其要素

审计的构成要素涵盖规范（criteria）、状态（condition）、效果与原因（cause）四个标准因子，聚焦绩效管理过程（区别于结果）的发现。规范指理念——针对被计量的实际绩效，包括期待、标准（standard）、规则、政策、标杆、规划目标及相同机构或规划的平均绩效。审计人员会先设计数据采集与分析程序来满足这些标准。状态是指实际状态，通常称为当前绩效、实践做法或者环境。效果是指实际状态与所建立的标准间的差异或这些差异带来的后果。原因是指实际状态不佳的原因由来。缺乏效率原因何在？规划过程与产出和意欲成果间关联很弱？控制系统的缺陷？资源投入不足？如此等等。

审计发现可按四个方式表达：描述状态（如电脑在半年内丢失20台）、描述状态和标准（如实际成本与标准成本各为100万元和80万元）、描述四个标准要素（包括原因）、只描述影响（疫苗注射半年内发病率降价了30%）。

---

① 长期预测的困难首先来自确定性：一些关键变量（如出生率）的微小变化也足以在长期内造成重要影响（如对工作年龄段人口规模）。然而正因为不确定性，才需要管理财政风险。另一个困难是动机，政治家乃至社会通常不愿意直面长期风险，而沉醉于大量紧迫的短期问题。

② 运营绩效审计通常不关注配置绩效和透明度。

3. 目标与结论

目标与结论应与绩效管理的要素一致，即投入、产出、成果、影响和过程，重点在于对绩效管理过程的审计评估和审计发现（audit finding）及其构成要素。

规划要素（program elements）的绩效审计要求如下：①界定结果链，投入-过程-产出-中间成果-最终成果-影响。②依次检查结果链的各个要素是否满足 3E。③检查投入的经济性，区分财务（各类成本与现金支出最小化）、实物（数量与质量和利用率）和时间，应与适当标杆比较。④检查过程的效率，涵盖生产率（产出/投入）、产出的单位成本（产出/投入）、运营比率（设施利用率如医疗病床空置率），针对各类过程如系统、步骤、任务和决策制定。⑤检查产出的有效性，涵盖数量、质量、及时性、成本、客户满意度。⑥检查成果的有效性，涵盖目标/任务实现程度、成本有效性、客户满意度。成果检查有时需要区分中间成果（如学生毕业率）和最终成果（如毕业生一次就业率），应从服务受益或接受方评价，涵盖财务维度（财务回报率和成本补偿比率），通常为最困难的绩效计量要素，部分源于成果受不可控因素影响因而超越目标。应急服务（救急、消防、交通事故处理和军事等）应以就绪度（readiness）为最重要的成果评价维度，以反映时间计量。⑦检查影响（impacts）。影响（impact）是对规划成果有效性的终极计量——多少问题因为规划的实施而减少了？关注的是规划的贡献，因而需要将环境影响即"噪声"从成果中分离开来。噪声表明了成果中与主观努力（规划与投入包括时间和主观努力）无关的部分。

绩效审计应提前制订计划。绩效审计计划依次包括收集信息、评估风险、评估风险措施的脆弱性、界定审计目标、确定审计范围-方法-工作日程-预算六个步骤。

17.2.4 内部控制审计

内控审计聚焦内部控制的有效性及相关的内部控制标准是否得到遵从。有些国家建立了针对政府本身的内部控制标准，并将一般公认的审计标准（GAGAS）融入其中[①]。

内部控制是为定位风险和为达成组织的一般目标提供合理保证的整套政策、程序和过程。清晰的目标是有效内部控制过程的先决条件。内控的常规目标主要包括合理保障：①交易在一般公共会计原则下被正确记录、记录程序和适当简化；②资产被有效保护以防止被未经授权获取、使用和处置；③交易合规——遵从所有相关法律法规和程序；④不正确或错误的支付[②]。

内控的失败极易招致让政府蒙羞和造成巨大损失的财务丑闻[③]。因此，审计师应报告发

---

① GAO 于 1999 年 11 月在《联邦政府内部控制标准》绿皮书中采纳并融合了著名的、应用于企业的萨班斯（COSO）内控标准，制定了《一般公认的政府审计标准》（GAO 的黄皮书），参考融合了适用性强的美国会计师协会发布的一般公认的审计标准。

② 不正确支付包括无意间造成的错误，诸如重复支付和错误计算、付给没有充足收益权的机构、付给没有提供服务的机构、付给不合格的受益人、项目参与者和联邦雇员的错误和滥用职权造成的支付。

③ 1994 年美国加利福尼亚州的橘郡（Orange County）在有记录的最大市政欺诈案中损失了 20 亿美元，被迫申请破产保护。Baldassare M, Public Policy Institute of California. When Government Fails: the Orange County Bankruptcy. Berkeley: University of California, 1998; Jorion P, Roper R. Big Bets Gone Bad: Derivatives and Bankruptcy in Orange County. San Diego: Academic Press, 1995.

现的内部控制的任何重大缺陷（material weakness），包括可报告状况（reportable condition），如没有合适的复核、交易核实、会计信息或信息系统输出，以及购买职责没有适当分离（一个人完成采购、记录交易及保管资产）。与财务报告审计发现的缺陷不同，内控审计发现的缺陷通常更难纠正。另外，与高层级政府相比，许多国家的低层级政府更容易出现内控问题。

内控审计依次针对内控五个相互关联的组成部分进行审计，各个成分的含义与实务操作兹以公交补贴为例解释如下。

（1）控制环境。政府需要确保有合适的部门来管理公交补贴的运作，并创造一种恰当的气氛（如领导动员）以便有效率且及时地完成这一任务。控制环境有五个要素，即管理层和员工的诚信与道德价值、对个人能力的承诺、高层（治理委员会成员）的声音、组织结构、人力资源政策和实践（招聘、培训、业绩考核、晋升）。

（2）风险评估。明显的风险包括选择不当的管理机构和第三方负责管理这些补助资金。这些机构或第三方滥用权力或挪用资金的风险可能很高。风险评估针对风险后果（严重性）、风险概率、组织的风险偏好和风险应对机制的有效性四个要素。评估应区分固有风险和剩余风险，前者指管理层不采取任何措施改变风险发生的可能性情况下而存在的风险，后者指管理层对风险做出反应后仍存在的风险。

（3）控制活动。重要的控制活动包括：检查申请者的合法资格；现场监查；审查工作进展报告；对未通过审查者推迟支付补助和实施其他惩罚。

（4）信息和沟通。就发现的问题向利益相关方报告，各方适时保持沟通。

（5）监督。监督应主要针对超支和其他违规行为采取的纠错措施是否被可靠地实施。

17.3 特定问题

审计涉及许多特定事项，其中特别重要的有两个，即被审计对象如何通过审计与审计的优先事项。如何顺利通过审计，为所有被审计单位十分关切的问题。多数发展中国家都面临强化与改进审计能力的挑战，作为全面改革其公共预算与财务管理的关键一环。

17.3.1 如何通过审计

与审计师一样，被审计实体要想（顺利）通过审计，也需要熟知普遍公认的政府审计准则、审计程序和审计师的职责，并时刻注意以下四个关键方面。

1. 保持对审计过程的一直关注和重视

如果被审计单位负责人清楚地知道政府审计准则所规定管理者职责以及审计师职责，他们参与整个审计过程的积极性将会提高。

政府审计准则通常明确要求被审计单位和审计师都在审计中履行必要的职责，都有责任和义务：①保证经济、有效和合法地使用公共资源；②遵从适用的法律规范；③建立和维护一个有效的内部控制系统；④向监督其活动的有关各方和公众提供适当的报告；⑤落实审计结果和审计师的建议。

审计师也有责任帮助被审计单位了解审计师的职责，以及法律或法规要求的其他审计或鉴证业务范围。审计师应向被审计项目的负责人报告审计发现、结论、建议，以及对计划采取的整改措施的看法，被审计事项的相关人员可进行讨论。除了报告消极的审计结果，审计报告亦应认可被审计事项的积极方面。

全程重视意味着除了参与审计开始和结束时的会议之外，相关负责人还应定期召开会议，讨论潜在的审计问题和建议，撰写审计现场（fieldwork）情况报告，对被审计项目的积极方面予以重视，以及加强与审计师的联系和交流。

2. 了解内控制度的审计关切

管理者应意识到记录和运行内控制度至关重要，因为控制的好坏直接影响审计结果，而且通常被看作保护资产，预防、发现和查明错误与舞弊及违反法律、规章、合同条款、拨款协议等事项的第一道防线。

内部控制包含计划、组织、指导和控制机构的规划运营过程，还包括评价、报告和监控规划绩效的体系。管理者有建立一套有效的内控制度的责任，而审计师则有准确理解与审计目标相关的内控制度的责任。

与内控相关的管理职责通常包括：实现适当的目标；经济、高效率和有效地使用资源；保护资源的安全；遵循法律法规；收集、保持和公允披露可靠的信息。其他职责包括配合审计师的工作，涉及提供适当的文件证据来支持审计的实施、内部职责分工及对下属的行为进行全面审查。

3. 了解审计证据的类别与可靠性

提交审计师审查（reviewing）证据可分为实物证据、文件证据、询证证据和分析性证据。实物证据是审计师通过直接检查而取得的证据，文件证据则是由发票、会计记录和合同等原始信息组成，询证证据是指通过询问、访谈或调查问卷的形式收集的证据，分析性证据包括审计师的计算和比较。

被审计者保持充分的实物证据和文件证据对于支持审计任务尤其重要。询证证据不如实物证据、文件证据或分析性证据可靠。从对特定领域没有偏见或具有全面知识的人员那里获得的证据，比从对该领域有偏见或者只具有片断知识的人员获得的证据可靠。

4. 正确对待审计结果

主要涉及评价审计结果的构成要素和了解审计报告的重要性。在可能的范围内，审计师在表达结果过程中，应该陈述标准、实际情况、原因和效果等要素，以便帮助被审计单位负责人理解如何采取整改措施。标准是据以比较和评价绩效的准绳、目标、应有的期望、最佳实践和标杆。

作为结果的要素之一，标准为理解审计结果提供了背景。当评价审计结果时，被审计方应明确审计师采用的标准是合理的、切合实际的及与绩效审计目标相关的，也应明白一旦"实际情况"被审计师揭示，则意味着被认为是真实的且得到审计的充分支持。审计结果的"效果"要素指实际情况与标准的偏差，以判断对被审计方产生的影响。审计结果中的"原因"也很重要，因为它直接指向整改建议。审计师的建议取决于准确认定的原因。如果认定的原因不准确，那么建议就不能解决问题，而且会导致被审计方在项目执行整改上劳而无功。

为最大限度地利用相关信息，审计报告需要及时披露以满足被审计单位、立法机构和其他使用者的正当需要。若审计结果没有及时向被审计方提供，被审计方应告知审计师，并尽快处理审计结果，通常涉及围绕内控制度进行整改以保护公共资金。

17.3.2 审计改革的优先事项

每个国家都应将审计资源集中在最有价值也最紧迫的事项上。对于多数发展中国家和转轨国家而言，绩效审计的优先事项如下：收入征集的有效性，税收成本、税款入库及时性和差错率；绩效数据的可得性；资产管理方面的维护、利用率和更新频率（频率计量常被忽视）[①]，绩效计量的有效性，公共服务的单位成本，关键服务的及时性、可得性、平等性和渠道。平等性尤其应关注对穷人等群体的偏见与歧视。其他应关注的绩效计量包括标准人员比率——学生/教师、护士/患者和监狱/犯人、资本支出-经常支出匹配度、资产利用率、规制的有效性、采购过程的有效性——成本、质量和机会平等。

优先事项包括立法。绩效审计提供了财务或合规性审计不能得到的受托责任信息。但实施绩效审计需要具备一些前提条件，包括以清晰的法律确定应用绩效责任的政府活动，要求界定政府组织的角色（应得到良好的理解）与责任，存在政策规划和预算制定结构，以及基本的会计系统以跟踪分类和报告经济交易。

更一般的要求是讨论公共部门治理中的审计角色，包括组织独立性、法律强制、信息渠道畅通、有效融资领导关系、人员技能，利益相关者的支持、职业审计标准，内部审计标准为职业主义提供强大基础。即使发达国家也未完全具备这些要素。

政治高层对改进和强化审计的持续承诺尤其重要，其次是发现和留住有技能的人员。如果政府顶层腐败和能力欠缺，便不可能有效实施绩效审计；假如审计为政府顶层提供不可动摇的支持，亦可作为根除腐败和改进管理的强大工具[②]。发现和留住审计人才要求有吸引力的薪水和系统的能力建设战略。

➢ 本章小结

- 公款的责任指向纳税人。审计的必要性和重要性根植于受托责任。
- 审计的传统重点为合规性审计——聚焦公共账目，分为三类合规性标准：预算合规性（budget compliance）、财务报表或会计标准的合规性、政策领域和规划内容的法定合规性（尤其针对征税和转移等单边交易）。后者适用财务报告中包含的单笔交易，强调遵从避免滥用（暗示违法）与不当（合法但不合法律意图）标准。绩效审计强调审计的经济观而非法定规则观。
- 预算合规性与预算前合规性相连，后者指一项交易纳入预算前应遵从的标准：计算标准（金额被正确计算）、价值时点（value-dating）标准——支出时机和支付确认正确无误、地址（addressing）标准——收款人正确无误、完整性（completeness）标准——所有应得收入均被考量、可接受性标准（交易与规划-活动一致并且成本-

---

[①] 中国当前背景下制服、公车、电脑等资产更新频率过高导致大量浪费，但极少被绩效评价"运动"关注。

[②] Waring C G, Morgan S L. Public sector performance auditing in developing countries//Shar A. Performance Accountability and Combating Corruption. Washington D. C.: The World Bank Publication, 2007: 352.

- 绩效计量均可接受）、授权标准（财务交易处于预算授权框架内并与授权的规划一致）、状况标准（The condition criterion）——避免财务管理恶化、避免滥用与不当使用（对数据完整性与准确性的内部检查）。
- 基于预算法的合规审计覆盖整个预算年度，满足三个要素：哪一年？哪个规划？多少？偏离这些要素的情形称为预算背离（budget overruns）。
- 审计对合规与实物标准的关注，通常压倒对账目真实性和公正性的关注。合规与实物标准压倒账目公正性考量。
- 随着政府规划规模和复杂性的扩展，审计从传统的财务或合规性发展到绩效审计模式，后者支持政策制定者的监督角色。绩效审计与政治学和公共行政平行演化而来：从关注投入即资源的控制转向对产出和成果基础的受托责任广泛关注。审计人员由此持续关注相关性的同时，亦作为治理中的受托责任的角色。公共部门内部控制的要求高于私人部门。政府并没有充足的系统、控制和程序，来正确地编制和审计财务报告，包括合并会计报表。
- 财政审计为专业化政府（professionalized governments）建设的关键一环。
- 审计有效性和审计成果依赖审计体制。夯实审计体制的基础将极大地改进公共部门的治理能力，长期而言将增进公共行政管理和公民对政府的信任。
- 政府财务报告制度不仅提供信息——对财务报告的审计使其成为一项促进政府财务管理的工具。
- 公共部门的审计人员需要遵从道德典章。典章应包括价值观和原则，涉及独立性、客观性、诚实、授权和忠诚职责。审计人员须按授权的审计标准实施审计。

▷ 本章术语

审计　财务审计　合规性审计　绩效审计　内部控制　管理控制　内部审计　管理控制系统　财务报告　绩效　3E　财政可持续性　舞弊　货币价值审计　世界审计组织　审计准则　受托责任　审计发现　财务受托责任　审计结论　预算差异　绩效差异　裙带关系　腐败　财政腐败　司法腐败　金融腐败　贷款担保　特定目的财务审计　PPP合同　风险评估　控制环境　控制活动　金财工程

▷ 思考题

1. 如何理解审计的信息功能与监督功能？各自包括哪些内容？
2. 哪些因素影响公共部门准确、及时记录和报告资产、负债与成本的能力？
3. 哪些因素影响公共部门保护资产的能力？
4. 中国现行《宪法》对国家审计有哪些规定？如何理解？
5. 除宪法外，哪些主要的法律、法规和文件确立了中国现行审计体制的框架？
6. 现行《中华人民共和国审计法》和国际最高审计组织于2012年的《北京宣言》对财政审计事项做了怎样的表述？
7. 中国现行国家审计的审计准则对强化与改进财政审计的意义何在？
8. 如何理解标准政府审计准则与标准财务会计准则的相互关系？

9. 如何理解公共部门会计、财务报告与审计的相互关系？

10. 1992年国际最高审计机构组织关于内部控制准则的指导方针——促进内部控制的设计、执行和评估——颁布后至今，有哪些新的变化和修订？

11. 审计如何在探测腐败中发挥作用？

12. 外部审计与内部审计的主要区别是什么？

13. 审计如何通过信息功能与监督功能促进受托责任？

14. 简述绩效审计的三项主要内容。

15. 被审计对象如何顺利通过审计？

16. 发展中国家强化与改革绩效审计的优先事项有哪些？

17. 公共预算与财务管理中有哪三类常见的财政腐败？

18. 规划要素的审计应满足哪些要求？

19. 内控审计的五个基本组成部分依次是什么？举例说明之。

20. 为顺利通过审计，被审计者通常应怎样配合审计工作？

21. 预算背离有哪些较严重的形式？

22. 财务管理审计的主要内容有哪些？

参 考 文 献

邓恩 W N. 2011. 公共政策分析导论. 第4版. 谢明，伏燕，朱雪宁等. 北京：中国人民大学出版社.

哈伯德 G，凯恩 T. 2015. 平衡——从古罗马到今日美国的大国兴衰. 陈毅平，余小丹，伍定强译. 北京：中信出版社.

蒙克斯 R A G，米诺 N. 2004. 公司治理. 第二版. 李维安，周建，等译. 北京：中国财政经济出版社.

Alt J E, Lassen D D. 2006. Fiscal transparency, political parties, and debt in OECD countries. European Economic Review, 50（6）: 1403-1439.

Andrews A. 2005. Performance-based budgeting reform: progress, problems, and pointers//Shah A. Fiscal Management. Washington D.C.: World Bank Publications.

Andrews M. 2007. What would ideal public finance management system look like//Shar A. Budgeting and Budgetary Institutions. Washington D.C.: World Bank Publications.

Azfar O. 2007. Disrupting corruption//Shah A. Performance, Accountability and Combating Corruption. Washington D.C.: World Bank Publications.

Claudio A A, Philip H B, Góngora D P. 2010. Public finance, governance, and cash transfers in alleviating poverty and inequality in chile. Public Budgeting & Finance, 2: 1-23.

de Mello L. 2000. Can fiscal decentralization strengthen social capital? Working Paper WP/00/129. IMF, Washington D.C.

Jerome M, Gabriele P. 2013. The Opportunity Cost of Public Funds: Concepts and Issues. Public Budgeting & Finance, 33（3）: 96-114.

Jorge I S J, Rodriguez-Guajardo R. 2010. Fiscal coordination and financial dependence of state governments in Mexico. Public Budgeting & Finance, 30（3）: 79-97.

Lauth T P. 2014. Zero-base budgeting redux in georgia: efficiency or ideology? Public Budgeting & Finance, 34（1）: 1-17.

Patrick B, Davis G. 2002. Mapping public participation in policy choices. Australian Journal of Public Administration, 61（1）: 14-29

Sally R S, Jenkins J. 2003. Partnering and Alliancing in Construction Projects. London: Sweet & Maxwell.

Schick A. 1998. A Contemporary Approach to Public Expenditure Management.

Sunjoo K. 2013. Tax base composition and revenue volatility: evidence from the U.S. States. Public Budgeting & Finance, 33（2）: 41-74.

Torsten P, Roland G, Tabellini G. 1997. Separation of powers and political accountability. Quarterly Journal of Economics, 112: 1163-1202.

Torsten P, Roland G, Tabellini G. 2000. Comparative politics and public finance. Journal of Political Economy, 108: 1121-1161.

von Hagen J. 2005. Budgeting institutions and public spending//Shah A. Fiscal Management. Washington D.C.: World Bank Publications.

Wagner A.1958.Three extracts on public finance// Musgrave R, Peacock A T. Classics in the Theory of Public Finance. London: Macmillan.